El lenguaje
es una fuente de malos
entendidos

101 literatos del mundo no hispano

Víctor Roura

El lenguaje
es una fuente de malos
entendidos

101 literatos del mundo no hispano

El lenguaje es una fuente de malos entendidos
101 literatos del mundo no hispano
© Víctor Roura, 2013

 **Lectorum**

D. R. © Editorial Lectorum, S. A. de C. V., 2013
Batalla de Casa Blanca Manzana 147 Lote 1621
Col. Leyes de Reforma, 3a. Sección
C. P. 09310, México, D. F.
Tel. 5581 3202
www.lectorum.com.mx
ventas@lectorum.com.mx

L. D. Books, Inc.
Miami, Florida
ldbooks@ldbooks.com

Primera edición: septiembre de 2013
ISBN: 978-1494939243

D. R. © Portada e interiores: Daniel Moreno
Imagen de portada: shutterstock.com

Impreso y encuadernado en México.
Printed and bound in Mexico.

Introducción

Dice Gabriel García Márquez que "uno de los placeres de la vida es encontrar las imbecilidades de los diccionarios". Para el novelista colombiano constituye una cierta forma de venganza contra el destino porque su abuelo el coronel le enseñó, desde muy niño, "que los diccionarios no sólo sabían todo sino que además no se equivocaban nunca. El suyo era un mamotreto muy viejo y ya a punto de desencuadernarse, tenía pintado en el lomo un Atlas corpulento con la bola del mundo sobre los hombros. 'Esto quiere decir que el diccionario tiene que cargar con el mundo entero', me decía mi abuelo, a quien sin duda no se le ocurrió nunca buscar la nota sobre el Atlas en el propio diccionario. De haberlo hecho, se habría dado cuenta de que ese dibujo era un error muy grave. Atlas, en efecto, era uno de los titanes de la mitología griega que provocó una guerra contra los dioses, por lo cual lo condenó Zeus a sostener el firmamento sobre sus espaldas. El firmamento, por supuesto, y no el mundo, como estaba dibujado en el lomo del diccionario, porque ni el propio Zeus sabía en sus tiempos que la Tierra era redonda como una naranja".

El hábito de su abuelo de consultar para todo el diccionario se le quedó también al futuro Nobel colombiano, "y debieron pasar muchos años antes de que descubriera con mi propia alma —afirma García Márquez— que no sólo los diccionarios no lo saben todo, sino que además cometen equivocaciones casi siempre muy divertidas. Con el tiempo he terminado por confiar más en mi instinto del idioma, tal como se oye en la calle, y en las leyes infalibles del sentido común. De todos modos consulto siempre el diccionario, pero no antes de escribir sino después, para comprobar si estamos de acuerdo".

Los diccionarios. Ese fue el tema del número doble —de diciembre del año 2001— de la revista *Biblioteca de México*, que dirigía el poeta Eduardo Lizalde. Es un ejemplar de más de un centenar de páginas con textos de una treintena de autores que resultan, a la larga, de necesaria consulta, o de puro goce escritural, como el de García Márquez, que data del 17 de mayo de 1982, cinco meses antes de que la

Academia Sueca le otorgara el Nobel de Literatura: "El otro día, después de decidir por mi cuenta y riesgo que se puede decir *pitoniso* cuando el vidente es un hombre, descubrí que ningún diccionario incluye la palabra, aunque ninguno lo prohíbe. El de la Real Academia la define así: *sacerdotisa de Apolo, que daba los oráculos en el templo de Delfos sentada en el trípode*. Una pizca de sentido común permitía pensar que la palabra no existe en masculino porque eran mujeres quienes hacían en el templo de Delfos el hermoso oficio de adivinar, pero que nada se oponía a que se les llamara pitonisos si hubieran sido hombres, como los hay tantos en nuestro tiempo, y sobre todo en nuestros medios de la prensa".

En cambio, dice el colombiano, "hay errores imperdonables en los diccionarios. El más escandaloso de ellos me parece el de la inolvidable María Moliner en su *Diccionario de uso del español*, cuando define la palabra *día*: 'Espacio de tiempo que tarda el Sol en dar una vuelta completa alrededor de la Tierra'. En primer término, siempre me ha resultado incómodo que se diga *espacio de tiempo*. No: o es espacio o es tiempo, porque aunque sean magnitudes conjuntadas, son dos cosas distintas. Pero lo que ahora me interesa no es eso, sino la barbaridad de que sea el Sol el que da la vuelta completa alrededor de la Tierra, y no ésta sobre sí misma, como nos enseñaron en la escuela". A veces, los diccionarios se dan cuenta de que han hecho el ridículo, y lo corrigen en una edición posterior. Eso le ocurrió, cuenta García Márquez, al de la Real Academia "con la famosa e inefable definición" de *perro*: "Mamífero doméstico de la familia de los cánidos, de tamaño, forma y pelaje muy diversos, según las razas, pero siempre con la cola de menor longitud que las patas posteriores, una de las cuales levanta el macho para orinar". Se presentó a tantas burlas "esta precisión excesiva y entre ellas una muy feroz e inteligente de Guillermo Cabrera Infante en su novela *Tres tristes tigres* que en las ediciones más recientes del diccionario de la Real Academia ya los perros no levantan la pata posterior para orinar, aunque sigan haciéndolo en la vida real".

Otra cosa que le inquietaba a García Márquez era la definición de los colores. Amarillo, por ejemplo: del color semejante al del oro, el limón, la flor de la retama, etcétera. "A mi modo de ver las cosas desde la América Latina, el oro era dorado, no conocía las flores de la retama y el limón no era amarillo sino verde. Desde antes me había llamado la atención el romance de García Lorca: 'En la mitad del camino cortó limones redondos y los fue tirando al agua hasta que la puso de oro'. Necesité muchos años para viajar a Europa y darme cuenta de que el diccionario tenía razón, porque en realidad los limones europeos son amarillos". No obstante, es "justo decir que en medio de tantos tropiezos —reconoce García Márquez—, hay un gran escritor escondido en la Real Academia, y es el que ha escrito las definiciones de las plantas. Todas son excelentes, de una andadura elegante, pero en especial la de una planta con la cual tengo un pleito pendiente desde la infancia, porque me la daban en ayunas como vermífugo. Me refiero al paíco, pazote o epazote, que viene definido así en el diccionario de la Real Academia: 'Planta herbácea anual, de la familia de las quenpodiáceas, cuyo tallo, asurcado y muy ramoso, se levanta hasta un metro de altura, tiene las hojas lanceoladas, algo dentadas y de color verde oscuro, las flores aglomeradas en racimos laxos y sencillos, y las semillas nítidas y de margen obtuso. Toda la planta despide un olor aromático, y se toman en infusión, a manera de té, las flores y las hojas. Oriunda de América, se ha extendido mucho por el mediodía y el centro de Europa, donde se encuentra como si fuese espontánea entre los escombros de los edificios'."

La revista ofrecía en una separata el famoso *Diccionario de convencionalismos*, de Gustave Flaubert (1821-1880), "que por primera vez se edita íntegramente en español, pues la primera edición [póstuma] apareció en 1911, como apéndice de la inconclusa *Bouvard et Pecuchet*, como lo explica en el prólogo de Editions Montaigne, París, 1978, el nuevo recopilador J. Aubier, quien descubrió en la Biblioteca de Rouen una carpeta que le permitió agregar a la obra 287 artículos inéditos y una cincuentena de adiciones o correcciones. Aparte, el señor Aubier consiguió completar el *Catalogue des Idées Chic*, que en cierta forma prolonga el diccionario". La versión al castellano corrió a cuenta de Natán Warman. Es, como aquel otro célebre *Diccionario del Diablo* de Ambrose Pierce (1842-1914), una búsqueda de ingenios, ironías, sátiras y cultismos de afilada sabiduría. El diccionario flaubertiano congrega un total de 994 "nuevos" significados, algunos de los cuales son:

> *Ajenjo*: veneno violentísimo. Un solo vaso y uno está muerto. Los periodistas lo beben mientras escriben sus artículos.
> *Poesía*: totalmente inútil, pasada de moda.
> *Rima*: no concuerda nunca con la razón.
> *Orquesta*: imagen de la sociedad; cada quien hace su parte y hay un director.
> *Imbéciles*: los que no piensan como uno.
> *Duda*: peor que la negación.

Trabajo inútil el suyo, quizás, ya que el propio Flaubert define a un diccionario como un instrumento que sirve sólo "a los ignorantes". Afortunado, por lo demás, pues, decimonónico como era, no hubiera soportado las decisiones empresariales del siglo XXI: acabar con los diccionarios de papel para ocultarlos en los archivos digitales.

Como asunto de magia, las palabras van a aparecer sólo en la pantalla luminosa si alguien recurre a ellas; si no, su inexistencia será tácita.

No sé que habría dicho Flaubert si observara en estos momentos una página de estos diccionarios que todavía, como fatigados sobrevivientes, se imprimen por decisión de arriesgados, valerosos, denodados y temerarios editores, que ven, con aflicción, cómo las ventas sufren una considerable baja en sus arcas, porque ahora los maestros de todo el mundo obligan a los estudiantes, de todas las asignaturas, a consultar las cosas por la Internet, que es allí donde está la actual mina de oro del empresariado educativo. Sí: los he calificado, a los editores que aún imprimen en papel, como "arriesgados, valerosos, denodados y temerarios", y me he guardado el término "mediáticos" para no dar de golpe la notoria decepción: en las páginas de los diccionarios ahora caben con mayor disposición y orden infinidad de películas, actores, futbolistas, cantantes, modelos, desplazando —prácticamente sepultando— a pensadores, filósofos, narradores, poetas, sociólogos, científicos.

¿Qué habría dicho Flaubert? ❦

Advertencia

---

1. *Queridos objetos encuadernados*

No entenderemos nunca qué es un libro, dice William H. Gass, "y por qué el libro vale más que varias personas y, aún más, por qué es menos prescindible que una persona, si olvidamos la importancia de su cuerpo, ese edificio que fue construido para guardar juntas y a salvo las líneas del lenguaje a través de muchas aventuras a lo largo del tiempo. Las palabras en una pantalla tienen, seguramente, cualidades visuales, y éstas se delinean iluminando su forma, pero no tienen materialidad, son simplemente sombras, y cuando la luz cambia desaparecen. Fuera de la pantalla no existen como palabras. No aguardan para ser vistas de nuevo, releídas, sólo esperan para rehacerse, para ser encendidas de nuevo. No me puedo ir con ellas debajo de un árbol o a un porche; no puedo discutir con ellas en sus márgenes; no puedo disfrutar del recuerdo de mi consternación cuando, quizás años más tarde, regreso a mi atesorada copia de *La isla del tesoro* para encontrar la jalea que descuidadamente embarré manchando la página justo en la parte en que Billy Bones saca a Perro Negro del Admiral Benbow con una sarta de amenazas y donde, al fallar, el blanco de su machete hace una muesca en el anuncio de la posada".

El texto, originalmente aparecido en *Harper's Magazine* en noviembre de 1999, fue publicado, en traducción de Alma Parra, por la revista *Historias* —que edita cada cuatro meses el Instituto Nacional de Antropología e Historia—, que con dicho ejemplar celebró su número 50. El ensayo, intitulado "En defensa del libro", es un bello alegato a favor de este necesario instrumento literario. "Mi ejemplar –dice Gass refiriéndose al volumen de Robert Louis Stevenson—, que todavía tengo, era de los más baratos. Fue publicado por M. A. Donahue y Co. de Chicago, no tiene fecha, y sus corrientes páginas están amarillentas y quebradizas, pese a todo lo cual han sobrevivido a su productor, y sobrevivirán a su lector (lo que es reconfortante aunque un poco triste a la vez). Sus páginas, de hecho, huelen a su edad, a su decrepitud, y la embarrada de jalea es como un moretón viejo; como la cicatriz que hizo Marcel con su magdalena, como recuerdo de su accidente; yo recuerdo también como un golpe en mi pecho cuando la mancha negra era presionada en la palma de Billy Bone y Blind Pew aparecía en una calle, en un pasaje que incluso yo sabía era una pieza de prosa ejemplar".

Dice Gass que ese libro y él se querían mutuamente, y no se refiere sólo al texto: "El libro, que entonces estaba nuevo, con su cubierta lisa y brillante, su papel centelleante como el mar agitado y listo, como Long John Silver, para una pelea. Su pasta, firme como el elástico de la ropa interior nueva, no flojo como está ahora, después de tanto abrir y cerrar, y de tantos años de resequedad, ese libro le había nacido a mi cuarto y vivió en él durante mis miserias preparatorianas en un librero de tienda barata, y también me acompañaría a la universidad empacado en una bolsa de lona que yo cargaba como marinero". Su cuerpo, el del libro, "puede haber sido hecho a máquina de forma muy barata, y puede que se hayan impreso muchas copias de esa edición, pero actualmente todo el tiraje debe estar disperso, reducido a su papel de mi viejo compañero de clase, al que veo en una reunión ocasional junto con las ediciones de Malory y Mann, Nietzsche y Schopenhauer, Hardy y Spengler, tristes amigos de mi triste juventud. Cada copia tomó camino hacia las librerías en busca de compradores a quienes hacer afortunados, y cada uno ha tenido su historia de éxito o fracaso, acomodado entre rarezas y piel o bien, después de una semana de inundar de llanto la librería, encontrarse de repente en un *ghetto* de segunda mano, botado en un 'deshuesadero', como se dice de los coches, por una bicoca, habitualmente por herederos insensibles".

Sin embargo, afirma Gass que a todos nos encantan "las refacciones". Las rescatamos "como huérfanos de la congoja dickensiana. Yo primero tomo el volumen de arriba hacia abajo y sacudo sus páginas hacia fuera, como si estuviera sacudiendo fruta de un árbol: salen palillos y pasadores, tarjetas y virutas de papel, la envoltura aplanada de un chicle Doublemint, un obituario del autor del libro, cuidadosamente doblado, un recorte de periódico que acidificó las páginas oscureciéndolas o, de vez en cuando, un mensaje escondido en el texto como el que saqué de un volumen que le perteneció a Arthur Holly Compton (y que me vendió la biblioteca de su propia universidad)": era, el mensaje, el borrador de un telegrama dirigido a un alto comisionado de Estados Unidos a cargo de las tropas de ocupación en Alemania requiriendo el envío inmediato de Werner Heisenberg a Estados Unidos. "¿Debemos atribuir nuestros sentimientos por el objeto y sus vicisitudes a un sentimentalismo nostálgico, o a lo que asumimos comúnmente como resistencia al cambio? Yo pienso que no —responde Gass a su propia pregunta—; incluso como estímulo de la memoria, un libro atesorado es más importante que una tarjeta de baile, o la foto que te congela a punto de caer en la orilla del Gran Cañón, porque ese libro puede ser un evento importante en la historia de tus lecturas, y tus lecturas (asumiendo que tú eres importante) deben constituir un segmento esencial de tu carácter y tu vida. A diferencia del amor que hacemos o de los alimentos que comemos, los libros se congregan a nuestro alrededor formando un registro de lo que ha llenado nuestro estómago o nuestro cerebro. No son trofeos de caza, sino los mismos animales vivos."

En la logotipia ideal, asume Gass, "cada persona tiene su propia biblioteca y la incrementa semanal si no es que diariamente. Las paredes de cada hogar parecen hechas de libros, y para donde uno voltea sólo ve lomos, porque cada libro de verdad (no diccionarios, almanaques y otras compilaciones) representa una mente, una imaginación, una conciencia. El conjunto forma una civilización, o incluso varias. Las utopías, sin embargo, tienen la mala costumbre de ocultar las recetas para el éxito, los requisitos del poder, las reglas que tienen que ver con la conducta, que algún día alguien tendrá que observar, emplear y poner a funcionar para que, una vez cumplidas, puedan conservar la esencia de su existencia. Los libros me han enseñado lo que es el verdadero dominio, cuál es una regla correcta, es como el consentimiento y esfuerzo del lector que soñará con los sueños de una página que lo merezca y no esperará nada más que sus palabras a cambio".

Pero sólo unos cuantos son los afortunados de poseer su propia biblioteca (de "vivir en Logotipia", asevera Gass), pues "para muchos esto no es posible, y por ello necesitamos una institución libre y abierta con una colección equilibrada de libros bajo su custodia y para préstamo, con repisas donde el visitante pueda vagar, curiosear y realizar descubrimientos; una institución que como pocas le otorgue al público ese poder. De hecho, no tiene rival ya que los libros de una biblioteca pública son los libros que temporalmente pueden residir en su biblioteca o la mía. Nosotros compartimos su riqueza del mismo modo que compartimos el espacio en un parque público". Pero hoy en día se alega que las ciencias ya no usan libros, "tampoco las profesiones, ya que lo que todos necesitan son datos, datos día y noche, porque los datos, como las drogas, adormecen los sentidos y nos estimulan a pensar qué somos, cuando estamos en el punto más alto de su acumulación, en la cima del mundo".

Sí: los datos pueden estar encerrados en los libros, pero éstos no importan ya que, hoy, la información puede estar correctamente insertada en párrafos sumarios en algún portal puntocom de las computadoras para satisfacer las demandas de los apresurados solicitantes. Y, bueno, no tienen necesidad ya de los libros. Su corazón no los abriga porque estos queridos objetos encuadernados no tienen en sus páginas, para desgracia suya, un cajero automático ni un servicio de chateo a domicilio…

2. *Dos clases de hombres*

El hombre es porque vive, ciertamente. Pero hay dos clases de hombres en esta vida (y cuando digo hombre estoy hablando de humanidad; es decir, envuelvo en el término lo mismo a hombres y a mujeres): los que leen y los que no leen. Porque en esta diminuta distinción existe un férreo puente que, tras cruzarlo o no, define las características de las personas: la inleída salta a la vista, así como es notoria, en su esencia, la gente que lee. No es lo mismo el que sólo pasa las hojas de un libro que el que las lee. El poeta español Pedro Salinas (1891-1951) dice que el primero es un leedor y el segundo un lector. Y entre ambos vaya si no hay un abismo, aunque en estas diferencias nada tenga que ver la cualidad humana de la nobleza, porque en los lectores, a pesar de sus lecturas, también puede caber lo innoble, pues la cultura, o tener cultura, no necesariamente hace a los hombres más buenos. Sí probablemente más sabios, pero no más buenos.

El hombre se hace de lecturas, o por las lecturas. Eso creía, por lo menos, hasta antes de encontrarme con las generaciones completamente imbuidas en la televisión, de manera que el hombre ahora es de acuerdo a lo que mira, no ya a lo que lee. Y entre estas dos humanidades, sí, hay un portentoso trecho que las distancia y las precipita unas contra las otras. Yo estoy hecho de lecturas, para mi fortuna. No me imagino qué siente el pobre fan ("pobre" por desorientado, no por otra cosa) de la "estrella" del momento cuya opinión —la del fan— jamás va a ser escuchada no sólo por la "estrella" del momento sino por el propio círculo de admiradores de dicha "estrella", del que él forma parte. ¿Cómo diablos puede alguien vivir en la cuerda floja del esnobismo?

No lo sé.

Porque una maravillosa cosa que trae aparejada la lectura es la independencia de las cosas: uno, el lector, se adentra, solo, a un mundo del que no sabe cómo va a salir, al contrario de los predecibles fanáticos, todos pintados con la misma brocha, uno igual que el otro, replicados mil veces en los espejos que los acompañan. No en balde la sorprendente tecnología se ha ceñido a estas cortedades del lenguaje, miniaturizando las palabras en sus portentosos contenidos: 140 caracteres en los tuits, ni uno más. Aquellas bellas cartas —largas o no— escritas a mano ya no existen más. Todo ahora conlleva premura. Hasta en el habla. Si no te expresas con rapidez perdiste el turno. Y tal vez tenga mucha razón el editor Porfirio Romo Lizárraga cuando dice, en su libro *A vuelo de página* (Cuadernos de *El Financiero*, 2013), que la lectura comenzó a ser amagada en el sexenio del presidente Adolfo López Mateos (1958-1964) al imponer la distribución de los libros de texto gratuitos a las entonces pequeñas generaciones, que fueron acostumbrándose a ya no visitar las librerías porque las lecturas se las obsequiaban en sus aulas. Nadie, que yo sepa, había dicho las cosas de este otro modo. Sino todo, hasta antes de Romo Lizárraga, había sido exaltación por la hechura de estos volúmenes a los niños de primaria y secundaria, que, de paso hay que decirlo, no leen sus libros sino de modo obligado. Además el profesorado, que tampoco lee, ya se ha habituado —en estos tiempos de las novedades tecnológicas— a pedir las tareas mediante los instrumentos de la electrónica, que ha suprimido, aún más, el ejercicio de la lectura. Más aún: ahora la "novedad" escolar, que lleva aparejada un sustancioso ahorro en los bolsillos de los padres, consiste en introducir *todos* los materiales bibliográficos en la red para facilitar al educando las consultas requeridas, de manera que, ahora, no tengan los niños y los adolescentes ninguna necesidad de recurrir a los trastos viejos —desusados, inútiles— de la cultura lectora.

En la actualidad todo se hace por la Internet: cartas, tareas, pagos, reclamos, investigaciones, invectivas, injurias, chantajes, intercambios, ligues, aproximaciones... y mínimas lecturas, porque el empresariado de los nuevos aditamentos, con sus numerosos consumidores, se ha empeñado en augurar la desaparición del papel, y ha invertido, entonces, en una divertida variedad de soportes para sustituirlo; en la Feria de la Electrónica —efectuada en la tercera semana de enero de 2013 en Las Vegas— el objetivo de todas las compañías participantes en ella parecía una feliz coincidencia: nadie quería saber del papel; es más, ¡se propusieron eliminarlo durante el transcurso de ese año!: "Ni la firma va a valer si no es digital", afirmaron. Y aquella meta de algunos ecologistas angustiados que clamaban, en los ochenta del siglo XX, por la protección de los árboles parece por fin conciliarlos con su aparente sueño guajiro: ni un árbol más se va a convertir en un libro. Y no dudo en que, si se persiste en la impresión de los libros en los años venideros, aparezca de pronto en las redes sociales el hashtag #YoSoyArbol101 para obligar a los impresores a suprimirlos definitivamente.

En fin.

Yo no sé si la gente con ello vuelva a leer o si esta actividad tiene ya sus días contados. No lo sé. Yo lo único que sé es que todavía soy un hombre de lecturas. Y si esto significa ser una persona extemporánea, puedo afirmar con orgullo que este tipo de extemporaneidades me fascina. Como escuchar a Mozart, o a Bach, o a Beethoven, o a Louis Armstrong. Hay pasados que no dejan de encantarme. Y una de las cosas que más me conmueve es entrar a una biblioteca y mirar todos esos hermosos libros que alguna vez escribieron hombres importantes. Me gustan los aromas de los libros, que jamás va a tener una computadora, ni una lap top, ni una iPad, ni una Tablet.

Cuestiones de épocas, otra vez.

Quizás un día también las bibliotecas, por este mismo asunto de los desplazamientos electrónicos, desaparezcan. Tal vez sean instalados otros recintos con nombres diferentes: consorcios digitales, tal vez; hogares blogueros, tal vez: refugios cibernéticos, tal vez. Lo cierto es que cada vez menos gente se aproxima ahora a una biblioteca: si todo lo tiene en su casa mediante la Internet, ¿para qué va a perder su tiempo acudiendo a estos inmuebles dinosáuricos? Por eso las multitudes se van uniformando cada vez más. Se habla mucho de que las redes sociales van a transformar al mundo porque, por primera vez, las individualidades pueden opinar de todo utilizando su teclado desde la comodidad de su casa. Se puede incluso ser un rebelde bostezando en la recámara en un día de asueto, o durante una insoportable cruda, o después de hacer el amor. O tener miles de amigos sin saber de ellos, ni nunca visitarlos. Hoy, dicen, se puede hacer todo sin recurrir a un libro. Incluso se puede ser ídolo, o presidente de un país, o escritor, o actor, o locutor, o líder social, o ser millonario sin haber pasado los ojos, nunca, por encima de las letras de un libro.

La cultura de la humanidad, ahora, radica justamente en no poseer cultura.

3. *La sabiduría procede de tener una pregunta para todo*

Y por no leer más que tuits informales (¿pero hay acaso tuits formales?) no se sabe, por ejemplo, que gracias al literato Jonathan Swift (en efecto: el autor de *Los viajes de Gulliver*) un portal con millones de visitas como Yahoo es debido a él. O que Kafka hizo hablar a un gorila, tema que es retomado por un Nobel reciente: J. M. Coetzee. O que ya Ray Bradbury preveía los incendios de las bibliotecas como una colosal metáfora de la extinción del papel. Yo estoy sumido en estas historias. Porque creo irremediablemente en los buenos escritores. Y tengo que leerlos para poder evaluarlos. No creo, digamos, en Murakami. Porque lo he leído, y es un escritor que también tiene prisa, y todo me lo quiere decir con premura, descuidando sus letras, su sintaxis, su estilo. A mí no me gustan esos escritores (como Ken Follett, de quien se asegura que vende millones de ejemplares en estos tiempos, ¡ay!, en que nadie, ¡ja!, lee un libro: por lo menos en México el promedio es de casi un libro al año por cada habitante, según se dice, aunque de manera oficial se resalta que son 2.6 libros por año, es decir casi tres por año, vaya uno a saber si estas cosas son ciertas o mera especulación) que se apresuran en escribir sus libros porque tienen la certeza, gracias a sus excepcionales agentes literarios, de que van a obtener millones de dólares por lo que escriban.

¿Y cómo puede saberse esto? ¿Que hay escritores que engañan y otros que no? Sólo hay una auténtica fórmula: leerlos, leer, leer siempre. Así como uno puede percibir la música mediana sólo escuchando música, y conocer qué teatro es mediocre sólo yendo al teatro, y valorar una buena película sólo asistiendo con regularidad a las salas de cine, también el pulso de la lectura se obtiene a través del impulso lector. Manufacturando este libro pude percatarme, gracias a la gracia internáutica de algunas amistades, que hay varios textos míos, sin su correspondiente crédito, en la red mundial. Yo vi uno, en el buscador de William Faulkner, tal cual, sin modificar una sola palabra de mi original, un íntegro escrito mío como si fuera de… de… de… en realidad no sé de quién, porque carece de firma, lo cual me causó una breve sonrisa, porque, una vez más, pude comprobar, sin querer, los síntomas antidemocráticos de los portales en aras de una compulsión informativa. No estaría mal si toda la información fuera anónima, pero no es así. Sino la catalogación es piramidal: si un escrito lo firma, digamos, una connotada "vaca sagrada" de la literatura, el nombre está a la vista de todos; de lo contrario, se vuela arbitrariamente, procediendo al esquema manido de las categorizaciones impuestas por las cúpulas culturales en el mundo.

¿Por qué estas prácticas son obedecidas sin ponerles ninguna objeción?

¿Por qué en el orbe cultural también los participantes se ciñen a estas reglas no escritas?

Dice Ray Bradbury en su *Farenheit 451:* "Se abreviaron los años de estudio, se relajó la disciplina, se dejó de lado la historia, la filosofía y el lenguaje. Las letras y la gramática fueron abandonadas gradualmente, gradualmente, hasta que se olvidó su existencia. La vida es lo inmediato, sólo el trabajo importa. Divertirse, sí, pero después del trabajo. ¿Por qué aprender algo salvo apretar botones, dar vuelta a las llaves, ajustar tornillos y tuercas?" Y organizar, por supuesto, superdeportes "al alcance de todos, espíritu de grupo, diversión y no hay que pensar, ¿eh?"

Paradójicamente, en estos tiempos de la supertecnología, la humanidad empieza, de manera paralela, a vivir en un catatónico estado de benigna desilustración. Ya Milan Kundera ha dicho que, en la actualidad, "la estupidez de la gente procede de tener respuesta para todo", a diferencia de la novela, cuya "sabiduría" procede "de tener una pregunta para todo".

4. La extinción de los editores

Pareciera que los buenos editores se van extinguiendo. Y el estadounidense Jason Epstein nos lo confirma en su volumen *La industria del libro* (Anagrama, 2002), en el cual dice que, hoy, "la edición de libros se ha desviado de su verdadera naturaleza [¡en 2002 ya lo decía, y eso que no sabía de la pronta existencia de los ebook que supone la publicación de cualquier autor aunque no tengan idea de los significados de la sintaxis!], y ha adoptado la actitud de un negocio como cualquier otro, bajo el dictado de unas condiciones de mercado poco favorables y los despropósitos de unos directivos que desconocen el medio. Ello ha provocado muchas dificultades, pues la industria del libro no es un negocio convencional. Se asemeja más a una vocación o a un deporte de aficionados, cuyo objetivo primordial es la actividad en sí misma más que su resultado económico".

Para todos aquellos que buscan ganancias inmediatas, el asunto a la larga los decepciona. Epstein es de esos editores emprendedores que en los cincuenta creara Anchor Books y en los sesenta fundara *The New York Review of Books*. Jason Epstein puede estar en la misma lista donde se hallan, si bien ya no están con vida, Horace Liveright, Alfred Knopf y Bennett Cerf (arriesgados apostadores por las obras de Joyce, Hemingway y Eliot, respectivamente). "En los cincuenta —dice—, la industria del libro seguía siendo la actividad en pequeña escala y en gran medida personal que había sido desde los años veinte, cuando una notable generación de hombres jóvenes, y unas pocas mujeres, muchos de los cuales eran judíos a los que no se admitía en las empresas de la vieja guardia, rompieron con sus remilgados antecesores, arriesgaron sus fortunas personales y encararon la desaprobación de sus mayores al promover agresivamente la literatura y las ideas del modernismo. Como los dueños de las galerías de arte de Manhattan en los años sesenta, llegaron a la mayoría de edad durante una revolución cultural y la exploraron brillantemente."

Pero cuando Epstein los conoció, a mediados del siglo XX, aquellos valientes editores le parecieron "cualquier cosa menos revolucionarios". Así es, después de todo, la vida. Cuando los jóvenes editores, sobre todo los engolosinados en la materia electrónica de los puntocom, conocieron a Epstein, habrán pensado cualquier cosa menos que dicho señor se había arriesgado con valentía a publicar a Vladimir Nabokov, Norman Mailer, E. L. Doctorow y Philip Roth. Hoy ya todo el mundo puede "subir" su libro a la Internet, radiante de orgullo. Y hay incluso editores, "valientes" editores, que ya no imprimen los libros en papel sino los ofertan en la red y, de acuerdo con las peticiones, y luego de cobrar por ello (antes de meterlos a la imprenta), elaboran dos o tres ejemplares, no perdiendo nunca, ganando siempre.

Random House, en 1958, "era una destacada editorial norteamericana que publicaba libros de interés general, pero su guía de teléfonos interna, que incluía al centenar aproximado de empleados, no ocupaba una hoja del tamaño de una tarjeta postal. Para nosotros, en aquellos tiempos —asevera Epstein—, Random House era una segunda familia, insólitamente feliz, cuyo domicilio diurno cabía cómodamente en el ala derecha de la antigua mansión Villard, en la esquina de Madison con la calle 50, con su vestíbulo de mármol blanco y negro, su inestable elevador y su patio, donde teníamos derecho a seis preciosos espacios de estacionamiento: los otros doce pertenecían al arzobispado de Nueva York, que ocupaba las secciones central y meridional de la mansión". Hoy, la guía telefónica de Random House mide 21 centímetros por 28, tiene 116 páginas (¡en 2002!) y contiene los nombres de más de cuatro mil quinientos empleados, "casi todos ellos —suponía Epstein— desconocidos entre sí". Las condiciones del libro ya no son las mismas, por supuesto: "El mercado bibliográfico lo dominan ahora unas pocas cadenas de grandes librerías cuyos elevados costos de explotación exigen elevados volúmenes de venta y en consecuencia un suministro constante de *bestsellers*, un objetivo imposible pero al que los editores han tenido forzosamente que comprometerse".

La bella industria de los libros "estaba perdiendo su diversidad natural por culpa de un mercado formado por grandes superficies que demandaba productos cada vez más uniformes. Los libros se escriben en todas partes, pero siempre han necesitado las culturas complejas de las grandes ciudades para obtener resonancia". Antes, colocar exitosamente un buen libro en el mercado era cuestión de trabajo editorial profundo. Hoy, "escritores de bestsellers con nombre de marca como Tom Clancy, Michael Crichton, Stephen King, Dean Koontz y John Grisham, cuyos lectores fieles son adictos a sus melodramas fabricados con arreglo a una fórmula, ya no necesitan corregir y promover sus libros como tampoco Nabisco necesita a Julia Child para mejorar y promover las galletas Oreo". Tan sólo entre 1986 y 1996, 63 de los 100 títulos de *bestsellers* fueron elaborados por únicamente seis escritores: Tom Clancy, John Grisham, Stephen King, Dean Koontz, Crichton y Danielle Steel, "una concentración mucho mayor que antaño y una bendición híbrida para sus editores, que sacrifican gran parte de sus ganancias normales, y con frecuencia sufren pérdidas, para conservar a autores tan poderosos". Un comunicado de prensa de Simon & Schuster "celebró inocentemente —dice Epstein— que la distribución electrónica de la nueva novela de King 'eluda el tradicional proceso de publicación, que dura un año', pero los futuros libros electrónicos de autores de gran venta pueden eludir completamente a los editores". El primer experimento de este tipo lo llevó a cabo Scribners, una división de Simon & Schuster, en una labor conjunta con la propia editorial de Stephen King, Philtrum Press, que puso a la venta, exclusivamente en Internet, durante un tiempo limitado (en el invierno del año 2000), a 2.50 dólares el ejemplar, la nueva historia de fantasmas de King: *Riding the Bullet*, de apenas 16 mil palabras, "que los lectores podían descargar a sus soportes manuales de lectura o directamente a sus pantallas por medio de diversos programas de software. Al final del primer día de venta se habían recibido 400 mil pedidos. Aunque entonces sólo había 10 mil soportes manuales de lectura, la tecnología que dé a los autores un acceso inmediato a los lectores se perfila ya en el horizonte. El resto depende de los escritores, de sus agentes o gerentes, y de sus editores".

Sin embargo, Epstein no era un optimista de este novedoso mercado porque la clientela de los puntocom "es volátil", decía, "libre de desertar en un instante electrónico si otro vendedor ofrece un servicio mejor y precios aún más baratos", o si los propios portales llegan "a la conclusión de que ya no pueden permitirse continuar ofreciendo a sus clientes productos y servicios por los que no hay que pagar", tal como asegura, más de una década después, en 2013, el editor Porfirio Romo Lizárraga en su libro *A vuelo de página* (Cuadernos de *El Financiero*), constatando lo que apuntaba Epstein dos lustros atrás: los ebook, pese al empuje empresarial, se niegan a despegar justamente por todo ese juego de la gratuidad en el mercado libre de las redes sociales.

Porque, bueno, no hay nada como la natural edición de los libros, que no es sino "una industria artesanal, descentralizada, improvisada y personal; la realizan mejor grupos pequeños —advierte Epstein— de gente con ideas afines, consagrada a su arte, celosa de su autonomía, sensible a las necesidades de los escritores y a los intereses diversos de los lectores. Si su objetivo primordial fuera el dinero, estas personas habrían elegido otras profesiones. Habrían elegido ser, por ejemplo, agentes literarios, muchos de los cuales han prosperado a medida que los anticipos sobre derechos de los autores han aumentado a un ritmo frenético en el fuertemente competitivo mercado actual de talento vendible". Ciertamente aún los hay, los buenos y generosos editores, pero se cuentan con los dedos de la mano. Porque los que abundan son los otros, aquellos impenetrables e inalcanzables editores (los que se han comido, ya, a la mayoría de las editoriales mexicanas, reduciendo todavía más el mercado creativo) que están todo el día pensando en el dinero que podría dejarles esa innocua escritora *light* o ese señor que, gracias a su influencia política, puede obtener este año, si la oferta económica está al alcance de los bolsillos de su agente literario, cualquier deseado y fructífero premio madrileño o barcelonés, que son los que proporcionan, en el mundo castellano (en el anglosajón el premio mayor es ser filmado por Spielberg), la ansiada fama. 🌱

Prólogo

❦ *Atentados contra la página*

Dice Tom Wolfe que es vergonzoso tardar once años en escribir un libro. Yo no me ruborizo si le confío a usted que este libro mío ha demorado más de dos décadas, porque escribir un libro sobre las lecturas personales, creo, no es un asunto menor. Sobre todo si se piensa que uno, que ha adoptado el oficio escritural como modo de vida, no deja de leer en ningún momento, aunque he de confesar que, a diferencia de poder asegurar cuántos discos tengo y cuántos he escuchado de mi colección, no sé, a ciencia cierta, cuál es la cantidad exacta de los libros que he leído hasta el día de hoy. Sí puedo saber que, en mi biblioteca, poseo más de cinco mil tomos, pero tengo la certeza de que no he podido leerlos todos. ¿Acaso una cuarta parte? No lo sé, en verdad.

Porque un solo volumen puede ser demorado en ser leído, a veces, más de un mes, como otros incluso en un solo día. *Crimen y castigo*, de Dostoievski, recuerdo que, pese a su crudeza, lo leí en menos de setenta y dos horas, y el nombre sagrado de Raskolnikov desde entonces no se me ha borrado de la cabeza, cada vez, quizá, con menos partículas memoriosas. Pero también están los libros que uno ha releído numerosas veces, como, en mi caso, *Don Quijote*, obra de la que tengo más de diez versiones, todas ellas hermosas. Probablemente *Don Quijote* ha pasado, de modo íntegro en sus dos tomos, por mis ojos unas tres veces, y volvería con gusto a leerlo. Una vez, durante un accidente casi fatal en 2003, recuerdo que, mientras me reponía (obligadamente en reposo, con siete u ocho costillas rotas), en una sola semana me leí medio centenar de libros; breves, sí, pero ya me los debía: los dolores eran felizmente apaciguados por las maravillosas historias que entraban a mi vida.

Porque eso sucede con la literatura, la buena literatura: el lector va acumulando experiencias, vive más vidas que la gente común, va absorbiendo conocimientos, enriqueciéndose de numerosas ideas, va siendo muchos hombres en uno solo, va poniendo orden a múltiples cavilaciones, su imaginación incluso puede desbordarse. ¿Cuántos libros necesita leer un lector para ser un compendio de sabiduría? No hay un número, no puede haber un número. Porque la cultura no se basa en cifras, sino en contenidos, en apropiaciones, en fortalezas. Así como uno puede tener una ligera sospecha del número de películas que ha mirado el incontenible y arrasador Jorge Ayala Blanco en su medio siglo como crítico de cine (¡más de cincuenta mil!), nunca (¡nunca!) se va a poder calcular cuántos libros leyó, por ejemplo, Jorge Luis Borges (que se consideraba más lector que escritor), ni Julio Cortázar, ni Charles Dickens, ni Nabokov. Porque un libro puede ser leído durante un mes, mientras un filme *tiene* que ser visto en dos horas. Vamos, podemos adivinar cuántas cintas ha visto Ayala Blanco, pero no cuántos libros ha leído, porque, además, es un lector voraz. Y son —la literatura y el cine— dos cosas distintas, ciertamente.

No fue fácil escribir este libro. Porque, en efecto, sabía que quería escribir un libro sobre lecturas de libros, sobre autores, sobre tramas… pero, ¿cómo? De antemano era evidente que no iba a poder incluir todos los volúmenes que he leído en mi vida. No está, digamos, Herman Hesse, que es un literato de mi adolescencia. Y su *Bajo las ruedas* me signó profundamente. Tampoco elegí a Dante Alighieri. Ni a Petrarca. Dejé fuera a Dostoievski y a Gogol y a Tom Sharpe y a Kundera y a Capote. Pero es como todo en la vida, supongo: ¿por qué se ama exactamente a esa mujer y no a aquella?, ¿por qué se escucha un disco de Bruce Springsteen y no uno de Donovan?, ¿por qué se pide del menú un espagueti a la bolognesa y no un coctel de camarones?, ¿por qué se escogió al Barcelona y no al Atlético de Madrid?, ¿por qué se compró un perrito yorkshire y no un salchicha?, ¿por qué uno viste de negro y no de morado? Y de ahí puede surgir cuanta pregunta se nos asome a la cabeza: ¿por qué 101 autores?, ¿por qué no nada más medio centenar?, ¿o cien?, ¿por qué no mil uno o quinientos?, ¿por qué *Bartleby* y no *Moby Dick*?, ¿por qué fue eliminado de último momento Oliver Sacks y tomó su lugar Hosseini?, ¿por qué los compositores Dylan y Cohen y no Bellow, Boll, Grass, Novalis, Seferis o Lessing?, ¿por qué el repertorio no se hizo en orden alfabético y se prefirió el cronológico?

Etcétera.

Es como cuando escuchamos decir una cosa y en la práctica resulta otra muy distinta. Cuando una mujer dice no, puede ser sí; cuando un político pronuncia en su discurso que no van a aumentar los medicamentos, los ciudadanos ya están temerosos porque saben que en cualquier momento los precios subirán; cuando un futbolista promete que van a ganar al equipo rival, los fanáticos del declarante entonces tienen el temor de que su oncena va a perder; cuando el carnicero dice que el chicharrón es exquisito, a la hora de la comida los comensales comprueban lo contrario: cuando el casero promete no aumentar la renta, los inquilinos tienen que ir ahorrando pues tienen la certeza de que no va a ser así, y al siguiente mes lo corroboran; cuando el amante dice estar enamorado, la amada no puede creer cómo entonces fue a acostarse con su amiga; la hija dice que va a llegar a la medianoche, pero abre la puerta de la casa casi a la hora en que el sol está saliendo: el presidente de la República hace un sinfín de promesas en su periodo inicial que al final de su mandato no cumplirá; el filósofo especializado en ética acuerda con una gran empresa editorial un premio millonario sin la necesidad de remitir su novela al concurso; los matrimoniados se juran amor eterno, pero a los dos años están desesperados por divorciarse; el locutor dice una noticia, pero todos los espectadores saben que está mintiendo; los diputados dicen una cosa y hacen otra…

Etcétera.

El lenguaje, sí, es una fuente de malos entendidos, como bien dice Antoine de Saint-Éxupéry.

Quizá por eso yo tenía al comienzo una idea de este libro muy distinta de su resultado final, el cual, de todos modos, me tiene satisfecho. Fueron no sé cuántas horas de ensimismamiento, no sé cuántos años (más de once, seguramente), no sé cuántos interminables desvelos. Y estoy de acuerdo. Y le he puesto punto final al compendio, por que de otro modo jamás se lo habría puesto. Quien ha escrito un libro sabe de lo que estoy hablando.

Tal vez en el futuro haga otro libro con un número igual de autores, u otros dos, o tres tomos, no lo sé, o preparar otro ahora con ciento un autores del mundo hispano. Tal vez. Mientras tanto, me alegra poder haber concluido este libro. Porque desde hace muchos años había querido escribir sobre mis lecturas, acerca de los libros leídos, sobre las historias que hallamos en los libros.

Y aquí está mi aportación, por fin.

Así que, con permiso, voy a darle vuelta a la página, que es una de las cosas más maravillosas que he descubierto en la vida, cosa, por cierto, a punto de extinguirse, según los empresarios de la electrónica, empeñados en atentar contra este objeto ilusorio. 🍇

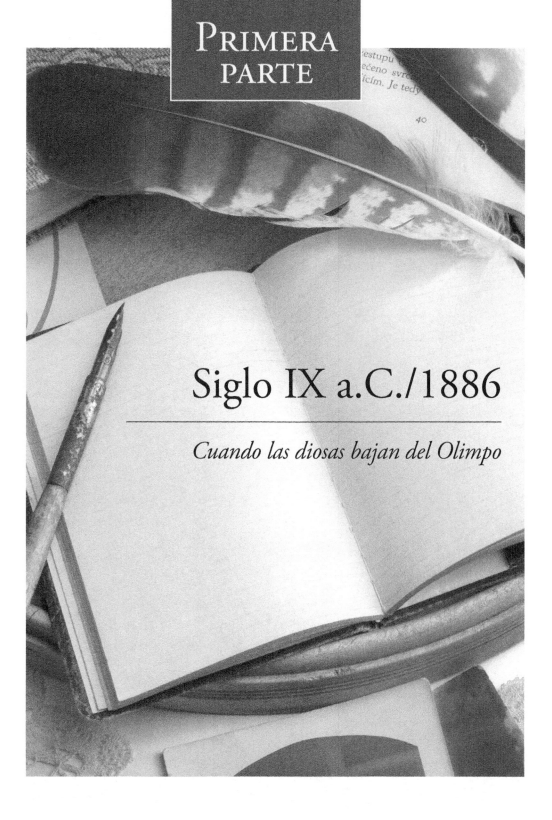

PRIMERA PARTE

Siglo IX a.C./1886

Cuando las diosas bajan del Olimpo

Homero

(Grecia, siglo IX a.C.)

❦ *Y Príamo le apunta exactamente en el talón a Aquiles*

Los dioses, por supuesto, tienen una decisiva participación entre los mortales. La mitología griega, alentada por sus primeros poetas, es tan aparentemente verídica que, sin ella, las crónicas versadas de los hombres sabios no hubiesen sido posibles si estos fantásticos seres no hubieran "convivido" terrenalmente en las ciudades helénicas. Mientras los aqueos y los troyanos se matan con una violencia nunca antes vista, los dioses, tomando su delicioso néctar, cavilan sobre la suerte de los guerreros al grado de intervenir, de manera mágica e incluso onírica, en los cruentos campos de batalla. No de otro modo salvan a los héroes casi desfallecidos: por eso Menelao, atónito, mira cómo Paris, el raptor de su mujer Helena, desaparece luego de tenerlo al punto de la agonía. Resulta que Afrodita, "como diosa, lo impidió fácilmente —dice Homero en *La Ilíada*—, llevándose a Alejandro [también denominado Paris] envuelto en una densa nube hasta la cámara nupcial, donde hubo de tenderle en su lecho perfumado".

Luego la misma diosa fue por Helena para convencerla, y prácticamente obligarla, de que retozara con su nuevo esposo. Pero antes de complacerlo, la secuestrada hembra le reprocha su falta de valor ("¿no te jactabas de aventajar en los arrestos, en la fuerza y en el manejo de la lanza a Menelao?", le reclama, furiosa), mas es callada por un tembloroso Paris: "¡Mujer, no me destroces el corazón con amargas palabras! —dice, según refiere Homero—. Cierto que Menelao me venció con ayuda de Atenea; pero otro día le venceré yo, pues también tenemos aquí dioses amigos. ¡Ven, acostémonos y amémonos! Nunca el deseo me abrasó tanto, ni aun cuando te embarqué en mis naves ligeras después de arrebatarte de la feliz Lacedemonia, uniéndome contigo en la isla Cránae. ¡Cuánto te amo ahora, y cómo ardo en deseos!" Habló así Paris, "y dirigióse al lecho, y le siguió la esposa, y se acostaron en el lecho bien construido".

Así, mientras el troyano gozaba de una mujer ajena (que es, dicen, cuando más se goza a una mujer), que se entregaba a él en efecto finalmente gustosa, el legítimo marido, el griego Menelao, "cual animal feroz cruzaba por la muchedumbre en busca [inútilmente] del divino Alejandro". Y, sí, los troyanos, al ser vencido Paris, en realidad no supieron perder, desencadenándose en ambos bandos una encarnizada lucha. Y de la misma forma en que Afrodita protegió a su consentido troyano volteando estrepitosamente la historia, de igual manera Atenea salvó de la muerte a Aquiles de manos del indomable Héctor otorgándole otro sentido a los sucesos. "Blandiendo su larga pica", Aquiles la disparó; "pero vióla el ilustre Héctor y la evitó; y pasando por encima de él se clavó en tierra la pica de bronce". Sin embargo, "Atenea la arrancó devolviéndosela a Aquiles, sin que el príncipe de pueblos Héctor lo advirtiera". Así, sin la perversa injerencia (y creo que "perversa" es, y no otra, la palabra idónea para tales desasosiegos e intemperancias etéreas) de estos dioses metafóricos (¿qué Dios, al fin y al cabo, no posee algo de metafórico?), las cosas, ¡vaya destinos incognoscibles!, no hubieran sucedido como sucedieron: Paris habría sido muerto por Menelao y los troyanos devuelto de inmediato a la coqueta Helena y la trágica batalla probablemente se hubiera borrado de la historia; pero, vamos, si Paris salvó la vida a instancias de una diosa, Héctor la perdió por la misma circunstancia.

Homero, que escribió sus versos hacia el siglo VIII a.C. refiriéndose a un acontecimiento llevado a cabo medio milenio atrás, siempre hace hablar a los ubicuos dioses. Cuando Zeus se percata de que Héctor, después de matar a Patroclo, lo despoja de sus armas, que a su vez se las había donado Aquiles para estimularlo en la refriega, se encoleriza, Zeus, diciéndose a sí mismo: "¡Oh, desdichado [Héctor]! ¡No piensas en la muerte, que está cercana a ti, y te revistes con las armas inmortales del más bravo de los hombres, ante quien temblaban todos los guerreros; y mataste a su compañero, que tan dulce y valeroso era, y le arrebataste ignominiosamente las armas de su cabeza y de sus hombros!" De antemano los dioses ya conocían el futuro de los mortales, manejando a su antojo sus comportamientos e incluso sus mismos sentimientos.

Homero, asimismo, nunca fue reticente en su poemario sobre la indecible matanza. Crudo poeta, relataba sin bochorno los detalles de la antigua contienda: "Y Aquiles alcanzó de una lanzada a Mulio, atravesándole el cráneo de una oreja a otra oreja. Y con su espada de pesada empuñadura hundió por la mitad la cabeza del agenórida Equecio; y humeó la espada mojada con la sangre, y la negra muerte y la Moira violenta cubrieron los ojos del vencido". Describe acuciosamente los pormenores de la batalla, en el entendido de que para los griegos no había más honor que el de morir por una causa que se creía justa (se llega el caso de que, con tanta muerte que va sembrando a su paso, Aquiles se "cansa" de tanto asesinato, motivo por supuesto por el que es loado y beatificado). La descripción de Homero a la muerte de Héctor es sencillamente aterradora: "Le pinchó [Ulises al troyano] en los tendones de ambos pies, entre el talón y el tobillo y pasó correas por las aberturas. Y le ató a la trasera de su carro, disponiéndole de modo que la cabeza le arrastrase.

Luego, colocando en el carro las armas ilustres, montó él, y fustigó a los caballos, que corrieron con ardor. Y así era arrastrado Héctor entre un torbellino de polvo, y se manchaban sus cabellos negros, y hundíase en el polvo su cabeza, aquella cabeza tan hermosa, que Zeus entregaba ahora al enemigo para que se la ultrajase en la tierra de la patria". Porque los griegos no se conformaron de que Aquiles ya lo había matado, sino que, ya muerto, siguieron golpeándolo hasta la extenuación.

Pero, bueno, ahora vamos al cine y resulta que Menelao es asesinado por Héctor, Briseida mata a Agamenón, Paris aniquila a Aquiles, Príamo es muerto por Agamenón en su desconcierto mirando las llamas arder sobre su Troya (cuando muere, según Virgilio, a manos nada menos que de Pirro, el hijo de Aquiles), Helena es una Barbie que escapa con su secuestrador y Aquiles participa desde un principio en el conflicto cuando obviamente ello no ocurre así en la literatura clásica. Lo que vemos en la pantalla de celuloide es una historia que ni Shakespeare se hubiese imaginado: ¡Aquiles se desquicia por una esclava siendo muerto por uno de los hijos de Príamo que le apunta, preciso que es, justamente en el talón, la única parte vulnerable de su cuerpo —que desconocía el propio Homero, ya que no lo cuenta en su largo poema: dicha leyenda es posterior!

Así las cosas, quizás dentro de treinta siglos, tal como ha acontecido con esta Troya de historieta hollywoodense, los futuros cineastas, si es que al cine se le sigue llamando cine, digan, en un inspirado impulso prosístico (finalmente los creativos tienen derecho a tergiversar la historia), que la guerra de Irak fue producto de un apasionado romance entre un miembro secreto de El Kaida, tal vez el mismísimo Ben Laden, con Condoleezza Rice, de quien estaba estúpidamente enamorado el entonces presidente imperial George W. Bush... 🖤

Esopo
(Grecia, siglo VI a.C.)

🖤 *La sinfonía del raciocinio*

Si bien existen varias versiones, todas ellas de autor anónimo, de la vida del magnífico fabulista Esopo, "y que deben encuadrarse —según se apunta en la introducción del noveno volumen de la Biblioteca Básica Gredos— en el *corpus* de la novelística antigua", debemos considerar que bajo la aguda sátira, de intención eminentemente moralista, se halla indudablemente algo de realismo. Así, pues, si hemos de hablar de fealdad tenemos que remitirnos, con prontitud, a la Grecia del siglo VI a.C. "El utilísimo Esopo, el fabulista, por culpa del destino era esclavo; por su linaje, frigio, de Frigia; de imagen desagradable, inútil para el trabajo, tripudo, cabezón, chato, tartaja, negro, canijo, zancajoso, bracicorto, bizco, bigotudo, una ruina manifiesta. El mayor defecto que tenía, aparte de su fealdad, era su imposibilidad de hablar; además era desdentado y no podía articular." Trabado en su lengua, era objeto de un sinfín de burlas y maldades.

Un día se hallaba Esopo "cavando el campo cuando casualmente una acólita de Isis, que andaba extraviada por el camino real, entró en el campo, donde fue a encontrarse con Esopo mientras cavaba". Sin saber la desgracia que tenía, le pidió que le enseñara el camino a la ciudad. Cuando vio delante de sí la figura humana de la diosa, Esopo se prosternó ante ella y "empezó a hacer señas con la cabeza" para saber la razón del extravío de la acólita de Isis. La sacerdotisa se percató de que el esclavo podía oír, mas no hablar, y le pidió que le enseñara el camino correcto a la ciudad. "Cogió Esopo la escardilla con que estaba cavando, tomó a ésta de la mano, la llevó a la arboleda y le ofreció pan y aceitunas de su zurrón; cortó también unas verduras silvestres, se las trajo y le obligó a comer. Ella comió. Luego la llevó a una fuente y se la enseñó por si quería beber. Una vez que hubo comido y bebido deseó lo mejor a Esopo", quien la condujo al camino principal para orientarla hacia su destino.

Gracias a esta noble acción, la propia Isis, acompañada de sus nueve musas, fue hasta donde estaba Esopo, arrastrado en ese momento en un dulce sueño, y dijo: "Miradlo, hijas, a este hombre, deforme de figura pero capaz de vencer toda burla con su piedad. Éste, en una ocasión, mostró el camino a una diaconisa mía que andaba extraviada. Aquí estoy con vosotras para recompensar a este hombre. Así, yo le restituyo la voz y vosotras a la voz añadid la gracia del discurso excelente". Tras decir esto "y quitarle la aspereza de su lengua, la misma Isis le agració con la voz y persuadió además a las musas para que cada una de ellas le agraciara con algo de sus propios dones. Éstas le otorgaron la inventiva de los razonamientos y la facultad de crear y construir en griego". En síntesis, le otorgaron a Esopo la baliosa *poiésis*: la poesía propiamente dicha.

Así, una vez despertado, arreglado ya su defecto, empezó a dar nombre a todo lo que veía: "¡Hablo —exclamó—, por las musas! ¿De dónde he sacado yo el hablar?, ¿de dónde lo he aprendido? Sin duda, porque fui piadoso con la sacerdotisa de Isis. De manera que hermosa cosa es ser piadoso. Así, pues, espero concebir de los dioses provechosas esperanzas". Y vaya que las concibió. De ahí en adelante Esopo fue un faro de elocuencia y lucidez, y ya no digamos de inteligencia, pues ésta ya la poseía aun con la carencia del habla. "Contentísimo, cogió de nuevo su azadón y empezó a cavar. El capataz de la finca se metió con los trabajadores y pegó a uno de sus compañeros de Esopo con un palo", cosa que descompuso al fabulista:

—Hombre —replicó—, ¿por qué maltratas de manera tan cruel a quien no ha hecho nada malo y le pegas tan duramente, cuando tú a cada paso estás haciendo muchas cosas mal y nadie te pega?

Zenas, el capataz de la finca, se sorprendió al oír hablar a Esopo, y se dijo, nervioso: "¿Qué es esto? ¿Esopo habla? ¡Por los dioses! Al haber empezado a hablar a nadie ha golpeado si no es a mí, que soy el que habla y el que da órdenes. Si yo a éste no le acuso con un pretexto me puede echar del puesto, porque cuando todavía estaba mudo me dio a entender por señas que 'si viniera mi amo te haría salir del cargo porque te acusaría por señas'. Pues si por señas podía darse a entender, hablando será mucho más convincente. Así que no es buena cosa exponerse".

Apresurado y agitado, Zenas fue a la ciudad a la casa del amo para decirle que algo prodigioso había ocurrido en su finca.

—¿No será que ha dado frutas un árbol a destiempo? —preguntó el amo— ¿o que ha nacido una cosa en forma de hombre y con cuatro patas?

No era eso, por supuesto.

—Esopo, el inútil, al que enviaste al campo a cavar, el barrigudo...—susurró Zenas.

—¿Ha parido algo? —lo interrumpió el amo, alarmado.

Pero era un asunto mucho peor: el mudo había empezado a hablar, y no sólo eso sino que se ponía "a decir todo tipo de cosas sobre el género humano, y dice unas cosas tremendas de mí y de ti —dijo Zenas a su amo— que mis oídos no pueden escuchar".

El amo se lo tomó con mucha cautela:

—Vete y véndelo —ordenó a Zenas.

—¿Bromeas, amo? —replicó Zenas—. ¿Es que no conoces su fealdad monstruosa? ¿Quién va a querer comprarlo y tener un mono en vez de un ser humano?

Mas el amo no admitía refutaciones.

—Pues márchate —dijo a su subordinado— y regálaselo a alguien. Y si ninguno lo quiere aceptar, azótalo y mátalo.

Decidió Zenas venderlo, porque ningún mal le había hecho. Se lo ofreció a Ofelio, a quien llevó al campo para que mirara de cerca al feo esclavo. Cuando Zenas envió por Esopo, otro de los esclavos fue por él y le dijo que tirara el azadón y lo siguiera porque el amo quería verlo.

—¿Qué amo? —preguntó Esopo—, ¿mi amo natural o el administrador? Pues está clarísimo, haz la distinción y di: el administrador y, si no, el amo, porque también el administrador está uncido al yugo de la servidumbre como esclavo.

Su compañero de esclavitud se dijo para sí: "¡Qué cambiazo! Desde que empezó a hablar se ha vuelto extrañísimo". Después de tirar el azadón, Esopo se dijo: "¡Qué canalla es la costumbre de la esclavitud! Por eso los dioses la odian. 'Esopo, hazme el triclinio. Esopo, caliéntame el baño. Esopo, échame agua. Esopo, pon el pienso al ganado'. Todo cuanto es cansado o asqueroso o está lleno de dolor y humillación, todo se lo endilgan a Esopo. ¿Pues no me han dado los dioses parte en la facultad de hablar?"

Iba así meditando Esopo cuando se lo presentaron al traficante Ofelio, quien al mirarlo exclamó que ése no era un esclavo sino el mismísimo trompetero de la Geranomaquia [un pueblo de enanos]:

—¿Éste es un hombre o una raíz de caña? —dijo Ofelio—. Éste, si no tuviera voz, podría decirse que es un caldero con patas, un cubo de pienso o un huevo de oca. Zenas, maldito seas, ¿por qué pudiendo haber terminado yo mi viaje me has hecho dar un rodeo, como si tuvieras algo bueno que venderme y no una mierda?

Dicho lo cual Ofelio dio pronto vuelo a sus pies para marcharse, pero Esopo lo detuvo:

—Si has venido aquí a comprarme, ¿por qué no me compras? —reclamó.

Ofelio se negó, de nuevo.

—¡Cómprame, hombre! ¡Por Isis que te voy a ser útil! —dijo Esopo.

—¿Y en qué me puedes ser útil? ¿Voy a comprarte para que luego me pese? —preguntó Ofelio.

Esopo fue contundente:

—¿No tienes en tu almacén de esclavos muchachos sin educar que reclamen atención en todas y cada una de las cosas? Cómprame y hazme educador de ellos porque, asustados por mi repugnante aspecto, pondrán fin a su impudicia.

Convencido de esta tesis, Ofelio se llevó a Esopo y ahí comenzó el prodigio verbal del fabulista. Su fama se extendió a toda la Grecia. No había nadie que pudiera vencerlo en inteligencia. Su fealdad era disminuida ante su poderosa imaginación. El trompetero de la Geranomaquia, como vilmente había aseverado Ofelio, se convirtió en la sinfonía del raciocinio. Las palabras nada tenían que ver con su cuerpo: el argumento de su voz retumbaba en los oídos miserables de los que posponían las palabras en beneficio de sus radiantes físicos. 🍂

Heródoto

(Halicarnaso, antigua ciudad griega, 484/Sicilia, Italia, 425 a.C.)

🌿 *Pisístrato se hirió a sí mismo*

La historia tiende, vaya uno a saber porqué, a repetirse. Las cosas pasan una y otra vez, pero en su momento, por cuestiones de la memoria agotada o sencillamente por una conveniente indiferencia, parecieran siempre nuevas.

Por ejemplo, en la antigua Grecia, Pisístrato (600-528 a.C.) se hizo del poder en Atenas por una singular estrategia. Nos cuenta Heródoto: "Con ocasión del enfrentamiento entre los atenienses de la costa y de la llanura (de aquéllos era jefe Megacles, hijo de Alcmeón, y de los de la llanura, Licurgo, hijo de Aristolaides), formó [Pisístrato, hijo de Hipócrates], con miras a la tiranía, un tercer partido [que agrupaba a pastores y jornaleros], reunió secuaces y, una vez erigido en presunto caudillo de los montañeses, puso en práctica el siguiente plan: se hirió a sí mismo y a los mulos que llevaba, y condujo el carro hasta el ágora, como si hubiera escapado a unos supuestos enemigos que hubiesen intentado darle muerte cuando se dirigía al campo."

Entonces, animado por la asombrosa respuesta del pueblo, que creyó a pie juntillas lo del atentado, Pisístrato pidió "poder disponer de una guardia personal en atención a sus anteriores méritos en la campaña llevada a cabo contra los megareos, cuando tomó Nisea y realizó otros importantes logros. El pueblo ateniense, totalmente engañado, le permitió elegir, de entre el número de los ciudadanos, esos guardaespaldas que, en realidad, no fueran los lanceros de Pisístrato, sino sus maceros, pues le escoltaban provistos de mazas de madera". A su vez, Plutarco nos aclara que la guardia personal de Pisístrato ascendía nada menos que a cincuenta hombres. Fue así que con este numeroso contingente se sublevó apoderándose de la acrópolis. "Desde entonces —dice Heródoto en el primer tomo de su *Historia*—, y como es natural, Pisístrato se hizo el amo de Atenas, si bien no modificó las magistraturas existentes ni alteró las leyes."

Pero no le duró mucho el gusto, ya que, en un acuerdo espontáneo, los partidarios de Megacles y los de Licurgo lo expulsaron. "Así fue como Pisístrato se adueñó de Atenas por vez primera —dice Heródoto—, y perdió la tiranía por no tenerla todavía firmemente arraigada. Por su parte, quienes habían expulsado a Pisístrato volvieron nuevamente a los partidismos encontrados", de modo que, al ser irreconciliables los puntos de vista políticos, y, en "ocasión de un agravio que le infirió su facción",

Megacles preguntó a Pisístrato, "por medio de un heraldo, si estaba dispuesto, para recobrar la tiranía, a tomar a su hija por esposa", asunto que el vástago de Hipócrates aceptó gustoso (¡no sólo se hacía del poder sino también de una hermosa doncella!). "Convino en las condiciones indicadas y, con vistas a su regreso, tramaron un plan que, en realidad, yo encuentro [dice Heródoto] de lo más burdo (dado que, desde muy antiguo, el pueblo griego, indudablemente, se ha distinguido de los bárbaros por ser más astuto y estar más exento de ingenua candidez), si es que efectivamente ellos pusieron en práctica algo semejante en Atenas, cuyos habitantes tienen fama de ser los griegos de más acusada agudeza."

Resulta que en el demo de Peania había una agraciada y alta mujer, Fía, a quien ataviaron "con una armadura completa de hoplita", la hicieron subir a un carro, "le indicaron la actitud que debía adoptar para aparentar mayor majestuosidad y la condujeron a la ciudad, enviando por delante heraldos que, al llegar a Atenas, proclamaron lo que les había sido ordenado". Gritaban a los cuatro vientos de Atenas que debían acoger con propicia disposición a Pisístrato, "a quien la propia Atenea, honrándolo más que a hombre alguno", repatriaba a su acrópolis. Los atenienses, increíblemente —de ahí la reticencia de Heródoto de creer tal ingenuidad—, se convencieron de que dicha espigada dama era la diosa misma en persona y aceptaron, sin remilgos ni denuestos, nuevamente a Pisístrato, que ya los había engañado con candor por dos veces continuas. "Después de haber recobrado la tiranía —dice Heródoto—, Pisístrato, con arreglo al acuerdo pactado con Megacles, se casó con la hija de este último. Pero, como contaba [Pisístrato] ya con hijos crecidos y se decía que los alcmeónidas estaban malditos [porque Megacles había asesinado a traición], no quiso tener hijos de su nueva esposa y sus relaciones con ella eran antinaturales. Al principio la mujer, como es lógico, lo ocultaba, pero al cabo, sonsacada o no por su madre, se lo contó, y ésta, a su marido, que se indignó profundamente ante el agravio recibido de Pisístrato; e, irritado como estaba, puso fin a su desavenencia con los de su partido."

Enterado de lo que contra él se gestaba, Pisístrato volvió a abandonar Atenas y, "al llegar a Eretria, mantuvo con sus hijos un cambio de impresiones. Prevaleció el parecer de Hipias de volver a recobrar la tiranía y, por ello, se dedicaron a reunir donativos de las ciudades que, por lo que fuera, estaban en deuda con ellos". Es decir, ya sin el poder aprovechaba todavía los rezagos de su poder. "Y por cierto que, aunque fueron muchas las ciudades que contribuyeron con grandes sumas, los tebanos superaron a todos en la aportación de dinero." Luego, "por decirlo en pocas palabras", tuvieron ya todo a punto para el retorno y, al cabo de diez años, partiendo de Eretria, regresaron "siendo Maratón la primera plaza del Ática que tomaron. Y, mientras estaban acampados en ese lugar, llegaron sus partidarios de la ciudad, y de los demos afluyeron otros, a quienes agradaba más la tiranía que la libertad". Y el ejército de Pisístrato, en una noche de luna llena, sorprendió a los atenienses, que unos almorzaban mientras otros jugaban a los dados o dormían, y se apoderó otra vez de la ciudad y ya en su tercer mandato, que mantuvo hasta su muerte, "logró arraigar la tiranía", sostiene Heródoto, "merced a sus muchos mercenarios y a la afluencia de fondos, procedentes, en parte, del Ática y, en parte, del río Estrimón", usando sobre todo las minas de oro y plata.

Todo ello a partir de la asombrosa estrategia del autoatentado. Dos milenios y medio después, en marzo de 2004 (el último año de su administración política), apreciamos el doloroso lamento del gobernador oaxaqueño José Murat Casab, que, regresando al parecer, según los crecidos rumores de la plantilla informativa, "de un pachangón loco", se dijo víctima de una emboscada, que no fue tal. En un principio el pueblo oaxaqueño se sintió conmovido, pero ante las irrefutables pruebas del autoatentado ya no supo en qué creer, pues el Pisístrato contemporáneo (sea o no cierta su versión, el caso remite alegóricamente a la anécdota ateniense) continuó impávido en su inamovible interpretación... y así como hubo, antípodas suyos, los que no le creyeron, otros, simpatizantes indeclinables, lo cubrieron helénicamente de gloria hasta el fin de su sexenio. ❧

Platón
(Atenas, Grecia, 428-347 a.C.)

❧ *La compleja tarea de cronicar los decires de los sabios*

¡Cómo bebían los grandes sabios, y con cuánto placer!

—Veamos ahora, amigos —dijo Pausanias—, cómo nos hemos de arreglar para beber sin que ello nos incomode demasiado; porque, en lo que a mí respecta, os confesaré que aún estoy molido del exceso de ayer. Tanto, que tengo verdadera necesidad de respiro. Y lo mismo os ocurrirá, supongo, a la mayor parte de vosotros, que también érais de la fiesta. Arreglaos, pues, para que bebamos de modo que el vino nos moleste lo menos posible.

A lo que Aristófanes respondió:

—¡Bien dicho, Pausanias! Es absolutamente preciso, en verdad, que nos demos un poco de descanso. Yo también soy de los que ayer bebieron hasta no poder más.

El hijo de Ecumeno, Eriquímaco, habló a su vez:

—Lo que decís es oportunísimo, pero me gustaría saber cuál es la resistencia, en lo que a esto de la bebida respecta, de uno de nosotros: Agatón.

Y éste replicó:

—Nula, enteramente. Tampoco yo estoy bien dispuesto.

—¡Qué fortuna entonces para mí —añadió Eriquímaco—, y para Aristodemo, Faidros y demás contertulios, que vosotros, los grandes bebedores, os deis por vencidos! Nosotros, en esto, no estamos jamás a la altura necesaria. Por supuesto, dejo a Sócrates aparte, ya que tan capaz es de beber como de no hacerlo, por lo que, sea cual sea el partido que tomemos, él saldrá siempre airoso.

Por algo Platón lo admiraba en demasía. Ahora que releo *El banquete*, en una nueva edición (Alba / Edivisión, 2000), no deja, ni nunca dejará, de asombrarme la hermosa retórica de los griegos, aun cuando estuvieran harto bebidos. Se sabe que, luego de la extensa discusión que tuvieran estos hombres sabios sobre el amor, siguieron bebiendo hasta el amanecer, tal vez estimulados por la inesperada irrupción de Alcibiades, quien llegara a la tertulia cayéndose de ebrio (pues entre una flautista y varios de sus acólitos, ante la imposibilidad de ponerse en pie, lo condujeron cargado hasta la mesa de los sabios).

—Pero, ¿qué ocurre, amigos? Diríase que no sois los de costumbre —dijo Alcibiades—. ¿Pensáis que esta sobriedad os va a ser permitida? [¡Dicho esto cuando ya los filósofos habían degustado durante horas la bebida angelical que los inspiró a debatir acerca del amor!] ¡Ea! ¡Hay que beber! Ya sabéis que esto es lo que está convenido. Por consiguiente, mientras que no estéis en buen punto, me escojo yo mismo como rey del festín. Agatón, que me traigan, si la hay, una copa muy grande. Mas, ¿qué digo? No hace falta. Acércame, esclavo [dijo Alcibiades, viendo un vaso que tenía, valga la redundancia, más de ocho vasos de fondo], ese cubo para refrescar ánforas.

Se sirvió primero, luego de lo cual mandó que le colmasen de nuevo la copa a Sócrates.

—En lo que a Sócrates atañe —añadió Alcibiades—, inútil andar con melindres: beberá tanto cuanto se nos antoje sin llegar por ello a emborracharse.

Habiendo el esclavo escanciado el néctar divino, Sócrates empezó de nuevo a beber.

—¿Y qué vamos a hacer, Alcibiades? —preguntó Eriquímaco—. ¿Vamos a estarnos así, las copas en las manos, sin conversar ni cantar? ¿Bebiendo solamente, cual si nos atormentase la sed?

Entonces Alcibiades fue instado a hablar, también, del amor; pero lo único que lograron (luego, sí, de un asimismo bello discurso) fue la revelación de su enamoramiento hacia Sócrates, quien, con elegancia, lo rechazara poniendo entre ambos, nomás para prevenirse, al buen Agatón que, en el momento de levantarse para ir junto a Sócrates, "una nutrida banda de juerguistas apareció en la puerta —dice Platón según le contara Aristodemo—, y encontrándola abierta a causa de haberla dejado de este modo alguno que había salido, irrumpió en la sala del festín, distribuyéndose los que la formaban por la mesa. Con ello generalizóse el tumulto, y los invitados, incapaces de guardar ya la medida, empezaron a beber sin reparo".

De acuerdo con Aristodemo, se retiraron —al entrar la turba— Eriquímaco, Faidros y algunos más. En cuanto a él, Aristodemo, "vencido por la fatiga, durmió a su placer, pues las noches eran largas. Y cantaban ya los gallos y apuntaba el día cuando se despertó. Y fue al abrir los ojos cuando se dio cuenta de que los demás dormían o habíanse marchado, y que tan sólo Agatón, Aristófanes y Sócrates permanecían despiertos y bebiendo en una enorme copa que circulaba de izquierda a derecha. Sócrates hablaba con ellos. Lo que dijeron no lo recordaba Aristodemo a causa de no haber podido seguir desde un principio su conversación por estar dormido. Mas, por lo visto, Sócrates habíales obligado a reconocer que está entre las facultades de un mismo hombre el don de componer comedias y tragedias. Es decir, que el que es poeta trágico por naturaleza es también poeta cómico. Ellos seguían sus razonamientos, bien que sólo a medias, pues el sueño doblaba sus cabezas".

Cuenta Aristodemo a Platón, el cronista de Sócrates (aunque si actuamos con imparcialidad habremos de reconocer que Aristodemo, por sus revelaciones a Platón de las peripecias y los discursos de Sócrates, también era un excelente cronista socratesiano), que Aristófanes fue el primero en quedarse dormido. Después, cuando el día ya era claro, Agatón fue vencido también por el sueño. "Entonces Sócrates —cuenta Platón en las líneas finales de *El banquete*—, tras haberle dejado en brazos del sueño, se levantó y salió. Aristodemo le siguió, como solía hacer siempre. Sócrates fue hacia el Liceo, donde, tras haberse bañado, pasó todo el día, ocupándose como tenía por costumbre. Y hacia la tarde volvió a su casa para descansar."

Admirable Sócrates, sin duda. No en balde Alcibiades se enamoró perdidamente de él. "Pero he aquí —decía Alcibiades— lo que en Sócrates es enteramente extraordinario: el no parecerse a hombre alguno. Porque Aquiles, por ejemplo, tuvo quien se le asemejase,

Brásidas, y otros podrían comparársele. Pericles también tiene los suyos en Néstor y Antenor, y tal vez no sean los únicos. A todos los grandes hombres podría parangonárseles con otros de su género que tal vez les igualasen, pero un hombre tan original como Sócrates, y capaz de razonar como él lo hace, inútil sería buscar, pues no habría medio de encontrar quien se le asemejase, ni en los tiempos pasados ni en los días presentes."

¿Cómo pudo el buen Platón reproducir cada una de las palabras, o por lo menos el sentido global, de los discursos y decires y saberes del afamado filósofo griego si, además, en varias de las tertulias él, Platón, no pudo haber estado presente sino sólo haber confiado en el recurso de las certidumbres de Aristodemo?

Por algo hay quienes afirman, convencidamente, que las disertaciones socráticas son absolutamente platónicas.

Luego de que, tras libar los vinos embriagadores del alma, hablaran los cinco primeros sabios (a saber: Faidros, Pausanias, Eriquímaco, Aristófanes y Agatón), tocó el turno a Sócrates, según cuenta Platón, que le contara Aristodemo, en *El banquete*, ese delicioso e incomparable libro de los agudos debates.

Después de haber ponderado a Eros en las más diversas formas y fondos, pues que de amor estaba centrado el seductor tema, Sócrates, como siempre, hizo tambalear a sus oponentes con sus cautivadores cuestionamientos. Mayéutica es el nombre que adquirió el método de la obtención de la verdad mediante preguntas y respuestas, tal como infligiera Sócrates a sus contendientes. Preguntó Sócrates a Agatón:

—¿Eros desea o no aquello de que es amor?

—Lo desea —afirmó Agatón.

—Pero —siguió Sócrates—, ¿es cuando tiene lo que desea y ama cuando lo desea y ama, o cuando todavía no lo tiene?

—Probablemente cuando aún no lo tiene —replicó Agatón.

—Pues ve si en vez de *probablemente* no habrá que decir *necesariamente* —le advirtió Sócrates—; es decir que el que desea una cosa, desea lo que le falta y no desea lo que no le falta. En lo que a mí respecta, no encuentro duda alguna en que esto tiene que ser así. ¿Y tú?

—Yo también —dijo Agatón.

—De acuerdo. Por consiguiente —indicó Sócrates, ya con el irrefutable dominio verbal en su poder—, un hombre que es alto no desearía ser alto, ni fuerte un hombre que ya lo es.

—Claro, en vista de lo que acabamos de admitir —reconoció Agatón.

—Enteramente claro —remató Sócrates—, puesto que teniendo ya tales cualidades no tendría por qué desear tenerlas.

El sabio Sócrates se aproximaba a una terrible verdad, entonces ignorada por los otros cinco sabios.

—Supongamos, en efecto —advirtió Sócrates—, que un hombre fuerte quisiera ser fuerte, ágil el que ya lo es y de buena salud el que goza de ella. Y digo esto por si alguno se figurase, en lo que a estas cualidades respecta o a otras semejantes, que los que ya las tienen y poseen desean precisamente lo que ya tienen. No nos dejemos engañar por esta especie de ilusión. Si insisto es precisamente para impedirlo. Pues, para los tales, Agatón, si te das la pena de reflexionar, verás que es absolutamente necesario que tengan en el momento presente cada una de las cualidades que tienen, lo quieran o no. Y entonces, ¿cómo podrían desear lo que ya tienen? Porque si alguno sostuviese que estando sano desea estar sano, rico siendo rico y que codicia los bienes que ya posee, le responderíamos: "Tú, amigo, que gozas de salud, de riqueza y de vigor, si deseas gozar de estos bienes es pensando en el porvenir, puesto que en el presente, quiéraslo o no, ya los posees. Es decir, considera si, cuando pretendes desear lo que tienes, lo que quieres decir es lo siguiente: quiero poseer también en lo venidero los bienes que poseo ahora". ¿Y no te parece, Agatón, que estaría inmediatamente de acuerdo?

—¡Evidentemente! —exclamó Agatón.

—Y amar una cosa de la que no se dispone todavía y aún no se tiene —prosiguió Sócrates—, ¿no es desear que en lo sucesivo nos sea asegurada su posesión y la permanencia de esta posesión?

Agatón estuvo de acuerdo.

—Por consiguiente, en este caso, como en todo aquel en que el objeto deseado es, para el que experimenta el deseo, algo que aún no tiene a su disposición en el momento presente, es decir algo que no posee, algo que no es él mismo, algo de lo que está desprovisto, es hacia esto que le falta por lo que experimenta deseo y amor. Luego entonces se reconoce que se ama aquello de que se está desprovisto y que precisamente nos falta. Luego entonces, Eros carece de belleza, no la posee, pues Eros desea aquello de que es amor.

Agatón confesó con arrobamiento y humildad la verdad descubierta.

Pero eso no fue todo. Implacable en su discurso, Sócrates se refirió, después, a la arenga de Diotima, una mujer de Mantineia, la que instruyera al buen Sócrates en los secretos y recovecos del amor. Por ejemplo, le demostró que Eros ni es bello ni bueno.

—No deduzcas forzosamente que lo que no es bello es feo —dijo Diotima—, y malo lo que no es bueno. Y éste es el caso de Eros. No creas, por consiguiente, que porque no sea hermoso ni bueno, como tú mismo reconoces, haya de ser necesariamente feo y malo, sino algo intermedio entre ambos extremos.

—Sin embargo —respondió Sócrates, según su propio relato—, todo el mundo reconoce que es un gran dios —a lo que Diotima enfatizó una elocuente contradicción, pues si Sócrates estaba convencido de que todos los dioses son bellos y dichosos y poseen ya las cosas buenas y bellas, ¿cómo entonces Eros podía ser bello y dichoso si, careciendo de cosas buenas y bellas, las desea?, ¿cómo podría entonces ser dios quien no tiene parte ni en las cosas bellas ni en las buenas? Por tanto, Sócrates tampoco tenía a Eros por un dios.

—¿Qué podría ser en tal caso?, ¿un mortal, quizás? —replicó Sócrates.

—Un gran demonio —respondió Diotima—. Y como todo lo demoniaco, intermedio entre los dioses y los mortales.

De ahí aprendió Sócrates —de esta acaso imaginaria dama de Mantineia— que el objeto del amor no es lo bello sino la generación y el alumbramiento en lo bello.

Luego vienen las reflexiones sobre el amor corporal y el del alma, más fecundo el segundo que el primero en cuanto a que engendra los pensamientos "y demás excelencias de las que son padres, sin duda alguna —dijo Diotima al sorprendido Sócrates, según el relato del propio Sócrates, según Platón que le dijera Aristodemo—, los poetas, y entre los hombres de oficio aquellos que gozan del don de la invención". Y ya vamos llegando al *quid* del asunto, donde Diotima exclama que, por cierto, "la parte más importante y hermosa del pensamiento es la que se relaciona con el gobierno de las ciudades y de toda la comunidad. Parte que recibe el nombre de sabiduría práctica y de justicia". El amor, después de todo, no es lo que sencillamente identificamos como tal, como tampoco lo es el hombre que aparenta sabiduría práctica y justicia en su pensamiento.

Debates como los de los griegos no han existido nunca más.

¿Dónde se han ido, pues, esos nobles pensamientos relacionados con el gobierno de las ciudades? 🍂

Suetonio
(Roma, Italia, 70-128, a.C.)

🍂 *¡Tú también, hijo mío!*

Los historiadores de National Geographic afirman que casi no se sabe nada cierto de Cayo Suetonio Tranquilo. "Probablemente nació en Hipona (la antigua Hippo

Regius y actual Annaba, en Argelia) hacia el año 70 d.C., a principios del reinado de Vespasiano, y murió hacia el 140." Tuvo la suerte "de contar con la amistad y la protección del poderoso Plinio el Joven", a quien debemos la mayor parte de la información que hay sobre él. Plinio lo recomendó a Trajano "durante cuyo reinado (98-117 d.C.) desempeñó los cargos de superintendente de las bibliotecas públicas y responsable de los archivos, lo que le facilitó el acceso a la documentación imperial y explica su celebrada erudición". También, en los tiempos de Adriano, fue encargado de la correspondencia oficial del gobierno. "Dejó constancia de sus vastísimos conocimientos en tratados de todo tipo, tanto en latín como en griego, aunque en su mayor parte se han perdido. Escribió acerca de los espectáculos públicos, el calendario, la indumentaria, los defectos físicos o las cortesanas más famosas, y también redactó obras de carácter enciclopédico: *Roma, sobre la vida de los romanos*, y *Prata*, que podría considerarse una historia natural."

Sin embargo, "debe su fama a *De viris illustribus* —una colección de biografías de grandes figuras de la vida literaria— y, sobre todo, a las *Vidas de los doce césares*, que le han valido ser considerado, junto a Tácito, uno de los mayores historiadores de su tiempo". Estas *Vidas...* fueron publicadas después de 120, dos años antes de que perdiera sus cargos "tras una conjura en ausencia del emperador Adriano". A partir de entonces, "nada se sabe de Suetonio, aunque cabe suponer que siguió dedicándose a sus estudios y a la publicación de sus numerosas obras". Y precisamente esta colección de las vidas de los césares es la que editó la revista *Historia*, que la National Geographic barcelonesa envió a México a cuentagotas, como asunto de traspatio. Quién sabe si llegaron los primeros cinco números, pero el sexto circuló hacia principios del año 2005.

Pues bien, con el ejemplar número 6 de *Historia* (que no es la misma de otra revista española intitulada del mismo modo: *Historia*, y un subtítulo que reza "Y Vida", que se suma a una más de esa nación ibérica, llamada *Clío*, las tres de buena facturación, que llegan a México a veces sí a veces no y con retraso considerable) se obsequió el libro *Julio César*, de Suetonio, justamente el retrato del emperador que más ha influido en los historiadores contemporáneos. Conformado el tomo apenas de medio centenar de páginas, que conjunta un total de 89 párrafos, Suetonio, hábil narrador, centra su apunte en los puntos básicos de su biografiado, sin detenerse a moralizar sobre los hechos ni a reflexionar en ellos: llegando a Cádiz, durante su estancia en la Hispania Ulterior, vio de cerca, en un templo de Hércules, la estatua de Alejandro Magno (el verdadero, no ese guiñapo apocado, feminoide, pusilánime, encogido y medroso que se aprecia en la película de Oliver Stone, estrenada en 2005), suspiró profundamente,

Julio César, "como deplorando su inacción, y censurando no haber realizado todavía nada grande a la edad en que Alejandro había conquistado ya el universo, dimitió inmediatamente su cargo para regresar a Roma y esperar allí ocasión de grandes cosas". Los augures dieron mayor pábulo a sus esperanzas, dice Suetonio, "interpretando un sueño que tuvo la noche precedente y que turbaba su espíritu (porque había soñado que violaba a su madre), prometiéndole el imperio del mundo: porque aquella madre que había visto sometida a él no era otra que la tierra, nuestra madre común".

Y vaya si no consiguió, posteriormente, estar a la altura de un Alejandro Magno: "No desplegó menor cuidado en atraerse el favor de los reyes y las provincias en toda la extensión de la tierra, ofreciendo a unos gratuitamente millares de cautivos, mandando a otros tropas auxiliares donde y cuando querían, sin consultar al Senado ni al pueblo". No en vano, según dice Suetonio que lo aseveraba Cicerón, Julio César "tenía siempre en los labios los versos de Eurípides que tradujo de esta manera: si hay derecho que violar, violadlo para reinar; pero respetad las demás cosas", lo cual, por supuesto, deja en libertad al dictador de hacer lo que considerase prudente. Durante las innumerables guerras civiles que libró no experimentó reveses más que en las personas de sus legados, dice Suetonio, ya que él mismo, "vencedor siempre, no le abandonó la fortuna más que dos veces: en Durazzo, donde siendo rechazado pero no perseguido por Pompeyo dijo que aquel adversario no sabía vencer; y otra en el último combate [Munda] librado en Hispania, donde su causa estuvo tan desesperada que pensó en darse la muerte". Y fue en una de esas múltiples y consecutivas victorias cuando surgió aquella anécdota que lo engrandece: al celebrar su gloria sobre el Ponto, "veíase entre los demás ornamentos triunfales un cartel con las palabras 'vine, vi, vencí', que no expresaban como las demás inscripciones los acontecimientos de la guerra, sino su rapidez".

Suetonio dedica varias líneas para hablar de su ilimitada ambición personal ("al principio habitó una modesta casa en la Subura, pero cuando le nombraron pontífice máximo tuvo por morada un edificio del Estado en la Vía Sacra") y de su "grandísima afición al lujo y magnificencia: había hecho construir en Aricia una casa de campo cuya edificación y adornos le habían costado considerables cantidades, y dícese que mandó demolerla porque no respondía a lo que esperaba, a pesar de que entonces era corta su fortuna y tenía muchas deudas". Y debemos a Suetonio la crónica de su triste fin: eran más de 60 los conjurados, "siendo Casio y Marco y Décimo Bruto los jefes de la conspiración". Julio César, aunque fue advertido aquel 15 de marzo del año 44 a.C. (había nacido el 12 o 13 de julio del año 100) de la conjura por un desconocido, se burló en el Senado de Espurina por sus falsas predicciones mortales.

Minutos después era asesinado por los conspiradores, luego de que Tilio Cimbro le advirtió, tomándolo de la toga por ambos hombros: "Esto es violencia", y recibir 23 heridas en el cuerpo sin pronunciar una sola palabra. Sin embargo, "algunos dicen —apunta Suetonio— que al ver acercarse a Bruto, le dijo:

"—¡Tú también, hijo mío!", frase célebre con la cual pasara a mejor vida. 🍇

Michel de Montaigne
(Périgord, Francia, 1533-1592)

🍇 *Es imposible ver dos opiniones estrictamente iguales*

Dice el francés Michel de Montaigne que compadece "a muchos gentiles hombres a quienes la torpeza de sus médicos hizo languidecer, encerrándose en sus hogares en plena juventud y con las fuerzas cabales: mejor sería sufrir un catarro que perder para siempre, por desacostumbrarse, el comercio de la vida común". En *De la experiencia* el creador del género del ensayo concentra y explaya su itinerario intelectual y afectivo, según refiere Adolfo Castañón en la presentación de este volumen, editado por la UNAM, del cual se dice que es "un canto a la alegría de vivir". Es eso y más, nos confirma Castañón, "aquí se lee una exposición jubilosa de la ciencia jovial pero también se tocan las herramientas que llevan a un arte del buen y del bien vivir, como cuando el amigo de Étienne de la Boétie sugiere no mezclar en la misma hora los licores de Dionisio y de Venus". No en balde Montaigne concluye sus *Ensayos*, originalmente en tres volúmenes que escribiera a lo largo de seis años —de 1572 a 1578—, con el texto sobre la experiencia, en el que deja ver, además, que el hombre gozaba de excelente salud. "Dilatemos nuestro dominio echando mano hasta de los últimos medios —dice Montaigne—: comúnmente nos endurecemos al resistir el mal, corrigiendo así la propia complexión, como César con el epiléptico a fuerza de menospreciarlo y descuidarlo. Deben ponerse en práctica los preceptos mejores, mas no a ellos esclavizarse, si no es a aquellos (si los hay) cuya obligación y servidumbre sean cabalmente provechosos."

Porque, vamos, "defecan los monarcas y los filósofos —dice Montaigne—, y también las damas: a ceremonia se debe la reputación que envuelve las vidas públicas". Toda la humanidad, ya con dinero o empobrecida, tiene las mismas funciones corporales, de ahí la igualdad entre las especies: son los propios hombres los que se empeñan en separarse en clases. "Quien vio a los muchachos intentando dividir en cierto número de porciones una masa de mercurio —dice Montaigne—, habrá advertido que cuanto más la oprimen y amasan, ingeniándose en sujetarla a su voluntad, más irritan la libertad de ese generoso metal, que va huyendo ante sus dedos, menudeándose y desparramándose más allá de todo cálculo posible: lo propio ocurre con las cosas pues, subdividiendo sus sutilezas, enséñase a los hombres a que las dudas crezcan; se nos coloca en vías de extender y diversificar las dificultades, se las alarga y dispersa. Sembrando las cuestiones y recortándolas, hácense fructificar y cundir en el mundo la incertidumbre y las querellas, como la tierra se fertiliza cuanto más se desmenuza y profundamente se renueva."

Somos los hombres los que manipulamos la materia y la esparcimos desleyéndola; "de un solo asunto hacemos mil —sostiene Montaigne— y recaemos, multiplicando y subdividiendo, en la infinidad de los átomos de Epicuro. Nunca hubo dos hombres que juzgaran de igual modo la misma cosa y es imposible ver dos opiniones estrictamente iguales, no solamente en distintos hombres sino en uno mismo a distintas horas". No de otro modo aconteció a los perros de Esopo, recuerda el ensayista francés, "los cuales descubriendo en el mar algo que flotaba semejante a un cuerpo muerto y, no pudiendo acercarse a él, decidieron beber el agua para secar el paraje y se ahogaron. Con lo cual concuerda lo que Crates decía de los escritos de Heráclito, es decir que habría menester un lector que fuera buen nadador a fin de que la profundidad y el peso de su doctrina no lo tragaran y sofocaran". Sólo la debilidad individual, dice Montaigne, "es lo que hace que nos contentemos con lo que otros o nosotros mismos encontramos en este perseguimiento de la verdad; uno más diestro no se conformará, quedando siempre lugar para un tercero, igualmente que para nosotros mismos, y camino por donde quiera". En lugar de crear es más sencillo interpretar, en lugar de hacer es más fácil hablar, en vez de caminar es más cómodo mirar imágenes. "Da más quehacer interpretar las interpretaciones que dilucidar las cosas —dice Montaigne—; y más libros se compusieron sobre los libros que sobre ningún otro asunto: no hacemos más que entreglosarnos unos a otros. El mundo hormiguea en comentadores; de autores hay gran carestía." Para aclarar una duda, según Montaigne, se propinan otras tres: es la cabeza de la hidra.

Sócrates preguntaba a Menón:

—¿Qué es virtud?

—Hay —decía Menón— virtud de hombre y de mujer, de funcionario y de hombre privado, de niño y de anciano.

—¡Buena es ésa! —exclamó Sócrates—, buscábamos una virtud y nos presentas un enjambre.

¡Vaya situación!, exclama Montaigne, "¡comunicamos una cuestión y se nos facilita una colmena! De la propia suerte que ningún acontecimiento ni ninguna forma se asemejan exactamente a otras, así ocurre que ninguna cosa difiere de otra por completo: ¡ingeniosa mezcolanza de la naturaleza!" Por eso surgieron las normas. Si no hay acuerdo en nada, o hay diversas opiniones sobre una sola cosa, entonces algunas leyes podrían unificarlas. "Ahora bien —precisa Montaigne—, éstas se mantienen en crédito no porque sean justas sino porque son leyes, tal es la piedra de toque de su autoridad; de ninguna otra disponen que bien las sirva. A veces fueron tontos los que las hicieron y, con mayor frecuencia, gente que, en odio de la igualdad, despliegan falta de equidad; pero siempre fueron hombres, vanos autores e irresueltos." La vida de César, concluye sabiamente Montaigne, "no es de mejor ejemplo que la nuestra para nosotros mismos; emperadora o popular, siempre es una vida acechada por todos los accidentes humanos. Escuchémonos vivir, esto es todo cuanto tenemos que hacer; nosotros nos decimos todo lo que principalmente necesitamos; quien recuerda haberse engañado tantas y tantas veces merced a su propio juicio, ¿no es un tonto de remate al no desconfiar de él para siempre?"

Hacerse uno mismo. Cuán entonces compleja es la vida. Por algo Platón decía (y decía bien, advierte Montaigne) que para ser médico verdadero sería necesario haber pasado por todas las enfermedades que han de curarse y por todas las circunstancias y accidentes de que un facultativo debe juzgar. "En las manos de uno así —afirma Montaigne— resolveríame yo encomendarme, pues los otros nos guían a la manera de aquel artista que pintara los mares, los escollos y los puertos tranquilamente sentado en su gabinete e hiciera pasear la figura de un navío con seguridad cabal: lanzadle a la realidad y no sabrá por dónde se anda." La experiencia, y sólo ella, es la que conduce al buen vivir pues, como es bien sabido, nadie experimenta en cabeza ajena. 🌱

William Shakespeare
(Stratford-on-Avon, Inglaterra, 1564-1616)

🌱 *Ser honrado es ser un hombre elegido entre dos mil*

A pesar de los siglos que inevitablemente corren, William Shakespeare nunca va a dejar de ser un contemporáneo. Por ejemplo, su Hamlet siempre se nos aparece en las contiendas políticas. El hijo del rey difunto, precisamente por la inesperada muerte de su padre, se halla sumido en una honda tristeza que lo lleva a cavilar sobre los inextricables senderos de la vida. Además, su madre, la reina Gertrudis, acaba de casarse con

Claudio, hermano del fenecido, que en su ausencia se ha coronado rey de Dinamarca. Dice Hamlet: "¡Ah, si esta carne, demasiado, demasiado sólida, se fundiese, se derritiese y se disolviese en un rocío! ¡O si el Eterno no hubiera fijado su ley contra el suicidio! ¡Oh Dios, oh Dios! ¡Qué fatigosas, rancias e inútiles me parecen todas las costumbres de este mundo! ¡Qué asco me da! ¡Ah, qué asco, qué asco! Es un jardín sin escardar, que crece para dar semilla: sólo lo poseen cosas podridas y de naturaleza torpe. ¡Que se hubiera de llegar a esto! ¡Sólo hace dos meses muerto! ¡No, ni siquiera, ni dos! ¡Un rey tan excelente, que era, al lado de éste, como Hiperión junto a un sátiro! ¡Tan cariñoso con mi madre, que no consentía ni que los vientos del cielo visitaran su cara con demasiada rudeza! ¡Cielo y tierra! ¿Tengo que recordar? Sí, ella se colgaba de él como si el deseo se hubiera aumentado con aquello de que se nutría, y, sin embargo, ¡al cabo de un mes! No quiero pensarlo: Fragilidad, tu nombre es mujer".

Los diálogos de Shakespeare, intensos de una intensidad arrebatada, y arrebatadora, caen continuamente en el fondo de la humanidad. Cuando Polonio despide a su hijo Laertes, lo hace de esta gentil y sabia manera: "No des voz a tus pensamientos, ni des cumplimiento a ningún pensamiento desproporcionado: sé familiar, pero de ningún modo vulgar. Los amigos que tengas, de afecto puesto a prueba, sujétatelos al alma con arcos de acero, pero no te embotes la mano acariciando a todo camarada imberbe y recién salido del cascarón. Cuidado con entrar en peleas, pero, una vez dentro, llévalas de tal modo que tu adversario tenga que guardarse de ti. Presta oídos a todos, pero a pocos tu voz; recibe la censura de todos, pero resérvate tu juicio". Laertes, a su regreso, y viendo muerta a su hermana Ofelia (enloquecida primero por ver muerto a su vez a su padre, asesinado sin querer por el mismo Hamlet, de quien ella aparentemente estaba enamorada), propiciará toda la debacle ulterior, que comienza, ciertamente, cuando Hamlet habla con el espectro de su padre que le revela el artero crimen planeado por Claudio ("has de saber, noble joven, que la serpiente que mordió la vida de tu padre lleva ahora su corona"), el ahora esposo de Gertrudis.

A partir de la abrupta y dolorosa confidencia, Hamlet preparará el terreno para derrocar, y denunciar, a su innombrado tío. Y su estrategia la lleva a cabo con sonora y mordaz pulcritud: mediante una obra teatral donde los actores llevarán a la escena el cruel asesinato, representación que, tal como lo ha planeado Hamlet, desenmascarará, de un estrepitoso tajo, al pérfido e intrigante Claudio. "Ser o no ser, ésta es la cuestión —dice Hamlet, en un ya célebre, y celebrado, discurso—: si es más noble sufrir en el ánimo los tiros y flechazos de la insultante fortuna, o alzarse en armas contra un mar de agitaciones, y, enfrentándose con ellas, acabarlas: morir, dormir, nada más, y, con un sueño, decir que acabamos el sufrimiento del corazón y los mil golpes naturales que son herencia de la carne. Esa es una consumación piadosamente deseable: morir, dormir, dormir, quizás soñar: sí, ahí está el tropiezo, pues tiene que preocuparnos qué sueños podrán llegar en ese sueño de muerte, cuando nos hayamos desenredado de este embrollo mortal."

Hamlet es la encarnación de la desolación, el hombre que se ha percatado, en su honorabilidad, de que las cosas no son como deberían de ser: "Esa es la consideración —dice— que da tan larga vida a la calamidad: pues, ¿quién soportaría los latigazos y los insultos del tiempo, el agravio del opresor, la burla del orgulloso, los espasmos del amor despreciado, la tardanza de la justicia, la insolencia de los que mandan y las patadas que recibe de los indignos el mérito paciente, si él mismo pudiera extender su documento liberatorio con un simple puñal? ¿Quién aguantaría cargas, gruñendo y sudando bajo una vida fatigosa, si no temiera algo después de la muerte, el país sin descubrir, de cuyos confines no vuelve ningún viajero, que desconcierta la voluntad, y nos hace soportar los males que tenemos mejor que volar a otros de que no sabemos? Así, la conciencia nos hace cobardes a todos, y el colorido natural de la resolución queda debilitado por la pálida cobertura de la preocupación, y las empresas de gran profundidad y empuje desvían sus corrientes con esta consideración y pierden el nombre de acción". Hamlet está trastornado. Trata incluso con desprecio, acaso inconsciente, a la bella Ofelia, que no sabe del natural desquiciamiento del hijo de Gertrudis, a quien cree amar pero no comprende sus, para ella, insanas actitudes. No sabe, Ofelia, que a Hamlet lo están carcomiendo las penas por la indigna traición de su tío.

Después de la actuación de los actores, el rey Claudio ha podido percatarse de que Hamlet ya sabe los viles sucesos que lo llevaron al trono. No permite, siquiera, que la representación llegue a su fin: abandona la sala. Entonces, Hamlet discute con su madre, que no da crédito del comportamiento de su hijo, a quien ve, además, hablar en el vacío (porque ella, insensible, no puede mirar al espectro, que fuera su esposo), por lo que dice a Hamlet que su proceder "es pura acuñación de tu cerebro: la locura tiene mucha habilidad en esas creaciones sin cuerpo". Hamlet se enerva aun más. "¿Locura? Mi pulso lleva el compás tan templadamente como el tuyo, haciendo la misma música saludable. Madre, por el amor de la gracia divina, no pongas un ungüento lisonjero en tu alma, pensando que no habla tu culpa sino mi locura: no hará más que cubrir como pellejo el lugar ulcerado, mientras la pútrida corrupción lo mina todo por dentro, infectando sin ser vista." Hamlet, sí, es feroz e implacable con su madre, pero lo será no por desamor sino porque ella se niega a mirar las cosas como son: su ceguera la vuelve caprichosa e indolente. Y Hamlet tiene que llegar al fondo del precipicio para expurgar el dolor del espíritu de su padre, que le ha pedido su venganza ante el asesinato "torpe y desnaturalizado". Hamlet cumpliría su palabra hasta la última consecuencia, incluso llevando por delante su propia vida. La honradez, tal como ha dicho Hamlet en otro glorioso pasaje literario, se va acabando en este mundo. Porque, tal como están las cosas, decía Shakespeare en boca de Hamlet hace ya cuatro siglos, "ser honrado es ser un hombre elegido entre dos mil". E igual se puede decir ahora mismo, caray.

En el año 2004 (y luego, en una hazaña que debería repetirse cíclicamente. en 2011) la editorial barcelonesa RBA puso en circulación, en los puestos de periódico, la obra completa de William Shakespeare, por supuesto repartida a lo largo de varias semanas, en una labor ciertamente agradecible. En la segunda de sus entregas de la primera colección, hacia octubre de 2004, incluyeron el ensayo de Martin Lings sobre las piezas básicas del dramaturgo inglés, y aunque el título del volumen dice que abarca su vida en realidad no la aborda sino, acaso, sólo a través de su propio teatro. "Si el arte del Renacimiento carece de abertura a lo universal y está completamente encerrado en su época —dice Lings— es porque su mentalidad es humanista; y el humanismo, que es una rebelión de la razón contra el intelecto, considera al hombre y a los otros objetos terrenales enteramente por sí mismos, como si no hubiera nada detrás de ellos. Al pintar la *Creación*, por ejemplo, Miguel Ángel trata a Adán no como un símbolo sino como una realidad independiente; y puesto que no lo pinta como imagen de Dios, el resultado inevitable es que pinta a Dios a imagen del hombre." Pues bien, "Shakespeare nació menos de tres meses después de la muerte de Miguel Ángel, y a menudo se los nombra juntos como dos de 'los mayores genios del Renacimiento'. Pero, ¿cómo aparece Shakespeare a la luz de un enfoque intelectual que acrecienta, si ello es posible, nuestro respeto por Dante, pero que rebaja grandemente nuestra estima por varios otros cuya preeminencia ha sido indiscutida durante largo tiempo?" Dice Lings que sin pretender dar a Shakespeare "un puesto tan esencial en el arte de la cristiandad como el lugar que ocupan las catedrales medievales o la *Divina Comedia* de Dante, ¿no se podría decir que estar presente en una representación adecuada de *El Rey Lear* no es simplemente contemplar una obra de teatro sino ser testigo, misteriosamente, de toda la historia de la humanidad?" Sin embargo, Lings aduce que esta observación "no se podría aplicar a la mayoría de los escritos de Shakespeare, y si deseamos formarnos un juicio del dramaturgo maduro cuya manera de ver las cosas le proporcionó una universalidad que es una prolongación de la universalidad de la Edad Media, lo primero que debemos hacer es, de momento, poner a un lado la mayoría de las obras a fin de no confundir las cosas. Pocos escritores han experimentado un desarrollo igual durante su periodo de creación. Hacia el final del siglo XVI había escrito unas 22 obras; pero ninguna de éstas puede decirse que represente su madurez, aunque algunas de ellas [*Romeo y Julieta, Sueño de una noche de verano, Enrique IV, A vuestro gusto y Noche de Epifanía*], de diversas maneras, anticipan inconfundiblemente lo que había de venir". A partir del nuevo siglo, el XVII, al que sólo le faltarían a Shakespeare 16 años de vida, vino "un cambio marcado y duradero —según Lings— no en orientación sino en intensidad. Es como si Shakespeare de pronto se enfrentara con el universo después de haberlo contemplado durante algún tiempo con una serenidad semidesapegada. De hablar en serio había pasado a hablar terriblemente en serio". Lings no lo dice, pero Shakespeare nace en Stratford en abril de 1564 (y si bien fue bautizado el día 26, tradicionalmente se conmemora su nacimiento el 23) y muere en su misma ciudad natal en 1616, supuestamente el mismo día y mes en que viera la vida; es decir, el 23 de abril. "Su madre pertenecía a una antigua familia de propietarios rurales —apunta Mario Praz en el quinto tomo del *Diccionario Bompiani de Autores Literarios* (Planeta-Agostini)—; el padre, originariamente campesino, era miembro del gremio de cultivadores y guanteros, y, aunque hubiese conocido cierta prosperidad y llegara a ser nombrado alcalde de Stratford, durante la infancia de Shakespeare sufrió reveses de fortuna debido a pleitos judiciales y a un temperamento demasiado optimista. William, el tercero de ocho hijos, estudió en la óptima Grammar School de su localidad natal. Algunos creen que pudo haber frecuentado la Universidad de Oxford durante uno o dos trimestres; sin embargo, su matrimonio, a los 18 años, con Anne Hathaway, hija de una familia campesina y ocho años mayor, y el nacimiento de tres hijos en el curso del trienio sucesivo debieron de interrumpir cualesquiera estudios regulares." Lo cierto es que no se sabe mucho de la vida del dramaturgo, al grado de que aún hay quienes sostienen que los textos de Shakespeare o no fueron escritos verdaderamente por él o fueron redactados en colaboración con otra gente como, por ejemplo, Francis Bacon. (Si bien hay que reconocer que el mejor ensayo, hasta ahora, sobre Shakespeare y su obra todavía sigue siendo el majestuoso libro de Harold Bloom: *La invención de lo humano*, que se editara en 1988 y traducido al castellano, en 862 páginas, en 2002 por la Editorial Anagrama.)

Lings no cree dicha teoría (como tampoco Bloom). Está seguro de que la obra shakespereana es producto del propio Shakespeare. "Demasiado a menudo se dice que la maravillosa variedad de sus personajes hace imposible adivinar nada sobre el propio autor —puntualiza—. Por lo que respecta a su temperamento, esto puede ser cierto hasta cierto punto, pero en cuanto a sus puntos de vista e ideales es completamente falso." Shakespeare "se preocupa de que el hombre tenga la correcta actitud de alma hacia la Providencia más que de algún tipo particular de culto. Pero esto no significa —dice Lings— que él mismo no fuera un devoto cristiano practicante. Significa simplemente que en la extrema sensibilidad y rigor religiosos de la Inglaterra de los siglos XVI y XVII, el cristianismo era un tema muy peligroso. Antes del final del periodo de actividad literaria de Shakespeare, incluso estaba prohibido por la ley mencionar el nombre de Dios en el escenario. Pero uno siempre podía referirse a 'los dioses'; y si él decidió deliberadamente situar muchas de sus obras maduras en un ambiente precristiano, hay que observar, sin embargo, que su actitud respecto a Grecia y a Roma no es típica del Renacimiento. Para él, y para Dante, al igual que para los antiguos sacerdotes y sacerdotisas de Delfos, Apolo no es el dios de la luz sino la Luz de Dios".

En *El rey Lear*, el ciego Gloster, al reconocer la voz del rey, pide besarle la mano. Lear contesta: "Permitidme enjugarla primero; tiene tufo de mortalidad". Esta observación, dice Lings, "contiene no sólo la esencia misma de la obra, sino también de la mayoría de las otras obras maduras de Shakespeare; pues, en el transcurso de éstas, ¿qué hace Shakespeare si no enjugar la mortalidad; es decir, el pecado de Adán, de la mano del héroe? La mano debe estar completamente limpia: no es una cuestión de más o menos. En *Hamlet*, el príncipe dice de sí mismo, en la mitad de la obra, que es bastante virtuoso: 'Yo soy medianamente bueno'; pero el propósito de Shakespeare va mucho más allá de esta mediocridad. El portero de la Puerta del Purgatorio, es decir la puerta de la salvación, es, por definición, de insondable misericordia. Hamlet podría haber pasado ante él al principio de la obra; lo mismo Leontes en el momento del arrepentimiento, 16 años antes de las palabras antes citadas; y también Lear mucho antes del final de la obra. Pero el portero de la Puerta del Paraíso, es decir la puerta de la santificación, es de una exigencia implacable; y Shakespeare representa este portero para sus héroes y heroínas. No dejará pasar más que a la perfección". Ni siquiera los que se niegan a admitir que el propio Shakespeare hable a través de alguno de sus personajes pueden escapar al hecho, dice Lings, "de que es el propio Shakespeare, y nadie más, el arquitecto de sus obras. Y cuando, después de alcanzar cierta madurez, sigue obra tras obra la misma búsqueda de la perfección humana, y cada obra en su totalidad (por encima de la maravillosa variedad de detalles) subraya una y otra vez el mismo mensaje, no tenemos más remedio que concluir que a Shakespeare le preocupaba profundamente, al menos durante los últimos 15, o más, años de su vida [escribiendo un total de tres decenas y media de obras teatrales], la misma cuestión que preocupaba a Dante": la salvación del hombre, que es la salvación de sí mismo.

A fines de 1996, dirigida la iniciativa por el novelista argentino Marcelo Cohen, la editorial colombiana Norma se propuso publicar la obra completa de William Shakespeare en nuevas traducciones realizadas por poetas, dramaturgos y narradores de Latinoamérica y España. "Desde entonces —acotaba en un comunicado la empresa Norma— hemos asistido a una profunda revaloración de la obra del autor inglés. Por ejemplo, y para tener una idea cabal de la dimensión de este fenómeno, a comienzos de 1999 apareció en Estados Unidos el libro de Harold Bloom: *Shakespeare, la invención de lo humano*, un ensayo monumental de casi 900 páginas, que inesperadamente trepó a la lista de *best sellers* de *The New York Times* y vendió 125 mil ejemplares, solamente en Estados Unidos y en su edición de tapa dura. Una cifra insólita para un ensayo de esa naturaleza."

La colección, intitulada "Shakespeare por Escritores", salió al mercado —en junio de 2000— en su primera etapa. Cada tres meses, Norma hacía circular cinco de las obras del bardo inglés en volúmenes separados. "Lo diferente y realmente notable en este caso —apuntaba Rodrigo de la Ossa, entonces gerente editorial de Norma en México— es que los traductores son escritores que utilizan un castellano contemporáneo y libre de giros demasiado locales. Si tenemos en cuenta que las viejas traducciones, aunque correctas, resultaban repelentes para muchos debido a su castellano académico y por lo general excesivamente ibérico, estas nuevas versiones, sin dejar de ser muy rigurosas, ponen al alcance de un público masivo a uno de los grandes clásicos de la literatura universal." Por su parte Marcelo Cohen, director de esta colección y traductor también (ha vertido al castellano a Christopher Marlowe, Jane Austen, Henry James, Eliot y Scott Fitzgerald, entre otros) declaró al diario argentino *Clarín* que "está claro que hacer esto es un poco irresponsable, un poco ambicioso, un poco temerario, pero también está claro que había que hacerlo y en las condiciones reales de la cultura latinoamericana: reducción de la lectura, reducción de las ventas, reducción del precio del trabajo intelectual, reducción de la curiosidad.... y al mismo tiempo la permanencia de esa noción testaruda de que este continente tiene futuro. Es decir: que la gente pueda leer a Shakespeare, entenderlo y que le guste".

Toda esta puesta al día de Shakespeare, tanto en cine como en teatro, revela una evidencia: "Hoy, más que nunca —decía la editorial—, Shakespeare es nuestro contemporáneo. Sus grandes tragedias siguen enseñando, con sabiduría imperecedera, qué es el ser humano, cuáles son sus abismos y debilidades. Sus tragedias políticas, con monarcas despiadados que lo sacrifican todo con tal de obtener el mayor poder; o sus comedias, que siguen siendo un ejemplo de cómo la meditación sobre la pasión y los malentendidos del amor pueden confluir en textos donde marcha pareja la más profunda reflexión y el entretenimiento". Editados modestamente, con un centenar y medio de páginas, hermoso diseño, los libros son realmente invitadores de la lectura. Prologados por su respectivo traductor, cada volumen es una experiencia literaria, y vivencial, distinta. Cada escritor, sumergido en el mundo shakesperiano, cavila con el lector acerca de la complejidad de traducir a un autor tan portentoso como el inglés, cuyo lenguaje, sobrecargado de giros y astucias poéticos, obliga a quien lo traslada a otro idioma a introducirse de lleno a un orbe, y orden, literario estricto y acaparador. Porque tal vez no haya, en el medio lector, un gustador más profundo de Shakespeare que el propio literato —no Shakespeare, se entiende, sino el literato común, el hombre de letras, el escritor envuelto a diario en la literatura. Y es éste justamente el aspecto relevante de esta colección: cómo los escritores contemporáneos hispanoamericanos desmenuzan y escudriñan, adaptan y revelan, traducen y "actualizan" a un gran maestro y progenitor clásico.

El cubano Omar Pérez (1964), quien eligiera montar al español la poco conocida obra *Como les guste*, dice que "la poesía, que es modelo para la acción, no circunscribe su destino al monumento; a menos que en el pedestal, como en aquella escena de *City ligths* de Charles Chaplin, haya un cómico soñando. *As you like it* es el sueño de un cómico, sueño profundo y chispeante en el cual sabiduría y alegría de vivir se reconocen como mitades de un solo sistema, donde hay poco de solemne y parsimonioso, pues incluso lo melancólico del filosofar encuentra su piedra de toque en lo efímero y risible de la existencia. ¿Cómo traducir ese sueño a lo real, sabiendo que su realidad última es el sueño vivo del teatro?"

La chilena Alejandra Rojas (1958) fue la encargada de traducir *Julio César* y, novelista como es, "con oscuras incursiones en la poesía —dice la escritora en el prólogo—, mi decisión absoluta fue desentenderme del pentámetro yámbico, el metro regular más usado por Shakespeare, más o menos equivalente a nuestro endecasílabo. No obstante, pese a que ésta es una de las obras menos retóricas de Shakespeare (vocabulario simple, monólogos escasos y breves, métrica inestable), la tragedia demostró ser irreductible a la forma de prosa. Privada de la fuerza que da el verso a sus inflexiones poéticas, poco quedaría de *Julio César* en el español. Por mi incapacidad de transmitir íntegramente la fuerza lingüística del original, el genio presente incluso en los parlamentos más banales, expreso el debido remordimiento". Sin embargo, su traducción es fluida, perfectamente luminosa. A la par que traducía esta obra, Rojas preparaba a la vez un libro sobre el presidente Salvador Allende. "Cuando acepté sumarme al proyecto —dice la chilena—, la última obra del canon que hubiera elegido para traducir habría sido *Julio César*. Sus personajes no me despertaban mayor simpatía, tampoco sus temas: demasiado honor masculino quizás, demasiado estoicismo, demasiadas 'razones de Estado'. Mi decisión sólo pudo ser uno de esos actos ciegos que dictan el destino y el desatino. Sólo tiempo después, alguien me hizo notar una coincidencia: en los días en que recibí la propuesta de Editorial Norma, yo trabajaba en una biografía de Salvador Allende. Los temas que rondaban mi insomnio eran, precisamente, los de Julio César. La lucha por el poder, la conspiración, la ambigua moralidad de todo acto destinado a evitar lo hipotético, la ecuación de error y culpa que cualquier derrocamiento brutal supone. Por sí solos, estos enigmáticos parlamentos bastarían para elevar a *Julio César* a los niveles de una obra profética".

Se dice que Shakespeare no escribió todas las obras que, también se asegura, escribió. "Plagado de errores de interpretación e imprenta, el texto de *Pericles* —asevera el argentino Andrés Ehrenhaus (1955)—, en el que se adivinan varias manos, fue reeditado ese mismo año (honor que sólo comparte con *Ricardo III* y que habla de la enorme aceptación popular que despertó) y hasta cuatro veces más en años posteriores. A pesar de ello, cuando Heminge y Condell, dos antiguos asociados de Shakespeare, realizaron en 1623 la colección de piezas del dramaturgo conocida como *Primer Folio*, dejaron de lado, por razones que sólo podemos intuir, el texto de *Pericles*, cuya inclusión en el canon habría de esperar hasta la aparición, en 1664 [muerto ya Shakespeare], de la tercera de estas ediciones de Folio." A Ehrenhaus le tocó precisamente traducir esta bella aunque compleja obra del príncipe de Tiro. "La trama de *Pericles* —arguye el traductor argentino—, episódica, inverosímil y trepidante, rehúye el rigor causal de las piezas teatrales y se aproxima más al terreno novelesco, donde las convenciones de tiempo, lugar y peripecia están menos acotadas y son más volátiles. Sus personajes principales —dice inhóspitamente Ehrenhaus— son arquetípicos, de escasos matices e inequívoca catadura moral."

Cada autor discute y araña, refuta y se congracia, se abisma y se exculpa por haber "rozado", que es decir "traducido", la obra del dramaturgo inglés. En cada prólogo de los cinco primeros libros es notorio el respeto por el autor traducido. "Mi elección de la obra —confiesa el bonaerense Ehrenhaus— no fue instantánea pero sí, y paulatinamente, incondicional." Y aquí es donde interviene la curiosidad del lector. Porque la Editorial Norma, sí, ha encargado, por medio del novelista sudamericano Marcelo Cohen, la obra completa shakespeariana pero ha tenido que confrontar, impensadamente, las refutaciones de sus traductores. ¡Ehrenhaus, por ejemplo, disminuye a Shakespeare en su prólogo a pesar de haberlo disfrutado literariamente!: "El abrupto incesto inicial despertó la curiosidad lectora y a partir de allí las peripecias no me dejaron respiro. Por otra parte, la oscuridad e imperfección del texto plantea un reto añadido al traductor inquieto; también el hecho de que la obra sea poco conocida y, por tanto, no abunden sus traducciones. Estos elementos condicionaron de entrada mi búsqueda de un correlato sobrio, fiel al sentido pero no menos fiel a los aspectos formales e incluso las irregularidades que hacen de *Pericles* un texto singular. El verso ha sido vertido en verso, la prosa en prosa. Los octosílabos pareados de los parlamentos de Gower [el narrador de la obra, que fue en vida el cronista realista —¡valga la redundancia!— de la historia teatralizada] se convierten en endecasílabos".

La uruguaya Circe Maia (1932) es la encargada de trasladar al español la pieza, prácticamente desconocida, *Medida por medida*. Y aquí vuelve a resurgir el interés literario. Maia confiesa la dificultad de traducir al autor inglés. Ante el "altísimo valor poético" de muchos pasajes, el traductor (así, generalizado, ya sea hombre o mujer) se enfrenta a un dilema: "O altera en alguna forma el texto, para mantener su estructura poética, o no lo hace y lo transforma en prosa, con lo cual lo altera más profundamente, pues al perder ritmo el lenguaje pierde fuerza e intensidad y con ello se debilita el sentido mismo del fragmento". Pruritos, pues, del lenguaje. "En el texto original —dice Maia— el verso blanco alterna con la prosa y estos cambios formales están siempre justificados, no son nunca arbitrarios: los personajes principales hablan siempre en verso, lo que en Shakespeare es signo de un pensamiento más rico, más matizado, en el que aparecen las reflexiones y los conflictos interiores." En *Medida a medida*, una obra ignorada en la teatrología mundial, surge (¿resurge?) la Julieta que se inmortalizaría con Romeo.

Los traductores más "pedantes" de la colección, por nombrarlos de algún modo, son, justamente, los que trasladaron, curiosamente, al español la obra más conocida de Shakespeare: *Romeo y Julieta*, una obra "lógica", según el argentino Martín Caparrós (1957) y la colombiana Ernas von der Walde (1957), porque es "la simple historia de una metamorfosis" que cuenta la anécdota "de cómo dos jóvenes pavotes veroneses [y éste, sí, es un localismo visceral: ¿qué diablos es un pavote?, aunque le pese al director de la obra, don Marcelo Cohen, que prometió no inmiscuir justamente localismos en esta prodigiosa colección literaria], frívolos y aburridos, se transforman, por mor del amor (uno de sus divertimentos favoritos), en personajes trágicos". Por algo, Brian Gibbons asegura que *Romeo y Julieta* es "el primer drama en inglés que confirió plena dignidad trágica a las agonías de un amor juvenil". Dicen los entre sí enamorados traductores (porque confiesan estarlo, aunque el lector no se los preguntara, a lo largo de su prólogo) que traducir esta pieza romántica de

Shakespeare les costó demasiado trabajo "y un placer imprevisto: traducir algo tan arisco, tan duro, tan autosuficiente, era como caer en un gozoso grado cero de la escritura. Una tarea de composición en estado puro: sin pensar en estrategias narrativas, contextos, situaciones, ideas, desenlaces, buscar las palabras que digan lo que dijeron otras y suenen y consuenen y se engarcen". Además, estos dos traductores intentaron, no sé si en vano o afortunadamente, concretar la historia de un amor que ha sido la más difundida y "camp" de dos enamorados. ¿Por qué *camp*, un término plástico paralelo al *kitsch* de fines de los sesenta? Sólo los traductores lo saben. Dicen ellos, y razón la han de tener (aunque no la profieran), que *Romeo y Julieta* es, simplemente, una obra "amable, incitante, alentadora", un "panfleto", pues, del amor. Un panfleto contra el amor, mejor dicho, porque el drama se concentra, según sus traductores, en un "modelo cruel, exigente, disuasorio".

La colección "Shakespeare por Escritores", empero y acaso por eso mismo (por su contradictorio subrayado literario y por la libertad literaria permisible en la autoría traductora), es una novedad bibliográfica digna de encomio.

Porque, hoy en día, ¿quién puede negarle a Shakespeare su carácter de omnisciente en la literatura global? 🍃

La Fontaine
(Chateau-Thierry, Francia, 1621 / París, 1695)

🍃 *En toda su vida no dijo una mentira*

Tras haber permanecido doce meses en el Seminario de Saint-Magloire, Jean de La Fontaine, a sus 21 años de edad, "llevó en la casa paterna la vida ociosa y frívola —tal como dijo su biógrafo Geruzez— que enerva a los jóvenes, sobre todo en las provincias. Para hacerle entrar en regla, le casaron, y su padre le dio la sustitución de su empleo. Veintiséis años tenía entonces, y aún no le había tentado el demonio de la poesía. La Fontaine nunca se dio prisa para nada". Una oda de Malherbe, "recitada por casualidad en su presencia, despertó el gusto de la poesía en su alma, en cuyo imperio se habían compartido hasta entonces la pereza y el placer". Debido a una ausencia de disciplina administrativa, La Fontaine se vio de pronto, ya en su edad madura, en serios apuros económicos. "El ejercicio de su empleo de administrador de aguas y bosques redújose probablemente a largos paseos a la sombra de los añosos árboles sometidos a su jurisdicción, y a siestas no menos largas, dormidas sobre la verde alfombra, a la orilla de murmuradores arroyuelos; tenemos derecho a suponerlo así —apuntó el acucioso Geruzez—, puesto que está probado que a los sesenta años ignoraba aún la división y nomenclatura de los bosques y plantíos, según el sistema forestal entonces establecido. Encantábale la poesía: redujéronse sus primeros ensayos a versos de ocasión, que alababan mucho en Chateau-Thierry; atrevióse después a escribir una comedia, pero como le faltaba la inventiva, tomó una pieza de Terencio y, conservando el argumento, cambió los nombres de los personajes, siguiendo el texto original y tomándose alguna libertad en su imitación. No era propia de nuestro teatro aquella comedia, y no la dio a la escena; pero la publicó; y aquella obra, aunque muy mediana, bastante bien versificada, dio a conocer su nombre por vez primera. Había cumplido ya treinta y tres años."

Habrían de pasar otros tres lustros para que La Fontaine, con sus fábulas, se consagrara en las letras. Antes, estuvieron sus cuentos rimados, que le sirvieron para armar, posteriormente, la perfección de sus apólogos: 240 en total, integrados en doce libros publicados entre 1668 y 1694. Tuvo que pasar por la difícil prueba de la originalidad, anclado él en una persistente medianía sobre todo por su indeclinable tendencia a imitar los estilos de los escritores que admiraba. Fue una mujer, no su esposa, sino la condesa de Bouillón, la que lo incitó a escribir "cuentos alegres y galantes que Ariosto y Boccaccio tomaron de los antiguos trovadores. Este consejo —según Geruzez—, seguido con entusiasmo, reveló a La Fontaine una de las venas de su genio poético y le puso en la vía del apólogo. 'Joconda' fue su primer cuento", que dio lugar a un intenso debate literario porque ha de saberse que, desde el principio de su nueva fase literaria, La Fontaine fue considerado un escritor "inmoral" ante su propia sorpresa: él mismo se asombraba de que "por cinco o seis cuentos verdes" lo acusaran de pervertir a la inocencia. Por lo mismo, cayó de la gracia del gran Rey Sol, Luis XIV, monarca absoluto para quien sus creadores debían honrarle con ritos de enajenación aunque sus talentos fueran menores. "No atribuyamos tampoco —advirtió oportunamente Geruzez— aquel abandono a lo que hoy se denominaría oposición del escritor: el buen La Fontaine no era tan valeroso. Nada le hubiera complacido tanto como ser poeta de la corte, y cuando se presentaba coyuntura, su voz se unía al concierto universal para cantar las glorias del reinado de Luis el Grande. La verdad es que había cierta prevención contra él por las licencias poéticas de sus versos y su conducta."

Ahora tenemos oportunidad de releer algunos de esos "inmorales" relatos. Edivisión ha publicado veinte de sus *Cuentos* (2000), en los que se advierte el discreto humor, "libertino" y "licencioso" acaso para su barroca e iluminada época, del futuro y afamado fabulista Jean de la Fontaine (Château-Thierry, 8 de julio de 1621 / París, 13 de febrero de 1695): "Perdió un hombre del campo una ternera / y fue a buscarla al bosque más cercano, / donde se subió a la copa de una higuera / para ver a lo lejos, en el llano. / Llegó en esto una dama y un mancebo / que amantes navegaban en conserva, / y de la higuera al pie, decirlo debo, / se tendieron los dos sobre la yerba. / Sólo hablaban las manos y los ojos, / cuando el doncel, parando su recreo, / exclamó en el ardor de sus antojos: / '¡Qué veo, Señor mi Dios, y qué no veo!' / Y al oír esto, gritóle el anciano / que observaba en la copa de la higuera: / 'El que ve tantas cosas, buen hermano, / ¿no ve por esa selva una ternera'?"

Ahí está ese otro breve relato que cuenta, con "impudicia", la triple relación amorosa: "Alcibiades y Axioco, compañeros / de cuerpo juvenil, bello y fornido, / concertaron sus ansias y pusieron / semillas de su amor en igual nido. / Sucedió que uno de ellos, diligente, / trabajó tanto a la sin par doncella, / que una niña nació, niña tan bella, / que los dos se jactaban igualmente / de ser el padre de ella. / Cuando ya fue mujer y rozagante / pudo seguir la escuela de su madre, / al par los dos quisieron ser su amante, / ninguno de ellos quiso ser su padre. / '¡Ah, hermano!', dijo el uno, 'a fe os digo / que es de vuestras facciones un dechado'. / '¡Error!', el otro dijo, 'es vuestra, amigo, / ¡dejadme a mí cargar con el pecado!'".

Ya en estos ultrajantes y atrevidos cuentos, es notoria la sagacidad fabulador de La Fontaine. En "El beso devuelto", por ejemplo, está la misma raíz de lo que, más tarde, iba a estar desarrollada en sus más de 200 fabulosas moralejas: "Paseaba Juan y Juana por la villa, / y un señor que halló a Juana de su gusto, / dijo a Juana: '¿Quién te dio esa maravilla? / Déjame que la bese, y como es justo, / tomarás tu desquite / cuando entre los casados yo milite'. / 'Acepto', dijo Juan, 'con mil amores, / a condición que nada el pacto tuerza'. / Besóla luego el otro, y con tal fuerza, / que Juana se volvió de mil colores. / Casó ocho días después el caballero, / y Juan tomó el desquite con esmero. Y así dijo: 'Señor, de haber sabido / que érais tan leal y fiel a lo pactado, / en vez de haber a mi mujer besado, / podrías muy bien con ella haber dormido' ".

Al morir La Fontaine, a los 73 años, su amigo Maucroix dijo estas sentidas frases: "¡Dios misericordioso lo tenga en su santa gloria! Era el alma más sincera e ingenua que he conocido. Nunca había en él engaño: me parece que en toda su vida no dijo una mentira".

Por algo, los fabulistas son una especie en peligro de extinción… si no es que ya se extinguieron por completo. 🌿

Jonathan Swift

(Dublín, Irlanda, 1667-1745)

🌑 *Los humanos son peores que los yahoos*

A un año de que cumpliera los sesenta, y diez antes de que perdiera sus facultades mentales, Jonathan Swift publica *Los viajes de Gulliver* (1726), una de las parodias más ácidas que se han escrito sobre la especie humana: "A veces, la querella entre dos príncipes es para dirimir cuál de los dos va a despojar a un tercero de sus dominios, cuando ni uno ni otro tiene ningún derecho a ellos. A veces un príncipe riñe con otro por miedo a que ese otro vaya a reñir con él. A veces se emprende una guerra porque el enemigo es demasiado fuerte, y a veces porque es demasiado débil. A veces nuestros vecinos quieren las cosas que tenemos, o tienen las cosas que queremos; y ambos luchamos hasta que ellos toman lo nuestro o nos entregan lo suyo. Es causa de una guerra muy justificable invadir un país luego de que la gente ha sido consumida por la hambruna, devastada por la peste, o dividida por facciones internas. Es justificable entrar en guerra contra nuestro aliado más cercano cuando una de sus ciudades está situada convenientemente para nosotros, o por un pedazo de tierra que redondearía y cohesionaría nuestros dominios".

Casi tres centurias después, las razones armadas siguen siendo las mismas, y continuarán siendo, debido a que el humano es el mismo con o sin invenciones tecnológicas, por los siglos de los siglos. "Si un soberano envía sus fuerzas a una nación donde la gente es pobre e ignorante, puede dar muerte a la mitad de ellos legalmente, y esclavizar a los demás con el objeto de civilizarlos y reformar su bárbaro modo de vivir. Es una práctica de reyes, honorable y frecuente, que cuando un soberano le pide ayuda a otro para que lo proteja contra una invasión, el que ayuda, cuando ha expulsado al invasor, se apodere él mismo de los dominios, y mate, encarcele o destierre al soberano que vino a socorrer. Los lazos de sangre o matrimonio son causas suficientes de guerra entre los príncipes, y mientras más cercano sea el parentesco, mayor es su disposición a la querella: las naciones pobres pasan hambre, las naciones ricas son orgullosas, y el orgullo y el hambre siempre estarán en pugna."

Por estas razones, agrega Gulliver, quien le cuenta todas estas calamidades a su amo, un houyhnhnm, "el oficio de soldado se considera como el más hondo de todos: porque un soldado es un yahoo contratado para matar a sangre fría a tantos de sus congéneres, que nunca lo han ofendido, como le sea posible". En el cuarto viaje de Gulliver, Swift describe el país de los houyhnhnms, "hermosos caballos dotados de uso de razón; la sencillez y la virtud de los caballos contrastan con la repugnante brutalidad de los yahoos, bestias con forma humana". Quizás por algo un portal de la Internet lleva este nombre creado por Swift, que quiere indicar que todos esos internautas se dedican, esclavizados a su pesar, a buscar en su pantalla electrónica cualquier rastro de una esencia acaso extraviada. En *Escritos satíricos* (un libro de la casa colombiana Norma, de 1991, que he vuelto a encontrar de entre las montañas desperdigadas de volúmenes que me he entercado en ordenar), los editores han seleccionado cuatro textos del autor dublinés, a cual más mordaz. Ante tal retahíla de sucesos del poder, el houyhnhnm no hizo más que lamentarse de dichas odiosas crueldades. Escuchaba azorado a Gulliver, quien continuaba con la sucesión de peculiares harturas de su, nuestro, mundo: "Dije que había entre nosotros una sociedad de hombres entrenados desde su juventud en el arte de probar, mediante palabras que se multiplican para ese propósito, que lo blanco es negro y lo negro blanco, según el pago que reciban. Todo el resto de la población es esclava de esa sociedad. Por ejemplo, si a mi vecino se le antoja mi vaca, contrata un abogado para probar que yo debo darle mi vaca. Yo tengo entonces que contratar a otro para que defienda mi derecho, ya que va en contra de todas las reglas de la ley el que se le permita a un hombre hablar por sí mismo. Ahora bien, en este caso, yo, que soy el verdadero dueño, tengo en contra mía dos graves inconvenientes. Primero, mi abogado, habiéndose ejercitado casi desde la cuna en defender la mentira, se encuentra completamente fuera de su elemento al querer abogar por la justicia, que como es para él actividad contraria a su naturaleza, siempre la acomete con gran torpeza, cuando no de mala gana. El segundo inconveniente es que mi abogado debe proceder con gran cautela; de lo contrario, los jueces lo reprenderán y sus colegas lo aborrecerán, como a alguien que quiere degradar el ejercicio de la ley. En consecuencia tengo sólo dos métodos para conservar mi vaca. El primero es ganarme al abogado de mi adversario con un estipendio doble, y él entonces traicionará a su cliente insinuándole que la justicia no está de su lado. El segundo es que mi abogado haga aparecer mi causa tan injusta como pueda, concediendo que la vaca le pertenece a mi adversario; y si lo lleva a cabo con pericia, seguramente dispondrá favorablemente al tribunal de justicia".

No acaba ahí esta catástrofe. El houyhnhnm escucha, alarmado, la triste conclusión del fatídico capítulo: "Ahora bien, debe saber Su Señoría que estos jueces son personas designadas para resolver todas las disputas de propiedad, así como el juicio de criminales, y que se escogen entre los abogados más diestros, que se hayan vuelto viejos o perezosos; y habiendo pasado todas sus vidas predispuestos en contra de la verdad y la equidad, están sujetos a la necesidad fatal de favorecer el fraude, el perjurio y la opresión, de tal manera que he visto a varios de ellos rehusar un soborno grande del lado donde se hallaba la justicia, por no ofender a la profesión haciendo algo indigno de su naturaleza o su oficio". Entre esta clase de funcionarios es artículo de fe, dice Swift que dice Gulliver, "el que cualquier cosa que se haya hecho antes puede hacerse de nuevo legalmente: y por ello registran con un cuidado especialísimo todas las decisiones tomadas con anterioridad en contra de la justicia consuetudinaria y el razonamiento general de la humanidad. Y estas decisiones, con el nombre de 'precedentes', los aducen como autoridades para justificar las opiniones más inicuas; y los jueces nunca dejan de fallar en conformidad. En los alegatos evitan deliberadamente abordar los méritos de la causa, pero son contundentes, violentos y tediosos al extenderse sobre todas las circunstancias que no vengan al caso. Por ejemplo, en el asunto ya mencionado: nunca desean saber qué derecho o título tiene mi adversario para reclamar mi vaca, sino si dicha vaca es roja o negra, si son sus cachos largos o cortos; si el campo donde pastorea es redondo o cuadrado, si se la ordeña en casa o fuera de ella, de qué enfermedades sufre, y cosas por el estilo, posponen el caso de vez en cuando, y en diez, veinte o treinta años llegan a una conclusión".

Los humanos son peores que los yahoos, y el propio Gulliver se va dando cuenta de ello ante un horror indescriptible. "En el juicio de personas acusadas de crímenes contra el Estado —dice Gulliver—, el método es mucho más breve y loable: el juez, primero, manda averiguar la disposición de los poderosos, después de lo cual puede fácilmente ahorcar o salvar al criminal, ateniéndose estrictamente a todos los formalismos de la ley." El houyhnhnm no da crédito a lo que oye de su vasallo. No puede creer que estos abogados, en lugar de ser instruidos en la sabiduría, lo sean para el pillaje. Gulliver contesta con premura: fuera de su profesión, en todas las otras cuestiones son, los abogados, "la clase más estúpida e ignorante, la más despreciable en el trato común, enemigos acérrimos de todo saber y cultura".

Los abogados, según Swift, esa clase política predispuesta a los trafiques y a los enjuagues sin ningún miramiento, sin el mínimo rubor, sin ninguna vergüenza. 🍂

Voltaire
(París, 1694-1778)

🍂 *Dios nos concedió la recta razón produciendo el mal*

A diferencia de quienes se ponen la camiseta de manera fanatizada, dividiendo tajantemente entre el bien y el mal, yo no veo dos bandos cristalinamente opuestos, tal como se pretende hacer ver, en la pugna de las televisoras privadas sino una batalla empresarial en donde lo de menos son los medios de comunicación y lo de más las desmesuradas ganancias que aquéllos acarrean consigo. Mientras unos locutores, cada vez con menos credibilidad, se empecinan en decir lo que sus patronos les imponen a su favor, los otros, del bando contrario, se empeñan, a su vez, en tratar de remarcar su señero poderío, sin percatarse de que, precisamente con estos conflictos, las empresas son las que, al final, salen severamente dañadas: su insistencia (pero sobre todo esa inmodesta exhibición de que no pueden estar equivocados) en que cada una por su parte es mejor que la otra llega a los colmos de la presunción periodística. Mientras se ponen en la cuerda floja la maldad de uno y la bondad de otro, o al revés, los intereses de los magnates televisivos salen, relucientes, a flote.

Cuando estas calamidades ocurren de manera cíclica uno puede preguntarse quién demonios estará diciendo la verdad en estas contiendas. Porque ya se sabe que hay que desconfiar también de todo aquel que, por costumbre, se dice bueno.

¿Pues qué es ser bueno y qué ser malo?

Dice Voltaire, en su excepcional *Diccionario filosófico* (Ediciones Temas de Hoy, tomo I, 618 páginas, Madrid), que, según Platón, Dios había escogido necesariamente "el mejor de los mundos posibles; y ese sistema lo adoptaron muchos filósofos cristianos, aunque parece que se oponga al dogma del pecado original, porque el mundo, después de esa transgresión, no es ya el mejor de los globos". De modo que "vivir en el mejor de los mundos posibles es ser lanzados del Paraíso, donde los hombres hubiéramos vivido eternamente si no nos hubiéramos comido una manzana; procrear en la miseria hijos miserables y criminales que sufrirán todas las penalidades y las harán sufrir a los demás; experimentar toda clase de enfermedades, morir entre dolores y, para colmo de delicias, arder entre llamas durante una eternidad. ¿Es todo esto lo mejor posible? ¿Esto, que es malo para nosotros, puede ser bueno para Dios?" Negar que existe el mal, dice Voltaire, "puede hacerlo Lúculo, gozando de buena salud, riéndose en medio de la embriaguez en un festín celebrado con sus amigos y su amante en el salón de Apolo; pero, si se asoma a la ventana, tropezará su vista con hombres desgraciados, y si le atormenta la fiebre será también poco dichoso". Voltaire no era un aficionado a las citas "que ofrecen ordinariamente dificultades porque omitiendo lo que precede y lo que sigue a lo citado, nos exponemos a reclamaciones". Sin embargo, no resiste la tentación de citar a Lactancio, padre de la Iglesia, que en el capítulo XIII de su libro, intitulado *De la cólera de Dios*, hace decir a Epicuro lo siguiente: "O Dios quiso quitar el mal del mundo y no pudo, o pudo y no quiso; o no quiso ni pudo, o quiso y pudo. Si quiso y no pudo, es impotente, y esto es contrario a la naturaleza de Dios; si pudo y no quiso, es perverso, y esto también es contrario a su naturaleza; si no quiso ni pudo, es al mismo tiempo perverso e impotente; si quiso y pudo, que son los únicos partidos que convienen a Dios, ¿por qué existe el mal en el mundo?"

Dicha argumentación es contundente, refiere el sabio Voltaire, "y Lactancio la refuta muy mal, diciendo que Dios quiere el mal pero que nos concedió la recta razón para conseguir el bien. Preciso es confesar que esa endeble respuesta no destruye la fuerza de la objeción, porque supone que Dios sólo pudo concedernos la recta razón produciendo el mal". Lo cierto es que el origen del mal fue siempre un abismo, "cuyo fondo nadie pudo ver. Este motivo —dice Voltaire— fue el que obligó a los filósofos y a los legisladores antiguos a recurrir a los dos principios: el bien y el mal". No obstante, entre los mayúsculos absurdos que han plagado al mundo, "y que podemos contar entre el número de los males que nos asedian, uno de los mayores es haber supuesto la existencia de dos seres todopoderosos, peleándose siempre para ver cuál de los dos ejercerá más influencia en el mundo y celebrando un convenio como los dos médicos de Molière, uno de los cuales dice: 'Pasadme el emético y yo os pasaré la sangría'".

Absurdo efectivamente superlativo ése de precisar cuál de dos instancias es el que debe ejercer mayor influencia ya no digamos en el mundo, sino en un ámbito pequeño, ya el de la familia, el del barrio, el de la colonia, el de la delegación, el del estado o, en fin, el de las televisoras, y más aún en un reino donde, como en México, el medio electrónico es abyecto, ridículo, frivolón, mentiroso, adocenado y trivial. Pero, pese a estas notorias deficiencias, hay todavía quienes se disputan el honor de la supremacía. Y los vemos alharaquear en un canal y en otro tratando de desmentirse mutuamente para, en un afán protocolario, emerger como el máximo representante de la televisión derrumbando, y desbaratando, y aplastando, al rival —que es sin duda el mal—, en pos de una supuesta verdad ("la" verdad, según la apreciación de cada bando) —que es, asimismo sin duda alguna, el bien.

Y afuera de las pantallas, los narcos matándose y matando gente que los obstaculiza en su riqueza ilegal, de muchos modos permitida por los gobiernos al no ejercer leyes que no contribuyan al contrabando. Negocio millonario, el de la droga. Por eso no puede legalizarse. El mal observado como un bien personal. Un bien para unos que es un mal para otros. O al revés. Y Dios nos concedió la recta razón produciendo el mal, dice Voltaire. ¡Cuánta verdad en una breve frase! 🍐

Horace Walpole
(Londres, Inglaterra, 1717-1797)

🍇 *El cuento de hadas había victoriosamente nacido*

Inaugurador de la novela gótica, aquella que se desarrolla en los ambientes medievales, el británico Horace Walpole escribió *El castillo de Otranto* (1764), su libro más aplaudido (si bien, según se dice, son sus cartas su obra mayor: más de tres mil 60 documentos dirigidos a centenar y medio de personas, correspondencia en la cual se trasluce su verdadera personalidad, desencantada y escéptica, racionalista de alto cuño), donde se suceden, protegidos por castillos inexpugnables, misterios sin solución, apariciones sobrenaturales, princesas y príncipes apasionados, reyes usurpadores y damas nobilísimas.

El principio es obviamente catastrófico: Manfredo, el monarca de Otranto, casado con Hippolita, ha comprometido a su vástago Conrado, de 15 años, en matrimonio con la hija del marqués de Vicenza, Isabella, "la cual ya había sido puesta por sus custodios en manos de Manfredo, a fin de que pudieran celebrarse los esponsales en cuanto el estado de salud de Conrado lo permitiera". El joven era feo, enfermizo y de "disposición nada prometedora", a diferencia de la bella Matilda, de 18 años, la hija de la pareja real, a quien el padre nunca dio muestras de afecto. "La familia, conociendo bien el carácter severo de su príncipe, no se atrevió a exteriorizar sus reservas ante su precipitación —narra Walpole—. Hippolita, la esposa, una dama afable, alguna vez se había aventurado a comentar el peligro de casar a su único hijo tan pronto, considerando su corta edad y su pésima salud; pero nunca recibió más respuesta que reflexiones acerca de su propia esterilidad, pues había dado a su esposo un solo heredero. Los arrendatarios y súbditos eran menos cautos en sus palabras: atribuían aquella boda precipitada al temor del príncipe de ver cumplida una antigua profecía según la cual 'el castillo y el señorío de Otranto dejarían de pertenecer a la actual familia cuando su auténtico dueño creciera tanto que no pudiera habitarlo' Era difícil atribuir algún sentido a la profecía, y aún resultaba menos fácil concebir que tuviese algo que ver con el matrimonio en cuestión. Pero tales misterios, o contradicciones, en ningún caso disuaden al vulgo de su opinión."

Sin embargo, al príncipe de Otranto los decires de la turba, como los de su familia, lo tenían sin cuidado. Fijó la fecha de la boda el mismo día en que su hijo cumpliera años. Llegado el momento, la concurrencia llenaba la capilla del castillo y todo estaba listo para comenzar el oficio divino, cuando se advirtió la ausencia de Conrado. "Manfredo, impaciente ante el mínimo retraso y no habiendo observado que su hijo se retirase, envió a uno de sus criados para que llamara al joven príncipe. El sirviente, sin tiempo siquiera para haber cruzado el patio que le separaba de los aposentos de Conrado, regresó corriendo, sin aliento, frenético, con los ojos desorbitados y echando espuma por la boca. No decía nada, pero señalaba el patio. Los presentes quedaron abrumados por el terror y la extrañeza. La reina Hippolita, ignorante de lo que sucedía, pero ansiosa por su hijo, se desmayó. Manfredo, menos aprensivo que furioso por el retraso de la boda y por la estupidez de su doméstico, preguntó imperiosamente qué ocurría."

Nada decía el criado, sólo seguía señalando hacia el patio. "¡Oh, el yelmo! ¡El yelmo!", exclamó ante las insistentes preguntas. Impresionado por los lamentos, que nada le aclaraban, Manfredo avanzó con premura rumbo al patio. "Mas, ¡qué visión para los ojos de un padre! Contempló a su hijo despedazado y casi sepultado bajo un enorme yelmo, cien veces mayor que cualquiera hecho para un ser humano, y ensombrecido por una cantidad proporcional de plumas negras. El horror de aquel espectáculo, la ignorancia de los circunstantes sobre cómo había acaecido la desgracia y, ante todo, el tremendo fenómeno que tenía ante él, dejaron al rey sin habla. Su silencio se prolongó más de lo que cabría atribuir al dolor. Fijó sus ojos en lo que en vano hubiera querido que fuese una visión, y pareció menos afectado por su pérdida que sumido en la meditación a propósito del insólito objeto que la ocasionara. Tocó y examinó el yelmo fatal, pero ni siquiera los restos sangrientos y despedazados del joven príncipe consiguieron que Manfredo apartara los ojos del portento que tenía ante sí."

Los congregados ante tan extraña y desmesurada escena se mostraron sorprendidos, a diferencia de su señor que miraba con estupor la monumental armadura (protectora de la cabeza y el rostro de los guerreros medievales), no tanto por el milagro del yelmo como por la visible insensibilidad de su rey, que sólo atinó a ordenar que se cuidara de Isabella, quien a su vez, por sentir escaso afecto al recién finado, el hecho en sí no le tocaba sus fibras íntimas, pero ello, tal vez, complicaba aún más su situación. De ahí que no dejara de afligirse por su futuro. "No le preocupaba la muerte del joven Conrado —apunta Walpole—, aunque lo compadecía, y no lamentaba liberarse de un matrimonio que le prometía escasa felicidad, tanto por el consorte que se le destinaba como por el temperamento severo de Manfredo el cual, si bien la había distinguido con un trato bondadoso, la aterrorizaba a causa de su crueldad con las majestades tan tan afables como Hippolita y Matilda."

La gente, en torno al insólito yelmo, no dejaba de hacer conjeturas. Manfredo, sumido igualmente en esa atroz visión, no había reparado en la multitud que se había congregado alrededor suyo. "Las escasas palabras que articulaba se limitaban a preguntas acerca de si alguien sabía de dónde procedía todo aquello. Nadie pudo darle la mínima información. Sin embargo, como el fenómeno parecía ser el único objeto de su curiosidad, el resto de los espectadores no tardó en compartir dicha curiosidad, y sus conjeturas resultaron tan absurdas e improbables como falta de precedentes la catástrofe." En medio de numerosas hipótesis sin sentido, un joven campesino, de nombre Teodoro, "al que el rumor había atraído desde una aldea próxima, observó que el milagroso yelmo era exactamente igual que el que aparecía en la estatua de mármol negro de Alfonso el Bueno, uno de sus antiguos monarcas, que se conservaba en la iglesia de San Nicolás". Al oír la referencia del antiguo soberano, Manfredo, sujetando por el pescuezo al campesino, "saliendo de su trance con una tempestad de ira", le gritó que cómo se atrevía a proferir tal deslealtad, luego de lo cual, para no apuñalarlo ahí mismo, lo mandó encarcelar... ante la pasmosa reacción de la gente, que no hallaba culpabilidad alguna en el mozalbete que se había atrevido a dar su opinión. Pero lo que movía el desarticulado y desproporcionado encono de Manfredo no era el atrevimiento del joven, sino la sola injerencia de Alfonso el Bueno porque algo en su pasado, que sólo él sabía, lo inquietaba sobremanera.

¿Sería que aquel augurio letal pronto pudiera traducirse en desquiciante realidad? La presencia, gigantesca, omnímoda mas impalpable, intangible, del antiguo monarca, cruelmente envenenado, removía la negra conciencia de Manfredo, quien, en su desesperado intento por dejar su raíz en el reinado, quiso ahora él desposarse con la bella Isabella, haciendo a un lado ominosamente a su esposa Hippolita. En vano: las fuerzas del más allá, las invencibles fuerzas góticas, impedirían cualquier endemoniado paso hacia la devastación familiar, social, económica y política.

El cuento de hadas había victoriosamente nacido. 🌿

Ludwig Tieck
(Berlín, Alemania, 1773-1853)

🌿 *A veces matamos lo que más queremos*

En "El cuento de la serpiente verde", Johann Wolfgang Goethe hace decir al Anciano que son tres elementos los que dominan la tierra: la Sabiduría, el Esplendor y el Poder, mas cuando el Joven intenta corregir al viejo reprochándole el olvido de "la cuarta fuerza que domina al mundo desde sus orígenes del modo más general y seguro: el poder del Amor", el Anciano, sonriente, sólo precisó aún más la aseveración: "El amor no gobierna pero nos templa, que es mejor". Su cuento fue escrito entre agosto y septiembre de 1795 y publicado, nos informa Alberto Cue, "en octubre de ese año en la revista *Die Horen,* a cargo de Schiller. Responde a un sentido alegórico y es de una especial significación política; trataba de resolver las incertidumbres que el futuro presentaba tras los acontecimientos revolucionarios en Francia con vista al advenimiento de un siglo que anunciaba profundas transformaciones".

El relato de Goethe está incluido en el libro *La mágica oscuridad* (colección "Clásicos para hoy", Conaculta, 1998), que reúne siete cuentos alemanes traducidos y seleccionados por el mismo Cue y por María Luisa Herlt. En la narración de Goethe, que abre el volumen, "los símbolos más recurrentes son la Luz, la Emanación, la Tierra, el Agua y el Dinero, mismos que aparecen en la segunda parte de *Fausto.* De acuerdo con Rudolf Steiner, 'en la fantasía de Goethe cobran fuerza las multiplicadas potencias espirituales en personajes de cuento, y estos personajes, cuando experimentan y actúan entre sí, dan forma a toda la vida espiritual humana, incluidos sus propios límites'. En la interpretación de Steiner, para Goethe hay tres fuerzas espirituales de la humanidad en su camino de liberación personal: la Voluntad (cobre), el Sentimiento (plata) y el Conocimiento (oro). El poder a través del cual actúa la virtud se aparece como voluntad, la belleza se aparece como sentimiento y la sabiduría en forma de conocimiento". Así, explica Cue, "la serpiente expresa las funciones de la belleza y la salvación, del sacrificio y la redención. Si bien el cuento va hacia un surgimiento nuevo, la visión artística, en constante intercambio de arte y naturaleza, penetra por una casi inaprehensible forma, que Hofmannsthal llamaría musical, como si el cuento fuese una ópera, una fantasía armónica del ser y de las fuerzas divinas".

Sin embargo, es justo reconocer que, de los cuentos antologados en este breve muestrario, hay otros relatos que superan en la forma el realizado por Goethe, como la bella narración "Los elfos", de Ludwig Tieck (1773-1853), publicada originalmente en 1811. Los elfos son seres extraordinarios que nunca envejecen, viven en un mundo paralelo al nuestro; pero no pueden ser visualizados por todos, a excepción de unos cuantos afortunados, como le ocurrió a María, la protagonista del cuento, que convivió con ellos en un lapso de siete años, ochenta y cuatro meses que fueron en realidad una sola tarde para María, tal como les aconteciera —casi siglo y medio después— a los cuatro hermanos Pevensie en la bella heptalogía *Las crónicas de Narnia*, creada por el irlandés C[live]. S[teples]. Lewis, nacido en 1898 y fallecido en

Inglaterra en 1963, amigo de ese otro gran maestro de la literatura fantástica: Tolkien (1892-1973).

—¿Por qué están todos tan contentos? —preguntó la protagonista a Zerina, su amiguita la elfa.

—¡Viene el rey! —dijo la pequeña—. Muchos de nosotros todavía no lo hemos visto, y adonde quiera que se dirige hay fortuna y alegría. Mucho tiempo lo hemos esperado, más ansiosamente que ustedes esperan la primavera luego de un largo invierno; y ahora anunció su venida con este hermoso mensajero. Esta agradable e inteligente ave, que nos ha sido enviada en el servicio del rey, se llama Fénix. Vive en tierras lejanas, en Arabia, en la copa de un árbol del cual sólo hay uno en el mundo, así como no existe un segundo Fénix. Cuando se siente viejo, fabrica un nido a partir de bálsamos e inciensos, lo enciende y se prende fuego a sí mismo, de modo que muere cantando; de las aromáticas cenizas se levanta otra vez el rejuvenecido Fénix con renovada hermosura. Muy raro es que emprenda el vuelo, así que aquellos que llegan a verlo (siendo que tal cosa sucede una vez en siglos) lo inscriben en sus memorias y esperan de ello acontecimientos maravillosos.

Pero hay un peligro: a los elfos no se les puede delatar, y la misma María, ya adulta y casada, sorprendió a su hija (Elfriede, "seguramente en recuerdo de los elfos") jugando con la mismísima Zerina, la amiga de María en su niñez. Al interrumpir las sesiones de Elfriede con Zerina, María de algún modo estaba interceptando el mundo de los elfos porque los hacía visibles. Zerina, al percatarse de que ya había sido visualizada por la madre de Elfriede, se despidió de ésta diciéndole que ella no era la culpable de su partida (pues los adultos "nunca conocerán la prudencia por más inteligentes que se crean"). Entonces, Elfriede le dijo a su madre:

—Zerina traía un veliz y tenía puesto un sombrero; traía también un cayado enorme para el camino. Estaba visiblemente enfadada contigo, pues ahora tendrá que soportar las peores y más dolorosas penas por tu causa. ¡Tanto te había amado siempre! De cualquier manera, según dijo ella, abandonarán contra su voluntad nuestra región.

Con la partida de los elfos, el paisaje se fue ennegreciendo. "Elfriede, sumida en la mayor tristeza, contemplaba noche y día su rosa. Recordaba a su compañera de juegos y, a menudo que se doblaba y secaba la flor, también ella iba inclinando su cabecita, hasta consumirse antes de llegar la primavera. María iba a plantarse muchas veces enfrente de la casita e imploraba y lloraba por la dicha perdida. Se consumió al igual que su pequeña hija y murió al cabo de pocos años."

Ciertamente, a veces matamos lo que más queremos. ♥

Los hermanos Grimm
(Jacob: Hanau, Alemania, 1785 / Berlín, 1863; Wilhelm, Hanau, 1786 / Berlín, 1859)

Alexánder Pushkin
(Moscú, Rusia, 1799 / San Petersburgo, 1837)

❧ *Las historias como nunca nos las contaron*

Hay tantas versiones ahora del cuento "Blancanieves" que el relato original prácticamente ha sido olvidado. Por supuesto, el más conocido es el que hiciera Walt Disney en 1937 en una película que, hoy, es un clásico animado. Si bien ya el francés Charles Perrault (1628-1703) había recogido esta narración en sus *Contes de ma mére l'Oye*, de 1697, no es sino hasta la incorporación de dicho cuento, hacia la década de los veinte del siglo XIX, en la colección bibliográfica de los alemanes Grimm (Jakob y Wilhelm) cuando adquiere resonancia y popularidad. A partir de ahí puede decirse que han surgido muchas Blancanieves e innumerables príncipes salvadores, al grado de que la historia inicial es borrada y minimizada.

"Era un día de invierno, y los copos de nieve caían del cielo como plumas blancas —dicen los hermanos Grimm—. Una reina estaba sentada a su ventana, cuyo marco era de ébano, y cosía, mirando caer la nieve. De pronto, distraída, se pinchó un dedo y cayeron tres gotas de sangre en la nieve. Hacía tan bonito lo rojo sobre lo blanco que la reina exclamó: '¡Me gustaría tener una niña tan blanca como la nieve, tan roja como la sangre, tan negra como el ébano del marco de la ventana!'" Pasado el tiempo, la reina por fin dio a luz a una niña, "cuyo cabello era tan negro como el ébano, mientras sus mejillas eran rojas como la sangre y su tez blanca como la nieve. Por esto, y en recuerdo de aquella tarde de invierno, se llamó Blancanieves". Mas la reina murió al nacer su hija. Un año después, el rey se volvió a casar: "Su nueva esposa era una mujer muy bella, pero tan orgullosa y llena de vanidad que no podía resistir la idea de que hubiese en el mundo otra más linda que ella", de modo que, poseyendo un milagroso y agorero espejo, extraído de quién sabe dónde —porque los Grimm nunca lo aclaran—, todos los días, al mirar su reflejo en él, le preguntaba: "Espejito mágico, espejito de oro: ¿quién es la más bella de todo el contorno?", a lo cual, una y otra vez, el espejo contestaba: "Bella entre las bellas, ¿por qué lo decís?, sois la más hermosa de todo el país". Y la reina "se sentía satisfecha, pues sabía que el espejito no podía decir más que la verdad".

Crecida la niña, se entiende que, desde los siete años, empezó su belleza a crearle problemas a la madrastra, que ya no oía a su espejo responderle tal como ella quería. Cuando escuchaba que Blancanieves era la más bonita de la región, la reina se encolerizaba "y se puso verde y amarilla de rabia y de envidia. Y desde aquel momento odió a Blancanieves con todo su corazón", de manera que, atormentada hasta el punto de no descansar de día ni de noche, "por fin llamó a un cazador de palacio" para ordenarle que llevara a la niña al bosque, "pues es preciso que no la vea más —dijo la reina—: mátala y tráeme su corazón y sus hígados en prueba de que has cumplido mis órdenes". Pero el cazador tuvo lástima de ella: "Corre y adéntrate en el bosque, linda niña", le dijo, pensando que las fieras la devorarían. Justamente en aquel momento "pasaba por ahí una cervatilla, brincando, y el cazador la mató, le quitó los hígados y el corazón, llevándolos a la reina. Ésta los dio al cocinero de palacio para que los guisara, y después la pérfida reina se los comió, muy satisfecha, creyendo que eran los de Blancanieves".

En la hondura del bosque, la niña encontró una casita en la cual entró "para descansar". Ahí vivían "siete enanillos de largas barbas, que pasaban el día en el monte buscando tesoros en las entrañas de la tierra". Cuando Blancanieves despertó, contó su tragedia a los hombres, que, según los hermanos Grimm, le dijeron de inmediato: "¿Querrías cuidar nuestra casita, cocinar, hacer las camas, lavar, coser, barrer y tener todo limpio y pulido? Entonces podrías quedarte con nosotros y no tendrías nada que temer", a lo que la niña aceptó "muy gustosa". Pero la madrastra, gracias al espejito mágico, se enteró (y fue tal su disgusto "que por poco se muere") que su hijastra aún vivía "en las colinas de los enanos", con lo que se percató del engaño del cazador. Así que decidió ella misma eliminar a tan encantadora niña.

Aunque no se dice cuántos años habían transcurrido ya, uno tiene que entender que no habían pasado demasiados ya que el espejo sabía, desde el mismo momento en que Blancanieves se alojó en aquel hogar, que la niña no estaba muerta. ¿Cuántos tendría? ¿Diez años?, ¿once?, ¿doce?, ¿ocho?, ¿todavía los siete? La madrastra disfrazada de una vieja buhonera fue personalmente a buscar a quien odiaba para matarla de una vez por todas. Llegó vendiendo "lindas baratijas, cintas de todos colores y bonitas puntillas". Blancanieves abrió la puerta, curiosa, "para ver de cerca los lindos encajes". La vieja le dijo que se dejara poner el más bonito de sus lazos, a lo que la niña no se opuso, "pero la vieja se apresuró a echarle la cinta al cuello y tiró, tiró de ella con tal fuerza que la pobrecita Blancanieves perdió el aliento y cayó al suelo como muerta".

No obstante, los enanos la salvaron. Y a pesar de las recomendaciones de que no abriera la puerta a nadie, Blancanieves volvió a caer en la trampa en dos subsiguientes ocasiones, siendo la última el mordisco de la manzana envenenada, que la hizo caer, de súbito, muerta al suelo. "La pérfida reina la contempló satisfecha y, echándose a reír, murmuró bajito: 'Blanca como la nieve, roja como la sangre y negra como el ébano; esta vez los enanitos no podrán revivirte'." En efecto, esa vez nada pudieron hacer los hombrecitos. "La levantaron y buscaron en vano lo que podía haberla dañado; desataron su vestido, peinaron su cabello, lavaron su rostro con agua y vino, pero todo fue inútil; su querida Blancanieves estaba muerta y bien muerta. La tendieron en un ataúd, y los siete la velaron y lloraron a su alrededor durante tres largos días. Entonces viendo que no volvía a la vida, se prepararon a enterrarla. Pero estaba tan bonita y sonrosada con sus mejillas blancas y encarnadas, que se dijeron unos a otros: 'No podemos enterrarla en la negra tierra'. Y construyeron un ataúd de cristal transparente para poder verla todos los días." Así pasó mucho, mucho tiempo en su ataúd, hasta que un príncipe, pasando casualmente por ahí, la miró y quedó tan arrobado de su belleza que pidió a los enanitos le regalaran el ataúd (con la mujer adentro, por supuesto), "y os juro por mi honor —les dijo— que lo reverenciaré como el más preciado tesoro", palabras que convencieron plácidamente a los hombrecitos, otorgándole la prenda, la cual los criados, en un descuido, tropezando con unas matas, sacudieron bruscamente "y la niña se estremeció dentro, con lo que el trocito de manzana que tenía en la boca saltó de entre sus dientes", recobrando la ansiada vida, y enamorándose, nada más viéndolo, del príncipe que la transportaba, aceptando *ipso facto* ser su esposa. El final es predecible: invitada la madrastra a la boda, al mirar que la novia era nada menos que Blancanieves, "se quedó muda de terror, se escapó y nunca se volvió a saber de ella".

El cuento de Blancanieves se hizo tan popular que, en su vuelta al mundo, logró que el mismísimo Aléxander Pushkin se interesara por él, lo retomara, le diera unos graciosos giros y escribiera su propia y original versión: "La princesa muerta y los siete forta-chones", relato que conocemos gracias a la edición del libro *Cuentos para niños* (Era / LOM, 2003) del poeta ruso, fallecido mucho antes que los hermanos Grimm a conse-cuencia de un duelo amoroso —producto de los celos que le causaba su bella esposa, Natalia Goncharova, que vivía con él por su fama pero no precisamente enamorada. Muerto a los 38 años, Pushkin seguramente había oído (o leído, acaso, ya en las letras de Perrault o de los propios Grimm) la famosa narración de Blancanieves —anónima a pesar de que sin duda alguien la inventara, una persona irremediablemente ingeniosa e imaginativa—, no de otra manera se entiende su relato referido, que no es sino una calca del legendario cuento sólo que con sus particulares anotaciones.

"Hace mucho tiempo, en un país tranquilo, vivían felices el rey y la reina —cuenta Pushkin—. Pero un día el rey debió partir hacia tierras lejanas. Apenas se despidieron, la reina se sentó frente a la ventana a esperarlo. Permanecía ahí día y noche mirando al campo infinito hasta que le dolían los ojos, pero por más que miraba, sin moverse desde el amanecer hasta el anochecer, no aparecía su amado y su más querido amigo, su esposo el rey. Lo único que se veía tras la ventana era nieve y más nieve, el campo entero revuelto de blanco por las tormentas de nieve." Hay que recordar que la versión de los Grimm, publicada cuando menos una década antes que la del poeta ruso, también nos habla, desde el inicio, de una reina a la espera en una ventana. "Pasaron nueve meses —prosigue Pushkin— y la reina seguía mirando al horizonte esperando a su esposo. Llegó la Nochebuena y a la medianoche justa, la reina dio a luz una hermosa niña. Al amanecer de esa noche, el tan añorado rey, el padre de la princesa, regresó por fin desde muy lejos. Cuando la reina lo vio, después de tan larga espera, suspiró profundamente, pero no soportó tanta emoción y hacia el mediodía murió."

Al cabo de un año, el mismo tiempo que reportan los Grimm, el rey se volvió a casar, igualmente, con una hermosa mujer: "Alta, elegante y pálida; inteligente, astuta y perspicaz. Pero, al mismo tiempo, era orgullosa, engreída, caprichosa y, sobre todo, muy vanidosa". Como dote, dice Pushkin, "la nueva reina había recibido un espejito. El espejo era muy especial, podía adivinar lo que sucedía a la distancia y además sabía hablar. Sólo con su espejito la reina se mostraba alegre, simpática y amable; bromista, risueña y juguetona. Solía conversar con él y le preguntaba: '¡Cariño mío, espejito! Háblame y dime la verdad: ¿soy yo la más hermosa en el mundo?, ¿la más elegante, la más bella entre todas?' Y el espejito le respondía: 'Por supuesto, no hay discusión. Tú, sin duda, eres entre todas la mejor'. Tanto le gustaban estas palabras a la reina que, al oírlas, reía feliz, bailaba y movía los hombros, cerraba los ojos y chasqueaba con los dedos, dando vueltas por el cuarto. Siempre mirándose al espejo, admirándose a sí misma".

Pero la princesa tuvo que crecer y, ya adolescente (si bien Pushkin jamás precisa las edades), "muy pronto se encontró un novio para ella, el príncipe Eliseo. A través del casamiento, el rey se comprometió a celebrar la boda, y se acordó la dote para el joven matrimonio: siete ciudades comerciales y ciento cuarenta mansiones". Y es ahí cuando interviene la malvada madrastra: el mero día de la boda, entusiasmada como estaba por la fiesta, preguntó a su espejo la consabida egolatría obteniendo una inesperada respuesta: ya no era ella la más bella entre las bellas, sino ahora la princesa la rebasaba en hermosura, lo que la hizo patalear y rabiar de disgusto: "¿Qué te crees, vidrio de porquería? ¡Mientes a propósito para hacerme sufrir! ¿Cómo me va a ganar la chiquilla ésa? Claro que su rostro es muy blanco; pero, ¿qué gracia hay en eso? Si su madre, cuando la tenía en el vientre, se lo pasaba mirando la nieve". Esa misma tarde llamó a su criada, de nombre Negruzca, para que se llevara a la princesa (Pushkin se cuidó de no ponerle nombre a su protagonista para no hacer más evidente su reproducción literaria, al fin y al cabo el cuento aún no se había introducido popularmente en la Rusia decimonónica) "al bosque más espeso, atarla al árbol más grande y dejarla ahí para que los lobos salvajes se la comieran viva". Negruzca desobedeció a su ama y dejó libre a la chiquilla en la espesura de los árboles. Desde ese mismo momento, y mirando su desaparición, todos comenzaron a buscar a la princesa. El príncipe Eliseo, "sin perder un minuto, partió en su caballo a buscar a su prometida, la más hermosa y querida".

Ella, mientras tanto, ya estaba alojada en una extraña casa donde vivían "siete hermanos fortachones, bondadosos y bigotudos", a los que, por supuesto, les arregló, hacendosa como era, su hogar dejándolo reluciente y ordenado. Sólo que los hermanos se enamoraron de la princesa y le pidieron que fuera ella la que escogiera a uno para desposarse de inmediato, a lo que la joven, triste, contestó que su amor ya era para el príncipe Eliseo, respuesta que fue aceptada por los siete hermanos con la respetuosa promesa de dejar ese asunto en paz. Lo que siguió fue la desesperada venganza de la madrastra, luego de enterarse por su espejo de que la joven aún seguía vivita y coleando, al enviar de nuevo a Negruzca (previa golpiza por su desobediencia) a matarla con una manzana envenenada, misma que la criada, disfrazada de una vieja vendedora, le entregó. La joven se desplomó apenas mordió un pedacito, "quedando inmóvil en el piso cerca de la mesa", donde la encontraron, apenados, los siete fortachones, quienes, después de tres días, prepararon la ceremonia fúnebre: "Construyeron un ataúd con una cúpula de cristal para la princesa y depositando ahí con cuidado su hermoso cuerpo, la llevaron entre todos hasta un cerro alto y hueco, a la orilla de un río".

Eliseo consultó con el sol, con la luna y con el viento para saber dónde diablos estaba su enamorada y fue este último [el viento, no el diablo] el que la localizó, abatiendo al príncipe cuando se enteró de que su amada estaba muerta en un ataúd de cristal. Y al dar con el cerro alto y hueco, "el príncipe sintió de pronto tanta ira por haberla perdido para siempre que golpeó con toda su fuerza contra el cajón transparente. Saltaron por todos lados los pedazos de cristal y, ¡milagro!, la muchacha despertó. Se sentó en el lecho, miró alrededor con ojos de asombro, suspiró y pronunció: '¡Cuánto he dormido!' Luego vio a su novio, se levantó y se abrazaron, llorando los dos de emoción". Cuando la madrastra la vio regresar al palacio, "al verla tan bella y fresca, le dio tanta envidia que ahí mismo murió".

Y, colorín colorado, la Blancanieves plagiada de Pushkin ahí acaba.

Gracias a Alexander Pushkin he vuelto a la lectura gozosa de los hermanos Grimm, cuyas narraciones, lamentablemente, nunca son iguales en ninguno de los innumerables volúmenes que de ellos existen en las librerías. Cada traductor se encarga de ofrecer una interpretación distinta, tomada a su vez de vaya uno a saber qué procedencias. De ese modo hallamos, por ejemplo, diferentes trágicos finales de la madrastra de la múltiplemente citada "Blancanieves". Una vez leí que fue castigada tan duramente por haber querido asesinar a la hija de su esposo que fue obligada a caminar bajo carbones encendidos hasta quedar media muerta, si no es que de plano definitivamente muerta.

Ahora vuelvo a la carga leyendo el cuento de la Cenicienta. Para comenzar, el asunto aquél —conocido por media humanidad— del encanto que revela a una Cenicienta apurada por retornar a su casa antes de la medianoche para que no se le deshiciera la magia no es sino, ¡ay!, una invención ensoñadora, un complemento mítico... aunque no debiera dudar de que por ahí existiera dicha transcripción en algún extraño libro de los Grimm. El que tengo, en una traducción de María Luz Morales, data del año de 1935 de la editorial barcelonesa Juventud. Y como todo buen relato infantil, éste de la Cenicienta es también demasiado cruel: "La esposa de un hombre muy rico estaba enferma. Cuando sintió que iba a morir, llamó a su única hija y le dijo: 'Querida hijita, continúa siendo piadosa y buena, que Dios te ayudará, y yo miraré desde el cielo por ti'. Después de esto, cerró los ojos y expiró".

La niña, cuya edad ignoramos, "iba todos los días a la tumba de su madre a llorar, y continuó siendo buena y piadosa. Al llegar el invierno, la nieve cubrió la lápida de su tumba, y cuando el sol de la primavera volvió de nuevo a descubrirla, el marido de la muerta tomó por esposa a otra mujer. La nueva esposa llevó a casa del marido dos hijas suyas, hermosas y altaneras, pero vanidosas y de mal corazón". Ahí comenzaron los tiempos duros para Cenicienta, llamada así porque "por la noche, cuando estaba rendida de trabajar, no tenía lecho en que buscar el reposo, sino que había de echarse sobre la ceniza". Por eso, y porque "estaba siempre sucia y polvorienta", sus desconsideradas hermanastras, que no permitían que "una criatura tan estúpida se sentara con ellas a la mesa", la llamaron Cenicienta.

La niña iba tres veces al día a la tumba de su madre, "donde lloraba y rezaba. Cada vez, un pájaro blanco venía y se posaba sobre el árbol, y, cuando ella murmuraba un deseo, el pajarito iba y le traía lo que deseaba. Sucedió en esto que el rey anunció una gran fiesta, que duraría por lo menos tres días, y a la cual serían invitadas las más hermosas doncellas del país, pues su hijo el príncipe debía escoger esposa". Por supuesto, Cenicienta también quería ir al jolgorio, mas su madrastra y sus despóticas mediahermanas lo impedían remitiéndola a trabajos imposibles: podría asistir si los finalizaba a tiempo. La niña, con ayuda de sus amigas las aves, resolvía con prontitud las complicadas tareas. Sin embargo, de nada le servía porque, de todos modos, faltando a su palabra, sus parientes se negaban a llevarla al baile por vergüenza, ya que ella carecía de la vestimenta adecuada ni, laducía, "sabía bailar". Como viera a Cenicienta triste, un pájaro puso a sus pies [de Cenicienta, no suyos] un "vestido de plata y de oro, y un par de zapatos bordados de oro y de plata". La niña se vistió de prisa y se fue a la fiesta. "Su madrastra y sus hermanastras, al verla tan bella, no la reconocieron, suponiendo que sería alguna princesa extranjera, tan hermosa estaba con su traje de oro. Ni por un momento pensaron en Cenicienta, imaginando que todavía estaría con su traje sucio y harapiento, buscando lentejas entre las cenizas." Desde el primer momento el príncipe se sintió atraído por la adolescente atendiéndola toda la noche, sin permitir que ningún otro hombre la sacara a bailar.

Pero Cenicienta, hacia la medianoche, expresó su deseo de regresar a su casa (no porque su vestido se difuminara o se le fuera el encanto), siendo incluso acompañada por el propio príncipe, que a la mera hora se le escapara apenas atravesaban la puerta del palomar. Las fiestas continuaron a diario (y Cenicienta acudía sin fallar a ninguna), de manera que al tercer día el hijo del rey "había usado un ardid cubriendo las escaleras con pez. A causa de ello, como la doncella iba tan de prisa [que no era otra sino Cenicienta, necia en largarse alrededor de la medianoche por algún inexplicable prurito disciplinario para no desvelarse, tal vez], su zapatito izquierdo se le quedó pegado en la pez [en su significado químico: sustancia resinosa que se obtiene del alquitrán]. Ella desapareció, pero el príncipe recogió el zapato. Era pequeñito y lindo, hecho de oro todo él". A la mañana siguiente, sabiendo dónde vivía la mujer de sus sueños (pues ya la había acompañado hasta ahí, si bien la niña se internaba en la mansión sin ser vista), el príncipe fue a casa del padre de Cenicienta para decirle que sólo sería su esposa "la que sea capaz de calzarse este zapatito de oro".

Oyendo esto, las hermanastras se emocionaron tanto que, aconsejadas por su malévola madre, llegaron hasta a hacer trampa con tal de que el pie entrara correctamente en aquel áureo zapato: una se cortó el dedo gordo y la otra un pedazo de talón, pero como los pies sangraban, y avisado por dos palomas, el príncipe se percató de que ellas no eran las dueñas del calzado. Cuando el enamorado preguntó si no tenía otra hija, el propio padre —avergonzado y tan malvado como su esposa— asintió pero dijo que era "humilde y sucia", motivo que le impedía ser la novia de un futuro rey. No obstante, el príncipe insistió en que la fueran a buscar. Ella "se lavó la cara y las manos" y se puso el zapato, "que le venía ni pintado", y en ese momento el joven la reconoció: "Ella era la hermosa doncella con quien había bailado tres noches." La madrastra y sus hijas, entonces, se desmayaron de la impresión. "Al celebrarse la boda, las dos pérfidas hermanas rogaron a Cenicienta que las perdonara —cuentan los hermanos Grimm—, deseosas de participar de su gran fortuna. Al salir el cortejo para la iglesia, la hermanastra mayor iba a la derecha de la novia y la menor a la izquierda, mas vinieron las palomas y les picaron a cada una en un ojo. Y, al salir de la iglesia, la mayor iba a la izquierda y la menor a la derecha, mas las palomas les picaron a cada una el otro ojo. Y, así, su maldad y perfidia quedó castigada, dejándolas ciegas para el resto de sus días."

Ya Walt Disney iba a filmar esta conmovedora escena, cómo no.

Los cuentos no suelen ser, las más de las veces, tal como nos los contaron. Por algo, a lo largo de casi todo el siglo XIX, "maestros, padres de familia y figuras religiosas, particularmente en Estados Unidos —dice Thomas O'Neill en el número de diciembre de 1999 de *National Geographic* en su versión mexicana—, condenaban la colección de cuentos de los Grimm debido a su crudo e incivilizado contenido". En 1885 un educador norteamericano acusaba: "Los cuentos populares reflejan con demasiada fidelidad la visión del mundo y la cultura medievales, con todos sus rígidos prejuicios, su crudeza y atrocidades". Los adultos ofendidos, dice O'Neill, "se oponían a los penosos castigos impuestos a los villanos. En la versión original de 'Blancanieves' a la malvada madrastra se le obliga a bailar con unas zapatillas de hierro ardiente al rojo vivo hasta caer muerta. En 'La pastora de ocas', una sirvienta traidora es desnudada, metida en un barril lleno de clavos y arrastrada por las calles. Aún hoy, algunos padres protectores se mantienen a distancia debido a la violenta reputación de las historias de los Grimm".

Dedicadas sus últimas páginas a los hermanos Grimm, la *National Geographic* envió a Alemania a su colaborador para que nos contara cómo son recordados, hoy, los famosos hermanos cuyos cuentos son, a dos siglos de haberse elaborado, aún los de mayor vigencia en el mundo infantil. "Los hermanos Grimm, Jacoby Wilhelm, titularon a su libro *Los cuentos infantiles del hogar*, y publicaron la primera de sus siete ediciones en Alemania en 1812. Tomados sobre todo de narraciones orales, los 210 relatos de la colección forman una antología de cuentos de hadas, fábulas, farsas rústicas y alegorías religiosas sin igual hasta hoy." Los cuentos han sido traducidos, según O'Neill, "a más de 160 idiomas, desde el inupiat del Ártico hasta el suajili de África. En Estados Unidos los lectores pueden elegir de entre 120 ediciones. En cuanto fenómeno editorial, la obra de los hermanos Grimm compite con la *Biblia*. Los cuentos y los personajes estelares saltan de las páginas al teatro, la ópera, las historietas, el cine, la pintura, el rock, la publicidad, la moda. Los japoneses, quizás los más entusiastas seguidores de los hermanos Grimm, han construido dos parques dedicados a los cuentos".

Tanta fama, por supuesto, habría asombrado a los Grimm, quienes "comenzaron a reunir cuentos de hadas por encargo de un amigo que planeaba una colección de literatura popular alemana. Transcurridos varios años, los Grimm habían recopilado 49 cuentos, algunos tomados de libros antiguos y el resto de conocidos en Kassel. Pero el amigo no elaboró su colección y los hermanos decidieron publicar su propio volumen. Reunir los cuentos debe haber distraído a Jacob y a Wilhelm de lo que ocurría en sus vidas. Su madre había muerto en 1808 [su padre había ya fallecido en 1796, a los 44 años de edad] y el dinero escaseaba. Empleado como bibliotecario del detestado invasor francés, Jacob apenas podía sostener a sus cinco hermanos. Wilhelm padecía de asma y tenía un corazón débil, por lo que no podía trabajar. En 1812, el año en que se publicaron los cuentos por primera vez, los hermanos sobrevivían con una comida al día; quizás esto explica porqué tantos personajes de su libro pasaban hambre". Aunque las ediciones siguieron apareciendo hasta 1857, dos años antes de que Wilhelm muriera, "la recolección de casi todas las narraciones orales ocurrió cuando los hermanos estaban en sus impresionables veinte años".

Nada queda ya del lugar donde nacieron los Grimm, en Hanau, Alemania. "Al igual que la mayoría de las casas que alguna vez habitaron —cuenta O'Neill—, la de Hanau fue destruida por los bombardeos durante la Segunda Guerra Mundial. Una estatua de bronce de los hermanos se levanta frente al Rathaus, o palacio de gobierno, mostrando a dos hombres de cabello largo y levita, absortos en la lectura, su gran placer." Hacia 1791 la familia Grimm se había trasladado al noreste, a Steinau, otro pequeño centro de comercio donde el padre fungió como magistrado de distrito. Ahí en Steinau, donde su padre muriera y la familia se viera obligada a separarse (Jacob y Wilhelm, por ejemplo, a sus trece y doce años respectivamente, fueron enviados al norte, Kassel, a estudiar), está en pie, en aquella vieja casona, un museo de manuscritos y memorabilia de los Grimm, en el cual se conserva un bello volumen de la primera edición de *Los cuentos infantiles del hogar*. "En total —informa O'Neill—, 40 personas relataron historias a los hermanos, y muchos iban a su casa en Kassel. Los hermanos recibían con agrado especial las visitas de Dorotea Viehmann, una viuda que caminaba hasta el pueblo para vender lo que sembraba en su hortaliza. Hija de la dueña de un mesón, Viehmann había crecido escuchando los relatos de los viajeros que iban camino a Francfort. Entre sus tesoros estaba Aschenputtel: Cenicienta." A excepción de esta señora Viehmann, los hermanos casi nunca identificaban a sus narradores, y no fue sino hasta mediados de la década de los setenta (¡pero ya del siglo XX!) cuando se supo que la relatora de "Caperucita Roja", "Blancanieves" y "La Bella Durmiente" no había sido, como se creyó durante más de un siglo y medio, la vieja ama de llaves de los suegros de Wilhelm (Jacob permaneció soltero toda su vida), sino Marie Hassenpflug, una amiga veinteañera de Charlotte, la hermana de los Grimm, quien pertenecía a una educada familia de habla francesa que ya había leído, con anterioridad, *Los cuentos de mamá oca* de Charles Perrault publicados en 1697.

"Grandes reconfortantes" denominó Bruno Bettelheim a los Grimm en su libro *Psicoanálisis de los cuentos de hadas* (Grijalbo, 1988). Los hermanos Grimm escribieron, dice Bettelheim, "en una época típica de los cuentos: tiempo remoto en que creíamos que nuestros deseos podían, si no mover montañas, sí por lo menos cambiar nuestro destino". El cuento de hadas, sostenía el ya fallecido maestro Bettelheim (Viena, 1903 / Los Ángeles, 1990), "aunque pueda chocar con el estado psicológico de la mente infantil, con sentimientos de rechazo cuando se enfrenta a las hermanas de Cenicienta, por ejemplo, no contradice nunca su realidad física". Por eso los verdaderos cuentos de los Grimm son como no nos los contaron de niños. En el cuento de "La Bella Durmiente", por ejemplo, un cangrejo, que salía del agua, fue el que advirtió a la reina de que muy pronto tendría una niña. La profecía se cumplió y el rey organizó una fiesta, pero como el rey sólo tenía doce platos de oro, y eran trece las hadas de aquel país, "se vio obligado a dejar fuera a una de ellas" —leemos en la versión de José Emilio Pacheco publicada en Alianza Editorial en 1982— quien, "furiosa porque no la habían invitado", "sin saludar ni mirar a nadie", gritó su sentencia de muerte, pero la duodécima hada, que aún no había otorgado su don, dijo que no podía anular la fatal sentencia, aunque sí atenuarla: "La princesita no morirá: sólo se quedará profundamente dormida durante cien años". Y cien años durmió, efectivamente. O el cuento del sapo, al que la princesa nunca besó para convertirlo en príncipe, sino que "lanzó a la horrible rana contra la pared con todas sus fuerzas, y ésta despertó como un príncipe". Ya muy luego, lo amó. ❦

Robert Graves
(Dublín, Irlanda, 1797-1853)

❦ *La desaparición de los dioses griegos en el año 363 d.C.*

Dice el británico Robert Graves que casi todas las artes y ciencias útiles nos fueron dadas por los antiguos griegos: la astronomía, las matemáticas, la ingeniería, la arquitectura, la medicina, la economía, la literatura y el derecho. "Incluso el lenguaje científico moderno está formado mayoritariamente por palabras griegas. Ellos fueron el primer pueblo de Europa en escribir libros; y dos largos poemas de Homero (acerca del asedio de Troya y sobre las aventuras de Odiseo) se leen todavía con placer, aunque su autor viviera antes incluso del 700 antes de Cristo. Después de Homero llegó Hesíodo, quien, entre otras cosas, escribió sobre dioses, guerreros y la creación. Los griegos tenían un gran respeto por Homero y Hesíodo, y las historias (hoy llamadas 'mitos') que ellos y otros poetas narraron se convirtieron en parte de la cultura, no sólo de Grecia sino de cualquier lugar donde llegara la lengua griega: desde Asia occidental hasta el norte de África y España."

Pero esos mitos, advierte muy bien Graves en su excepcional libro *Dioses y héroes de la antigua Grecia* (Grupo Editorial Multimedios), "no son solemnes como las historias bíblicas. La idea de que pudiera haber un solo Dios y ninguna diosa no gustaba a los griegos, que eran un pueblo listo, pendenciero y divertido. Pensaban que el cielo estaba gobernado por un linaje divino muy parecido al de cualquier familia humana acaudalada, pero inmortal y todopoderoso; y solían reírse de ellos, al mismo tiempo que les ofrecían sacrificios. Incluso hoy, en pueblos europeos recónditos, donde un hombre rico es propietario de muchas casas y tierras, sucede más o menos lo mismo. Todos los habitantes del pueblo han sido educados con el propietario y le pagan un alquiler con regularidad. Pero a sus espaldas suelen decir: '¡Qué tipo más soberbio, violento y antipático! ¡Qué mal trata a su mujer... y ella no para de molestarle! ¿Y sus hijos? ¡Vaya una pandilla! La hija, tan guapa, está loca por los hombres y se comporta de cualquier manera; el chico que está en el ejército es un matón y un cobarde, y el que acompaña a su padre y cuida del ganado es un hablador del que no te puedes fiar. Por cierto, el otro día me contaron...' Así era como los griegos hablaban de su dios Zeus y de Hera, la esposa de éste".

Así, pues, en 27 capítulos, Graves nos cuenta, como si fueran hermosos cuentos breves, los mitos griegos con tal desparpajo y desenfado que parecieran perfectos relatos de humor negro: "Los doce dioses y diosas más importantes de la antigua Grecia, llamados *dioses del Olimpo*, pertenecían a la misma grande y pendenciera familia. Menospreciaban a los anticuados dioses menores sobre los que gobernaban, pero aún menospreciaban más a los mortales. Los dioses del Olimpo vivían todos juntos en un enorme palacio erigido entre las nubes, en la cima del monte Olimpo, la cumbre más alta de Grecia. Grandes muros, demasiado empinados para poder ser escalados, protegían el palacio. Los albañiles de los dioses del Olimpo, cíclopes gigantes con un solo ojo, los habían construido imitando los palacios reales de la Tierra".

Los dioses se reunían, de vez en cuando, en la Sala del Consejo "para tratar asuntos relacionados con los mortales, como por ejemplo a qué ejército de la Tierra se le debería castigar a tal rey o a tal reina que se hubieran comportado con soberbia y de forma reprobable. Pero casi siempre estaban demasiado metidos en sus propios pleitos y disputas como para ocuparse de asuntos relativos a los mortales". A Hera le disgustaba ser la esposa de Zeus "porque él se casaba a menudo con mujeres mortales y decía, con una sonrisa burlona, que esos matrimonios no contaban porque esas esposas pronto envejecerían y morirían, y que Hera seguiría siendo siempre su reina, perpetuamente joven y hermosa. La primera vez que Zeus le pidió a Hera que se casaran, ella lo rechazó, y continuó rehusándolo cada año durante trescientos. Pero un día de primavera Zeus se disfrazó de desdichado cuclillo perdido en una tormenta y llamó a la ventana de Hera. Ella, que no descubrió el disfraz, dejó entrar al cuclillo, secó sus húmedas plumas y susurró: 'Pobre pajarito, te quiero'. De repente, Zeus recobró su auténtica forma y dijo: '¡Ahora tienes que casarte conmigo!' Después de aquello, por muy mal que se portara Zeus, Hera se sentía obligada a dar buen ejemplo a dioses, diosas y mortales, como madre del cielo".

A los lados laterales de los dos tronos se encontraban otros diez asientos sagrados para cinco diosas en el lado de Hera y cinco dioses en el de Zeus. Junto a éste estaban Poseidón (dios de los mares y los ríos), Hefesto (hijo de Zeus y Hera, dios de los orfebres, los joyeros, los herreros, los albañiles y los carpinteros), Ares (el cruel hermano de Hefesto a quien le gustaba luchar por luchar), Apolo (dios de la música, de la poesía, de la medicina, del tiro con arco y de los hombres jóvenes solteros) y Hermes (hijo de Zeus y de una diosa menor llamada Maya, dios de los comerciantes, los banqueros, los ladrones, los adivinos y los heraldos), y con Hera se encontraban Deméter (hermana de Poseidón, diosa de las frutas, las hierbas y los cereales), Atenea (diosa de la sabiduría), Afrodita (diosa del amor y la belleza), Artemisa (hermana gemela de Apolo, diosa de la caza y de las chicas solteras) y Hestia (hermana mayor de Zeus, diosa del hogar), que finalmente cedió su trono para que lo ocupara Dionisos (hijo de Zeus y de Semele, una mortal), quien había inventado el vino, razón por demás suficiente, según Zeus, para ocupar un lugar preponderante en el consejo.

"Trece dioses olímpicos hubiese sido un número desafortunado —dice Graves—, así que Hestia le ofreció su lugar sólo para mantener la paz. Quedaban, pues, siete dioses y cinco diosas. Era una situación injusta, ya que cuando se trataba de cuestiones sobre mujeres, los dioses superaban en votos a las diosas." Pero así eran los dioses griegos, para quienes la equidad y el respeto ajeno no tenían, a veces, la menor importancia. Habría que recordar, digamos, a Hefesto quien quedó cojo, nada más nacer, cuando Zeus rugió a Hera: "¡Un mocoso debilucho como éste no es digno de mí!", y lo lanzó lejos, por encima de los muros de Olimpo. "Al caer —precisa Graves, fino en la ironía—, Hefesto se rompió una pierna con tan mala fortuna que tuvo que ayudarse eternamente de una muleta de oro."

Para corroborar la falta de templanza e integridad de estos grandes dioses, podemos echarle una miradita al insoportable Ares, el alto, guapo y presumido hermano de Hefesto, que se paseaba, engolosinado, de la mano de Afrodita, la esposa de Hefesto, a quien su padre Zeus había entregado para la felicidad de su hijo y la desgracia de la diosa del amor por tener a un herrero ("con la cara llena de hollín, las manos callosas y, además, cojo") de marido. Si alguna vez Hefesto, muerto de celos, se quejaba con su padre de la actitud de su hermano Ares, Zeus se reía de él y le decía: "Tonto, ¿por qué le diste a tu esposa ese ceñidor mágico? ¿Puedes culpar a tu hermano si se enamoró de Afrodita cuando lo llevaba puesto?" La diferencia estaba, por supuesto, en que Zeus quería más a Ares. A éste, por lo menos, no lo lanzó al vacío cuando nació. "Ares era maleducado, inculto y tenía el peor de los gustos —dice Graves—, pero Afrodita lo veía magnífico." Había, en el Olimpo, otros varios dioses y diosas que, aunque no ocupaban tronos prominentes, igual influían en los mortales. Estaban Heracles, el portero del Olimpo; Anfitrite, la esposa de Poseidón; Eros, hijo de Afrodita, "que se divertía lanzando flechas a la gente para hacerla enamorarse ridículamente", e incluso Rea, la propia madre de Zeus, tratada de modo mezquino por su poderoso hijo, pese a que ella una vez le salvara la vida (¡aparte de dársela!) cuando Cronos quería devorárselo.

Dioses, pues, sin sentimientos, incorregibles, mitoteros —y no precisamente por ser los protagonistas de los mitos—, dicharacheros, intolerantes y, literalmente, sin madre.

Publicado originalmente en 1960, un cuarto de siglo antes de la muerte de Robert Graves, su autor, *Dioses y héroes de la antigua Grecia* "es el libro —sentencia con gravedad el prologuista Ramón Irigoyen— que debería ser de lectura aconsejada en todos los colegios occidentales. Es el único antídoto eficaz contra el mal de ojo de los crucifijos que todavía cuelgan en las aulas y en algunos hospitales públicos". Robert Graves, lector profundo de la antigüedad clásica, sintetiza sus relatos con profusa ironía: los dioses griegos, a veces, son unos sinvergüenzas [e] incomprensibles. No merecen, ciertamente, ser tratados con pinzas de oro: "El gran dios Pan evitaba relacionarse con los dioses del Olimpo, pero protegía a los pastores, ayudaba a los cazadores a encontrar presas y bailaba a la luz de la luna con las ninfas. Cuando nació, Pan era tan feo que su madre, una de las ninfas, huyó de él aterrorizada: tenía cuernos pequeños, una barbita, y piernas, pezuñas y cola de cabra. Hermes, su padre, lo llevó al Olimpo para que Zeus y los otros dioses se rieran de él. A Pan le gustaba dormir todas las tardes en una cueva o en un bosquecillo y, si alguien lo despertaba sin querer, soltaba un grito espantoso que hacía que el pelo del intruso se erizase: es lo que todavía hoy se llama 'pánico'".

Se sabe, por lo demás, que este dios tocaba —en su gran desolación, apartado del mundo— la flauta, mas no todos conocen el origen de esta dedicación. Graves lo resume portentosamente, de nuevo: "Una vez Pan se enamoró de una ninfa llamada Pitis, que se asustó tanto cuando Pan intentó besarla que se convirtió a sí misma en un pino para escapar del acoso. Pan, entonces, arrancó una de las ramas del pino y se la colocó como si fuera una corona en memoria de la ninfa. Sucedió algo parecido cuando se enamoró de la ninfa Siringa: ésta huyó de él convirtiéndose en un junco. Incapaz de saber cuál de los miles de juncos que crecían a orillas del río era ella, Pan cogió un cayado y los golpeó muy enojado. Después, sintiéndose avergonzado, recogió los juncos rotos, los cortó en diversas longitudes con un cuchillo de piedra, les hizo unos agujeros y los ató en fila: había creado un nuevo instrumento musical, la flauta de Pan o siringa".

Siempre me habían impresionado los mitos griegos, pero Graves los desnuda descaradamente exhibiendo, con mordacidad indiscreta —e irrebatible humor acaso involuntario—, sus alegóricas y, por una vez, bellas incongruencias. Hermes, por ejemplo, al ser un dios, "creció en pocos minutos hasta el tamaño de un niño de cuatro años, salió de su canastillo de mimbre [mientras su madre, Maya, calentaba el agua para darle su primer baño] y se fue de puntillas en busca de aventura. Poco después, sintió la tentación de robar un magnífico rebaño de bueyes que era de Apolo y, para ocultar sus huellas, elaboró un calzado de corteza y de hierba trenzada para los animales y los condujo hasta su bosque detrás de la cueva [de Arcadia, en la cual nació], donde los ató a unos árboles". Apolo ofreció una recompensa a quien descubriera al ladrón. Silenio, hijo de Pan, se unió a la búsqueda. A medida que se acercaba a la cueva de Maya, oía con mayor claridad una preciosa música que salía de su interior. Se detuvo para preguntarle a Cilene, la niñera de Hermes, quién era el músico. "Un niño muy listo que nació ayer mismo —contestó Cilene—. Ha construido un nuevo tipo de instrumento musical tensando tripas de buey en el caparazón vacío de una tortuga."

Silenio se percató de inmediato que los bueyes pertenecían a Apolo, que en ese instante llegaba para ir directo a la cueva mientras murmuraba que, por sus poderes mágicos, bien sabía que el ladrón se encontraba en ese recinto. Acto seguido despertó

a Maya. "Señora, su hijo ha robado mis bueyes —dijo Apolo—. Debe devolvér-
melos inmediatamente." Maya bostezó. "¡Qué acusación tan ridícula! —protestó la
mujer—. Mi hijo es un recién nacido." Apolo entonces agarró a Hermes, "que simu-
laba dormir", y se lo llevó al Olimpo, donde convocó un consejo de dioses y lo acusó
de robo. Zeus frunció el ceño y preguntó al pequeño quién era. "Tu hijo Hermes,
padre. Nací ayer." Zeus, recapacitando ante la súbita respuesta, insinuó que su retoño
seguramente era inocente de ese crimen. "Robó mis bueyes", recalcó Apolo. "Ayer
yo era demasiado joven para distinguir entre el bien y el mal —explicó Hermes—.
Hoy ya los distingo y te pido perdón. Puedes quedarte con el resto de los bueyes, si
es que son tuyos. Maté sólo a dos y los corté en doce partes iguales para ofrecerlas en
sacrificio a los doce dioses."

Apolo se mostró sorprendido. "¿Doce dioses? ¿Quién es el duodécimo?", preguntó. "Yo mismo", dijo Hermes haciendo una educada reverencia. Hermes y Apolo
regresaron juntos a la cueva. Allí, el primero volvió a tocar su maravillosa música, que
sorprendió a Apolo al grado de pedirle a Hermes, celoso de su sonido celestial, que
soltara ese instrumento porque el dios de la música era él. "Lo haré, si puedo quedarme con tus bueyes", contestó Hermes. "Se dieron entonces la mano para sellar el
pacto, el primero que nunca se haya hecho, y volvieron al Olimpo, donde explicaron
a Zeus que el problema ya estaba resuelto." Zeus sentó a Hermes en sus rodillas, y le
dijo: "Hijo mío, en el futuro debes tener cuidado de no robar y no contar mentiras.
Pareces un chico listo. Has solucionado tu pleito con Apolo muy bien".

Gandallamente muy bien, quiso decir el paternal Zeus. La historia de los
dioses y héroes griegos está inundada de muertes increíbles y malsanas, severas y
violentas. "Cuando Zeus nombró dios del Olimpo a su hijo Dionisos —cuenta
Graves—, Orfeo rechazó adorar al nuevo dios, a quien acusaba de dar mal ejemplo a
los mortales con su comportamiento. Así que Dionisos, muy enfadado, ordenó que
Orfeo fuese perseguido por una muchedumbre de ménades, seguidoras suyas. Éstas
atraparon a Orfeo sin su lira, lo decapitaron, le cortaron el cuerpo a trocitos y lanza-
ron éstos al río. Las nueve musas los recogieron tristemente y los enterraron al pie del
monte Olimpo, donde los ruiseñores, desde entonces, cantan con más dulzura que
en ningún otro lugar."

También está ese otro relato donde interviene, nuevamente, Apolo, quien
fuera retado por el mortal Marsias para ver quién tocaba la música a la perfección.
Después de una brillante sesión, Marsias en la flauta y Apolo en la lira, "los jueces no
se pusieron de acuerdo sobre quién lo había hecho mejor". Ante esta apretada situación, Apolo desafió a Marsias a que tocara su instrumento boca abajo y, en diciendo

esto, dio la vuelta a su lira y la tañó casi tan bien como antes. Marsias, obviamente, no pudo hacer lo mismo con su flauta, motivo por el cual las musas anunciaron la victoria de Apolo. Sin embargo, Midas, en una actitud extrañamente equilibrada, dijo que la prueba había sido injusta. "Pero las musas votaron en su contra y el resultado fue de nueve a uno", y Apolo, acalorado, le gritó a Marsias que debía morir por atreverse a haber desafiado al dios de la música. "Y, acto seguido, atravesó el corazón de Marsias, lo despellejó y le dio su piel a los sátiros [medio cabras y medio hombres, como Pan y Sileno] para que hicieran tambores." Y aquí sí no hay diferencias entre los dioses, sean hombres o... seres fantásticos, tal como los sátiros o los centauros, que eran éstos mitad hombres y mitad caballos, cuyo peor defecto, dice con naturalidad Graves, "era la costumbre de emborracharse en las bodas y romper todo el mobiliario". Las tres parcas, Cloto, Láquesis y Átropos, las diosas más ancianas ("tan viejas que nadie recordaba su origen") del Olimpo, se encargaron de informar a Zeus, en el año 363 d.C., que su reinado finalizaba, pues el emperador romano Juliano de Constantinopla había muerto luchando contra los persas, y era el último en adorar a los dioses del Olimpo, que se vieron obligados a esconderse en bosques y cuevas, donde "nadie los ha visto desde hace siglos". 🌿

Honorato de Balzac
(Tours, Francia, 1799 / París, 1850)

🌿 *Para ser un hombre aparte de los demás*

La noche del domingo 18 de agosto de 1850 muere Honorato de Balzac.

Justo cuando cumplía su medio siglo de vida —un año antes, en 1849— le diagnostican hipertrofia cardiaca. "Su tratamiento consistía en restablecer la buena circulación de la sangre venosa, adelgazándola —dice Juan Domingo Argüelles—. Para ello tenía que ingerir, en ayunas, el jugo puro de varios limones, lo cual le ocasiona siempre crisis de vómitos."

Al año siguiente su salud empeora. A la hipertrofia cardiaca se suma una bronquitis aguda. En estas circunstancias madame Hanska, acaso el segundo gran amor de Balzac de las muchas amantes que tuvo y se apasionó con singular equilibrio, accede, por fin, a casarse con él. La boda se lleva a cabo el 14 de marzo en la iglesia parroquial de Santa Bárbara, en Berditcheff. Pese a la enfermedad, enfatiza Domingo

Argüelles, "se encuentra tan optimista por el matrimonio que le escribe a su amiga Zulma Carraud: 'No he tenido ni juventud feliz, ni primavera florida: tendré el más brillante estío y el más dulce de todos los otoños'. El 20 de mayo están en París y se instalan en la propiedad de la calle Fortunée. Balzac ya no conoce un solo momento de bienestar. Las más de las veces las pasa en cama, incapaz de levantarse y casi ciego. Luego vendrán la inflamación de las arterias y la gangrena".

Su felicidad, que él cree por fin cristalizada luego de su unión con madame Éveline Hanska, a quien conoció mediante una correspondencia secreta (ella le escribía a partir de 1832 cartas de admiración, cuando la mujer —polaca de origen— contaba con 33 años de edad; firmaba con el seudónimo de *La Extranjera* desde Rusia, donde estaba avecindada con su esposo el mariscal Wenceslao Hanski, 22 años mayor), tiene una cortísima duración, y eso si se puede considerar felicidad a los dolorosos sufrimientos de su enfermedad que le impidieron entregarse como es debido a los placeres de una vida en común.

Antes del quinto mes de su unión con Éveline, Honorato abandona este mundo.

Uno de los últimos que lo vio con vida en su lecho mortuorio, recuerda Juan Domingo Argüelles, fue Victor Hugo, quien dejó el siguiente testimonio de ese momento: "Me hicieron pasar al salón que estaba en la planta baja y en el que había, sobre una consola opuesta a la chimenea, el busto colosal en mármol de Balzac realizado por David... Atravesamos un pasillo, subimos por una escalera cubierta por una alfombra roja y atestada de objetos de arte... y tras otro corredor descubrí una puerta abierta. Percibí un estertor fuerte y siniestro. Estaba en la habitación de Balzac, que se hallaba en la cama con la cabeza apoyada sobre un montón de almohadas a las que se habían añadido los cojines de damasco rojo del sofá de la habitación. Tenía el rostro violáceo, casi negro, inclinado hacia la derecha; no estaba afeitado. Le habían cortado sus grises cabellos y tenía los ojos abiertos, con una mirada fija... Emanaba del lecho un hedor insoportable. Levanté el cobertor y tomé la mano de Balzac. Estaba impregnada de sudor. Se la apreté, pero él no respondió a la presión... Bajé llevando conmigo el recuerdo de ese rostro lívido; cuando atravesaba el salón, me hallé de nuevo con el busto inmóvil, altivo y vagamente radiante, y comparé la muerte con la inmortalidad".

Dice el poeta Juan Domingo Argüelles, en su exhaustiva investigación incluida en la noveleta de Balzac intitulada *La obra maestra desconocida* (Océano, traducción de Manuel Dávila, 106 páginas, 2002), que el féretro, con los restos del gran escritor francés, "estuvo expuesto durante dos días en la capilla Beaujon, y el miércoles 21 fue sepultado en el cementerio de Pére-Lachaise. El cortejo fue inmenso, con

Victor Hugo y Dumas a la cabeza. Victor Hugo pronunció el elogio fúnebre que ha quedado como una pieza oratoria y literaria magistral y como una de las pocas veces que un gran escritor reconoce la genialidad de otro. Victor Hugo fue grande; Balzac, un genio, como se lo hizo saber ante un ridículo comentario ('era un hombre distinguido') el autor de *Los miserables* al ministro del Interior, Baroche, que asistió al servicio fúnebre como representante del gobierno francés. Y es que los ministros difícilmente pueden comprender cuál es esa decisiva diferencia entre un hombre distinguido y un escritor genial". Honorato de Balzac, dijo Victor Hugo, fue "uno de los primeros entre los más grandes, uno de los más altos entre los mejores. Brillará en lo sucesivo por encima de todas estas nubes que están sobre nuestras cabezas". Y, bueno, no era para menos. Porque si de escritores se trata, vaya si Balzac no escribía: "Junto con *Ilusiones perdidas* (1837-1843), la obra toda de Balzac sigue teniendo la virtud de derrotar al olvido —dice Domingo Argüelles—, y esta obra total es un extenso ciclo narrativo (que suma más de diez mil páginas) realizado entre 1829 y 1848 y compuesto por más de 90 novelas acabadas y varias otras en estado fragmentario o larvario, así como decenas de relatos no menos magistrales, al cual Balzac puso por título general *La comedia humana*".

La primera versión de *La obra maestra desconocida*, nos ilustra Domingo Argüelles, "era mucho más breve que la que luego incluirá Balzac en *La comedia humana* [que no es, como ya se apuntó, sino la colección de toda su obra, y no un título específico de un libro, como algunos ingenuos creen] y que es la que ha llegado a nuestros días como definitiva. Después de publicar esa versión inicial, Balzac se percató de que lo que faltaba en sus páginas era una teoría de la creación artística, teoría que finalmente resolvió con las lecciones y las amonestaciones de Frenhofer a Porbus y Poussin. Hay que decir, sin embargo, que esta teoría no se queda únicamente en disertación pictórica, sino que va más allá en sus propósitos y alcances y se transforma en enseñanza de la vida, de la gran vitalidad que debe poseer todo verdadero artista, sea pintor, poeta, escultor, músico, etcétera, aunque al final aquello que se sale del control del artista (su pensamiento, su racionalización del acto creador) acabe precisamente por perderlo".

El tema del libro es el de la eterna cavilación sobre el arte: el pintor, y célebre maestro, Frenhofer dice al ya consagrado Porbus y al joven Poussin que la misión del arte no es copiar la naturaleza sino expresarla. "¡De otro modo —expresa Frenhofer—, un escultor se ahorraría todas sus fatigas sólo con moldear una mujer! Pues bien, intenta moldear la mano de tu amante y colocarla ante ti; te encontrarás con un horrible cadáver sin ningún parecido, y te verás forzado a recurrir al cincel del hombre que, sin copiártela exactamente, representará su movimiento y su vida. Tenemos que captar el espíritu, el alma, la fisonomía de las cosas y de los seres. ¡Los efectos!, ¡los efectos! ¡Pero si éstos son los accidentes de la vida, y no la vida misma! Una mano, ya que he puesto este ejemplo, no se relaciona solamente con el cuerpo, sino que expresa y continúa un pensamiento que es necesario captar y plasmar ¡Ni el pintor, ni el poeta, ni el escultor deben separar el efecto de la causa, que están irrefutablemente el uno en la otra! ¡Ésa es la verdadera lucha! Muchos pintores triunfan instintivamente sin conocer esta cuestión del arte. ¡Dibujan una mujer, pero no la ven!" En su obnubilación, el contradictorio Frenhofer (que la misma noche que muere quema sus cuadros) cree, "al final de su vida, que su pintura puede sustituir a la palpitante realidad": su teoría de la acabada perfección trastornaría su vida misma... y, con ella, su propio arte.

Vaya si no tuvo severas dificultades en vida el buen Honorato de Balzac, comenzando con sus progenitores, que no le tuvieron, jamás, el mínimo afecto. "Nunca tuve madre —diría el novelista—. En cuanto me trajeron al mundo me mandaron a criar a casa de un gendarme y permanecí ahí hasta la edad de cuatro años. De los cuatro a los seis años estuve a media pensión, y a los seis y medio me mandaron a Vendòme, donde permanecí hasta los 14 años, en 1813, habiendo visto a mi madre sólo dos veces. De los cuatro a los seis años la veía los domingos. Cuando me aceptó en su casa me hizo la vida tan dura que, a los 18 años, en 1817, dejé la casa paterna y me instalé en una buhardilla en la calle Lesdiguières." Por eso el escritor francés se preguntaba: "¿Qué desgracia física o moral me acarreó la frialdad de mi madre? ¿Era, pues, un hijo del deber, alguien de fortuito nacimiento?" En una carta enviada a Éveline Hanska le hace el siguiente retrato: "Si supiese usted qué mujer es mi madre. Me odia por mil razones. Me odiaba ya antes de que naciese. Es para mí una herida de la que no puedo curarme. Creíamos que estaba loca. Consultamos a un médico, amigo suyo desde hace 35 años. Nos declaró: 'No está loca. No. Lo que ocurre, únicamente, es que es mala'. Mi madre es la causa de todas las desgracias de mi vida".

Sin embargo, el niño Honorato no era un niño común; pero, por desgracia, nadie pudo vislumbrar esta virtud. A los 13 años escribe su primera obra, un "Tratado de la voluntad", que, según se lee en su libro *Louis Lambert,* le confisca y destruye el director del Colegio de Vendòme, donde estudiaba, con la siguiente amonestación: "¡Éstas son las tonterías culpables de tanta falta de aplicación!" El hijo consentido de la señora de Balzac, que no lo serían ni sus hermanas Laure ni Laurence, fue Henry, "fruto de las relaciones extramaritales de su madre con Jean de Margonne, amigo de la familia", a quien prodigaría todo su cariño. A los 20 años, terminada su carrera en derecho, "colabora con Auguste le Poitevin —dice Juan Domingo Argüelles—, novelista chapucero que tiene un taller de novelas en donde trabajan algunos mediocres escritores sin escrúpulos para fabricar productos comerciales en serie: novelas sentimentales, negras, de horror, de aventuras galantes, etcétera, elaboradas según recetas y triquiñuelas muy en boga". Acerca de este episodio, André Maurois escribe: "Un público insaciable absorbía esta inmensa producción, así como las novelas picantes de Pigault-Lebrun o de Paul de Kock. Una cohorte de libreros-editores, tanto en el Palais-Royal como en el Marais, iba en busca de autores. La abundancia era más solicitada que el talento. La sombra de Byron cubría la mercadería. Para el joven Balzac, después de tan elevadas ambiciones, era un retroceso, casi una decadencia; pero, ¿qué adolescente no se ha dejado seducir por los bastidores de los pequeños teatros? ¿Y qué muchacho sin dinero por unas ofertas sustanciales? Pasó por la experiencia, peligrosa para cualquier artista, de despreciar su arte. El milagro consistió en que la parodia se convirtió para él en dueña de la verdad".

Debido a esta chamba escritural a destajo, Balzac aprende a escribir sin descanso: cada volumen publicado, que le lleva un mes de trabajo, le proporciona mil francos. "Ahora que creo conocer mis fuerzas —diría el escritor cuando se da cuenta de que, por más que trabaja en estos libelos insufribles, no se hace rico— lamento de veras sacrificar la flor de mis ideas a estos absurdos; siento que hay algo en mi cabeza, y si estuviese tranquilo en cuanto a mi fortuna, es decir si no tuviese obligaciones que cumplir, si tuviese asegurados mi condumio y mi guarida, y una Armida, trabajaría en cosas sólidas; pero para hacer esto hay que apartarse del mundo y yo entro de nuevo en él a cada paso." Como observa que los editores ganan más que los autores, Balzac decide convertirse en editor, pero en cuanto proyecto participó (incluida la excelsa *Crónica de París* que conservaba "una redacción de lujo", como advierte Juan Domingo Argüelles: en su primer número, aparte de Balzac, colaboraron Victor Hugo y Gautier y caricaturistas célebres como Henri Monnier, Granville y Daumier) acabó con deudas impagables, que lo perseguirían hasta el final de su vida, escondiéndose con amantes y amigas para no ser pescado por las autoridades hacendarias. No es sino hasta sus 30 años, lo cual lo convierte paradójicamente en un autor tardío, cuando publica, con su nombre (y ya no con seudónimos o de manera anónima, tal como hacía con todos aquellos panfletos bestselerianos), su primera novela: *Los chuanes*. No obstante, era tal su afán perfeccionista que, precisa Juan Domingo Argüelles, "atiborra de correcciones y rectificaciones las pruebas de imprenta, lo que irrita y encoleriza a su editor

Latouche, pues dichas modificaciones y enmiendas le acarrean gastos excesivos", lo cual distanciaría a ambos y terminarán odiándose en una primera relación desgastante de las innumerables que tendría el autor a causa de las mezquindades, celos y envidias naturales del medio literario. A partir de esta primera obra, Balzac ya no se detendría nunca, al grado de que su abrumador trabajo escritural, con el tiempo, lo conduciría a la muerte, tras la acumulación de descuidos, desvelos, malas pasadas y concentración insólita de cientos de ideas que luchaban por salir de su agitada y nunca descansada cabeza (¡un médico le diría que padecía de inflamación en el cerebro!).

En un mes llegó a escribir más de setenta artículos y terminar dos novelas. Incansable, Balzac. "Vivo bajo el más duro de los despotismos —diría Balzac a su amiga Zulma Carraud—: el que ejerce uno sobre sí mismo. Trabajo noche y día... ¡Siempre los muelles cerebrales tensos! ¡No hay descanso! Mi vida es un combate; tengo que disputar palmo a palmo el reconocimiento de mi talento, si es que tengo talento. Luego, las privaciones que tengo que sufrir para obtener este trabajo forzado no puede explicarse. ¡Ninguna distracción! ¡Cuando pienso que hay hoy día mujeres que me escriben de todas partes, y que me felicitan, creyendo que llevo una vida de delicias, alguna vez prendadas, pero lo más a menudo curiosas o astutas! Para ser un hombre aparte de los demás, es preciso comenzar por ponerse realmente aparte." Dice Juan Domingo Argüelles que Balzac trabaja como poseído entre 12 y 16 horas diarias en algunas de sus novelas. "El trabajo me absorbía de tal forma —decía el escritor francés— que sentía mi cerebro inflamado." A veces escribe, ininterrumpidamente, 20 horas y, para mantenerse despierto, consume grandes cantidades de café. Marisa Gutiérrez calcula que, en 20 años de escritura sin descanso, habría consumido Balzac unas 50 mil tazas de café. "Pese a lo impresionante del dato —indica Domingo Argüelles—, esta cifra parece del todo conservadora, pues diversos biógrafos y estudiosos de Balzac hablan de que el escritor consumía entre 60 y cien tazas por jornada", y si Antonio Escohotado, en su *Historia general de las drogas*, explica que diez tazas al día "de este estimulante vegetal representan un gramo y medio de cafeína, cuyo efecto estimulante equivale a 150 miligramos de cocaína y a unos 15 de metanfetamina", el asunto, entonces, no resulta tan innocuo en Balzac. Y luego estaban los desprecios de la prensa, que a veces ni una línea dedicaba a sus libros por motivos "naturales" de celos (¿enemistad, revancha, disputa, escozor ajeno?) literarios.

Balzac murió, y tal vez no pudo percatarse de ello, ahogado en la propia inmundicia de la comedia humana que tan bien retrató en sus magníficos escritos. 🌿

Victor Hugo

(Besancon, Francia, 1802 / París, 1885)

No pidas lógica a la pasión

Victor Hugo nace el 26 de febrero de 1802 en la francesa Besancon. Tercer hijo del matrimonio formado por Léopold Hugo, militar bonapartista, y Sophie Trébuchet, de opiniones monárquicas. Su hermano Abel había nacido en 1797 y Eugéne en 1800. En 1809, después de la separación amistosa de los esposados, la mujer se instala con sus hijos en París. "Todavía muy joven reveló su vocación —se apunta en el tercer tomo del *Diccionario Bompiani de Autores Literarios*—; ya en 1916 [a sus 14 años] anotaba: 'Quiero ser Chateaubriand o nada'. En 1819 fue premiado por la Academia de los Juegos Florales y fundó, con sus hermanos, Le Conservateur Littéraire. En 1820 recibió una gratificación de Luis XVIII con motivo de sus odas monárquicas, y dos años después [a los 20 de edad], muerta su madre, inicia su verdadera actividad literaria con *Odes et Poésies* y se lanza verdaderamente a la vida mediante la boda con Adéle Foucher, su amiga de la infancia", cosa que trastorna a su hermano Eugéne, enamorado de la novia, volviéndolo loco. Su primer hijo, Léopold, nacido en julio de 1823, muere en octubre. Luego traería al mundo otros cuatro vástagos más. En 1830, tras su declarado éxito teatral *Hernani*, nace Adéle, luego de lo cual el poeta se sumiría en una profunda depresión al enterarse, incluso por boca del propio amante, que su esposa mantenía relaciones íntimas con el crítico Sainte-Beuve (1804-1869), que se había acercado a Victor Hugo fascinado, primero, por su deslumbrante escritura, aunque luego fue deslumbrado por la belleza de su mujer.

"A la dura labor y a la ininterrumpida producción literaria se mezclan, en la vida privada de estos años —dice el *Diccionario Bompiani*—, la tristeza y la alegría: la esposa del escritor se ha convertido en la amante de Sainte-Beuve, y a partir de 1833 Victor Hugo se consuela de ello con el amor que una joven actriz, Juliette Drouet, le profesará hasta la muerte. En 1841, al tercer intento, consiguió ingresar finalmente en la Academia. Sin embargo, este rudo periodo de actividad intensa tuvo un mal fin: en marzo de 1843 fue abucheado el drama *Los burgraves*, y en septiembre, al regreso de la región pirenaica, a donde se había dirigido con Juliette para reponerse del fracaso, supo por los periódicos de la muerte de su hija Léopoldine, ahogada en Villequier [en el Sena, al día siguiente de su boda]". A partir de 1845 se interna (en busca de una "distracción de aquella desventura") en la política, al grado de no publicar nada en los próximos seis años. Por sus encendidos discursos liberales y humanitarios lo sitúan, cada vez más, en la oposición. "El 17 de julio de 1851 pronunció una violenta requisitoria contra los proyectos dictatoriales de 'Napoleón el Pequeño'. En vano intentó organizar la resistencia frente al golpe de Estado; y, así, hubo de huir a Bélgica. Poco después, Luis Napoleón firmaba el decreto de expulsión correspondiente. Desde Bruselas se refugió, con su familia, en Jersey, y luego, en octubre de 1855, marchó a Guernesey, que no abandonó hasta 1870. Transcurrieron así veinte años de asidua labor. Con él vivían la esposa [cuyo romance con Sainte-Beuve durara seis largos años, hasta 1836, en que rompe definitivamente con el crítico, que se trasladaría, desengañado de Adéle, a Lausana] y los hijos; no lejos se hallaba Juliette, y los amigos que acudían a su lado y con quienes se inició en el espiritismo."

Republicano ardiente y símbolo de la oposición, denunció al nuevo régimen y rechazó la amnistía de 1859. Atacó al usurpador en el libelo en prosa *Napoleón el Pequeño* (1852) y, singularmente, en *Los castigos* (1853). En 1862, sexagenario ya, publica su gran obra *Los miserables*. Tras la muerte de su esposa, en 1868, escribe *El hombre que ríe*. "Vuelto a París en 1870 y elegido miembro de la Asamblea Nacional, en plena sesión dimite al cargo de diputado, y hasta 1876 no es nombrado senador. No obstante, se siente desilusionado por el nuevo régimen, y poco a poco va abandonando la vida política. Aun cuando siguió escribiendo, el ritmo de su labor no fue ya el de los años anteriores; además, muchas de las obras publicadas entre 1870 y 1885 habían sido iniciadas en el destierro." Su gloria, empero —se acota en el Bompiani—, "siguió creciendo a pesar de los duelos y las desventuras domésticas que la ensombrecen y de las manifestaciones cada vez más penosas de un erotismo senil que provocó frecuentes y dramáticas rupturas entre el literato y la fiel Juliette. Su destino excepcional llegó a la apoteosis. Victor Hugo se había convertido en un símbolo para toda la Francia republicana. Sus discursos tenían un amplio eco y eran cada vez más numerosas las manifestaciones en su honor, entre las cuales figuraron el banquete con motivo del cincuentenario de *Hernani* y la celebración oficial de su octogésimo aniversario. Algunas semanas después de la muerte de Juliette (11 de mayo de 1883), el escritor tomó disposiciones testamentarias ('Renuncio a la oración de todas las iglesias; pido una plegaria a cada alma. Creo en Dios'). El año siguiente realizó un corto viaje a Suiza. El 15 de mayo de 1885 es víctima de una congestión pulmonar y muere el 22 del mismo mes".

Toda *Los miserables* es un portento de novela. Por ejemplo, en el capítulo II del libro octavo, el referido al acercamiento de Cosette y Mario, la descripción del amor es sencillamente apabullante: *existían vagamente asombrados de su felicidad,* dice Victor Hugo. Mario vivía en una "especie de sinfonía", en la cual "lo pasado, aun lo más reciente, se había hecho para él tan confuso y lejano que lo que Cosette le contaba lo satisfacía plenamente. No pensó siquiera en hablarle de la aventura nocturna del caserón, de los Thénardier, de la quemadura y de la extraña actitud y singular huida de su padre. Mario había olvidado al momento todo esto; no sabía por la noche ni lo que había hecho por la mañana, ni dónde había almorzado, ni quién le había hablado; tenía en el oído una música que le ensordecía para cualquier otro pensamiento: sólo existía en las horas en que veía a Cosette. Y entonces, como estaba en el cielo, era natural que olvidase la tierra. Ambos llevaban con languidez el peso indefinible de los deleites inmateriales. Así viven esos sonámbulos que se llaman enamorados".

Ah, ¿pero quién no ha pasado por estas cosas?, se pregunta Victor Hugo: "¿Por qué llega una hora en que se sale de ese cielo? ¿Por qué continúa la vida después? El amor casi reemplaza al pensamiento: es un completo olvido de todo lo demás. No pidas, pues, lógica a la pasión. No hay encadenamiento lógico absoluto en el corazón humano, lo mismo que no hay ninguna figura geométrica perfecta en la mecánica celeste". Los enamorados viven minutos de oro: el universo en su derredor está como caído en un abismo. No tienen nada delante, ni detrás. ¿De qué hablan los amantes? "De las flores, de las golondrinas, del sol poniente, de la salida de la luna, de todas las cosas importantes —dice Victor Hugo—; se lo decían todo, excepto todo; esto es, el todo de los enamorados, que es la nada." Después del amor de los enamorados, nada existe: "Es probable que este desvanecimiento del infierno detrás de nosotros sea inherente a la llegada al paraíso. ¿Acaso se han visto los demonios? ¿Los ha habido? ¿Se ha tenido miedo? ¿Se ha padecido? Ya no se sabe; todo esto lo cubre una nube rosada". Los enamorados duermen despiertos en su arrullo intenso, e incluso se miran con los ojos cerrados ("porque cerrados los ojos es como mejor se ve el alma"). ¿A dónde van a parar los enamorados? "Es una pretensión del hombre —dice el sabio Victor Hugo— querer que el amor lo lleve a alguna parte."

¿Para qué ir a otra parte que no sea el cuerpo de la amada? 🍇

Alejandro Dumas
(Villers-Corterets, 1802 / Puys, 1870)

🍇 *El poder contra los templarios*

Felipe IV de Francia, llamado *el Hermoso*, "era uno de los varones más decididos y autoritarios que jamás ocuparon el trono de aquel o de cualquier otro país —dice Alejandro Dumas en su libro *Los caballeros templarios* (1838)—. Había recibido la corona en 1285 por muerte de su padre Felipe III, a los 17 años de edad; y desde el momento en que se vio investido de la autoridad real pareció resuelto a impedir que experimentase la más mínima limitación en sus manos. Las guerras que había emprendido, aunque la mayor parte fueron victoriosas, le colocaron en grandes dificultades económicas de las que no podían salvarle los expedientes habituales de aquella época. Por tanto, urgía hallar recursos, y Felipe no era hombre que dudase ante los medios de que debía valerse para alcanzar sus fines. Fue entonces cuando, tras incrementar el valor de la moneda mientras la nación pudo asumirlo, medida que se solía emplear en tales circunstancias, se fijó en las ricas propiedades de los templarios y decidió satisfacer sus necesidades con la desgracia de esta famosa comunidad".

Cuenta Dumas que el origen de la milicia del Temple se fecha en los tiempos "en que Godofredo de Bouillon fue a plantar el estandarte de la cruz sobre los muros de Jerusalén. Sus nueve fundadores, al frente de los cuales figuraban Hugo de Payens y Geofredo de Saint-Omer, después de conquistar la Ciudad Santa, pronunciaron el solemne juramento de defenderla de los ataques de los turcos, y defender a los numerosos peregrinos que entrasen a visitarla". Aparte de los tres votos religiosos ante el patriarca de Jerusalén, "incorporaron otro en virtud del cual se obligaron a combatir contra los infieles. La cruz de esta orden militar era de tela roja, como la de los cruzados franceses, y su estandarte, denominado *Baucens* o *Baucan*, estaba partido en negro y blanco". El afán de estos "misericordiosos caballeros atrajo a un buen número de imitadores, y al observar el rey Balduino II que otros muchos soldados cristianos ingresaban en la nueva orden, le entregó para su sede, en el año 1118, un edificio aledaño al Temple. De aquí la denominación con que fueron conocidos en lo sucesivo: frailes de la milicia del Temple, caballeros del Temple y templarios". En 1128, tras admitir la nueva orden, el concilio de Troyes "formuló sus estatutos disponiendo que el hábito o el uniforme de los caballeros se compusieran de una capa blanca con una cruz roja en el hombro". Pese a que París fue su sede principal, la comunidad logró expandirse por los países de la cristiandad, entre los que se hallaban Inglaterra, Alemania, España, Portugal, Suecia, Dinamarca, Polonia, Cerdeña, Sicilia, Chipre y Constantinopla. Según Dumas, estos defensores de la fe no dejaron de contagiarse de la "hosca profesión de las armas, olvidaban a menudo que eran frailes y estaban muy predispuestos a seguir el comportamiento que observaban en los demás soldados. También es posible que cuando estaban en las inmensas y magníficas residencias que poseían en Francia y en otros lugares, redujesen la severidad de la disciplina tomándose muchas libertades a las que ni siquiera hacían referencia sus normas, como han hecho otras comunidades religiosas, sin contar con causa tan buena que alegar en sus pasados servicios y penalidades, o en las tentaciones a que su forma de vida les había expuesto. En definitiva, sus enormes riquezas, el poder que éstas les otorgaban y los cuantiosos placeres que con ellas podían conseguir, motivaron que la soberbia y el desenfreno fuesen las marcas características de la orden; y bajo este juicio, seguro que no carecía de base el cargo de inmoralidad y corrupción que contra ellos se alegó".

Todas estas son suposiciones, por supuesto, porque "también es muy cierto —indica Dumas— que nunca se ha demostrado el menor indicio de irreligiosidad y depravación de que se les acusaba, cuando solamente se buscaba y se anhelaba la total desarticulación de la orden". Cuando Felipe el Hermoso posó su mirada en las monumentales propiedades de los templarios, las calumnias contra ellos carecían de cualquier fundamento. Pero a estos caballeros el propio papa Clemente V les dio la espalda para acomodarse, el prelado, a la diestra del principado. El viernes 13 de octubre de 1307, el Gran Maestre y todos los caballeros templarios que se hallaban en su residencia de París fueron detenidos por orden de Felipe IV. El ambicioso rey se apropió, de inmediato, del castillo del Temple "y se divulgó un panfleto que denunciaba a aquellos desdichados como a unos monstruos malévolos, cuyas acciones, e incluso sus palabras, eran suficientes para corromper la tierra y contaminar el aire".

La acusación causó el efecto esperado en la población que se remolinaba en las plazas para, con gran expectación, escuchar las barbaridades demoniacas cometidas por los templarios. "Después de su encarcelamiento —cuenta el cronista Dumas, el primer literato que trabajaba con equipo de investigación, 'negros', como son llamados hoy los que hacen la tarea escritural de autores adinerados— se aplicó en todas partes la tortura a los caballeros para obligarles a confesar los crímenes que se les imputaban. Los que habían sido encarcelados en París fueron entregados al piadoso inquisidor Imbert, confesor de Felipe el Hermoso, que según las apariencias era persona no demasiado remisa en el cumplimiento de los deberes de su cargo. La brutalidad de los tormentos que él y sus ayudantes aplicaron a sus víctimas provocó el fallecimiento en sus manos de 36 de ellas. Otros desdichados, incapaces de soportar tan crueles tormentos, confesaron todo lo que sus verdugos quisieron, entre los cuales se contaba el mismo Gran Maestre, Jacobo Molé (Molay), hijo de una noble familia de Borgoña que, aceptado en la orden del Temple el año 1265, se había destacado en las guerras contra los infieles, y, durante su ausencia en ultramar, había sido elegido jefe de la orden por unanimidad, en 1298."

Molé, bajo el atroz suplicio de la tortura, confesó que había negado al Redentor y pisoteado una vez el símbolo de la cruz. Pero repuestos, o resignados —e indignados—, de los tormentos, los templarios decidieron enfrentarse al rey y empezaron, con indecible valentía, a confesar que sus declaraciones habían sido reveladas bajo el desfallecimiento de la tortura. Pronto, 900 caballeros estuvieron dispuestos a confrontar al rey; "pero únicamente se escogieron 75 para llevar a cabo dicha obligación. El 11 de abril de 1310 se empezó, pues, a encauzar formalmente el sumario, que con motivo de una serie de aplazamientos se alargó hasta la tarde del domingo 11 de mayo, habiéndose escuchado la declaración de 14 testigos este día. Entre tanto, el rey parecía haber llegado a la conclusión de que semejante pleito no ofrecía la mejor manera de asegurar el éxito de sus planes". Esa misma noche, Felipe el Hermoso mandó encarcelar a 54 de los caballeros encargados de defender la orden y condenarlos a la hoguera, al día siguiente, por "herejes reincidentes", castigo que desanimó, y doblegó, a los otros testigos.

Siete años después de las primeras detenciones, los templarios habían sido extinguidos del mapa y sus propiedades incautadas por el monarca y el pontífice. Sin embargo, los principales autores de la tragedia de estos caballeros no sobrevivieron mucho a sus víctimas: Clemente V murió de súbito seis semanas después de la ejecución del Gran Maestre y Felipe IV falleció como consecuencia de una caída de su caballo antes de finalizar 1314, el mismo año en que fuera sacrificado Molé. "Bajo el influjo de una superstición no del todo infundada —dice Dumas—, se tuvo por artículo de fe el que Molé, mientras se quemaba en el poste, había convocado a sus dos poderosos perseguidores ante el tribunal de Dios dentro de los breves plazos que les habían restado de vida." Pese a su inocencia, nadie alzó su voz a favor de los templarios. Porque, ayer como ahora, contra el poder no hay razonamientos que valgan. En este sentido, la historia siempre ha sido congruente.

Nathaniel Hawthorne
(Salem, Estados Unidos, 1804 / Plymouth, 1864)

❦ *Coincidieron en que el poeta decía la verdad*

Sin duda Nathaniel Hawthorne, tal como lo asegura Guillermo Samperio en el prólogo del libro *Wakefield y otros cuentos* (Lectórum, 2003), "es el gran prefigurador de los cánones del cuento clásico, que se encargó de promulgar Poe y que perduran hasta nuestros días". El volumen de los diez relatos que acaba de publicar Porfirio Romo, en efecto, así lo constata. Por ejemplo, "El Gran Rostro de Piedra", de muchas maneras, habla precisamente, en una amarga narración, de los profetas ignorados en su tierra.

En un gran valle, "rodeado de una familia de abigarradas montañas", moraban miles de habitantes. "Algunas de estas buenas personas vivían en cabañas construidas en las escarpadas laderas de las montañas, con el oscuro bosque alrededor. Otras vivían en confortables granjas y cultivaban la tierra en las suaves ondulaciones del valle. Otras más estaban congregadas en villas populosas, en donde algún truhán de las tierras altas, que llegó de su lugar de origen, fue atrapado y obligado por la ambición a fundar las fábricas de algodón. Los habitantes de este valle, en resumen, eran numerosos y tenían muy diversos estilos de vida. Pero todos ellos, viejos y jóvenes, tenían cierta familiaridad con el Gran Rostro de Piedra, aunque algunos tenían el don de distinguir este gran fenómeno natural con más detalle que muchos de sus vecinos. El Gran Rostro de Piedra, entonces, era una juguetona obra de la naturaleza en su manifestación más majestuosa, formada por rocas enormes en el lado perpendicular de una montaña."

Las rocas estaban colocadas de tal manera que, "cuando se miraban a la distancia apropiada —prosigue Hawthorne—, se podían distinguir los rasgos humanos. Parecería que un gigante, o un titán, hubiera esculpido sus propias facciones en el precipicio". Es verdad que, "si el espectador se acercase, dejaría de percibir la figura humana de gigantes proporciones y tendría ante sí un cúmulo de rocas enormes, apiladas en caótica ruina, unas sobre otras. Pero, si retrocediese, podría ver de nuevo las facciones y, entre más lejos las observase, mejor vería el rostro humano, con toda su divinidad intacta, las nubes y el glorificante vapor de las montañas, el Gran Rostro de Piedra pareciera estar vivo". El cuento comienza cuando una madre y su pequeño hijo, de nombre Ernest, miran, sentados a la puerta de su cabaña, la colosal escultura.

—Madre —dijo el niño, mientras sentía el impacto del titánico monumento—, me gustaría que pudiera hablar, pues parece tan amable que su voz debe de ser armoniosa. Si yo viera un hombre con una cara como ésa, le amaría con ternura.

—Si una antigua profecía se cumple —respondió la madre—, conoceremos un hombre, en algún momento, con un rostro exactamente como ése.

El niño nunca había oído hablar de lo que decía la señora, así que pasó a contarle el milenario vaticinio: "La idea principal consistía en que, en el futuro, nacería un niño destinado a ser el más noble y distinguido personaje de su tiempo y cuya expresión, en la edad adulta, sería la réplica exacta del Gran Rostro de Piedra. No eran pocos los jóvenes y ancianos que, en el ardor de sus esperanzas, continuaban creyendo en la vieja profecía. Pero había otros que habían visto más del mundo, que habían buscado y esperado, y no habían encontrado un hombre con un rostro como aquél, ni un hombre que hubiera probado ser mejor o más noble que sus vecinos, por lo que habían concluido que no se trataba sino de un cuento". Ernest nunca olvidó la historia. "Siempre la recordaba, cada vez que miraba el Gran Rostro de Piedra. Pasó su infancia en la cabaña donde nació, siendo siempre atento con su madre y ayudándole de muchas maneras con sus pequeñas manos y mucho más con su corazón. De esta manera, de una feliz infancia, creció hasta convertirse en un adolescente tranquilo, centrado y accesible, bronceado por trabajar la tierra, pero con más inteligencia brillando en su aspecto de la que podía apreciarse en muchachos que habían sido educados en colegios famosos." Aunque no había tenido preceptores, "el Gran Rostro de Piedra se había convertido en un maestro para él".

Justamente, por aquella época corrió el primer rumor del acercamiento de la legendaria profecía. Se decía que el hombre que estaba por llegar (que de joven había migrado del valle a una costa lejana, donde se enriqueció con prontitud) era la mismísima réplica de aquel rostro escultórico. Todos lo esperaban con ansia, máxime cuando, en el valle, mandó alzar un palacete donde acabaría sus días. La gente, dice Hawthorne, "estaba lista para creer que necesariamente así serían los hechos", tal como rezaba el viejo vaticinio. Sin embargo, mientras los pobladores, al ver arribar al respetable hombre de dinero, clamaban por su ineludible parecido con el Gran Rostro de Piedra, Ernest se percató, desencantado, de que el entusiasmo había sido en vano. Muy lejos estaba el nuevo habitante de parecerse a aquella milagrosa masa de rocas.

Ya abandonada la niñez, Ernest no perdió jamás la costumbre de meditar sobre la profecía del Gran Rostro de Piedra. Y así vio pasar a otros tantos personajes que, distanciados de su pueblo, volvían al terruño cargados de honores y fama, y, tras el júbilo inicial de los habitantes por creer que, ahora sí, se aproximaba el doble del Gran Rostro de Piedra, Ernest siempre corroboraba lo contrario. Tal vez nunca vendría ese hombre. Incluso, ya anciano Ernest, alguna vez se creyó que un poeta era el indicado para cumplir con la profecía. "Las canciones del poeta llegaron a Ernest —dice Hawthorne—. Las leyó después de su faena acostumbrada, sentado en la banca que estaba afuera de su cabaña en donde, por mucho tiempo, había llenado su reposo con pensamientos, mirando el Gran Rostro de Piedra. Y ahora, después de leer esos versos que estremecían su alma, levantó la mirada al gran monumento natural que permanecía en benevolente inmovilidad sobre él. '¡Oh, majestuoso amigo! —murmuró, dirigiéndose al Gran Rostro de Piedra—, ¿no es este hombre digno de parecerse a ti?' El rostro parecía sonreír, pero no dijo nada."

A pesar de que la gente de afuera se acercaba al valle para conocer a ese hombre sabio en que se había convertido el buen Ernest, los lugareños lo miraban como un hombre común y corriente, como uno de los suyos, bueno y generoso efectivamente pero sin ninguna otra particularidad. No fue sino el propio poeta, el que la gente alguna vez pensó que podría tratarse, por fin, de la réplica humana de su colosal monumento, el que determinó cuán ciegos habían estado todos por no haber mirado la evidente claridad: Ernest, clamó el poeta, era la misma efigie del Gran Rostro de Piedra y fue entonces cuando, todos los allí reunidos, "miraron a Ernest y coincidieron en que el poeta decía la verdad". Pero Ernest no le dio ninguna importancia al hecho: "Tomó al poeta del brazo y caminó despacio a casa, con la eterna esperanza de que un hombre más sabio y mejor que él mismo apareciera, una y otra vez, con alguna semejanza con el Gran Rostro de Piedra".

Jorge Luis Borges y Adolfo Bioy Casares apuntan que, "a partir de 1841, fecha de la publicación de *The murders in the Rue Morgue*, primer ejemplo y de algún modo arquetipo del género policial, éste se ha enriquecido y ramificado considerablemente. Edgar Allan Poe tenía el hábito de escribir relatos fantásticos; lo más probable es que al emprender la redacción del texto precitado sólo se proponía agregar, a una ya larga serie de sueños, un sueño más. No podía prever que inauguraba un género nuevo; no podía prever la vasta sombra que esa historia proyectaría". Y, en honor de Poe, a principios de los sesenta del siglo XX (y elaborado un prólogo dos décadas después, hacia 1981) ambos argentinos se dieron a la tarea de realizar una antología, a la cual titularon *Los mejores cuentos policiales*, recopilando, en dos tomos —reeditados en 2005 por Alianza / Emecé—, un total de 29 relatos, incluyéndose ellos mismos, y a Silvina Ocampo, la esposa de Bioy Casares, y curiosamente dejando fuera el cuento fundacional de Poe.

"Antes de revelar la explicación racional, Chesterton suele sugerir explicaciones mágicas —dicen Borges y Bioy Casares en el prólogo—; si alguna vez el género policial desapareciera, las historias del padre Brown seguirán acaso leyéndose como literatura fantástica. Akutagawa recurre a un medio sobrenatural para comunicar hechos reales. La técnica de narrar un solo argumento a través de muchas versiones le fue sin duda sugerida por Robert Browning, cuya obra había traducido al japonés. Ambos géneros, el puramente policial y el fantástico, exigen una historia coherente, es decir un principio, un medio y un fin." El siglo XX, según Borges y Bioy Casares, propendía "a la romántica veneración del desorden, de lo elemental y de lo caótico", lo mismo probablemente que el siglo subsiguiente. En *The murders in the Rue Morgue*, en "The purloined letter" ("La carta robada", éste sí incluido en el segundo volumen de la antología) y en "The mystery of Marie Roget", Edgar Allan Poe "crea la convención de un hombre pensativo y sedentario que, por medio de razonamientos, resuelve crímenes enigmáticos, y de un amigo menos inteligente, que refiere la historia".

Esos dos personajes: el agudo razonable y el distraído, acaso dicharachero, "meras abstracciones de Poe", se convertirán con el tiempo en Sherlock Holmes y en Watson, "que todos conocemos y queremos", agregan Borges y Bioy Casares: "Es curioso observar que en su país de origen el género progresivamente se aparta del modelo intelectual que proponen las páginas de Poe y tiende a las violencias de lo erótico y lo sanguinario" en autores como Dashiell Hammett, Raymond Chandler, James Cain y Erle Stanley Gardner, excluidos asimismo de este florilegio, donde impera la forma clásica, poeiana, incluso hedonista, como bien puede apreciarse en innumerables relatos, tal como el denominado "La muerte repetida", de Nathaniel Hawthorne, cuyo cuento está fechado en 1837, cuatro años antes del nacimiento del género policial (1841, tal como ya nos lo habían subrayado Borges y Bioy Casares), si bien es cierto que su perfil policiaco no es definitorio sino se suma a esa bella, aunque difícil, mezcla hawthorneana entre la compleja hilaridad y el asombro realista que derrama toda su obra.

Dominicus Pike, un corredor de tabaco, se dirigía a la aldea de Parker's Fall sobre el río Salmón. "Después de un temprano desayuno en Morristown —dice Nathaniel Howthorne—, el muchacho había hecho siete millas a través de bosques solitarios, sin hablar una palabra con nadie, salvo consigo mismo y con la yegüita mora. Eran ya cerca de las siete, y tenía tantas ganas de un comadreo matutino como tiene un tendero de leer el diario de la mañana. La oportunidad se presentó cuando, después de encender su cigarro con una lupa, vio bajar un hombre de lo alto de la colina a cuyo pie estaba parado el carrito verde." Dominicus Pike le preguntó por las nuevas en Parker's Fall, a lo que el tipo, casi de mal humor, contestó que no venía de ese lugar. "En ese caso —repuso Dominicus Pike— diga las últimas novedades de donde venga. No me empeño en Parker's Fall. Cualquier sitio es bueno." Importunado así, el viajero ("que era un tipo de tan mala traza como para temer su encuentro en un bosque solitario", dice Hawthorne) pareció dudar un momento, "como si buscara novedades en su memoria, o reflexionara sobre la conveniencia de referirlas". Al fin, murmuró al oído de Dominicus: "Recuerdo una pequeña noticia. Anoche el viejo Higginbotham, de Kimballton, fue asesinado, a las ocho, en su huerta, por un irlandés y un negro. Lo colgaron de la rama de un peral, donde lo descubrieron esta mañana".

Dicho lo cual, el forastero reanudó la marcha con más rapidez que nunca. Dominicus quedó sorprendido por la velocidad con que había corrido la noticia:

"Kimballton estaba como a 60 millas, el asesinato había sido cometido la noche anterior a las ocho y, sin embargo, Dominicus ya lo sabía a las siete de la mañana, cuando, con toda seguridad, la propia familia apenas descubría el cadáver colgando del peral." Resolvió la dificultad "suponiendo que el narrador hubiera equivocado en un día la fecha del asesinato"; y, con esta rectificación, Dominicus "no vaciló en desparramar la noticia por todas las tabernas y almacenes del camino, vendiendo mazos de cigarros entre no menos de 20 auditorios horrorizados". Ya en la noche, en un bar, volvió a contar la triste historia... sólo que esta vez fue refutado por un granjero, que juraba, entonces, haber bebido un vaso de bitter con el fantasma de Higginbotham aquella mañana, lo que negaba la ya difundida muerte del viejo comerciante.

Dominicus se levantó al alba, consternado por el insólito hecho, para proseguir su venta de cigarros. En el camino vio a un hombre "llegar penosamente al pueblo con un atado al hombro en la punta de un palo", a quien detuvo para hablar con él: "Si viene de Kimballton o de ese vecindario —preguntó Dominicus—, quizás me pueda contar la verdad de lo ocurrido al señor Higginbotham. ¿Realmente lo asesinaron hace dos o tres noches un irlandés y un negro?" No, no fue un hombre de color, respondió el viajero, que era negro, "fue un irlandés el que lo ahorcó anoche a las ocho. Yo salí a las siete. Su gente no lo habrá encontrado aún en el huerto", dicho lo cual apresuró su andar. Y tras difundir nuevamente la infausta noticia, el rumor ahora corrió de manera escandalosa al grado de que un periódico anticipó su día fijo de salida y apareció con media hoja en blanco y una columna en 12 puntos realzada con mayúsculas dando la horrible noticia... que aún no ocurría en la vida real, ni ocurriría. El propio Dominicus, incluso, llegó a conocer en persona a Higginbotham y ser parte de su familia por salvarlo en efecto de una muerte ahorcado en un peral.

Bien, ¿cómo pudo resolver Nathaniel Hawthorne un enigma de tal consideración? ¿Cómo pudieron haberle informado a Dominicus Pike, en dos ocasiones, sobre la muerte, con sus respectivos detalles además (el hombre ahorcado de un peral), del empresario Higginbotham, quien, pese a las nefandas noticias, nunca murió.

Como, tras haber sido informado del asesinato, los desmentidos surgían con solidez irrefutable, el corredor de tabaco quiso comprobar los hechos con sus propios ojos, de modo que fue hasta el lugar de los infundios. Ya ahí, en Kimballton, "al aproximarse al sitio del supuesto crimen —dice Hawthorne—, continuó dando vuelta en su cabeza al asunto, y se quedó asombrado del aspecto que el caso asumía. Si nada hubiera ocurrido que corroborara el cuento del primer viajero, podía considerárselo una broma; pero era evidente que el hombre de color [el segundo informante de la tragedia que no había sucedido... aún] tenía conocimiento del cuento o del hecho, y había un misterio en su culpable mirada despavorida cuando Dominicus lo interrogó de súbito". No sólo eso. El empresario tenía en su huerta un gran peral, del que le habían dicho que pendía su cabeza. Y estaba a su servicio "un irlandés de reputación dudosa, a quien había tomado sin recomendaciones". Hay que recordar que el primer informante le había asegurado a Pike que los asesinos eran un irlandés y un negro, pero el segundo, que era un negro, negó la participación del negro para aseverar que el crimen lo había cometido, solo, un irlandés.

Al llegar a la oficina de control de Kimballton preguntó al guardia si sabía algo del viejo Higginbotham con la esperanza de oír lo contrario, ya que Pike no podía creer que los argumentos, tan creíbles, de quienes le habían advertido del crimen fuesen inverídicos, no porque deseara la muerte del empresario sino porque los relatos, tan medidos, tan exactos, no podían ser producto de la fantasiosa imaginación de dos hombres separados en el tiempo y la distancia; pero el guardia lo decepcionó al decirle que sí lo había visto. "Acababa de pasar el portón —añadió— justamente cuando usted llegaba. Puede verlo por allá si la oscuridad no se lo impide. Ha estado en Woodfield esta tarde, en una venta fiscal. El viejo siempre charla conmigo y nos damos la mano; pero esta noche me saludó como diciendo: cóbrese, y siguió porque, vaya donde vaya, tiene que estar siempre de vuelta a las ocho", precisamente la hora en que ambos informantes le habían anunciado a Dominicus Pike el momento de la muerte del rico hacendado.

Dice Nathaniel Hawthorne que Pike, el corredor de tabaco, "aguzó la mirada entre las sombras y distinguió al remoto jinete en el camino de la aldea" con la idea de seguirlo, pero antes de llegar a la casa del empresario la yegüita se detuvo en seco, "porque Dominicus no tenía conciencia de haber tirado de las riendas". Saltó del carro, "ató la rienda al poste de la entrada y corrió por la verde senda del bosquecito, como si el demonio le persiguiera. En ese instante el gran reloj daba las ocho y, a cada campanada, Dominicus saltaba de nuevo y aceleraba la carrera, hasta que vio el árbol fatal en el centro solitario del huerto. Una gran rama se alargaba desde el viejo tronco retorcido y proyectaba en ese lugar una sombra profunda. Algo parecía luchar bajo la rama". Sin querer, sin saberlo, Dominicus Pike había llegado en el justo momento en que el irlandés —a quien el buhonero derribó "con el cabo del rebenque"— ponía la soga en el cuello del señor Higginbotham, que temblaba inmovilizado, impotente, debajo del peral.

El endiablado caso, resuelto ingeniosamente por el autor norteamericano, en realidad no ofrece ninguna dificultad: "Si el enigma no ha sido adivinado —dice el propio Hawthorne—, pocas palabras bastarán para explicar la sencilla tramoya por la cual este acontecimiento futuro proyectó una sombra anterior. Tres hombres habían planeado el robo y el asesinato del señor Higginbotham; dos de ellos sucesivamente se acobardaron y huyeron, cada uno demorando el crimen en una noche; el tercero estaba cometiéndolo cuando un campeón providencial, obedeciendo ciegamente la llamada del destino, apareció en la persona de Dominicus Pike". 🍂

Edgar Allan Poe
(Boston, Estados Unidos, 1809 / Baltimore, 1849)

🍂 *De matemáticos y matemáticas*

Edgar Allan Poe, en su cuento "La carta robada", hace negar a Auguste Dupin la validez y, por consiguiente, "el valor de una razón que se cultiva de una manera que no sea la abstractamente lógica. Las matemáticas son la ciencia de la forma y de la cantidad; el razonamiento matemático no es otra cosa que la lógica aplicada a la observación de la forma y de la cantidad. El error consiste en suponer que las verdades de lo que llamamos álgebra pura son verdades abstractas o generales. Y este error es tan evidente que me asombra la unanimidad con que ha sido aceptado. Los axiomas matemáticos no son axiomas de verdad general".

Pero el matemático infiere, de sus verdades finitas, "todo un sistema de razonamientos, como si esas verdades fueran de aplicabilidad general". Los algebristas, todavía más equivocados, según Poe, "creen en sus fábulas paganas y sacan conclusiones, no tanto por un defecto de su memoria como por inexplicable confusión mental. En una palabra, no he conocido un algebrista que pudiera alejarse sin riesgo del mundo de las ecuaciones o que no profesara el clandestino artículo de fe de que $(a + b)^2$ es incondicionalmente igual a $a^2 + 2ab + b^2$. Diga usted a uno de esos caballeros que, en ciertas ocasiones, $(a + b)^2$ puede no equivaler estrictamente a $a^2 + 2ab + b^2$, y antes de acabar su explicación eche a correr para que no lo destroce".

Los matemáticos, y su rigidez, y su volubilidad, y su discernimiento sutil. Guy Sorman nos pregunta si sabemos la razón por la cual no existe un Premio Nobel en matemáticas. Y él mismo, en su libro *Los verdaderos pensadores de nuestro tiempo* (Editorial Diana), responde: "Sencillamente porque la esposa de Alfred Nobel tenía relaciones amorosas con el más grande matemático sueco de su época: Mittag Leffler. Si el marido hubiera creado un premio, lo hubiera recibido el amante. La anécdota ilustra bien en qué medida las ciencias no están por encima de las pasiones"... si bien la pasión del matemático por su ciencia es, ciertamente, inquebrantable.

Hans Magnus Enzensberger ya nos lo ha demostrado en su libro *El diablo de los números* (Siruela): "Hay un montón de problemas que parecen casi tan sencillos como 1 + 1 = 2, y sin embargo es horriblemente difícil resolverlos. Por ejemplo, una gira. Imagina que viajas a Estados Unidos y allí tienes 25 conocidos. Cada uno de ellos vive en una ciudad distinta, y tú quieres visitarlos a todos. Ahora agarras el mapa y piensas en cuál es la mejor manera. Los menos kilómetros posibles, para que no necesites tanto tiempo y tanta gasolina para el coche. ¿Cuál es la ruta más corta? ¿Cómo podrás encontrarla?" El diablo, como buen matemático, se regocijaba con el planteamiento aparentemente sencillo. "¡Como si fuera tan fácil! Pero con 25 amigos tienes ya... ¡25 posibilidades, y ésa es una cifra espantosamente grande! Más o menos 1 600 000 000 000 000 000 000 000... Es imposible probarlas todas para saber cuál es la más corta. Incluso utilizando la mayor de las computadoras, jamás llegarías al final."

Calvin C. Clawson, en su libro *Misterios matemáticos* (Editorial Diana, 1999), nos cuenta que, una vez, Peter Ratener, profesor de la materia en el Bellevue Comunity College en Washington, le dijo que cuando entrevistaba posibles candidatos para formar parte de su equipo de trabajo en el departamento respectivo, le gustaba preguntarles el nombre de su matemático preferido del siglo XX. En la mayoría de los casos, decía desilusionado Ratener, "los candidatos simplemente se le quedaban mirando, incapaces de pensar en un solo matemático moderno". Clawson asegura que los matemáticos más mencionados pertenecen al pasado remoto: Pitágoras, Euclides y Arquímedes. "Incluso los más recientes trabajaron hace cientos de años: Newton, Galileo y Descartes. Nadie que esté vivo en la actualidad los conoció personalmente, y cuando los describimos como brillantes, creativos y geniales, no tenemos la sensación real de conocerlos. De hecho, muchos de estos personajes famosos son conocidos no como matemáticos, sino por otros trabajos: Newton por descubrir la gravedad, Galileo por utilizar el telescopio y Descartes por su filosofía." Por eso, Clawson nos habla del hindú Srinivasa Ramanujan Iyengar (1887-1920) y del inglés Godfrey Harold Hardy (1877-1947), el primero "un genio" y el segundo "un brillante talento matemático".

Ramanujan vivió muy poco tiempo (hombre pobre, enfermizo, muerto a los 32 años de una probable tuberculosis), pero dejó en sus intrigantes cuadernos personales "entre 300 y 400 teoremas", de los cuales "casi dos terceras partes son nuevos en las matemáticas" y "los demás representan redescubrimientos independientes de otros trabajos matemáticos". Ramanujan "no era un fanático de las demostraciones matemáticas formales. Una vez que él descubría una relación y se sentía satisfecho de su veracidad, pasaba al siguiente problema". Por su parte, Hardy "permanecía en una posición que requería de demostraciones rigurosas". Ambos trabajaron juntos, y Hardy le sobrevivió durante otros 27 años, muriendo a la edad de 70 años. "Es posible que la capacidad de Ramanujan para asomarse en las habitaciones más profundas de las matemáticas no es única —dice Clawson—, ya que tenemos conocimiento de otros grandes matemáticos que parecen haber tenido un talento similar. Tal vez nos gustaría incluir entre ellos a Arquímedes, Newton, Euler y Gauss. Y es totalmente posible que Pitágoras y Euclides estuvieran también entre ellos. Y no obstante que hay muchos matemáticos verdaderamente brillantes, son relativamente pocos los que tienen este don de una visión dorada que les permite atisbar en las habitaciones para las que el resto de nosotros estamos ciegos."

Ramanujan, por su "inferior" clase social, apareció tardíamente en el mundo de los números ("¿a cuántos genios —se pregunta Clawson— no se les habrá dado jamás la oportunidad de compartir su don?"), pero su mente magistral, con su muerte, ha dejado incluso pendientes algunas de sus ignotas ecuaciones, mas otras (tal como la teoría de particiones), con la colaboración de Hardy, hoy son usadas, sin que ellos se lo hubiesen jamás imaginado, por los diversos sectores de la ciencia, como los físicos, "para resolver problemas que van desde la mecánica estadística hasta la teoría de cuerdas: una teoría relacionada con la unificación de la materia y la energía en el universo".

Edgar Allan Poe decía que habría que asestarle a uno de esos caballeros dedicados a la matemática que, en ciertas ocasiones, $(a + b)^2$ puede no equivaler estrictamente a $a^2 + 2ab + b^2$, pero antes de acabar la explicación debíamos echarnos a correr para no ser destrozados por los insignes científicos. Sin embargo, personas como el ínclito Ramanujan nos hubiera dejado con la palabra en la boca. Porque ya estaría abocado a otro complejo planteamiento.

Perdería su tiempo correteándonos, creo. 🖤

Herman Melville
(Nueva York, Estados Unidos, 1819-1891

🖤 *El insoportable burócrata*

A los veinte años de su muerte, ocurrida en 1891, la undécima edición de la *Encyclopaedia Britannica* consideraba a Herman Melville "un mero cronista de la vida marítima", pero no es sino hacia 1921, tres décadas después de su desaparición, cuando es, por fin, reivindicado por Raymond Weaver en la primera monografía dedicada al autor de *Moby Dick*. Jorge Luis Borges dice que "la vasta población, las altas ciudades, la errónea y clamorosa publicidad han conspirado para que el gran hombre secreto [refiriéndose por supuesto a Melville] sea una de las tradiciones de América". Ahora, a más de siglo y medio de haber escrito *Bartleby, el escribiente* (1856), dicho cuento adquiere relevancia por tratarse prácticamente del primer literato que retrata, con perspicaz ironía, al burócrata que conspira, solo y su alma, contra la ciudadanía. El relato, según Borges, "parece prefigurar a Franz Kafka". Es como si Melville hubiera escrito: "Basta que sea irracional un solo hombre para que otros lo sean y para que lo sea el universo".

El narrador, "un hombre de cierta edad", comienza su historia contando que en los últimos treinta años su actividad lo ha puesto "en íntimo contacto con un gremio interesante y hasta singular, del cual, entiendo, nada se ha escrito hasta ahora: el de los amanuenses o copistas judiciales. He conocido a muchos, profesional y particularmente, y podría referir diversas historias que harían sonreír a los señores benévolos y llorar las almas sentimentales. Pero a las biografías de todos los amanuenses prefiero algunos episodios de la vida de Bartleby, que era uno de ellos, el más extraño que yo he visto o de quien tenga noticia". El narrador fue agregado a la Suprema Corte, por lo que requirió un nuevo empleado, el cuarto bajo su tutela. "En contestación a mi aviso, un joven inmóvil apareció una mañana en mi oficina; la puerta estaba abierta, pues era verano. Reveo esa figura: ¡pálidamente pulcra, lamentablemente decente, incurablemente desolada! Era Bartleby. Después de algunas palabras sobre su idoneidad, lo tomé, feliz de contar entre mis copistas a un hombre de tan morigerada apariencia, que podría influir de modo benéfico en el arrebatado carácter de Turkey y en el fogoso de Nippers" [sus otros dos empleados; el tercero, un muchacho de doce años, Ginger Nut, era algo así como un mensajero].

Al principio, Bartleby "escribió extraordinariamente. Como si hubiera padecido un ayuno de algo que copiar, parecía hartarse con mis documentos. No se detenía para la digestión. Trabajaba día y noche, copiando, a la luz del día y a la luz de las velas. Yo, encantado con su aplicación, me hubiera encantado aún más si él hubiera sido un trabajador alegre. Pero escribía silenciosa, pálida, mecánicamente". Una de las indispensables tareas del escribiente "es verificar la fidelidad de la copia, palabra por palabra. Cuando hay dos o más amanuenses en una oficina se ayudan mutuamente en este examen, uno leyendo la copia, el otro siguiendo el original. Es un asunto cansador, insípido y letárgico. Comprendo que para temperamentos sanguíneos resultaría intolerable. Por ejemplo, no me imagino al ardoroso Byron, sentado junto a Bartleby, resignado a cotejar un expediente de quinientas páginas, escritas con letra apretada".

Pero el pobre narrador no sabía qué clase de fichita se había contratado. "Yo ayudaba en persona a confrontar algún documento breve —relata—, llamando a Turkey o a Nippers con este propósito. Uno de mis fines al colocar a Bartleby tan a mano, detrás del biombo, era aprovechar sus servicios en estas ocasiones triviales. Al tercer día de su estadía, y antes de que fuera necesario examinar lo escrito por él, la prisa por completar un trabajito que tenía entre manos, me hizo llamar súbitamente a Bartleby. En el apuro y en la justificada expectativa de una obediencia inmediata, yo estaba en el escritorio con la cabeza inclinada sobre el original y con la copia en la mano derecha algo nerviosamente extendida, de modo que, al surgir de su retiro, Bartleby pudiera tomarla y seguir el trabajo sin dilaciones". En esa actitud estaba cuando le dijo a Bartleby lo que debía hacer; "esto es, examinar un breve escrito conmigo", pero Bartleby, apenas en el tercer día de su contratación, sin moverse de su ángulo, con una voz singularmente suave y firme, replicó:

—Preferiría no hacerlo.

"Me quedé un rato en silencio perfecto, ordenando mis atónitas facultades —dice el narrador—. Primero, se me ocurrió que mis oídos me engañaban o que Bartleby no había entendido mis palabras. Repetí la orden con la mayor claridad posible, pero con claridad se repitió la respuesta. Preferiría no hacerlo. 'Preferiría no hacerlo', repetí como un eco, poniéndome de pie, excitadísimo y cruzando el cuarto a grandes pasos. '¿Qué quiere decir con eso? Está loco. Necesito que me ayude a confrontar esta página; tómela —y se la alcancé."

—Preferiría no hacerlo —dijo, de nuevo, Bartleby. El jefe lo miró con atención: "Su rostro estaba tranquilo; sus ojos grises, vagamente serenos. Ni un rasgo denotaba agitación. Si hubiera habido en su actitud la menor incomodidad, enojo, impaciencia o impertinencia, en otras palabras si hubiera habido en él cualquier manifestación normalmente humana, yo lo hubiera despedido en forma violenta. Pero, dadas las circunstancias, hubiera sido como poner en la calle a mi pálido busto en yeso de Cicerón." El problema es que el jefe dejó pasar aquella impertinencia, "reservándola para algún momento libre en el futuro", y llamó a Nippers para examinar con prontitud el escrito urgente. Pocos días después, supervisando las copias todos los integrantes del equipo (Turkey, Nippers y el propio Nut), el jefe le dijo a Bartleby que se uniera "al interesante" grupo.

—¡Bartleby, pronto, estoy esperando! —gritó el jefe.

Oyó el arrastre de su silla sobre el piso desnudo, y el hombre no tardó en aparecer a la entrada de su ermita.

—¿En qué puedo ser útil? —dijo apaciblemente.

—Las copias, las copias —dijo el jefe con apuro—. Vamos a examinarlas, tome —y le alargó la cuarta copia.

—Preferiría no hacerlo —dijo Bartleby, y dócilmente desapareció detrás de su biombo.

Así, una y otra vez. Preferiría no hacerlo, decía Bartleby, y como no obtenía ninguna reprimenda por eso (sobre todo por el azoro y la consternación de su jefe, que no sabía exactamente qué hacer ante tan inverosímil respuesta laboral), llegó el momento en que Bartleby nada más se presentaba a su trabajo para sentarse, sin hacer absolutamente nada... porque prefería no hacerlo.

Melville, en efecto, había antecedido a Kafka. 🌱

Charles Baudelaire
(París, Francia, 1821-1867)

🌱 *Trabajar es menos aburrido que divertirse*

Pesarosa la vida de Charles Pierre Baudelaire, nacido el 9 de abril de 1821 en Francia, muerto su padre a los 67 años cuando el niño apenas contaba con cinco de edad y cuya madre, Caroline, aún muy joven, de 31, contrae matrimonio inmediatamente, en 1828, con un flamante comandante de 39 años llamado Jacques Aupick. "Desde ese momento —dice I. G. Sanguinetti en el prólogo del libro *El espleen de París* (Club Internacional del Libro)—, las relaciones paterno-filiales fueron difíciles e imperó la hostilidad mutua. El niño miró siempre a su padrastro como a un intruso, como a un enemigo en un hogar formado, exclusivamente, por madre e hijo. Imposible la convivencia, fue enviado interno a colegios en Lyon (1832-1836) y en París (1836-1839), donde tuvo una infancia y adolescencia tristes y desgraciadas, que dejarían una profunda huella en la hipersensible y excitante imaginación de Baudelaire."

Expulsado del liceo Louis-le-Grand "por su abierta actitud de rebeldía e insubordinación, terminó sus estudios en el Léveque et Bailly, en 1839. Ese mismo año se matriculó en la Universidad de París para estudiar leyes y se entregó con vehemencia a una vida de bohemia y excesos: bebe, juega y tiene amores con prostitutas. Probablemente —asevera Sanguinetti— en este turbulento periodo de juventud contrajo la enfermedad venérea, la sífilis, que sería, indirectamente, causa de su temprana muerte", ocurrida en 1867. Los Aupick, "alarmados por su conducta disoluta, hartos de sus desvaríos y cada vez más remisos a pagárselos, recetaron al díscolo muchacho un largo viaje por mar, que le llevó quizás hasta la misma India, para que se tranquilizara y meditara sobre su futuro. Por entonces, ya jugueteaba con la idea de dedicarse a la literatura. La azarosa travesía (1841-1842), los lugares y gentes conocidos van dejando una indeleble impresión en su espíritu artístico, soñador y romántico, después reflejada en su obra".

Bajo su responsabilidad, regresó a Francia antes de lo planeado. "Nada más volver —nos cuenta Sanguinetti—, Baudelaire entabló relaciones amorosas con una mulata, Jeanne Duval; es la primera de una larga lista de infortunadas relaciones con el sexo femenino que constituirá un sino en su vida. La tormentosa historia de amor, enormemente fructífera desde el punto de vista poético, durará con intermitencias hasta 1856." Ya también es un asiduo a las reuniones literarias. Entabla amistad con Theóphile Gautier (1811-1872) y Théodore de Benville (1823-1891). "Al cumplir los veintiún años, el joven Baudelaire pudo acceder a la herencia paterna. Sus particulares gustos artísticos y eróticos encontraron una generosa satisfacción durante dos años, hasta 1844. Escandalizados, los Aupick, y concretamente por iniciativa de Caroline, su madre, consiguieron que 'la disposición efectiva' de la fortuna del anciano Francois Baudelaire fuera transferida a un conocido notario llamado Narcisse-Désiré Ancelle, que será desde ese momento el tutor judicial del manirroto, además de desaprensivo e inmoral, Charles-Pierre. Humillado por su familia (sólo tendrá derecho a recibir una 'razonable' pensión), se rebela y rompe el cordón umbilical que hasta entonces le ha unido a los Aupick, lanzándose a una vida de despilfarro tanto vital como económico." En 1857, el mismo año en que su amigo el pintor Eugéne Delacroix (1798-1863) es admitido en la Academia de Bellas Artes, Baudelaire se halla al borde del suicidio. "Pasa por un estado de depresión espiritual como nunca había experimentado hasta ahora. Su aparatosa tentativa, en realidad un grito de socorro dirigido a sus semejantes, y en particular a su familia, no cayó en saco roto y, al menos temporalmente, gozó de la atención y el cuidado de los Aupick. Espoleado por una especie de fiebre de entusiasmo y de ganas de trabajar, escribe con todo su empuje el primer borrador de sus poemas", que lo convertirían, a la postre, en el autor que inauguraría, aquí sí, la modernidad lírica europea.

Paul Verlaine (1844-1896) llamaba a Baudelaire el "hombre moderno", adjetivo que más tarde, dos décadas después, se transformaría en el contundente "poeta maldito". Ferviente admirador del estadounidense Edgar Allan Poe (1809-1849), lo tradujo empecinadamente al francés a la vez que "de manera enfebrecida", consciente del esfuerzo creador, trabaja en sus propios poemas y libros. La noticia de la muerte de Poe ("cuatro días después de ser encontrado borracho, destrozado y exánime en un callejón y a pocos metros de una taberna, su fallecimiento había pasado totalmente inadvertido: nadie asistió a su entierro") lo había ensimismado ya en una honda tristeza. En su solitaria existencia, Baudelaire "sólo está acompañado de 'la pequeña redoma de láudano, vieja y terrible amiga'. Bebe ese preparado hecho por maceración en alcohol del polvo del opio, coloreado por la presencia del azafrán, aromatizado por varias esencias y el vino de Málaga y que contiene uno por cien de morfina, para evadirse, para huir de la insoportable soledad, de los recuerdos que lo torturan, del temor a la muerte". A partir de ese 1857 se propone trabajar a diario los últimos diez años que le quedarían de vida ("es preciso trabajar —se decía a sí mismo— si no por gusto al menos por desesperación, puesto que, bien pensadas las cosas, trabajar es menos aburrido que divertirse").

Publica su famoso poemario *Las flores del mal* —con una tirada inicial de mil 300 ejemplares—, que "desagradó a los estetas puritanos y a las autoridades morales". El periódico *Le Figaro* comentó, a propósito del libro: "Lo odioso se codea allí con lo innoble; lo repugnante se asocia a lo infecto. Jamás, en tan pocas páginas, se vio morder y hasta masticar tantos senos; jamás se asistió a semejante desfile de demonios, fetos, diablos, clorosis, gatos y podredumbre." A los ataques de *Le Figaro* siguieron, con rapidez, una demanda judicial "por ofensas a la moral pública y a las buenas costumbres", el "secuestro del libro y un proceso con sentencia condenatoria, multas" y la supresión de seis de sus 101 poemas por "obscenos e inmorales". Entonces, "la misantropía y el pesimismo se adueñaron del torturado espíritu del poeta —dice Sanguinetti—. Su salud, bastante castigada ya, se resintió por los pasados disgustos y por los constantes excesos del escritor. Las drogas ponían a prueba su debilidad natural. La acción del opio sobre el organismo humano depende de la dosis: a pequeñas dosis actúa como estimulante cardiaco y cerebral; a dosis medianas produce somnolencia, dilatación vascular e inhibición de la actividad motora; a dosis altas reina la náusea, el vómito, la depresión de los centros respiratorios y circulatorios y, sobre todo, el estupor o, lo que es lo mismo, la disminución de las funciones intelectuales, acompañada de un aspecto miserable de asombro o de indiferencia".

A pesar de su decisión de escribir a diario, Baudelaire hace grandes y largas pausas debido a la sumersión en su "paraíso artificial" de "ocio y ensueño huyendo de la necesidad de trabajar, agobiado por las deudas, la presión de la responsabilidad y la realidad de cada día". Así se lo dice a su madre en una carta: "Durante varios meses he yacido en una de esas atroces languideces que todo lo detienen; no he tenido el coraje de tocar las pruebas de imprenta apiladas sobre mi mesa desde comienzos del mes y, sin embargo, llega un momento en que debo arrancarme, con horrible dolor, de ese abismo de indolencia". A su regreso de Bélgica, en 1865, donde fuera muy mal recibido, y con el mito de maldad que le seguía a todas partes, Baudelaire sufre un ataque y síntomas graves de afasia y hemiplejía: "Su familia le trasladó, inmediatamente, a una clínica de París (1866). Estaba todavía lúcido, pero había perdido el habla. Allí murió en 1867", el 31 de agosto a las 11 de la mañana.

Dice Carlos Pujol que los últimos días del poeta fueron "episodios muy baudelaireanos, patéticos y significativos, con un toque de irónica vulgaridad en el horror. El poeta, herido de muerte por la hemiplejía, sin poder leer ni hablar, vegetando durante un año entero en el sanatorio del doctor Duval, en Passy, con un ojo ciego y la lengua trabada, sólo puede tartajear unas palabras malditas: *cré nom!* Una barba gris le desfigura el rostro, y su cráneo está bronceado por el sol". Sin embargo, Pujol afirma que Baudelaire "reconoce a los visitantes y les indica por señas que comprende lo que dicen; cuando pasea por el jardín, las flores y algunas plantas le arrancan gritos de admiración, y si la señora Manet se sienta al piano para tocar música de Wagner, expresa su júbilo con sordos gruñidos que son también el banal juramento, todo lo que queda de la voz lírica más admirable de Francia".

Luego, la sordera "lo aislará del mundo exterior; ya no oye lo que le dicen, sólo cruza melancólicas miradas con los que van a verle. Su madre, todo el día a su lado, se esfuerza por hacerle repetir las palabras que ella silabea, como volviendo a un aprendizaje de niño que tiene que descubrir el habla". Caroline Archimbaut-Dufays, luego De Baudelaire y luego De Aupick, la madre del poeta, por fin lo atiende, por una vez en la vida. Viuda otra vez desde hace ya una década (el general Aupick murió el 28 de abril de 1857, curiosamente el año en que Baudelaire se decide a entregarse por entero al trabajo literario), Caroline estaría con su hijo hasta la muerte del poeta, a los 46 años. Tres años antes de su deceso, en 1864, paradojas de la vida, el temible periódico *Le Figaro* —que negara los primeros poemas de Baudelaire con rabioso énfasis— publicó una selección de sus antiguos poemas en prosa con el nuevo título *El spleen de París*, término inglés —*spleen*— que procede del griego que significa "hipocondría" y que en castellano quiere decir "melancolía", "tedio". Probablemente la respuesta a dicho título está en que "tales poemitas —dice Sanguinetti en el prólogo al libro de la colección 'Genios de la Literatura'— se gestarían durante una de sus crisis de inercia contemplativa, como cuenta a su madre en estas líneas de una carta: 'Entonces, constantemente, me pregunto a mí mismo: ¿para qué esto, para qué aquello? Tal es el espíritu del *spleen*'. El origen onírico de la obra queda aún más patente cuando, insatisfecho con su tarea poética, confiesa en la dedicatoria de *El spleen...*: 'Empero, a decir verdad, me temo que mi celo no me ha traído felicidad. En cuanto hube comenzado a trabajar, me di cuenta de que no sólo estaba muy lejos de mi misterioso y brillante modelo, sino que además estaba haciendo algo... singularmente diferente...' El estilo, la musicalidad de los versos responden también a las ensoñaciones del poeta: '¿Quién de nosotros en sus días ambiciosos no ha soñado el milagro de una prosa poética, musical, sin ritmo ni rima, lo bastante flexible y contrastada para adaptarse a los movimientos líricos del alma, a las ondulaciones del ensueño, a los sobresaltos de la conciencia?'."

Son, asimismo, narraciones breves, cuentos cortos, prosa ligera. Abre el libro con una confesión de fe: la abrumadora soledad del hombre que viene solo al mundo y se va igualmente solo:

"—¿A quién amas más?, di, hombre enigmático: ¿a tu padre, a tu madre, a tu hermana o a tu hermano?

"—No tengo padre ni madre, ni hermana ni hermano. "—¿A tus amigos?

"—Utiliza usted una palabra cuyo significado no conozco hasta el momento.

"—¿A tu patria?

"—No sé en qué latitud está situada.

"—¿A la belleza?

"—La amaría de corazón, diosa e inmortal.

"—¿Al oro?

"—Lo odio como odia usted a Dios.

"—Entonces, ¿qué es lo que amas, extraordinario extranjero?

"—¡Amo las nubes... las nubes que pasan... allá... allá... maravillosas nubes!"

Son exactamente 50 breves textos, que han influido, de modo determinante aunque críptico, a las posteriores generaciones literarias, sobre todo a poetas extraviados que no saben finalmente cómo concebir una prosa poética y en su lugar escriben un escueto relato: "No a todos se les ha concedido tomar un baño de multitud —escribió Baudelaire—: gozar de la muchedumbre es un arte y sólo puede vivir una jarana de vitalidad a expensas del género humano aquel a quien una hada haya insuflado en su cuna el gusto por los disfraces y las máscaras, el odio por su casa y la pasión por los viajes.

"Multitud, soledad: términos iguales y convertibles para el poeta activo y fecundo. Quien no sabe poblar su soledad, tampoco sabe estar solo entre una multitud atareada. "El poeta goza de este incomparable privilegio de ser, a su gusto, él mismo u otro. Como esas almas errantes que buscan un cuerpo, entra cuando quiere en el personaje de cada uno. Únicamente para él está todo vacante y, si parece que se le cierran algunos lugares, es que a sus ojos no merece la pena visitarlos.

"El paseante solitario y pensativo extrae una singular embriaguez de esta universal comunión. Aquel que se desposa fácilmente con la multitud conoce goces febriles de los que se verán eternamente privados el egoísta, cerrado como un cofre, y el perezoso, escondido como un molusco. Hace suyas todas las profesiones, todas las alegrías y todas las miserias que las circunstancias le presentan. Lo que los hombres llaman amor es muy pequeño, muy limitado y muy débil comparado con esta inefable orgía, esta santa prostitución del alma que se entrega entera, poesía y caridad, a lo imprevisto que aparece, a lo desconocido que pasa".

Un poeta en la multitud se distingue por sus gestos, por su mirada, por su honda diferencia acaso no visible por los que carecen de alma. "Dice Vauvenargues que en los jardines públicos hay avenidas frecuentadas principalmente por la ambición decepcionada, por los inventores desgraciados, por las glorias abortadas, por los corazones rotos, por todas aquellas almas tumultuosas y cerradas en que rugen aún los últimos suspiros de una tempestad y que huyen lejos de la mirada insolente de los alegres y los gozosos", apunta Baudelaire en el texto decimotercero de su *spleen* parisino: "Al poeta y al filósofo les gusta sobre todo dirigir hacia esos lugares sus ávidas conjeturas, porque allí tienen un alimento seguro. Pues si hay un lugar que desdeñan visitar es, como ahora mismo insinuaba yo, la alegría de los ricos. Esta turbulencia en el vacío no tiene nada que les atraiga. Por el contrario, se sienten irresistiblemente atraídos por todo lo débil, arruinado, contristado, huérfano".

El poeta no se entretiene en una mesa contando las monedas que acumula producto de su poesía. No. Y si lo hace es, tal vez, un poeta sin alma, sin hondura: un correcto versificador pero insensible, e insensato, a la vida. Porque de que los hay, los hay. Baudelaire, figura señera, miraba, como los chinos, la hora en los ojos de los gatos, y esos son los poetas indispensables. 🍇

Julio Verne
(Nantes, Francia, 1828 / Amiens, 1905)

🍇 *Cómo dar en el blanco con una bala en la Luna*

Un siglo antes de que el hombre llegara a la Luna, tres personas y dos perros gravitaron alrededor del astro nocturno extraviándose, con el paso del tiempo, en los confines del universo.

Todo ello en la portentosa imaginación de Julio Verne, de quien la Editorial Planeta en 2005, en el centenario de su fallecimiento, publicó una colección de 25 libros del escritor francés, el segundo de los cuales es precisamente *De la Tierra a la Luna*, que vio originalmente la luz en 1865. La novela comienza en Baltimore, donde tiene su sede el Gun Club, y acaba en Florida, donde el *Columbiad* es lanzado estruendosamente hacia el espacio exterior por los entusiastas socios de esta particular secta bélica, formada por su indeclinable afición a las armas. Durante las guerras intestinas en Estados Unidos, entre los estados sureños contra los del norte, los hombres se dieron a la prolija tarea de inventarse recursos balísticos de primer orden. "Y cuando a un norteamericano se le mete una idea en la cabeza —dice Verne—, nunca falta otro norteamericano que le ayude a realizarla. Con sólo que sean tres eligen un presidente y dos secretarios. Si llegan a cuatro, nombran un archivero, y la sociedad funciona. Siendo cinco se convocan en asamblea general, y la sociedad queda definitivamente constituida. Así sucedió en Baltimore. El primero que inventó un nuevo cañón se asoció con el primero que lo fundó y el primero que lo taladró. Tal fue el núcleo del Gun Club. Un mes después de su formación, se componía de mil 833 miembros efectivos y 30 mil 565 socios corresponsales."

La única condición para ser admitido era haber ideado o, "por lo menos, perfeccionado un nuevo cañón o, a falta de cañón, un arma de fuego cualquiera". Dicha sociedad, subraya con mordacidad Verne, "era una reunión de ángeles exterminadores, hombres de bien a carta cabal", que en su propio cuerpo llevaban "en su mayor parte señales evidentes de su indiscutible denuedo: muletas, piernas de palo, brazos artificiales, manos postizas, mandíbulas de goma elástica, cráneos de plata o narices de platino". En el club no había, "a lo sumo, más que un brazo por cada cuatro personas y dos piernas por cada seis". Un día, sin embargo, "triste y lamentable día, los que sobrevivieron a la guerra firmaron la paz; los obuses y los cañones volvieron a los arsenales; las balas se hacinaron en los parques, se borraron los recuerdos sangrientos. Los algodoneros brotaron esplendorosos en los campos pródigamente abonados, los vestidos de luto se fueron haciendo viejos a la par del dolor, y el Gun Club quedó sumido en una ociosidad profunda". Dice Julio Verne que "algunos apasionados, trabajadores incansables, se entregaban aún a cálculos de balística y no pensaban más que en bombas gigantescas y obuses incomparables. Pero, sin la práctica, ¿de qué sirven las teorías? Los salones estaban desiertos, los criados dormían en las antesalas, los periódicos permanecían encima de las mesas, tristes ronquidos partían de los rincones oscuros, y los miembros del Gun Club, tan bulliciosos en otro tiempo, se amodorraban mecidos por la idea de una artillería platónica". Hasta que, sorpresivamente, los miles de socios recibieron una convocatoria, para el 5 de octubre de 1865, de su presidente, el respetado Impey Barbicane, que, ingenioso como era, algo suculento se traía entre manos. "Denodados colegas —dijo Barbicane ante una expectante y muda audiencia—: mucho tiempo ha transcurrido ya desde que una paz infecunda condenó a los miembros del Gun Club a una ociosidad lamentable. Después de un periodo de algunos años, tan lleno de incidentes, tuvimos que abandonar nuestros trabajos y detenernos en la senda del progreso. Lo proclamo sin miedo y en voz alta: toda guerra que nos obligase a empuñar de nuevo las armas sería acogida con un entusiasmo frenético", argumento que fue obviamente secundado con un aplauso atronador, que se fue diluyendo para dar cabida a la resonante y concluyente idea de Barbicane: "Pues bien —declaró—, partiendo del principio de que la fuerza de resistencia de los cañones y el poder expansivo de la pólvora son ilimitados, me he preguntado a mí mismo si, por medio de un aparato suficiente, establecido en condiciones determinadas de resistencia, sería posible enviar una bala a la Luna".

Dado que la propuesta fue recibida con furor por los socios del Gun Club, Barbicane, prudente como era, envió un cuestionario al director del Observatorio de Cambridge para saber si su finalidad no rayaba en demencia y, como tal, imposible; pero J. M. Belfast, el científico responsable de las instalaciones astronómicas, respondió, luego de proporcionar precisiones exactas sobre las distancias que se tenían que cubrir, que la proeza en efecto era factible: "Si la bala conservase indefinidamente la velocidad inicial de 12 mil yardas [unos diez mil metros] por segundo que le hubiesen dado al partir, no tardaría más que unas nueve horas en llegar a su destino; pero como esta velocidad inicial va continuamente disminuyendo, resulta, por un cálculo riguroso, que el proyectil tardará 300 mil segundos, es decir 83 horas y 20 minutos, en alcanzar el punto en que se hallan equilibradas las atracciones terrestre y lunar, y desde dicho punto caerá sobre la Luna en 50 mil segundos, esto es 13 horas, 53 minutos y 20 segundos. Convendrá, pues, dispararlo 97 horas, 13 minutos y 20 segundos antes de la llegada de la Luna al punto a que se haya dirigido el disparo".

Belfast, como científico respetado, era acucioso en sus indicaciones: "Es evidente que debe escogerse la época en que se halle la Luna en su perigeo, y al mismo tiempo el momento en que pase por el cenit [el punto del cielo situado verticalmente sobre la cabeza del observador], lo que disminuirá el trayecto en una distancia igual al radio terrestre, es decir de 3.919 millas, de suerte que el trayecto definitivo será de 214.966 millas (86.410 leguas). Pero si bien la Luna pasa todos los meses por su perigeo, no siempre en aquel momento se encuentra en su cenit. No se presenta en estas dos condiciones sino a muy largos intervalos. Será, pues, preciso aguardar la coincidencia del paso al perigeo y al cenit. Por una feliz circunstancia, el 4 de diciembre del año próximo [1866, supuestamente, si tomamos en cuenta que la historia se publicó originariamente en 1865] la Luna ofrecerá estas dos condiciones: a las 12 de la noche se hallará en su perigeo; es decir, a la menor distancia de la Tierra, y, al mismo tiempo, pasará por el cenit". Dicho fenómeno astral, de no realizarse ese 4 de diciembre, volvería a suceder 18 años y 11 días después, de modo que no había tiempo que perder: el Gun Club aportó prontamente dinero y tiempo para llevar a cabo ese acto inédito.

Cuando los socios deliberaban dónde establecer el sitio de despegue de su bala espacial, surgió un breve altercado. "Una cuestión faltaba por resolver, y era la elección del lugar favorable al experimento —dice Verne—. El Observatorio de Cambridge había recomendado con interés que el disparo se dirigiese perpendicularmente al plano del horizonte; es decir, hacia el cenit, y la Luna no sube al cenit sino en los lugares situados entre 1E y 28E de latitud, o, lo que es lo mismo, la declinación de la Luna no es más que de 28E. Tratábase, pues, de determinar exactamente el punto del globo en que se había de fundir el inmenso *Columbiad*", que así denominaron a su nave, que en un principio iba a ser nada más una inmensa bala de cañón pero terminó siendo un cómodo recinto para tres personas, mismas que ya jamás retornaron a su originario planeta.

Y dado que el sitio idóneo para instalarse no se hallaba precisamente en Estados Unidos, el insigne J. T. Maston, uno de los miembros más respetados del club, que en su propio cuerpo (su cráneo, debido a las innumerables batallas en que había participado, era de goma elástica) llevaba las huellas de su pasión por las armas, pidió la palabra: "Puesto que nuestras fronteras no son bastante extensas, puesto que al sur nos opone el océano una barrera insuperable, puesto que tenemos necesidad de ir a buscar más allá de Estados Unidos este paralelo 28 que nos es tan preciso, se nos presenta un *casus belli* legítimo y pido que se declare la guerra a México", petición que fue sorpresivamente silenciada por el presidente de la sociedad, Impey Barbicane, quien pidió calma a los asambleístas ya que, según los mapas a que se atenía para concretar su arriesgado experimento, tenían a su disposición, "sin salir de nuestro país, toda la parte meridional de Texas y de Florida".

Pero esta decisión, dice Julio Verne, "debía crear una rivalidad sin ejemplo entre las ciudades de estos dos estados", cosa que así sucedió, al grado de entablarse una reñida contienda verbal entre los habitantes de ambas regiones: salieron en el conflicto los indios que aún rondaban en las márgenes de los respectivos territorios. Entonces, el *Times* floridense publicó que la empresa debía hacerse en suelo esencialmente norteamericano, lo que obviamente sacó de sus casillas a los texanos. "¡Norteamericanos! ¿No lo somos tanto nosotros como ustedes? ¿Texas y Florida no se incorporaron las dos a la Unión en 1845?", objetó el *American Review* texano. "Sin duda —respondió el *Times*—, pero nosotros pertenecemos a Estados Unidos desde 1820." La guerra periodística se desató. "Ya lo creo —replicó la *Tribune* texana—. ¡Después de haber sido españoles o ingleses por espacio de 200 años los vendieron a Estados Unidos por cinco millones de dólares!" ¡Qué importa!, replicaron los floridenses, "¿debemos por ello avergonzarnos? En 1903, ¿no fue comprada la Luisiana a Napoleón por 16 millones de dólares?" ¡Qué vergüenza!, dice Verne que exclamaron los diputados de Texas, "¡un miserable pedazo de tierra como Florida ponerse en parangón con Texas, que, en lugar de venderse, se hizo ella misma independiente, expulsó a los mexicanos el 2 de marzo de 1836 y se declaró República federal después de la victoria alcanzada por Samuel Houston en las márgenes del San Jacinto sobre las tropas de Santa Anna! ¡Un país, en fin, que se anexionó voluntariamente a Estados Unidos de América!" Y concluyeron los floridenses: "¡Sí, por miedo a los mexicanos!"

Verne no sólo estaba sumergido en las cuestiones científicas, sino también en las políticas. Su teoría de la voluntariosa entrega de Texas a los norteamericanos, brincándose las visibles debilidades de un Antonio López de Santa Anna, si bien puede molestar a los rigurosos historiadores, no es, tampoco, una ligera voladura ideológica. El punto es que los miembros del Gun Club eligieron, finalmente, a Florida, donde a la postre, un siglo después, en efecto los especialistas espaciales ubicaron sus instalaciones astronómicas. "Esta disposición —agrega Verne—, apenas fue conocida, puso a los diputados de Texas de un humor de perros. Se apoderó de ellos un furor indescriptible, y dirigieron insultos desmedidos a los distintos miembros del Gun Club." Los magistrados de Baltimore, donde tenía su fortaleza dicha congregación, los mandaron, a los texanos, a volar rápidamente en el primer tren que pudieron conseguir. Después, Verne vuelve a concentrarse en los asuntos específicos de la expedición lunar. "Se trata de fundir un cañón de nueve pies de diámetro interior —declaró Barbicane a los jefes de talleres—, seis pies de grueso en sus paredes y 19 y medio de revestimiento de piedra. Es, pues, preciso abrir una zanja que tenga de ancho 60 pies y una profundidad de 900. Esta obra considerable debe concluirse en ocho meses y, por consiguiente, tenéis que sacar, en 255 días, dos millones 543 mil 200 pies cúbicos de tierra; es decir, diez mil pies cúbicos al día", proeza que fue realizada puntualmente tal como constaba en el instructivo.

Sin embargo, los problemas no terminaban para el ambicioso Barbicane. Finalizada la poderosa bala, recibió un telegrama de un francés, Miguel Ardan, que lo urgía a detener su proyecto por la sencilla razón, y asimismo enloquecida, impensada razón, de que él quería volar adentro de la bala para ser el primer hombre en viajar a la Luna.

La cuestión, por supuesto, trastornó en un principio a Barbicane, que acabó exhausto cuando intervino su permanente enemigo el capitán Nicholl, que durante las batallas del Gun Club se encargaba de crear los materiales para inmunizar las potentes balas del inventario del gremio bélico. Nicholl apostaba que todas las predicciones de Barbicane se vendrían abajo por una u otra causa, en un gesto, sobre todo, de rivalidad incontenible más que de desconfianza científica. Pero Ardan los puso a ambos en orden, instándolos a viajar con él adentro del *Columbiad*, siendo, para la historia, los primeros astronautas en volar en el espacio sideral, los insignes antecedentes de Neil Armstrong, el hombre que pisó la Luna por vez primera aquel 29 de julio de 1969, 103 años después de que los inolvidables personajes de Verne lo hicieran.

Luego de "prolijas discusiones", dice Verne, "quedó convenido que los viajeros se contentarían con llevar una excelente perra de caza perteneciente a Nicholl y un vigoroso perro de Terranova de una fuerza prodigiosa". Llevaban consigo, también, "tres rifles y tres escopetas que disparaban balas expansivas y, además, pólvora y balas en gran cantidad", más "picos, azadones, sierras de mano y otras herramientas indispensables, sin hablar de los vestidos adecuados a todas las temperaturas, desde el frío de las regiones polares hasta el calor de la zona tórrida" y "víveres para un año", que se perdieron en el espacio junto con sus tripulantes, que gravitaron alrededor de la Luna vaya uno a saber por cuánto indefinido tiempo.

Pero, bueno, dicen que las segundas partes nunca han sido buenas, ni en la literatura.

Y tal vez la sentencia también la haya sentido en carne propia Verne con su *Viaje alrededor de la Luna*, la infortunada secuela de su novela *De la Tierra a la Luna*, la cual había causado una inusitada expectativa en los lectores. Quizás presionado por su tradicional editor, Verne se puso a escribir la continuación de aquel maravilloso viaje espacial emprendido por los miembros del selecto grupo bélico norteamericano Gun Club con la firme finalidad, como ya hemos apreciado, de no dejar rotando perpetuamente al *Columbiad* en torno del satélite selenita. Pero esta vez, basado más en las investigaciones que en su portentosa imaginación, sólo se dedica a proporcionarnos datos y datos y datos acerca del espléndido astro que nos otorga la luz nocturna.

Los tres hombres a bordo, sin ser ajustados bajo cinturones de seguridad ni cosa parecida, sobrevivieron al estruendo de su salida, no así uno de los dos perros que los acompañaban, que no pudo resistir el impacto. De este modo tal vez *Satélite*, que así se llamaba el can (la otra era *Diana*), fue el primer elemento lanzado por el hombre al espacio exterior: la primera contaminación interestelar causada por la humanidad. ¿Cómo pudieron salir vivos del impulso inicial de seis mil millones de litros de gas, producido por la deflagración de la piroxilina, que los arrastró a una velocidad de 11 mil metros por segundo? ¿Cómo se había logrado amortiguar el choque inicial? ¿Por medio de los muelles, de los obturadores, de las almohadillas de agua y los tabiques elásticos? No. La respuesta precisa debiera ser harto sencilla porque no hay, en efecto, otra posible solución: gracias a la benevolencia de su autor, que quería a toda costa hacer vivir a sus protagonistas por una suerte de factores realmente milagrosos: ¡aun sin la presencia de la NASA, sin ningún beneficio de la tecnología, sin ningún mínimo radar que lo guiara, el proyectil lanzado a la Luna forzosamente tenía que volver a su lugar de origen por una especie científica de magnetismo irrefutable!

Y así tal cual fue.

No sin antes, por supuesto, pasar por una serie de sucesivos asombros visuales y cerebrales, como, por ejemplo, el pasaje de la reflexión inmediata a su "despertar" después del escalofriante despegue. Los tres se asombraron, y no hay otra mejor expresión que ésta, de seguir vivos luego de la explosión inicial (¿cómo es que no oyeron, para comenzar, el ruidarajo que los puso en órbita?). "De todos modos —dice Julio Verne— no podían afirmar nada acerca de la situación del proyectil, pues su aparente inmovilidad y la falta de comunicación con el exterior no permitían esclarecer la situación. Tal vez el proyectil desarrollaba su trayectoria por el espacio; tal vez, después de una corta ascensión, había vuelto a caer en tierra o en el Golfo de México, lo cual no era imposible, atendida la poca anchura de la península floridana", que fue de donde victoriosamente habían partido. Una circunstancia, sin embargo, sorprendió a Barbicane (el presidente del Gun Club, el ideador de enviar una bala a la Luna dada la ausencia de guerras que en ese momento pasaban los aficionados a las batallas reales: recuérdese que los socios del Gun Club eran activos guerreros y por tanto desmembrados hombres que no tenían otras maneras de vivir la vida): la temperatura del interior del proyectil se había elevado notablemente, que lo hizo sacar un termómetro de su estuche para consultarlo, mismo que marcaba 45 grados centígrados.

—¡Oh! —exclamó entonces—. ¡Marchamos! ¡Ya lo creo! Este calor sofocante que atraviesa las paredes del proyectil es producido por su rozamiento con las capas atmosféricas. Pero pronto disminuirá porque ya flotamos en el vacío y, después de haber estado a punto de ahogarnos, vamos a sufrir intensos fríos.

Y así fue: más adelante, las ventanas de su *Columbiad* se llenaron de hielo. Antes de que Barbicane diera con la razón por la cual no oyeran la detonación inicial (¡porque el proyectil se desplazaba más aprisa que el sonido!), ocurrió un hecho que alteraría por completo el objetivo de su viaje: un bólido enorme pasó muy cerca de ellos desviando apenas el curso de la bala, que impedirá, de todos modos, la caída a la Luna. "Un simple bólido —explicó Barbicane a sus dos compañeros, el francés Michel Ardan y el capitán Nicholl—, que la atracción de la Tierra ha mantenido en el estado de satélite", proveyéndose, así, de dos Lunas.

Tal como se oye.

—Sí, amigo mío —dijo Barbicane a Ardan, impasibles adentro del *Columbiad*, cómodamente, como si estuvieran en casa, sin cascos especiales en la cabeza, con ropa casual, acaso tomándose un vinito Chambertin de 1863 [recuérdese que la proeza se realiza supuestamente en diciembre de 1866]—, dos Lunas, aun cuando generalmente se cree que no tiene más que una. Pero esta otra Luna es tan pequeña, y su velocidad tan grande, que los habitantes de la Tierra no pueden percibirla. Sólo teniendo en cuenta ciertas perturbaciones ha podido un astrónomo francés, *monsieur* Petit, determinar la existencia de este segundo satélite y calcular sus elementos. Según sus observaciones, este bólido hace su revolución alrededor de la Tierra en tres horas y 20 minutos, lo cual supone una velocidad extraordinaria.

No los mató la segunda Luna, ni los hubiese matado Dios mismo, porque sencillamente tenían el infalible protectorado del buen Julio Verne, que quería retornarlos a salvo, a como diera lugar, a la Tierra, si bien su historia habría quedado perfecta sin esta ulterior y descabellada, absolutamente innecesaria, secuela, donde lo más brutalmente inverídico (sí, ya sé, todo es inverídico, pero dentro de esta prodigiosa inverosimilitud caben, cómo no, las certezas de la narrativa —creer, pues, en lo narrado, a pesar de las evidencias que nos indican lo contrario—, que en Verne son, las más de las veces, definitivamente admirables) son las escenas del descenso en el océano.

"Era una caída terrible —dice el propio Verne—, desde una altura de 78 mil leguas, y que ningún muelle ni resorte podía debilitar. ¡Con arreglo a las leyes de la balística, el proyectil debía dar en la Tierra con una velocidad igual a la que le animaba al salir del *Columbiad*; es decir, una velocidad de 16 mil metros en el último segundo!" Esas 78 mil leguas (esto es, 434 mil 760 kilómetros) no son ciertas literalmente (la distancia de la Luna a la Tierra cubre 380 mil kilómetros), aunque literariamente Verne por supuesto podía decir y hacer científicamente lo que mejor le conviniera a sus, en efecto, magníficos relatos.

Empero, esta portentosa caída libre (¡y que encontraran a los tres viajeros espaciales jugando dominó mientras esperaban que vinieran a rescatarlos!) no se la cree nadie, ni un niño —ni el propio austriaco Felix Baumgartner, quien en octubre de 2012 lograra el récord en caída libre, a una altura de 38 kilómetros, rompiendo la barrera del sonido, que estuvo a unos segundos de costarle la vida—, y no quiero decir con ello que un niño tenga menos razonamiento que un adulto sino que, aun teniendo menos conocimiento, puede saber que es imposible vivir después de una estrepitosa caída del océano interestelar.

Por algo, el doctor y novelista mexicano Eduardo Monteverde dice que las predicciones de Verne resultaron acertadas, no así sus [im]precisiones ficticias...

La vuelta al mundo en 80 días, publicada originalmente en 1873, narra las peripecias del inglés Phileas Fogg, quien, luego de una plática con sus cinco habituales compañeros de juego del Reform Club, y precisamente conversando sobre el robo de 55 mil libras al Banco de Inglaterra ocurrido tres días atrás, apostó 20 mil libras de que era capaz de darle la vuelta al mundo en sólo 80 días. Hablaban de la probabilidad de la pronta huida del ladrón en esta inmensa Tierra cuando Fogg se atrevió a decir que su enormidad ya no lo era tanto.

—¿Acaso la Tierra ha disminuido? —preguntó el flemático Andrew Stuart.

—Sin duda que sí —respondió Walter Ralph—, opino como *míster* Fogg. La Tierra ha disminuido, pues se recorre hoy diez veces más aprisa que hace cien años. Y esto es lo que, en el caso del que nos ocupamos, hará que las pesquisas sean más rápidas.

El incrédulo Stuart no estaba convencido del todo.

—Ay que reconocer —dijo— que han encontrado un chistoso modo de decir que la Tierra se ha empequeñecido, de modo que ahora se le da vuelta en tres meses...

A lo que Fogg aclaró con pertinencia que no en tres meses sino sólo en 80 días: de Londres a Suez por el monte Cenis y Brindisi, ferrocarril y vapores, siete días; de Suez a Bombay, vapores, 13; de Bombay a Calcuta, ferrocarril, tres; de Calcuta a Hong Kong, vapores, 13; de Hong Kong a Yokohama, vapor, seis días; de Yokohama a San Francisco, vapor, 22; de San Francisco a Nueva York, ferrocarril-carretera, siete; de Nueva York a Londres, vapor y ferrocarril, nueve, lo que viene dando un total de 80 días, ni más ni menos.

—Eso en teoría —comentó Stuart.

—En la práctica también —subrayó un impertérrito Fogg, quien, ya de lleno en la aventura, aceptó el reto propuesto por Stuart.

—¡Veinte mil libras! —exclamó un sorprendido John Sullivan—, ¡veinte mil libras que cualquier tardanza imprevista pueden hacer perder!

Sin embargo, Fogg fue contundente:

—No existe lo imprevisto...

Un Sullivan, exaltado, añadió:

—¡Pero, *míster* Fogg, ese transcurso de 80 días sólo está calculado como mínimo!

—Un mínimo bien empleado basta para todo —indicó un imperturbable Fogg.

—¡Pero a fin de aprovecharlo es necesario saltar matemáticamente de los ferrocarriles a los vapores y de los vapores a los ferrocarriles! —dijo Sullivan.

—Pues saltaré matemáticamente —concluyó Fogg, a quien sus amigos dijeron que se dejase de bromas—. Un buen inglés no bromea nunca cuando se trata de cosa tan formal como una apuesta —respondió Phileas Fogg—. Apuesto 20 mil libras contra quien quiera que yo dé la vuelta en 80 días, o menos, sean mil 900 horas, o 115 mil 200 minutos.

Y los cinco socios del Reform Club aceptaron, gustosos, la apuesta con la seguridad de ganarla. Esa misma noche del miércoles 2 de octubre de 1872 partía Fogg, con su nuevo empleado Juan Picaporte, a quien esa misma mañana, a las 11 con 29 minutos para ser más precisos, había contratado para sustituirlo por el criado James Forster a quien despidió "por el enorme delito de haberle llevado el agua para afeitarse a 84 grados farenheit en vez de 86". Debía regresar Fogg, si quería ganar la apuesta, el sábado 21 de diciembre exactamente a las 20 horas con 45 minutos.

¿Era rico Phileas Fogg? "Indudablemente —responde Julio Verne—. Cómo había realizado su fortuna es lo que los mejor informados no podían decir, y, para saberlo, el último a quien convenía dirigirse era a *míster* Fogg. En todo caso, aun cuando no se prodigaba mucho, no era tampoco avaro, porque en cualquier parte donde faltase auxilio para una cosa noble, útil o generosa, solía prestarlo con sigilo y hasta con el velo del anónimo." Encontrar, en suma, algo que fuese menos comunicativo que este *gentleman* era cosa difícil, dice Verne: "Hablaba lo menos posible, y parecía tanto más misterioso cuanto silencioso era. Llevaba su vida al día; pero lo que hacía era siempre lo mismo, de tan matemático modo que la imaginación descontenta buscaba algo más allá".

Y a partir de ese momento la novela de Verne adquiere un ritmo desenfrenado. No conforme con la trama, de por sí compleja (pero que resuelve con presteza y astucia literarias), el escritor francés agrega a su historia un condimento más: un detective, llamado Fix, va por Phileas Fogg porque tiene la sospecha de que el inglés es nada menos el autor del robo del Banco de Inglaterra. El efecto de esta noticia fue inmediato: "El honorable *gentleman* desapareció para dejar sitio al ladrón de billetes de banco. Su fotografía, depositada en el Reform Club con las de sus colegas, fue examinada. Reproducía rasgo por rasgo al hombre cuyas señas habían sido determinadas en el expediente de investigación. Todos recordaron lo que tenía de misteriosa la existencia de Phileas Fogg, su aislamiento, su partida repentina, y pareció evidente que este personaje, pretextando un viaje alrededor del mundo y apoyándolo en una apuesta insensata, no tenía otro objeto que hacer perder la pista a los agentes de la policía inglesa".

Y ahí van Fogg y Picaporte y siguiéndole los talones el detective Fix, que necesita una orden de arresto para poder apresar a su hombre, documento que no llega a tiempo, por lo que tiene que mantenerse a prudente distancia. ¡Sin saberlo, Fix también le dará la vuelta al mundo en el plazo señalado con el presupuesto del generoso Fogg, que ignora los planes de este improvisado viajero que se ha sumado, vaya a saber cómo y porqué, a la extraña y apresurada expedición! Entre las torpezas de Picaporte y los despropósitos de Fix, Fogg se meterá en diferentes problemas que, gracias a su decidido arrojo y a la meticulosidad de su pensamiento, los irá librando con perfectas soluciones.

No sólo eso, sino incluso salvará la vida de una hermosa viuda que sería sacrificada (¡quemada viva!) en un rito tradicional de la India (*sutty* le llaman ellos, que consiste en que la mujer, muerto su marido, debe también fallecer para acompañarlo en la otra vida ya que la sumisión femenina es una honra a los ojos de los moradores del territorio del Bundelkund). Así, la bella Aouda se sumará a la caravana sin que ello doblegue el objetivo emprendido por Fogg, que a lo largo del camino irá gastando una importante cantidad de libras (llevaba un total de 20 mil, que hacía que la sospecha de Fix aumentase considerablemente). Con tal de lograr su meta, Fogg no reparaba en ningún gasto, al grado de comprar, en una desesperada acción donde no tenía más alternativa posible, un barco completo en el último tramo de su expeditiva excursión. Fogg hizo el viaje en 79 días, si bien fue percatado de este dato a punto de darse por derrotado: ¡la premura con que llevó a efecto su viaje lo distrajo de los días contados: ciertamente él vio pasar el sol 80 veces por el meridiano, pero los ingleses sólo 79! 🍇

León Tolstoi
(Yasnaia Poliana, Rusia, 1828 / Astapovo, 1910)

🍇 *El dinero no es más que polvo*

La famosa editorial soviética Progreso, con la difuminación de esa poderosa nación, también desapareció. En México, a mediados del siglo XX, podían incluso conseguirse, a muy bajo precio, algunos disfrutables libros de dicha empresa, sobre todo los infantiles, cargados de bellas ilustraciones y de contenidos de honda calidad literaria. Tengo uno en mis manos: *Cuentos para niños*, de León Tolstoi, con dibujos de

Pajómov. En este caso lo que hace Tolstoi, para no complicarse la vida (¡y vaya que, literariamente, le encantaba complicársela!), es contar —sin mayores detalles, sin buscar un armado compositivo, sin moralejas— un acontecimiento como si fuese un relato; es decir parecieran, más bien, dictados a la vuelapluma, narraciones para ser contadas por cuenteros orales, que no buscan la palabra precisa sino la impresión inmediata en sus espontáneos oyentes. Asimismo, reproduce, otras veces, y de un modo bastante lacónico, los cuentos populares, sin dueño visible, nada más para dejar constancia de ellos, como el archiconocido *El embustero*, que a la letra Tolstoi apunta en escasas líneas:

"Un niño cuidaba de unas ovejas y, de pronto, como si hubiera visto un lobo, se puso a gritar:

"—¡Socorro, un lobo! ¡Un lobo!

"Los hombres se acercaron y vieron que era mentira. Después que el chico hubo repetido su pesada broma unas tres veces, apareció de verdad un lobo. El chico se puso a gritar:

"—¡Socorro, socorro, un lobo!

"Los hombres creyeron que quería engañarlos, como siempre, y no le hicieron caso. El lobo vio que no tenía que temer nada y degolló a todas las ovejas del rebaño."

El cuento *Dos camaradas* es también una fábula, como todo buen relato infantil que se respete: "Iban por el bosque dos camaradas cuando salió a su encuentro un oso. Uno echó a correr, trepó a un árbol y se ocultó entre las ramas. El otro se quedó en medio del camino. Viendo que no tenía escapatoria, se echó al suelo y se fingió muerto.

"El oso se le acercó y se puso a olerlo. El hombre retuvo la respiración.

"El oso le olió la cara, creyó que estaba muerto y se alejó.

"Cuando el oso se hubo marchado, el otro bajó del árbol y preguntó entre risas:

"—¿Qué te ha dicho el oso al oído?

"—Me ha dicho que los que abandonan a sus camaradas en los instantes de peligro son muy malas personas."

Es curioso que, siendo un hombre tan apegado a la retórica y a la moralidad (y, por qué no, a la retórica moral), al grado de escribir una comedia contra el alcoholismo: *El primer destilador*, y de tener feroces disputas con su mujer, Sofía Andreevna Bers, y con algunos de sus ocho hijos (por eso mismo, por las constantes peleas verbales con su esposa, que le discutía sus moralidades que rayaban en la intolerancia, Tolstoi decidió separarse de Sofía), haya escrito estos cuentos para niños sin recurrir, cuando fácilmente podía hacerlo, a las moralejas que hubiesen completado, perfectamente, sus fines escriturales. En *La niña y las setas*, por ejemplo, pese a haber lugar para el consabido consejo paternal, sólo cuenta el suceso: el aprendizaje, que lo hay, que quede por cuenta del lector. Dos niñas iban a casa cada una con una cesta de setas. "Las niñas debían cruzar la vía del tren. Confiadas en que el tren estaba lejos, subieron al terraplén, y estaban ya cruzando la vía cuando oyeron de pronto el ruido de la máquina. La chica mayor corrió atrás, y la pequeña cruzó la vía. La hermana mayor gritó a la menor: '¡No vuelvas atrás!', pero la locomotora estaba ya cerca y hacía un ruido tan fuerte que la pequeña no entendió lo que le gritaba su hermana y creyó que le decía que corriera atrás. Y así lo hizo, pero tropezó, el cesto escapó de sus manos y ella se puso a recoger las setas. La locomotora estaba ya cerca, y el maquinista hacía sonar el pito con toda fuerza. La hermana mayor gritaba: '¡Deja ahí las setas!', pero la pequeña creía que le mandaba que las recogiera y se arrastraba de rodillas por la caja de la vía. El maquinista no pudo detener la locomotora. Ésta, silbando a todo silbar, arrolló a la niña. La hermana mayor dejó escapar un grito y rompió a llorar. Todos los viajeros miraban por las ventanillas, y el jefe del tren corrió al vagón de cola para ver lo que le había ocurrido a la niña. Cuando el tren hubo pasado, todos vieron que la niña yacía de bruces entre los rieles y no se movía. Luego, cuando el tren estaba ya lejos, la niña levantó la cabeza, se arrodilló, recogió las setas y corrió a donde estaba su hermana."

El hueso de la ciruela narra un encuentro familiar durante el almuerzo, en el cual el padre pregunta a sus hijos quién de ellos se había indebidamente comido una ciruela antes de que todos se sentaran a la mesa. Todos lo negaron, hasta el más pequeño, Vania, quien ya anteriormente Tolstoi nos había dicho que él fue el que se comió la fruta. Entonces, el padre dijo: "Uno de ustedes se la ha comido, y eso no está bien. Pero no es lo peor. Lo peor es que las ciruelas tienen huesos, y si alguien no sabe comerlas y se traga uno, se muere al día siguiente. Eso es lo que temo". Vania se puso pálido y dijo: "El hueso lo arrojé por la ventana". Todos se echaron a reír, pero Vania estalló en sollozos.

Sin embargo, quizás el mejor sea el de *El león y el perrito*, la historia de una fiera a la cual, en su celda en un zoológico, le avientan un perrito encontrado en las calles para que se lo comiera, pero en lugar de devorarlo lo protegió, extrañamente, desde el principio. "En cierta ocasión un señor fue al parque y reconoció a su perrito; dijo al dueño del parque que el perrito era suyo y pidió que se lo devolvieran. El dueño quiso devolvérselo, pero cuando se pusieron a llamar al perrito para sacarlo de la jaula el león, erizada la melena, rugió furioso." Fue imposible sacarlo de la jaula, donde vivió con el león un año, luego de lo cual murió, lo que entristeció al león, que estuvo "todo el día agitándose en la jaula y rugiendo y, luego, se tendió al lado del perrito muerto y quedó inmóvil. El dueño del parque quiso retirar de la jaula al perrito muerto, pero el león no dejó que se le acercara nadie". El dueño, dice Tolstoi, "creyó que el león olvidaría su pena si se le daba otro perrito y metió en la jaula un chucho vivo, pero el león lo despedazó al instante. Luego, abrazó entre sus patas al perrito muerto y no se movió en cinco días. Al sexto día, el león se murió".

El *stárosta*, acomodado en la estufa, murmuró:

—¿Qué es el dinero? ¡El dinero no es más que polvo!

Levantando la cabeza, el criado dijo:

—Si hay dinero, ¿por qué guardarlo?

Entonces, Dutlov exclamó:

—¡Oh, el dinero, el dinero! ¡Cuántos pecados engendra! Nada en el mundo trae tantas maldades como el dinero; así está escrito en los Evangelios.

—Y está bien dicho —intervino el posadero—. Cierta vez, un hombre me contó esto: había un comerciante que tenía amontonado mucho dinero y no quería dejarlo a nadie; a tal grado amaba su dinero que se lo llevó consigo a la tumba. Cuando llegó la hora de morir, ordenó que se pusiera en su féretro una almohadita. No ocurrió a nadie pensar de qué se trataba, y cumplieron su deseo. Después, los hijos comenzaron a buscar el dinero: no había nada. Al fin, uno de ellos sospechó que, seguramente, el dinero debía estar en la almohadita. Llegaron hasta el zar; pidieron el permiso de cavar, y, ¿qué te figuras? Abrieron y no había nada en la almohada; el féretro estaba lleno de gusanos. Y volvieron a enterrarlo. ¡Eso es lo que hace el dinero!

Sí, nada trae tantas maldades como el dinero, tal como aseveraba, con recalcitrante empeño, Dutlov. Y he aquí la jugada del destino: de pronto Dutlov recibe, del cielo, mil quinientos rublos, un dinero que no es suyo, un regalo inesperado, que cambia por completo su vida y hunde en la congoja a la familia de Pilikéy, que no logra controlar su angustia por haber perdido el dinero que le había confiado la señora de la casa. Después de haber librado la dura batalla consigo mismo por no aprovecharse de la situación (¡con esos rublos podría comprarse todo el mercado entero, él, que nunca había tenido una sola cosa que no fuera la canasta básica!), por no haber sido tentado por el demonio de la ambición, llega a su casa y se da cuenta (¡maldito gorro agujerado!) de que el sobre se le había caído en el camino, cosa que nadie, por supuesto, le creería. Y pensar que la señora lo había enviado precisamente a él en una muestra de su absoluta confianza, a pesar de la desaprobación generalizada. "A unos cien pasos de la casa, Polikéy dio otro latigazo al caballo, arregló su cinturón y su cuello; se quitó el gorro, arregló sus cabellos y metió lentamente la mano bajo el forro. Su mano comenzó a moverse más y más, apresuradamente, metió también la otra; su rostro se puso más y más pálido, y una de sus manos salió por el otro lado del gorro." Durante el resto del día, nadie vio a Polikéy. Los rumores comenzaron a alzarse en la aldea. "Muy tarde ya, se dijo solamente que unos *mujiks* vecinos lo habían visto corriendo por la carretera, sin gorro y preguntando a todos 'si no habían encontrado una carta'. Otro hombre lo vio durmiendo a la orilla del camino, junto a la carreta, el caballo amarrado. 'Me ha parecido', dijo este hombre, 'que estaba borracho, y que el caballo no había comido ni bebido desde hacía lo menos dos días; a tal grado se había enflaquecido'." Su esposa lo esperó, en vano, toda la noche.

En la mañana lo vio entrar como si nada, pero nervioso e inquieto. Dijo a su mujer que no se preocupara, que ya había entregado el encargo a la señora. Y en eso, proveniente de la nada, la muchacha Atsiutka urgió al hombre: "La señora ordena a Polikéy Illich que venga inmediatamente. Que venga inmediatamente; lo ordena Advotia Mikolavna, inmediatamente". ¿Pero qué querrá ahora la señora?, se preguntó en voz alta Polikéy. Su esposa pensó que tal vez la señora lo quería gratificar por su elevada responsabilidad. Y Polikéy no siguió a la muchacha, sino se fue en sentido contrario. "¿Qué significa esto...? ¿No viene Polikéy...? —dijo la señora con impaciencia—. ¿Dónde se ha metido?, ¿por qué no viene?" Aksiutka corrió de nuevo a la isba de los criados para urgir a Polikéy, pero su mujer, Akulina, que bañaba a Sionka —el hijo más pequeño—, le dijo que obedeció con premura al llamado de la señora. "Anda, mira que no se haya quedado dormido en alguna parte", dijo Akulina, pleno ya el corazón de inquietud. En ese preciso momento la mujer del carpintero, "sin peinar todavía, a medio vestir, recogida la falda, subió al granero para traer su vestido que había puesto allí a secar. De pronto se escuchó en el granero un grito horroroso, y la mujer del carpintero, como una loca, cerrados los ojos, de espaldas, rodaba escaleras abajo". Polikéy Illich estaba ahí, en el granero, ahorcado, definitivamente muerto. "Akulina salió corriendo al pasillo, sin darse cuenta de que el pequeñuelo rodaba como una pelota, cayendo de cabeza al agua, con los piecitos hacia arriba. 'En la viga... ¡está colgado!', gritaba la carpintera, que se contuvo al ver a Akulina, y ésta se lanzó por la escalera y, antes de que lograran detenerla, llegó arriba; prorrumpió en un grito espantoso y cayó como un cadáver; se hubiera matado, seguramente, si no la reciben en sus brazos las gentes que de todos lados habían acudido".

Aún no repuesta de la impresión, su hija Mashka le gritó a la madre que Sionka yacía ahogado. "Akulina se libró de los que la detenían y corrió por allá. El chicuelo, inmóvil, se hallaba boca abajo, en la artesa, y sus piecitos estaban rígidos. Akulina lo sacó, pero el niño ya no respiraba ni se movía. Akulina lo tiró sobre el lecho y apoyándose en las dos manos dio una carcajada tan fuerte, ruidosa y terrible, que Mashka, que al principio también comenzó a reír, se tapó las orejas y, llorando, corrió hacia el pasillo. La gente gritaba y lloraba, y muchos entraron en el rincón. Secaron al niño y empezaron a frotarlo, pero todo fue inútil. Akulina, tendida sobre el lecho, lanzaba tales carcajadas que, cuantos se acercaban a oírla quedaban horrorizados." Al ver aquella muchedumbre de hombres, mujeres, ancianos y niños que se agolpaban en el pasillo, "era posible darse cuenta del enorme número de gentes que vivían en el pabellón de los *dvorovuy*. Todos se agitaban, todos hablaban, muchos lloraban, pero nadie hacía nada. La mujer del carpintero encontraba siempre a alguien que no había oído todavía la historia, y de nuevo contaba cómo se había afectado profundamente su sensible corazón con tan extraordinario espectáculo, y cómo Dios la había salvado de una caída mortal en la escalera". Era tal el escándalo que la noticia llegó a oídos de la señora, "y aun parece que nadie se cuidó de prepararla. El brutal Egor le contó el hecho sin atenuar detalle, y de tal modo afligió a la señora que durante largo tiempo no pudo sobreponerse".

Akulina no paraba de reírse como una loca intempestiva, mientras Advotia Mikolavna se sumía en una honda tristeza. El sobre con el dinero fue encontrado en el camino por un campesino, que lo entregó a Dutlov, quien fue rápidamente a contárselo a la señora, que nada quería saber del asunto.

—Yo no quiero este dinero; es un dinero maldito. ¡Cuántas desgracias ha traído! Dile que se lo guarde si lo quiere —exclamó la señora, buscando la mano de la criada—. Sí, sí, sí —repitió la señora, mirando a la perpleja doncella—, que se lo lleve y haga con él lo que quiera.

—Pero son mil quinientos rublos —objetó Diunasha, la criada.

—Que lo tome todo —repitió la señora con impaciencia—. ¿No me comprendes? Es un dinero maldito; nunca me hables de él. Que se lo lleve el *mujik* que lo ha encontrado.

Y, así, Dutlov se quedó con los rublos, impávido y atónito, enriquecido de súbito, él, el mismo que dijera que nada hay en el mundo que atraiga tantas maldades como el dinero, que finalmente en polvo se convierte, tal como los humanos.

León Tolstoi, siempre enardecidamente moral, nos narra dicha historia en su relato "Polikushka", incluido en el libro *Cuentos* (Club Internacional del Libro), de la colección "Genios de la Literatura", que cada semana durante el año 2002 se distribuyó en los puestos de periódicos.

Lewis Carroll

(Daresbury, Inglaterra, 1832 / Guilford, 1898)

🍃 *Las cosas sin sentido*

Muchas veces las películas recrean (no crean a partir literalmente de ella) una obra literaria, la ajustan a sus fines, incluso han llegado a desbaratarla. Por ejemplo, antes de que yo leyera el libro de Lewis Carroll, *Alicia en el País de las Maravillas* (1865), había ya visto, de niño, la película animada de Walt Disney, que data de 1951, y una de las escenas que más recuerdo del filme, cuando el Sombrerero y la Liebre de Marzo charlan sobre la celebración de su no cumpleaños con Alicia, resulta que es completamente ajena a la escritura de Carroll, y una vez, estúpidamente, lo había yo mencionado, en un texto indebido, como si tal ocurrencia en efecto fuera de Carroll. Es más, mucha gente se refiere, con gracia, a ese glorioso acontecimiento del no cumpleaños como si estuviera citando, con orgullo, una línea literaria. Pero Carroll jamás se imaginó tal diálogo. Si bien la cinta, en un plano general, respeta las ideas originales, carece de la visión exuberante y detalladamente puntillosa del libro.

"La mesa estaba puesta delante de la casa, bajo un árbol, y la Liebre de Marzo y el Sombrerero tomaban el té —apunta Carroll en 'Una merienda de locos', el capítulo séptimo de un total de doce de su *Alicia en el País...*—. Entre ellos había un Lirón profundamente dormido, sobre el cual apoyaban los codos, a modo de cojín, y hablaban por encima de su cabeza. 'Muy incómodo para el Lirón', pensó Alicia, 'claro que, como está dormido, probablemente ni se entera'.

Aunque la mesa era grande, los tres se apretujaban en uno de los extremos.

"—¡No hay sitio! ¡No hay sitio! —exclamaron al ver llegar a Alicia.

"—¡Hay sitio de sobra! —dijo indignada Alicia, y se sentó en un gran sillón, en un extremo de la mesa.

"—Sírvete algo de vino —le invitó la Liebre de Marzo.

"Alicia, por más que buscó, no vio en toda la mesa otra cosa que té.

"—No veo ningún vino —observó.

"—No lo hay —dijo la Liebre de Marzo.

"—Pues entonces tal ofrecimiento es una descortesía de su parte —dijo indignada Alicia.

"—También lo es de tu parte sentarte sin ser invitada —dijo la Liebre de Marzo."

El cuento es realmente hermoso. Alicia está fuera de su mundo, pero no por eso se cohíbe, ni se empequeñece (pese a sufrir empequeñecimientos físicos cuando come algunas sustancias en dicho País de las Maravillas), ni deja de enfrentarse con los extraños desconocidos, ni nunca deja de ser ella misma. Alicia siempre duda, interroga, cuestiona, jamás se amilana; aunque se desespera por las actitudes empecinadamente incoherentes de los habitantes de ese orbe mágico, trata siempre de ser coherente por lo menos con ella misma.

"—Tú necesitas un buen corte de pelo —dijo el Sombrerero. Había estado mirando un rato a Alicia con gran curiosidad, y ésta fue su primera intervención.

"—Y usted debería aprender a no hacer comentarios personales —dijo Alicia, con severidad—: resulta muy grosero.

"El Sombrerero, al oír esto, abrió de par en par los ojos, pero se limitó a decir: "—¿En qué se parece un cuervo a un escritorio?

" 'Vaya, parece que nos vamos a divertir un poco ahora! —pensó Alicia—. Me gusta que propongan acertijos...' Y añadió en voz alta:

"—Creo que lo sé.

"—¿Quieres decir que crees saber la solución? —dijo la Liebre de Marzo.

"—Exacto —dijo Alicia.

"—Entonces, deberías decir lo que piensas —prosiguió la Liebre de Marzo.

"—Ya lo hago —se apresuró a contestar Alicia—. Al menos... al menos pienso lo que digo... que es lo mismo, ¿no? "—De ningún modo —dijo el Sombrerero—. ¡Así también podrías decir que 'veo lo que como' es lo mismo que 'como lo que veo'!

"—¡Así también podrías decir —añadió la Liebre de Marzo— que 'me gusta lo que tengo' es lo mismo que 'tengo lo que me gusta'!

"—¡Así también podrías decir —concluyó el Lirón, que parecía hablar en sueños— que 'respiro cuando duermo' es lo mismo que 'duermo cuando respiro!' ".

Y se olvidan del asunto, minutos después, en una loca carrera contra el tiempo. Cuando retornan al asunto inicial, luego de hablar de relojes que en lugar de marcar la hora señalan el día del mes, el Sombrerero pregunta a Alicia si ha podido resolver el acertijo. "No, me rindo —replicó Alicia—. ¿Cuál es la solución?" Nadie tenía idea, ni el Sombrerero, ni la Liebre de Marzo. Alicia, entonces, suspiró aburrida. "Creo que podrían emplear mejor el tiempo —dijo—, y no perderlo en acertijos sin solución." Si conocieras al Tiempo como yo, dijo el Sombrerero, "no hablarías de emplearlo o perderlo. Él es muy suyo". Alicia dijo no entender nada. "¡Por supuesto que no! —dijo el Sombrerero, sacudiendo altivamente la cabeza—. ¡Me atrevería a decir que ni siquiera le has dirigido la palabra!"

"—Tal vez no —replicó con prudencia Alicia—; pero en las clases de música me enseñaban a marcar el tiempo.

"—¡Ah! ¡Eso lo explica todo! —dijo el Sombrerero—. El tiempo no soporta que lo marquen ni que lo clasifiquen. En cambio, si estuvieras con él en buenos tratos, haría casi todo lo que tú quisieras con el reloj. Por ejemplo, imagínate que fueran las ocho de la mañana, justo antes de empezar la clase: bastaría una simple insinuación tuya… ¡y el reloj giraría en un santiamén! ¡La una y media: hora de comer!"

De una cosa a otra sin nunca poner un punto final, sin explicar las situaciones inexplicables, el largo cuento de Carroll es deliciosamente improbable: la imaginación infatigada, el relato perfecto para los niños que no quieren acabar nunca de jugar. Cuando Alicia le pide al Lirón que cuente un cuento (sobre tres hermanas llamadas Elise, Lacie y Tillie, que viven de melaza), cansado éste de las interrupciones de Alicia que no entendía ciertas situaciones del cuento, el Lirón se va quedando dormido de a poco. Las tres hermanas aprendían a dibujar toda clase de cosas que empiezan con la letra m, dijo el Lirón, ¿pero por qué con la m?, preguntó Alicia, ¿y por qué no?, replicó la Liebre, tales como la musaraña, el mundo, la memoria, la magnitud. "De ciertas cosas se dice que son mismamente de la misma magnitud —dijo el Lirón—. ¿Has visto alguna vez dibujar una magnitud?" A decir verdad, dijo Alicia —muy confundida—, "ahora que me lo preguntas, no pienso…", pero el Sombrerero fue terminante: "Pues si no piensas, no hables." Esa ya era una grosería que Alicia no podía tolerar. Se levantó muy disgustada y se marchó, ante la indiferencia de sus distraídos anfitriones, que la olvidaron de inmediato.

Alicia nunca pudo encontrarle coherencia a su sueño, pero jamás lo olvidaría. Así es la vida.

A veces las cosas inexplicables son inolvidables, como los amores sin sentido. ❦

Mark Twain
(Florida, Estados Unidos, 1835 / Redding, 1910)

❦ *La rana saltarina*

Quizás el relato humorístico *La rana saltarina* (1867) es una de las piezas literarias menos difundidas del norteamericano Mark Twain (cuyo verdadero nombre es Samuel Langhorne Clemens), pero no por ello una obra sin importancia. Para buscar una referencia de un tal Leónidas W. Smiley, que un amigo suyo le encargara, Twain visitó al bonachón y parlero Simon Wheeler. "Tengo una vaga sospecha de que Leónidas W.

Smiley es un mito —apunta Twain—; de que mi amigo no conoció jamás a semejante personaje, y que él había conjeturado únicamente que, si yo preguntaba por él al viejo Wheeler, mi pregunta le haría recordar a su infame Jim Smiley, y entonces entraría en acción y me mataría de aburrimiento con alguno de sus irritantes recuerdos de dicho individuo; con algún recuerdo tan largo y tan aburrido como inútil para mí."

Si esto era lo que se proponía su amigo cuando le encargó tal misión, vaya que lo consiguió: Twain encontró a Simon Wheeler cómodamente adormilado junto a la estufa del salón del bar de la destartalada taberna en el ruinoso campo minero del Ángel. Wheeler despertó y le dio los buenos días. Twain le dijo que un amigo suyo le había encargado que realizase ciertas averiguaciones acerca de un querido compañero de su mocedad llamado Leónidas W. Smiley, para más señas reverendo, joven ministro del Evangelio. Simon Wheeler hizo sentar a Twain en un rincón, lo bloqueó allí con su silla y, sin sonreír una maldita vez, le largó el siguiente monólogo: "Antes de que estuviera el reverendo Smiley, aquí hubo un individuo conocido con el nombre de Jim Smiley, allá en el invierno del año 49, o quizás fue en la primavera del 50. No recuerdo con exactitud, aunque lo que me hace pensar que debió ser uno u otro de esos años es que recuerdo que cuando el tal vino al campamento no se había terminado todavía la reguera [canal de riego] grande; pero, sea como sea, era un hombre de lo más raro: armaba apuestas acerca de cualquier cosa que a uno se le ponía por delante con tal que hubiese alguien que apostase en contra; y si no había quien apostaba en contra, entonces era él quien apostaba contra el que apostaba a favor".

No podía vivir la vida sin apostar. "Llegaba hasta el extremo —contaba Wheeler— de que si descubría un escarabajo extraviado que andaba de aquí para allá, le apostaba a usted el tiempo que tardaría en llegar... a donde quiera que fuese, y, si usted le aceptaba la apuesta, era capaz de seguir al escarabajo extraviado hasta México con tal de averiguar adónde se dirigía y el tiempo que invertía en el camino." El condenado individuo era capaz de apostar por cualquier cosa. "En cierta ocasión estuvo la esposa del cura Walker muy enferma durante bastante tiempo, y parecía que no había modo de salvarla —contaba Wheeler—. Pues bien, una mañana entró aquí el cura, y Smiley se levantó y le preguntó cómo estaba su esposa, y el cura le contestó que 'muchísimo mejor... gracias a la bondad infinita del Señor... y se repone de una manera tan clara que, con la bendición de la Providencia, todavía ha de sanar'. Entonces Smiley, sin detenerse a pensarlo, le dice: 'Pues bien: le apuesto dos y medio a que no sale de ésta'."

Y Wheeler ni una sola vez frunció el ceño, "no cambió en ningún momento el tono de voz, suave y fluido, con que dio la nota de su frase inicial, y en ningún momento reveló la más ligera sospecha de entusiasmo". A este Wheeler ya nadie lo paraba. Ahora contaba que Jim Smiley [y ni las luces de Leónidas W. Smiley, el amigo del amigo de Twain] tenía un cachorrito de bulldog, "que si usted lo miraba habría creído que no servía para nada, como no fuese para vagabundear y hacerse el gruñón, y estar al acecho para robar lo que se le presentase. Pero en cuanto se apostaba por él, aquello era ya otro perro: empezaba a sacar la mandíbula inferior, lo mismo que el castillo de proa de un vapor, y descubría unos dientes que brillaban como dos hornos. Ya podía otro perro agarrarlo, hacerse el valiente con él, morderle y hacerle dar dos o tres volteretas de costado. Andrés Jackson, que así se llamaba el perrote, Andrés Jackson no se daba por vencido, y seguía peleando hasta que adquiría la seguridad (y eso era lo que buscaba) de que las apuestas se habían doblado y doblado durante todo ese tiempo, volcándose en favor del otro perro, hasta que ya no había más dinero; y entonces, de pronto, le clavaba los dientes al otro perro precisamente por la unión de los cuartos traseros, y se colgaba allí sin soltar presa hasta que tiraban la esponja, aunque tuviese que estar mordiendo un año".

Y por lo regular este Smiley tenía siempre suerte, como con su Andrés Jackson, "hasta que en una ocasión lo echó a pelear con otro al que habían aserrado las nalgas con una sierra circular; el perro de Smiley alargó la cosa hasta que vio que habían apostado ya todo el dinero en contra suya —dijo el viejo Wheeler—; entonces se abalanzó para clavar el diente en lo que pudiéramos llamar su promontorio predilecto; pero se quedó sorprendido; luego puso una expresión de descorazonamiento, y ya ni siquiera intentó ganar la pelea: salió de allí malamente zarandeado. El perro dirigió a Smiley una mirada como diciéndole que tenía el corazón desgarrado, y que toda la culpa era suya, de Smiley, por echarle de enemigo a un perro que no tenía cuartos traseros en qué hincar el diente, que era el fuerte suyo para ganar la riña; luego se alejó de allí un trecho, renqueando, se tumbó en el suelo y se murió". Wheeler dijo que se ponía triste siempre que recordaba a ese noble perro. Pero a Jim Smiley no pareció importarle gran cosa la desaparición de su amigo, ya que tenía varias mascotas: "Perros ratoneros y gallitos de pelea, y gatazos sin castrar, y toda esa clase de animales, hasta no dejarle a uno un momento de sosiego ni la posibilidad de presentarle un animal sin que él le presentase otro para hacer una apuesta".

En cierta ocasión Smiley pescó una rana, se la llevó a su casa "y dijo que pensaba amaestrarla; y en tres meses no dio golpe, porque se los pasó en la explanada trasera de su casa, enseñando a la rana a saltar. ¡Y vaya si le enseñó! Le daba un empujoncito por detrás, ¡y viera usted un instante después a la rana remolineando por los aires como un buñuelo! ¡Viérala usted dar un salto mortal, y hasta dos, si arrancaba

bien, y caer al suelo clavada de pies, sin molestia alguna, lo mismo que un gato!"
También la amaestró en cuestión de cazar moscas, y a Daniel Webster, que así se
llamaba la rana saltarina, a Daniel Webster no se le iba nunca una viva. "Con todas
las habilidades que tenía —dijo Wheeler a Twain, sin una pizca de entusiasmo, con
el mismo tono solemne del principio—, no habría podido usted encontrar otra rana
más modesta. Y si hablamos de saltar limpiamente en terreno horizontal, avanzaba
de un solo salto una distancia que ningún animal de su especie era capaz de salvar."

Smiley estaba "monstruosamente orgulloso" de su rana saltarina, "y bien podía
estarlo, porque gente que había viajado y estado en todas partes aseguraba sin excepción que aventajaba a cuantas ranas ellos habían visto". Pero Smiley se topó con un
tipo un poquitín más listo que él y, con argucias, trampeó a Jim aprovechándose del
hambre de Daniel Webster, que en esa ocasión no pudo despegar sus patas del suelo
por tener la barriga inflamada por ingerir, abierta la boca forzada por el embustero
apostador —a espaldas de Smiley—, dos puñados de perdigones. Y Twain ya no
quiso saber más del insoportable caso de Smiley. Viendo que Wheeler se levantaba de
su asiento para atender un llamado, abandonó la taberna sin conocer la secuela de la
anécdota: ¿habría logrado vengarse Smiley del vagabundo trampeador?

Lo único que supo Twain, poco después, era que dicha historia —obviamente
sin los Smiley sino entre atenienses y beocios— ya había sido contada, para su desconcierto [pues Wheeler la narraba como si él mismo hubiese sido testigo de tal
anécdota], por los griegos dos mil años atrás. 🌱

Joaquim María Machado de Assis
(Río de Janeiro, Brasil, 1839-1908)

🌱 *El alienista y los sexagenarios*

Simón Bacamarte regresó a su Brasil a los treinta y cuatro años para entregarse,
en cuerpo y alma, al estudio de la ciencia, "alternando las curas con las lecturas,
y demostrando los teoremas con cataplasmas". Ni el rey de Portugal fue capaz de
hacerlo permanecer al frente de la Universidad en Coimbra o encargándose de los
asuntos de la monarquía. Bacamarte deseaba retornar a su Itaguaí para comprometerse exclusivamente con la ciencia.

Era un alienista.

Tras largos años de profundos estudios, Simón Bacamarte se percató de que los que andaban mal de la cabeza eran completamente ignorados en su tierra. Se propuso, entonces, reformar tan mala costumbre. "Pidió autorización al Ayuntamiento para dar abrigo y brindar cuidados, en el edificio que iba a construir, a todos los dementes de Itaguaí y de las demás villas y ciudades, mediante una paga que el Ayuntamiento le daría cuando la familia del enfermo no lo pudiese hacer."

Antes de ver cristalizado su centro médico, Simón Bacamarte —a la edad de los cuarenta— contrajo nupcias con doña Evarista de Costa e Mascarenhas, señora de veinticinco años, "ni bonita ni simpática", viuda ya de un juez de la magistratura brasileña. Uno de sus tíos, "no menos franco que buen trampero", se sorprendió ante semejante elección de su sobrino, y se lo dijo. Simón Bacamarte le explicó que doña Evarista reunía condiciones "fisiológicas y anatómicas de primer orden, digería con facilidad, dormía regularmente, tenía buen pulso y excelente vista; estaba, en consecuencia, apta para darle hijos robustos, sanos e inteligentes. Si además de estos atributos —únicos dignos de preocupación por parte de un sabio— doña Evarista era mal compuesta de facciones, eso era algo que, lejos de lastimarlo, él agradecía a Dios, porque no corría el riesgo de posponer los intereses de la ciencia en favor de la contemplación exclusiva, menuda y vulgar, de la consorte".

Doña Evarista desmintió las esperanzas del alienista. No le dio hijos, ni robustos ni frágiles. Acaso por esa falsa ilusión, el médico se introdujo de lleno en su proyecto del asilo, llamado Casa Verde por alusión al color de las ventanas, que eran las primeras en ese tono que aparecían en Itaguaí, esa misma Casa Verde que revolucionaría a ese poblado brasileño colonial al grado de sufrir rebeliones drásticas, con cientos de muertos y heridos, hasta lograr la intervención del virrey para restablecer el orden.

Resulta que Simón Bacamarte se sumergió en los rigores estrictos de su ciencia y mandaba encerrar a todo aquel que consideraba insano de sus facultades. Examinaba a cada uno de sus pacientes con un estoicismo exacerbado. Un tal Falcao, por ejemplo, de veinticinco años, era un desgraciado por el abandono de su mujer, que siguió perdidamente "a un perdulario". Apenas descubrió la fuga, se armó de un trabuco, y salió tras sus huellas. Los halló a los dos, a orillas de una laguna, "y los mató a ambos con tal despliegue de crueldad que su crimen fue memorable". Los celos se aplacaron, pero el infeliz se volvió loco. Fue invitado a residir en la Casa Verde.

De los recluidos, "el más curioso era un pobre diablo, hijo de un ropavejero, que narraba a las paredes (porque jamás miraba a una persona) toda su genealogía, que era ésta:

—Dios engendró un huevo, el huevo engendró la espada, la espada engendró a David, David engendró la púrpura, la púrpura engendró al duque, el duque engendró al marqués, el marqués engendró al conde, que soy yo.

"Se daba una fuerte palmada en la frente, hacía estallar los dedos y repetía cinco o seis veces seguidas:

"—Dios engendró un huevo, el huevo..."

Etcétera.

Debido a la excesiva disciplina de su marido, doña Evarista, al cabo de dos meses, "se sintió la más desgraciada de las mujeres". Cayó en profunda melancolía. Viéndola en ese estado, el alienista la mandó a Río de Janeiro para distraerla. El médico andaba sumamente ocupado en demarcar, "definitivamente", los límites entre la razón y la locura. Por eso mandaba encerrar a todo aquel que considerara mal de la cabeza. Por cualquier motivo. Para celebrar la bienvenida de doña Evarista de Río de Janeiro, Martín Brito, un "muchacho curtido de noviazgos y aventuras", improvisó una oratoria en honor de la señora de Bacamarte:

—Dios —dijo Brito, sumamente inspirado en su discurso para halagar a los Bacamarte—, después de dar al universo el hombre y la mujer, ese diamante y esa perla de la corona divina, Dios quiso vencer a Dios, y creó a doña Evarista.

El muchacho, por supuesto, días después, fue encerrado en la Casa Verde, no por celos del sabio sino porque, después de oír el discurso aquél, lo consideró sin duda insano de sus facultades mentales. Así, uno y otro habitantes de Itaguaí iban siendo remitidos al asilo. Por cualquier ligereza. No sólo encerró a medio mundo, sino también a doña Evarista por encontrarle síntomas desequilibrados en su comportamiento. La gota que derramara el vaso fue una duda que la señora de Bacamarte tuvo al no saber cómo engalanarse para una reunión.

—¡Pensaba ponerme el collar de granates, pero el de zafiros me parece tan lindo! —le dijo doña Evarista al médico Simón.

—Pues entonces ponte el de zafiros —replicó su marido.

—Sí, pero entonces tendré que dejar el de granates —dijo su mujer, consternada.

Una y otra vez. "Hacia el atardecer comimos algo liviano y después nos acostamos —explicaba el alienista al padre Lopes—. En plena noche, a eso de la una y media, me despierto y no la veo; me incorporo, voy al cuarto de vestir, y la encuentro delante de los dos collares, probándoselos alternadamente ante el espejo, primero uno, después el otro. Era evidente su demencia, la encerré de inmediato."

La Casa Verde era, pues, una cárcel privada.

Vinieron, entonces, la confusa rebelión de los alterados pobladores que ya no sabían qué era la locura y el derrocamiento del gobernador, luego la restauración oficial del virrey, la revuelta aplacada y la duda última del gran sabio: ¿él era un hombre sano? Después de restablecer los cerebros de todos los habitantes de Itaguaí, Simón

Bacamarte se cuestionó a sí mismo. "La angustia del egregio Simón Bacamarte es definida por los cronistas itaguayenses de la Colonia como una de las más tremendas tempestades morales que se hayan abatido sobre hombre alguno." El alienista convocó a un consejo de amigos para enfrentarse a la verdad. Le pareció que poseía la sagacidad, la paciencia, la perseverancia, la tolerancia, la veracidad, el vigor moral, la lealtad, todas las cualidades, en suma, "que pueden constituir a un mentecato. Dudó en seguida, es cierto, y llegó incluso a la conclusión de que era una ilusión". Sus amigos le dijeron con franqueza que no poseía ningún vicio, en lo absoluto. Pero el médico no veía para sí esa superioridad que los otros veían en él. El padre Lopes explicó todo, entonces:

—Os diré cuál es la razón por la que no veis las elevadas cualidades que todos nosotros admiramos en vos. Ello es así porque tenéis una cualidad que realza las restantes: la modestia.

Fue algo terminante.

Simón Bacamarte se internó en la Casa Verde para examinarse a solas y ahí murió, diecisiete meses más tarde, "sin haber podido avanzar en sus investigaciones un solo paso más".

El relato, magistral, se encuentra en el libro *Un hombre célebre y otros cuentos*, del brasileño Joaquim María Machado de Assis, que el Consejo Nacional para la Cultura y las Artes editó en 1997 en su colección "Clásicos para Hoy". La traducción del portugués es de Santiago Kovadloff. Los cinco relatos restantes son del mismo tono: maravillosamente apabullantes.

Un mes antes de su fallecimiento, ocurrido en Río de Janeiro el 26 de septiembre de 1908, Joaquim María Machado de Assis publicó su último libro: *Memorial de Aires*, que la Universidad Nacional Autónoma de México editó por primera vez en español —en 2002—, en una versión de Antelma Cisneros, que le ha quitado la i griega al nombre del consejero para sustituirla por la latina: Aires, quien comienza su diario en 1888, el año de la proclamación de la Ley Áurea, que liberaba a los esclavos, y termina sus apuntes en un día indefinido de septiembre de 1889, a unos cuantos meses de la proclamación republicana para dar fin a la monarquía.

Dice Valquiria Wey, la experta en literatura brasileña, que "el libro es, como lo indica su título, un memorial, en la acepción de diario personal, ya que en portugués el memorial puede ser también un informe relacionado con las funciones de quien lo escribe respecto a una actividad determinada". El consejero Aires, diplomático jubilado, sexagenario, comienza su diario a un año de su regreso a Brasil y termina en una fecha no precisa: "Finaliza no porque Aires haya muerto, sino porque presumiblemente, para el autor, ya no tiene nada que informar, ya cumplió con el propósito del memorial. Por tanto, la obra comparte con el lector su alcance como diario, como informe, como reporte en forma de diario, sobre un tema explícito, objeto de la apuesta: ¿será la viuda Fidelia, joven, hermosa y rica, fiel a la memoria del marido?"

Sin embargo, en realidad los personajes de la novela son los ancianos Aguiar, en cuya casa acontecen todos los pasajes que interesan a Aires. Es un relato que exhibe la honda soledad que rodea a las personas de la tercera edad, con sus entrañables reiteraciones verbales y su entrega a los jóvenes para quienes ellos viven, que algo de esos profundos sentimientos también relatara medio siglo después, con semejante maestría, el español Miguel Delibes en su *Hoja roja* (1959). Aires asiste a las bodas de plata de los Aguiar con la intención de indagar sobre la bella viuda de Noroña, motivo de la apuesta con su hermana Rita quien insiste en que la mujer, discreta y aún enamorada, no volverá a casarse. "Así, cuando doña Carmen vino a tomarme del brazo —apunta Aires—, la seguí como si fuese a una cena nupcial. Aguiar dio el brazo a Fidelia, y se sentó entre ella y su mujer. Escribo estas minucias sin más necesidad que la de decir que los dos cónyuges, uno al otro, quedaron flanqueados por la amiga Fidelia y por mí. De esta manera pudimos oír latir el corazón a dúo, hipérbole permitida para decir que en ambos, en mí por lo menos, repercutía la felicidad de aquellos veinticinco años de paz y consolación."

En medio de este bienestar, empero, había un resquicio de aflicción: "De vez en cuando ella y el marido intercambiaban sus impresiones con los ojos y puede ser que también con el habla. Una sola vez la impresión visual fue melancólica. Más tarde oí la explicación a mi hermana Rita —dice Aires—. Uno de los convidados (siempre hay indiscretos), en el brindis que les hizo, aludió a la falta de hijos diciendo que 'Dios se los negara para que ellos se amaran mejor entre sí'. Mi hermana Rita me dijo después que esa era la única herida del matrimonio".

Es un libro lento, calmo, despacioso, acorde a la vida de los sexagenarios. El narrador brasileño no tenía ninguna prisa en acabar su historia, temiendo acaso que con el último aliento de esas viejas vidas algo de su esencia también pudiera partir hacia algún ignoto destino, cosa que, en efecto, sucedió, inaugurando de paso en su país la corriente literaria del realismo y el naturalismo, según advierte Bella Josef en su *Antología de la literatura brasileña* (Fondo de Cultura Económica). No en balde, a diferencia de sus otros vigorosos libros, en este *Memorial de Aires*, y no por ello éste deja de serlo, hay una sombra de desolado abandono, de visible melancolía, de inocultable abatimiento.

Fidelia, la viuda de Noroña, se percata de la íntima necesidad de los Aguiar y, despreciada por sus padres por haberse casado con el hijo de un hombre odiado, se empeña en suplir, con gusto, la carencia filial. La viuda se convierte en la hija que nunca tuvieron, y la miman, y la consuelan, y la protegen con extremoso cuidado. Aunque, apreciándolo desde una perspectiva amable, los Aguiar sí tuvieron la oportunidad de crecer a un hijo, si bien no de sus entrañas: una de las amigas de los Aguiar "tuvo un hijo cuando doña Carmen tenía veintitantos años. Sucesos que el juez pasó por alto y no valía la pena insistir en ellos, trajeron a la madre y al hijo a la casa de los Aguiar durante algún tiempo. Al cabo de una semana, el pequeño tenía dos madres. La madre real tuvo que ir a Minas, donde estaba su marido; un viaje de pocos días. Doña Carmen logró que la amiga le dejara al hijo y a la aya. Tales fueron los primeros lazos del afecto que aumentó con el tiempo y la costumbre".

La niñez, entonces, de Tristán se dividió entre las dos madres y entre las dos casas. Durante las dos o tres enfermedades que tuvo el pequeño, "la aflicción de doña Carmen fue enorme —narra Aires—. Utilizo el mismo adjetivo que le oí a Campos, aunque me parezca enfático y a mí no me gusta el énfasis. Confieso aquí una cosa: doña Carmen es de las pocas personas a quien nunca oí decir que 'enloquece por las fresas' ni que 'se muere por oír a Mozart'. En ella la intensidad parece estar más en el sentimiento que en la expresión. Pero, en fin, el juez asistió a la última de las enfermedades del niño, y pudo ver la aflicción de doña Carmen, sus atenciones y sobresaltos, algunos minutos de desesperación y de lágrimas, y finalmente la alegría de restablecimiento. La madre era madre, y lo sintió seguramente y mucho, pero él dice que no tanto; es que puede haber ternuras atadas, o aun moderadas, que se muestran completamente a todos".

Pero Tristán, ya adolescente, se fue a vivir con sus padres a Portugal, y la partida del niño destrozó a los Aguiar. Por eso, Fidelia fue recibida como la hija ausente, la hija necesaria. Y cuando recibieron la noticia de la visita de Tristán, ya joven, la alegría fue doble, casi completa. "Aguiar me dio la noticia en cuanto entré —relata Aires—. Cuando fui a saludar a doña Carmen, y la felicité por la venida del joven, me oyó con gran placer. Media hora después volvimos a hablar del tema, ella y yo, y entonces fue ella quien inició la conversación, diciéndome que estaba en casa, lejos de esperar tal cosa, y de repente vio entrar en el jardín a un hombre del banco con un recado de Aguiar, dándole la buena nueva, y acompañado de la carta que Tristán mandaba para los dos. Al contarme estas particularidades, quizás dispensables, doña Carmen quería, naturalmente, comunicarme su propio alborozo. Conozco estas intenciones recónditas y manifiestas a un tiempo: es vieja manía de los felices."

Al detallar todas estas minucias, lo que hace Machado de Assis es subrayar la vida parsimoniosa de las personas que no hacen sino entregarse por entero a los otros porque tienen todo el tiempo del mundo para ellos mismos. Los ancianos ven el tiempo correr con mayor lentitud que todas las otras personas. Los dos hijos que no son suyos se reúnen por vez primera. "Lo peor es que no sean hijos de verdad —dice Aires— sino sólo de afecto; es verdad que, a falta de otros, se consuelan con éstos, y muchas veces los de verdad son menos verdaderos." Los Aguiar hacen todo lo posible por unirlos, y lo logran cuando los jóvenes, de a poco, se enamoran entre sí, pero sólo para perderlos definitivamente, y ahondar aún más su soledad.

Machado de Assis no podía despedirse del mundo con un libro más triste. 🌱

Ambrose Bierce
(Meigs, Estados Unidos, 1842 / ¿México?, 1914)

🌱 *El rito de la suprema compasión*

En su *Diccionario del Diablo*, Ambrose Bierce, ese misógino irredento, no incluye, tal vez para evitar definirse, la palabra *misoginia*. Pero ni falta hace, ya que Bierce, ese hombre que decidió morirse en México durante los procesos revolucionarios de la segunda década del siglo XX, no puede esquivar en su literatura su agria (o, mejor, sarcástica) personalidad. La Editorial Lectorum, que publicó el libro en 2007, prefiere adjetivar a Bierce como "misántropo", que probablemente viene siendo lo mismo que misógino, aunque con mayor dramatismo.

El nombre de Los Dorados fue una milicia creada por el general Francisco Villa, "que por su valor y espíritu beligerante y aguerrido, pero a la vez piadoso y obsceno, en mucho atrajo a Ambrose Gwinett Bierce —explica Eusebio Ruvalcaba en el prólogo del *Diccionario del Diablo*—. En 1913, luego de haber sido abandonado por la señora Patrick Campbell, de haberse entregado al impertérrito alcohol, renunciado a su carrera y vivido del préstamo; luego de que su esposa, Scarlett Lee Stuart, lo sustituyó por el sueño de la nostalgia tribal chiricahua, de que uno de sus hijos muriera en una pelea de cantina y de que el otro dejase de respirar por una dosis excesiva de cocaína, don Ambrose Gwinett Bierce se alistó en las filas del Centauro del Norte".

Se ignora, por supuesto —porque nadie lo dejó notificado, ni hay un apunte histórico al respecto—, "si Villa lo aceptó o lo mandó fusilar". Quizás el propio Bierce, dice Ruvalcaba, había predicho su suerte cuando afirmó, al último de sus compatriotas con quien cruzó palabra: "Si se enteran de que he sido puesto contra un paredón mexicano y cosido a balazos, sepan que pienso que es una buena forma de abandonar esta mierda". Después de 1913 no se supo más de él, si bien "algunos optimistas afirman que después de 1914". Lo peor de todo es que, ya desaparecido, parece que absolutamente nadie lo extrañó.

Este diccionario, que nada tiene de académico, no es sino la justificación para que su autor jugara con un catálogo verbal que le sirviera, asimismo, de soberbio autorretrato. Así como hay pintores que se dibujan en sus cuadros y fotógrafos que se registran en sus gráficas, Bierce decidió utilizar el género enciclopédico para dar sus puntos de vista sobre el mundo que le tocó vivir, que no fue por cierto muy de su agrado, y nos lo hace notar visiblemente cuando dice que "vida" es una "especie de salmuera espiritual que preserva al cuerpo de la descomposición: vivimos en permanente temor de perderla; sin embargo, al perderla, no se la echa de menos". La salmuera, para acabar de amolarla, es agua cargada de sal.

El libro tiene mucho humor, sí, pero negro, ácido, irónico, acaso impávidamente involuntario. *Abstemio*, por ejemplo, es aquel "individuo débil de carácter que cede a la tentación de privarse de un placer". No hay duda de que el diccionario lo hizo Bierce para externar sus pensamientos sobre todo políticos, que no son precisamente lo que suele denominarse como correctos. ¿Qué es un *adherente*? Es el "secuaz que aún no ha recibido lo que esperaba". Y esto lo apreciamos los mexicanos en casos muy localizados, cíclicamente sexenales o parcialmente transexenales, como los casos del chino Zhenli Ye Gon y el empresario argentino amante de la ex perredista y ahora priista Rosario Robles en 2007, que luego de ser ardorosos ("ardor: cualidad que distingue al amor inexperto") y generosos adherentes no recibieron lo que ansiosamente esperaban.

En política, según Bierce, se llama *administración* "a un ingenioso mecanismo diseñado para recibir las bofetadas o puntapiés que se merecen el primer ministro o el presidente, un hombre de paja a prueba de huevos podridos y rechiflas". O, ya más directo, *política* es el "conflicto de intereses bajo la máscara de lucha de principios" y el "manejo de los intereses públicos para beneficio privado". ¿Y *político*? Es la "anguila en el fango primigenio sobre el cual se eleva la superestructura de una sociedad organizada. Al agitar la cola acostumbra confundirse y creer que tiembla el edificio. En comparación con un estadista, tiene la desventaja de estar vivo". Un *ladrón* es un comerciante ingenuo, dice Bierce. Se cuenta que Voltaire "se alojó una noche con algunos compañeros de viaje en una posada del camino. Al final de la cena empezaron a contar historias de ladrones. Cuando le llegó su turno, Voltaire dijo:

"—Vivió una vez un recaudador general de impuestos —y guardó silencio. Al pedirle los otros que continuara, añadió—: ése es el cuento".

Pero en la entrada "Wall Street", cien páginas más adelante, complementa el término anterior: "Símbolo del pecado, expuesto a la execración de todos los demonios. La creencia con la cual todo ladrón fracasado sustituye su esperanza de ir al cielo es que Wall Street es una cueva de ladrones". Las definiciones, por lo general, coinciden con lo que piensa el común de la gente, aunque ésta no pueda externarlo con tal énfasis. ¿*Palacio*? Es la "residencia bella y costosa, en especial la de un gran funcionario. La residencia de un alto dignatario de la iglesia se llama palacio, la del fundador de su religión se llamaba pajar o pesebre. El progreso existe".

Hay varias definiciones cortas que deslumbran. Como "aburrido", que es todo aquel que habla cuando, en realidad, uno desea que escuche. O *amistad*: "Barco que, por su tamaño, puede llevar a dos cuando hay buen tiempo, pero a uno solo en caso de tormenta". O *armadura*: "Vestimenta usada por un hombre cuyo sastre es un herrero". O *ausente*: "Aquel que está especialmente expuesto a la mordedura de la calumnia, vilipendiado, irremediablemente equivocado, desplazado en la consideración y el afecto de los demás". O *pillo*: "Un caballero a la inversa". O *reposar*: "Dejar de molestar". O "benefactor", que nos trae de nuevo a Ahumada o a Ye Gon: "Aquel que compra grandes cantidades de ingratitud".

Sin embargo, su misoginia (misantropía, dirán los editores) es la que resalta dimensionalmente a lo largo del diccionario. *Mujer*, por ejemplo, es el "animal acostumbrado a vivir en la vecindad del hombre con una rudimentaria aptitud para la domesticación", al grado de que "puede enseñársele a callar". La *curiosidad* es la "cualidad reprobable de la mente femenina". ¿Qué es el *yugo*? Es un "instrumento a cuyo nombre latino, *yugum*, debemos una de las palabras más esclarecedoras de nuestro idioma, definidora con precisión, ingenio y perspicacia de la situación matrimonial". *Amor* no es sino esa "demencia temporal curable con el matrimonio". El *altar* antiguamente era el "lugar donde el sacerdote arrancaba, con fines adivinatorios, el intestino de la víctima sacrificada y cocinaba su carne para los dioses. Hoy en día el término se utiliza muy poco, a no ser para indicar el sacrificio de la tranquilidad y libertad llevado a cabo por dos tontos de sexo opuesto".

Lástima que el diccionario esté plagado de referencias específicamente estadounidenses con nombres a veces concretos de personas que hoy han pasado al olvido en la historia de la humanidad.

En esta vida los amigos dejan de serlo tan pronto como se aparecieron, intempestivamente también un día, en nuestro camino. Pero, asimismo, hay amistades entrañables, a prueba de fuego, inextinguibles, como las del capitán Downing Madwell y el sargento Caffal Halcrow, ambos del regimiento de infantería de Massachusetts, ambos luchadores en la Guerra de Secesión de Estados Unidos en la década de los sesenta del siglo XIX.

Ambrose Bierce nos cuenta esta historia en su libro, de 1891, *Cuentos de soldados y civiles*. "En la medida en que la desigualdad de rango y la diferencia en los deberes y consideraciones de la disciplina militar lo permitían, solían estar siempre juntos —dice Bierce en el relato 'El golpe de gracia'—. En verdad, se habían criado juntos desde la primera infancia. Y una costumbre de cariño no se rompe fácilmente. Caffal Halcrow no experimentaba ningún gusto ni disposición hacia lo militar, pero la idea de la separación de su amigo le resultaba extremadamente penosa; se alistó en la compañía en la que Madwell era subteniente".

Caffal tenía un hermano, Creede Halcrow, el mayor del regimiento, "un hombre cínico y taciturno" que no se podía ver con el capitán Madwell. Entre los dos "existía una natural antipatía, que las circunstancias habían alimentado y aumentado hasta una franca animosidad. De no ser por la influencia disuasoria que su mutua relación con Caffal les imponía, cada uno de estos dos patriotas hubiera, sin duda, puesto todo su empeño en privar a su país de los servicios del otro". Aquella mañana el regimiento cumplía su función en un puesto de avanzada, "a un kilómetro de distancia del grueso del ejército. El piquete fue atacado y prácticamente sitiado en el bosque, pero se mantuvo tenazmente en sus posiciones. Durante una tregua en la lucha, el mayor Creede Halcrow se acercó al capitán Madwell. Tras intercambiar un saludo reglamentario, el mayor dijo:

"—El coronel ordena que conduzca usted a su compañía hasta la cabeza de ese barranco y mantenga allí su posición hasta nueva orden. No hace falta que le informe del peligro que implica esta maniobra, pero si lo desea supongo que puede usted delegar el mando de su compañía en su teniente. No he recibido ninguna orden que autorice esta sustitución; es una mera sugerencia mía de carácter no oficial.

"Ante este mortal insulto, el capitán Madwell replicó con frialdad:

"—Señor, le invito a acompañarnos en la maniobra. Un oficial a caballo constituiría un excelente blanco, y desde hace largo tiempo mantengo la opinión de que sería una gran ventaja que se hallara usted muerto".

Tales eran sus odios.

La batalla había sido violenta y continuada, dice Bierce. Sólo bastó media hora para que el escenario se convirtiera en un infierno. "El sabor mismo del combate estaba en el aire. Ahora todo había acabado; sólo quedaba socorrer a los heridos y enterrar a los muertos." A poca distancia del lugar "donde uno de los pelotones de enterramiento había establecido su 'vivaque de la muerte', un hombre con el uniforme de oficial del ejército federal se apoyaba, de pie, contra un árbol. De los pies a la barbilla su actitud revelaba un cansancio agotador, pero volvía la cabeza de un lado a otro con inquietud; al parecer, su mente no descansaba". Cuando todos se marcharon, el capitán Madwell se dirigió directamente al interior del bosque, "hacia el oeste purpúreo, cuya luz le coloreaba el rostro como sangre. Andaba a zancadas, con un aire de seguridad que indicaba que se hallaba en un terreno familiar; había recuperado la orientación. No miraba a los muertos que encontraba a su paso, a derecha e izquierda. Tampoco prestaba atención a los gemidos sordos de algún herido grave a quien no habían llegado los camilleros y que pasaría una noche penosa bajo las estrellas acompañado sólo de su sed".

En la punta de un barranco poco profundo, "una mera depresión del suelo, yacían unos cadáveres agrupados. Los vio, se desvió súbitamente de su trayecto y caminó rápidamente hacia ellos. Examinó a cada uno con atención a medida que pasaba y se detuvo por último junto a uno que yacía a una distancia de los otros, cerca de un grupo de árboles bajos. Le observó intensamente. Parecía moverse. Se agachó y le puso la mano en la cara. El hombre gritó". Había encontrado, casi destrozado, a su amigo Caffal Halcrow. "Su uniforme desarreglado parecía haber sido rasgado violentamente y dejaba ver el vientre al aire—cuenta Bierce—. Algunos botones de la chaqueta habían sido arrancados y estaban en el suelo, a su lado, junto a otros jirones de sus ropas desparramados por todas partes. El cinturón de cuero estaba roto y parecía haber sido arrastrado por debajo del cuerpo una vez caído. No había habido mucha efusión de sangre. La única herida visible era un agujero ancho e irregular en el vientre. Estaba sucio de tierra y de hojas secas. De él sobresalía un pedazo del intestino delgado. El capitán Madwell no había visto nunca una herida así en toda su experiencia de la guerra. No conseguía imaginar cómo había sido hecha ni tampoco explicar las otras circunstancias concurrentes: el extraño desgarro del uniforme, el cinturón partido, la piel blanca manchada con la tierra. Se arrodilló y lo examinó más cuidadosamente. Cuando se incorporó, volvió los ojos en diferentes direcciones como si buscase un enemigo."

Y lo encontró: una piara de cerdos salvajes, que merodeaba, a unos cincuenta metros, de los cadáveres. Su amigo, "que había padecido aquellas monstruosas mutilaciones", aún se hallaba vivo dentro de su inevitable muerte. "A intervalos movía las piernas: gemía en cada respiración. Miraba fijamente sin expresión en el rostro de su amigo y gritaba si éste le tocaba. En su tremenda agonía había arañado el suelo sobre el que yacía y entre los puños apretados tenía hojas, ramas y tierra. No podía articular el habla, y resultaba imposible saber si era sensible a otra cosa excepto su dolor. La expresión de su rostro era una súplica; la de sus ojos, un profundo ruego."

Sólo el capitán Madwell podía traducir el lenguaje implorante de su amigo. "No había la posibilidad de una mala interpretación de aquella mirada —dice

Bierce—. El capitán la había visto demasiado a menudo en los ojos de aquellos cuyos labios conservaban todavía la fuerza necesaria para formular la súplica de la muerte. Consciente o inconsciente, aquel retorcido resto de humanidad, aquella representación suprema del más agudo dolor, aquel híbrido de hombre y animal, aquel humilde, antiheroico Prometeo, imploraba cualquier cosa, todo, el absoluto no-ser, para el regalo del abandono, del olvido". Lo que su amigo Caffal Halcrow pedía era, simplemente, el golpe —o tiro— de gracia, "la bendición de la liberación, el rito de la suprema compasión."

El capitán Madwell pronunció el nombre de su amigo. "Lo repitió una vez y otra vez, sin ningún efecto, hasta que la emoción le bloqueó el habla. Las lágrimas le cegaron y salpicaron el lívido rostro situado bajo el suyo." Ya su pistola no tenía ni una bala. Se puso de pie, sacó su espada de la vaina y colocó la punta de la afilada arma exactamente sobre el corazón de su amigo, y la hundió "en el cuerpo del hombre y después en la tierra a través de su cuerpo". En ese preciso momento tres hombres avanzaron en silencio desde detrás del grupo de árboles bajos que habían ocultado su llegada. Dos eran enfermeros y llevaban una camilla. El tercero era el mayor Creede Halcrow. 🌱

Henry James
(Nueva York, 1843 / Londres, Inglaterra, 1916)

🌱 *La voluntad de cerrar apretadamente los ojos*

¿Cuántos ensayos no se han escrito, en un siglo, acerca del posible significado de la frase "Otra vuelta de tuerca" a partir de la publicación, en 1898, de la novela, con ese título, del escritor estadounidense Henry James? Innumerables. Varios ensayistas se preguntan qué habrá querido decir el literato con esa expresión en un contenido aparentemente tan distante del complejo enunciado. He leído largas disquisiciones al respecto, pero creo que, sin ir más lejos, el propio Henry James, británico por adopción, es el que resuelve finalmente su enigmático rótulo. Después de tanta aparición fantasmal y misteriosa en su novela, a unas cuantas páginas de poner el punto final, escribe: "Aquí sentía de nuevo ahora, como lo había sentido una y otra vez, cómo mi equilibrio dependía del éxito de mi rígida voluntad, la voluntad de cerrar mis ojos tan apretadamente como fuera posible a la verdad de que tenía que tratar con algo que era repugnantemente contrario a la naturaleza. Sólo podía seguir adelante con ello confiando en la 'naturaleza', tratando mi monstruosa prueba como un empuje hacia una dirección inusual, por supuesto, y desagradable, pero que exigía después de todo, para hacerle frente, tan sólo otra vuelta de tuerca de la ordinaria virtud humana." Ahí está, de algún modo, resuelto el caso: para aprehender la realidad, o lo que se pudiese entender como tal, se requiere de la absoluta comprensión de los hechos. "Ningún intento, pese a todo —dice el propio James—, podía requerir más tacto que ese intento de proporcionar uno mismo toda la naturaleza. ¿Cómo podía poner ni siquiera un poco de ello si suprimía toda referencia de lo que había ocurrido? ¿Cómo, por otra parte, podía hacer una referencia sin sumergirme de nuevo en la horrible oscuridad?" La famosa frase "otra vuelta de tuerca" no es sino afianzar, uno mismo, la realidad que se le está presentando en ese momento delante de sus ojos, tomar al toro por los cuernos, apretar los tornillos si la repisa empieza a ladearse. Pero el novelista ofrece, en la primera página de su libro, también alguna ambigüedad:

—Estoy completamente de acuerdo —dice Douglas, el narrador de la espantosa historia—, respecto al fantasma de Griffin o lo que fuera, en que el hecho de que se apareciera primero al niño, a una tan tierna edad, le añade un toque especial. Pero no es el primer caso que conozco en el que algo tan encantador le ocurre a un niño. Si el hecho de que se trate de un niño le da al asunto otra vuelta de tuerca, ¿qué dirías de dos niños?

A lo que uno de los oidores del tétrico relato, presuroso, exclama:

—¡Diremos, por supuesto, que dos niños significan dos vueltas de tuerca!

Es decir, apreciar a cada individuo por separado, no medirlo con el mismo rasero. La historia de *Otra vuelta de tuerca* (Grupo Editorial Multimedios) no es sencilla, si bien tampoco es embrollada. Se trata de una joven institutriz, de 20 años, que acude a Londres "en respuesta a un anuncio que la había situado en breve correspondencia con el anunciante. Esa persona que iba a ser su patrón resultó ser un caballero, un soltero en la flor de la vida, una figura como nunca se le había aparecido, excepto en un sueño o en alguna vieja novela, ante una ruborizada y ansiosa muchacha salida de una vicaría de Hampshire". Había sido nombrado, tras la muerte de sus padres en la India, "tutor de un pequeño sobrino y una pequeña sobrina, ambos hijos de un hermano menor militar al que había perdido hacía dos años. Esos niños eran, por la más extraña de las casualidades para un hombre de su posición, una inmensa carga para él". De ahí que, liberándose a la vez de una responsabilidad que probablemente no le concernía, los había enviado a su otra casa, "considerando que el mejor lugar para unos niños era el campo, y los había puesto allí en manos de la mejor gente que pudo encontrar para que cuidara de ellos, desprendiéndose incluso de sus propios sirvientes y yendo él mismo, siempre que podía, a comprobar cómo iban las cosas". Vivían los niños en Bly a cargo de la ama de llaves, la señora Grose. Contaba la casona con mucha gente para ayudar, "pero por supuesto la joven dama que actuara como institutriz sería la autoridad suprema".

Pero había, por sobre todas las cosas, una primera condición al aceptar el trabajo: que la institutriz nunca debería molestar al patrón. "Nunca, nunca: ni acudir a él ni quejarse ni escribirle para nada; ella misma debía enfrentarse a todos los problemas, recibir todo el dinero de su abogado, hacerse cargo de todo y dejarle tranquilo." Sin embargo, ajena a los horrores con los que se enfrentaría, la joven aceptó todas las condiciones sin poner un solo reparo en nada. Douglas se enteraría de dicha terrible historia por el cuaderno que la institutriz dejara con todos los misteriosos detalles anotados sin detenerse a reflexionarlos. De ahí que Alejandro Gándara, en el prólogo del libro, apuntara: "*Otra vuelta de tuerca* es un pacto de nuevo cuño entre el escritor y el lector, atravesado por un intermediario avaro de sus intereses y al que le ha llegado la hora de rendir cuentas: el que cuenta la historia. El nuevo pacto consiste en contar con la inteligencia y la actitud moral del lector que debe desestimar la vieja autoridad y el viejo poder del libro, del narrador y de la historia para enfrentarse a ellos y sostener el conflicto". El lector, pues, debe aceptar, según sostiene Gándara, las mentiras que va hilando poderosamente el autor: "Las palabras mienten, los narradores mienten y los libros mienten. Nada de eufemismo. Aquí no se trata de reflexionar sobre la ficción, la fabulación, los metalenguajes o las gónadas de los párrocos literarios. Aquí se está hablando de la mentira en cuanto tal".

Por eso, cuando empiezan a aparecer cosas extrañas en la novela el lector está ya entregado a ellas... o debiera estar, ya, preparado a ellas. "Por un momento —dice la institutriz— me pareció reconocer, débil y lejos, el grito de un niño; luego, al borde de la conciencia, delante de mi puerta." Pero eso no era todo. Luego, en sus propios ojos, se aparecerían personas, diríase apenas difuminadas, descaradamente en su propia cara: la del mayordomo muerto Quint y de la anterior institutriz, la señorita Jessel, que no dejaban un momento en paz a los niños Miles y Flora, sombras acaso de los mismos niños: el terror es una cosa tan asombrosamente cotidiana que, en el mejor de los casos, los menos terroríficos son justamente —¡vaya indescifrable hecatombe!— los fantasmas.

En *La muerte del león* (SextoPiso Editorial), Henry James plantea el interminable enlace entre los intelectuales y los medios con su acostumbrada puntillosidad escritural. Nacido en Nueva York en 1843, mas naturalizado británico en 1915, un año antes de su fallecimiento, el autor anglosajón cuenta, en este desconocido libro suyo, cómo la prensa puede hacer crecer, si quiere, a un literato rezagado. El narrador, que es el propio Henry James disfrazado de periodista, seguía laborando en un semanario "que se suponía estaba casi extinto" cuando el nuevo director, un tal señor Pinhorn, lo compró en una oferta incomparable a la viuda (que, "en su duelo y depresión", se desprendió de la revista "a una baja valuación") del señor Deedy, su fundador. "Podía explicarme mi continuidad sólo bajo el supuesto de que había salido barato —dice el periodista, el veterano del nuevo equipo—. Me molestaba algo la costumbre de atribuir todo mal a mi finado protector, quien estaba en su olvidada tumba, pero como tenía mi propio camino por recorrer hallé elementos suficientes para la complacencia en el hecho de estar en un *staff*. Al mismo tiempo estaba consciente de que me exponía a la desconfianza por ser un producto del viejo sistema degradante." Esto, por supuesto —tal como sucede en los rotativos cuando se ponen a la venta y el personal es recontratado—, hizo que el veterano periodista se sintiera, incluso más que los miembros del nuevo plantel, "obligado a tener ideas" (por lo menos a buscar tener mejores ideas como para reafirmar su estancia, para exhibir su valía, para corroborarle al nuevo dueño que no se equivocó en no deshacerse de él), por lo que, animado por hacer algo que ninguno otro haría, propuso al señor Pinhorn que debía poner sus "delgadas manos" sobre Neil Paraday, ese viejo y enfermizo escritor que en esos momentos parecía estar aposentado en el olvido de la clase intelectual.

El periodista narra, entonces, cómo lo miró el director. "En buena medida, para empezar, como si nunca hubiera oído hablar de esta celebridad, quien en efecto en ese momento no estaba en modo alguno en el centro del cielo; incluso cuando concienzudamente le expliqué, expresó escasa confianza en la existencia de demanda por ese tipo de cosas." Sin embargo, el periodista no se amilanó. Cuando le recordó que el gran principio bajo el que se suponía debían trabajar era justo el de crear la demanda que requerían, el director lo consideró un momento (después de todo, hablaba el veterano entre la tropa) y luego respondió:

—Ya veo, quieres ensalzarlo.

—Llámele así si lo quiere —respondió el periodista.

El señor Pinhorn apretó los labios. Preguntó qué lo movía a inclinarse por esa vieja gloria (tal vez ni siquiera sabía que lo fuera).

—Dios bendiga mi alma —dijo el periodista—: ¡mi admiración!

—¿Y hay mucho por hacer con él? —cuestionó el director, quizás entreviendo un probable escándalo en el asunto si lo podían promover con astucia, y todo escándalo en la prensa, ya se sabe, conlleva un beneficio para los provocadores.

—Lo que haya lo tenemos todo para nosotros, porque no ha sido tocado —fue la certera respuesta del periodista, que dio pie para que el editor aprobara la sugerencia.

Nada perdía con probar, finalmente.

Y así fue: el veterano periodista se comunicó con Paraday, quien lo recibió con amabilidad. Todo fue, sí, halagos y exaltaciones, no había otro escritor en el mundo como Neil Paraday, quien acababa de publicar apenas su quinto libro, que era, como dice el veterano periodista, toda una obra maestra. Pero el proceso ya estaba puesto en marcha, y no sólo el semanario había echado ojo del literato sino también otras publicaciones. Como el periódico de mayor renombre: *The Empire*, que se volcaba, tal como lo había hecho el periodista, en alabanzas al viejo maestro de las letras. "El artículo no era, gracias al cielo, una reseña —acota el veterano periodista, receloso de la nota—; era un artículo de fondo, que presentaba a Neil Paraday ante la raza humana. Su nuevo libro llevaba tan sólo un día o dos de haber salido y *The Empire,* ya con conocimiento de su existencia, sacó, como si se tratara del nacimiento de un príncipe, un saludo de una columna entera. El gran y torpe periódico lo había descubierto y ahora era anunciado, ungido y coronado. Su lugar le fue asignado tan públicamente como si un gordo ujier con una varita hubiera apuntado hacia la silla más alta; debía subir y subir más, cada vez más alto, entre las caras observadoras y los sonidos envidiosos: lejos, al estrado y al trono." El artículo hizo época, reconoce el periodista, quien de súbito comprendió lo que todo eso significaba. "Y temo que me volví un poco débil —agrega—; era mucho más de lo que yo podía aceptar en ese momento. En un relámpago, de alguna forma, todo había cambiado; la enorme ola de la que hablo había barrido con algo." Derribó el pequeño altar tradicional, con sus centelleantes cirios y sus flores, que el periodista se había formado del literato. "Cuando Neil Paraday saliera de su casa lo haría siendo un contemporáneo —deduce el periodista—. Eso era lo que había sucedido: el pobre hombre iba a ser forzado a entrar en su horrible época. Sentí como si él hubiera sido sorprendido en la cresta de la ola y traído de regreso a la ciudad. Un poco más y hubiera descendido por el atajo a la posteridad y escapado."

Justamente ahí comenzaron los problemas. Todo el mundo se le fue encima, literalmente, a Neil Paraday. Aunque no lo hubiesen leído nunca, lo admiraban. Porque sí. Porque había sido motivo de un gran despliegue informativo en los medios —y eso que aún no existía la televisión. Pero el periodista, que había sido supuestamente el de la idea originaria, se convirtió en el amigo cercano de la gloria literaria, al grado incluso de esquivarle al escritor la gente que quería tenerlo cerca. Como una joven que fue a buscarlo para tener un autógrafo suyo. Por más que la mujer le daba pistas de realmente conocer a Paraday, y de haber, ella sí, leído su obra, el periodista ya no hallaba la manera de ahuyentarla.

—Los libros de Paraday lo han sido todo para mí y algo más —dijo la joven—: me los sé de memoria. Se han apoderado de mí por completo. No hay ningún autor que provoque en mí lo que Neil Paraday.

—Permítame decirle entonces —respondió el periodista al momento— que usted es de la especie correcta.

—¿De los entusiastas? ¡Desde luego que lo soy! —afirmó la joven.

—Oh, pero hay entusiastas que son más bien de los incorrectos. Quiero decir que usted es de aquellos a los que se puede hacer una petición.

—¿Una petición? —la cara de la muchacha se iluminó como si se le presentara una oportunidad para hacer un gran sacrificio.

—¡Abandone esta cruda intención de verlo! Váyase sin hacerlo. Será mucho mejor. La conclusión del periodista es sabia, más compleja: "Cuando conozcan a un genio tan brillante como este ídolo nuestro —dijo a la joven—, evítenle el terrible deber de ser también una personalidad". La gente que espera que el autor le dé su tiempo, "su dorado tiempo, no daría ni cinco chelines por un libro suyo". ¿Para qué, pues, lo acosan, lo asedian, lo molestan, por qué lo despedazan con el pretexto de aplaudirle?, se pregunta el veterano periodista.

Pero no obtiene ninguna respuesta: el mito ya lo es, y lo inexplicable forma parte de su íntimo entorno. 🌿

Eca de Queiroz
(Povoa de Varzim, Portugal, 1845 / París, Francia, 1900)

🌿 *Los mismísimos clavos del Arca de Noé*

Teodorico Raposo fue a dar a Lisboa a la mansión de su tía, doña Patrocinio de las Nieves, una señora devota, entregada por completo a la vida religiosa, que contrastaba radicalmente con el espíritu inquieto y desvergonzado del sobrino desamparado de apenas siete años de edad. Cuando lo condujeron hasta la beata, el señor Matías, el encargado de llevarlo hasta la que iba a ser su nuevo hogar, le advirtió solemnemente:

—Esta es la tía. Es necesario hacerse agradable a la tía. Es necesario decir siempre que sí a la tía.

Por su parte, lo primero que quiso saber doña Patrocinio del pequeño visitante fue si sabía hacer la señal de la cruz pues era indispensable persignarse en su casa siempre que pasara delante del oratorio. "No hice la señal de la cruz —dice Raposo en sus confesiones—, pero levanté la cortina y el oratorio de la tía me deslumbró prodigiosamente. Las paredes estaban todas revestidas de seda roja, con recuerdos enternecedores, orlados por guirnaldas: representaban los trabajos de Dios, nuestro señor. Los encajes del paño del altar rozaban el suelo alfombrado: los santos de marfil y de madera, con aureolas lustrosas, vivían en un bosque de violetas y de rojas camelias. A la luz de las velas de cera brillaban las vinagreras de plata, arrimadas en su cruz de palo negro, bajo un dosel, relucía nuestro señor Jesucristo: era todo de oro."

El niño tenía asegurado su futuro con la tía, mas requería plegarse a un comportamiento casi de convento que no tuvo mientras sus padres vivieron.

"El viernes era el desagradable día de lavarnos los pies —narra Raposo—. Tres veces por semana, el grasiento padre Soares venía con el mondadientes en la boca a interrogarnos sobre la doctrina cristiana y contarnos la vida del Señor.

"—Después de azotarle, lleváronle arrastrando a casa de Caifás... ¡Eh, aquél del extremo del banco!... ¿Quién era Caifás?... ¿No lo sabe? A ver aquel otro... ¿Tampoco? ¿Por qué no atienden a la explicación, cabezudos? Caifás era un judío, y de los peores."

Bajo esta férrea disciplina religiosa creció Teodorico, hasta que, ya joven, fue enviado a Coimbra a estudiar retórica donde se hospedó en las Pimientas y allí conoció y gustó sin moderación todas las independencias y las fuertes delicias de la vida. "Nunca más volví a murmurar la oración de san Luis Gonzaga, ni doblé la rodilla viril ante imágenes con aureola en la cabeza. Harté la carne con sabrosos amores en el Terreiro da Herva; vagué a la luz de la Luna cantando fados, usaba garrote; y como la barba me salía espesa y negra, acepté con orgullo el apodo de *Raposón*. Cada quince días, sin embargo, enviaba a la tía una carta humilde, piadosa y de buena letra, donde le contaba la severidad de mis estudios, el recato de mis costumbres, los muchos rezos y los rígidos ayunos, los sermones de que me nutría y los dulces desagravios al corazón de Jesús y las novenas con que se consolaba mi alma en Santa Cruz, las pocas horas que tenía de descanso los días de trabajo." Pero cuando regresaba a Lisboa, en los meses de verano, sus días volvían a ser "harto dolorosos. No podía salir, ni siquiera a cortarme el pelo, sin implorar de la tía un permiso servil. No me atrevía a fumar después del café. Debía recogerme virginalmente al anochecer: y antes de acostarme me era forzoso rezar con la vieja un largo trisagio en el oratorio. Yo mismo me había condenado a esta detestable devoción.

"—¿Tú, allá en Coimbra, acostumbras rezar el trisagio? —me preguntó, con desconfianza, mi tía.

"Y yo, sonriendo abyectamente:

"—Vaya unas cosas que tiene usted. No puedo dormirme sin haber rezado mi trisagio."

Con esta doble vida, finalmente Teodorico, cuya meta estaba centrada en la rica herencia de su pariente, se ganó a la tía. Ya de sus confianzas, una buena mañana la tía, creyendo ver en el sobrino a un santo, le dio la buena noticia:

—Teodorico, acabo de consultar con el padre Casimiro; y estoy decidida a que alguien que me pertenezca, que sea de mi sangre, vaya peregrinando por mi intención a la tierra santa. Así, pues, está convenido, y te lo advierto para tu conocimiento, que irás a Jerusalén y a todos los divinos lugares. Excusa de agradecérmelo. Es para bien de mi alma y para honrar el sepulcro de nuestro señor Jesucristo ya que yo no puedo ir... Como, alabado sea Dios, no me faltan medios, has de hacer el viaje con toda suerte de comodidades; y para no estar con más dudas, y por la prisa de agradar a nuestro señor, quiero que partas en este mes...

Ya en su cuarto, el apuesto joven Teodorico empezó a considerar que para llegar a aquel suelo de penitencia era preciso cruzar regiones amables, femeninas, llenas de fiesta. Una gran claridad iluminó su alma. Y gritó dando sobre el Atlas —donde veía momentos antes la geografía que recorrería— un gran puñetazo, que hizo estremecer a la castísima señora Patrocinio y a todas las estrellas de su corona.

—¡Caramba —se dijo Raposo—, cómo voy a divertirme!

Había objetivo en la misión, por supuesto.

—Óyeme atentamente —dijo la tía—. Si entiendes que merezco alguna cosa por lo que tengo hecho por ti desde que murió tu madre, ya educándote, ya vistiéndote, ya dándote yegua para que paseases, ya cuidando de tu alma, entonces tráeme de estos santos lugares una santa reliquia, una reliquia milagrosa que pueda llevar siempre conmigo y que me consuele en mis penas y me cure en mis enfermedades.

Y por vez primera, "después de cincuenta años de aridez", una lágrima breve corrió por las mejillas de doña Patrocinio de las Nieves.

¡Hay que leer las correrías y las andanzas que se permitió el sobrino santo por las tierras mártires!

(El portugués Eca de Queiroz escribió esta estupenda novela satírica: *La reliquia*, en 1887, reeditada por el Consejo Nacional para la Cultura y las Artes en 1997 en su colección "Clásicos para Hoy", en la traducción de Ramón del Valle-Inclán. De Queiroz nos deleita, sobre todo, con su delicioso trazo literario: una escritura soberanamente perfecta.)

Ya de retorno en la mansión de Lisboa, Teodorico estaba exaltado:

—¡Tía, mis señores! No les he revelado aún la reliquia que guarda este cajón, porque así lo encargó el patriarca de Jerusalén... Pero ahora lo voy a decir. Mas antes me parece oportuno explicar que todo lo que rodea esta reliquia, papel, bramante, cajón, clavos, ¡todo es santo! Así, por ejemplo, los clavos son del Arca de Noé... Puede ver, señor padre Negrón, puede palpar. Los del arca, todavía llenos de orín... ¡Y todo de lo mejor, todo destilando virtud!

El vividorcillo Raposo le llevaba, según él, ¡la mismísima corona de espinas que le pusieran en la cabeza a Jesucristo!

Pero cuando la tía, emocionada, al punto del desmayo, abrió el envoltorio, vio una camisa de dormir con una tarjeta con la dedicatoria en letra cursiva que rezaba: "A mi portuguesito valiente, en recuerdo de lo mucho que gozamos", lívida, hirsuta, amenazadora, entonces se acercó al libidinoso sobrino para escupirle a la cara esta palabra:

—¡Marrano!

¡El desgraciado de Teodorico había confundido los paquetes! ¡En lugar de entregarle el envoltorio indicado (que guardaba unas ramas con espinas del arbusto *lycium spinosum*, muy frecuente en toda la Siria, diseñadas en forma de corona para apantallar a la tía creyente) le dio el que guardaba la camisa de dormir de Maricocas, la mujer que amara ciegamente en Josafat!

Y fue corrido de la casa y prontamente desheredado: Teodorico Raposo descendía a las miserias para dedicarse a la estafa... ¡poniendo en venta los mismísimos clavos con que clavaron a Cristo en la cruz!

Pero después de vender el septuagésimo quinto clavo, ya nadie creyó en el fatuo merolico.

Guy de Maupassant
(Normandía, Francia, 1850 / París, 1893)

La existencia de los invisibles

Es sabido que el gran cuentista francés Guy de Maupassant, autor de más de 260 relatos, murió de un trastorno mental —un mes antes de que cumpliera los 43 años—, tal como su hermano Hervé —fallecido a los 33—, lo que se ha deducido que su locura era "un caso de funesta herencia", como asevera el doctor Michel Mourre en el tercer tomo del *Diccionario Bompiani de Autores Literarios*. Por otra parte, advierte el mismo Mourre, "su organismo estaba extremadamente fatigado: por su trabajo incesante de escritor, por sus excesos de todas clases, llevado por una sensualidad de despiadada avidez, que se manifestó más en su vida que en su obra; castigado en fin por las drogas, el éter, la morfina, el haschich, que tomaba desde hacía años con la esperanza de calmar sus terribles neuralgias [en su cuento 'Sueños', Maupassant describe con transparente severidad las sensaciones producidas por la ingestión de dichos narcóticos]. La aparición de trastornos propiamente físicos fue precedida por una inquietud y una melancolía crecientes, que se advierten claramente en *Fuerte como la muerte* (1889), por una necesidad casi maniaca de soledad, por una obsesión cada vez más viva de la enfermedad y de la muerte. Pronto fue atacada la personalidad misma: Maupassant comenzó a ser víctima de alucinaciones, de desdoblamientos; creía tener a su lado seres misteriosos y amenazadores. Pero lograba, con todo, dominar su angustia y podía describir esos fenómenos morbosos con su serenidad de observador realista".

Cuatro años antes de su irremediable partida, hacia 1889, sus amigos percibieron, dice el doctor Mourre, "un cambio evidente en su aspecto físico: el rostro se tornaba descarnado, la mirada fija. Su conversación era a veces incoherente. Leía sin tregua obras de medicina, hablaba gravemente a sus amigos de la amenaza de los microbios, tomaba toda clase de remedios, apenas dormía, creía recibir por la noche visitas de su doble..." En 1891 el propio escritor se dio cuenta de que caminaba inexorablemente hacia la locura: "El primero de enero de 1892, después de visitar a su madre que residía en Niza desde hacía algunos años, intentó abrirse la garganta con un cortaplumas de metal, pero sólo se hizo una ligera herida. Sus amigos lo llevaron otra vez a París. Fue internado en una clínica donde moriría al cabo de 18 meses de inconciencia casi total, con crisis periódicas de violencia que a veces obligaban a los enfermeros a ponerle la camisa de fuerza".

A Maupassant lo acosaban los inefables seres invisibles, a los que incluso, en una suerte de encantamiento prodigioso, lograba a veces mirar. En su cuento "El horla" (1887), el autor francés ya veía aproximarse a estos verdaderos fantasmas que venían, raudos, por él: "Hace unos días que tengo un poco de fiebre —relata Maupassant—; no me siento bien, o más bien me siento triste". ¿De dónde vienen estas influencias misteriosas que cambian en desánimo nuestra felicidad y convierten nuestra confianza en inquietud?, se preguntaba. "Se diría que el aire, ese aire invisible está lleno de ignotas potencias, cuya misteriosa proximidad sufrimos. Me despierto lleno de alegría, con deseos de cantar en la garganta... ¿Por qué? Bajo hasta la orilla del agua; y de pronto, tras un corto paseo, vuelvo desolado, como si alguna desgracia me esperara en casa... ¿Por qué? ¿Es un estremecimiento de frío que, rozando mi piel, ha sacudido mis nervios y ensombrecido mi alma? ¿Es la forma de las nubes, o el color del día, el color de las cosas, tan variable que, pasando ante mis ojos, ha trastornado mi pensamiento? ¿Quién sabe? ¿Todo lo que nos rodea, todo lo que vemos sin mirarlo, todo lo que rozamos sin conocerlo, todo lo que tocamos sin distinguirlo, tiene sobre nosotros, sobre nuestros órganos y, desde ellos, sobre nuestras ideas, sobre nuestro propio corazón, unos efectos rápidos, sorprendentes e inexplicables?" ¡Qué profundo es este misterio de lo invisible!, enfatizaba Maupassant. "No podemos sondearlo con nuestros miserables sentidos —argüía—, con nuestros ojos que no saben percibir ni lo demasiado pequeño ni lo demasiado grande, ni lo que está demasiado cerca ni lo que está demasiado lejos, ni los habitantes de una estrella ni los habitantes de una gota de agua... con nuestros oídos que nos engañan, ya que nos transmiten las vibraciones del aire en notas sonoras. ¡Son las hadas las que crean este milagro de cambiar el ruido en movimiento, y con esta metamorfosis dan nacimiento a la música, que convierte en canto la agitación muda de la naturaleza... con nuestro olfato, más débil que el de un perro... con nuestro gusto, que apenas puede discernir la edad de un vino!" A Maupassant, en el mismo relato "El horla", le contaron una historia que lo impresionó mucho: "La gente del lugar, la del Mont, afirma que se oye hablar durante la noche en la arena, luego se oye balar a dos cabras, una con una voz fuerte, la otra con una voz débil. Los incrédulos afirman que son los gritos de las aves marinas, que se parecen mucho a balidos, e incluso a quejas humanas; pero los pescadores que se demoran más de la cuenta juran haber encontrado, vagando por las dunas, entre dos mareas, alrededor de la pequeña ciudad arrojada de aquel modo lejos del mundo, a un viejo pastor, del que jamás se ve la cabeza, cubierta por el manto, y que conduce ante él a un macho cabrío con figura de hombre y a una cabra con figura de mujer, ambos con grandes cabellos blancos y hablando sin cesar, discutiendo en una lengua desconocida, luego dejando de pronto de gritar para balar con todas sus fuerzas".

Maupassant se mostró escéptico con la historia. "Si existieran en la tierra otros seres aparte de nosotros —dijo al monje que le acababa de narrar el extraño episodio—, ¿cómo no sabríamos de ellos desde hace mucho tiempo?, ¿cómo no los habría visto usted? ¿Cómo no los habría visto yo?" Pero el monje lo calló con el siguiente y rotundo argumento: "¿Acaso vemos la cienmilésima parte de lo que existe? Mire el viento, que es la mayor fuerza de la naturaleza, que derriba a los hombres, abate los edificios, desarraiga los árboles, levanta el mar en montañas de agua, destruye acantilados y arroja a los rompientes los grandes barcos, el viento que mata, que silba, que gime, que muge... ¿lo ha visto alguna vez, puede verlo? Y sin embargo existe". Mau-passant guardó silencio ante aquel razonamiento: "Ese hombre era un sabio o quizás un idiota —concluyó—. No hubiera podido afirmarlo con seguridad; pero callé. Yo había pensado a menudo en aquello mismo que él estaba diciendo". Conforme avanza el cuento, Maupassant enloquece —o, mejor dicho: enloquece su personaje, que es él, como en efecto sucedería seis años más tarde— porque alguien, un ser invisible, lo perseguiría, lo acosaría, lo desmoronaría —literalmente—: una voluntad ajena a la suya había entrado en el cuerpo del escritor ("como otra alma, como otra alma parásita y dominante"): "¿Pero quién es ese invisible que me gobierna? —se preguntaba, desconsolado—. ¿Ese irreconocible, ese merodeador de una raza sobre-natural?" ¡Así, pues, los invisibles existen!, sentenciaba el buen Maupassant, que era cruelmente perseguido por uno de ellos, a quien, loco y enfebrecido el escritor, una medianoche encerró en su cuarto (¡al invisible!) y prendió fuego a la casa para por fin mil veces matarlo... pero olvidó adentro a los sirvientes, que no dejaron de pegar gritos de horror hasta hallar su propio silencio sepulcral: la invisibilidad, en ocasio-nes, efectivamente duele, lastima, carcome... y demasiado. 🖤

Robert Louis Stevenson
(Edimburgo, Inglaterra, 1850 / Vailima, Samoa, 1894)

🖤 *Los misterios de la madrugada*

Todo parecería normal, pero no lo es. Siempre me ha intrigado este pasaje de la novela de Robert Louis Stevenson, la turbadora *Dr. Jekyll y Mr. Hyde* (Grupo Edi-torial Multimedios), porque no entiendo el horario punta en que lo sitúa el autor británico. Sí, comprendo que los cambios sustanciales del carácter comiencen, las más de las veces, con una calamitosa indiferencia ante la vida, pero me es difícil ima-ginar el contexto nocturno. Enfield, sí, le hace notar a Utterson la cruel apatía que hay en el fondo de su relato: "Me dirigía yo a casa desde algún lugar al otro extremo del mundo, hacia las tres de una negra madrugada de invierno, y mi camino me condujo a través de una parte de la ciudad donde no había literalmente nada que ver excepto las farolas de gas. Calle tras calle, todo el mundo dormía; calle tras calle, todas estaban iluminadas como para una procesión y todas tan vacías como una iglesia; hasta que al final llegué a ese estado mental en el que un hombre escucha y escucha y empieza a ansiar ver un policía. De pronto vi dos figuras: la una era un hombrecillo que caminaba a buen paso hacia el este, y la otra una niña de unos ocho o diez años que corría tan aprisa como podía por una callejuela. Bien, señor, ambos tropezaron al llegar a la esquina; y entonces llegó la parte más horrible del hecho; porque el hombre pisoteó sin ningún miramiento a la niña que había caído al suelo, y la dejó llorando a sus espaldas".

Repito: todo parecería normal, pero no lo es.

Enfield continúa su relato: "Suena como algo que no tuviera importancia contado así, pero fue terrible de ver. Su aspecto no era el de un hombre; era el de un abominable *juggernaut* [Visnú en su divinidad hinduista]. Dejé escapar un grito de advertencia, corrí hacia el hombre, lo sujeté por el cuello y lo traje de vuelta allá donde ya se había reunido un pequeño grupo de gente alrededor de la lloriqueante niña". He aquí un nuevo desconcierto. No sólo son las tres de la mañana, sino que, en un instante, se reúne un conglomerado de personas cuando la niña es derribada. ¡La niña! ¡Una niña a esa hora de la madrugada! ¡Y de pronto salen varias personas porque la niña ha sido pisoteada por un desgraciado a quien no le ha importado su descaro! Este inhumano se mostró completamente frío cuando fue detenido por Enfield "y no opuso ninguna resistencia, pero me lanzó una mirada tan horrible —dice el mismo Enfield a Utterson— que me hizo sudar como después de una carrera. La gente que había salido era la familia de la niña; y muy pronto apareció el médico, a quien ella había salido a buscar. Bueno, la niña no tenía nada más que el susto, según el matasanos; y aquí cabría suponer que terminaría todo. Pero hubo una curiosa circunstancia. Odié a aquel hombre desde el momento mismo que lo vi. Lo mismo le ocurrió a la familia de la niña, cosa que es natural. Pero la actitud del médico fue lo que me sorprendió. Era el tipo estereotipado de médico-boticario, sin edad ni color particulares, con un fuerte acento de Edimburgo y tan sensible como una gaita. Bueno, señor, pues le ocurrió como al resto de nosotros; cada vez que miraba a mi prisionero se ponía enfermo y blanco con el deseo de matarlo".

Bien, aquí prosiguen las cosas extrañas; si bien se ha aclarado que las personas que rodean a la niña son parientes suyos, es incomprensible cómo esta familia envía a la calle, a las tres de la mañana, a esta criatura en busca del doctor que, por otra parte, ya viene en camino (es difícil pensar que ya previamente lo habían llamado, pues Alexander Graham Bell inventa el teléfono en 1876, apenas una década antes de que se publicara la novela de Stevenson), lo cual, dada la improvisada reunión familiar debido a la ira de este truculento personaje —que no es otro sino el propio Edward Hyde—, nos indica otra cuestión dudosa: ¿para qué diablos sale toda la familia tras la niña si ya la habían enviado por el doctor, o es que, acaso, desconfiaban de ella y por eso, apenas puso los pies en la calle, salió toda la familia para corroborar que fuera a buscar al doctor? Otra cosa que siempre me ha inquietado: dice míster Enfield que apreció una curiosa circunstancia, y ésta no es sino el latente odio que el doctor, al igual que todos ellos, adoptó para este abominable *juggernaut*. ¿Por qué se maravilla Enfield de este acto natural del surgimiento del odio si ya, momentos antes, nos había dicho que el médico-boticario era un hombre "tan sensible como una gaita"?

No es raro, entonces, que al doctor le naciera el odio por el criminal comportamiento del hombre ante una niña, que casi muere del susto por la pisoteada que le pegó este encorvado ser sin corazón. "Si lo que quieren es sacar dinero de este accidente —dijo el intolerante señor Hyde, presionado por la violencia con que lo trataban los ofendidos testigos de su reprochable salvajismo—, estoy en sus manos. Cualquier caballero desea evitar una escena. Díganme la cantidad." Le arrancaron cien libras en un cheque no firmado por él, lo cual hizo desconfiar a sus verdugos. "Me tomé la libertad de señalar a mi caballero que todo aquel asunto parecía sospechoso —dice Enfield—, y que un hombre, en la vida real, no va a la puerta de un sótano a las cuatro de la madrugada y vuelve con el cheque firmado por otro hombre por una cifra cercana a las cien libras. Pero él se mostró completamente tranquilo y burlón. 'Tranquilícese', dijo, 'me quedaré con usted hasta que abra el banco y yo mismo cobraré el cheque'. Así que nos fuimos todos, el médico, el padre de la niña, nuestro amigo y yo, y pasamos el resto de la noche en mi bufete, y al día siguiente, después de desayunar, fuimos en grupo al banco donde yo mismo entregué el cheque para su cobro, convencido de que se trataba de una falsificación. Pero no lo era en absoluto. El cheque era auténtico."

Y aquí me he detenido nuevamente, una y otra vez: así que los cuatro se van, a las cuatro de la madrugada (ya había transcurrido una hora del alevoso percance), al bufete de Enfield y ahí se quedan hasta la hora en que abre el banco (¿las ocho, las nueve, las diez de la mañana?), lo que significa que están todos juntos un lapso aproximado de cinco horas, en donde no sabemos qué sucede al interior de la oficina de míster Enfield... ¡siendo que todos odian al odiado energúmeno que ha aplastado a la pobre chica! No sólo eso. Enfield nos aclara que antes de pasar al banco fueron a desayunar, y uno supone que fueron todos juntos incluido, por supuesto, el odiado hombre aplastaniñas. No sabemos si durmieron, que lo dudo (ya que tenían que estar atentos, supongo, para que no se les fuera a escapar el ogro que pisotea escuinclas en la madrugada), y, si no, me asombra que hayan podido compartir ese espacio con alguien que les era totalmente despreciable.

Ciertamente el breve libro es apasionante, sobre todo por esa exhibición de las dos caras que guardamos los humanos muy en el interior de nuestras almas, pero este principio siempre me ha desconcertado, me ha trastocado el fondo de la idea literaria porque me niego a creer [carece de veracidad, pues], aunque sé que es el sustento fantasioso del posterior desarrollo de la trama (Gabriel John Utterson, conmovido e interesado en la anécdota de su amigo Enfield, se sumerge en la historia y desglosa el extraño caso del doctor Henry Jekyll), la escena que da pie al tema: ¿qué demonios hacía una niña en una oscura calle de Londres a las tres de la madrugada?, ¿qué clase de padres tenía esta menor ("de unos ocho o diez años") que era enviada, sola, a esas gélidas horas después de la medianoche? Parecería algo normal, pero efectivamente no lo es, y si ni los punks ingleses, con todo su odio al sistema establecido, enviaban a sus hijas a la calle en la madrugada por un doctor para calmarles las sobredosis inyectadas, mucho menos a mediados del siglo XIX...

Efectivamente, no era inusual enviar a los hijos como correos en la madrugada porque no había temores de asaltos o de pederastias sorpresivas. Las ciudades, cercadas, no ofrecían desagradables irregularidades, a no ser que algún enamorado, conmocionada la cabeza por un cruel e inopinado desengaño pasional, consintiese en llevar a cabo alguna venganza amorosa. La Inglaterra victoriana había conseguido, aun bajo sus premisas conservadoras y rigurosamente puritanas (periodo que acabaría con la muerte, el 22 de enero de 1901, de la soberana Victoria, cuyo reinado abarcaría 64 años: de 1837 hasta su fallecimiento), establecer la seguridad pública. Y si bien estos misterios de la madrugada en todo caso se mezclaban con las imaginerías de los pobladores (el hombre lobo, digamos, y la información la constata el docto Eduardo Mejía, no es sino el perfil del vagabundo, o el andrajoso, que bajo la cálida luz de la luna llena realzaba su figura desprolija), no significa tampoco que no hubiera miedos y horrores, pero éstos los llevaban las personas que pernoctaban fuera de los límites de las ciudades. Adentro, aminoraban las aprensiones.

Y si no era una costumbre enviar a las niñas en las madrugadas por doctores que estaban las veinticuatro horas a disposición de las familias, tampoco era inusual. Lo que sucede es que Robert Louis Stevenson se vio precisado a ubicar la trama de su libro a esa hora porque era el tiempo justo en que el doctor Henry Jekyll se transformaba en el perverso Edward Hyde: en la oscuridad, en la clandestinidad, oculto en el manto de la negra noche para pasar inadvertido. Pero Stevenson, con tal de situar el contexto que le interesa contar (hubiera sido una imperfección hacer aparecer a míster Hyde al mediodía o a las diez de la noche, cuando la gente comienza, apenas, a recogerse en sus hogares), descuida —o, más bien, minimiza— los elementos secundarios, que son, ahí sí: la niña que corre a las tres de la madrugada, el doctor que ya viene en camino y la numerosa familia de la niña que sale en el momento en que el monstruoso Hyde la aplasta. Porque, por supuesto, no le interesa a Stevenson definir ese inexplicable enredo: ¿por qué iba apresurada la niña si el médico ya venía en camino, y por qué la familia había ido en pos de la niña si ya la había enviado con toda premeditación, y quién diablos estaba gravemente enfermo —y debiera ser gravedad dada la hora en que es apremiada la niña para ir en pos del doctor— si después del lamentable incidente se olvidan del asunto para concentrarse en el salvajismo de Hyde? Ahí se queda la gente, en la calle, para discutir la alevosía de este deformado hombre que ha pasado sobre el cuerpo de la niña como si se tratara de una alfombra vieja y apolillada.

"Y puesto que matarlo [a Hyde] quedaba descartado —cuenta Enfield a Utterson—, hicimos la mejor cosa posible más allá de quitarle la vida. Le dijimos al hombre que íbamos a organizar un escándalo tan grande con aquello que su nombre iba a apestar de un extremo a otro de Londres. Si tenía algún amigo que le importara, íbamos a hacer que lo perdiera definitivamente. Y durante todo el tiempo, mientras lo denostábamos de aquel modo, teníamos que mantenerlo como podíamos fuera del alcance de las mujeres, que estaban tan excitadas como arpías. Nunca vi un círculo de rostros tan lleno de odio; y allí estaba el hombre en el centro, con una especie de sombría frialdad despectiva (aunque asustado también, podía verlo), pero soportándolo todo como un auténtico Satán." Edward Hyde por eso era despreciable: porque era feo, la otra cara del apacible y bondadoso, y respetable, Henry Jekyll. Aunque esta teoría no habría que achacársela a Stevenson, ya que era común, en el siglo XIX, relacionar las funciones psíquicas del hombre a partir de su correspondencia con determinadas áreas del cerebro (la llamada frenología, en boga en esa centuria): la moral se reflejaba en el físico de la persona. Rosa Montero lo dice en un artículo publicado el 17 de febrero de 2002 en la revista madrileña *El País Semanal*: "La teoría de Herbert Spencer [compañero sentimental de la escritora George Eliot] sobre la fealdad era un lugar común propio de la época [precisamente cuando se edita la novela de Stevenson]. Desde finales del siglo XVIII, con las teorías fisiognómicas de Lavater, en las que colaboró el propio Goethe, y durante todo el siglo XIX, con el auge de la frenología", se pensaba que "se podía descubrir a un asesino por la forma del cráneo, o a un mentiroso por la medida de la barbilla; que la belleza estaba asociada a virtudes excelsas, y la fealdad a retorcidos vicios. La fea, inteligente e impecable Eliot —dice Montero— debió de sufrir mucho (y de indignarse aún más) al escuchar estas ideas peregrinas. Ni qué decir tiene que hoy las teorías fisiognómicas [el estudio del carácter humano a través de la expresión del rostro] son consideradas estrafalarias y ridículas, y basta con observar la realidad para advertir hasta qué punto carecen de sentido. Por ejemplo, Sócrates era de una fealdad estruendosa, mientras que el asesino de Milwaukee que descuartizó a decenas de personas era guapísimo".

Por eso Stevenson se regodea con el pobre Hyde, de quien Enfield dice a Utterson —el futuro esclarecedor del escalofriante experimento del doctor Jekyll— que no es fácil de describir: "Hay algo extraño en su apariencia; algo desagradable, algo francamente detestable. Nunca vi a un hombre que me gustara menos y, sin embargo, no sé por qué. Debe de ser algún tipo de deformidad; produce una fuerte sensación de deformidad, aunque no puedo especificar en qué consiste. Es un hombre de aspecto extraordinariamente anormal, y sin embargo no puedo señalar ninguna anormalidad". Es tan feo que le es imposible describir su fealdad —"anormalidad", dice peyorativamente Enfield. Y lo que estaba haciendo Stevenson, acaso sin saberlo, era adelantarse a los hechos que muy pronto —dos años después de publicarse su *Dr. Jekyll y Mr. Hyde*, editado en 1886— Londres sufriría en carne propia: cuando se abre el caso por el asesinato de Danvers Carew, honorable miembro del Parlamento, a manos del crápula Hyde, se anticipa a la sangrienta aparición del nunca descubierto Jack el Destripador, que asolaría Londres del 8 de agosto al 9 de noviembre de 1888, hecho que conmocionaría a los habitantes de la entonces pacífica región victoriana, y que modificaría, ahora sí, las reglas familiares.

Por supuesto, la huella del estadounidense Edgar Allan Poe (1809-1849) es notoria. Casi medio siglo antes de la aparición de *Dr. Jekyll y Mr. Hyde*, Poe había publicado su cuento "Los crímenes de la Rue Morgue" (1841) con el que inaugura, asegura Jorge Luis Borges, el género policial, ruta literaria en la cual se interna Stevenson para armar su historia del hombre con las dos personalidades... las mismas que, muy probablemente, tuviera Jack el Destripador, que salió a la escena británica sólo dos años después de la publicación del relato stevensoneano y que paralizara drásticamente las rutinas de la vieja Europa. En su libro, Stevenson sitúa el crimen de Hyde en el mes de octubre, noticia que "sobresaltó" a Londres por su "singular ferocidad, notable sobre todo por la posición de la víctima [el anciano Danvers Carew]", que había sido igualmente pisoteada por el enardecido asesino. Jack el Destripador, que también seleccionó el mes de octubre para cometer sus infamias, no se quedaría corto: su saña contra las cinco o seis mujeres que mató era indescriptible. La literatura, tal vez, se quedaba corta ante la horrorosa ferocidad de este nuevo y silencioso Hyde que, para no defraudar a Stevenson, era también un doctor —supuestamente al servicio del reino victoriano. Eso se dice, si bien nadie nunca pudo corroborarlo. Stevenson, en todo caso, estuvo enterado de la reencarnación de su historia en las mismas calles londinenses: seis años después, en 1894, murió. 🐾

Oscar Wilde

(Dublín, Irlanda, 1854 / París, Francia, 1900)

> 🍂 *"Cada cárcel que construye el hombre está*
> *hecha con ladrillos de vergüenza"*

Curiosidades de la vida: un siglo después, en diciembre de 2000, el imperio británico "exoneró" a Oscar Wilde de su homosexualismo y lo convirtió, ahora sí, en un ilustre literato, como si antes del "perdón público" Wilde hubiese pasado inadvertido en la historia mundial de la escritura.

Pero precisamente de estos ambiguos e hipócritas pormenores está lleno el mundillo intelectual.

Wilde, al entablar una demanda, hoy considerada absurda porque de antemano el poeta tenía las de perder, contra el marqués de Queensberry (el padre de su notorio amante Alfred Douglas) fue derrotado en el tribunal y recluido dos años en la célebre prisión de Reading. "El 18 de febrero de 1895 Oscar Wilde es el triunfador absoluto —dice José Emilio Pacheco—. Sólo él entre todos los autores tiene al mismo tiempo en el West End de Londres dos obras: *The Importance of Being Earnest* y *An Ideal Husband*, que se representan con gran éxito y lo llenan de dinero. Tres meses después, el 25 de mayo, Wilde sufre condena a dos años de trabajos forzados, ve deshacerse a su familia, pierde su casa, se convierte en un paria, lo privan de libros y papel de escribir, lo obligan a pasar el tiempo en labores que se vuelven tormentos: acarrear piedras, dar vueltas interminables a una manivela y sobre todo hacer estopas deshilachando sogas mojadas en alquitrán."

La sociedad entera, que hasta ayer lo aplaudió, "ahora se obstina en deshacerlo como hombre y como escritor —dice Pacheco en el prólogo al libro *La balada de la cárcel de Reading*, que en traducción de Hernán Bravo Varela publica la Editorial Ácrono—. Nadie, ni siquiera en éste su centenario [el libro salió a la luz en México en el año 2000], sabe porqué el gran comediógrafo se obstinó en vivir, en vez de escribir, su propia tragedia y someterse a tres procesos. Bien pudo haberlos evitado si no demanda al marqués de Queensberry ni se mete en la lucha a muerte entre el siniestro marqués y su hijo *lord* Alfred Douglas. El hecho es que Wilde fue destruido por Inglaterra y por la prisión. Las consecuencias últimas del castigo lo alcanzaron en París el 30 de noviembre de 1900". Empero, Wilde todavía pudo escribir dos grandes textos: *De profundis* y *La balada de la cárcel de Reading*, firmados ambos con su número de prisión: C.3.3.

Dice José Emilio Pacheco, él poeta de alta representatividad, que *La balada de la cárcel de Reading* es el mejor poema de Wilde, "escrito en una forma narrativa y popular, equivalente anglosajón del romance español y del corrido mexicano. Como todos sus libros, resulta fácil de leer aunque no se tengan muchos conocimientos del inglés, pero al mismo tiempo presenta inmensas dificultades para su traslado al español". Pacheco recuerda que "los dos traductores fundamentales" de Wilde: Ricardo Baeza y Julio Gómez de la Serna, trasladaron *La balada...* "en excelente prosa castellana. León Mirlas intentó algo semejante al versículo o al hexámetro", pero Guillermo Valencia, "el poeta modernista de *Ritos*", logró, hasta donde José Emilio Pacheco sabe, la única versión que conserva el metro y la rima. "Sin embargo, cada época y cada generación lee de manera diferente los mismos libros. Las traducciones deben renovarse sin tregua. Al hacerlo prolongan la vida de sus originales. Los autores vuelven a nacer gracias a las nuevas versiones." De ahí que Pacheco dé la bienvenida a la traducción de Hernán Bravo, nacido en el Distrito Federal en 1979.

Hay pasajes memorables en el largo poema, si bien el más conocido es el del séptimo sexteto:

> Aunque el hombre mata lo que ama,
> que cada uno de ellos escuche lo siguiente:
> algunos lo hacen con mirada amarga,
> otros con palabra aduladora.
> El cobarde mata con un beso,
> ¡el valiente lo hace con la espada!

El poema, compuesto de 654 versos octosílabos, es de una sincera crudeza si comprendemos los dolorosos momentos que vivía, en el supuesto deshonor, el poeta derrotado:

> Yo no sé si las leyes están bien
> o si están mal.
> Todo lo que sabemos los reclusos
> es que el muro es muy fuerte,
> y que cada día es como un año,
> un año cuyos días son muy largos.

Pero esto sí lo sé: que cada ley
que los hombres han hecho para el hombre,
desde que el primer hombre arrebatara la vida a su hermano
y empezara el triste mundo,
no hace más que quitar el grano y conservar la paja
con perverso cedazo.

Esto también lo sé —y sería bueno
que todos lo supieran—:
que cada cárcel que construye el hombre
está hecha con ladrillos de vergüenza,
y sitiada por rejas para que no vea Cristo
cómo el hombre mutila a sus hermanos.

Con rejas emborronan la benévola luna
oscurecen el bondadoso sol,
y hacen bien en esconder su infierno,
¡porque en él se hacen cosas
que el Hijo de Dios ni el hijo de los hombres
deben mirar jamás!

También, para recordar el centenario luctuoso de Wilde, en ese mismo año 2000 el Conaculta, en su benigna colección "Clásicos para Hoy", reeditó *Cuentos y poemas en prosa*, de la traducción de Gómez de la Serna, que incluye 30 poesías y siete narraciones, entre las que figuran las famosas "El ruiseñor y la rosa", "El principe feliz" y "El gigante egoísta". La edición, publicada originalmente en mayo de 1888, de los relatos reunidos bajo el título *El príncipe feliz y otros cuentos* coincide con el nacimiento de los hijos del autor. "En 1884, éste se casó con Constance Lloyd, y entre 1885 y 1886 nacieron Cyril y Vyvyan —dice Angélica Tornero en el prólogo del volumen editado por el Conaculta—. Algunos críticos opinan que esta circunstancia también influyó para que Wilde escribiera cuentos infantiles. No obstante, es muy probable, por la edad de los niños, que Wilde no se los narrara antes de publicarlos. Además, el tono mordaz de los relatos sugiere que están destinados a un gran público y no sólo al infantil. Una circunstancia más, aunque de distinta naturaleza, rodeó la publicación de estos cuentos: Wilde, quizá, intuía ya la tragedia que su condición de homosexual (de la que estaba seguro en esos tiempos) le traería en su vida. En los relatos prevalece la crítica a la sociedad inglesa cerrada, hipócrita, signada por la intolerancia y la deshumanización; subyace una mirada agria al proceso civilizacional y sus descontentos; se apela al amor natural, a la tolerancia y a la humanidad. Además, en este género el escritor encontró la resolución a lo que consideraba inconveniente estéticamente: al rechazar la forma narrativa de la primera persona, el cuento fantástico le permitía despersonalizar sus propios problemas."

Un siglo después, Wilde por fin era perdonado por sus "extraños", "ilícitos" y "extraviados" amoríos. Y la respetable sociedad, y sus respetados calificadores sociales, pese a esta "generosa exoneración", continúan igual, sí, en su impertérrita hipocresía.

Entrevistado en enero de 1895, a propósito de la primera representación de su obra teatral *Un marido ideal*, Wilde declaraba:

—Ningún artista siente el menor interés por ver al público. Es el público el que está interesado en ver al artista. Y cuanto más interesado se muestra el público por los artistas, menos se interesa en el arte. La personalidad del artista no es algo sobre lo que el público deba saber nada. Es excesivamente accidental.

El poeta estaba trazando, de muchos modos, el lineamiento para una conciencia intelectual que sería adoptado, medio siglo después, por una élite literaria que empezaría a descollar en los periódicos precisamente al mediar los cincuenta. La idea del intelectual distante de la raza común dominó los discursos de los que detentaban el poder cultural. Las ideas de lo señero y el aislamiento intelectuales, que tan bien distinguen, aún hoy en día, a diversos pensadores tienen procedencia directa de los razonamientos de Oscar Wilde.

—El otro día dijo usted que sólo había dos críticos teatrales en Londres. ¿Puedo preguntarle...? —cuestionó el periodista.

—Debieron de sentirse enormemente gratificados por semejante admisión por mi parte, pero me veo obligado a decir que desde la pasada semana he eliminado a uno de ellos de la lista —respondió Wilde.

—¿Quién queda entonces en ella? —insistió el periodista.

—Creo que será mejor no mencionar su nombre —respondió Wilde—. Podría subírsele a la cabeza. La soberbia es privilegio de los creativos.

—¿Cuál sería para usted la crítica teatral ideal?

—Por lo que a mi trabajo se refiere, la aclamación incondicional.

La charla fue reproducida por la revista dominical del diario madrileño *El País* el 19 de enero de 1997 dentro de su serie "150 años de entrevistas". Sin embargo, en el tegumento de estas declaraciones se halla un sustento inaugural, una estructura [estridencia] verbal bien ordenada entonces inexistente. Si Wilde armaba una defensa a ultranza del artista lo hacía, también, acaso por una protección personal. Hay que recordar que Wilde fue perseguido e incluso encarcelado por su orientación sexual. Por lo tanto, su modelo de artista y su visión solitaria y particular, valiente y valerosa, eran asimismo desesperadamente lúcidos.

—¿A qué atribuye el hecho de que aparte de usted sean tan pocos los hombres de letras que han escrito obras para su presentación en público? —pregunta el periodista.

—En primer lugar, a la existencia de una censura irresponsable —contesta Wilde—. Que mi *Salomé* no pueda ser representada es prueba suficiente de la insensatez de semejante institución. Si obligaran a los pintores a mostrar sus cuadros a los funcionarios de Somerset House, los que piensan en términos de forma y color se verían obligados a adoptar algún otro medio de expresión. Si toda novela hubiese de ser sometida al juicio de un magistrado de la policía, aquellos cuya pasión es la literatura de ficción buscarían algún nuevo modo de realizarse. Jamás ningún arte ha sobrevivido a la censura; ningún arte podrá hacerlo.

—¿Y el segundo motivo?

—En segundo lugar, al rumor persistentemente difundido por los periodistas durante los últimos treinta años en el sentido de que el deber del autor teatral es agradar al público. El arte tiene como objetivo tanto procurar placer como dolor. El objeto del arte es ser arte. Como he dicho anteriormente en alguna ocasión, la obra de arte debe dominar al espectador, no el espectador al arte.

—¿No admite usted excepción alguna?

—Sí. Los circos, donde al parecer los deseos del público pueden quedar razonablemente satisfechos.

La fina ironía de Wilde, que puede confundirse con la aleatoria presunción, estaba basada en su férrea, e ineludible, firmeza artística, en su nítida convicción intelectual: el crítico, aquí sí, solo frente al incomprensible mundo.

El ruiseñor, desde su nido en lo alto de una encina, había escuchado decir al acongojado estudiante que la muchacha de la que se ha enamorado le ha prometido que bailaría con él siempre y cuando le llevara una rosa roja.

¡Y no hay una sola en todo el jardín!

—¡Ah, de qué pequeñas cosas depende la felicidad! —exclamó el estudiante—. He leído cuanto los sabios han escrito, y míos son todos los secretos de la filosofía; sin embargo, por falta de una rosa roja me siento desgraciado. "He aquí, al fin, un verdadero amante", se dijo el ruiseñor, "noche tras noche lo he cantado, a pesar de no conocerle; noche tras noche he contado su historia a las estrellas, y ahora, finalmente, lo veo. Sus cabellos son oscuros como la flor del jacinto; y sus labios, rojos como la rosa de su deseo; pero la pasión ha empalidecido su rostro como el marfil, y la tristeza ha puesto su sello sobre su frente". Por supuesto, es la historia clásica de Oscar Wilde: "El ruiseñor y la rosa", que contara a sus hijos mientras por dentro se debatía por amores —aparentemente imposibles, sobre todo en la época que le tocara vivir— encarnados en apolíneas figuras de su propio sexo, relato, siempre encantador, que viene incluido en la bella edición de Siruela (en su colección "Libros del Tiempo"), intitulada *El crimen de lord Arthur Savile*, que contiene, además de este cuento y el del ruiseñor al que nos referimos en un principio, otros cuatro: "El fantasma de Canterville", "El Príncipe Feliz" y "El gigante egoísta".

Al no haber ni una rosa roja, "ella pasará ante mí y no me hará caso, y mi corazón se romperá", se decía, con las lágrimas vertiendo de sus ojos, el acongojado estudiante. "He aquí, en efecto, al verdadero amante —dijo el ruiseñor—. De lo que yo canto, él sufre; lo que es alegría para mí, es dolor para él. Indudablemente, el amor es una admirable cosa. Más precioso es que las esmeraldas, y más raro que los ópalos claros. Perlas y granadas no pueden comprarlo, ni es expuesto en los mercados. No puede adquirirse de los mercaderes, ni es posible pesarlo en la balanza del oro."

El ruiseñor, en su vuelo, sólo encontró rosas blancas y amarillas y un rosal de rosas rojas seco por el invierno, el mismo que le contara el secreto para hallar por fin una rosa del color que el estudiante deseaba para poder concretar su enlace amoroso: "Tienes que fabricarla con música, a la luz de la luna, y teñirla con la sangre de tu corazón", aconsejó el rosal al ruiseñor, "tienes que cantar con tu pecho apoyado sobre una de mis espinas. Toda la noche cantarás, y la espina atravesará tu corazón, y la sangre de tu vida fluirá en mis venas y se hará mía".

—La muerte es un precio excesivo para pagar una rosa roja —exclamó el ruiseñor.

Y es cierto, que ni el amor lo vale.

Sin embargo, el pájaro se dejó morir para convertir en roja a una rosa descolorida, que el estudiante arrancó del rosal inerte, sin mirar siquiera al gorrión inmóvil a su lado. Se puso el sombrero y, con la rosa en la mano, corrió a casa de su amada, quien lo recibió con frialdad, "sentada a la puerta, devanando una madeja de seda azul, con su perrito a los pies".

—Temo que la rosa roja no vaya bien con mi vestido —repuso la joven—; y, además, el sobrino del chambelán me ha enviado algunas joyas de verdad, y todo el mundo sabe que las joyas cuestan más que las flores.

—A fe mía que eres una ingrata —dice Oscar Wilde que dijo agriamente el estudiante, tirando la rosa al arroyo, "donde un carro la aplastó al pasar".

—¿Ingrata? —dijo la muchacha—. Y yo digo que eres un grosero. Y, al fin y al cabo, ¿qué eres? Sólo un estudiante. Ni siquiera creo que lleves hebillas de plata en los zapatos, como el sobrino del chambelán.

Y, levantándose de la silla, entró en la casa, abandonando al muchacho en sus reflexiones wildeanas: "¡Qué necia cosa es el amor! —se decía, mientras caminaba—. No es ni la mitad de útil que la lógica, porque nada demuestra, y le habla a uno siempre de cosas que no suceden nunca, y hace creer cosas que no son ciertas. En realidad no es práctico y, como en estos tiempos ser práctico es todo, volveré a la filosofía y a los estudios de metafísica".

Y, al llegar a su casa, dice Oscar Wilde que el estudiante "abrió un grande y polvoriento libro, y se puso a leer".

El amor ciertamente no es práctico, y si hoy se mira de una manera a una persona quizá mañana la mirada será de una forma muy distinta; y donde hay deseo en la madrugada por la tarde se instalará tal vez la indiferencia; y la promesa dicha en la noche puede aminorar su peso seis horas después, al alba; tan impráctico es el amor que, después de hacerlo, a veces ya no dan ganas de volver a amar; tan impráctica y necia cosa es el amor que luego los amantes reposan en el mismo lecho pensando en alguien que no está allí con ellos en ese preciado momento...

Cuando Oscar Wilde habla, hay que oírlo.

¿Para qué sirve la crítica de arte?, se pregunta en su ensayo dramatúrgico *El crítico artista* (La Fontana Literaria, Madrid, 1972). "¿Por qué no dejar solo al artista crear un nuevo mundo, si así lo desea, o, si no, hacer un bosquejo del mundo que ya conocemos y del que cada uno de nosotros se cansaría si el arte, con su delicado espíritu de selección, no le purificase para nosotros y no le diese una perfección momentánea? Paréceme que la imaginación extiende o debía extender la soledad en torno suyo, y que trabaja mejor en medio del silencio y del recogimiento. ¿Por qué ha de ser turbado el artista por el clamor estridente de la crítica? ¿Y por qué los que no pueden crear se encargan de juzgar a los que crean? ¿Qué autoridad tienen para ello? Si la obra de un artista es fácil de comprender, huelga toda explicación."

¿Y si la obra es incomprensible?, se pregunta el mismo Wilde. Y él mismo responde, tentaleando: "Hoy día nos quedan tan pocos misterios que no podemos sufrir al vernos privados de uno de ellos... Todo el mundo creía que el poeta Robert Browning era un místico. Pues bien: los críticos han procurado demostrarnos que era solamente impreciso. Se suponía que tenía él algo que ocultar, y ellos han probado que no tenía casi nada que revelar. Pero no hablo más que de su obra incoherente. En conjunto, aquel hombre fue grande. No pertenecía a la raza de los olímpicos y era imperfecto como un titán. No poseía una visión amplia y sólo pudo cantar escasas veces. Su obra está echada a perder por la lucha, por la violencia y el esfuerzo, y él no fue de la emoción a la forma, sino del pensamiento al caos. A pesar de ello, fue grande. Le han llamado pensador, y realmente fue un hombre que pensó siempre y en voz alta; pero no fue el pensamiento lo que le sedujo, sino más bien los procedimientos que le mueven. Amaba la máquina y no lo que ésta produce. El método por el cual el tonto llega a la tontería le interesó por igual que la suprema sabiduría del sabio".

Y fue descubierto Browning, poeta admirado por Wilde, precisamente por los críticos que buscaron en su obra una razón para explicarlo. Sin embargo, en su libro, Wilde se cuestiona innumerables veces. ¿Para qué sirve un crítico, si acaso sirve para algo? "En los mejores días del Arte —prosigue— no existieron críticos de arte. El escultor hacía surgir del bloque de mármol el gran Hermes de miembros blancos que en él dormía. Los tallistas y doradores de imágenes daban el tono y la contextura a la estatua, y el Universo, al poder verla, la adoraba en silencio. El artista vertía el bronce en fusión en el molde de barro, y el ruido de metal al rojo se enfriaba en nobles curvas y tomaba la forma del cuerpo de un dios." Para acabar, Wilde dice que los griegos no tenían crítica de arte. Y él mismo, en su diálogo delicioso, se contradice: "Sería más justo decir que los griegos eran una nación de críticos de arte".

Describir con precisión lo que no sucedió nunca es no solamente la verdadera ocupación del historiador, "sino también el privilegio inalienable de todo hombre culto y de talento. Deseo aún menos disertar sabiamente: la conversación erudita es la pose del ignorante o la ocupación del hombre mentalmente desocupado". Oigamos a Wilde: "Sé demasiado bien que vivimos en un siglo [el decimonónico] en el que no se toma en serio más que a los imbéciles, y vivo con el terror de no ser incomprendido... La educación es una cosa admirable, pero conviene recordar de cuando en cuando que nada de lo que vale la pena de ser conocido puede enseñarse. Por entre la abertura de las cortinas veo la luna parecida a una moneda de plata recortada. Las estrellas, a su alrededor, son como un enjambre de abejas de oro. El cielo es un duro zafiro cóncavo. Salgamos a la noche. El pensamiento es maravilloso, pero la aventura es más maravillosa aún".

El diálogo —que no es sino un bello monólogo— de Wilde nos cerca, arrecia, llueve, es una tempestad crítica. Porque entre la negación de la crítica, realza y loa a la crítica. Sirve y no sirve. Pero más sirve que no sirve. "¿Más difícil hacer una cosa que hablar de ella? ¡Nada de eso! Incurre usted en un gran error popular. Es mucho más difícil hablar de una cosa que hacerla. En la vida moderna no hay nada más evidente. Cualquiera puede hacer historia. Sólo un gran hombre puede escribirla. No hay ninguna forma de acción o de emoción que no compartamos con los animales inferiores. Únicamente por la palabra nos elevamos por encima de ellos, o nos elevamos, entre los hombres, unos sobre otros, sólo, por el lenguaje, que es padre y no hijo del pensamiento". ¿Es la crítica también un arte, entonces? Por supuesto, sostiene Wilde. "Y de igual modo que la creación artística implica el funcionamiento de la facultad crítica, sin la cual no podría decirse que existe, así también la crítica es realmente creadora en el más alto sentido de la palabra... La crítica no debe ser juzgada conforme a un bajo modelo de imitación o de semejanza, como tampoco debe serlo la obra del poeta o del escultor. La crítica ocupa la misma posición respecto a la obra de arte que critica, que el artista respecto al mundo visible de la forma y del color, o al mundo invisible de la pasión y del pensamiento."

El crítico, para Wilde, está del lado de quien critica. "Un crítico puede ser imparcial en el sentido ordinario de la palabra. Sólo podemos dar una opinión imparcial sobre las cosas que no nos interesan, y ésta es, sin duda, la razón por la cual una opinión imparcial carece siempre y en absoluto de valor... El arte es una pasión, y en materia de arte el pensamiento está inevitablemente coloreado por la emoción, fluida más bien que helada, y que, como depende de unos estados de alma sutiles y de unos momentos exquisitos no puede comprimirse en la rigidez de una fórmula científica o de un dogma teológico."

De la portentosa obra de Wilde, Carlos Vallejo Carpintero ha extraído 630 aforismos que dan una idea del perfil de este hombre que, en vida, fue severamente "ajusticiado" por sus contemporáneos por el solo hecho de no ser como los demás. *La importancia de llamarse Oscar Wilde* (Diana, 1998) está dividido en ocho capítulos que son temáticos, mismos que nos aproximan al pensamiento lúcidamente irreverente del autor de *El retrato de Dorian Gray*.

Cientos de sentencias dejó Wilde en su corta vida. Vallejo Carpintero sólo hace una breve antología, de la cual extraigo una cincuentena:

1. Cualquiera puede hacer historia; sólo un gran hombre puede hablar de ella.
2. No he escrito jamás una obra para un actor o una actriz determinados. Esa faena es propia del jornalero literario y no del artista.
3. Los únicos personajes reales son los que no han existido jamás.
4. Vivo la poesía que no puedo escribir y los otros escriben la poesía que no se atreven a realizar.

5. En los mejores tiempos del arte no existían los críticos de arte.

6. Todo retrato pintado con sentimiento es el retrato del artista, no del modelo, quien es meramente el accidente, la ocasión.

7. El verdadero artista no tiene en cuenta para nada al público, que no existe para él.

8. El arte no debe intentar ser popular; el público es quien debe intentar hacerse artista.

9. El arte es lo único serio en el mundo y el artista jamás lo es.

10. Lo único que el artista no puede ver es lo obvio y lo único que el público puede ver es lo evidente; el resultado es el juicio crítico del periodista.

11. Los hijos empiezan por amar a los padres, más tarde los juzgan y rara vez los perdonan.

12. Es algo verdaderamente monstruoso el comportamiento de la gente que se dedica a divulgar, a espaldas del prójimo, cosas que son absoluta y completamente ciertas.

13. Para ingresar en la alta sociedad se debe dar de comer a la gente, divertirla o escandalizarla.

14. Formar parte de la alta sociedad es insoportable, pero estar excluido de ella es sencillamente una tragedia.

15. La opinión pública sólo existe donde no hay ideas.

16. Elijo a mis amigos por su buen aspecto, a mis simples conocidos por su buen carácter y a mis enemigos por su buena inteligencia.

17. Los criminales de nuestros días parecen tan honrados que la gente de bien se ve obligada a parecerse a los criminales para que exista alguna diferencia.

18. Cuando la gente nos habla de los demás, suele ser aburrida; cuando nos habla de sí misma es casi siempre interesante y si se le pudiera hacer callar con la misma facilidad con que cerramos un libro, sería totalmente perfecta.

19. En toda nación hay una clase social que piensa en el dinero más que los ricos: la de los pobres.

20. Antiguamente existía la tortura; hoy existe la prensa, que la sustituye.

21. La mayoría de la gente es otra gente. Sus pensamientos son las opiniones ajenas, sus vidas una copia y sus pasiones, una repetición.

22. Frecuentemente la sociedad perdona al delincuente, pero jamás perdona al soñador.

23. No debiéramos tener secretos con las esposas, pues ellas acaban por descubrirlos; tienen un instinto maravilloso para ello. Son capaces de descubrirlo todo, excepto lo que salta a la vista.

24. Las mujeres nos inspiran el deseo de realizar obras maestras y nos impiden siempre llevarlas a cabo.

25. Todas la mujeres acaban por ser como sus madres y en eso consiste su tragedia. No sucede eso con los hombres y en ello consiste la suya.

26. Cuando un hombre ha amado a una mujer hará todo por ella, excepto seguir amándola.

27. La felicidad de un hombre casado depende de las mujeres con quienes no se haya casado.

28. Los amantes son más felices cuando están en la duda.

29. El anciano cree todo, el maduro sospecha de todo, el joven lo sabe todo.

30. Solamente en el cerebro tienen lugar los grandes pecados del mundo.

31. La amistad es más trágica que el amor, porque dura más.

32. Los hombres se casan por cansancio y las mujeres por curiosidad; ambos quedan frustrados.

33. Un hombre puede ser feliz con cualquier mujer, mientras no la ame.

34. La tragedia de la vejez no consiste en ser viejo, sino en haber sido joven.

35. En todo placer, la crueldad tiene su lugar.

36. Los instantes más verdaderos parecen siempre un sueño.

37. La grandeza de alguien se mide por el número de enemigos que tenga.

38. Uno debiera ser siempre un poco increíble.

39. Jamás las preguntas son indiscretas; las respuestas lo son algunas veces.

40. Lo interesante no es jamás lo correcto.

41. Un poco de sinceridad es algo peligroso y mucha sinceridad es absolutamente fatal.

42. Para descubrir la verdad hay que inventar infinidad de mentiras.

43. Sólo vale la pena hacer lo que el mundo considera imposible.

44. En el alma del ignorante siempre habrá sitio para una gran idea.

45. No hay más pecado que la estupidez.

46. En los exámenes, el tonto pregunta lo que el inteligente no puede responder.

47. Para la mayoría de nosotros, la vida real es la vida que no llevamos.

48. Simpatizo con los hombres que tienen un porvenir y las mujeres que tienen un pasado.

49. En sociedad no hay más que dos clases de mujeres: las feas y las que se maquillan.

50. La diferencia entre un santo y un pecador es que todo santo tiene un pasado y todo pecador un futuro. 🖤

Chéjov

(Taganrog, Rusia, 1860 / Badenweiler, Alemania, 1904)

♥ *Palabra de honor*

Nikolái Ilich Beliáyev vivía una aburrida y larga novelita de amor con Olga Ivánovna, quien tenía un hijo, Aliosha, un muchacho de unos ocho años, cuyo padre no era Beliáyev. Una tarde, el amante se presentó en la casa de su amada. Como no estaba, se dispuso a esperar. Había salido con Sonia a la modista. Por no tener nada mejor que hacer, por vez primera se puso a examinar el rostro de Aliosha. "Antes, durante el tiempo que llevaba tratando a Olga Ivánovna, no se había fijado ni una sola vez en el pequeño y ni había reparado en su existencia: veía ante sus ojos un muchacho, mas porqué estaba allí y qué papel desempeñaba eran cuestiones en las que ni ganas tenía de pensar."

Vaya uno a saber la inesperada razón, pero de pronto Beliáyev sintió deseos de ser cariñoso con el hijo de Olga. Empezaron a platicar, cosa que nunca había hecho antes. El niño se sintió bien. Luego de cruzar unas cuantas palabras, el pequeño se apretó contra Beliáyev, con cuya cadenita se puso a jugar. "Cuando ingrese en el gimnasio —dijo Aliosha—, mamá me comprará un reloj. Le pediré que me compre también una cadenita como ésta… ¡Qué-é me-da-llón! Mi padre tiene un medallón exactamente igual, sólo que en el de usted hay aquí unas rayitas y en el suyo letras… En medio está el retrato de mamá. Ahora papá lleva una cadenita diferente, no de anillas, sino como una cinta", pero fue interrumpido por el hombre:

—¿Cómo lo sabes? Acaso ves a tu papá?

El niño respondió rápidamente que no. "Aliosha se ruborizó y, profundamente turbado por haberse traslucido que mentía, empezó a rascar el medallón con la uña, poniendo en ello mucho celo". Beliáyev le preguntó muy seriamente si veía a su padre.

—Dímelo francamente, con toda sinceridad —le exigió el hombre—. Veo por tu cara que no me dices la verdad. Ya que te has ido de la lengua, no disimules ahora. Dime, ¿le ves? Ea, ¡de amigo a amigo!

El niño se sintió en confianza.

—¿No se lo dirá a mamá? —preguntó.

—¡Faltaría más! —dijo el hombre.

—¿Palabra de honor? —insistió Aliosha.

—Palabra de honor —respondió Beliáyev.

Aliosha miró a su alrededor, abrió mucho los ojos y balbuceó:

—Pero, por el amor de Dios, no se lo diga a mamá… Ni a nadie, porque es un secreto. No quiera Dios que mamá se entere, pues la pagaríamos yo y Sonia y Pelagueya. Bueno, escuche. Sonia y yo nos vemos con papá todos los martes y los viernes. Cuando Pelagueya nos lleva de paseo, antes de comer, entramos en la pastelería de Apfel, y allí nos espera papá… Siempre está en una habitación reservada, donde hay, ¿sabe?, una mesa de mármol así, y un cenicero en forma de ganso sin espalda.

El hombre quería saber más, y el niño le contó todo. Lo que decía su padre de lo buena que era su mamá, que la obedecieran en todo y que eran unos niños desgraciados.

—Es papá quien lo dice. Ustedes, dice, son unos niños desgraciados. Es extraño oírselo decir. Ustedes, dice, son desgraciados, yo soy un desgraciado y mamá es una desgraciada. Rueguen a Dios, dice, por ustedes y por ella.

Beliáyev preguntó si decía algo de él.

—¿No se ofenderá, usted? —preguntó Aliosha.

—¡Sólo faltaría! ¿Acaso me insulta? —se inquietó el hombre.

—Él no insulta, pero, ¿sabe?... Está enfadado con usted. Dice que por su culpa mamá es desgraciada y que usted… ha perdido a mamá. ¡Ya ve qué raro es! Yo le explico que usted es bueno, que nunca le grita a mamá, y él sólo mueve la cabeza.

Beliáyev se ofuscó. Se puso de pie y empezó a dar vueltas por la sala.

—¡Qué extraño… y qué ridículo —balbuceó, encogiéndose de hombros y sonriendo burlonamente—. Toda la culpa es de él, y resulta que soy yo quien la ha echado a perder, ¿eh? ¡Vaya con el inocente corderito! ¿Así te lo ha dicho, que yo he perdido a tu mamá?

El niño respondió que sí, "pero usted me ha dicho que no iba a ofenderse", dijo Aliosha, confundido con la reacción del hombre. En eso, sonó la campanilla. Eran Olga y Sonia, la hija pequeña. Beliáyev saludó con un movimiento de cabeza y siguió caminando.

—Naturalmente, ¿a quién acusar ahora si no a mí? —murmuró resoplando—. ¡Tiene razón! ¡Él es el marido ofendido!

Olga no entendía nada.

—¿A qué te refieres? —preguntó la mujer.

—¿A qué?... ¡Pues escucha qué sermones suelta tu legítimo consorte! Resulta que soy un canalla y un malvado, que yo he sido tu perdición y la perdición de tus hijos. Todos ustedes son unos desgraciados, ¡y yo soy terriblemente feliz! ¡Terrible, terriblemente feliz!

Olga dijo no comprender nada.

—¡Pues escucha a este joven señor! —dijo Beliáyev señalando a Aliosha.

El niño "se sonrojó; luego, de pronto, palideció, y la cara se le crispó de miedo". Olga Ivánovna miró sorprendida a Aliosha, a Beliáyev, después otra vez a Aliosha.

—¡Pregúntale! —continuó Beliáyev—. Tu Pelagueya, esa tonta de remate, los lleva a las pastelerías y allí organiza encuentros con su papaíto. Pero no es ésta la cuestión, la cuestión es que el papaíto es un mártir y yo un malvado, un canalla, que les he destrozado la vida a los dos.

—¡Nikolái Ilich —gimió Aliosha—. Me había dado usted su palabra de honor!

—¡Ea, déjame! —exclamó Beliáyev, haciendo un gesto de contrariedad en la mano—. Aquí se trata de algo mucho más importante que todas las palabras de honor. ¡A mí la hipocresía y la mentira me indignan!

Olga Ivánovna, sorprendida, le preguntaba a su hijo si era verdad que se veía con su padre. El niño no escuchaba a su madre, temblaba de la cabeza a los pies por el incumplimiento de Beliáyev en su palabra de honor. "Beliáyev le replicó con un gesto de disgusto y siguió caminando. Se hallaba sumido en su ofensa, y de nuevo, como antes, no se daba cuenta de la presencia del pequeño. Él era un hombre maduro y serio, no iba a preocuparse por pequeñuelos. Aliosha se sentó en un rincón y, horrorizado, le explicó a Sonia cómo lo habían engañado. Temblaba, tartamudeaba, lloraba. Por primera vez en la vida se encontraba de manera tan brutal con la mentira cara a cara; hasta entonces no había sabido que en este mundo, además de peras dulces, de empanadas y de relojes caros, existen muchas otras cosas que, en el lenguaje de los niños, no tienen nombre."

Ese maravilloso cuento, desgarrador, dolorido y atribulado cuento, no pudo haberlo escrito otro sino Antón Pávlovich Chéjov, autor de un poco más de 200 relatos, de los cuales sólo dos decenas ha recopilado Richard Ford para conformar el libro *Cuentos imprescindibles* (número 294 de la colección "Palabra en el Tiempo", Editorial Lumen, 2000, 456 páginas).

El *Diccionario Bompiani de Autores Literarios*, en su segundo tomo, apunta que "la aguda intuición de la tristeza de la vida que muchos atribuyen erróneamente sólo al Chéjov de los años maduros se hallaba ya en él precisamente tras la alegría y la despreocupación del joven estudiante de medicina, oculto, como si de relevar su propia naturaleza se avergonzara, bajo algunos seudónimos. De la misma forma, la capacidad de ver a las criaturas humanas en envolturas hechas adrede para provocar la risa, continuó caracterizando su estilo, aun cuando atenuada en matices de parodia, fantasía o espejismo, y de transposición, finalmente, fuera de la realidad cotidiana, hacia un hipotético futuro lejano". Dentro de su amplia diversidad, como lo afirmó él de la existencia, "se mostró a la vez extraordinariamente simple y complejo, y si, no juzgándose pesimista, puso de relieve los pliegues más tristes y ocultos de la naturaleza humana, fue precisamente porque, según dijo él mismo, amó la vida". Era un hombre sabio, Chéjov. En cada uno de sus escritos desnudaba no sólo su alma, sino la de la humanidad entera. Hay tal conocimiento del comportamiento humano que cada personaje suyo es tan real, tan patético o tan adorable, que no deja, en ningún momento, de asombrarnos su panorámica visión de la vida. Del volumen *Cuentos imprescindibles* extraigo algunas definitivas, insuperables, líneas de su literatura. Son sólo 20 los relatos incluidos en este libro, pero en ellos se asoma la honda vivencia literaria, la impecable escritura chejoviana:

1. "No la culpo por su falta de sinceridad —suspiró Ilín—. Se lo he dicho así porque se me ha ocurrido... Su falta de sinceridad es natural y está en el orden de las cosas. Si las personas se pusieran de acuerdo y se volvieran de pronto sinceras, todo se iría al diablo."

2. "El miedo y el vértigo impedían a Sofía Petrovna oír las palabras del hombre; no sabía por qué, en ese momento de peligro, cuando las rodillas se le doblaban agradablemente, como en un baño tibio, la mujer buscaba con cierta malignidad viperina un sentido a sus sensaciones. La ponía furiosa que todo su ser, en vez de alzarse con la protesta de la virtud, estuviera colmado de una sensación de impotencia, de pereza y de vacío, como le ocurre al borracho a quien nada le arredra."

3. "¡Son muchas las opiniones que se sostienen en este mundo y una buena mitad de ellas pertenecen a individuos que no se han encontrado nunca en situaciones difíciles!"

4. El niño "yacía sobre una almohada de raso e imitando al parecer a un acróbata al que había visto no hacía mucho en el circo, lanzaba en alto ora una pierna ora la otra. Cuando las elegantes piernas se fatigaban, ponía en movimiento los brazos, o saltaba bruscamente, se ponía a cuatro patas y procuraba sostenerse cabeza abajo. Todo esto con una cara muy seria, resoplando como si le martirizaran, y habríase dicho que ni él mismo estaba contento de que Dios le hubiera dado un cuerpo tan inquieto".

5. "Y pensó que, probablemente, la propia naturaleza ha dado al hombre esta facultad de mentir, de modo que incluso en los momentos más penosos de tensión moral pueda conservar los secretos en su nido, como los conserva la zorra o el pato salvaje. Cada familia tiene sus alegrías y sus graves conflictos, mas por grandes que sean resulta difícil que la mirada ajena los descubra, son un secreto."

6. "Escribe aún hasta las cuatro de la madrugada, y de buena gana escribiría hasta las seis si no hubiera agotado el tema. El coquetear y hacerse el interesante ante sí mismo, ante los objetos inanimados, lejos de toda mirada indiscreta y observadora, el despotismo y la tiranía sobre el pequeño hormiguero que el destino ha colocado bajo su poder, constituyen la sal y la miel de su existencia. Aquí, en su casa, ¡cuán distinto es este déspota del hombre cohibido, humillado, mudo, sin talento, que estamos acostumbrados a ver en las oficinas de redacción!"

7. "Las personas de pocos alcances y mucho amor propio pasan por momentos en que la conciencia de ser desdichadas les proporciona cierta satisfacción, y hasta se jactan ante sí mismas de sus propios sufrimientos."

8. "Como todas las personas atemorizadas y atónitas, hablaba con frases breves, entrecortadas, y decía muchas palabras superfluas, que no venían a cuento en absoluto."

9. "En general una frase, por hermosa y profunda que sea, sólo causa efecto en los indiferentes, pero no siempre puede satisfacer a quien es feliz o a quien es desdichado. Por esto casi siempre la máxima expresión de la felicidad o de la desgracia es el silencio. Cuando mejor se comprenden los enamorados es cuando callan, y un discurso fogoso, apasionado, pronunciado ante una tumba, sólo conmueve a los extraños, mientras que a la viuda y a los hijos del muerto les parece frío e insignificante."

10. "¡Qué tortura! Nunca quiere uno tanto a las personas allegadas como cuando corre el peligro de perderlas".

11. "Los desgraciados son egoístas, malvados, injustos, crueles y menos capaces de comprenderse entre sí que los tontos. La desgracia no une sino separa a los hombres; e incluso en aquellos casos en que, al parecer, los seres humanos deberían estar ligados por un dolor análogo, se cometen muchas más injusticias y crueldades que entre gentes relativamente satisfechas."

12. "—¡Estoy muy contento, muchísimo, señores! —decía el general, y esta vez era sincero (probablemente porque al despedir a los huéspedes la gente suele ser bastante más sincera y benévola que al darles la bienvenida)."

13. "Sí, eso es muy lamentable —suspiró Vlásich—. Nosotros lo habíamos previsto, Petrusha, ¿pero qué podíamos hacer? Si lo que uno hace desagrada a otro, eso no significa que la acción sea mala. Así son las cosas. Cualquier paso serio de uno debe desagradar forzosamente a algún otro. Si tú fueses a combatir por la libertad, también esto haría sufrir a tu madre. ¡Qué le vamos a hacer! Quien coloca por encima de todo la tranquilidad de sus allegados debe renunciar por completo a una vida guiada por las ideas."

14. "Si echamos de un lugar la inmundicia física y moral de la sociedad, se irá a otra parte; habrá que esperar que ella misma se esfume. Por lo demás, si la gente ha abierto un hospital para enfermos mentales y lo soporta, esto quiere decir que les hace falta; los prejuicios y todas estas porquerías y miserias de la vida son necesarios, pues con el paso del tiempo se transforman en algo viable, como el estiércol se convierte en tierra fértil."

15. "Es muy triste, querido Mijaíl Averiánych, que en nuestra ciudad no haya absolutamente nadie que sepa y al que le guste mantener una conversación profunda e interesante. En nuestro caso representa una enorme privación. Ya ni los intelectuales superan lo vulgar; el nivel de su desarrollo, se lo aseguro, no es superior a la más baja condición."

16. "Está bien que crea en Dios. Con esa fe se puede vivir magníficamente, incluso emparedado en un muro."

17. "Ante el dolor respondo con gritos y lágrimas; ante la ruindad con la indignación, y la ignominia me produce asco. En mi opinión, es propiamente esto lo que se llama vida."

Dice Víctor Andresco que si Egor Mijáilovich Chéjov, siervo del terrateniente Chértkov, no hubiese comprado su libertad y la de su familia por 3 mil 500 rublos, su nieto, Antón Pávlovich, hubiera nacido en la esclavitud: hubiese pertenecido a un amo y éste habría podido tiranizarlo, venderlo, dejarlo en herencia, regalarlo o jugárselo a las cartas. "En 1861, once meses después de nacer el escritor, el zar Nicolás II abolió la esclavitud, y se vio obligado a hacerlo antes de que los siervos se tomaran la libertad por su mano. Desde entonces los campesinos liberados eran propietarios de sus cuerpos y no podían ser vendidos, pero carecían de todo y las tierras continuaban en manos de los amos. Éstos cedían unas pequeñísimas parcelas a sus ex esclavos, a condición de que pagaran con trabajos e impuestos." El asunto es que los campesinos, ahora libres, volvían a depender de los amos. En estas condiciones creció Antón Chéjov.

En la bella colección "Genios de la Literatura", del madrileño Club Internacional del Libro, su número 45 contiene los relatos "La estepa" y "Mi vida", de Chéjov. Antes de sumirnos en su grata lectura, Andresco, en un breve prólogo, hace un ligero trazo de la vida del autor ruso. Pável Egórovich, padre del escritor, heredó no sólo del abuelo la voluntad y la tenacidad por el trabajo, sino también su carácter violento y despótico: "Maltratado desde la infancia y humillado durante toda su vida, hizo lo mismo con los suyos. Educaba a los hijos látigo en mano y tiranizaba a su mujer. Pero este hombre, déspota y cruel, era, por contraste, un apasionado de la música. Había aprendido a tocar el violín, sin profesor, y formó un coro en la iglesia. En este coro tenían que participar sus hijos. Antón Chéjov hubo de soportar ensayos y misas, madrugar mucho y forzar la voz. Cualquier fallo de los hermanos en el coro se transformaba en golpes y broncas. La madre, una mujer buena y piadosa, era incapaz de defender a sus seis hijos de las palizas paternas. También ella recibía golpes cuando se le iba la mano en la sal o se retrasaba la comida. Cuando Pável Egórovich se ponía furioso y repartía golpes, se limitaba a llorar y a rezar".

A pesar de esta acostumbrada violencia, o quizá por eso mismo, los seis hermanos Chéjov "formaban un grupo unido y alegre, más fuerte que los disgustos y las desgracias". Según Andresco, Antón asistía a una escuela griega "con maestros ignorantes y alumnos estúpidos y torpes". A los 14 años ingresó en el Instituto de Taganrog, donde "los alumnos y profesores formaban bandos políticos, estaban de moda los complots y los atentados terroristas. Antón Pávlovich no participó en ningún grupo y toda su vida se mantuvo alejado de la política, cosa que le recriminaron más de una vez. Incrédulo, independiente, burlón, no le gustaban las palabras altisonantes ni las verdades enfáticas. Se pasaba horas enteras en el parque público, solo, pensando". La familia, por una deuda impagable, tuvo que huir a Moscú. El escritor entonces contaba con 20 años de edad, periodo en que comienza a escribir sus cuentos. Incluso antes de finalizar su carrera de médico, en 1884, ya publicaba sus relatos en diversas publicaciones. Ensimismado en el trabajo y en sus letras, no quiere distraerse en otras cosas. Suponía que la vida conyugal restaría fuerzas y atención al creador. "Prometo ser un marido excelente —escribió en una carta—, pero deme una esposa que sea como la luna, que no aparezca en mi cielo todos los días: el matrimonio no me haría escribir mejor."

Sólo tres años antes de su muerte, ocurrida en 1904, se casó con la actriz Olga Leonárdovna Knípper. Poco después de su nueva vida, escribió a un amigo: "¿Me preguntas si es verdad que me he casado? Es cierto, pero a nuestra edad eso ya no cambia nada". El 8 de febrero de 1904 estalla la guerra ruso-japonesa. Chéjov y su mujer se marchan a Badenweiler: "El escritor continúa arrastrando su enfermedad, tose y a veces escupe sangre. En Berlín consulta con varios especialistas, y sus colegas alemanes dicen a Olga que a su marido le quedan pocas semanas de vida. La enfermedad está muy avanzada, y ya no tiene remedio". El 2 de junio se despierta súbitamente en su habitación de un hotel de Berlín. Pide a su mujer una copa de champaña, luego exclama: "Me muero", la bebe lentamente, pensativo; después se acuesta sobre un lado y muere.

"La estepa" es la historia del traslado de un niño hacia una nueva vida. Sin saberlo, Egórushka es enviado a la ciudad para educarse. Nadie le informa nada. Sencillamente, le dicen que acompañe a su tío a vender lana. Nada más. Durante el viaje, Chéjov nos describe el hondo pesar del niño, sus nuevas experiencias, su infinita soledad. A través del cuento, el autor ruso, como siempre, nos maravilla con sus descripciones. Una sola frase escenifica con claridad un acontecimiento, una actitud, un sentimiento: "No se puede juzgar la profundidad y la inmensidad del cielo más que en el mar y en la estepa por la noche, cuando luce la luna. Mira de un modo tan terrible, hermoso y acariciador, lánguido y seductor, y su ternura hace dar vueltas a la cabeza", "Hay gentes cuya inteligencia puede juzgarse por su voz y por su risa. El hombre de la barba negra pertenecía precisamente a esta categoría de felices mortales: en su voz y en su risa se notaba una estupidez sin límites". En cada frase hay una meticulosa construcción armada de sutiles palabras: "La gente que canta en los coros, como tenores o bajos, y sobre todo aquellos que han dirigido, aunque sea una vez en la vida —dice Chéjov, y podría tal vez uno no estar de acuerdo en su sentencia pero la sugerencia ya nos ha marcado, sin duda—, están acostumbrados a mirar a los niños con severidad y hostilidad. Esta costumbre no la abandonan tampoco después, al dejar de ser cantantes". Sus observaciones (¿sabía usted, lector, que "todos los perros rojizos ladran con voz de tenor"?) son hondos aprendizajes de la vida: "Sonriente y radiante, como todos los viejos que acaban de volver de la iglesia, colocó sobre la mesa un pan bendito".

El segundo relato, "Mi vida", es el retrato de un provinciano: las penurias de la clase baja. Misaíl Alexéich Polóznev es la decepción de su padre. No tiene un trabajo asegurado, renuncia por cualquier trato injusto, se pasa la vida de un lado a otro, sin asentar cabeza, sin ascender en la escala social, es un empleado menor. Por más que él lo discute, nadie le hace caso. Lo consideran un holgazán, aunque no ha dejado nunca de laborar. Misaíl piensa que el arte de esclavizar también se ha cultivado progresivamente: "Ya no azotamos a nuestros lacayos en la cuadra, pero damos a la esclavitud formas refinadas, por lo menos sabemos encontrar una justificación para cada caso particular. Para nosotros, las ideas son las ideas, pero si ahora nos fuera posible descargar sobre los trabajadores nuestras funciones fisiológicas más desagradables, las descargaríamos y luego, por supuesto, diríamos para justificarnos que si la élite, los mejores hombres, los pensadores y los sabios famosos se pusieran a perder su precioso tiempo en ejercer estas funciones, entonces un serio peligro podría amenazar el progreso".

Crítico lapidario, el buen Chéjov. ❦

Rudyard Kipling

(Bombay, India, 1865 / Londres, Inglaterra, 1936)

🍂 *La metempsicosis, la selva y los deseos*

En las letras Rudyard Kipling, a decir del británico William Somerset Maugham, "fue inmensamente precoz". Tenía plena posesión "de sus poderes desde el principio. Algunos de los relatos de *Cuentos llanos de las montañas* son tan triviales que más avanzada su vida seguramente no le hubieran parecido dignos de escribirlos, si bien están contados con claridad, con viveza, con eficacia. Técnicamente son irreprochables. Los defectos que puedan tener se deben a la insensibilidad de la juventud, no a su falta de destreza".

Apenas dejó atrás la adolescencia fue asignado al puesto de Allahabad y supo, entonces, "expresarse en cuentos de mayor longitud". Dice Maugham (1874-1965), narrador él mismo de primera magnitud, que Kipling escribió, rebasada la frontera púber, "una serie de relatos que sólo pueden con justicia considerarse magistrales". Cuando el autor de *El libro de la selva* llegó a Londres, el editor de *Macmillan's Magazine*, al cual fue a visitar, le preguntó qué edad tenía. No es de extrañar que cuando Kipling le dijo que en pocos meses cumpliría 24, exclamara: "¡Dios mío!" Su consumado "dominio del relato era ya verdaderamente asombroso". Pero todo tiene un precio en este mundo, advierte Maugham. A finales del siglo XIX, "es decir cuando rondaba los 35, Kipling había escrito sus mejores relatos. No quiero dar a entender que después escribiera malos relatos, no podría haber hecho una cosa así ni siquiera adrede; son suficientemente buenos, pero carecen de la magia que emana de los primeros cuentos sobre la India". Como es natural, Kipling "tuvo sus detractores. A los lentos y esforzados escritores que tras años de duro trabajo habían logrado ocupar un lugar modesto en el mundo de la literatura se les hizo muy arduo de sufrir que ese joven, caído como quien dice del cielo, aparentemente les ganase por la mano sin el menor esfuerzo, y con un triunfo tan espectacular". Estos enemigos gratuitos "se consolaron profetizando (igual que se hizo con Dickens en su día) que así como había ascendido como un cohete habría de caer como el vástago del mismo".

Pero no fue así. Incluso en 1907, a sus 42 años, recibió el Nobel de Literatura, siendo, hasta este momento, el galardonado más joven en recibirlo. "El relato breve no es, en general, una forma de ficción en la que los ingleses hayan sobresalido —dice Maugham al final de su prólogo, escrito en 1952, al libro *El mejor relato del mundo y otros no menos buenos* (SextoPiso)—. Los ingleses, como bien se ve en sus novelas, son propensos a lo difuso. Nunca han tenido demasiado interés por la forma. Esta forma exige ceñirse a lo esencial. Lo sucinto no casa bien con su sensibilidad. Pero el relato breve exige una forma, y exige que sea sucinta. Lo difuso acaba con él. Es una forma que depende de la construcción. No admite cabos sueltos, ha de ser algo completo en sí mismo. Todas estas cualidades se encuentran en los relatos de Kipling cuando daba de sí el máximo, cuando alcanzaba cotas magníficas de narrador, lo cual, por suerte para nosotros, sucede relato tras relato". Según Maugham, Kipling es el único autor británico —aunque haya nacido en la India— de relatos breves "a la altura de Guy de Maupassant y de Chéjov. Es nuestro narrador más grande. Me cuesta creer que se le pueda llegar a igualar. Estoy seguro de que no se le podrá sobrepasar".

Quién sabe.

Lo cierto es que los 16 cuentos que congregó Maugham en esta breve antología —si bien para ser breve es bastante voluminosa: un total de 556 páginas— son, sí, perfectos, de modo que las preferencias por cada historia recaerán de acuerdo a las inclinaciones sentimentales, o a la propia cultura, de los lectores, no a los rigores o a las posibles debilidades de los textos, ya que estas minucias son, de plano, inexistentes. El primer relato, el que da título al libro, trata sobre la metempsicosis, es decir la creencia en la transmigración de las almas, un pensamiento, por cierto —tal como lo precisa Maugham—, enraizado en la sensibilidad hindú. Charlie Mears empieza a contar a Kipling los sucesos de sus vidas anteriores. "Entre todos los hombres del mundo —dice éste— a mí se me había dado ocasión de escribir el relato más portentoso, nada menos que la historia de un esclavo griego en galeras, relatada por él mismo."

Mears le iba contando de a poco, de acuerdo al desarrollo de sus sueños. "No era de extrañar —dice Kipling— que el sueño le hubiera parecido tan real a Charlie. Los Hados, que tanto esmero ponen en cerrar las puertas de cada vida sucesiva según van quedando éstas atrás, en este caso habían incurrido en un descuido, y Charlie contemplaba, sin saberlo, aquello que jamás se le había permitido escrutar a hombre alguno desde que el tiempo es tiempo. Sobre todas las cosas, era absolutamente ignorante del conocimiento que me había vendido por cinco libras, y por siempre habría de conservar esa ignorancia, ya que los empleados de banco no entienden la metempsicosis, y una sólida educación comercial no comprende el griego." Charlie Mears surtiría a Kipling de todo cuanto apeteciese, de manera que se puso a dar "brincos de contento entre los dioses mudos de Egipto", se rió "ante sus rostros maltrechos por el tiempo", pues Charlie lo aprovisionaría "de todos los materiales que pudiera precisar para dar fuste a mi relato, para darle tal certeza que el mundo entero lo

tomaría por mera ficción impúdica, por una invención improvisada primero y adornada después". Pero sólo él, nadie más que Kipling, sabría en su fuero interno que
"era absoluta y literalmente fiel a la verdad".

Sin embargo, pese a que lo apremiaba a que finalizara su historia, Charlie Mears
avanzaba con lentitud. Sus recuerdos se iban y a veces no volvían, y sus sueños no eran
muy prolíficos que digamos. Pero no contaba Kipling con otra vicisitud, un mortal imprevisto, que su amigo Grish Chunder le confió: el mejor relato del mundo no acabaría por
ser contado, pues alguna desgracia, tarde o temprano, ocurriría. "Hasta la fecha", le dijo,
el muchacho "no se ha parado a pensar en una mujer"; o, mejor dicho, "ninguna mujer ha
pensado en él", porque ese día será el desmoronamiento del pasado. "Bastará con que su
amigo devuelva un solo beso y el recuerdo lo sanará de toda esta tontería", advirtió Chunder. Y por más que lo instaba Kipling a que acabara, ¡por Dios!, con la bellísima historia,
Mears no tenía ya prisa, sobre todo luego de haber conocido, para desgracia de Kipling, a
una linda muchacha "de cabellos rizados y una boca estúpida y flácida".

—¿No le parece magnífico? —susurró Mears, y Kipling vio que "estaba colorado hasta la raíz del cabello, envuelto en el sonrosado misterio del primer amor"—.
No sabía yo... Ni siquiera lo pensé... Vino a mí como un trueno repentino. Sí, dijo
Kipling, así suele llegar el amor: como un trueno. Grish Chunder "estaba en lo
cierto", concluye un entristecido Kipling, "Charlie había probado el gusto del amor
de la mujer, que acabaría con toda posibilidad de recordar". El mejor relato del mundo,
pues, ya nunca llegó a escribirse.

Cuando Robert Baden-Powell, coronel del ejército británico, decidió crear el movimiento *scout* (o escultismo) en 1908, se inspiró en *El libro de la selva,* porque cada
animal imaginado por Rudyard Kipling "simboliza cualidades requeridas para llegar
a ser un buen explorador (sabiduría, bondad y rigor, en el caso de Baloo; agilidad,
ternura y vigilancia, en el de Bagheera) y cada animal es un tótem de referencia. Los
dos hombres se conocieron en Sudáfrica durante la Guerra de los Boers, en 1899, y
rápidamente se pusieron de acuerdo sobre la necesidad de 'formar ciudadanos felices, activos y útiles', de disciplinar a los jóvenes, de fomentar su sentido del deber
y la amistad, procurándoles diversión al mismo tiempo. Kipling compuso entonces
'Canción de la patrulla', himno que actualmente entonan 25 millones de muchachos
y muchachas escultistas de todos los rincones del mundo".

En un número de colección, *National Geographic,* en mayo de 2003, publicó
"A través de *El libro de la selva*" donde reúne, en un trabajo de investigación elaborado
por los editores franceses de esa prestigiosa asociación editorial, varios textos en torno

del escritor hindú-británico Rudyard Kipling, quien, luego de escribir su famoso libro en 1894, recibiera el Nobel de Literatura en 1907, siendo el primer inglés en ser condecorado por la Academia Sueca. "Es el 8 de febrero de 1872 —leemos en la pulcra edición vertida al castellano—. Entre los indígenas corren rumores sordos y, al preguntarles, responden con un tono misterioso que inspira aún más desconfianza. En el acto, se dan órdenes; los hombres de la tropa británica son acuartelados y los oficiales se mantienen en estado de alerta. La noticia se ha difundido ya en todos los hogares de Europa: '¡Ha sido asesinado!' Richard Southwell Bourke, virrey de India, sexto conde de Mayo, ha caído bajo el puñal de un condenado musulmán de la secta wahabí, en la colonia penitenciaria de Port Blair, de las islas Andamán, frente a las costas de Birmania (hoy Myanmar)." Kipling, que contaba con sólo siete años, recuerda en sus memorias el terror de su madre: "Un día regresó muy temprano y me anunció (aún no estaba dormido) que el 'gran *lord* Sahib' había sido asesinado".

¿Es el inicio de una nueva rebelión, como la de 1857, cuando una partida de soldados indios se había amotinado contra los amos europeos y las Indias pertenecían todavía a la East India Company y no a la Corona? "Sin una victoria total sobre la revuelta, en aquella ocasión el subcontinente se habría perdido para siempre. Todo había ocurrido tan rápidamente: Dehli caía el 10 de mayo; Bahadur Shah, potentado local, era proclamado emperador de todas las Indias, el norte del país se sumía en la anarquía y se perpetraban las primeras masacres contra los colonos. Las represalias inglesas serían terribles. En septiembre de 1857 Dehli era recuperada por los británicos con la ayuda de los guerreros sijs que permanecían fieles a los occidentales." Esa vez, año trágico para la India, "al menos 320 mil rebeldes serían ejecutados, 200 mil de ellos civiles. Si antes de la insurrección se cuenta un soldado inglés por cada cinco soldados indios, la proporción asciende posteriormente a uno por cada dos. En todas las grandes ciudades había batallones ingleses estacionados. El sobresalto independentista indio había sido acabado, pero sólo por el momento porque los indios no lo olvidarían jamás". Sin embargo, tras otras innumerables calamidades (en 1877, por ejemplo, "en la región del Decán, la hambruna causa cinco millones de víctimas"), la India no obtuvo su independencia sino hasta casi un siglo después, en 1947, incluso ya fallecido Kipling, diez años antes, muerto orgullosamente inglés.

¿Quién es Baloo?, se preguntan los redactores de *National Geographic*, para luego ir a la búsqueda de una respuesta: "Aunque esta especie rara vez desciende de las alturas de los Himalayas, Kipling le dio en su obra un papel al oso pardo. Su morfología regordeta era necesaria para seducir a los lectores, grandes y pequeños. En la selva india, el escritor británico tuvo trato por mucho tiempo con el oso belfudo, habitante del bosque, y el oso montañés de collarín, 'grandes aficionados a las abejas y a las frutas, como todos los osos', como los describe el zoólogo Pierre Pfeffer. Las míticas garras de hierro del oso infunden temor en todas las Bagheeras de la selva. Sea cual fuere la especie a la que pertenece, el oso sigue siendo un mamífero único. Todo redondez, ataviado con su grueso abrigo de pelambre, es, junto con el hombre, una de las criaturas mejor repartidas en el planeta". La morfología de Baloo es la de un oso pardo, "el úrsido de mayor tamaño del hemisferio norte (el macho y la hembra miden dos metros de largo; aquél pesa 300 kilogramos y ésta, 200), un modelo robusto y adaptable, que se divide en nueve subespecies (el de los Pirineos, el grizzli, el de kodiac, entre otros). Habitante más septentrional que sus primos, ese ladrón de ganado dormita en el invierno tras haber acumulado reservas de grasa, pero despierta de vez en cuando para comer o cazar a los intrusos. ¡Cuidado, pues duerme con un ojo abierto!" De frente a su primer elefante, "el profano occidental, atiborrado desde su muy tierna infancia de imágenes africanas, quedará pasmado si se aventura en la selva india. Esperará ver un monstruo con enormes orejas, pero descubrirá un animal relativamente pequeño. Después de cierto tiempo, finalmente notará las orejas y los menudos colmillos, la frente abombada y el lomo redondo, y se convencerá entonces de que el elefante de Asia es un paquidermo. Kipling no estaba equivocado: sus descripciones de Kala Nag, montado por Toomai en *El libro de la selva*, y del viejo Hathi, del Mowgli adolescente en *El segundo libro de la selva*, obedecen a una precisión irrefutable. El elefante asiático tiene la piel del mismo grosor (cuatro centímetros), pero mucho menos arrugada que la de su primo africano". En el elefante, asevera el zoólogo Pfeffer, "la experiencia y el conocimiento son más importantes que los rasgos innatos e instintivos". Dicha peculiaridad es debido "a su trompa, una maravilla de la evolución —dicen los expertos de *National Geographic*—. La herramienta, polifacética en extremo, sirve como manguera de baño, raspador, tubo respiratorio, periscopio, cepillo, vaso y tenedor. Potente como una grúa, empuja, levanta, arranca, mata, pero también sabe atrapar delicadamente la fruta más ágil". En los albores de este siglo XXI "quedarán apenas mil 500 machos en la naturaleza asiática, lo que hace que las 28 mil 500 hembras restantes [de un total de 30 mil en estado salvaje] permanezcan en una situación difícil en lo que a su fecundación se refiere. Un ominoso día —concluyen los redactores de la revista—, la criatura más inteligente de la selva ya no será más que ganado mantenido a gran costo en las reservas escampadas para el gusto de los turistas ansiosos. Entonces, lloraremos releyendo a Kipling".

Ocurrió en el quinto mes de hace ya mucho tiempo, tal vez hace cien años, o un poco más. Era el mes acaso favorito de Rudyard Kipling, porque cuando lo menciona en su literatura lo adjetiva con gracia. Precisamente se estaban dando los eternos calores de mayo cuando la señora Ashcroft, de vacaciones en Londres (en un tiempo en que "las calles apestaban a bosta de caballos de una punta a la otra"), se encontró de nuevo con Harry Mockler, de quien ella estaba inútilmente enamorada. Ella pasaba los días con su hermana Bessie cuando un miércoles, en la calle, sintió que el hombre caminaba detrás suyo.

—De verdad que sentí que era él el que iba detrás de mí por los pasos —dice ya una anciana Ashcroft a su amiga Fettley, a quien le está contando la sorprendente historia—; y por el ruido de las pisadas supe que había cambiado por completo. Caminé más despacio y él también. Entonces me enredé con el chiquito [uno de los hijos de su hermana Bessie, con quien venía jugueteando] para obligarlo a pasarme. Y tuvo que pasar. Va y me dice "buenas noches" y sigue, tratando de caminar con tranquilidad".

—¿Estaba borracho? —pregunta la señora Fettley.

—¿Él? ¡Jamás! Iba encogido y marchito, la ropa le colgaba como si llevara bolsas y la parte de atrás del cuello estaba más blanca que la tiza. Lo más que pude hacer fue no abrir los brazos y salir corriendo detrás de él. Pero tragué saliva hasta llegar a casa y meter al chico en la cama.

Entonces le preguntó a su hermana qué le había pasado a Arry, como ella lo llamaba confidencialmente. Bessie le contó que él había estado en un hospital varios meses, "porque se cortó el pie con una espada mientras juntaba resaca en la laguna vieja de Smalldene", donde trabajaba Mockler. En la basura había algo venenoso y eso se le subió de repente por la pierna y se le desparramó por todo el cuerpo. La madre de Mockler había dicho que no comía ni dormía "como se debe" y sudaba a chorros, "por mucho frío que hiciera". Y que escupía fatal por las mañanas. Esa ocasión, Ashcroft lloró y lloró toda la noche... y todos sabían que para hacerla llorar se necesitaba vaya uno a saber qué.

Al siguiente día, Ashcroft se levantó con el canto del gallo y se echó té frío en los ojos, dice, "para que no se me notaran las lágrimas". Más tarde halló de nuevo a Arry "donde ahora está el Monumento a la Guerra. Volvía de atender a sus caballos, así que no podía dejar de verme. Lo miré de arriba a abajo y 'Arry', le digo entre dientes, 'ven otra vez a reponerte a Londres'. 'No puedo aceptarlo', me dice, 'porque no puedo darte nada'. 'No te pido nada', le digo. '¡Por el Santo Nombre de Dios, no te pido nada! Sólo quiero que vengas y veas a un doctor en Londres'. Entonces levanta unos ojos cargados hasta mi cara: 'Ya está todo acabado, Gra', me dice, 'no me quedan más que unos meses'. '¡Arry!', le digo, '¡mi vida!', le digo".

Pero Ashcroft no pudo seguir hablando. Tenía un nudo en la garganta.

—Te lo agradezco mucho, Gra —le dijo (pero nunca dijo "mi vida") y se fue calles arriba, y su madre ("¡maldita sea!") estaba mirando si llegaba "y va y cierra la puerta detrás de él".

Fue cuando la señora Ashcroft (porque ya era viuda cuando se enamoró de Arry Mockler) supo que ella podía hacer algo por su amado. Ya alguien le había contado sobre la Casa del Deseo, un hogar abandonado camino a la verdulería. Todo lo que había que hacer era ir, tocar el timbre y desear un deseo por el agujero para las cartas. Ashcroft preguntó, sorprendida, a quien le contaba tal milagroso suceso si las hadas eran las que concedían los deseos.

—¿Usted no sabe que no hay hadas en una Casa del Deseo? Solamente hay una Señal.

La señora Fettley, al oír dicho término, se asustó ("¡Oh, Dios Nuestro Señor Todopoderoso!") porque "una Señal es un fantasma de un muerto o, lo que es peor, de una persona viva". La chica que le contaba tal prodigio a Ashcroft ya había deseado que en lugar de que le doliera la cabeza precisamente a Ashcroft se le traspasara a ella el trastorno, cosa que así, en efecto, sucedió: de pronto, sin saberlo, Ashcroft dejó de tener malestares en la cabeza.

—Fuiste muy buena —le dijo Ashcroft abrazándola muy fuerte— al desear que se me fuera el dolor de cabeza, ¿pero por qué no pediste algo lindo para ti?

Pero la chica respondió que eso no se podía hacer:

—Todo lo que se consigue en una Casa del Deseo es un permiso para agarrar los problemas de otro. Yo me agarré los dolores de cabeza de mamá, cuando ella era buena conmigo; pero esta vez es la primera en que puedo hacer algo por usted. ¡Oh, señorita Ashcroft, yo la quiero de verdad!

Dice la ahora anciana Ashcroft que cuando oyó el dicho relato se le pusieron "los pelos de punta". Le preguntó a la chica, luego, cómo era una Señal.

—No sé —le dijo—, pero después de tocar el timbre se oye que corre desde el sótano hasta la puerta de la calle. Entonces se dice el deseo y uno se va.

—¿Entonces la Señal no te abre la puerta? —preguntó Ashcroft.

—Oh, no —le respondió la chiquilla—, sólo se oye que suelta una risita detrás de la puerta de entrada. Entonces hay que decirle que uno se queda con el problema de quien sea que se haya elegido para querer y eso se consigue.

Ashcroft no preguntó más, porque la niña estaba muy acalorada, como con fiebre, tal vez con el dolor de cabeza de su amiga Ashcroft. Ni las gitanas sabían explicarse el asunto, sólo sabían que finalmente funcionaba. Fue cuando a Ashcroft se le vino la idea de salvar a Mockler. "No tenía por delante nada más que mi propia vergüenza y la crueldad de Dios. Ni siquiera podía tener a Arry... ¿Cómo podía tenerlo? Ya sabía que me iba a seguir quemando hasta consumirme por completo. Sin embargo, era un consuelo saber que podía hacer eso por él."

Así que fue camino a la verdulería, cuando ya había oscurecido (para tratar de no ser vista por nadie), y se puso frente a aquella extraña casa: "Me acerqué a la puerta nerviosa como nunca; subí los escalones y toqué el timbre de la puerta de entrada. Sonó muy hueco, como pasa en todas las casas vacías. Cuando se apagó el eco, oí como una risita que viniera del suelo de la cocina. Después oí unos pies por la escalera de la cocina, como si caminara una mujer gorda calzada con zapatillas. Los pasos venían desde el comienzo de la escalera, desde el otro lado de la sala, oí que las maderas desnudas crujían bajo esos pasos... y junto a la puerta de entrada se detuvieron. Me agaché hasta la ranura de las cartas y dije: 'Déjeme que tenga todo lo malo que está reservado a mi hombre, Arry Mockler, por amor a él'. Entonces, fuera lo que fuese lo que había al otro lado de la puerta, dejó escapar el aliento, como si hubiera estado conteniendo la respiración para oír mejor".

Días después, Ashcroft supo que Mockler ya caminaba normalmente y se le veía otra vez apuesto, mientras a ella, quién sabe por qué, se le empezó como a gangrenar la pierna.

Nadie sabía porqué.

Sólo la propia viuda Ashcroft y, por supuesto, el endiablado Rudyard Kipling. 🖤

Marcel Schwob
(Chaville, Francia, 1867 / París, 1905)

🖤 *La crónica como crítica cultural*

En *La cruzada de los niños* (Verdehalago / Instituto Cultural de Aguascalientes, colección "Las Cascadas Prodigiosas", traducción de Rafael Cabrera, 1999), Marcel Schwob presenta ocho breves crónicas sobre la imposibilidad de la fe. "Nosotros tres, Nicolás que no sabe hablar, Alain y Dionisio, salimos a los caminos para llegar a Jerusalén. Hace largo tiempo que vagamos. Voces ignotas nos llamaron en la noche. Llamaban a todos los pequeñuelos. Eran como las voces de los pájaros muertos durante el invierno. Y al principio vimos muchos pobres pájaros extendidos en la tierra helada, muchos pajaritos con el pecho rojo. Después vimos las primeras flores y las primeras hojas y tejimos cruces. Cantamos ante las aldeas, como acostumbrábamos hacerlo en el año nuevo. Y todos los niños corrían hacia nosotros. Y avanzamos como un rebaño". El volumen, de 62 páginas, es un canto a la esperanza, a la esperanza finalmente desvanecida.

Aunque este libro está calificado dentro del género narrativo, en realidad en su momento fue considerado como ensayo. En el *Diccionario Bompiani de Autores Literarios* se apunta que el francés Schwob "parecía destinado a ser, en cierta manera, el simbolista típico, real, inclinado hacia lo extraordinario, lo fantástico, burlesco o trágico, y a expresarlo en una forma irreprochable y fría. Cuentos como los de *Coeur double* (1891) o del *Roi au masque* (1892), poemas en prosa como *Mimes* (1894) nos muestran que la cultura de Schwob le permitía identificarse con todas las sensibilidades históricas y resucitarlas con precisión y pintoresquismo, lo cual hizo de él un ensayista de los más originales en la *La croisade des enfants* (1895) y en *Vidas imaginarias*".

Partiendo de un acontecimiento verdadero, Schwob ha trazado, con puntillosa alegoría, la crónica otorgándole no sólo verosimilitud al relato sino, y acaso aquí esté lo más sólido, traspasándolo hacia la frontera de la ficción. Convertida la hazaña en cuento, *La cruzada de los niños*, a estas alturas (a más de un siglo de su publicación), no es sino una cruel metáfora de la azarosa vida: "Hubo hombres que nos maldijeron, no conociendo al Señor. Hubo mujeres que nos retuvieron por los brazos y nos interrogaban cubriendo de besos nuestros rostros. Y también hubo almas buenas, que nos trajeron leche y frutas en escudillas de madera. Y todo el mundo tuvo piedad de nosotros. Porque no saben adónde vamos, y no han escuchado las voces".

La gente se encamina rumbo a Jerusalén, y con ella los niños (que descendían de Vendome cruzando la selva del Loira), pero nadie sabe su destino. A uno de estos infantes un leproso lo detuvo en el camino: "Le tomé la boca con mis manos espantosas. Sólo estaba vestido con una camisa ruda; tenía desnudos los pies y sus ojos permanecieron plácidos. Me contempló sin asombro. Entonces, sabiendo que no gritaría, tuve el deseo de escuchar todavía una voz humana y quité mis manos de su boca, y él no se la enjugó. Y sus ojos estaban en otra parte". El niño era Johannes el Teutón, que no temía al leproso, lo que causó una honda impresión en el hombre, acostumbrado a los desprecios de los que lo rodeaban. "¡No tuvo miedo de mí! Mi monstruosa blancura es semejante para él a la del Señor. Y tomé un puñado de hierba y enjugué su boca a sus manos. Y le dije:

"—Ve en paz hacia tu Señor blanco, y dile que me ha olvidado.

"Y el niño me miró sin decir nada. Le acompañé fuera de lo negro de esta selva. Caminaba sin temblar. Vi desaparecer a lo lejos sus cabellos rojos en el sol".

Pero los niños nunca llegarían a su destino.

Relata el papa Gregorio IX: "He aquí el mar devorador que parece inocente y azul. Sus pliegues son suaves y está orlado de blanco, como un ropaje divino. Es un cielo líquido y están vivos sus astros. Medito sobre él, desde este trono de rocas al que me hice traer en mi litera. Está realmente en medio de las tierras de la cristiandad. Recibe el agua sagrada donde el Anunciador lavó el pecado. En sus orillas se inclinaron todos los rostros santos, y balanceó sus imágenes transparentes. Grande ungido misterioso, que no tiene ni flujo ni reflujo, canción arrulladora de azul, engastada en el anillo terrestre como una joya fluida, te interrogo con mis ojos. ¡Oh, mar Mediterráneo, devuélveme a mis niños! ¿Por qué los apresaste? No los conocí. No fue acariciada mi vejez por sus frescos alientos. No vinieron a suplicarme con sus tiernas bocas entreabiertas. Solos, como pequeños vagabundos, llenos de una fe ciega y furiosa, se aventuraron hacia la tierra prometida y fueron aniquilados. De Alemania y de Flandes, y de Francia y de Saboya y de Lombardía, vinieron hacia tus olas pérfidas, mar santo, murmurando palabras confusas de adoración".

Schwob recoge también, adivinándolas, las vocecillas de los niños que se enfrentaron al misterio de lo desconocido. Un navío desapareció con varios chiquillos, y jamás se supo luego de él. "¿Qué les pasaría? —se pregunta la pequeña Allys—. Los encontraremos cuando lleguemos cerca de Nuestro Señor. Está muy lejos todavía. Se habla de un gran rey que nos hace venir, y que tiene en su poder la ciudad de Jerusalén. En esta comarca todo es blanco, las casas y los vestidos, y el rostro de las mujeres está cubierto con un velo. El pobre Eustaquio no puede ver esta blancura, pero le hablo de ella y se regocija. Porque dice que es la señal del fin. El señor Jesús es blanco. La pequeña Allys está muy cansada, pero tiene a Eustaquio de la mano para que no caiga, y no le queda tiempo de pensar en su fatiga".

Desde el principio de los tiempos, los desheredados han estado solos en el camino. Schwob utiliza la crónica como crítica cultural.

Hoy, un género periodístico postergado. 🍂

Saki
(Akyab, Birmania, 1870 / Beaumont-Hamel, Francia, 1916)

🍂 *Una obra maestra en la espalda*

Hector Hugh Munro, mejor conocido en el medio literario como Saki, ha sido uno de los cuentistas mejor dotados en lengua inglesa, al grado de ser admirado por tres eminencias como Graham Greene, Tom Sharpe y Roald Dahl. Empero, no es fácil encontrar sus libros. Hijo del inspector general de la policía británica, su madre murió al poco de nacer, por lo que fue enviado a Inglaterra al cuidado de dos viejas tías solteronas, "empeñadas en una infatigable guerra doméstica, que le amargaron la niñez". En esta infancia desdichada, apunta Graham Greene, "está la clave de la crueldad atildada que constituye la nervadura de casi todos sus cuentos; nadie como él maneja ese humor tétrico que otorga carta de trivialidad a lo horrible".

En *Cuentos de humor y de horror* (número 28 de la colección "Contraseñas" de la barcelonesa Anagrama) se incluye una veintena de relatos, a cual más de inmejorable. Érase una tarde fría y lluviosa. "Los huéspedes de lady Blemley no se habían trasladado al norte por el canal de Bristol, de modo que aquella tarde estaban todos reunidos en torno a la mesa de té. Y a pesar de la monotonía de la estación y la trivialidad del momento, no había ni rastros en la reunión de esa fatigada inquietud que significa temor por la pianola y un oculto deseo de empeñarse en una partida de *auction bridge*. La alelada atención de todos se concentraba en la llana personalidad del señor Cornelius Appin. Entre todos los huéspedes de lady Blemley era el de reputación más vaga. Alguien había dicho que era 'inteligente', y su anfitriona lo había invitado con la modesta expectativa de que alguna porción de su inteligencia, al menos, contribuyera al general entretenimiento."

Pero hasta la hora del té de aquel día nadie había logrado descubrir en qué dirección, si la había, apuntaba su inteligencia. "No era ingenioso, ni campeón de croquet, ni poseía poderes hipnóticos, ni sabía cómo organizar un teatro amateur. Tampoco sugería su aspecto exterior la especie de hombre al que las mujeres están dispuestas a perdonar un abundante grado de deficiencia mental. Había quedado reducido a un mero señor Appin y el nombre de Cornelius parecía no ser sino un transparente *bluff* bautismal. Y ahora revelaba al mundo un descubrimiento frente al cual la invención de la pólvora, la imprenta y la locomotora resultaban meras bagatelas. La ciencia había dado pasos asombrosos en diversas direcciones durante las décadas recientes, pero esto parecía pertenecer al dominio del milagro más que al del descubrimiento científico".

—¿Y en verdad nos pide usted que creamos —le preguntó sir Wilfrid— que descubrió un método para enseñar a los animales el arte del habla humana y que el viejo y querido Tobermory fue el primer discípulo con el que logró un resultado feliz?

Era un asunto en el que Cornelius Appin había trabajado los últimos diecisiete años de su vida, "pero sólo hace ocho o nueve meses que mis esfuerzos se vieron recompensados con el mayor de los éxitos —aseveró el modesto científico—. Por supuesto, experimenté con miles de animales, pero últimamente sólo con gatos, esas sorprendentes criaturas que se asimilaron tan maravillosamente a nuestra civilización y que mantuvieron al mismo tiempo todos sus altamente desarrollados instintos ferales. De vez en cuando se encuentra un gato con un intelecto superior, como sucede también entre los seres humanos, y cuando conocí a Tobermory, hace una semana, advertí inmediatamente que estaba en presencia de un supergato de extraordinaria inteligencia". La señorita Resker, después de una ligera pausa, le preguntó a Appin si Tobermory podía entender y acaso decir palabras sencillas de una sílaba.

—Mi querida señorita Resker —dijo pacientemente el hacedor de milagros—, de ese modo fragmentario se les enseña a los niños, a los salvajes y a los adultos retrasados. Cuando se ha resuelto el problema de cómo empezar con un animal de inteligencia altamente desarrollada, no es necesario emplear esos métodos entorpecedores. Tobermory sabe hablar en nuestra lengua con toda corrección. Como no le creían al endeble científico, sir Wilfrid fue en busca del animal y a su regreso, al minuto siguiente, estaba más pálido su rostro que de costumbre y los ojos dilatados por el asombro.

—¡Dios, es verdad! —dijo.

"Su agitación era indudablemente genuina y una ola de renovado interés estremeció a los demás." Desmoronándose sobre un sillón, continuó sin aliento.

—Lo encontré dormitando en el salón de fumar y lo llamé para que viniera a tomar su té. Guiñó los ojos de la manera que le es habitual, y yo le dije: "Ven, Toby, no nos hagas esperar". Entonces, ¡Dios de los cielos!, articuló lentamente, del modo más espantosamente natural, que vendría cuando le viniera en gana. Casi me caigo de espaldas.

La perturbación fue generalizada, obviamente. Cuando se alzaba "un coro de exclamaciones de asombro dignas de la Torre de Babel", en medio del tumulto entró Tobermory en el cuarto y se abrió camino "con aterciopelado paso y estudiada indiferencia a través del grupo sentado a la mesa del té. Un silencio tenso e incómodo ganó a los miembros del grupo. Por algún motivo resultaba embarazoso dirigirse en términos de igualdad a un gato doméstico de reconocida capacidad mental". Lady Blemley le preguntó si quería leche.

—No tengo inconveniente —fue la respuesta, emitida en un tono de plena indiferencia.

"Un estremecimiento de reprimida sorpresa recorrió a todos, y puede perdonársele a lady Blemley que sirviera la leche con un pulso más bien inestable."

—Me temo que derramé bastante —dijo en tono de disculpa.

—Después de todo, la alfombra es suya —replicó el gato Tobermory.

El verdadero problema surgió cuando el felino comenzó a hablar de lo que había escuchado de los invitados, de cómo cada uno, entrecruzadamente, se refería de modos ofensivos del otro.

—Cuando se trató de incluirla entre los huéspedes —dijo el gato a Mavis—, sir Wilfrid protestó alegando que era usted la mujer más tonta que conocía, y que había una gran diferencia entre la hospitalidad y el cuidado del débil mental. Lady Blemley replicó que justamente su falta de capacidad mental era la cualidad que le había ganado la invitación, pues era la única persona lo suficientemente idiota como para comprarle su viejo automóvil. Ya sabe cuál, el que llaman "la envidia de Sísifo" porque si se lo empuja va cuesta arriba con suma facilidad.

Vaya aprietos. El insolente minino era una real amenaza entre la sofisticada sociedad. Así que, incomodados por el insuperado invento científico de Appin, los ahí reunidos, para no propalar el indebido ejercicio de la sinceridad, decidieron eliminar al deslenguado gato.

El contador de historias (número 45 de la colección "Millenium" del Grupo Editorial Multimedios), de Saki, congrega 13 soberbios relatos. El primero de ellos, el que da título al volumen, es un instructivo, no académico pero tampoco improvisado, de cómo contar ejemplarmente un cuento a los niños, de cómo no perder inútilmente el tiempo tratando de entretenerlos con cuentos correctamente narrados. "Érase una vez una niña pequeña llamada Bertha que era terriblemente buena", comienza el contador de historias su cuento y la palabra *terrible* produjo, desde el principio, una ola de reacción en favor del relato. "Era tan extremadamente buena que ganó varias medallas por su bondad, que siempre llevaba puestas en su vestido."

Y lo que viviría esta preciosa niña sería algo efectivamente irrepetible en la vida.

Antes que William Golding (1911-1993) pero después que, digamos, Jakob y Wilhem Grimm, Saki escribió sobre los niños, con la necesaria tesitura de gradual severidad que se requiere en estos casos, despojándose de las ortodoxas normas escriturales que indican un tratamiento cuidadoso del tema por aquello de las normatividades y prejuicios sociales. No hay nada más difícil, en efecto, que escribir relatos donde los protagonistas sean los niños sin caer, previamente, en las estrepitosas moralejas o en la búsqueda de una falaz diversión. Ya en su cuento "La penitencia", Saki narra cómo tres niños se vengan del hombre que había matado a su gato porque el minino estaba acabando con su gallinero. Después de finalizado su crimen, y no contento consigo mismo por el acto cometido, Octavio Ruttle ("uno de esos individuos joviales y alegres que tenía el sello inconfundible de la amabilidad") caminó por entre el pasto crecido del prado con un paso menos airoso que de costumbre. "Y al pasar bajo la sombra del alto muro levantó la vista y advirtió que la persecución había tenido testigos indeseados. Tres blancas caras lo miraban fijamente. Si un artista hubiera querido pintar un triple estudio del odio humano, implacable, impotente y sin embargo inflexible, furioso y sin embargo inmóvil, hubiera encontrado el modelo de la triple mirada con que se toparon los ojos de Octavio". Los niños, ante los vanos intentos de su vecino por congraciarse con ellos, no lo perdonaron, al grado de armar un plan diabólico: matar a la hija del asesino del gato, una niña de apenas dos años de edad.

Pero es con el relato "Jacinto" donde el maestro Saki adquiere cotas de admirable intensidad, además de ser un cuento que nos atañe dolorosamente a los mexicanos. "La nueva moda de introducir a los hijos de los candidatos en las campañas electorales es muy conveniente —dijo la señora Panstreppon—; elimina en parte la esperanza de las contiendas partidarias y constituye una experiencia interesante que los niños podrán evocar al cabo de los años." Sin embargo, pese a su optimista opinión, no aconsejaba a la madre de Jacinto que lo llevara a las elecciones, donde su padre contendía el secretariado colonial con un tal Jutterly. "¡No llevar a Jacinto! —exclamó la madre—; pero, ¿por qué no? Jutterly lleva a sus tres hijos, que van a conducir un par de burritos de Nubia por todo el pueblo para poner de relieve el hecho de que su padre ha sido designado secretario colonial. En nuestra campaña apoyamos una marina fuerte, y lo apropiado será que Jacinto aparezca vestido con su trajecito de marinero. Lucirá celestial."

La cuestión, empero, no era cómo luciría sino cómo se comportaría Jacinto. "Es un niño delicioso, por supuesto —advirtió la señora Panstreppon, tía del propio Jacinto—. Pero hay en él una corriente de belicosidad irreprimible que estalla a veces de modo alarmante. Puede que tú hayas olvidado lo de los hijos de Gaffin, yo no." La madre sólo tenía un vago recuerdo de aquello. "Iba en su carrito tirado por una cabra y se topó con los pequeños Gaffin en su cochecito —precisó la tía—; lanzó la cabra sobre ellos y volcó el cochecito. El pequeño Jacky Gaffin quedó atrapado y mientras la niñera trataba de sujetar a la cabra, Jacinto comenzó a azotar las piernas a Jacky con su cinturón, como una pequeña furia." Su madre dijo no defenderlo, "pero ellos deben haber hecho algo que lo molestara". Nada intencional, "pero alguien desdichadamente —recordó la tía— le había dicho a Jacinto que eran medio franceses (su madre era una Duboc, según sabes) y aquella mañana tuvo lección de historia, y se enteró de que los ingleses habían terminado por perder Calais, y eso lo puso furioso. Dijo que les enseñaría a los canallitas a arrebatarnos ciudades pero no sabíamos en ese momento que se estaba refiriendo a los Gaffin. Después le expliqué que todo sentimiento de rencor entre las dos naciones había desaparecido desde hacía mucho tiempo, y que de cualquier manera los Gaffin eran sólo medio franceses, y él dijo que sólo le había pegado a la mitad francesa de Jacky; el resto había quedado sepultado bajo el cochecito. Si la pérdida de Calais le despertó semejante furia, me hace temblar lo que podría acarrear una posible pérdida de las elecciones".

Cuando la paliza a los Gaffin, Jacinto contaba con ocho años de edad.

—Es mayor ahora y tiene más juicio —justificó la madre.

—Los niños con el temperamento de Jacinto no tienen más juicio cuando se hacen mayores —sentenció la tía—; simplemente tienen más conocimientos.

Disparates. Para la madre las advertencias de la tía sólo eran disparates. El día de las elecciones, los niños Jutterly, apunta Saki, "fueron todo un éxito; conducían a los burritos gordinflones de una punta a la otra de las calles principales, exhibiendo carteles que abogaban por los proyectos de su padre fundándose sólidamente en el hecho de que era su padre; mientras, la conducta de Jacinto hubiera podido servir de modelo a cualquier serafín que inadvertidamente llegara al escenario de una contienda electoral. Por su propia cuenta, ante el deleitado sentimiento de varios fotógrafos, se había acercado a los niños de Jutterly y les había obsequiado un paquete de dulces. 'No es necesario que seamos enemigos por el hecho de exhibir colores distintos', dijo en tono de ganadora amistad, y los ocupantes del carrito aceptaron su oferta con cortés solemnidad. Los miembros adultos de ambos partidos quedaron encantados con el episodio... con la excepción de la señora Panstreppon, que se estremeció. 'Nunca fue más dulce el beso de Clitemnestra que la noche en que me mató', citó, pero se guardó la cita para sí".

La sombra del asesinado Agamenón cubría con pasmosa inquietud el pueblo el día de las elecciones, según la afligida tía. Unos cuantos minutos después, y ante la distracción de los mayores por los números del conteo, los hijos de los Jutterly desaparecieron, al igual que el marinerito Jacinto. Nadie sabía el paradero de los niños. Luego, en el Comité de Mujeres Gremialistas, se recibió una llamada telefónica en la cual Jacinto preguntaba a su madre a qué hora se conocería el escrutinio final. Antes, para exhibir su pulcra disciplina gastronómica, dijo a su madre que, pese a la deshora, ya se había comido un huevo pasado por agua, una salchicha y cuatro merengues. ¿Y los Jutterly? "Están en una pocilga", contestó Jacinto. "¿Una pocilga? ¿Por qué? ¿Qué pocilga?", preguntó la madre. "Cerca de la ruta de Crawleigh —respondió el marinero—. Los encontré conduciendo por una callejuela lateral y los invité a tomar el té conmigo, y dejé los burritos en un patio que yo conocía. Luego los llevé a ver una vieja puerca que había tenido diez cerditos. Hice salir a la cerda de la pocilga ofreciéndole pedacitos de pan, mientras los Jutterly entraron para ver la camada, y entonces cerré la puerta y los dejé allí".

El plan era bastante sencillo: "No están solos —explicó Jacinto a su madre—, tienen diez cerditos con ellos; deben estar bastante apretados. Se enojaron mucho por el encierro, pero más se enojó la cerda por haber sido separada de sus hijitos. Si logra entrar mientras están allí los va a hacer picadillo. Puedo dejar salir haciéndoles pasar una pequeña escalera por la ventana, y eso es lo que haré si ganamos. Si su maldito padre obtiene la delantera, le voy a abrir la puerta a la cerda y dejaré que haga lo que le plazca. Por eso quiero saber los resultados del escrutinio". Por supuesto, dada la imposibilidad de detener el maquiavélico plan del yunior, o de por lo menos disminuir su furia, Jutterly hizo todo lo necesario para no ganar la contienda.

—Es la última vez que lo dejo intervenir en una elección —dijo la madre, terminado el asunto político.

—Creo que en eso exageras —dijo la señora Panstreppon—; si hubiera elecciones generales en México podrías dejarlo intervenir, pero dudo que la política inglesa se adecue al ímpetu y fragor de un niño angelical.

¡Y eso que apenas era el inicio del siglo XX y todavía en México se desconocía el ímpetu y el fragor de los angelicales priistas!

Vaya intuición política la del admirado Saki.

Clovis es siniestro, pero nunca, o casi nunca, está de mal humor. Es más, pudiera decirse que es uno de esos hombres que andan prendidos, en la punta de la lengua, del humor negro, que a todo le busca, porque así es su naturaleza, el lado sarcástico, el costado irónico, el extremo mordaz. Ingenioso con ciertos gramos de crueldad, lo que lo califica, pues, como un original humorista negro desde su nacimiento, Clovis es, asimismo, el otro nombre de Saki, ese magnífico cuentista británico cuyas peripecias escriturales vuelvo a leer, maravillado pero indudablemente aturdido, gracias al poeta Juan Domingo Argüelles quien, en la Navidad de 2004, me ha obsequiado el bello libro *Crónicas de Clovis* (Valdemar), que reúne veintiocho asombrosos relatos del maestro Saki. Como el del lienzo humano, que un periodista amigo suyo cuenta a Clovis, quien esta vez escucha, arrobado, la increíble historia del viajante de comercio luxemburgués Henri Deplis, que se vio, de repente, modestamente enriquecido por la herencia que le dejara un pariente lejano recientemente fallecido. "La cantidad no era muy grande, pero el hecho de verse dueño de algún dinero le impulsó a cometer ciertas extravagancias aparentemente desprovistas de importancia. La más peculiar de todas ellas fue la afición que le tomó a lo que entonces se llamaba 'arte local', nombre bajo el cual se agrupaban ciertas artes menores como, por ejemplo, la representada por el *signor* Andreas Pincini y sus agujas para realizar tatuajes", y precisamente en aquel momento, aunque Pincini era, "posiblemente", el más destacado maestro del tatuaje que Italia haya dado jamás, "su economía se encontraba por entonces en una situación decididamente crítica. Por ello accedió entusiasmado a cubrir la espalda de Henri Deplis, desde el cuello hasta la cintura, con una espectacular recreación de la *Caída de Ícaro* por una cantidad que quedó fijada en 600 francos". Finalizado el diseño, *monsieur* Deplis "se llevó una ligera decepción, pues había creído que aquello de la caída de Ícaro hacía referencia a una fortaleza que Wallenstein había tomado durante la Guerra de los Treinta Años. No obstante, se mostró más que satisfecho con la ejecución de la obra, que fue aclamada por todos aquellos que gozaron del privilegio de contemplarla como la obra maestra de su autor". Dice el periodista, ante un seguramente enmudecido Clovis (¡qué hubiera dado él, contador nato de cuentos fascinantes, por haber creado esa historia esparcida totalmente de humor negro!), que aquella fue la "más grandiosa obra" de Pincini, "pero también la última" ya que, "sin tan siquiera esperar a que le pagaran, aquel insigne artesano pasó a mejor vida. Fue enterrado ante una lápida delicadamente esculpida con las figuras de unos querubines tan minúsculos que apenas le hubieran ofrecido espacio suficiente para la práctica de su arte favorito".

No obstante, a pesar de la muerte del artista, "la deuda quedaba aún pendiente, pues los 600 francos pasaban automáticamente a debérsele a su viuda. Pero he aquí que, poco después, comenzaron a ocurrirle unas cuantas cosas a aquel viajante de comercio. La herencia que había recibido, acosada por numerosas deudas que fueron cebándose continuamente en ella, se vio reducida a proporciones verdaderamente ridículas. Llegó un momento en que, una vez pagadas una apremiante factura de licores y otras cuentas pendientes, no quedaron más que 430 francos para pagarle a la viuda. Ésta se mostró comprensiblemente indignada no sólo, tal y como ella misma explicó con claridad, a causa de los 170 francos que aún le quedarían por cobrar, sino también por aquel infame intento de menospreciar el valor de la magistral obra que su difunto marido había realizado justo antes de morir".

Pero las cosas se le fueron complicando a Deplis ya que eso de tener mucho dinero, sin jamás haberlo tenido antes, crea sus situaciones incontrolables: "En el plazo de una semana —dice Saki que dice el periodista—, acosado por nuevas deudas, Deplis se vio obligado a rebajar todavía más su oferta hasta la cantidad de 405 francos, lo cual hizo que la indignación de la viuda acabase convirtiéndose en auténtica furia", ¡lo que la decidió entonces a anular la venta de la obra de arte! No conforme con eso, unos días más tarde, Deplis "se enteró de algo que le produjo una gran consternación: la viuda había donado la obra al ayuntamiento de Bérgamo, el cual la había aceptado con grandes muestras de gratitud". *Monsieur* Deplis, "que por entonces estaba deseando dejar la ciudad de la manera más discreta posible, se sintió enormemente aliviado cuando sus negocios lo obligaron a trasladarse a Roma, donde tenía la esperanza de que tanto su identidad como la del famoso cuadro pudieran pasar inadvertidas". Pero he aquí que, "por muy lejos que huyese, no podía evitar seguir llevando a sus espaldas la carga que para él representaba la obra maestra de aquel artista muerto. Un día, el dueño de unos baños de vapor a los que había acudido lo echó a empujones de su establecimiento alegando que no podía permitir de ninguna de las maneras que la célebre *Caída de Ícaro* quedase expuesta a la vista del público sin el consentimiento previo del ayuntamiento de Bérgamo". Después de todo, Deplis llevaba en su espalda un patrimonio artístico de la nación. No podía moverse a sus anchas, pues el interés público y la estrecha vigilancia a la que las autoridades lo tenían sometido "fueron aumentando notablemente conforme el asunto se fue haciendo cada vez más conocido". Tal era el aprecio cultural que por la obra de Pincini guardaban los italianos que llegó el momento en que a Deplis "le resultó completamente imposible darse un simple chapuzón en el mar o en el río, ni siquiera en los días más calurosos del verano, a menos que fuese tapado hasta el cuello con un aparatoso traje de baño. Posteriormente, a las autoridades de Bérgamo se les ocurrió la idea de que el agua salada podía llegar a perjudicar aquella obra de arte, con lo que se publicó una orden judicial en la que se prohibía a perpetuidad al ya de sobra perseguido viajante de comercio bañarse en el mar bajo cualquier circunstancia".

Ni podía salir del país, pues cuando alguna vez lo intentó —para ir a ocupar una vacante en la localidad francesa de Burdeos—, "un impresionante despliegue de fuerzas policiales" le impidió abandonar la frontera, recordándole, "con severidad", que "las rigurosas leyes italianas prohibían terminantemente la exportación de obras de arte pertenecientes al patrimonio artístico de la nación". La obra tardía de Pincini incluso causó ciertos revuelos diplomáticos después de que un estudioso alemán, luego de examinar —con la autorización oficial correspondiente— con detenimiento la pintura en la espalda de Deplis, declarara que la pieza artística "no había sido ejecutada por Pincini sino muy probablemente fuese la obra de algún alumno que el artista había tenido a su servicio durante los últimos años de su vida". Ni el testimonio de Deplis (con el argumento de que había estado sedado mientras se trabajaba en su espalda) sirvió para resarcir la versión alemana del falso Pincini. Distintos países intervinieron en el debate ("en París, un par de estudiantes polacos se suicidaron para dejar bien claro lo que pensaban de todo el asunto") hasta que sucedió la destrucción violenta de la famosa obra a causa de una minúscula discusión política entre anarquistas italianos, uno de los cuales, por supuesto, era el acalorado Deplis... 🌿

Marcel Proust

(París, Francia, 1871-1922)

🌱 *La vida es como esta niña de sueños*

Dice Peter Quennell que, en abril de 1912, cuando Marcel Proust estaba ya "muy lanzado en busca del tiempo perdido, aunque ningún tomo de esa obra inmensa se había publicado, los hortelanos de Rueil, un pueblecito cercano a París, quedaron asombrados al ver pararse un taxi, del que salió un hombre delgado, cetrino, desmelenado, que llevaba un abrigo forrado en pieles sobre una camisa de dormir. Era una tarde fría, lluviosa; se habló de llamar a la policía... el pasajero y el conductor tenían un parecido alarmante con un par de los notorios bandidos motorizados de la época. Pero una vez que el extraño pasajero hubo mirado larga y fijamente a las filas de los manzanos florecientes que se veían al otro lado de un campo fangoso, subió a su asiento y el taxi se alejó". Proust había llegado hasta allí "para documentarse para su último capítulo y había captado la impresión exacta que necesitaba: 'Hasta donde la vista alcanzaba (los árboles) estaban en plena floración, escandalosamente lujuriantes, vistiendo trajes de gala y con los pies en el fango'. Y ahora podía volver a su casa para acostarse".

Quennell considera a Proust, más que un cronista, un artista visionario: "El mundo que impuso a sus lectores fue el que llevaba dentro de sí: el de un niño enfermo, demasiado sensible, a la vez muy consentido y maravillosamente dotado, que rompe sus juguetes en cuanto ya no le son útiles o han dejado de complacer su fantasía". El mismo Proust parece confirmar esta teoría, ya que en uno de sus cuadernos íntimos escribió: "Tengo la clara visión de la vida hasta el horizonte; pero solamente lo que está más allá es lo que me interesa describir". *Crónicas* (Negocios Editoriales, Buenos aires, 1997) reúne algunos de sus textos periodísticos entre 1882 y 1921 en diversas publicaciones, principalmente en *Le Fígaro*. El hermano de Marcel, Robert, fue el encargado de seleccionar el material. Son nada más 27 breves textos divididos en cuatro capítulos: los salones burgueses en París, países y meditaciones, notas y recuerdos y crítica literaria. Ya resalta, por supuesto, su aguda mirada, la que se concretaría posteriormente en sus hermosos libros, incluyendo al primero, el casi desconocido *Los placeres y los días* (1896), que VerdeHalago y la UAM Azcapotzalco coeditaron en 2001 en una impecable traducción de Pilar Ortiz Lovillo, y en el cual Anatole France dice, en el prólogo, que Proust "se complace igualmente en describirnos el esplendor desolado del sol poniente y las vanidades agitadas de un alma esnob. Es excelente al relatar los dolores elegantes, los sufrimientos artificiales, que igualan por lo menos en crueldad a los que la naturaleza nos da con una prodigalidad maternal. Confieso que esos sentimientos inventados, esos dolores encontrados por el genio humano, esos dolores fingidos me parecen infinitamente interesantes y preciosos, y le debo a Marcel Proust el haber estudiado y descrito algunos especímenes selectos".

Unas cuantas líneas prefiguran su hondo perfil literario:

1. "Los grandes artistas nunca son iguales dos días seguidos. Mucho mejor, pues la irregularidad suele ser uno de los signos del genio" (de *Crónicas*).
2. "Como los amantes cuando comienzan a amar, como los poetas cuando cantan, los enfermos se sienten más cerca de su alma. La vida es cosa dura que aprieta su cerco, eternamente nos hace daño al alma" (de *Los placeres y los días*).
3. "Y pasa así con muchos enfermos a quienes se recomienda silencio; pero su pensamiento les hace ruido. Se enfermaba tanto por cuidarse que tal vez hubiera sido mejor que se decidiese a estar sana" (de *Crónicas*).
4. "Ningún ser viviente, por muy grande o muy querido que sea, debe ser honrado sino después de muerto" (de *Los placeres..*).
5. "Nada dura, ni siquiera la muerte" (de *Crónicas*).
6. "La primera necesidad de hacer confidencias nació de las primeras decepciones de su sensualidad tan naturalmente como nacen por lo común las primeras satisfacciones del amor" (de *Los placeres...*).
7. "Hubiera podido convertirse en el más poderoso de los enemigos; pero como era el mejor de los hombres, sólo fue el más moderado, el más justo, el más humano, el más amable de los adversarios. Son las costumbres y no las opiniones, las que hacen las virtudes" (de *Crónicas*).
8. "Cuando se deja de amar, se prefiere a la gente bondadosa" (de *Los placeres...*).
9. "Luego volvía a los espinillos, como se vuelve frente a las obras maestras, a las que se cree ver mejor cuando se ha dejado de verlas por un momento" (de *Crónicas*).
10. "Un ambiente elegante es aquel en que la opinión de cada quien está formada con la opinión de los demás. ¿Y si es una opinión contraria a la de los demás? Entonces es un ambiente literario" (de *Los placeres*).
11. "En todos los momentos de la vida, nuestra atención está mucho más fijada sobre lo que deseamos que sobre lo que realmente vemos" (de *Crónicas*).
12. "Para el que ama, ¿acaso no es la ausencia la más cierta, la más eficaz, la más viva, la más indestructible, la más fiel de las presencias?" (de *Los placeres...*).
13. "No, no por más que se diga, no podemos representarnos a la Democracia como a una persona que posee el privilegio de la elegancia. La encaramos, más bien,

como una grave matrona, bastante bien vestida, si lo está sólidamente y con abrigo, y quebrando con una violencia estúpida los frascos de perfume y los potes de cosméticos sobre el altar de la austeridad y el trabajo" (de *Crónicas*).

14. "El más humillante sufrimiento es sentir que ya no se sufre" (de *Los placeres...*).

15. "Los magistrados, los médicos, los administradores, la gente de sociedad no son los únicos incompetentes en materia poética. También se puede ser un gran orador, un gran historiador, un gran autor dramático, se puede ser hasta un intelectual y un erudito y no amar realmente la poesía" (de *Crónicas*).

16. "Las obras de Shakespeare son más hermosas vistas desde el cuarto de trabajo que representadas en el teatro. Los poetas que crearon a las enamoradas imperecederas con frecuencia no conocieron más que a mediocres sirvientas de albergues, mientras que los voluptuosos más envidiados no saben concebir en absoluto la vida que llevan, o más bien que los lleva" (de *Los placeres...*).

17. "Hasta el amor platónico tiene sus saturaciones" (de *Los placeres...*).

18. "Algunos hombres no sienten la fuerza de desear lo que saben que no es deseable. Esta disposición melancólica se acrecienta y se justifica singularmente en el amor" (de *Los placeres...*).

Proust sabía de las honduras, pero también de las superficialidades del alma. Por eso las describía con sabiduría. "¿Por qué viajas tan seguido? Los carruajes te llevan muy despacio allí donde tu sueño te llevaría con rapidez —le dice Proust a Oliviano—. Para estar a la orilla del mar no tienes más que cerrar los ojos. Deja que los que no tienen más que los ojos del cuerpo vayan a instalarse con todo su séquito a Puzol o a Nápoles. ¿Dices que quieres terminar un libro? ¿Dónde trabajarías mejor que en la ciudad? Entre sus muros puedes hacer desfilar los más amplios decorados que te plazcan; así evitarás más fácilmente que en Puzol los desayunos de la princesa de Bérgamo y estarás menos tentado a pasear sin hacer nada. Sobre todo, ¿para qué esforzarte en querer gozar el presente y llorar por no lograrlo? Hombre de imaginación, sólo puedes gozar por la añoranza o por la espera; es decir, por el pasado o por el porvenir. Por eso, Oliviano, estás descontento de tu amante, de tus vacaciones y de ti mismo. La razón de esos males quizás ya la descubriste; pero, entonces, ¿por qué te recreas en ella en lugar de tratar de remediarla? Es que eres un miserable, Oliviano. Todavía no eres un hombre y ya eres un hombre de letras."

Desde siempre, los asuntos de la [falsa] intelectualidad han acosado al hombre. Incluso, por su primer libro, *Los placeres y los días*, Proust sintió en carne viva la envidia de la cúpula crítica, esta vez en un comentario despectivo y pérfido de un tal Jean Lorrain, a quien Proust, ofendido, retó a un desafío público. Ya en sus artículos periodísticos (algunos de ellos reunidos en el volumen póstumo *Crónicas*), el novelista se había referido a estas crueldades de los reseñistas, teniendo en la mira, principalmente, al entonces famoso Sainte Beuve, crítico connotado de la época a quien era obligado leer. No tuvo piedad con el reconocido crítico, habría que decir. Intocado como era Sainte Beuve, al buen Marcel Proust le valió un comino su mitificación. "Yo me he permitido —escribió en una crónica de 1920—, más que ninguno, verdaderas parrandas con la deliciosa mala música que es el lenguaje coloquial, perlado, de Sainte Beuve, ¿pero alguno faltó tanto alguna vez a su oficio de guía como él? La mayor parte de sus 'Lunes' está consagrado a autores de cuarto orden y cuando tiene que hablar de alguno, primerísimo, de un Flaubert o de un Baudelaire, rescata inmediatamente los parcos elogios que les dedica dejando traslucir que se trata de una nota de complacencia y que el autor es un amigo personal."

Sin embargo, equivocarse no es nada más cuestión de mediocridades. Dice Proust que, sin duda, "está permitido equivocarse y el valor objetivo de nuestros juicios artísticos no tiene demasiada importancia: Flaubert desconoció cruelmente a Stendhal y a este mismo le parecían horribles las más bellas iglesias románicas y se burlaba de Balzac. Pero el error es más grave en Sainte Beuve porque no deja de repetir que es fácil acertar con un juicio exacto sobre Virgilio o La Bruyére, autores desde hace tiempo reconocidos y clasificados, pero que lo difícil, la función propia del crítico, consiste en ubicar donde corresponde a los autores contemporáneos. Él mismo, hay que confesarlo, no lo hizo una sola vez y es lo que basta para quitarle el título de guía". Lo que dice Proust es severamente cierto, pues es más sencillo "criticar" a quienes ya están aposentados en las cúpulas que a los que aún buscan un lugar en las mismas. Por ejemplo, Sainte Beuve recurría a los clásicos lugares comunes para apreciar a los autores consagrados y denostaba, las más de las veces, a los que comenzaban a recorrer la ruta literaria sin saber cómo evaluarlos. "El peligro de los artículos como el de Sainte Beuve —apuntaba Proust en un artículo de 1921— es que cuando una George Sand o un Fromentin tienen rasgos semejantes, se vea uno tentado de encontrarlos 'dignos de Virgilio', lo que significa nada, absolutamente. En la misma forma se dice hoy de escritores que sólo emplean el vocabulario de Voltaire: 'Escribe tan bien como Voltaire'. No, para escribir tan bien como Voltaire habría que empezar por escribir de otra manera."

Este asunto de la perfección escritural y de la alharaca literaria, Proust lo acentuaba ocasionalmente con subrayado deleite en su prosa. Ahí está el caso de

Oliviano ("todavía no eres un hombre y ya eres un hombre de letras") y lo enfatiza en su relato intitulado "Las añoranzas, ensueños color de tiempo", incluido en su primer libro (*Los placeres y los días*, publicado en 1896), donde acota que "la ambición embriaga más que la gloria; el deseo florece, la posesión marchita todas las cosas; es mejor soñar la vida que vivirla, aunque vivirla sea también soñarla, pero menos misteriosamente y a la vez menos claramente en un sueño oscuro y pesado, semejante al sueño difuso en la débil conciencia de los animales que rumian". Y nos cuenta un emotivo relato: un niño de diez años, "de salud endeble y de imaginación precoz", había "puesto en una niña mayor que él un amor puramente cerebral. Permanecía durante horas en su ventana para verla pasar, lloraba si no la veía, lloraba más aún cuando la había visto. Pasaba muy raros y breves momentos con ella. Dejó de dormir, de comer". Una tarde habló, por fin, largamente con ella, y la niña fue sumamente amable con él. "Entonces se supo que el niño había renunciado a los días insípidos que le quedaban por vivir, después de aquel embeleso que tal vez nunca tendría la oportunidad de repetir." De las frecuentes confidencias que hiciera a uno de sus amigos, "se dedujo que sentía una decepción cada vez que veía a la soberana de sus sueños; pero en cuanto ella se alejaba, su fecunda imaginación devolvía todo su poder a la pequeña ausente, y recomenzaba su deseo de verla. Cada vez, intentaba atribuir a la imperfección de las circunstancias la razón accidental de su decepción. Después de aquella entrevista suprema en la que, con su fantasía ya hábil, había conducido a su amiga hasta la más alta perfección de que su naturaleza era capaz, comparado con desesperación esta perfección imperfecta con la abstracta perfección en la que él vivía, en la que él moría, se arrojó por la ventana. Luego, por la caída, se volvió idiota, vivió mucho tiempo conservando de aquella caída el olvido de su alma, de su pensamiento, de la palabra de su amiga con la que se encontraba sin verla. La muchacha, a pesar de las súplicas y de las amenazas, se casó con él y murió muchos años después sin haber logrado que la reconociera". La vida, dice Proust, es como esta niña: la soñamos y la amamos por soñarla. "No hay que intentar vivirla: se arroja uno, como el muchacho, en la estupidez, no de golpe, porque todo en la vida se degrada por matices insensibles; al cabo de diez años no reconocemos nuestros sueños, renegamos de ellos, se vive como un buey, para la hierba que podemos pacer en el momento. ¿Y quién sabe si de nuestras nupcias con la muerte podrá nacer nuestra consciente inmortalidad?"

La vida es sueño, y hay quienes todavía, ingratos, pretenden despertarnos a punta de somnolientas realidades...

Alfred Polgar

(Viena, Austria, 1873 / Zurich, Suiza, 1955)

🌱 *Las apariencias a veces no engañan*

"El corazón tiene forma de corazón", dice con inusual sustancia el vienés Alfred Polgar y nadie, absolutamente nadie, puede rebatirlo. Y tiene uno que seguir leyendo sus líneas: se lo suele comparar, al corazón, "con un reloj y juega un papel importante en la vida, sobre todo en la vida sentimental. Es en ella el comodín, el depositario de todas las emociones, la lente en que convergen todos los rayos, el eco de todos los rumores. Es capaz de las funciones más diversas. Puede arder como una tea, por ejemplo; puede dejarse colgado de cualquier cosa, igual que una chaqueta, y puede también, como ésta, desgarrarse, puede correr como una liebre perseguida, detenerse como el Sol de Gedeón o rebosar como la leche cuando hierve. Está verdaderamente colmado de paradojas".

La barcelonesa Acantilado editó en 2005 el libro *La vida en minúscula*, que contiene 30 magníficos relatos de Polgar, extraídos a su vez de la obra completa del austriaco, intitulada *Kleine Schriften* —por supuesto no traducida al castellano—, conformada en seis gruesos volúmenes. "La dureza de este objeto maravilloso —continúa Polgar hablando del corazón— oscila entre la mantequilla y la piedra berroqueña, o, bien, siguiendo la escala mineralógica, entre el talco y el diamante, se puede dar y se puede perder, cerrar a cal y canto o abrir de par en par, puede traicionar y puede ser traicionado, se puede llevar a alguien dentro de él (y ese alguien no tiene ni siquiera por qué saberlo), puede uno enterrarlo en cualquier cosa, el corazón entero en una quisicosa, en una nada del tiempo y del espacio, en una sonrisa, una mirada, un silencio."

Otro relato nos habla de una persona que se sienta al piano para tocar cotidianamente una pieza de Sinding: "Murmullos de primavera", sólo ésa, todos los días, ninguna otra, una y otra vez, a cada momento, reiteradamente. "Lo que más me inquieta y confunde del modo de proceder de este curioso individuo es que nunca toca nada más que esos murmullos de primavera —dice Polgar—. Tan sólo ejecuta esa pieza. No produce ninguna otra nota. Y, sin embargo, podría hacerlo si quisiera, ya que sabe tocar. ¿Qué maldición pesará sobre el pobre para que todos los movimientos de sus dedos sobre las teclas se conviertan irremediablemente en murmullos de primavera?"

—¿Por qué, criatura inasible, siempre sólo esa melodía? —se pregunta Polgar—, ¿por qué nunca "El molino de la Selva Negra"? ¿O "Ensueño", o "Habla, florecilla"? Se mire como se mire, el caso es problemático. Aunque también habrá quien diga que no hay nada que mirar, que es un asunto de poca monta. Pero, ¿no es acaso estremecedor, no les parece doloroso, perturbador, que alguien tenga un piano, que lo sepa tocar y que en ocho años nunca jamás haya tocado otra cosa que "Murmullos de primavera"?

En "La verdad engaña", Polgar dice que "la cara es un espejo deformante del alma y la fisiognomía una ciencia incierta. Sólo cuando ya sabemos qué es y quién es alguien, podemos leérselo en la cara". Y cuenta la siguiente historia: "Estoy con un amigo en una fonda. Llega una pareja y se sienta en la mesa de al lado. Mi amigo los conoce y me invita a adivinar qué clase de persona son el hombre y la mujer y cómo es la relación entre ellos. Me lo pregunta con un guiño dando a entender que está convencido de que la respuesta será equivocada". El hombre de la mesa "tiene rasgos vulgares. Un cráneo como un puño, el pelo de un color inicuo, el cuello corto, manos que parecen patas, una voz que le sale de la boca como un chucho malhumorado de su perrera. Ocupa todo el sitio. La mujer, flaca y escuálida que da pena, está sentada a su lado, como una plantita junto a un grueso tronco que le quita todo el Sol. Él es brusco, ella medrosa. Él apenas se ocupa de su acompañante, que de vez en cuando le dirige una mirada temerosa. Él es todo brutalidad, ella toda ternura. Él no sabe reír; ella, se ve en seguida, no debe. Él tiene una frente tan roma como su cerebro; la de ella, en cambio, está modelada delicadamente, como las ideas que seguramente esconde. Él se dirige al camarero a gritos, ella posa su mano sobre el brazo de él para calmarlo. Él despide gruñendo al vendedor ambulante, ella le compra un paquete de cerillos y se lo regala al chico de las mesas".

Así que, luego de mirar esta pesarosa escena, Polgar responde sin vacilar, con firmeza en sus palabras: "Este hombre es un artista, seguramente un pintor, una naturaleza matizada, sensible, incapaz de matar una mosca, cargado de inhibiciones, tímido, apacible, necesitado de calor. No sabe qué hacer con el exceso de ternura que altera su sistema nervioso e hincha su corazón hasta hacerlo estallar. Ama a su mujercita con idolatría y la obedece en todo. No se atreve a respirar en su presencia por temor a hacerla volar con su aliento. Es generoso hasta la abnegación y rebosa de agradecimiento ante cada migaja de bondad que le pueda arrojar una mirada o una sonrisa de ella. Ella, por el contrario, es una bestia, una mujer fría y malvada. Aunque poco sutil, no le falta fantasía cuando se trata de atormentarlo. La sumisión incondicional de él la incita a abusar de su poder; la naturaleza delicada que él oculta tras unos modales groseros para protegerse es un reproche constante a la rudeza de ella y un acicate para ésta. Los bramidos de él son inocuos; los embelecos de ella, puro veneno. Ella se venga de él porque él, que parece pesado y burdo, es en realidad la persona tierna y delicada que ella aparenta ser".

El amigo de Polgar exclama, ya queriéndolo interrumpir: "¡Ni hablar!, ¡ni hablar! Son mis vecinos y los conozco muy bien. Lo de pintor es casualmente cierto: es pintor de brocha gorda. Pero, por lo demás, no has acertado en nada. Míralos bien, ¡lo llevan escrito en la cara! Él es un tipo vulgar en todos los sentidos. Un borracho que incluso estando sobrio gesticula como un beodo. La mujer es un ángel. Él le pega, la maltrata física y mentalmente. Y tú, con toda tu perspicacia, has metido la pata hasta el fondo".

¡Así, pues, aquellos dos eran exactamente como parecían!, vocea Polgar, sorprendido de la circunstancia. "Qué extraño y doloroso desengaño —acota—. Aquella correspondencia entre lo externo y lo interno, entre lo superficial y lo profundo, me pareció una desagradable disonancia, cuya percepción me producía una leve sensación de vértigo. Así que es también un engaño que las apariencias engañen. ¿Cómo puede uno no hacerse un lío si ni siquiera las máscaras son auténticas máscaras, sino auténticos rostros?" Por lo demás, concluye Polgar, "resulta que aquella mujer experimenta un cierto placer en ser maltratada y que el hombre le hace ese favor. Y que es por amor que él no la quiere, ya que si él la amase ella no le amaría a él. La gente es, incluso en los peores tiempos de crisis, tan complicada..."

Sí, qué extraño que la gente sea tal como aparenta ser. Porque lo más natural es que las cosas sean precisamente al revés, y a nadie perturba ya estos engaños de los pareceres. A nadie. 🌿

Pierre Souvestre
(Francia, 1874-1914)

🌿 *¡El oficio de reportero me va perfecto!*

Dice John Ashbery que "desde el momento de su publicación, en febrero de 1911, *Fantomas* (y las treinta y una novelas en torno al personaje que rápidamente le siguieron) fue un fenómeno" cuya imperecedera popularidad se debe al hecho de que, tal como ha acotado Louis Chavance, "los surrealistas lo aceptaron en su cenáculo".

Ashbery, pese a que reconoce que como obra literaria "es francamente inferior", apunta que "lo más sorprendente acerca de las historias de *Fantomas* es el abismo existente entre su poco refinado estilo, apropiadamente revestido de prosa vulgar, y la profunda huella que ésta deja en la obra de poetas y pintores. En fecha tan temprana como 1912 Apollinaire fundó la Sociedad de Amigos de Fantomas (SAF); en 1914 escribió en el augusto *Mercure de France* acerca de 'esa extraordinaria novela, llena de vida e imaginación, escrita de manera poco convincente pero extremadamente gráfica. Desde el punto de vista de la imaginación, *Fantomas* es una de las obras más subyugantes que existen'. Y más tarde, Cocteau escribió sobre el 'absurdo y espléndido lirismo de *Fantomas*'. Es cierto que Apollinaire y Cocteau estaban, en palabras de un crítico, 'siempre temerosos de perder el tren'. Pero, ¿qué hay de espíritus más reservados como Max Jacob, miembro activo de la SAF, que escribió poemas sobre *Fantomas*; o Blaise Cendrars, que se refirió a la serie de *Fantomas* como 'la *Eneida* moderna', o Desnos, a cuyo poema 'Fantomas' puso música Kurt Weill? Por no hablar de Aragon, Colette, Raymond Queneau y Pablo Neruda, cuya admiración hacia el tremebundo héroe es bien conocida, como lo es la de los pintores Picasso, Juan Gris y Magritte".

Todo ello resulta, sí, desconcertante, "ya que es fácil exponer —dice Ashbery— argumentos en contra del 'absurdo y espléndido lirismo' de estos relatos. *Fantomas* era una *fleur du mal* que se había abierto tardíamente en una parra cuyas raíces se hundían hasta mediados del siglo XIX y antes, si incluimos el periodo gótico y a antepasados como Melmoth y Manfred. Pero *Fantomas* no sólo es un personaje, sobrenatural o no, sino también un lugar, una atmósfera, un estado de ánimo: esta tradición se remonta asimismo a Eugéne Sue y a sus *Mystéres de Paris* (1842-1843), y a Ponson du Terrail (1829-1871), cuyo héroe, *Rocambole*, dio origen al adjetivo rocambolesco, que todavía se emplea para describir algo inverosímil. En *Les Misérables* de Víctor Hugo hallamos los prototipos opuestos a *Fantomas*, mientras que el *Maldoror* de Lautréamont ha sido a menudo considerado el precursor de *Fantomas*, a pesar de que es improbable que sus autores, Allain y Souvestre, hubieran oído hablar siquiera de él". A finales del siglo XIX el género de la novela de terror, "con París a menudo como telón de fondo, alcanzó nuevas cotas con escritores como Maurice Leblanc (*Arséne Lupin*), Gaston Leroux (*Chéri-Bibi*) y el asombroso, recién descubierto y apropiadamente llamado Gustave LeRouge, autor de obras tan morbosas como *El misterioso doctor Cornelius* y *La guerra de los vampiros*".

Ashbery afirma, sin temor a equivocarse, que cualesquiera de estos escritores mencionados "son superiores a los señores Allain y Souvestre, incluso como fuentes de diversión popular. A pesar de todos sus crímenes, *Arséne Lupin* y *Chéri-Bibi* tienen su faceta compasiva a lo *Robin Hood*; ni siquiera *El Fantasma de la Ópera* de Leroux es un monstruo inhumano. Y está claro que los malos de LeRouge no tienen remedio, pero la atmósfera irreal de sus novelas atenúa el terror. Por el contrario, en *Fantomas* el terror casi se vuelve monótono. Realmente no posee ninguna cualidad positiva; la codicia y la venganza son sus principales motivaciones". Lo que maravilló a los surrealistas fue la aparatosidad de *Fantomas*, además de que el personaje "era algo más que la suma de las treinta y dos novelas de la serie original: era, ante todo, una imagen: la inolvidable imagen de un hombre enmascarado con una daga en la mano y alzándose meditabundo sobre París, tal vez inspirada en el famoso grabado de Félicien Rops: 'Satán sembrando cizaña'. El artista, un italiano llamado Gino Starace, no cesó de diseñar ilustraciones escabrosas para la portada de cada novela, y sin duda contribuyó en gran medida a su éxito".

Dice el documentado Ashbery, en el prólogo de la primera novela de este mítico personaje (reeditada en español, casi un siglo después de su fantástica aparición en 1911, por Mondadori, 324 páginas, en el año 2000), que "*Fantomas* fue la creación fortuita de dos inspirados folletistas que habían estudiado derecho antes de ingresar en el mundillo de escritores de pacotilla. Pierre Souvestre nació en una familia adinerada en la heredad de Keraval, en Bretaña, en 1874; tras ejercer un tiempo de abogado, al parecer se cansó de la profesión y se introdujo en el novedoso campo del periodismo automovilístico, primero en la revista *L'Auto* y más tarde en *Poids Lourds*, al tiempo que ejercía la crítica literaria en el periódico *Le Soleil*. Buscando un secretario se topó con Marcel Allain, un ingenioso joven casi diez años menor que él, que lo sorprendió al escribir un artículo de diecisiete páginas sobre un nuevo camión (el Darcq-Serpolet), del que no había oído hablar siquiera, en el espacio de dos horas. Así fue como empezaron a trabajar juntos, y muy pronto Allain fue nombrado director ejecutivo de *Poids Lourds* a la vez que escribía en *L'Auto* una columna firmada por Souvestre. La retirada de un anunciante de *L'Auto* dejó la revista con unas cuantas hojas en blanco que los ingeniosos autores se apresuraron a llenar con una serie 'hindú' llamada *Le Rour*. Ésta tuvo tal éxito que escribieron bajo seudónimo una parodia para otra publicación, también sobre vehículos: *Le Vélo*. Titulada *Le Four* ('El horno' o, en lenguaje popular, 'el fiasco'), llamó la atención del editor Arthéme Fayard, quien les encargó una serie de cinco novelas fantásticas con un tema común. El día siguiente a la reunión con Fayard se pusieron a pensar juntos y se les ocurrió un montón de ideas, pero ningún título; más tarde, en el Metro, a Allain se le ocurrió el nombre *Fantomus*. Souvestre lo anotó y posteriormente se lo enseñó a Fayard, quien se equivocó y leyó *Fantomas*, un accidente sin duda afortunado, ya que si *Fantomus* no es demasiado sugerente, *Fantomas* está por alguna razón rodeado de misterio".

Gracias a una fulminante campaña publicitaria, acota Ashbery, "la primera novela tuvo un éxito instantáneo, y las continuaciones, a menudo dictadas por los autores para ahorrar tiempo y a veces producidas en el espacio de un par de días, eran esperadas con una impaciencia que rivalizaba con aquella con que los franceses de clase alta aguardaban en tiempos de Luis XV la llegada de las primeras judías verdes de la primavera".

Souvestre murió en 1914. Allain, casado finalmente con la viuda de su amigo, sobrevivió hasta 1969 y escribió él solo once novelas más sobre *Fantomas*, así como una gran cantidad de obras efímeras sobre otros temas (dice Ashbery que en total fueron unas seiscientas novelas, ninguna memorable). El propio *Fantomas*, siniestro como nadie, ya había enterrado, incluso antes de que realmente fallecieran, a quienes le habían otorgado vida. Cuando se habla de *Fantomas*, nunca se menciona a sus autores: su vida es independiente de la de ellos.

En efecto, *Fantomas* es una novela inverosímil y rellena de absurdos, de prosa debilitada y soluciones ocurrentes. Tiene razón John Ashbery: su indudable estimación "entre la intelectualidad y la gente corriente no se justifica ni por la claridad o la fuerza del estilo; ni por su imaginación o su construcción extremadamente sencilla, con un solo clímax por volumen; ni por sus personajes sumamente convencionales y simplistas, incluido el del mismo *Fantomas*... cuyo carácter se reduce a su inclinación por las atrocidades y a su ética: la de un pequeño burgués que prefiere el crimen a los boliches".

Lo que atrajo a los surrealistas de *Fantomas* fue el "asombroso sentido de *genus loci*" que los autores le impregnaron a su protagonista: aunque los cinco personajes principales ("Fantomas", "Juve", "Fandor", "Lady Beltham" y "Hélène") "permanecen hieráticamente inmóviles en su relación con los demás, como si de las figuras de un friso románico se tratara, están, sin embargo, en constante movimiento, recorriendo los distintos paisajes del mundo en todos los medios de locomoción a su disposición. El efecto no es muy diferente al de un pasacalle, cuyo motivo subyacente e inmutable deja margen a la ornamentación superficial que puede hacer todo menos oscurecerlo". La facilidad con que *Fantomas* puede convertirse en un objeto fue advertida por el poeta Max Jacob, dice Ashbery, y Louis Feuillade logra plasmar dicha cualidad física en la pantalla con tal perfección que lo que un crítico ha escrito acerca de las películas de *Fantomas* podría aplicarse de igual modo a las novelas en sí. Feuillade, en palabras de Francis Lacassin, "había descubierto antes que Antonioni el secreto del *grisaille*. Había comprendido que nada era más hermoso que la poesía suburbana que emana de los adoquines mal encajados de las calles, de los barrios de la clase obrera, de un deprimente suburbio, silencioso y desierto, o de un terreno sin construir más allá del cual, a lo lejos, los perfiles borrosos de los edificios en obras se recortan contra el cielo". *Fantomas* puede convertirse en lo que sea, su capacidad camaleónica es, simplemente, admirable. A partir de esta pasmosa cualidad, Souvestre y Allain pudieron hacer lo que les viniera en gana: *Fantomas*, desde un principio, era, y es, inatrapable.

Charles Rambert tiene tres años de no ver a su padre, el gentil Étienne, un anciano corpulento, "de aire distinguido y orgulloso porte", cuya llegada coincide con el asesinato de la marquesa de Langrune en la misma mansión donde se hospeda Charles. Étienne, el padre afligido, descubre que ha sido su hijo el asesino por una toalla ensangrentada en su dormitorio:

—¿Y todavía lo vas a negar? ¡Desgraciado! ¡Miserable! ¡Aquí está la prueba fehaciente, irrefutable, de tu atroz fechoría! —le reprocha el padre—. Estas manchas de sangre están aquí para confirmarlo. ¿Aún puedes negarlo?

El hijo está desconcertado: él sabe que es inocente.

—¡Ay! —exclamó el padre, desesperado—. ¡Cómo me gustaría poder hacer constar, por el honor de nuestro apellido, por respeto a los que nos quieren, que hay en tu ascendencia una herencia fatal que te hizo irresponsable! ¡Ay, si la ciencia pudiese establecer que el hijo de una madre enferma...!

¿Así que su madre está enferma y no muerta, como el pobre Charles se había creído toda la vida? Étienne le confiesa que su madre está loca, hospitalizada en un centro para enfermos mentales. Eso habrá sido, seguramente, sugiere el padre: una espantosa alucinación, un momento de irresponsabilidad.

Aquí es donde aparece el detective Juve, comisionado para esclarecer el misterioso asesinato, y otros crímenes que se irán suscitando a lo largo de la historia (crímenes sin explicación, muertes irrazonables, asesinatos nomás porque sí), quien, con lentitud, va atando los cabos hasta dar con el paradero del célebre asesino: Fantomas. Y sus argumentos, contra lo que pudiera pensarse, son demasiado sencillos. Descubre que Charles Rambert, aconsejado por su padre Étienne, está disfrazado de mujer para ocultar su identidad, y lo descubre porque quiso seducir, inútilmente, a la joven quien, para librarse del acoso sexual, le propinó un puñetazo (una hermosa dama no puede golpear de ese modo, caviló entonces Juve). Busca a Charles y le dice que él sabe que no es culpable de las muertes que le achacan... porque ya se han sumado otras, aparte del de la marquesa. Su razonamiento es contundente:

—Si tú eres inocente de los casos de que te acusan —dice Juve—, es infinitamente probable que Fantomas sea el culpable.

El joven Charles le simpatiza. Por eso, en un arranque de generosidad, le propone:

—Vas a cambiar de nombre y vas a alquilar un cuarto amueblado. Después de vestirte de forma conveniente, ven a verme y yo escribiré una nota para uno de mis amigos, que es secretario de redacción en un gran periódico vespertino. Eres un muchacho instruido. Sé que eres activo. Te gusta todo lo que tiene relación con la policía. Te veo abriéndote camino sin problemas, y rápidamente además, como reportero. Así te crearás una personalidad honesta, conocida, respetada. ¿Qué te parece?

Charles no lo puede creer.

—Es usted demasiado bueno —le dice a Juve—. ¡El oficio me va perfecto!

El inspector policiaco cortó en seco las efusiones del muchacho y le tendió un fajo de billetes.

—Aquí tienes algo de dinero —dice el detective—; ya es hora de que durmamos un poco tanto tú como yo. Ocúpate de tu alojamiento y de instalarte. Quiero que en quince días te hayas convertido en redactor de *La Capitale*.

Ahí mismo, en ese instante, bautizó a Charles Rambert como Jérome Fandor... apellido que conserva la primera sílaba de Fantomas... porque Juve ha descubierto que el padre de Charles, el anciano Étienne, no es otro sino... el propio Fantomas, el mismo que enloqueciera a su madre. Fandor, sin haber nunca escrito nada previamente, se convierte en un excelente periodista.

—¿Quieres que te diga una cosa? —dijo el detective Juve—. Si en la carrera que has escogido [y aquí Souvestre y Allain olvidan, como muchas otras cosas a lo largo de su novela, que el joven Rambert no escogió su carrera sino le fue impuesta por el policía] continúas demostrando la misma intensidad e inteligencia, te convertirás, y rápidamente, te lo aseguro, en el primer periodista policía de nuestra época.

Juve, generoso y vidente que es, le augura esta cosa por el solo hecho de haberlo seguido sin que el detective se hubiera percatado de su sigilosa persecución: ¡el joven, en su desmesurada ingenuidad, creía que Juve era Fantomas! Por eso lo vigilaba noche y día. Pero Fantomas ya era otro personaje: de ser un anciano musculoso pasaba a ser el galán Gurn, amante de *lady* Beltham y asesino de *lord* Beltham, que se escabulle de todos lados corrompiendo con suma facilidad a sus carceleros, huyendo con mil máscaras de la justicia. Por algo, Souvestre y Allain terminaban una novela en dos horas: Fantomas es inapresable, sus infinitas ocurrencias e ingeniosidades lo libran de Juve, al grado de convertir su literatura no en una vibrante narrativa policiaca sino en relatos involuntariamente humorísticos, dignos de la historieta, del cómic más inexpresablemente inverosímil. Quizás por eso lo aceptaron con beneplácito los surrealistas: porque daban por hecho su irreal perfil. Porque ni Souvestre ni Allain se creyeron en serio las heroicidades de su apócrifo héroe. 🍒

Thomas Mann
(Lübeck, Alemania, 1875 / Zurich, Suiza, 1955)

🍒 *Cuando los ciegos no escucharon*

En otoño de 1940 la BBC de Londres preguntó al afamado novelista alemán Thomas Mann, Premio Nobel de Literatura en 1929, si querría dirigir a sus compatriotas, por medio de su emisora y a intervalos regulares, breves alocuciones en las cuales comentaría los acontecimientos de la Primera Guerra Mundial. "Como el gobierno nazi me había quitado toda posibilidad de acción intelectual en Alemania —apunta Mann en el prólogo a su libro *¡Escucha, Alemania!,* vertido al español por primera vez, en traducción de Juan José Utrilla Trejo, en una coedición de Colibrí y la Secretaría de Cultura poblana—, no creí que debiera desaprovechar esta ocasión de establecer contacto (por muy frágil y difícil que esto fuera y, desde luego, a espaldas del gobierno) con el pueblo alemán y con los habitantes de los territorios sometidos. Mis palabras no serían retransmitidas desde América por onda corta sino desde Londres por onda larga y, por consiguiente, serían recibidas con ayuda del único tipo de aparato receptor que el pueblo alemán fue autorizado a poseer. Además, resultaba tentador volver a escribir en mi idioma, pues lo que yo escribiría se oiría en su forma original, en alemán. Acepté enviar mensajes mensuales y después de algunos ensayos pedí que mis alocuciones se prolongaran de cinco a ocho minutos."

En un principio los textos de Mann, enviados por cable desde Los Ángeles, eran traducidos y leídos por un operador londinense, pero al final los receptores acabaron oyendo la propia voz del literato que los grababa en un disco, que a su vez se retransmitía por teléfono a Londres en otro disco que entonces se hacía sonar frente a los micrófonos. "Me escuchan más personas que las que se habría podido esperar —escribió Mann en su prólogo, redactado en 1942—, no solamente en Suiza y en Suecia sino también en Holanda, en el Protectorado checo y en la propia Alemania.

La audiencia la demuestran los 'ecos' que recibimos desde esos países, los cuales nos llegan cifrados de la manera más extraña." La prueba más concluyente de que Mann era atentamente escuchado ("prueba a la vez alentadora y repugnante", confesó el novelista) es que en un discurso pronunciado en una taberna de Munich "el propio führer ha hecho alusión inequívoca a mis alocuciones y me ha citado por mi nombre como uno de aquellos que tratan de levantar al pueblo alemán contra él y contra su sistema. 'Pero esa gente', bramó Hitler, 'se equivoca de medio a medio: el pueblo alemán no es así, y aquellos que son así se encuentran, gracias a Dios, tras las rejas'."

Mann fue, sin duda, un intelectual consecuente con su pensamiento y su obra. Nacido en la provincia alemana de Lübek en 1875, se opuso al fascismo desde su aparición y por ello tuvo que verse obligado a exiliarse en Suiza en 1933. Los nazis, tres años después, le quitaron la ciudadanía alemana (¡a esos grados de idiota intolerancia llegaban los nazis, como si con esa acción burocratizada negaran el hecho del nacimiento de Mann!), pero ya en 1938 radicaba en Estados Unidos y se naturalizaba norteamericano en 1944, ante el azorado conocimiento de Hitler, para retornar a la Suiza europea en 1952, a los 77 años de edad, lugar donde moriría en 1955. Cuando Hitler se refirió a Mann en su discurso en aquella taberna, el autor de *Muerte en Venecia* (1912) escribió que "de esa boca [la del belicoso alemán] ha salido tanta basura que yo experimento un ligero sentimiento de asco al oírle pronunciar mi nombre. Y, sin embargo, esta declaración es inapreciable para mí, aunque su absurdo sea evidente. El *führer* ha expresado, a menudo, su desprecio al pueblo alemán, su convicción de que ese pueblo está poseído por la cobardía y el servilismo, de que es manifiesta la estupidez de esta raza de hombres y su aptitud ilimitada para dejarse engañar. No obstante, cada vez que habla de esto ha omitido explicarnos cómo ha logrado ver, al mismo tiempo, en los alemanes a una raza de 'señores' destinada a dominar el mundo. ¿Cómo un pueblo que psicológicamente está establecido que jamás se levantará, ni siquiera contra él, puede ser una raza de 'señores'?"

Y es que, en su justo momento, Mann jamás calló. Siempre dijo lo que pensaba y lo dijo admirablemente en voz alta y de frente. "¿Qué será del continente europeo —decía en noviembre de 1940—, qué será de la propia Alemania si la guerra dura tres y aun cinco años más? Eso nos preguntamos aquí y eso se pregunta sin duda, con pesar, el pueblo alemán. La miseria hoy imperante sólo nos da un tenue barrunto de lo que vendrá. ¿Y por qué tiene que ser así? ¿Por qué un puñado de estúpidos destructores trata de utilizar el proceso de desarrollo económico y social por el cual pasa nuestro mundo para una insensata y anacrónica campaña alejandrina de conquista mundial? Es claro lo que sucederá al final de esta guerra: el comienzo de la unificación del mundo, la creación de un nuevo equilibrio de libertad y de igualdad, la salvaguardia de la dignidad individual en el marco de las exigencias de la vida colectiva, la supresión de la soberanía de los Estados nacionales y la edificación de una sociedad más libre, de pueblos más responsables ante todos, con iguales derechos e iguales deberes."

Los editores de la versión en español han elaborado, acuciosamente, antes de cada discurso de Mann, un breve recuento de los acontecimientos bélicos para ubicar, con mayor precisión, la cronología discursiva: Hitler, desde el comienzo, parecía avanzar en sentido contrario de toda la lógica humana. Su insania era por demás visible: películas como *El pianista*, de Roman Polanski, o *Amén*, de Costa-Gavras, vuelven a corroborar la demencia de aquel nazi maniático que deseaba apoderarse del mundo... con una pequeña ayuda de algunos debilitados amigos, tal como la sede papal, como lo quiere demostrar Costa-Gavras en su aterradora y lenta cinta: ¿cómo es posible que una masa numerosa se pusiera a las enceguecidas órdenes de un militar perturbado?

De eso se sorprendía Mann. En la Navidad de 1940 su alocución radiofónica consistió en cuestionar a sus compatriotas sobre cómo pasar dichos días bajo la sujeción de un chiflado. "¿Me dirán cómo compaginar estos hechos con las bellas y viejas canciones que hoy vuelven a cantar con sus niños? ¿O ya no las cantan? ¿Se les ha ordenado que en lugar de 'Noche de paz, noche de amor' canten los sanguinarios himnos del Partido que, siendo una mezcla de artículos de periodicuchos y murmullos del arroyo, elevan a un oscuro pillastre a la condición de héroe mítico? No dudo de que le obedecerían, pues su obediencia es ilimitada y, se los digo francamente, se vuelve más imperdonable cada día. Ilimitada e imperdonable es su fe o, mejor dicho, su credulidad. Le creen a un miserable impostor y falso héroe." La guerra se dio, en efecto, no sólo por las locuras de un psicópata sino por la creencia de sus fanatizados seguidores...

La primera edición del libro, dadas las fascistas circunstancias, no pudo ser leído en Europa, ya que fue publicado sólo en Nueva York en septiembre de 1942. Perentoriamente impreso por H. Wolf, el volumen es la recopilación de 25 urgentes alocuciones radiofónicas de un total de 59 que hiciera Thomas Mann en el periodo de octubre de 1940 a mayo de 1945, emitidas todas ellas, por fin, en Estocolmo en agosto de 1945, cuando la guerra afortunadamente había ya acabado. Pese a su importancia intelectual, curiosamente (porque en efecto es una curiosidad que no se haya otorgado relevancia literaria a los trascendentales discursos antibélicos de Mann) el libro nunca fue traducido al español. "Con el paso de los años —apuntan los editores de Colibrí (¿Sandro Cohen en concreto, el director editorial de dicha casa bibliográfica?)—, y sepultado bajo la enorme producción narrativa y ensayística de Thomas Mann, este libro 'curioso' casi desaparece por completo del mapa literario. Así, para las generaciones que vieron la luz a partir de los años cincuenta, sobre todo para las de habla española cuyos padres llegaron a la madurez durante la Segunda Guerra Mundial, este libro de Thomas Mann se convirtió en el secreto mejor guardado de las bibliotecas: fuera de Alemania, casi nadie lo comenta."

Tal vez esto se deba, subraya el editor de Colibrí (¿Sandro Cohen, él mismo judío y por lo tanto interesado personalmente por todo aquel intento irracional de exterminio nazi?), "al hecho de que no se trata de ensayos formales o la novelización del problema del fascismo, tal como la vemos, por ejemplo, en *Mario y el mago* o en *Doctor Faustus*, donde se percibe la progresiva destrucción de la cultura alemana gracias a las dos guerras. Además, en los años cincuenta el mundo estaba mucho más ocupado en su reconstrucción que en leer los ruegos de un escritor exiliado, dirigidos a un pueblo vencido, su propio pueblo". Aun así (y se podría aseverar que precisamente debido a ello), "hay muchas razones para editar ¡Escucha, Alemania! en estos momentos —se acota en el prólogo de este importante libro de Mann—. No sólo porque se trata de las palabras de uno de los escritores más grandes de Occidente. No sólo porque refleja fielmente la angustia extrema de un hombre que observa, de lejos y con impotencia, cómo una ideología totalitaria (el nacionalsocialismo, en este caso) puede carcomer y destruir sin piedad lo mejor de una nación. Publicamos este libro porque, después de todo, el mundo no ha cambiado tanto. Los nombres de los países son otros, los de sus líderes también. Pero hace falta recordar lo que sucedió entre 1933 y 1945, cómo lo permitimos, lo que hizo falta para detenerlo y, especialmente, el daño irreparable que nos hizo a todos sin excepción".

No hace falta, por supuesto, mencionar los nombres de quienes hoy, con su deschavetado razonamiento, si es que podemos atrevernos a decir que es "razonamiento", dominan el mundo y deciden, porque sí, quién es el que está con Dios y quién con el Diablo. "Una vez más, en varios países y continentes diversos —se dice en el prólogo a la edición mexicana de 2003, a 58 años de aquella publicación europea y a 61 de la versión estadounidense— ha resucitado el dragón de la intolerancia racial y religiosa. De nuevo hemos sido, y somos, testigos de guerras de exterminio y expansión (*lebensraum* en la jerga nazi), y la práctica de fabricar 'razones' para invadir y ocupar países soberanos (*pre-emptive invasion* en la jerga norteamericana actual)." De modo que las palabras de Thomas Mann, "lejos de parecernos ociosas o lejanas, vuelven a cobrar la inmediatez de aquellos años cuando el escritor exhortaba a sus compatriotas a protestar, a resistir a todo aquel que pisoteara los derechos del hombre en nombre de una supuesta superioridad racial que no fue sino la máscara ideológica de quienes deseaban disfrazar, como heroísmo, su pequeñez, avaricia, crueldad, sadismo y deseo infinito de poder".

Mann no se cansó en adjetivar a aquel ambicioso hombre llamado Hitler. Lo denominó de diferentes formas (miserable, impostor, falsificador, insensato, bufón, abominable, endeble cerebro, fanático, cobarde, grotesco, cruel, débil, estúpido, brutal, tenebroso, enfermo, fraude, saqueador, falsario, violador, necio, mentiroso, malvado, furioso, corrupto, mico infame, perverso, fanfarrón, repugnante, bestia, indignante. desvariado, hombre de acostumbrados ladridos, granuja, incalificable sujeto, desvergonzado, perro rabioso, morboso, desenfrenado, exterminador, degenerado, saco de falsedades, cínico, atracador, asesino, nuevo Genghis Kan, idiota, ilustre plumífero, engañador, loco, hombre de afanosa rapiña y sinónimo de horror, sanguinario cómico de la legua, lamentable, alma descarriada, mentecato, satánico, megalómano, chulo literario de la violencia, asqueroso, sangrienta nulidad de hombre, minusvalía intelectual y moral, alma de mentiras sin luz, alma de sastre en el fondo, estropeador de la palabra y el pensamiento, individuo ignominiosamente malogrado y apenas dotado de cualquier sucia fuerza sugestiva, mortífero loco, comicastro de la grandeza, imbécil, harapiento espantajo, diabólica porquería) y se refirió a él con el mayor desprecio que un hombre puede tener hacia otro hombre. Y no se arrepintió nunca de ello. Ni tenía porqué. El 30 de abril de 1945, tras haber mandado asesinar a un número aproximado de seis millones de judíos (68 por ciento de los judíos radicados en Europa, según el porcentaje final tras el inefable Holocausto), Hitler se suicida porque se sabe perdido, no por ningún orgullo militar ni nada que se le parezca —porque hay suicidios dignos, como el de Salvador Allende en Chile, que nada tiene que ver con esa muerte contra sí mismo que se perpetró Hitler cuando se percató que sus sueños imperiales se venían drásticamente abajo, no sin antes dar la orden de la "solución final" que significaba acabar de una vez por todas con la "raza judía" que ensombrecía a la "fina" casta aria. "Cuán distintas habrían sido las cosas si Alemania se hubiera liberado a sí misma —dice Mann en su último discurso radiofónico, del 8 de noviembre de 1945—. Si entre ustedes hubiera estallado la revolución salvadora entre 1933 y 1939, ¿creen que yo habría esperado el segundo tren y que no habría tomado el primero para volver a casa? Pero era imposible. Todo alemán lo dice, y así se debe creer. Se debe creer que un pueblo de alto nivel, de 70 millones de almas, en determinadas circunstancias no puede hacer otra cosa que soportar durante seis años un régimen de sangrientos granujas al que detestaba en lo más profundo de su alma, régimen que llevó a cabo una guerra que ese pueblo reconocía como verdadera locura, y durante otros seis años debió aplicar lo máximo, toda su inventiva, valentía, inteligencia, amor a la obediencia, puntualidad militar; en suma, toda su fuerza para ayudar a ese régimen al triunfo y con ello a su permanencia eterna." Así tuvo que ser, "y súplicas como la mía", dice Mann con verdadera tristeza, verdadera decepción, "fueron totalmente superfluas". Los ciegos, efectivamente, "no escucharon". Y la historia es una y la misma secuencia sucesiva... 🌱

Rainer Maria Rilke

(Praga, Checoslovaquia, 1875 / Montreux, Suiza, 1926)

🌱 *El barón de la angustia*

"¿De modo que aquí vienen las gentes para seguir viviendo? —comienza Rainer Maria Rilke su célebre libro *Los apuntes de Malte Laurids Brigge*, publicado en 1910—. Más bien hubiera pensado que aquí se muere. He salido. He visto hospitales. He visto a un hombre tambalearse y caer. Las gentes se agolparon a su alrededor y me evitaron así ver el resto. He visto a una mujer encinta. Se arrastraba pesadamente a lo largo de un muro alto y cálido y se palpaba de vez en cuando, como para convencerse de que aún estaba allí." En abril de 1981 Marcelo Cohen anotaba en la revista barcelonesa *Quimera* que el citado libro de Rilke es un volumen "nervioso, imperfecto y provocador donde hay viejos que sienten la presencia física de la muerte, menos inquietantes que se tienden desde rincones ocultos, objetos que cobran vida propia y copian las malas costumbres de los humanos, encajes que conservan el amor paciente e ilimitado de las muchachas que los hilaron, y la constatación de que lo terrible habita cada partícula del aire. El Malte alienta a ver lo invisible, añora los momentos aurorales de la infancia, ensancha nuestra comprensión y despierta un pavor agudo a no realizar ese esfuerzo de la visión que nos salve de quedar anclados en el mundo de las apariencias. También, según reconoció el mismo Rilke, acaba por demostrar que la vida es imposible".

Doce años más tarde de la edición de *Los apuntes de Malte*, en el castillo de Muzot el poeta concluía, y se dice que de una tirada, sus *Elegías de Duino* y los *Sonetos a Orfeo*, sus dos obras por las cuales es prácticamente conocido en el mundo. Entonces, sus visiones se modificaron. En una carta a su traductor Witold Hulewicz le decía que "sólo la aceptación y celebración de la muerte permite afirmarse en la vida, la máxima conciencia de nuestro existir reside en ambos dominios ilimitados y se nutre inagotablemente de ambos". Marcelo Cohen puntualizaba: "En las *Elegías* la imagen se asienta apasionadamente en lo pasajero y terrenal; esa pasión, que es dolor, comunión y aspiración de altura, borra la sensación de caducidad, reconoce francamente nuestra condición inacabada y permite que los *Sonetos a Orfeo* queden como la palabra más feliz cantada por este barón de la angustia".

En su *Historia trágica de la literatura*, Walter Muschg comenta que Rilke es la voz mágica de lo natural, pero su voz hereda del cantor sólo la eufonía seductora, no la desesperación. Y a propósito de una nueva edición, en 1980, de las *Elegías de Duino* (Lumen, en traducción de José María Valverde), Marcelo Cohen coincidía con Muschg: "El Rilke de las *Elegías* cumpliría su vieja aspiración de hacer cosas a partir del miedo. El logro, después de los años de la guerra, sobrevendría gracias al alejamiento hacia la vida desnuda, sensual y no enclaustrada en la pestilencia de las ciudades. Pero si ahora había una entidad terrible, el Ángel, que estaba frente al hombre para recordarle que no conoce el otro lado, hasta la misma nostalgia se resolvía en pureza. Es como si en el trayecto que lo llevó de su novela [*Los cuadernos de Malte*] a las *Elegías*, Rilke hubiera alcanzado un máximo de conciencia de existir, a costa de uno de los dos horrores que hostigaban a Malte: el del sufrimiento cotidiano". Por algo, Cohen intituló su artículo "El último aristócrata del canto".

Pues bien, en México apareció el libro de las *Elegías de Duino* (Ediciones sin Nombre, Juan Pablos y la Ponciano Arriaga de San Luis Potosí, 1997) en traducción de Félix Dauajare. En el prólogo, José María Espinasa dice que "la obra de Dauajare no ha recibido la atención que se merece por parte de la crítica, pero no se puede decir que sea desconocida. Algunos de sus libros más importantes fueron publicados en los años sesenta y setenta por el Fondo de Cultura Económica, e incluso fueron traducidos al francés y al inglés. Recientemente, con la publicación de su poesía reunida en un solo volumen: *La vida del relámpago*, ha llamado la atención de los lectores y suscitado no pocos comentarios entusiastas. No es la única sorpresa que depara su pluma, pues a lo largo de los años su curiosidad y su interés de lector lo llevó a traducir, en diversas publicaciones periódicas de su natal San Luis Potosí, a distintos poetas y pensadores. En 1981 la revista *Cuadrante* de la Universidad Autónoma de San Luis publicó en una separata las *Elegías de Duino* que hoy se reeditan". Espinasa indica, a propósito del volumen del cual es su editor, que "ni la traducción más reciente es la mejor ni se está siempre retraduciendo, [sino] se dan oleadas que funcionan como un termómetro literario. Comparando algunas versiones de las *Elegías* se ve claramente escenificado el dilema tan discutido: hacer en el idioma propio lo que el autor hizo en su idioma. Menudo problema: saber qué hizo Rilke para el alemán y saber qué sería hacer eso en español. (...) Por eso no está mal imaginar una versión cubana de este texto o una jarocha o una potosina. Este constante asedio no sólo significa traducir sino también leer desde distintos ángulos, y va rindiendo frutos, de manera paralela a los trabajos de hermenéutica sobre el autor que la crítica va desarrollando".

Y lo que hace Félix Dauajare (1919-2011), sencillamente, es entregarnos un Rainer Maria Rilke más próximo, más nuestro. Aunque esta sencillez sea, sobre todo, debido al dominio límpido que el poeta potosino posee del arte complejo de la traducción.

> Todo ángel es terrible. Y, sin embargo, ¡ay de mí!,
> los canto, casi mortales pájaros del alma,
> sabiendo acerca de vosotros. ¿Dónde están los días de Tobías,
> cuando uno de los resplandecientes estaba de pie en el sencillo portal,
> un poco disfrazado para el viaje y ya no más terrible?
>
> (Joven al joven, cómo miraba curiosamente hacia afuera.)
>
> Si ahora el arcángel, el peligroso, detrás de las estrellas
> diera un paso solamente hacia abajo y hacia acá: nos mataría,
> cayendo, el propio corazón. ¿Quién sois? 🍐

Jack London
(San Francisco, Estados Unidos, 1876 / Glen Ellen, 1916)

🍐 *Accidentes necesarios*

Relatos de los mares del sur (tomo 23 de la colección Millenium) lo publica Jack London en 1911, cinco años antes de que decidiera acabar con su vida. Son cuentos de la Polinesia, donde también anduviera este generoso aventurero. "No hay duda de que las Salomón forman un grupo de islas difíciles —dice London—. Por otro lado, hay lugares peores en el mundo. Pero para el inexperto que no posee la comprensión adecuada de los hombres y de la vida salvaje, las Salomón pueden resultar terribles. Es cierto que la fiebre y la disentería son una amenaza constante, que abundan las repugnantes enfermedades de la piel, que el aire está saturado de un veneno que penetra en cada poro, corte o rozadura, implantando úlceras malignas, y que muchos hombres fuertes que escapan de la muerte vuelven hechos una piltrafa a sus países. También es cierto que los nativos de las Salomón son una tribu salvaje, con un buen apetito por la carne humana y una manía por coleccionar cabezas también humanas. Su instinto de actividad deportiva más alto es atrapar a un hombre por la espalda y darle un buen hachazo que le corte la columna vertebral por la base del cerebro. Es igualmente cierto que, en algunas islas como Malaita, son la moneda de intercambio y las de los blancos son extremadamente valiosas. Muy a menudo, una docena de poblados recauda un fondo, que van engrosando luna tras luna, hasta que llega un momento en que algún valiente guerrero presenta la cabeza de un hombre blanco y gana el premio".

Sin embargo, hay hombres que añoran estar ahí. "Para vivir mucho tiempo en estas islas —confirma London, que vivió una temporada en esos infiernos a principios del siglo XX—, un hombre necesita sólo tener cuidado y suerte, pero también ha de ser de una determinada manera. Tiene que llevar el marchamo [distintivo] del inevitable hombre blanco impreso en el alma. Tiene que ser inevitable. Tiene que tener un noble descuido ante las adversidades, una cierta presunción colosal y un egoísmo racial que le haya convencido de que un blanco es mejor que mil negros cada día de la semana, excepto el domingo, en que sería capaz de aniquilar él solo a dos mil negros". Sí, hay un cierto aroma de discriminación en sus palabras, pero hay que ubicarnos en la época, donde aún el colonialismo y la esclavitud eran puntas del iceberg histórico: el odio entre las razas era acentuado y demasiado visible (¿cuándo iban a imaginarse aquellos hombres que Estados Unidos sería presidido y representado por un negro, cosa que ocurrió un siglo después?). "¡Ah!, y una cosa más —recalca London, como previniéndonos de que no se trataba de un mal chiste sobre la intolerancia—: el blanco que desee ser inevitable no sólo debe despreciar a las castas inferiores y pensar únicamente en él mismo, sino que debe carecer también de una excesiva imaginación".

Luego de esta necesaria introducción, London se adentra por fin en la anécdota de su relato, negro relato (acaso por su involuntario cruel humor), "Las terribles Salomón", la tercera de las cinco impecables narraciones que contiene el breve libro, de apenas 94 páginas. En esos confines del horror todas las muertes son accidentes inevitables. "Sí, Swartz fue demasiado terco —cuenta el contramaestre Jacobs, del barco *Arla*, a Bertie Arkwright, un hombre excesivamente sensible como para merodear por las Salomón—. Verá, se llevó a cuatro hombres de su tripulación a Tulagi para que fueran azotados, oficialmente, ya sabe, y después volvió con ellos en el bote ballenero. Hubo una pequeña tormenta, el bote volcó y el único que se ahogó fue

Swartz. Naturalmente, fue un accidente". Johnny Bedip casi tuvo el mismo tipo de accidente: "Volvía con muchos hombres a los que había hecho azotar y éstos le hicieron volcar. Pero sabía nadar tan bien como ellos y dos de los hombres se ahogaron. Utilizó una madera del bote y un revólver. Por supuesto, fue un accidente". Bertie Arkwright escuchaba atento, con estupor simulado. "Bastante corrientes, estos accidentes —remarcó el capitán del *Arla*, Hansen—. ¿Ve al hombre del timón, señor Arkwright? Es un caníbal. Hace seis meses, él y el resto de la tripulación ahogaron al que entonces era el capitán del *Arla*. Lo hicieron en cubierta, señor, justo en popa, junto al palo de mesana", y le señalaron el sitio preciso donde se desarrolló la vileza. Los caníbales usaron un hacha para acabar con la vida del distraído capitán. "Se ahogó accidentalmente", subrayó Hansen.

—¿Esta misma tripulación? —preguntó, acalorado, Arkwright.

El capitán intervino, quejoso:

—Aquí no tenemos ninguna protección. El gobierno siempre protege al negro frente a los blancos. No puedes disparar primero, pues el gobierno te considerará un asesino y te enviará a Fiji. Es por eso que hay tantos accidentes por ahogo.

Antes de bajar a cenar, el capitán dio una orden de despedida al contramaestre:

—No le quites el ojo de encima a ese demonio negro, Auiki. Ya hace días que no me gustan sus miradas.

Ya degustando el excepcional menú nocturno, el capitán seguía refiriendo al inquieto Arkwright las aventuras carnívoras entre negros y blancos cuando, en ese momento, "se oyó un repentino juramento del contramaestre, que estaba en cubierta, y un coro de salvajes gritos. Se escucharon tres disparos de revólver y, a continuación, un fuerte chapoteo. El capitán Hansen se dirigió, rápidamente, hacia la escalerilla y los ojos de Bartie se quedaron fascinados al verle desenfundar cuando saltó. Él salió más circunspecto, dudando antes de sacar la cabeza por la barandilla de la escalera. Pero no ocurrió nada. El contramaestre temblaba de excitación, con el revólver en la mano". Nada, no había pasado nada, sólo uno de los nativos se había caído por la borda y no sabía nadar.

—¿Quién era? —preguntó el capitán.

—Auiki —fue la respuesta.

—Pero yo creo haber oído disparos —dijo Bertie Arkwright, temblando de ansia.

El contramaestre se echó sobre él aullando:

—¡Es una maldita mentira! No ha habido un solo disparo. El negro se ha caído por la borda.

El capitán Hansen miró a Bertie con los ojos fijos, inexpresivos.

—¿Disparos? —dijo el capitán Hansen, como soñando, y preguntó a su derredor si alguien había oído un solo maldito disparo.

—Ni un tiro —replicó el contramaestre Jacobs.

Entonces, el capitán miró a su invitado triunfalmente y añadió:

—Evidentemente, un accidente. Vayámonos abajo, señor Arkwright, y acabemos de cenar.

Ya en tierra, Arkwright fue testigo de otras aventuras indecibles. Mientras planeaba el capitán con el dueño de la plantación cómo controlar a los negros que habían tomado las armas, Bertie los oía delante de los platillos extendidos en la mesa. Como detestaba el arroz con curry, se conformó el visitante con una apetitosa tortilla. Casi había acabado el plato cuando Harriwell, el preocupado administrador de la plantación, se sirvió de la misma tortilla. Probó un bocado y lo escupió vociferando atrocidades contra el cocinero.

—Ya es la segunda vez —dijo uno de los ayudantes.

—¿La segunda vez qué? —preguntó Arkwright.

—Veneno —fue la respuesta—. Voy a colgar a ese cocinero.

El corazón se le fue al suelo a Arkwright.

—Llenaré de grilletes al cocinero Wi-wi —furfulló Harriwell—. Afortunadamente, lo hemos descubierto a tiempo.

Más tarde, después de escuchar Arkwright dos claros disparos de escopeta, otro ayudante del administrador, Brown, entró al comedor, cargando su arma, y se sentó a la mesa.

—El cocinero ha muerto —dijo—. Fiebre, un ataque repentino.

Al otro día, Arkwright declinó pasar una tarde más en tierra. Zarpó en el *Arla*, aún vivo más envenenada su alma por mirar tanto accidente repentino pero calculadamente artero.

Y, vamos, eso no sólo ocurre en la Polinesia. Sino en todos lados, aunque los países no sean exóticos. Aquí mismo sucede. Ahí están, por ejemplo, los inevitables (y "necesarios", tal como remarcaba Gustavo Díaz Ordaz) "accidentes" del 2 de octubre de 1968, donde no ocurrió, nunca, ningún asesinato masivo sino, sencillamente, una turba sufrió un inesperado percance, un silenciado accidente... y todos los capitanes de ese barco que es México así lo han escuetamente asumido, aunque ahora, vergonzosamente, se digan sorprendidos.

Siempre que acontecen las Olimpiadas de Invierno en las nieves de distintos países, recuerdo a Jack London, el escritor que ha contado, como nadie, la vida en los abismos de la frialdad, ese solitario californiano que se suicidó a los 40 años de edad para dar fin a un capítulo plagado de aventuras (después de todo, el personaje literario central de London era él mismo) y de bonachona rebeldía, que se hizo construir un lujoso rancho para albergar, con excesiva generosidad, a sus amigos que carecían de las más elementales necesidades. A pesar de su infancia desbalagada, cuyo padrastro obligó a trabajar desde la adolescencia, London se destacó, muy joven, por su excepcional don narrativo.

"Ocho años como vendedor callejero de periódicos, barrendero, buscador de oro en Alaska, marinero, cazador de focas, obrero de una fábrica de conservas, empleado de una lavandería, estudiante en la Universidad de Berkeley, corresponsal de guerra —se apunta en el breve prólogo de *El silencio blanco* (Aguilar, 1995)—. Sus lecturas de las teorías marxistas lo convirtieron, por un tiempo, en un convencido socialista, lo que le hizo dar varias veces con sus huesos en la cárcel. Pero al mismo tiempo que se mostraba partidario de la igualdad universal entre los hombres, admiraba profundamente al hombre excepcional que dominaba y se imponía a los demás y a la naturaleza." London hizo dinero rápidamente con sus libros: con *El lobo de mar* (1903) ganó, en unos cuantos meses, la fabulosa cifra de, para inicios del siglo XX, cuatro mil dólares; *Colmillo blanco* (1907), acaso la más conocida de sus obras, también le redituó una cantidad excesiva. Pero así como ganó carretadas de dinero (se dice que los 50 libros que escribió le acarrearon a su cuenta bancaria más de un millón de dólares), así lo dilapidaba en un abrir y cerrar de ojos. London no se guardaba un quinto delante de sus amigos. Lo que era suyo, era también de los demás. "En 1913 sus novelas habían sido traducidas a once idiomas y estaba considerado como uno de los más populares y ricos escritores de su tiempo, a la vez que 'ángel vengador' de los pobres y rebelde frente a todas las normas y prejuicios impuestos por la gente adinerada." Pero el 22 de noviembre de 1916 decidió poner fin a su vida, llevándose consigo las razones de tal inesperada determinación.

Viajero audaz, London describe la magnificencia del reino de las nieves. "La naturaleza dispone de mil medios para recordar al hombre que es mortal —dice London—: el ritmo incesante de las mareas, el desencadenamiento de las tempestades, los terremotos, el fragor terrorífico de la borrasca, despliegan a este respecto una gran fuerza de convicción. Pero nada es más prodigioso, nada más pasmoso, que la demostración inerte del gran silencio blanco. Todo está inmóvil, el cielo se despeja y adquiere tonos cobrizos; el menor murmullo es experimentado como una profanación. El hombre, entonces, se vuelve temeroso y se espanta de su propia voz. Adquiere conciencia de ser el único destello de vida en medio de esta muerta inmensidad; su audacia lo confunde; advierte que no es más que una lombriz y que su existencia no tiene precio. Extraños pensamientos atraviesan el desierto de su espíritu; se siente anonadado por el misterio. La muerte, Dios, el universo, lo oprimen de angustia; y se vuelca a esperar otra vida más allá de su resurrección. Aspira a una inmortalidad que rompa las cadenas de su yo cautivo. Es entonces, o no lo será jamás, cuando el hombre avanza a solas con Dios."

El pavoroso silencio blanco. Es magnífica la descripción del vacío gélido. En ese cuento, incluido en el libro *El hijo del lobo* (1900), Malemute Kid es testigo de la muerte de su amigo Mason, el esposo de Ruth, también presente en la catástrofe. Los tres atravesaban las tierras heladas de Alaska, a menos de 25 grados. Mason se inclinó "para ajustarse los cordones aflojados de uno de sus mocasines. Los trineos se detuvieron y los perros se tendieron en la nieve sin el mínimo murmullo. Ni un soplo se esbozaba entre los troncos deshojados endurecidos por el hielo; una calma perfecta, el silencio y el frío habían coagulado la naturaleza. Una especie de suspiro cruzó el espacio. Ellos lo sintieron más que escucharlo, señal imperceptible en el seno del vacío inmóvil. Había llegado la hora de que aquel gran árbol, sobrecargado por la nieve y los años, desempeñase su papel en el drama de la vida. Cuando Mason escuchó el siniestro crujido, ya era demasiado tarde. Intentó incorporarse y, una vez de pie, recibió el formidable impacto sobre los hombros".

Malemute Kid había tenido cien ocasiones de afrontar el peligro imprevisto o la muerte fulminante, dice London, pero nunca imaginó ver el derrumbamiento de un árbol en las espaldas de su amigo. "Las agujas del pino alcanzadas por la caída de aquel gigante se agitaban todavía cuando él ya se apresuraba dando órdenes y atareándose. La joven india no se había desvanecido y tampoco lanzaba grititos histéricos como, sin duda, habrían hecho sus hermanas de raza blanca. Obediente a Malemute Kid, cargaba todo su peso sobre una palanca con el hacha. El acero resonaba con claridad contra el tronco helado y cada golpe era acompañado (¡ah!) por la fuerte respiración del leñador".

La indecible soledad de las regiones frías. Sólo London, que la vivió, podía contárnosla. A partir de la agonía de Mason, el escritor estadounidense nos interna en el alma de cada uno de sus tres personajes. "Ruth no había opuesto ninguna resistencia a la última voluntad de su marido. ¡Pobre mujer! Desde siempre había sabido obedecer; desde muy pequeña había aprendido a inclinarse ante los amos de la creación. Delante de ella las mujeres habían actuado así; ni siquiera sospechaba que pudiese actuarse de otro modo. Kid le dejó que expresase su dolor cuando se inclinó para abrazar a su marido, costumbre que, por otra parte, no conocían las mujeres de su pueblo. Luego la condujo hasta el trineo y le ayudó a ajustarse los patines. Pasiva, instintivamente, ella cogió el látigo con una mano, la otra sujetaba la larga vara de conducción, y consiguió poner en movimiento el trineo". Sólo entonces Malemute Kid volvió junto a su amigo. "Cuando Ruth hubo desaparecido de su vista, se puso en cuclillas ante el fuego y permaneció largo rato aguardando, con la esperanza de que su camarada lanzase finalmente el último aliento. No constituía una sensación agradable el encontrarse solo con sus pensamientos en medio del gran silencio blanco. La noche suele ser misericordiosa; su calma protege y parece murmurar palabras apaciguadoras. Pero el silencio blanco, reluciente, claro y frío como el acero de la bóveda celeste, ¡ese silencio carece de piedad!"

Un poco antes Mason le había pedido que cuidara a su mujer, que no la hiciera retornar con los suyos, con los indios, porque ella, desde hacía ya seis años, había aprendido "a degustar el puerco, las judías, la harina, los frutos secos. ¿Querrías que volviese a su pescado salado?" Mason esperaba a su primer hijo, y esto lo atormentaba demasiado. Por eso le pedía a su amigo que no la abandonara. ¿Quién más si no Malemute Kid podría encargarse del futuro que ya no le pertenecía a Mason? Por más de cinco años los dos hombres y la mujer, fiel compañera de Mason, habían hecho una vida en común "por los ríos y los caminos, con los senderos que había que trazar por la nieve; cinco años en los campos, las minas, con mil veces la muerte, el hambre, la inundación, habían forjado una sólida amistad". Pero ahora uno tenía que despedir al otro, y para siempre, y no tenía que demorarse si no quería ser muerto también por ese ensordecido y bello, pero criminal, silencio blanco. ❧

Sherwood Anderson
(Camden, Ohio, Estados Unidos, 1876 / Colón, Panamá, 1941)

❧ *¿Quieres ser escritor?*

Decía Sherwood Anderson que, "en todo grupo de escritores jóvenes, es inevitable toparse con los que quieren escribir y los que simplemente quieren ser escritores. Éstos anhelan, según parece, lo que piensan es una peculiar distinción que proviene de ser escritor. Es de lo más extraño". Creía el estadounidense, sí, "en un tipo de distinción que, me temo, es siempre un poco falsa y que se da en muy pocos casos; pero en realidad en estos tiempos hay demasiados escritores. Están por todas partes; imposible huir de ellos".

Recuperado el artículo por Horacio Heredia para la revista *(Paréntesis)* —ya desaparecida— en su número cuatro, el correspondiente al mes de marzo del año 2000, Sherwood Anderson, ya desde las primeras décadas del siglo XX, ironizaba sobre el supuesto estatus del literato. En el texto, intitulado "¿Así que quieres ser escritor?", retrata, con fina mordacidad, la secreta soberbia y la gratuidad superficial del oficio literario: "Y arrancas. Comienzas a conocer mucha gente. Probablemente pienses, en lo más íntimo de tu ser, que todo el mundo te conoce. Olvidas que, como escritor, para ser eso que se llama una celebridad, una de cada cien mil personas debe haber oído siquiera una vez tu nombre. Todo indica que has estado juntándote demasiado con gente de tu misma especie".

Asombra la actualidad de su crónica pese a haber sido escrita quién sabe cuándo (porque la dirección —a cargo de Aurelio Asiain— de esta revista literaria prescinde de los importantes detalles: el lector no sabe de dónde, luego, se extraen los artículos, ni por qué se publican uno detrás de otro, encarrerados, sin ninguna aparente línea editorial, un cuento y una entrevista y tras un poema un ensayo de un autor latino y detrás de un acercamiento a las artes plásticas, nada más porque sí, prosiguen algunas fútiles cancioncillas de geishas cuya única virtud fue haber nacido en Japón que es el ilustre país creador de los haikús), quién sabe de qué año exactamente data la crónica literaria, digo, porque no hay ninguna especificación del caso, pero uno supone que fue escrito en los años veinte, en la madurez del oficio de Sherwood Anderson: "Buscas gente y la gente te busca. Ya te codeas con los llamados intelectuales. Recién impreso tu último libro, el editor, pensando que con una estrategia como ésa despegarán las ventas, ha enviado una copia preliminar a varios escritores. Y escribe: 'Le enviamos por correo un adelanto de lo que será la más reciente novela del Sr. Musgrave. Creemos que es un gran libro. Si coincide con nosotros, por favor escriba'. O bien podría ser la novísima novela de la señorita Ethel Longshoreman. Todo parece indicar que, en estos días, son las mujeres las que más y más se dedican a hacer nuestras novelas. Creo que lo hacen en lugar de casarse, y tal vez sea a causa del desempleo que hay entre los hombres. No lo sé. Como quiera que sea, es un hecho".

El texto pudo haber sido escrito ayer mismo. Vea el lector si no: "Y cuando te toca, ni modo. Piensas: 'Si no alabo el libro de él o de ella, él o ella no alabarán el mío'. Y lo común es que nunca leas el libro, que se lo acabes dando a tu suegra para que ella lo lea. Ese es, por ejemplo, mi sistema. El hecho es que has llegado a pensar que todo el mundo debe conocerte. Has consultado a muchos escritores y ellos te han dicho que tu libro está 'bien'. Te dicen que tienes un 'estilo maravilloso' o cosas semejantes, y tú debes corresponder al halago, diciendo mil linduras de sus libros, tal como lo esperas. Quiero decir, ya sabes, haciéndote el encantador, llamando la atención a donde quiera que vayas".

Los escritores, decía con honesto cinismo el buen Sherwood Anderson, "nos aprovechamos de cualquiera que se deje" (porque se dicen a sí mismos que están "más allá del bien y del mal"), como con los "proveedores", así llamados por el propio autor norteamericano: "Los narradores adoramos a estos hombres. Van por la vida contando pequeñas anécdotas de lo que les ha ocurrido. Están imposibilitados para escribir historias, pero pueden contarlas. Pon una pluma en sus manos y verás cómo a las historias les salen alas y se van volando". En la granja de Sherwood Anderson trabajaba un hombre que era una especie de Cuentacuentos: "¡Qué de historias contaba! Estos hombres tienen una cierta candidez: pueden contemplar toda su vida con mirada nítida. Te cuentan las más maravillosas historias de lo que sienten, de lo que han hecho, de lo que les ha pasado. Todo lo cuentan con mucha claridad. Ese hombre trabajó para mí sólo un verano, pero acabé ganándomelo. Obtuve infinidad de delicadas historias, todas escuchadas de sus labios, mientras trabajábamos juntos o, mejor, cuando él trabajaba y yo me sentaba a mirarlo, y en determinado momento corría a la casa a escribir las historias tal como él me las había contado. Pero fui un tonto. Al final del verano le confesé lo que había estado haciendo, y él comenzó a tenerme miedo. O pensó que yo estaba ganando mucho a cambio de nada. Debí haber mantenido la boca cerrada. Perdí a un buen proveedor. Las historias que ahora estará contando a otros las perdí, y todo por mi culpa. Así que ahí estamos, los escritores. Vamos alegremente por la vida, jactándonos de poder leer a las personas como un hombre común y corriente lee las páginas de un libro. Pero la mayor parte del tiempo estamos sin hacer nada".

Sin embargo, la gente sigue consultando a los escritores.

—¿En qué está trabajando ahora? —preguntan, pero el escritor "no está trabajando en nada, le duele una muela y necesita que se la empasten, se está preguntando dónde conseguirá dinero para comprar un auto nuevo. No está trabajando en nada, pero sabe lo que se espera de él. Se espera que esté realizando una tarea portentosa". Por eso, cuando le preguntaban a él en qué estaba trabajando ahora, solía responder con monumentalidades:

—Estoy haciendo una historia de la guerra civil norteamericana...

Porque eso suena muy edificante y académico. Entonces, "en los ojos de la gente aparece una mirada de asombro y temor reverencial".

—¡Qué hombre! —piensan, y es maravilloso. "A ratos —escribió Sherwood Anderson— casi me convenzo de que realmente estoy en una tarea portentosa."

Ocasionalmente alguien dice que los escritores son grandes, y es difícil, siendo escritor, no creérselo, "y si te convences de que es pura palabrería, entonces eres miserable, y por partida doble".

Perfecta y hermosa desmitificación del escritor, la suya. 🦋

Giovanni Papini
(Florencia, Italia, 1881-1956)

🦋 *Escribe el creyente, no el biógrafo*

A los 40 años de su edad, de los 75 que vivió, el italiano Giovanni Papini se convirtió al catolicismo de una manera diríamos fanatizada (por no decirle extremista creyente), al grado de que, al año de incorporarse férreamente a esta religión, escribió *Jesús de Nazaret* (Biblioteca ABC), un libro que levantó en su momento una desmesurada polémica sobre todo por el tono sacerdotal en que el autor europeo se sumergió en su escritura. Parecieran, sus casi 400 páginas, el sermón magnífico vertido desde el púlpito por el párroco en su homilía dominical. Porque en esta biografía el literato se difumina para dar paso al devoto pensador que niega a los que no comulgan en el mismo altar. No se dedica sólo a contarnos quién fue Cristo sino, además, regaña —y se enfada con severidad— a los lectores que no estén afiliados al cristianismo. "Puercos", por ejemplo, es uno de los adjetivos innobles con el que zarandea a los que no aman al nazareno. Y no se detiene, ni por caridad, en sus insultos, continuos e inflamados, a todos aquellos que tuvieron "la fortuna" de estar cerca del Señor sin haberlo comprendido. Con los apóstoles es intransigente. Dice que su desconfianza a Cristo es sencillamente imperdonable, como si hubiera sido cualquier cosa estar al lado de un hombre que, de sólo cinco panes, los multiplicara para repartirlos de modo equitativo a cinco mil hombres, tal como dicen que lo hizo.

Por supuesto Giovanni Papini escribe sobre Cristo dos milenios después, cuando el catolicismo es una religión ya establecida, no cuando está por fundarse. El desconcierto, la admiración, la ofuscación, la turbación y el inmovilismo pudieron haber sido normales en el tiempo de Cristo porque, por razones comprensibles, es más fácil creer lo que ya sucedió, es menos arduo tratar de explicarse los milagros cuando ya no es posible observarlos, es incluso menos complicado —en lugar de estudiar juiciosamente el presente— tratar de analizar el pasado. "Miles de pobres han seguido a Jesús a un lugar desierto —dice Papini—, lejos de las aldeas. Hace tres días que no comen: tanta es el hambre del pan de vida de sus palabras. Pero al tercer día Jesús se apiada de ellos (hay mujeres y niños) y ordena a sus discípulos que den de comer a la multitud. Pero no tienen sino unos cuantos panes y unos cuantos peces, y son miles de bocas. Entonces, Jesús los hace sentarse a todos en tierra, sobre la hierba verde, en grupos de 50 y de ciento; bendice la poca comida que hay; todos se sacian, y sobran cestas de vitualla".

Ha de haber sido asombroso, incomprensiblemente asombroso. Pero como Papini, cientos de años después, está cierto de que se trataba de Cristo —el fundador de una de las religiones más extendidas en la Tierra—, puede explicar con mayor seguridad el hecho. "Si confrontamos las dos multiplicaciones —dice—, advertiremos un hecho singular. La primera vez los panes eran cinco y las personas cinco mil, y quedaron 12 espuertas de sobra. La segunda vez, los panes eran siete (dos más), las personas cuatro mil (mil menos), y al cabo sobraron sólo siete espuertas. Con menos pan se calma el hambre de más gente y sobra más; cuando los panes son más, se satisface a menos personas y queda menos. ¿Cuál es el sentido moral de esta proporción a la inversa? Cuanto menos comida tengamos, más podremos distribuir. Lo menos da lo más. Si los panes hubiesen sido menos, se hubiese saciado el doble de gente, y se tendrían más sobras. Si con cinco panes se ha satisfecho a cinco mil personas, con un pan sólo se calmaría el hambre de cinco veces más gente. El verdadero pan, el pan de la verdad, satisface tanto más cuanto menos hay."

Lo cual, evidentemente, es también, como todas las acciones y palabras de Cristo, una hermosa metáfora (porque, vamos, ¿cómo puede satisfacer un pan cuando no lo hay?). Porque metafórica fue prácticamente toda su vida. Desde el mero inicio. "El lugar más sucio del mundo fue la primera habitación del más puro entre los nacidos de mujer —dice Papini—. El Hijo del Hombre, que debía ser devorado por las bestias que se llaman hombres, tuvo como primera cuna el pesebre donde los brutos rumian las flores milagrosas de la primavera. No nació Jesús en un establo por casualidad. ¿No es el mundo un inmenso establo donde los hombres engullen y estercolizan? ¿No cambian, por infernal alquimia, las cosas más bellas, más puras, más divinas en excrementos? Luego se tumban sobre los montones de estiércol, y llaman a eso *gozar de la vida*". Dice Papini que cuando Cristo nació entre los hombres, "los criminales reinaban, obedecidos, sobre la Tierra". Uno era Octaviano, "contrahecho y enfermizo", el amo de Occidente, y el otro era Herodes, "uno de los más pérfidos monstruos salidos de los tórridos desiertos de Oriente, que ya habían engendrado más de uno, horribles a la vista". Enterado de que había nacido un rey de Judea, Herodes "ordenó que fuesen muertos todos los niños de Belén" Favio Josefo calla esta última hazaña del rey, mas, "quien había hecho matar a sus propios hijos —se pregunta Papini—, ¿no era capaz de suprimir a los que él no había engendrado?" Jesús se salvó de esta masacre efectuada por el "hediondo y sanguinario viejo". Su destierro en Egipto fue breve, mas "los evangelios canónicos no dan noticias de estos años; los apócrifos dan, quizás, demasiadas; pero casi difamatorias".

Se sabe de él nuevamente hasta los 12 años, cuando María se da cuenta de que en la caravana que regresaba de Jerusalén (donde asistían cada año a la fiesta del Pan sin Levadura, en recuerdo de su salida de Egipto) no estaba con ellos su pequeño hijo, al que va a encontrar, tres días después, en el templo de Jerusalén rezando junto con personas mayores. "¿Por qué nos has hecho eso? —preguntó su madre, afligida—. Mira que tu padre y yo, doloridos, andábamos en busca tuya." Y Jesús, indolente al sentimiento de María, indiferente a su dolor, respondió: "¿Por qué me buscaban? ¿No sabían que debo ocuparme en las cosas de mi Padre?", lo cual dejó más preocupada aún a su madre, lo mismo que a su padre. "Y ellos no comprendieron lo que les había dicho", se apunta razonadamente en el Evangelio. Pero nosotros, dice Papini, "después de tantos siglos de experiencia cristiana, podemos comprender aquellas palabras, que parecen, a primera vista, duras y orgullosas". Y no, no parecen "duras y orgullosas" a primera vista, sino que lo son. Nadie se ha preocupado de los dolores profundos de María y de José, a quienes su hijo drásticamente hizo a un lado por proseguir su camino proselitista.

—¿Por qué me buscan? ¿Acaso no saben que yo no puedo perderme, que a mí no me perderá nunca nadie, ni siquiera los que me entierren? Yo estaré siempre donde haya alguien que crea en mí —dice el creyente Giovanni Papini que respondió Jesús, Papini el creyente, ya no el biógrafo—, aunque no me vea con los ojos —cosa que así ocurrió, en efecto, durante los siguientes 18 años porque otra vez nada se sabe de Jesús sino hasta los 30, cuando se presenta a los hombres oficialmente ya como Hijo de Dios...

Papini asegura que "el no saberse nada de la vida de Jesús de los 12 a los 30, los años precisamente de la adolescencia viciable, de la juventud acalorada y fantaseadora, ha hecho pensar a algunos si en ese tiempo habría sido, o se consideraría al menos, por tal, pecador como los demás". Sin embargo, el creyente Papini —nunca el biógrafo, que desaparece del mapa bibliográfico—, tal como dictan los cánones religiosos, en seguida acota: "Lo que sabemos de los tres años que le quedan por vivir no da ningún indicio de esta presunta inserción de la culpa entre la inocencia del principio y la gloria del fin. En Cristo no existen ni siquiera apariencias de conversión. Sus primeras palabras tienen el mismo acento que las últimas: el manantial de que proceden es claro desde el primer día; no hay fondo turbio ni poso de malos sedimentos". Y si bien todos estos años borrados de la historia, donde Jesús no aparece por ningún lado, son justamente los que dan pie, o pueden dar pie, a la invención mítica del personaje, es asunto que a los cristianos los tiene, sencillamente, sin cuidado. Porque, dicen, la fe es más grande que la historia, y así lo constata Papini en cada página de su libro: aquel que no cree en Cristo —¿para qué soportar ingratos cuestionamientos?— es un demonio.

Antes de Jesús, y ésta sí es una novedad teórica de Papini, nadie había hablado del amor hacia sus semejantes. "El mundo antiguo no conoce el amor —resalta el italiano—. Conoce la pasión por la mujer, la amistad por el amigo, la justicia para el ciudadano, la hospitalidad para el forastero. Pero no conoce el amor. Zeus protege a los peregrinos y a los extranjeros, y al que llama a la puerta del griego no le será negado un pedazo de carne, una taza de vino y un lecho. Los pobres serán albergados, los enfermos serán asistidos, los llorosos serán consolados con bellas palabras; pero los antiguos no conocerán el amor, el amor que sufre y se sacrifica, el amor hacia los que sufren y son abandonados; el amor hacia la pobre gente, hacia la gente despreciada, pisoteada, maldita, desamparada; el amor que no hace diferencia entre ciudadano y extranjero, entre bello y feo, entre el delincuente y el filósofo, entre hermano y enemigo". Lo que reina en la cabeza de Sócrates, por ejemplo, "es el pensamiento de la justicia, no el sentimiento del amor: en ningún caso el hombre justo debe hacer el mal, pero, tengámoslo en cuenta, por respeto a sí mismo, no por afecto al enemigo: el malo debe castigarse por sí mismo o de otra manera lo castigarán después de muerto los jueces infernales". El alumno de Platón, Aristóteles, volverá tranquilamente, dice Papini, a la antigua idea: "El no resentirse por las ofensas —dirá en la Ética a *Nicómaco*— es propio de un hombre vil y esclavo".

En el último canto de la *Ilíada*, recuerda Papini, apreciamos "a un viejo lloroso, a un padre que besa la mano de un enemigo, del más terrible enemigo, del que le ha matado a sus hijos y hace pocos días al hijo más querido. Príamo, el viejo rey, jefe de la ciudad profanada, dueño de muchas riquezas, el padre de 50 hijos, está arrodillado a los pies de Aquiles, el mayor héroe y el más infeliz de los griegos, el hijo de una mitológica diosa del mar, el vengador de Patroclo, el matador de Héctor". Pero, advierte Papini, "en el beso de Príamo no hay perdón, no hay amor. El rey se humilla a los pies de Aquiles porque, solo y enemigo, quiere obtener una gracia difícil y fuera de uso. Pero Aquiles no llora sobre Héctor muerto, ni por Príamo lloroso, por el poderoso que ha tenido que humillarse, por el enemigo que ha tenido que besar la mano del homicida. Llora por el amigo perdido, por Patroclo, caro para él sobre los hombres todos".

Empero los negadores de Jesús, dice Papini, "para hacer creer que el cristianismo existía antes de Cristo, han encontrado también un rival a Jesús en Roma, en los mismos palacios del César: Séneca", quien "habría sido cristiano sin saberlo en los mismos años de la vida de Cristo". Porque, rebuscando en sus obras, harto copiosas ("y muchas fueron escritas después de la muerte de Jesús, porque Séneca esperó a suicidarse hasta el año 65"), han encontrado que "el sabio no se venga sino que olvida las ofensas" y que "para imitar a los dioses hay que hacer el bien aun a los ingratos, porque el sol brilla también sobre los malos, y el mar soporta a los corsarios" e incluso es menester socorrer a los enemigos con mano amiga". Mas, dice Papini, el "olvido" del filósofo no es el "perdón", y el "socorro" puede ser beneficencia, "pero no es amor". Porque "de este amor ninguno habló antes de Jesús —reitera el autor italiano—: ninguno de los que hablaron del amor. No se conoció este amor hasta el Sermón de la Montaña". Dicho amor, así como las oraciones todas de Jesús, no contienen literatura, tampoco "pretensiones ideológicas, sin jactancia y sin servilismo". Porque, a diferencia de los grandes hombres —que no necesariamente hombres buenos— que han hecho la historia, Jesús (bueno, al igual que Sócrates, que de no haber sido por Platón ninguna idea de aquél hubiese sobrevivido) no escribió una sola línea acerca de sus profecías, y la única vez que lo hizo el viento, parsimonioso, la borró para extinguirla con prontitud. En Jerusalén, cuenta Papini, "Jesús se encuentra frente a frente con una mujer: la adúltera. Una caterva voceadora la empuja hacia adelante. La mujer, oculto el rostro con las manos y los cabellos, está frente a él sin hablar. Jesús ha enseñado la unidad perfecta del esposo y de la esposa y detesta el adulterio. Pero detesta todavía más la vileza de los espías, el encarnizamiento de los despiadados, el impudor de los pecadores que quieren constituirse en jueces del pecado. Jesús no puede defender a la mujer que ha desobedecido bestialmente la ley de Dios, pero tampoco quiere condenarla porque sus acusadores no tienen derecho a pedir su muerte. Y se inclina a la tierra y escribe en el polvo con la punta del dedo. Es la primera y última vez que vemos a Jesús humillarse en esta mortificante operación. Nadie ha sabido nunca lo que escribió en ese momento ante aquella mujer que temblaba en su vergüenza como una cierva alcanzada por una jauría de perros malos. Escribió precisamente sobre la arena para que el viento se llevase las palabras que los hombres tal vez no hubieran podido leer sin miedo".

Después, ante la inconformidad de la turba, pronunció aquellas famosas palabras: "El que esté libre de pecados, arroje la primera piedra contra ella".

¿Qué habrá escrito Jesús?

Como no se dice que asistiera a ninguna escuela, algunos intelectuales —y con ellos George Steiner— se han atrevido a pensar que tal vez Cristo no pudo haber aprendido a escribir, y esto dicho sin ningún afán de gratuita iconoclasia.

Fue muerto, Jesús, a petición de los mismos judíos, y resucitado, dicen los evangelistas, a los tres días. Y quien no crea en estas verdades, dice a su vez Papini, es un "ebrio", un "desfigurado", un "imbécil", un "ser excrementicio" y no sé cuántos preclaros y benignos adjetivos más... 🌱

Stefan Zweig
(Viena, Austria, 1881 / Petrópolis, Brasil, 1942)

🌱 *La locura intelectualizada del ajedrez*

Así como para Lushin, el personaje de *La defensa* de Vladimir Nabokov, la vida es una partida de ajedrez, en *Una partida de ajedrez* el doctor B, personaje de Stefan Zweig, se desquicia si la vida no es —y valga la triple redundancia— como una jugada perfecta de ajedrez. Así como Patrick Süskind en su cuento "Un combate" hace intervenir a una persona que mueve las piezas por corazonadas pero cimbra al círculo selecto de ajedrecistas, en la noveleta de Zweig (editada por el Conaculta en su colección "Clásicos para Hoy", número 29) el doctor B juega de acuerdo en sus lecturas ajedrecísticas, no contra su contrincante.

"En *Una partida de ajedrez* —comenta Rodolfo Bucio en el prólogo— encontramos a un típico personaje zweigiano: el doctor B es un austríaco que se mueve en el mundo de la corte (pues un tío suyo es médico de cabecera del emperador), abogado prominente que lleva asuntos confidenciales de miembros destacados del clero y el gobierno. Al invadir los nazis su país, es apresado. Dada la relevancia de la información que puede proporcionar, se convierte en un prisionero importante. Es recluido en un hotel, donde recibe una tortura particular: estar aislado, sin ver ni hablar más que con sus interrogadores. El doctor B es, en sus propias palabras, 'un esclavo de la nada'. En medio de esa locura, el ajedrez surge como un bálsamo. Gracias al hurto de un libro donde se reseñan partidas famosas, el doctor B aprende y luego repasa una y otra vez, hasta llegar a estados febriles, los encuentros de varios campeones mundiales. Su mente encuentra en el ajedrez el asidero que lo salva de una locura para sumirlo en otra."

Para desarrollar esta atractiva idea literaria, Zweig inventa una trama igualmente fascinante: en un trasatlántico rumbo a Buenos Aires, en el que viaja el aparentemente apacible doctor B, viaja también Mirko Czentovic, campeón mundial de ajedrez que acaba de recorrer Estados Unidos, de este a oeste, y ahora se dirige a Argentina "en procura de nuevos triunfos". Aproximadamente un año atrás, narra Zweig, "Czentovic se había colocado de repente a la altura de los más expertos maestros consagrados del arte del ajedrez, como Alekhine, Capablanca, Tartakower, Lasker, Bogoljubow; desde la presentación, en el torneo de Nueva York de 1922 del niño prodigio de siete años llamado Reshewski, nunca la entrada brusca de un jugador absolutamente desconocido en el glorioso gremio había despertado una sensación tan unánime. Porque las dotes intelectuales de Czentovic no parecían augurarle una carrera tan brillante. No tardó en revelarse el secreto y difundirse la noticia de que el flamante maestro del ajedrez era incapaz, en su vida privada, de escribir una frase sin faltas de ortografía, en el idioma en que fuese, y, según el decir burlón y rencoroso de uno de sus colegas, 'su ignorancia era en todas las materias igualmente universal' ".

Czentovic era hijo de "un paupérrimo remero del Danubio del mediodía eslavo, cuya barca fue echada a pique una noche por una lancha a vapor cargada de cereales". El párroco del apartado lugar, en un acto de piedad, recogió al niño de doce años y "se esforzó honradamente para compensar a fuerza de paciencia lo que el niño, avaro de palabras, apático y de ancha frente, no era capaz de aprender en la escuela de la aldea". Pero cómo miraba el niño, cómo retenía, a escondidas de todos, las partidas de ajedrez que veía jugar al párroco con el sargento de gendarmería, y en una ocasión en que le pidió el párroco que terminara la partida, ya nadie detuvo a ese niño prodigio, ahora joven silencioso, de pocas palabras, introvertido, malhumorado incluso, que rodaba por el mundo enriqueciéndose con sus estrategias ajedrecísticas.

Enterados en el barco de que con ellos viajaba el campeón mundial, un grupo de amigos invitó al famoso ajedrecista (mediante 250 rigurosos dólares que exigía Czentovic dada su estatura internacional) a jugar una partida con ellos. "Al hombre le asiste toda la razón del mundo cuando fija esos precios —explicaba a sus amigos McConnor, quien pondría sin dificultad el pago al campeón—; en todos los oficios, los más entendidos son a la vez los mejores comerciantes... Mirándolo bien, ¿cuántas veces he perdido más de 250 dólares en una tarde en nuestro club? Para jugadores de 'tercer orden' no es vergonzoso quedar vencidos por un Czentovic." Dicho y hecho. Al otro día los amigos se enfrentaban con el lucido estratega, que los barría literalmente... hasta la aparición, también prodigiosa, del doctor B, que dirigió a los amigos con una portentosa defensa hasta llevarlos a las tablas con el sorprendido campeón. Viendo la destreza del recién conocido, McConnor no tuvo empacho en desembolsar más dinero, de tal modo que al otro día enfrentaría a ambos asombrosos contendientes.

Antes de la confrontación, Zweig refiere la torturante historia del doctor B que con el libro hurtado modificó su vida "porque el juego del ajedrez posee la magnífica ventaja de no agotar el cerebro, pese al esfuerzo mental más intenso, pues reduce el empleo de las energías espirituales a un campo estrechamente limitado, aguzando más bien la agilidad y elasticidad de la mente". El doctor B memorizó las 150 partidas de campeones mundiales incluidas en el libro, al grado de posesionarse de él "otra" persona con la cual arremetía imposibles estrategias. Tan ensimismado estaba en su obligado encierro el doctor B con sus teorías ajedrecísticas que sufrió una "irritación aguda de los nervios", lo que lo liberó de la perfidia hitleriana, ocupado entonces en la invasión a Checoslovaquia, por lo que dejaba en paz momentáneamente a Austria.

Pero la "crisis del ajedrez" estaba ya muy bien instalada en la cabeza del hombre.

Crisis que vino a presentarse nuevamente en la partida contra Czentovic porque el doctor B, simplemente, no estaba jugando contra Czentovic sino contra aquellas magistrales partidas memorizadas en la lectura del libro hurtado, que lo salvara efectivamente de una locura para sumergirlo definitivamente en otra... la locura intelectualizada del ajedrez. 🌰

Franz Kafka
(Praga, Checoslovaquia, 1883 / Kierling, cerca de Viena, 1924)

🌰 *Insectos, simios, animaladas*

En su edición del año 2001 de *La metamorfosis*, la barcelonesa Galaxia Gutenberg incluyó el oportuno comentario de Vladimir Nabokov (1899-1977), entomólogo de formación, que procede de su libro *Curso de literatura europea*, una recopilación de sus conferencias sobre las obras maestras de las letras universales. "Naturalmente, por profundo y admirable que sea el análisis de una narración, de una obra musical o un cuadro, siempre habrá espíritus que se queden indiferentes y espinas dorsales que no se inmuten —apunta Nabokov—. 'Asumir nosotros el misterio de las cosas', como dice tan sagazmente el rey Lear refiriéndose a él y a Cordelia, es lo que yo sugiero también a todo el que quiera tomarse el arte en serio. A un pobre hombre le roban el gabán (*El abrigo*, de Gogol); otro pobre diablo se convierte en escarabajo (*La metamorfosis*, de Kafka); ¿y qué? No hay una respuesta racional a ese '¿y qué?' Podemos descomponer la historia, podemos averiguar cómo encajan sus elementos, cómo una parte del esquema se corresponde con otro; pero tiene que haber en nosotros cierta cédula, cierto gene, cierto germen que vibre en respuesta a sensaciones que no se pueden definir ni desechar."

Nabokov detesta la recurrente idea freudiana en el relato de Kafka: "Sus biógrafos, como Neider en *El mar helado* (1948), sostienen que *La metamorfosis* se basa en las complejas relaciones de Franz Kafka con su padre, y en su perenne sentimiento de culpa; afirman además que, en el simbolismo mítico, los hijos están representados por bichos, cosa que dudo, y deducen que Kafka utiliza el símbolo del insecto para representar al hijo, según estos postulados freudianos. El propio Kafka era extremadamente crítico en cuanto a estas ideas. Consideraba el psicoanálisis (y cito sus palabras) 'un irremediable error', y veía las teorías de Freud como cuadros muy aproximados, muy rudimentarios, que no hacían justicia a los detalles o, lo que es más importante, al meollo de la cuestión". Aclarado el asunto, el autor de *Lolita* pasa a hacer un minucioso examen de *La metamorfosis*.

Entomólogo que fue, comienza por el fundamental inicio: ¿en qué insecto se ha convertido el pobre Gregorio Samsa, ese oscuro agente viajero de comercio? "Por supuesto —dice Nabokov—, es de la especie de los artrópodos, a la que pertenecen las arañas, los ciempiés y los crustáceos. Si las 'numerosas patas' a que alude el principio son más de seis, entonces Gregorio no sería un insecto desde el punto de vista zoológico. Pero supongo que un hombre que se despierta tumbado de espaldas y descubre seis patas agitándose en el aire puede imaginar que son suficientes como para decir 'numerosas'. Por lo tanto, supondremos que Gregorio tiene seis patas, y que es un insecto." La siguiente cuestión es averiguar qué clase de insecto. "Los comentaristas dicen que una cucaracha —dice Nabokov—; pero esto, desde luego, no tiene sentido. La cucaracha es un insecto plano de grandes patas, y Gregorio es todo menos plano: es convexo por las dos caras, la abdominal y la dorsal, y sus patas son pequeñas. Se parece a una cucaracha sólo en un aspecto: en su color pardo. Aparte de esto, tiene un tremendo vientre convexo, que sugiere unos élitros. En los escarabajos, estos élitros ocultan unas finas alitas que pueden desplegarse y transportar al escarabajo millas y millas en torpe vuelo. Aunque parezca extraño, el escarabajo Gregorio no llega a descubrir que tiene alas bajo el caparazón de su espalda (ésta es una observación más que quiero que atesoren toda su vida —advierte Nabokov—: algunos Gregorios, algunos Pedros y Juanes, no saben que tienen alas). Además, posee fuertes mandíbulas. Utiliza estos órganos para darle la vuelta a la llave de la cerradura, erguido sobre sus patas traseras, sobre el tercer par (un fuerte par de patas), lo que nos da una idea de la longitud de su cuerpo: unos noventa centímetros". Nabokov dice que en el texto original alemán, la vieja asistenta le llama, a Gregorio, *mistkäfer*, que significa "escarabajo estercolero". Sin embargo, "es evidente —aclara el entomólogo Nabokov— que la buena mujer añade el epíteto con intenciones amistosas. Técnicamente, no es un escarabajo estercolero. Es sólo un escarabajo grande (debo añadir que ni Gregorio ni Kafka lo ven con excesiva claridad)".

No se queda ahí Nabokov. En realidad hace un portentoso desmenuzamiento del relato, examina muy de cerca la transformación. "El cambio, aunque tremendo y horroroso, no es tan singular como podría suponerse a primera vista. Un comentarista apegado al sentido común (Paul L. Landsberg en *The Kafka problem*, 1946) explica que 'cuando nos acostamos en una cama rodeados de un ambiente extraño tenemos propensión a experimentar un momentáneo desconcierto al despertarnos, una súbita sensación de irrealidad; experiencia que debe de acontecerle una y otra vez a un viajante de comercio, ya que esta forma de vida le impide adquirir un sentimiento de continuidad'. La sensación de realidad depende de la continuidad, de la duración. Al fin y al cabo, despertar como insecto no es muy distinto de despertar como Napoleón o como George Washington (yo he conocido a un hombre que se despertó creyendo que era el emperador de Brasil). Por otro lado, el aislamiento y la extrañeza ante la llamada realidad son en definitiva características constantes del artista, del genio, del descubridor. La familia Samsa que rodea al insecto no es otra cosa que la mediocridad que rodea al genio."

El análisis literario de Nabokov es asombroso (halla 27 determinantes escenas en tres actos) y encuentra, además, elementos que podrían pasar completamente inadvertidos al lector, como la importancia, por ejemplo, del número tres en la obra: "Tres puertas dan a la habitación de Gregorio. La familia consta de tres personas. Aparecen tres criadas en el curso de la narración. Hay tres huéspedes, con barba los tres. Los tres Samsa escriben tres cartas"... y se apresura Nabokov a aclarar que procura siempre no exagerar en el valor de los símbolos: "Porque una vez que separamos un símbolo del núcleo artístico del libro, perdemos todo sentido de la fruición. La razón está en que hay símbolos que son artísticos, y los hay que son trillados, artificiosos y hasta imbéciles". Por lo mismo, no cree exagerar en la importancia del número tres en Kafka: "En realidad tiene un significado técnico. La trinidad, el trío, la tríada, el tríptico son formas naturales del arte, como, pongamos por caso, en el cuadro de las tres edades de la vida o de cualquier otro motivo triple. El vocablo tríptico significa cuadro o relieve ejecutado en tres compartimientos contiguos: y éste es exactamente el efecto que Kafka consigue, por ejemplo, con las tres habitaciones del principio del relato: el comedor-cuarto de estar, el dormitorio de Gregorio y la habitación de la hermana, con Gregorio en la pieza central. Además, el esquema triple sugiere los tres actos de una obra de teatro". Es mejor pensar en las míticas tríadas de la estética y la lógica que en los mitos de los mitómanos y mitólogos sexuales inspirados en el médico hechicero de Viena, concluye Nabokov.

En el volumen, con portada dura e ilustraciones del madrileño José Hernández, los editores se enorgullecen de la traducción realizada por Juan José del Solar ("probablemente la mejor versión castellana de este relato", afirman), pero olvidaron, o quisieron olvidar, la impecable versión de Jorge Luis Borges efectuada en 1943, la primera en español divulgada por la argentina Losada. Entre ambas traducciones hay, por supuesto, un abismo léxico y una distinta comprensión.

De la versión de Borges:

"Al despertar Gregorio Samsa una mañana, tras un sueño intranquilo, encontróse en su cama convertido en un monstruoso insecto. Hallábase echado sobre el duro caparazón de su espalda, y, al alzar un poco la cabeza, vio la figura convexa de su vientre oscuro, surcado por curvadas callosidades, cuya prominencia apenas si podía aguantar la colcha, que estaba visiblemente a punto de escurrirse hasta el suelo. Innumerables patas lamentablemente escuálidas en comparación con el grosor ordinario de sus piernas, ofrecían a sus ojos el espectáculo de una agitación sin consistencia."

De la versión de Del Solar:

"Cuando, una mañana, Gregor Samsa se despertó de unos sueños agitados, se encontró en su cama convertido en un bicho monstruoso. Yacía sobre su espalda, dura como un caparazón y, al levantar un poco la cabeza, vio su vientre abombado, pardo, segmentado por induraciones en forma de arco, sobre cuya prominencia el cubrecama, a punto ya de deslizarse del todo, apenas si podía sostenerse. Sus numerosas patas, de una deplorable delgadez en comparación con las dimensiones habituales de Gregor, temblaban indefensas ante sus ojos."

Por supuesto, los españoles nunca se han destacado por ser unos buenos traductores. Habría que oír sus pésimos doblajes de las películas (Woody Allen diciéndose a sí mismo que es un "gilipollas", por ejemplo) o sus imposiciones expresivas en los textos que circulan en su territorio (¡hasta a Juan Rulfo le modificaron expresiones en sus dos libros por no ser comprensibles en su habla!): los escritores tienen que adaptarse a sus caprichos lingüísticos, de manera que toda la escritura que circula en España tiene que pasar atingentemente por sus correctores, de ahí que resulte cómico, luego, leer a una Laura Esquivel escribiendo "horteras" puntualizaciones en su libro sobre las emociones editado en España.

Volviendo a Kafka, cuando la asistenta llega en la mañana y mira a Samsa tirado en el piso, Del Solar traduce: "Como por azar tenía la escoba grande en la mano, intentó con ella hacerle cosquillas desde la puerta. Al ver que no conseguía nada, se irritó y empezó a pinchar un poco a Gregor, y sólo cuando lo hubo desplazado de su sitio sin hallar la menor resistencia le prestó atención. Poco después, al darse cuenta de la verdadera situación, abrió mucho los ojos y dejó escapar un silbido, pero no se entretuvo mucho rato, sino que abrió de golpe la puerta del dormitorio y exclamó a voz en cuello en la oscuridad: '¡Vengan a ver, la ha palmado! ¡Ahí lo tienen, la ha palmado!'".

Borges, en ese mismo pasaje, apunta:

"Casualmente, llevaba en la mano el deshollinador, y quiso con él hacerle cosquillas a Gregorio desde la puerta.

"Al ver que tampoco con esto lograba nada, irritóse a su vez, empezó a pincharle, y tan sólo después que le hubo empujado sin encontrar ninguna resistencia se fijó en él y, percatándose al punto de lo sucedido, abrió desmesuradamente los ojos y dejó escapar un silbido de sorpresa. Mas no se detuvo mucho tiempo, sino que, abriendo bruscamente la puerta de la alcoba, lanzó a voz en grito en la oscuridad:

"—¡Miren ustedes, ha reventado! ¡Ahí lo tienen, lo que se dice reventado!"

De "palmado" a "reventado" hay, obviamente, un prudente puente que va del localismo al universalismo. Lo que ocurre es que los españoles, por lo menos los inmersos en el hábitat editorial, desean, acaso inútilmente, traspasar sus regionalismos en lugar de utilizar, o de buscar aunque con ello hagan un esfuerzo supremo, las palabras adecuadas, las "globalizadas", en el mundo hispanoamericano. Pero, al parecer, les cuesta mucho trabajo aceptar que su idioma es demasiado grande: por eso causó estupor el discurso del rey Juan Carlos, hacia mayo de 2001, en el sentido de que el español nunca, en la historia, se le había impuesto a nadie. Ante tal barbaridad, el propio rey tuvo que reconocer su imprudencia, por lo que salieron, con prontitud, varios culpables que no eran otros sino los redactores de sus descuidadas conferencias. ¿No los primeros mexicanos fueron obligados, a punta de torturas, a hablar un idioma que no conocían y a creer en otros dioses? Cinco siglos después aún persisten los españoles en establecer las reglas lingüísticas no sólo mediante sus abarcadoras editoriales, que dominan ya el mercado nacional, sino también, poco a poco, con su música imponiendo sus argots y sus costumbrismos vocales: a veces el espectador no entiende qué diablos quiere decir Joaquín Sabina con "gafes" y "ajogues" y su Corte Inglés, pero sabe que lo que dice está muy bien dicho. Por esa razón, en esa nación europea no es tan sencillo derribar las fronteras del verbo: porque los españoles sí exigen que todo lenguaje, para circular en España, se "españolice", y como en lugares como México no hay ningún obstáculo ni examen ni política cultural para poder instalar cualquier negocio, incluyendo el literario, es que estamos viviendo una renovada, y persistentemente lenta, sistematización "españolizada" del lenguaje. A esta permisividad lingüística en México se le llama *pluralidad*, mientras en sitios como España el control idiomático es autoritariamente vigilado. En la revista *Letras Libres*, por ejemplo, Javier Marías y Enrique Vila-Matas pueden escribir como se les pegue su gana, pero Enrique Krauze tiene que ajustarse, cuando escribe para *El País*, a las normas de estilo de ese diario madrileño (una vez leí a Krauze decir algo así como "entidades autonómicas", que es muy español). Son cosas de sujeciones milenarias, supongo. Hasta para determinar las políticas de Estado se invita, viaje redondo pagado, a Fernando Savater a polemizar sobre la conveniencia o inconveniencia ética de un indigenismo multiculturalista. México, sí, es muy plural, y jamás le ha importado si no le pagan con la misma moneda.

El Kafka de Juan José del Solar parece haber nacido en Galicia y el Kafka de Jorge Luis Borges es un Kafka que lo mismo ha sido creado en Argentina o Perú, Madrid o Colombia, Bolivia o México.

En *Las vidas de los animales*, J. M. Coetzee, hace centrar a su novelista Elizabeth Costello en Franz Kafka para poder impartir su primera charla magistral. Sobre todo, menciona el cuento "Informe para una academia" donde el protagonista es un simio: Pedro el Rojo, que exhibe su inteligencia ante los probablemente aturdidos científicos. "En 1912 —dice Costello en el libro del Nobel sudafricano—, la Academia de las Ciencias de Prusia estableció en la isla de Tenerife una base dedicada a la experimentación de la capacidad mental de los simios, sobre todo los chimpancés. La base estuvo en activo hasta 1920. Uno de los científicos que estuvo trabajando en ella fue el psicólogo Wolfgang Köhler. En 1917, Köhler publicó una monografía titulada *La inteligencia de los simios*, en la cual describía sus experimentos. En noviembre de ese mismo año, Franz Kafka publicaba su 'Informe para una academia'. Ignoro si Kafka había leído el libro de Köhler. En sus cartas y diarios no lo menciona, y su biblioteca desapareció durante la época nazi. Unos 200 de sus libros reaparecieron en 1982. Entre ellos no consta el de Köhler, pero eso no demuestra nada." El relato de Kafka hace suponer, en efecto, que alguna idea científica tenía del avanzado progreso mental de los primates, si bien en otro cuento suyo, "Investigaciones de un perro", la ecologista Costello de Coetzee hubiese encontrado más elementos apropiados para demostrar, tal como ella quería en su discurso literario, que los animales, aun sin haber sido plenamente constatado, sí sienten todo lo que sucede en torno suyo aunque no lo puedan expresar. "¡Cómo ha cambiado mi vida sin haber cambiado en el fondo! Recapitulo y me remonto a los tiempos en los que pertenecía a la especie canina y participaba de todas sus preocupaciones; es decir, cuando era un perro más", dice el insólito personaje de Kafka, como lo son la mayoría de sus protagonistas. Y Pedro el Rojo así lo constata, llamado así por la bala que le cruzó en la mejilla, dejándole "una gran cicatriz pelada y roja" (lo de Pedro fue por un mono amaestrado, nombrado así —Pedro—, que había fallecido poco antes de la captura del simio conferenciante). "Me dispensan ustedes el honor de solicitarme la presentación a la Academia de un informe acerca de mi simiesca vida pasada —declara el mono, ya 'reformado'; esto es, distanciado de su anterior vida animal—. En ese sentido, no puedo, lamentablemente, atender a su demanda. Son ya casi cinco años los que me separan de lo simiesco. Un tiempo tal vez breve si se mide conforme al calendario, pero que resulta muy largo si, como yo he hecho, se ha galopado a través de él y se han recorrido algunos tramos en compañía de gente importante, consejos, aplausos y música orquestal, aunque en realidad siempre he estado solo, pues todo acompañamiento se mantuvo (siguiendo con la imagen) del otro lado de la barrera."

Es más, si a esas vamos, Pedro el Rojo es un simio demasiado culto, a decir de Kafka: "Nunca hubiera conseguido este objetivo —continúa el ex mono— si me hubiese aferrado testarudamente a mis orígenes y a los recuerdos de mi juventud. Precisamente el supremo imperativo que me impuse consistió en la renuncia a toda testarudez. Yo, mono libre, acepté este yugo; por eso los recuerdos se me fueron borrando cada vez más". Educado y correcto, incluso más que innumerables humanos, Pedro el Rojo dice, con una severa autocrítica, que tal vez en un "sentido extremadamente limitado" pudiera contestar a las preguntas de los rigurosos y curiosos académicos: "Lo primero que aprendí —indica— fue a dar la mano; dar la mano es muestra de franqueza [otra función humana que asimiló con prontitud fue, vaya asociación ineludible, la de consumir vino para poder relacionarse con sus nuevos semejantes]. Hoy, que ya he logrado alcanzar mi meta, al primer apretón de manos le he sumado las palabras sinceras. Éstas no aportarán a la Academia nada esencialmente nuevo y quedarán muy por debajo de lo que se me pide, algo que ni con la mejor de las voluntades podría llegar a expresar. De todas maneras, estas palabras mostrarán la trayectoria que recorrió alguien que, habiendo sido mono, ingresó en el mundo de los humanos y se estableció firmemente en él". Según su propia relación de los hechos, dice Elizabeth Costello en su ponencia refiriéndose básicamente al texto de Kafka, "Pedro el Rojo fue capturado en el corazón del continente africano por cazadores especializados en el comercio de simios [de la firma Hagenbeck, precisa Kafka], que lo enviaron por barco a un instituto científico". Lo mismo, asevera Coetzee en boca de su novelista Costello, "les sucedió a los simios con los que trabajó Köhler. Tanto Pedro el Rojo como los simios de Köhler pasaron por un periodo de adiestramiento destinado a humanizarlos. Pedro el Rojo aprobó ese curso con sobresaliente, aunque a cambio de un elevado costo personal. El relato de Kafka aborda ese costo: sabemos en qué consiste por medio de las ironías y los silencios del relato. Los simios de Köhler no lo hicieron tan bien, a pesar de lo cual adquirieron ciertas nociones de educación".

Pedro el Rojo confiesa, en el cuento de Kafka, que no tuvo otra opción, si acaso quería salir vivo de su irremediable captura, sino obedecer los mandatos de los cazadores. Detenido en su estrecha prisión, "no tenía salida, pero tenía que procurarme una —dice el ex mono ante la Academia—, pues sin ella no podría vivir. Si hubiera permanecido siempre de cara a la pared, habría sucumbido inevitablemente. Como en Hagenbeck a los monos les corresponde estar en la jaula, dejé de ser un mono. Ésta fue una deducción clara y afortunada que logré con la barriga, ya que los monos piensan con la barriga". Y como temía que no se comprendiera del todo lo que Pedro el Rojo entendía por "salida", se expandió, bastante lúcidamente, en esta explicación: "Empleo la palabra en su sentido más común y lato. Intencionadamente no digo 'libertad'. No me refiero a ese gran sentimiento de libertad en toda su extensión. Como simio, posiblemente lo tuve y he conocido a muchos hombres que lo añoran. En lo que a mí respecta, ni entonces exigí ni ahora exijo libertad. Además, dicho sea de paso, con la libertad uno se engaña demasiado siendo hombre. Y aunque la libertad se encuentra entre los sentimientos más sublimes, el engaño que produce también se cuenta entre los más grandes". Por eso Pedro el Rojo no quería libertad, sino sólo una salida.

Y sin ser necesariamente una estudiosa de Kafka ("la verdad es que no soy una estudiosa de nada", reconoce Costello), la novelista de Coetzee afirma que "su estatus en el mundo no depende de si estoy en lo cierto o me equivoco al sostener que Kafka leyó el libro de Köhler. No obstante, me gustaría pensar que sí lo hizo, y la cronología al menos permite que mi conjetura sea plausible". Kafka ciertamente le daba una enorme relevancia a los animales (¿no su insecto era nada menos que el propio Gregorio Samsa en *La metamorfosis*?). Y Coetzee lo ha elegido perfectamente bien como un sólido representante de la denuncia contra el maltrato a los animales. 🍇

Isak Dinesen
(Rungsted, Dinamarca, 1885-1962)

🍇 *El festín de Babette*

De julio de 1789, año en que hace explosión el movimiento que desemboca en la Revolución Francesa, a septiembre de 1871, han transcurrido 82 años durante los cuales han ocurrido cinco revoluciones: 1815, 1830, 1848, 1851 y 1871. Pablo Marentes, en su ensayo que es el epílogo a *El festín de Babette* (Porrúa), el hermoso cuento de Isak Dinesen, nos explica que el 18 de enero de 1871 "fue proclamada la unidad alemana y se constituyó el imperio alemán, en Versalles".

Durante el cese al fuego, Thiers es nombrado jefe de gobierno. "Débil frente al enemigo alemán, [Thiers] aprovecha cualquier pretexto para castigar a los parisinos cuyo heroísmo y conciencia nacional habían quedado probados durante el sitio." Abandonado por sus autoridades, "con las cuales no compartía el derrotismo ni los términos del armisticio, el pueblo de París, a dos meses del pavoroso sitio que padeció, decidió constituir un gobierno que organizara la administración y defensa de la ciudad". Surge, entonces, la famosa Comuna de París en diez comisiones que operaban como ministerios. Pero el 2 de abril Thiers envía un ejército de 100 mil hombres que derrota a las tropas de la Comuna, entra en París y avanza sobre las barricadas. Se desata así la Semana Sangrienta, del 21 al 28 de mayo de 1871. "Los *communards* se defienden barrio por barrio. La artillería del gobierno de Versalles se impone. Organiza cortes marciales y somete a los miles de detenidos a juicios sumarios. Los *communards* son fusilados en masa. Miles más encarcelados o deportados. Muchos huyen a la provincia. Otros huyen al extranjero. No les queda nada".

Es en este contexto donde surge Babette Hersant, la protagonista del cuento de Isak Dinesen, seudónimo de Karen Blixen. Llevado al cine en 1979 por Gabriel Axel, *El festín de Babette* es un canto a la libertad. Huyendo de París, Babette llega a Noruega, al pueblo de Berlevaag, a refugiarse en la casa de las hermanas solteronas Martine y Philippa, que mediaban los treinta años de edad, recomendada por un antiguo amigo, pretendiente frustrado de Philippa: el cantante francés de ópera Achille Papin. En la carta que portaba Babette como única seña de identidad, Papin les decía a las venerables damas noruegas que "madame Babette Hersant, igual que mi bella emperatriz, ha tenido que huir de París. La guerra civil arruina nuestra ciudad. Manos francesas derraman sangre francesa. Los nobles *communards*, defensores de los derechos humanos, han sido aplastados; los han aniquilado. Al marido y al hijo de madame Hersant, conocidos peluqueros de señoras, los fusilaron. A ella la detuvieron y la acusaron de ser *pétroleuse*: así se conoce a las mujeres que con petróleo incendian casas. Casi no logra escapar de las ensangrentadas manos del general Galliffet. Ha perdido todo lo que tenía y no se atreve a quedarse en Francia". Les informa, asimismo, que Babette "sabe cocinar", pero se guarda en decirles que era, nada menos, la cocinera del famoso café Anglais.

Babette sirvió con diligencia a las hermanas, que en un principio no creyeron que la francesa supiera cocinar. "Sabían que en Francia la gente come ranas —narra Dinesen—. Enseñaron a Babette a hacer bacalao deshebrado y sopa de migas con cerveza. Durante las lecciones, Babette se mantenía imperturbable. Al término de una semana, Babette preparaba el bacalao deshebrado y hacía la sopa de migas con cerveza como si hubiera nacido y vivido siempre en Berlevaag." Doce años después, cuando las solteronas ya frisaban los cincuenta, un día de verano el correo trajo una carta de Francia dirigida a *madame* Babette Hersant anunciándole que, por fin, el premio mayor de 10 mil francos se lo había ganado ella, que nunca dejó de participar en la lotería. Las hermanas, en lugar de alegrarse, se mostraron díscolas y envidiosas porque pensaron que, con dicha cantidad de dinero, lo primero que haría era abandonarlas para retornar, presurosa, a París. "Las hermanas ya no dispondrían de tiempo para dedicarlo a los enfermos y a los tristes. En verdad que los premios de la lotería eran asuntos perversos, reprobables, perniciosos." Por eso ambas hermanas se sorprendieron cuando, una noche de septiembre, Babette les suplicó que le permitieran preparar a ella una cena francesa para celebrar el centenario del párroco, que ya no estaba lamentablemente entre ellos. Babette rogó que le permitieran realizar dicha celebración. ¿En doce años ella les había pedido algún favor, uno solo? Entonces no tenían por qué negarse.

Invirtió todo su dinero ganado en sus comensales, algunos de ellos verdugos de la Semana Sangrienta e incluido el propio coronel Galliffet, el mismo que asesinara a su esposo y a su hijo, que disfrutaron, sin decirlo, sin confesarlo, la suculenta cena que les traía ciertos aires de nostalgia del inolvidable Café Anglais. Babette les preparó una exquisita *Cailles en sarcophage* no para complacer a los degustadores sino en honor de sí misma.

—¡Soy una gran artista! —replicó Babette ante el desconcierto de las hermanas.

—¡Tú misma peleaste en contra de ellos! —le dijo Philippa— ¡Fuiste una *communard*! El general que nombraste fusiló a tu esposo y a tu hijo! ¿Cómo puedes compadecerlos?

Los ojos oscuros de Babette se trabaron con los de Philippa.

—Sí –dijo—, fui *communard*, ¡bendito sea Dios que fui *communard*! Sí, todas esas personas que he mencionado eran perversas y crueles. Hicieron que la gente de París muriera de hambre; oprimían y maltrataban a los pobres. Bendito sea Dios por haberme permitido combatir en las barricadas, ¡yo ponía cargas de pólvora en los fusiles de mis compañeros!

Pero Babette tenía un criterio verdaderamente peculiar.

—Dense cuenta, señoras —dijo—, que esos personajes me pertenecían, eran míos. El costo que requirió su formación y adiestramiento para que pudieran apreciar mi dimensión artística fue tan elevado que ustedes, mis modestas señoras, no se atreverían a pensarlo ni a creerlo. Podía mantenerlos contentos. Cuando realizaba mi mejor esfuerzo, los hacía absolutamente felices.

La artista cocinera. Babette se entregaba en cuerpo y alma a la cocina, y una buena cocinera no podía traicionar sus propios principios, aunque sus comensales fuesen unos asesinos. "El festín de Babette" era uno de los cuentos incluido en el libro *Anécdotas del destino*, que Dinesen publicara en 1958. Conformado por doce breves capítulos en apenas 60 páginas, *El festín de Babette*, en esta traducción de Pablo Merentes, es un confortable relato de la ignominia política que se revierte en una prodigiosa sensibilidad artística. Babette es un símbolo de la resistencia cultural francesa, pero también lo es, por su alcance narrativo, de la cultura universal. 🍇

David Herbert Lawrence
(Eastwood, Inglaterra, 1885 / Vence, Francia, 1930)

🍇 *Los gemelos bíblicos*

En 1929 el novelista británico David Herbert Lawrence escribió, punzante y agudo, sobre el Apocalipsis bíblico, que tanta influencia tiene en los católicos radicales. "A medida que pasan los años —dice Lawrence— nos percatamos de que hay dos tipos de cristianismo: uno centrado en Jesús y el mandamiento 'amaos los unos a los otros', y otro centrado no en Pablo, ni en Pedro, ni en Juan el Bautista, sino en el Apocalipsis". Dice Lawrence, en su libro precisamente intitulado así: *Apocalipsis* (del que el Consejo Nacional para la Cultura y las Artes posee una versión en su serie "Cien del Mundo"), que, si evitamos hablar de partidos políticos, existen sólo dos tipos de naturaleza humana: los que "tienen la fortaleza en el alma y los que se sienten débiles. Jesús, Pablo y Juan el mayor se sentían fuertes, Juan de Patmos se sentía profundamente débil", y fue justamente este último el encargado de escribir, hacia el año 96, cuando ya era un hombre viejo, el Apocalipsis. "En la época de Jesús —dice Lawrence— los hombres con gran fortaleza interior habían perdido el interés de gobernar en la tierra. Lejos de reservar su fuerza al gobierno y poder mundanos, deseaban destinarla a otra forma de vida. Pero los débiles se alzaron y se sintieron exageradamente ensoberbecidos, y manifestaron un odio feroz en contra de los fuertes 'obvios': quienes detentaban el poder terrenal".

De lo anterior "se derivó la dualidad de la religión, especialmente de la religión cristiana. La religión de los fuertes enseñaba la renunciación y el amor; la religión de los débiles proclamaba: 'Acabemos con los fuertes y los poderosos, glorifiquemos a los pobres'. Como en el mundo siempre hay más débiles que fuertes, triunfó y seguirá triunfando el segundo tipo de cristianismo. Si no se gobierna a los débiles, ellos gobernarán, no cabe duda. Y el gobierno de los débiles se rige por el principio de '¡acabemos con los fuertes!'". D. H. Lawrence señala que "la gran autoridad bíblica que sustenta este grito es el Apocalipsis. Los débiles y seudohumildes desaparecerán todo vestigio de poder mundano, gloria y riquezas de la faz de la tierra. Y entonces ellos, los verdaderamente débiles, reinarán. Será el espeluznante milenio de los santos seudohumildes. A esto se reduce la religión actual: acabemos con la libertad y la fuerza, que triunfen los débiles, que reinen los seudohumildes".

Tres Juanes hay en la historia cristiana antigua: "Juan el Bautista, quien bautizó a Jesús, y quien aparentemente fundó una religión o, por lo menos, una secta propia, con doctrinas extrañas que continuaron muchos años después de la muerte de Jesús; Juan el apóstol, a quien se atribuyen el cuarto Evangelio y algunas Epístolas; y finalmente este tal Juan de Patmos, que vivió en Éfeso y fue enviado a prisión en Patmos por alguna ofensa de tipo religioso contra el imperio romano. Sin embargo, fue liberado de su isla después de algunos años y regresó a Éfeso, donde vivió hasta una edad avanzada". Durante mucho tiempo se pensó que Juan el apóstol, además del Evangelio referido, "había escrito el Apocalipsis. Pero es imposible que el autor de ambas obras sea el mismo, pues son totalmente diferentes. El autor del cuarto Evangelio sin duda era un judío griego culto; uno de los grandes inspiradores de este cristianismo místico, lleno de amor. En cambio Juan de Patmos debió ser muy diferente, ya que ha inspirado sentimientos bastante distintos".

Cuando se hace una lectura seria y crítica de la Biblia, "el Apocalipsis revela una doctrina cristiana de gran importancia que no tiene nada del verdadero Cristo

—observa Lawrence—, ni del *Evangelio* real, ni del aliento creativo del cristianismo y es, sin embargo, quizás la doctrina más eficaz de la *Biblia*. Quiero decir, que durante siglos ha tenido un mayor efecto en personas mediocres que ningún otro libro de la *Biblia*. El *Apocalipsis* es, por así decirlo, la obra de una mente mediocre, que inflama a mentes mediocres en todos los países y en cualquier época. Sorprende que, pese a su ininteligibilidad, haya sido la mayor fuente de inspiración para la gran masa de cristianos… y las masas son, por definición, mediocres. Nos percatamos con horror de que lo que hoy nos provoca tanto antagonismo no es Jesús, ni Pablo, sino Juan de Patmos".

El *Apocalipsis*, que no es sino la Revelación (¿de la vida, del Más Allá, de la imaginación literaria?), "ha imperado durante casi dos mil años. Es el lado oculto del cristianismo y casi ha cumplido su cometido, ya que no adora el poder; quiere asesinar a los poderosos y tomar el poder para los débiles. Debido a la negación y subterfugios inherentes a las enseñanzas de Jesús, Judas tuvo que traicionarlo y entregarlo a los poderes en turno. Jesús asumió la posición del individuo puro, incluso frente a sus discípulos. Nunca se mezcló con ellos, ni siquiera trabajaba o actuaba con ellos. Siempre estaba solo. Los desconcertaba continuamente y, en el fondo, los decepcionó al negarse a asumir el poder material. Judas, un hombre que rendía homenaje al poder, se sintió defraudado y respondió con otra traición: con un beso. De igual manera, el *Nuevo Testamento* tenía que incluir la Revelación para darle el beso de la muerte a los *Evangelios*".

(Pero en abril de 2006 fue dado a conocer un impresionante, e inesperado, hallazgo histórico: el *Evangelio* de Judas, texto que se mantuvo "perdido" en siglos incontables, que revela cómo esta aparente "traición" en realidad fue una obediencia: sin el beso de Judas, Cristo no hubiera podido alcanzar sus metas. Pese al radical significado que pudo haber tenido este descubrimiento literario, las cosas, con el tiempo, han vuelto a estabilizarse: la gente, por mandato del Vaticano, sigue creyendo que el beso de Judas fue, en efecto, una traición, jamás una obediencia, y, entonces, el *Evangelio* encontrado volvió a arrojarse al mismo sitio donde estaba: el sacrílego olvido.)

La gente tiene miedo del Apocalipsis. Por eso, algunos representantes del catolicismo más ortodoxo van de casa en casa pregonando su temor, a la vez que animando a leer este fragmento bíblico, para que nos enteremos de los cuatro jinetes y de los monstruos que engendrarán un nuevo cosmos, acaso pútrido y exánime. "Mientras más antiguo es un mito —dice Lawrence—, más penetra en la conciencia humana y más variadas serán las formas que asuma en la conciencia superior." Y, ahora, los creyentes tienen una magnífica justificación para continuar divulgando sus temores bíblicos, ya que en la conclusión de la primera parte del *Apocalipsis* el escribidor Juan de Patmos menciona, curiosamente, a dos misteriosos "gemelos" que "son dos candelabros de pie ante el Señor de la Tierra, Adonai, ya que dan las dos formas alternas de la conciencia elemental: la conciencia diurna y la nocturna, lo que somos en las profundidades de la noche y ese otro ser, tan diferente, que somos a la luz del día. Criatura de conciencia dual y suspicaz es el hombre, y los gemelos vigilan celosos esta dualidad". Ambos controlan cada acción "terrenal" conforme a su propio ámbito y la contrapesan con una acción opuesta.

"Son los dioses de las puertas, aunque también los dioses de los límites, eternamente celosos el uno del otro e intentando mantenerse mutuamente bajo control. Hacen posible la vida, pero también la limitan." Por ello, "los hombres de las ciudades licenciosas se regocijan cuando la bestia del abismo, que es el dragón infernal o demonio de la destrucción de la Tierra, o de la destrucción corporal del hombre, finalmente mata a los dos 'guardianes', considerados como policías en Sodoma y Egipto". Al suceder esta catástrofe, los hombres escapan "incluso de las leyes de la naturaleza por un breve lapso: tres días y medio"; pero cuando los gemelos de nuevo se levantan, "como si anunciaran la nueva vida y el nuevo cuerpo del hombre, la voz del cielo los reclama y se elevan en una nube ante los hombres paralizados de terror". No habrá una muerte definitiva mientras los gemelos sagrados no hayan muerto definitivamente.

Sólo que los jinetes del Apocalipsis contemporáneo ya no cabalgan enjundiosos potros, sino ahora pilotan naves bombarderos B2 Spirit Stealth... 🍂

Junichiro Tanizaki
(Tokio, Japón, 1886 / Yugawara, 1965)

🍂 *La finura de los eructos aromáticos*

Los cinco miembros del exquisito "Club de los Gourmets", que así se llama el relato —escrito en 1919— del japonés Junichiro Tanizaki (editado en 2004 por la Editorial Psicoanalítica de la Letra), "amaban los placeres de la mesa tanto como los de la alcoba. Eran un conjunto de holgazanes sin otra ocupación que el juego, la compra de mujeres y la degustación de finos alimentos. Siempre que descubrían algún sabor nuevo se preciaban y complacían de ello como si se hubiesen procurado una hermosa mujer. Si encontraban un cocinero capaz de producir tales sabores, un genio de la cocina, podrían contratarlo en sus hogares por un salario equivalente al que pagarían por monopolizar los favores de una geisha de primera clase". Desde el punto de vista de estos señores acaudalados, "la cocina era un arte capaz de redituar efectos artísticos que, al menos en lo que a ellos tocaba, hacía desmerecer a la poesía, la música y la pintura. No sólo después de una espléndida comida, sino incluso desde el momento en que se reunían en torno a una mesa colmada de platos deliciosos, sentían el mismo tipo de emoción, el mismo arrebato que uno tiene al escuchar la mejor música de orquesta".

Así, a resultas de su glotonería (porque ya no comían para satisfacer sus necesidades orgánicas, sino lo hacían para incluso descubrir los placeres más allá de la mera disposición culinaria), todos y cada uno de los integrantes de esta gastronómica secta "exhibían a lo largo del año enormes barrigas. Y no sólo eso: sus cuerpos desbordaban un exceso de grasa, sus cachetes y muslos eran tan rollizos y sebosos como la carne que se emplea para cocinar la panza de cerdo en salsa de soya". La mayoría padecía de dilatación gástrica y "algunos habían estado a punto de morir de apendicitis". Sin embargo, dice Tanizaki que, "en parte por fingida vanidad o por un estricto apego al epicureísmo que los inspiraba, a ninguno le preocupaba la enfermedad. O si acaso alguno llegaba a sentir cierta aprensión, jamás sería tan pusilánime como para dejar el club por tal motivo". Eran, asevera el literato nipón, "más bien como los patos que se guardan en la oscuridad y se les atiborra con comida grasosa para que su carne se vuelva tierna y suculenta. Quizás sólo al final de sus días sus vientres estarían plenamente repletos de comida. Mientras tanto, proseguirían la vida sin saber cuándo dejar de comer, en un continuo emanar de eructos de sus estómagos sobrecargados".

A tal grado había llegado su demandante gusto que cada vez más su agudo paladar los obligaba a ser extremadamente refinados, exigentes y exploradores en la mesa. Era tanto su fervor alimenticio que llegó el momento en que todo lo que probaban les parecía insustancial, sin ningún progreso culinario, una reiteración de platillos saborizados. Lo que ellos buscaban era "una sinfonía de alimentos: una cocina orquestal". Por lo mismo, el conde G. —el más adinerado y ocioso, y el más joven también, del club—, luego de una frugal, aunque insatisfactoria, cena, se escabulló del grupo para dar un paseo solitario. Eran cerca de las nueve de la noche cuando, de pronto, escuchó el sonido de un violín. "Vinieron entonces a su mente —dice Tanizaki—, al compás de la música, los colores y texturas de todos los platillos chinos que conocía. Cuando la música se avivó, al emitir las cuerdas un sonido áspero semejante al de una jovencita que cantara a todo pulmón, el conde pensó por alguna razón en el color rojo subido y en el sabor acentuado e intenso de las tripas del dragontino. Y cuando de pronto la melodía se tornó plena, redonda y lastimera, como una voz ahogada en lágrimas, pensó en un rico caldo de pepinos de mar salteados y cocidos, de un sabor tan fuerte que cada sorbo penetraría hasta lo más recóndito de las papilas gustativas". Sin duda ahí se celebraba un banquete con comida china. Curioso como era, el conde penetró a dicho salón sólo para toparse con un sinnúmero de reticencias: no podía, simplemente, ser admitido en la degustación por tratarse de un socio ajeno a ese clan. El salón se llamaba Chechiang, y él sabía, ¡vaya si no!, que la región china que llevaba ese nombre "aportaba los mejores ingredientes para una alta cocina: cada vez que escuchaba el nombre de Chechiang venía a su memoria un paraje místico de grandiosa belleza, en las márgenes del lago Occidental, famoso por la poesía de Po Lo-tien y Su Tung-po. También era el mejor sitio para degustar la lobina de mar de Sungari y la panza de cerdo en soya a la Tung-po".

Antes de ser trasladado ante el presidente de esa asociación también culinaria, y de ser rechazado por el enérgico jerarca chino, el conde G. pudo observar a los comensales que se devoraban los alimentos servidos en las grandes mesas, en una de las cuales miró lo que seguramente era una deliciosa sopa de nido de golondrina: "La gente introducía sus palillos y pescaba los bocados de nido, tan escurridizos como fideos blandos. Lo que llamaba la atención era la sopa de un blanco puro en que flotaban los nidos de golondrina. El conde jamás había visto un líquido tan blanco en toda su experiencia con la comida china, salvo la pócima medicinal conocida como agua de albaricoque; pero alguna vez había escuchado decir que si uno viajaba a China se podía disfrutar una especie de sopa de leche, y se preguntó si no sería ésta". Pero si bien no pudo probar bocado alguno en aquella extravagante sesión gastronómica, sí pudo contemplar, oculto en un clandestino cuarto para fumar opio, el exuberante menú y su manera de prepararlo (el mismo Tanizaki omite los procedimientos, mas asevera que lamenta la imposibilidad de poder hacernos el minucioso registro de los "hechos descarnados de lo que sucedió esa noche"), experiencia que, raudo, llevó a la práctica el conde G. a su propio club para el consiguiente pasmo y admiración de sus contertulios.

El conde se guardó para sí el secreto del salón Chechiang y sus platillos, decía, eran de su propia invención, algunos de cuyos nombres eran: sopa de nido de golondrina, caldo espeso de pollo con aletas de tiburón, tendones de pata con pepinos de mar, dragón que juega con las esferas (serpiente al vapor con huevos de codorniz), pétalos de orquídea de jade (tallos de bambú desecados) aparejados con la variedad de tallos de invierno, mujer frita en aceite estilo coreano, etcétera. Al principio, sus camaradas no se sorprendieron de los fecundos y desbordantes platillos (aunque ignoraran de dónde procedían, ni certeza tuvieran de su real contenido); pero la trascendencia de aquel catálogo de sabores era el posterior efecto de la deglución, no su gusto difuso. "No deben pensar —decía el conde G.— que tienen que disfrutar el sabor dulce del caldo. Lo que quiero que saboreen es el eructo que viene después. Coman la sopa dulce para disfrutar del eructo. Lo primero que tiene que hacer la gente como nosotros, que come siempre de más, es eliminar lo desagradable de eructar. Ningún alimento que deja una sensación de desagrado cuando se come podrá considerarse jamás como de verdadera *haute cuisine*, no importa cuán apetitoso sea el sabor inicial. El único tipo de comida que merece llenar nuestros estómagos es aquel que, mientras más se come, mayor deleite produce al eructarse".

Luego proseguirían métodos gastronómicos menos ortodoxos, como la equiparación de los aromas femeninos (los dedos sabían, por ejemplo, a jamón chino) en una insólita concentración de los sentidos... ♥

Puente

La poesía y sus poetas

Para la tradición occidental, dice Raúl Dorra, "el nombre de Platón aparece vinculado a los orígenes del mito que presenta al poeta como un poseso que compone sus versos preso de un furor y una inspiración demoniacos. Según este mito largamente acogido y desarrollado por la propia literatura, el poeta es ese hombre señalado para un extraño destino y una extraña actividad: escribir desde fuera de sí y hasta, perdidamente, en contra de sí. Una rápida mirada a la historia de la producción poética bastaría para convencernos, sin embargo, de que la poesía ha exigido siempre al poeta un dominio consciente y minucioso de la composición, de que un poeta antes que nada es un hombre que conoce su lengua y las posibilidades estilísticas de su lengua con un rigor que le permitirá extraer de cada vocablo la interminable variedad de sus matices. Porque la composición de un poema es un acto de rigor y lucidez".

Hay sus excepciones, por supuesto. El mismo Dorra, en el primer volumen —de cuatro— de *El poeta y su trabajo*, que la Universidad Autónoma de Puebla editara de 1980 a 1985, los expone basándose en Borges quien ha dicho que *Kubla Khan*, un fragmento de más de cincuenta versos, "fue soñado por el poeta inglés Samuel Taylor Coleridge". Más peregrino aún encuentra Borges el caso de Caedmon, un "rudo pastor" inglés que vivió en el siglo VII y quien, según testimonio de Beda el Venerable, "durmiendo en un establo tuvo un sueño en el que alguien lo llamó por su nombre y le ordenó que cantara". Caedmon, entonces, "cantó unos versos —dice Dorra— nunca antes oídos por él y al despertar los recordaba y pudo repetirlos ante los monjes de un cercano monasterio. A partir de esa fecha, y sin aprender a leer, Caedmon siguió componiendo versos con temas provistos por los monjes".

Son excepciones notables, evidentemente. Pues, afirma Dorra, "de todas las formas literarias la poesía es precisamente (por el grado de condensación, por la extrema tensión que adquieren en ella las palabras) la más exigente y la que menos admite ser cultivada desde estados más o menos alucinatorios. Ello no quiere decir, claro está —añade con prudencia Dorra—, que el poeta no pueda frecuentar estos estados, vivir en el desarreglo, hacer de su vida un escándalo social; quiere decir que en el momento de componer un poema el poeta es un ser lúcido; incluso quiere decir que el escándalo en que puede convertir su vida es con frecuencia la búsqueda de una forma superior de lucidez. Poe, Baudelaire, Artaud, entre otros, podrían atestiguarlo".

Por lo mismo, Edgar Allan Poe pensaba "cuán interesante sería un artículo de revista donde un autor quisiera (o, mejor dicho, pudiera) detallar paso a paso el proceso por el cual una de sus composiciones llegó a completarse. Me es imposible decir porqué no se ha escrito nunca un artículo semejante, pero quizás la vanidad de los autores sea más responsable de esa omisión que cualquier otra cosa. La mayoría de los escritores, y los poetas en especial, prefiere dar a entender que compone bajo una especie de espléndido frenesí, una intuición estética, y se estremecerían a la idea de que el público echara una ojeada a lo que ocurre tras bambalinas, a las laboriosas y vacilantes crudezas del pensamiento, a los verdaderos designios alcanzados sólo a último momento, a los innumerables vislumbres de ideas que no llegan a manifestarse, a las fantasías plenamente maduras que hay que descartar con desesperación por ingobernables, a las cautelosas selecciones y rechazos, a las penosas correcciones e interpolaciones; en una palabra, a los engranajes, a la maquinaria para los cambios de decorado, las escalas y las trampas, las plumas de gallo, el bermellón y los lunares postizos que, en el 99 por ciento de los casos, constituyen la utilería del histrión literario". Acaso el 1 por ciento restante pertenezca a esa clase de afortunados poetas que crean sus poemas dormidos, como Caedmon, como Coleridge (1772-1834).

El poeta, al modo de ver de Paul Valèry (1871-1945) "se conoce por sus ídolos y sus libertades, que no son los de la mayoría. La poesía se distingue de la prosa en que no tiene ni las trabas ni las licencias de ésta. La esencia de la prosa es perecer, es decir ser 'comprendida'; o, lo que es igual, ser disuelta, destruida sin remedio, enteramente remplazada por la imagen o por el impulso que significa según las convenciones del lenguaje. Pues la prosa sobrentiende siempre el universo de la experiencia y de los actos; universo en el cual, o gracias al cual, nuestras percepciones y nuestras acciones o emociones han de acabar correspondiéndose o respondiéndose de un solo modo: uniformemente".

Logrado su objetivo escritural, dice Valèry, "la palabra expira". En cambio, "la poesía exige o sugiere un 'universo' muy distinto: universo de relaciones recíprocas, análogo al universo de los sonidos, en el que nace y se mueve el pensamiento musical. En este universo poético, la resonancia puede más que la causalidad, y la 'forma', lejos de desvanecerse en su efecto, viene a ser como reexigida por éste. La idea reivindica su voz". La palabra perdura en la poesía, y, lejos de ser "comprendida", se disuelve en un sinnúmero de significados. Por algo, Vladimir Maiakovsky (Rusia, 1893-1930) dice que, en la poesía, "algunas palabras se separan y ya no vuelven más; por el contrario, otras se demoran, dan vueltas y más vueltas decenas de veces, hasta que se siente que la palabra ha encontrado su lugar. Muy a menudo, la primera que se abre camino es la palabra principal, es decir la que caracteriza el significado de la poesía o la que debe ser rimada. Las otras palabras llegan después y se integran en función de la palabra principal. Cuando lo esencial ya está preparado, se tiene la sensación de que el ritmo está cortado, como si faltaran sílabas o un pequeño sonido. Entonces se rehacen todas las palabras y el trabajo te pone en un estado de exasperación. ¡Es como si te aplicasen por centésima vez una corona que no quiere mantenerse firme en un diente! ¡Por fin, después de cien intentos, consigue asentarse! Esta semejanza se agrava por el hecho de que, cuando por fin la corona 'se mantiene' en su sitio, tengo los ojos llenos de lágrimas, de dolor y de consuelo".

Duele, a veces, construir efectivamente un poema. No un dolor físico sino interno, acaso aún más doloroso. Cesare Pavese (Italia, 1908-1950) así lo siente, también: "Para no caer en el poemita, que confusamente sentía condenable, ejercitaba una maligna economía de versos y en cada poema prefijaba un límite a su número que, pareciéndome de importancia observarlo, no lo quería sin embargo muy bajo, por el terror de dar en el epigrama. Miseria de la educación retórica. También aquí me salvó un cierto silencio y un interés por otras cosas del espíritu y de la vida, que me trajeron no tanto su contribución sino me permitieron meditar *ex novo* sobre la dificultad, distrayéndome del celo feroz con que hacía pesar, sobre toda propia veleidad inventiva, la exigencia de la viril objetividad de la narración". Justificar un poema cuesta trabajo ("el estado de escritura, aunque intenso —dice la inglesa Denise Levertov (1923-1997)—, es [finalmente] soñador y sensual, no racional"). Más todavía, explicarlo. Dijo una vez algún poeta que la poesía se lee con el corazón y la prosa con los ojos. La poesía es una lectura personal y la prosa puede ser un ejercicio colectivo. 🍂

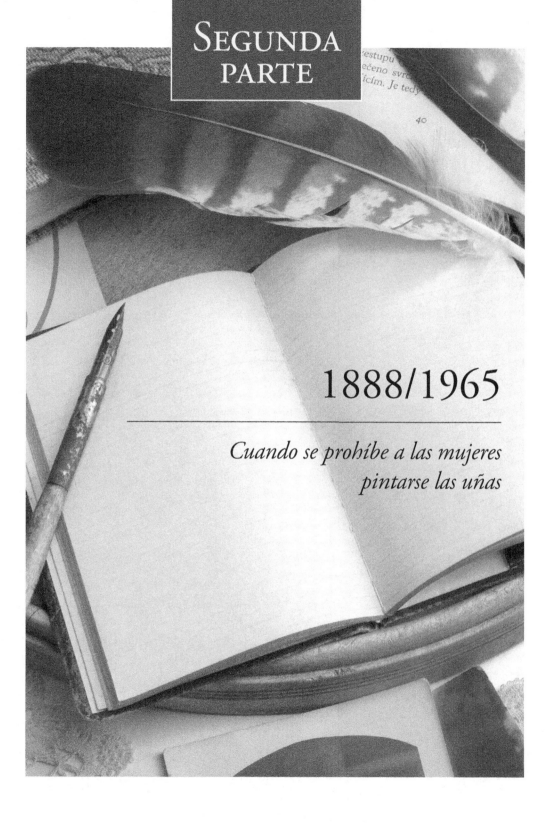

SEGUNDA PARTE

1888/1965

*Cuando se prohíbe a las mujeres
pintarse las uñas*

Fernando Pessoa
(Lisboa, Portugal, 1888-1935)

🍇 *No se muere nunca en los sueños*

Dice el Diablo, según el poeta Fernando Pessoa (que, como sabemos, es muchos poetas a la vez: Bernardo Soares, Chevalier de Pas, Ricardo Reis, Alberto Caeiro, Álvaro de Campos), que Jesús lo repudió tal como lo hiciera Dios. Mas siguió con lo que tenía que hacer, porque ése era su deber y la orden del Creador.

—Le tenté con todo lo que existía —dice Satanás, refiriéndose a Jesucristo—. Si hubiera seguido mi propio criterio, le habría tentado con lo que no existe. Así, la historia del mundo en general, y la de la religión cristiana en concreto, tal vez habrían sido diferentes. Pero, ¿qué pueden hacer contra la fuerza del Destino, arquitecto supremo de todos los mundos, el Dios que éste creó, y yo, el Diablo territorial que, al negarlo, lo sustenta?

Su interlocutora, una señora embarazada llamada María, porque así lo quiso Pessoa para que el demonio engendrara terrenalmente un hijo, lo cuestiona:

—Pero, ¿cómo puede sustentarse algo por negarlo?

—Es la ley de la vida, señora mía —responde el Diablo—. El cuerpo vive porque se desintegra sin desintegrarse del todo. Si no se desintegrara segundo a segundo sería un mineral. El alma vive porque es tentada constantemente, aunque se resista. Todo vive porque se opone a algo. Pero si yo no existiera, nada existiría, porque no habría a qué oponerse, como la paloma de mi discípulo Kant, que, al volar en el aire leve, pensaba que podría volar mejor en el vacío.

En una traducción de Roser Vilagrassa, por primera vez trasladado al español, la editorial barcelonesa Acantilado publicó hacia octubre de 2003, de Pessoa, el volumen *La hora del Diablo* con un breve estudio de Teresa Rita Lopes, quien nos revela que este enigmático personaje bíblico fue una constante obsesión del portugués: "Tal vez convenga recordar —dice Lopes— que, a la edad de entre los 14 y los 17 años, tras una estancia de un año en Portugal, en la que recuperó el contacto no sólo con la lengua y la cultura portuguesa sino también con la familia en Algarve [región al sur de su país] de su abuelo judío, el joven [Pessoa] puso en tela de juicio con vehemencia la educación católica que había recibido y que, hasta el momento, había practicado".

En realidad, subraya Lopes, "este cuento contradice los diversos mitos tramados en torno a la figura del diablo, en concreto a la figura católica. Se diría que Pessoa quiere demostrar que el Diablo no es tan malo como lo pinta la iglesia de Roma, como él mismo la llamó desde que se divorció de ella a una edad muy temprana. Sin embargo, este Diablo también se queja del triste personaje que le han hecho representar algunos poetas, pese a ser amigos suyos". En el relato —que no es cuento pero tampoco ensayo, ni prosa poética ni alegato narrativo—, Pessoa se presenta a sí mismo como el propio Diablo para contradecir "el concepto dicotómico del universo como campo de batalla entre el Bien y el Mal, entre Dios y el Diablo —indica Lopes—. En cambio, de acuerdo con las filosofías orientales, Pessoa presenta al Diablo como la Luna del Sol que el Dios creador fue obligado a ser (porque, como el Diablo nos recuerda, también el creador fue creado). Así, Dios y el Diablo serían complementarios, como el día y la noche, lo cóncavo y lo convexo, el ir y venir de la misma onda".

Es el mismo Diablo pessoano el que lo confirma: "Las iglesias me abominan. los creyentes tiemblan al oír mi nombre. Pero, quieran o no, tengo un papel en el mundo. Dios me creó para que yo lo imitara de noche. Él es el Sol, yo soy la Luna. Mi luz flota sobre todo cuanto es fútil o ha terminado, fuego fatuo, márgenes de río, pantanos y sombras. Tal vez, en el fondo inmenso del abismo, el propio Dios me busque para que yo lo complete, pero la maldición del Dios Más Viejo (el Saturno de Jehová) pende sobre él y sobre mí, nos separa, cuando nos debería unir para que la vida y lo que deseamos de ella fueran una sola cosa".

El diálogo, que se convierte en monólogo con el paso de la conversación, es en el fondo un mensaje del Diablo a su hijo (poeta talentoso en un futuro), y no a la madre, testigo del viaje iniciático, "que empieza con una suerte de rapto de lo real, en el que una mujer no es la víctima sino la elegida, María, una esposa corriente, embarazada de pocos meses, que acude a un baile de disfraces, donde conoce a un extraño personaje vestido de rojo, que la lleva a casa y a quien ella llama una vez Mefistófeles y otra doctor Fausto, en los dos finales distintos que Pessoa imaginó para la historia", ya que este relato es, efectivamente, un texto inconcluso. "Al principio —dice Lopes—, el narrador dramaturgo deja entrever dos escenarios. Primero, el de una calle cualquiera (precisamente, enfrente de una cerrajería), donde vive una mujer cualquiera con un marido impreciso, y sella esa unión familiar con rituales que han perdido su significado, como el beso 'de costumbre, que al darlo nadie sabe si es costumbre o es beso'. No obstante, este escenario se abre sobre otro fantástico y sin límites, que ya no es un lugar donde se vive sino por donde se viaja al margen del espacio y del tiempo."

Y como en la literatura bíblica, que Jesús es concebido en una mujer virgen, el hijo del Diablo es producto de su verbo, "y así lo aleja de su condición de ser un cualquiera y lo consagra como poeta de talento". Dice el Diablo pessoano que la música, la luz de la Luna y los sueños son sus armas mágicas: "Sin embargo, por música no debe entenderse sólo la que se toca sino también la que queda eternamente por tocar. Tampoco debe suponerse que al hablar de la luz de la Luna sólo me refiero a la que emite la Luna y convierte los árboles en grandes perfiles; existe otra luz de la Luna que el propio Sol no excluye y oscurece en pleno día lo que las cosas fingen ser. Solamente los sueños son siempre lo que son".

—Pero si el mundo es acción, ¿cómo puede ser que el sueño forme parte del mundo? —pregunta la señora, la madre del hijo del Diablo, la mujer involuntariamente engañadora de su marido.

—Es que el sueño, señora mía, es una acción convertida en idea; y por ello conserva la fuerza del mundo y rechaza la materia, que es el estar en el espacio. ¿Acaso no es cierto que en nuestros sueños somos libres?

—Sí, pero despertarse es triste... —dice la futura madre.

—El buen soñador no despierta. Yo nunca he despertado —dice el Diablo—. Dudo incluso que el propio Dios no duerma.

Sí, los despertares suelen ser severos. Porque, incluso, en los sueños las muertes sueños sólo son: uno no se muere nunca en los sueños, sino sólo después de soñar. No en vano los amantes viven la intensidad de sus amores como en un sueño del que jamás quieren despertar. Porque, ya despiertos, son desengañados irremisiblemente con el lento paso de los días... 🖤

T. S. Eliot
(St. Louis, Missouri, Estados Unidos, 1888 / Londres, Inglaterra, 1965)

🖤 *"Labios que quisieran besar / formulan oraciones a la piedra rota"*

"Cuadernos de la Memoria" es el título de una bella colección poética, a cargo de Jaime Augusto Shelley, que edita la Universidad Autónoma Metropolitana. La serie la inicia Thomas Stearns Eliot con dos breves poemarios: *La canción de amor de J. Alfred Prufrock* y *Los hombres huecos*. El propio Shelley es el encargado de la versión al español, con un riguroso agregado-estudio acerca del Nobel de Literatura (que le fuera otorgado en 1948 al estadounidense, pero naturalizado británico en 1927). "Si nos atenemos a las palabras del autor —dice Shelley—, Prufrock es un hombre imaginario de cuarenta años, y Eliot mismo. Una combinación o, para mejor ubicarlo en esa época llena de hallazgos, un desdoblamiento de personalidad". En septiembre de 1914, luego de su viaje infeliz a París, "Eliot visita a Ezra Pound en Londres y le muestra *Prufrock*. Pound encuentra a su compatriota extraordinariamente inteligente y el poema lo envía a la editora de la revista *Poetry*, describiéndolo hoy por hoy 'el mejor poema escrito por un norteamericano'. El entusiasmo de Pound estimula vivamente a Eliot que ya casi se había resignado a una vida puramente académica y renueva sus deseos de escribir poesía. Acompaña a su nuevo amigo por el mundo literario de Londres, para él del todo desconocido, lo deja ensalzarlo, mostrarlo casi como una atracción de circo. Eliot sonríe cortésmente, se encoge de hombros y casi siempre guarda silencio, aun en esas veces que Pound blasfema. Su Ángel de la Guarda es un ateo convencido. Años después, en la revista *Dial*, Eliot confesaría: 'No me interesa mucho lo que Pound dice, sino cómo lo dice' (1928). Así y todo, Pound se endeuda personalmente para cubrir los costos de la edición de *Prufrock y otras observaciones*".

"La canción de amor de J. Alfred Prufrock"
(fragmento)

Porque las he conocido a todas ellas, a todas.
He conocido las noches, las mañanas, las tardes.
He medido mi vida con cucharitas de café.
Conozco las voces que mueren, que caen muriendo
sofocadas por la música de un cuarto distante.
Entonces, ¿cómo podría yo jactarme?

Porque he conocido los ojos, todos ellos.
Los ojos que te fijan en una frase formulada
y cuando estoy ya expuesto, hecho una X en el alfiler,
cuando estoy clavado y retorciéndome en la pared,
¿cómo debería entonces empezar
a escupir todas las colillas de mis días y mis vías?
¿Y cómo podría yo jactarme?

Y he conocido los brazos, todos ellos.

Brazos con brazaletes, blancos y desnudos
(¡aunque bajo la lámpara, cubiertos de claros vellos castaños!).
¿Es el perfume de un vestido
lo que así me hace divagar?
Brazos que descansan sobre una mesa, o envueltos con un chal.
¿Y podría entonces jactarme?
¿Y cómo debería empezar?

¡Y la tarde, la noche, duerme tan apacible!
Alisada por unos dedos largos,
duerme... fatigada... o haciéndose la enferma,
se extiende en el suelo, aquí junto a ti y a mí.
¿Tendría yo después del té y los pasteles y los helados
la fuerza de precipitar el momento a su crisis?

Pues aunque he llorado y ayunado, llorado y rezado,
aunque he visto mi cabeza (levemente calva) traída en una bandeja,
no soy profeta —y eso no importa mucho;
he visto el momento de mi grandeza vacilar,
y he visto al lacayo de siempre recibir mi abrigo, y sonreír estúpidamente,
en suma, tuve miedo.
¿Y habría valido la pena, después de todo,
después de las tazas, la mermelada, el té,
entre la porcelana, entre una plática acerca de ti y de mí,
habría valido la pena
atacar el asunto con una sonrisa,
comprimir el universo en una pelota
y hacerlo rodar hacia alguna pregunta abrumadora,
y decir: "Soy Lázaro, venido de entre los muertos,
que regresa para contarlo todo, te lo contaré todo",
si a uno, acomodándose un cojín junto a la cabeza,
se le ocurriera decir: "No es eso lo que quise decir, de ningún modo.
No es eso, de ningún modo"?

Eliot publica *Los hombres huecos* en 1925, "justo en la plenitud —dice Shelley— de
su desdicha conyugal. El mundo se le ha venido encima, lo asfixia y no encuentra

remedio a su desesperación. Ese es, también, por contrapartida, el año en que su vida empezará a resolverse en lo material, con su ingreso a la Casa Faiber [de la que llegaría a ser su director editorial]. Por lo demás, la difusión de *Waste Land*, el poema de la generación (Faulkner, Hemingway, Pound, *et al.*), le ha abierto las cajas de caudales de los mecenas de Nueva York y, asimismo, la consideración de ciertos círculos de influencia". *Los hombres huecos*, señala Jaime Augusto Shelley, es —como *Tierra baldía*— "un gran canto autobiográfico donde revisa la situación que guarda su ser, su pobre alma convulsa, su relación con la eternidad. Es, también, un claro homenaje al Divino Dante; específicamente al canto tercero de su *Comedia*, que no aspiró a tener nada de divina y sí todo de humano".

"Los hombres huecos"
(fragmento)

I

Somos los hombres huecos
Los hombres rellenos de aserrín
Que se apoyan unos contra otros
Con cabezas embutidas de paja. ¡Sea!
Ásperas nuestras voces, cuando
Susurramos juntos
Quedas sin sentido
Como viento sobre hierba seca
O el trotar de ratas sobre vidrios rotos
En los sótanos secos
Contornos sin forma, sombras sin color,
Paralizada fuerza, ademán inmóvil;
Aquellos que han cruzado
Con los ojos fijos, al otro Reino de la muerte
Nos recuerdan —si acaso—
No como almas perdidas y violentas
Sino, tan sólo, como hombres huecos
Hombres rellenos de aserrín.

II

Esta es la tierra muerta
Esta es la tierra de los cactos

Aquí se erigen
Imágenes de piedra, aquí reciben la súplica
De la mano de un hombre muerto
Bajo el parpadeo de una estrella agonizante
¿Es esto así
En el otro reino de la muerte
Despertar a solas
A la hora en que temblamos de ternura?
Labios que quisieran besar
Formulan oraciones a la piedra rota. 🌿

Mijaíl Bulgákov
(Kiev, Rusia, 1891/ Moscú, 1940)

🌿 *El diablo alborota Moscú*

En los años de la década de los treinta del siglo XX, Mijaíl Bulgákov es fundamentalmente un autor de teatro y del teatro vive. "Sin embargo, no ha abandonado la narración. Luego de quemar el primer borrador de *El Maestro y Margarita* —dice Julio Travieso Serrano en el prólogo de la edición de Lectorum de esta novela en 2004—, vuelve a escribir otra versión, sobre la que trabaja una y otra vez. Insatisfecho, una variante se sucede a la otra hasta alcanzar ocho. Hacia fines de 1939, la obra está casi terminada y él se ha quedado ciego [a los 48 años de edad]. No se deja abatir y le dicta las últimas correcciones a su esposa, Elena Bulgákova, que le servirá de modelo para el personaje Margarita de su famosa novela." Un año después, en 1940, moría este "grandioso y trágico" literato ruso ("perseguido, vilipendiado, humillado") de una rara enfermedad: nefroesclerosis hipertónica, que primero deja ciego al enfermo y luego lo postra. Pero Bulgákov, señala Travieso Serrano, "no sólo escribe la última versión de *El Maestro y Margarita*, también prepara la *Novela teatral*. Ninguna de las dos obras se publicará durante su vida. Ambos manuscritos quedan en poder de Elena Bulgákova que los guarda celosamente en la espera de otros tiempos".

Otros tiempos significan más de cinco lustros. "Habría también que hurgar mucho en la historia de la literatura para hallar un caso semejante —dice Travieso Serrano—, el caso de una obra de gran calidad, como *El Maestro y Margarita*, de un autor ya conocido, que sólo es publicada veintitantos años después de ser terminada. Este no es el caso del joven Proust rechazado por Gide, rechazo que, prontamente, se subsana. No es el caso, en los últimos años, de una deliciosa obra como *La conjura de los necios*, rechazada por los editores y que sólo llega a ser publicada muchos años después de la muerte de su autor. En su momento, Proust y J. Kennedy Toole eran autores desconocidos; Bulgákov, en cambio, un autor de larga trayectoria." Veintitrés, 27 años, "son pocos años en la historia de la literatura, pero muchos para que una obra pueda ver la luz. Finalmente, en 1963, la revista *Novi Mir* publica la *Novela teatral* y, en 1967, la editorial Literatura Artística de Moscú ofrece al lector *El Maestro y Margarita* en forma de libro. Ahora soplan otros aires en la URSS, luego del deshielo kruschoviano y la aparición de obras como *El día de Iván Denísovich*". Por desgracia, Elena Bulgákova muere en 1970 "y no pudo ver la total consagración de su esposo, tanto en su país como en el extranjero. No pudo ver sus *Obras completas* en ruso, ni en inglés, ni las innumerables ediciones tanto en Rusia como fuera de ella".

La novela es, ciertamente, grandiosa. Trata de la visita del diablo a Moscú y la parafernalia que se arma en su entorno. En los Estanques del Patriarca, en un caluroso atarceder de mayo, en la alameda paralela a la calle Málaia Brónnaia, dos personas se aproximan a una tienda para beber cualquier cosa. Uno es el editor Mijaíl Alexándrovich Berlioz y el otro el joven poeta Iván Nikoláievich Ponirev, que firma bajo el seudónimo de Desamparado. "Como posteriormente se supo, aquella charla era sobre Jesucristo —refiere Bulgákov—. El asunto es que el editor le había encargado al poeta un gran poema antirreligioso para el próximo número de la revista. Iván Nikoláievich lo escribió en un breve plazo, pero, desgraciadamente, al editor no le gustó nada. Al principal personaje de la obra, es decir a Jesús, Desamparado lo representaba con un matiz muy negro y, sin embargo, según el editor, era necesario reescribir todo el poema." Es difícil decir qué había motivado a Desamparado, "si la fuerza de su talento o el total desconocimiento del tema tratado, pero su Jesús era muy real y caracterizado por sus rasgos negativos. Berlioz quería demostrarle al poeta que lo importante no era si Jesús fue bueno o malo, sino que Jesús, como tal, como persona, nunca existió y todos los relatos sobre él no pasaban de ser más que simples invenciones, un puro mito".

—No hay una sola religión oriental —decía Berlioz— en la que, como regla, una virgen no haya traído al mundo a un dios. Los cristianos no inventaron nada nuevo y de la misma manera crearon a su Jesús quien, en realidad, nunca existió. Eso es lo que hay que subrayar...

La voz de tenor de Berlioz "se difundía por la desierta alameda y a medida que profundizaba en el tema, lo cual sólo lo puede hacer una persona muy culta sin riesgo de quedar en ridículo, el poeta supo más y más cosas útiles e interesantes sobre el egipcio Osiris, el bondadoso dios hijo del Cielo y la Tierra; sobre el dios fenicio Famus; sobre Marduc e incluso sobre el menos conocido y terrible dios Huitzilopochtli muy venerado alguna vez por los aztecas en México".

—Tú, Iván —dice Bulgákov que dijo el editor Berlioz—, haz trazado muy bien y satíricamente, digamos, el nacimiento de Jesús, hijo de Dios, pero el asunto es que, antes de Jesús, nació toda una serie de hijos de Dios, por ejemplo Adonis, el ateniense; Attis, el frigio; Mitra, el persa. En pocas palabras, ninguno nació ni existió, entre ellos Jesús. Sería indispensable que tú, en lugar del nacimiento, o, digamos, la llegada de los Reyes Magos, destacaras lo absurdo de los rumores sobre este suceso. En cambio, por tu relato, resulta que Jesús nació verdaderamente.

En ese preciso momento, un extranjero irrumpe en la plática de ambos hombres de letras para, con sus intervenciones, cuestionar lo que están diciendo. Además, augura que ya no va a haber ninguna reunión nocturna en Massolit (agregado de "literatura masiva"), las oficinas de la revista donde se reúnen los literatos, porque Berlioz va a morir, sentencia el imprudente extranjero, con la cabeza cortada. A partir de ahí se desarrollan unos diálogos aparentemente incoherentes que, conforme se van sucediendo los 32 capítulos de la novela, se van hilando con impecable manejo escritural, otorgando la posibilidad incluso de que leamos algunos fragmentos de la novela sobre Poncio Pilato y Jesucristo que escribiera el Maestro, que aparecerá en el manicomio para entablar amistad con el poeta Desamparado, a quien nadie le cree que ha visto personalmente al demonio y lo encierran por considerarlo un demente sin remedio.

En *El Maestro y Margarita*, dice Travieso Serrano, "está el propio Bulgákov. Si hay un libro en el cual no se cumple la máxima de Roland Barthes: 'Quien habla no es quien escribe y quien escribe no es quien es en la vida real', es éste. La biografía de Bulgákov se identifica con la de su personaje, el Maestro. Los dos son escritores. Ambos, Bulgákov y el Maestro, son acosados y conducidos al último grado de la desesperación. Ambos son amados intensamente por una mujer que les sirve de refugio y consuelo. En la vida real, Elena Bulgákova abandonó el lujo de un hogar acomodado para unirse a la pobreza de Bulgákov. En la ficción, Margarita abandona a su esposo y la vida lujosa que lleva para unirse al Maestro que vive pobremente. La novela de éste sobre Poncio Pilato es reprobada, vilipendiada, por malsanos críticos, al igual que lo fue la propia obra de Bulgákov. El Maestro quema su manuscrito y también Bulgákov quemó la primera versión de su novela". No sólo eso. Donde vive Voland, que no es otro sino Satanás, y los otros demonios en la novela (en un edificio de la avenida Sadovaia 302 bis), en algún momento también vivió en la vida real Bulgákov.

El Maestro visita al poeta Desamparado en su habitación del manicomio. Y empieza a platicar de su vida, de cómo fue arruinado por los críticos, lanzado al abismo por la autonomía de su literatura; pero, sobre todo, habla de ella, que a la postre sabríamos su nombre: Margarita, la mujer que cambiaría su corazón. "En las manos ella traía unas desagradables flores —dice el Maestro—, inquietantes, amarillas. Flores amarillas. Un mal color. El diablo sabrá cómo se llaman, pero son las primeras que aparecen en Moscú. Hacían un fuerte contraste con el abrigo negro de primavera de ella que en la calle Tverskaya dobló hacia una callecita y se volvió. ¿Conoce la Tverskaya? Por allí pasan miles de personas, pero le aseguro que ella sólo me vio a mí y me miró no con inquietud, sino más bien con dolor. A mí me asombró no tanto su belleza como la soledad en sus ojos, rara, nunca vista."

Obedeciendo quizás a un impulso ciego, el Maestro también dio vuelta en la callecita y la siguió. "Íbamos en silencio por aquella torcida y aburrida callejuela, yo por una acera, ella por la otra. Imagínese, no había un alma en toda la calle. Yo sufría porque me parecía que necesitaba hablarle y me preocupaba no abrir la boca y que ella se fuera y nunca más volver a verla."

De repente, ella le habló:

—¿Le gustan mis flores?

El Maestro recuerda con claridad cómo sonó su voz, "más bien baja, entrecortada y, aunque esto sea tonto, me pareció que su eco corría por la callejuela y rebotaba en las sucias paredes amarillas". Con rapidez se acercó a ella y le contestó: "No". Ella lo miró sorprendida y, de pronto, comprendió que "toda mi vida había amado precisamente a esa mujer". Ella, ante tal respuesta, lo miró nuevamente sorprendida. "¿No ama las flores en general?", preguntó. "Sí, pero no ésas, sino las rosas." Entonces, dice el Maestro, "lamenté lo que había dicho porque ella sonrió con aire culpable y arrojó sus flores en una cuneta. Algo desconcertado las recogí y se las puse en las manos, pero, sonriendo, las rechazó y yo las llevé en mis manos. En silencio seguimos caminando un tiempo hasta que ella tomó las flores de mis manos y las arrojó a la calle. Después puso su mano, enfundada en un guante negro, en la mía y continuamos uno al lado del otro."

—Prosiga —dijo el poeta Iván.

—¿Proseguir? Lo que sucedió después usted mismo lo pudiera adivinar —dijo el visitante y de súbito se secó una lágrima con la mano derecha—. El amor saltó ante nosotros, al igual que aparece un asesino en un callejón, y nos paralizó a ambos. Así fulmina el rayo. Así corta una navaja finlandesa. A propósito, más tarde ella afirmó que no fue así, que nos amábamos desde hacía mucho tiempo, sin conocernos, sin habernos visto.

Ella dijo que había salido ese día con las flores amarillas en las manos para que el Maestro la encontrara y si eso no hubiese sucedido ella sencillamente se habría envenenado porque, dijo, su vida estaba vacía. Se amaron intensamente, aunque ella vivía con su esposo. Fue también ella la que lo animara a terminar su novela sobre Poncio Pilato. "Ella le auguraba la gloria, lo apremiaba, y fue entonces que comenzó a llamarle Maestro. Con impaciencia aguardaba las ya prometidas y últimas palabras sobre el quinto procurador de Judea. Como si cantara, repetía en voz alta, frases que le habían gustado y afirmaba que en aquella novela estaba su vida."

El manuscrito, finalmente, iba a ser la causa del derrumbe moral del Maestro. El editor dudaría de su contenido (los últimos días de Jesucristo en la URSS comunista, donde Dios es sólo parte de un cuento en una nación atea), y los evaluadores, los críticos Latunski y Arimán y el literato Lavróvich, lo rechazarían categóricamente. Y, no conformes con ello, se dedicarían a escribir en sus respectivos espacios periodísticos una serie de diatribas en contra de dicho autor, el Maestro, puntualizando, tal como escribió el crítico Arimán, que el "enemigo" trataba de "introducir en la literatura la apología de Jesucristo". Lávrovich, por su parte, proponía "golpear, y fuerte, al 'pilatismo' y al pintor de iconos que pretendía introducirlo (otra vez la maldita palabra) en la letra impresa". El Maestro se encontró en un tercer periódico con otros dos artículos, uno de Latunski y otro firmado por M. Z., en los que los trabajos previos tanto de Arimán como de Lávrovich "podían considerarse bromas en comparación con el escrito por Latunski". Basta con decir que se intitulaba "El viejo creyente belicoso".

Margarita no se separó de su lado y, enojada, prometió envenenar al crítico Latunski. "Llegaron los días otoñales, sin alegría —prosiguió el Maestro contando al poeta Iván—. El monstruoso fracaso de la novela fue como si secara la mitad de mi alma. En realidad, no me quedaba nada que hacer y yo vivía de encuentro en encuentro. Entonces ocurrió algo conmigo. Comencé a entristecerme y a tener ciertos presentimientos. Los artículos no cesaron. Con el primero me reí, pero a medida que iban apareciendo mis reacciones fueron cambiando. En el segundo fue la etapa de la sorpresa. Algo raro, falso e inseguro se sentía literalmente en cada uno de sus párrafos, a pesar de su tono amenazador y seguro. Me pareció, y eso no me lo puedo quitar de encima, que los autores de los trabajos no decían lo que deseaban decir y que su furor era provocado precisamente por esto. Luego llegó la etapa del temor. Compréndame, no el temor por aquellos artículos, sino el temor frente a otras cosas que no tenían nada que ver, en lo absoluto, con ellos ni con la novela. Por ejemplo, comencé a temerle a la oscuridad. En pocas palabras, llegó la etapa de una enfermedad psíquica. En especial, cuando me quedaba dormido me parecía que un pulpo, frío y resbaloso, se acercaba directamente con sus tentáculos a mi corazón. Entonces, dormir era un infierno."

Una noche quemó en la hoguera su novela. Margarita, al verlo destrozado, le pidió que tuviera serenidad. Que ella lo arreglaría pronto. Por fin dejaría a su marido. "Mira cuánto hay que pagar por la mentira —dijo— y no quiero mentir más." Prometió estar con él a la mañana siguiente, cosa que hizo después de dejarle un recado a su esposo en el cual le decía que lo abandonaba porque, simplemente, ya no lo quería. Pero era demasiado tarde: cuando ella llegó, liberada por fin del yugo matrimonial, el Maestro ya no estaba más en su casa.

Luego sucedería un sinnúmero de catástrofes en la ciudad que tendría a la milicia bastante ocupada: magos que cortan cabezas, más de dos mil personas que de pronto aparecen desnudas en la calle, un gato (llamado Hipopótamo, que es, a propósito, ciertamente un bello nombre para un felino) que habla y se sirve a sí mismo copas y paga su pasaje en el autobús. El diablo andaba suelto en Moscú. Y con nombre propio: Voland, quien queda encantado con Margarita (tal vez una hermosa bruja en sus adentros sin ella misma saberlo), que, respaldada por el mismo Satanás, va en busca del Maestro, el amor de su vida. Y Bulgákov ha creado una bella novela donde Dios y el Diablo no son lo que el común de la gente suele decir. Sólo que Bulgákov, tal como su personaje el Maestro, no supo en realidad si lo que había escrito valía la pena. Veintisiete años después de muerto, hacia 1967, su novela *El Maestro y Margarita* —que había tardado 11 años en escribirla, de 1929 a 1940, precisamente el año de su muerte— comenzaba a ser gratamente leída, sorprendidos los lectores ante su magistral escritura, conmovidos por la perfecta construcción literaria y asombrados ante el portento de su contenido.

Aún hoy, el deslumbramiento es significativo. 🍇

Ryunosuke Akutagawa
(Tokio, Japón, 1892-1927)

🍇 *El lunático y los kappas*

Cuatro meses antes de que se decidiera ingerir veronal para quitarse la vida, a sus 35 años, el japonés Ryunosuke Akutagawa publicaba, en marzo de 1927, *Kappa*, donde ya denota cierto hastío por las costumbres humanas. "En una carta al poeta Mokichi

Saito —dice el traductor argentino de origen japonés Kazuya Sakai, en un texto que data de 1959, en el prólogo al libro, editado por Me Cayó el Veinte—, Akutagawa confiesa que al escribir *Kappa* había pensado hacer un relato a la manera de Gulliver. Recordemos que Akutagawa se especializó en literatura inglesa en la Universidad de Tokio, de modo que es evidente que conocía bien la tradición literaria de obras como *Utopia, News from Nowhere y Erewhom*; además, dada su erudición en los clásicos orientales, no es difícil imaginar que conocía las obras de Furai Sanjin o de Bakin. Muchos críticos coinciden en que *Kappa* guarda cierta similitud con Erewhom, pero que sigue la tradición de la literatura fantástica oriental."

Kappa es un animal imaginario que aparece frecuentemente en el folclor, nos ilustra el ya también desaparecido artista plástico Kazuya Sakai (1927-2001), "y es muy familiar para el pueblo japonés". Existen varios libros "que contienen descripciones e ilustraciones de este animal anfibio que habita en los lagos, ríos y mares". En dichos documentos "se describe al kappa casi de la misma manera en que lo hace Akutagawa, salvo algunas facultades que éste le otorga, como asimismo el hecho de humanizarlo hasta el punto de que constituye un pueblo civilizado". El escritor nipón "imagina un país de kappas para criticar y satirizar el mundo de los seres humanos". Es curioso, escribió en su momento el novelista socialista Fusao Hayashi, "que la primera obra japonesa moderna que ataca y satiriza de tal manera a nuestra sociedad actual haya sido escrita justamente por un escritor que los propios socialistas o marxistas han atacado por su ideología". Sin embargo, Sakai dice que *Kappa* "no es una novela estrictamente social, como Hayashi pretende clasificarla. Se trata, más bien, de una obra en que Akutagawa plantea sus propios problemas personales, como si tratara de solucionarlos antes de su muerte, aunque sólo fuera en la ficción".

Quizás un kappa es como el kamaje de *El viaje de Shihiro*, la película de Hayao Miyazaki del año 2001, pero menos estrambótico, menos agigantado, tal vez menos afantasmado. En el libro de Akutagawa el narrador es el paciente número 23 del hospicio de dementes, quien, tres años antes de ser recluido en la institución hospitalaria, salió de su habitación del hotel de las termas de Kaminokochi con el propósito de escalar el monte Hodaka, que hizo tras serias dificultades físicas. "Sin embargo —dice—, la espesa niebla persistía en obstaculizar mi visión, aunque de cuando en cuando, en medio de tanta vaguedad, veía surgir gruesas ramas de hayas o abetos cubiertas de verdes hojas; también tropezaba repentinamente con caballos o vacas que pastaban en las cercanías. Pero la niebla los absorbía de nuevo con la misma rapidez con que antes los había descubierto. A todo esto, ya me estaba fatigando, y poco a poco el apetito se hacía sentir... el peso del equipo y de la manta se volvía insoportable, empapados como estaban por la neblina. Por último me di por vencido y, orientándome por el ruido del agua que corría entre las rocas, decidí bajar hasta la orilla del río".

Ahí fue donde vio, por vez primera, a un kappa, "idéntico a los que había visto en dibujos", ese animal "cuya real existencia se sigue discutiendo hasta el presente; pero desde el momento en que yo viví entre ellos ya no puede quedar ninguna duda sobre este punto. El kappa no se diferencia fundamentalmente de las descripciones del *Suiko Koryaku* [estudio sobre el tigre del agua, que es sinónimo de kappa] y de otros libros, o sea que tiene pelos cortos en la cabeza y una membrana entre los dedos de las manos y de los pies como los palmípedos. Mide más o menos un metro de estatura, y su peso es de 20 a 30 libras [de nueve a 14 kilos], aunque de cuando en cuando se encuentran kappas gigantes de más de 50 libras [23 kilos]. En medio de la cabeza tiene una especie de caparazón ovalado, cuya dureza, al parecer, aumenta con la edad. Pero quizás lo más extraño del kappa sea la coloración de la piel; no tiene, como nosotros, un tono constante, sino que cambia según las circunstancias. Por ejemplo, es verde cuando está en el pasto, grisáceo si está sobre una roca. Por supuesto, esta característica no es exclusiva del kappa, ya que la poseen en igual grado los camaleones".

Y así como Jonathan Swift, en *Los viajes de Gulliver*, crea a los houyhnhnms, esos seres caballunos perfectos, superiores a los humanos, del mismo modo Akutagawa recurre a los kappas, entes imaginarios (esta vez no inventados, sino tomados de la cultura popular), para ser implacable con los hombres, si bien el autor japonés redimensiona las situaciones al grado incluso de volverlas crueles e irracionales (como el asunto de los obreros despedidos a los que, para solucionar sus conflictos, matan en seguida y comen su carne: "Este mes despidieron a 64 mil 769 obreros, de manera que de acuerdo con esa cifra ha bajado el precio de la carne"). Los kappas, a diferencia de lo que ocurre en nuestro mundo, son perseguidos, acosados, hostigados, literalmente correteados, por las kappas. Acaso por eso uno de ellos expresa, como si tal cosa fuese natural, que, "después de todo, el huevo frito que está ahí sobre la mesa es mucho más saludable que cualquier relación amorosa".

Acostumbran, según el paciente número 23, "hablar animadamente bajo una potente iluminación eléctrica, y con frecuencia exhiben sus cualidades de superkappas. Un escultor, por ejemplo, hacía el amor descaradamente a una joven kappa ante una maceta de helechos; y recuerdo a una novelista que subió a una mesa y bebió 60 botellas de ajenjo; por supuesto, apenas vació la última botella cayó de la mesa y murió en el acto". Como es sabido, "generalmente tanto la pintura como la literatura pueden ser expresadas en forma más o menos clara y comprensible para todo el mundo, de modo que su venta o exhibición nunca se prohíbe en este país —explica un kappa a su anfitrión—. En cambio, sí existe la censura para los conciertos, ya que cualquiera que sea el grado de injuria que atente contra la moral pública, esta música no es apreciada por aquellos kappas que no tienen oídos para escucharla".

Su fábrica de libros, en cambio, es impresionante: la producción anual asciende a siete millones de ejemplares. No obstante, uno podría preguntarse, con legítima duda, ¿para qué se hacían de cultura estos kappas si finalmente ajusticiaban a sus obreros ante la indiferencia de su pueblo? "Lo curioso —y lo narra el propio paciente número 23— era que los diarios matutinos no anunciaban ninguna clase de huelga", tal como la efectuaban cada mes los más de 40 mil afectados. Porque los periodistas, sencillamente, son dominados por sus respectivos directores, que a su vez, ¡vaya coincidencias con el mundo humano!, son dominados por los empresarios, que son los que controlan la conducción del mando político. Sí, la atmósfera kappana tiene cierto tufillo del enrarecido ambiente del mundo feliz huxleyano, pero el narrador de estas vicisitudes se volvió loco cuando retornó con los humanos. Pese a las evidentes contrariedades de aquellos animales, era preferible vivir entre ellos que entre los de su especie. Por eso tuvo que acabar sus días en un asilo de lunáticos. Porque no soportaba la realidad, su realidad, tal como Akutagawa, quien, a falta de un contacto con algún kappa que lo salvara del tedio cotidiano, decidió matarse con tal de no continuar mirando a sus semejantes. 🌿

William Faulkner
(New Albany, 1897 / Oxford, Mississippi, 1962)

🌿 *La poesía imbuida de magnolios*

Doce años antes de su fallecimiento, ocurrido en 1962, William Faulkner recibió el Nobel de Literatura, que modificó sustancialmente su vida pero, sobre todo, de quienes lo rodeaban. Porque antes de ese máximo galardón Faulkner era considerado un borracho y estafador por los habitantes del pueblo donde dejó de existir: Mississippi.

La fama, sí, hace milagros.

Porque sus vecinos, "paradójicamente —escribió Jim Dees, de la agencia Reuter, en febrero de 1997, a los 35 años del fallecimiento de Faulkner—, quieren erigir una estatua en honor del hombre que es no sólo el hijo más famoso del pueblo sino su principal atracción turística". Sin embargo, no todo corría sobre rieles: "La estatua de Faulkner ha provocado controversias entre los habitantes de Oxford. Esta vez por un magnolio, el árbol emblema del estado". El alcalde del lugar y el doctor Chester MacLarty, el médico de la familia Faulkner antes de retirarse, coordinaron la recaudación de los fondos (unos 50 mil dólares) y eligieron el sitio donde sería colocado el monumento. Fue elegido el escultor Bill Beckwith para la realización del símbolo faulkneriano, se decidió la fecha de la develación (25 de septiembre de ese 1997, año en que se conmemoraba el centenario del nacimiento del escritor) y se limpió una zona en la plaza del pueblo donde iba a colocarse el monumento... *iba*, porque, "desgraciadamente —apuntó Dees—, al limpiar el lugar donde se erigirá la estatua significó cortar un magnolio, lo que levantó protestas entre los amantes de estos árboles... y, en este pequeño pueblo de Mississippi, esto puede ser un problema de importancia".

Más aún: la entonces única hija viva de Faulkner, Jill, informó a la Junta de Concejales que ella también se oponía al proyecto. "Estoy horrorizada por la tala del magnolio —afirmó Jill en una carta que fue leída en una reunión pública atestada por sobrinos y nietos del autor—. Quisiera que respetaran el eterno deseo de mi padre, así como el nuestro, de privacidad". El apego a la privacidad de William Faulkner, escribió Dees, "era legendario en Oxford. Sólo tres décadas después de su muerte, la ciudad pudo poner un letrero que le indicara a los turistas la ubicación de su mansión Rowan Oak, que ahora es un museo dirigido por la Universidad de Mississippi".

La destrucción del magnolio generó el enojo de los habitantes no sólo porque fue cortado, subrepticiamente, al amanecer de un sábado sino porque, pese a que se trataba del árbol estatal de Mississippi, fue derribado sin ceremonia y transportado a un aserradero de la empresa Georgia Pacific. "Los amantes de la naturaleza han convertido el sitio donde el árbol fue derribado en un lugar de protesta". Incluso, para condenar el proyecto, emplearon las propias palabras de William Faulkner, tomadas de su cuento "Otoño en el Delta", que en un extracto dice así: "En esta tierra que el hombre ha desecado, desnutrido y deforestado durante dos generaciones... no me sorprende que los bosques arruinados que yo conocía exijan justicia. Las personas que los han destruido sufrirán su venganza".

Ante estas temibles escrituras de Faulkner, el alcalde y sus concejales enmudecieron.

Algunos admiradores del escritor creyeron encontrar una solución que complacería a todo el mundo, cuando propusieron que la estatua se erigiera en la mansión de Rowan Oak. Pero se toparon con un obstáculo: la hija viva de Faulkner, quien no mostró ningún interés por el proyecto. "No deseo que la estatua de mi padre sea colocada en la plaza o en ningún otro lugar", sentenció Jill en su carta.

Empero, la ciudad, opinaron varios observadores degustadores de las lecturas de Faulkner, no necesita de la aprobación de la familia para seguir adelante con sus planes. Sin embargo, el concejal David Magee puso un gritillo más en el cielo:

—No queremos un monumento que quede marcado para siempre en la historia como "la estatua que la familia no quiso".

Las discusiones prosiguieron, inútilmente.

Por un lado, los funcionarios persistían en su idea y, por otro, los que estaban en desacuerdo se plantaron en el sitio para protestar por los "autoritarismos" que "sacrifican la ecología".

Lo cierto es que William Faulkner amaba en demasía la naturaleza, y eso consta en sus hermosos libros, incluso en un volumen poético (publicado póstumamente, mas confeccionado a mano por el propio Faulkner, quien lo tuvo para sí, como un secreto, regalo para su esposa Estelle en 1921) intitulado *Visión en primavera* (Trieste, España, 1987):

En algún lugar, una suave y muda brisa irá
desuniendo las manos de los álamos
y arrugando el rostro del estanque, silenciosamente,
allí donde cada bosque de avellanos se levanta
revestido de su cabello peinado con raya,
mitad dormido reflejado, mitad despierto,
arrojando delicadas manos blancas sobre el pecho del estanque,
soñando allí apagar la sed de los alisos detenidos en la aurora.
Es aquí donde aparecen las escondidas violetas por primera vez.

Faulkner, en vida, ya había levantado enormes e inapreciables monumentos: sus libros.

Por ello, decía Dees, y con razón, el que esta inauguración se llevara a cabo o no "se ha convertido en un misterio tan profundo como el significado de alguna de las frases más famosas, largas y elaboradas del escritor". Como éstas, tal vez:

El ocaso teje un tapiz sobre el bosque silencioso,
sosegadamente tranquilo,
y las hojas cubren los árboles medio vestidos de oro solemne.

¿Para levantar un monumento era necesario tirar otro?

En Londres, durante el mes de mayo de 1921, T. S. Eliot comenzó a escribir la secuencia poética que, en el sentir de la mayoría, se iba a convertir en el "clásico y controvertido poema del movimiento modernista": *The Waste Land* ("Tierra baldía"). Mientras, en Oxford, Mississippi, durante aquella misma primavera, William Faulkner "completaba una secuencia poética que, si bien nunca fue publicada —dice Judith L. Sensíbar—, actuaría como detonante de su propio desarrollo literario. *Vision in Spring*, trabajo fundamental en el aprendizaje de Faulkner, está formado por la copia de 82 páginas mecanografiadas en tinta roja, que había encuadernado a mano ese mismo verano. Leído en el contexto de la totalidad de su poesía, su vida, así como su primera obra y sus mejores novelas, este ciclo de catorce poemas aporta una fascinante información sobre cómo, durante este aparentemente estéril periodo, en el cual escribió poesía casi de forma exclusiva (de 1916 a 1924), el joven Faulkner se instruyó a sí mismo en la tarea de escribir". *Vision in Spring* es el sexto de los libros confeccionados a mano por Faulkner, "que sería publicado después de su muerte en 1962, y la tercera completa y más ambiciosa de sus secuencias poéticas conocidas. Fue regalado a su futura esposa Estelle Franklin en 1921 y a ella perteneció hasta su muerte, en 1972". El original, entonces, supuestamente se perdió. Pero fue hallado al mediar los ochenta del siglo pasado ("entre ciertos papeles sin clasificar"), y dado a conocer en el nonagésimo natalicio del escritor.

Sensíbar comenta: "Entre la edad de los dieciséis y los veintisiete años, Faulkner compuso y revisó cientos de poemas. (Si bien) sus poemas individuales parecen bastante alejados de sus novelas, incluso de la primera [*Soldiers Pay*], el desarrollo de Faulkner como novelista fue bastante insólito: su evolución como escritor no parte del cuento hacia la novela, como sucede en la mayoría de los novelistas, sino de pequeños poemas hacia secuencias poéticas (novelas poéticas según el modelo de Conrad Aiken y otros primeros modernistas) y de éstas hacia la novela". Sin embargo, "*Vision* es un imperfecto pero fascinante trabajo pues determina un momento decisivo en la larga autoeducación de Faulkner —dice Sensíbar en el prólogo del libro editado en castellano—. Mientras escribió *Vision in Spring* y quizá, incluso más, mientras lo revisó (durante los aparentemente estériles años de 1922 y 1923) para componer *Orpheus*, aprendió finalmente a separarse a sí mismo de su sueño y, de esta forma, encontrar su verdadera voz". En sus poemas, Faulkner se puso la máscara de Pierrot para representarse en diferentes estados anímicos. Para Pierrot, ser un poeta era un ideal imposible. Porque, en caso de alcanzarlo, este ideal confería la divinidad:

Ellos lamentan no el ser mudos, pues no se convertirían en dioses.

"Faulkner reitera este ideal a través de su aprendizaje poético —indica Sensíbar—, y no comienza a rechazarlo hasta escribir *Vision in Spring*, el ciclo que señala y describe su transformación de poeta mediocre y soñador en un novelista potencialmente brillante." Faulkner escogió a Pierrot, "paradigma del poeta aislado simbolista, en parte porque se hallaba en un estado de dispersión. Junto a Aiken, Eliot y Wallace Stevens, otros muchos poetas escribían poemas utilizando la figura de Pierrot ['personaje bufopatético de la pantomima italiana y francesa —se lee en el diccionario—; se le representa como hombre alto, flaco, con la cara enharinada, vestido con traje blanco, amplio, con grandes botones, y con gorro de punto, negro']. Esta elección se debe también al hecho de que Faulkner intentaba llegar a una personificación capaz de englobar diversas fuentes y problemas. Finalmente, escogió a Pierrot por razones personales. La paralizante dualidad de visión de Pierrot, su duplicidad, eran aspectos que Faulkner reconocía en sí mismo. De esta forma, Pierrot se convierte en un perfecto emblema de su tensión personal". *Visión en primavera* (con versiones al español de Menchu Gutiérrez) es un libro de difícil lectura. "En parte porque lo que Arthur F. Kinney y otros han llamado la 'cualidad reconstructiva' del estilo de Faulkner todavía no llega a ser plenamente el de una novela; resulta difícil de seguir pues la depresión de su protagonista, Pierrot, produce muy a menudo una sensación de profundo cansancio." Los temas de su poemario —el sexo, el amor, el poder, la impotencia, la muerte y los magnetismos de la imaginación— son universales. "Aunque Faulkner a menudo se refiere a sí mismo como un poeta fracasado, la poesía ocupó un lugar esencial en sus relaciones amorosas [no en balde regaló gran parte de su poesía a las mujeres]. Considerando que éste era el medio en el que se comunicaba de forma menos efectiva, resulta paradójico que lo utilizara como lenguaje más íntimo. Pero quizá sea esto, precisamente, lo más importante. Para Faulkner, el amor siempre fue 'opaco', símbolo de fracaso o anuncio de fracaso":

Retrato
Pon tu mano entre los dos, eleva tu rostro débilmente
y descorre las opacas cortinas de tus ojos.
Caminemos aquí, blandamente confrontados por la sombra
y charlemos de minuciosas trivialidades.

Hablemos al azar, con ligereza: la película de esta noche...
repitamos palabra por palabra una conversación rota
sobre amigos y felicidad.

La oscuridad vacila mientras nos llega una música que,
de una sangre a otra sangre,
entre las palmas de la mano, una vez escuchamos.

Ven, eleva tu rostro, el diminuto fragmento de tu boca
tan movible y ligero sobre tu pálida y blanca cara;
altivamente, habla de la vida, profunda de juventud, también sencilla;
joven, blanca y extraña, bajas junto a mí esta calle ensombrecida,
tu pequeño pecho reposa dulcemente en mi mano
y tu risa rompe el ritmo de nuestros pasos.

Eres tan joven...
y, en verdad, crees que este mundo,
esta calle oscurecida, este ensombrecido muro,
brillan con la belleza que, apasionadamente,
sabes no se habrá de marchitar, enfriar, no morirá nunca.

Lleva entonces tu mano hacia tu rostro apenas entrevisto
y descorre las opacas cortinas de tus ojos;
habla profundamente de la vida, de verdades sencillas,
con una voz clara de abierta sorpresa.

En *Luz de agosto*, novela publicada en 1932, Faulkner dice que tal vez hubo una buena razón para encerrar el amor en los libros ya que él mismo, quizá, no habría podido vivir en ningún otro lugar. 🌱

Ernest Hemingway
(Oak Park, Estados Unidos, 1898 / Kerchum, 1961)

🌱 *La pesarosa derrota del guerrero*

Después de 84 días sin haber podido pescar nada, el viejo Santiago se hace de nuevo a la mar. "El viejo era flaco y desgarbado, con arrugas profundas en la parte posterior del cuello —nos relata Ernest Hemingway—. Las pardas manchas del benigno cáncer de la piel que el sol produce con sus reflejos en el mar tropical estaban en sus mejillas. Esas pecas corrían por los lados de su cara hasta bastante abajo y sus manos tenían las hondas cicatrices que causa la manipulación de las cuerdas cuando sujetan los grandes peces. Pero ninguna de estas cicatrices era reciente. Eran tan viejas como las erosiones del árido desierto." Santiago era cuidado por Manolín, un adolescente que acompañaba al pescador a sus aventuras en *la mar*, tal como decía el viejo. "Así es como le dicen en español cuando la quieren —asevera Hemingway—. A veces los que la quieren hablan mal de *ella*, pero lo hacen siempre como si fuera la mujer. Algunos de los pescadores más jóvenes, los que usaban boyas y flotadores para sus sedales y tenían botes de moto comprados cuando los hígados de tiburón se cotizaban altos, empelaban el artículo masculino, le llamaban *el* mar. Hablaban del mar como un contendiente o un lugar, o aun un enemigo. Pero el viejo lo concebía siempre como perteneciente al género femenino y como algo que concedía o negaba grandes favores, y si hacía cosas perversas y terribles era porque no podía remediarlo."

El director ruso Alexander Petrov realizó una magnífica cinta animada, de menos de treinta minutos, con base en la hermosa novela de Hemingway. De marzo de 1997 a abril de 1999, Petrov se dedicó diariamente a dibujar, él solo (con la única ayuda de su director de fotografía: Sergei Rechetnikoff, y su hijo: Dimitri Petrov), cuadro por cuadro la adaptación hasta lograr crear un poco más de 29 mil imágenes, todas ellas elaboradas al óleo de lento secado. Su película, trabajada en el formato imax, pudo apreciarse, hacia finales del siglo XX, en la megapantalla del Museo del Niño. Según acotaba la dirección de ese centro cultural, también conocido con el nombre de Papalote, éste era el vigésimo tercer filme que se exhibía en dicha sala desde su inauguración, en 1993.

La cinta es, sencillamente, imponente. Cada escena es una pieza pictórica de sutil vislumbramiento (es una verdadera lástima que no se haya editado un libro con las magníficas de Petrov). El realizador comienza directamente con la despedida del niño al viejo, que en la mañana partirá rumbo a la mar en busca de un gran pez, en busca de la ansiada suerte que durante 84 días lo ha abandonado. En la primera mitad de este infortunado recorrido estuvo acompañado de Manolín, pero luego de este periodo sin haber pescado nada "los padres del muchacho le habían dicho que el viejo estaba definitiva y rematadamente salao, lo cual era la peor forma de la mala suerte, y por orden de sus padres el muchacho había salido en otro bote que cogió tres buenos peces la primera semana".

Pero el niño extrañaba las aventuras con el viejo. Petrov no se entretiene en los detalles del cariño de ambos personajes, pero sí lo remarca en ciertos detalles. En el breve diálogo inicial que los dos sostienen en la película el espectador se entera, por ejemplo, que Manolín tenía cinco años cuando el viejo lo llevó por primera vez a pescar ("y por poco pierdes la vida cuando subí aquel pez demasiado vivo que estuvo a punto de destrozar el bote", dice el viejo). El niño lo tiene grabado en la memoria. La elocuente y profunda pintura de Petrov nos muestra, en seguida, al pescador en medio del océano, solo y su alma. El movimiento del mar es constante, vertiginosamente lento, implacablemente pertinaz. Los cuadros pictóricos son poderosos. Cuando Santiago mira a una fragata con sus largas alas negras girando en el cielo sobre él, y lo ve hacer una rápida picada sobre el mar y sacar, con notable astucia, un pez dorado, sabe, el viejo, que debajo de él puede hallarse una pesca de gran tamaño. Cazó con prontitud uno pequeño ("una linda carnada") y esperó con sabia paciencia a su presa. De pronto, en una escena inolvidable del filme, un pajarillo se posa en el tenso sedal ("una especie de curruca que volaba muy bajo sobre el agua"), lo que indica que un gran pez ha picado y, a partir de ahí, Petrov retrata pictóricamente, con esa su mano maestra, la angustia solitaria de Santiago. Los cuadros deslumbran por su inquietante realismo. Las sacudidas del bote son violentas. "El sedal se alzaba lenta y continuamente —narra Hemingway—. Luego la superficie del mar se combó delante del bote y salió el pez. Surgió interminablemente y manaba agua por sus costados. Brillaba al sol y su cabeza y lomo eran de un púrpura oscuro y al sol las franjas de sus costados lucían anchas y de un tenue color azul rojizo. Su espada era tan larga como un palo de beisbol, yendo de mayor a menor como un estoque."

El viejo se asombró de lo grande que era.

Su lucha por conquistarlo apenas comenzaba, pero las fuerzas del viejo ya no eran las mismas. "Es un gran pez y tengo que convencerlo, pensó. No debo permitirle jamás que se dé cuenta de su fuerza ni de lo que podría hacer si rompiera a correr. Si yo fuera él echaría ahora toda la fuerza y seguiría hasta que algo se rompiera. Pero, a Dios gracias, los peces no son tan inteligentes como los que matamos, aunque son más nobles y más hábiles". Para darse confianza, el viejo recordó aquella vez, en la taberna de Casablanca, cuando había pulseado con el gran negro de Cienfuegos, el hombre más fuerte de los muelles. "Habían estado un día y una noche con sus codos sobre una raya de tiza en la mesa, y los antebrazos verticales, y las manos agarradas." Lo había vencido a fuerza de una rabiosa paciencia. Ahora tendría que hacer lo mismo. Esperar. Esperar. Cazó, finalmente, al pez espada, pero los tiburones casi se lo devoraron durante su traslado a las costas de La Habana. El viejo estaba realmente molido, cansado, abatido. "Me derrotaron, Manolín —dijo al muchacho, acostado en su cama—. Me derrotaron de verdad."

Petrov prefiere tomar distancia en ese doloroso momento.

Y lo que en el libro conduce a una infinita tristeza (e inevitablemente a un desgarrador pero silencioso sollozo), en el cine se tiene la ingrata sensación del fin del guerrero (Petrov no nos muestra, como Hemingway lo hace en su relato, que el niño llora amargamente por el desconsuelo de su amigo), es notoria la perceptible impresión del cansancio de la vida, de que los días vencen finalmente al hombre, de que después de los días de gloria vienen las tardes sombrías y la negritud eterna de la noche. Si *El viejo y el mar* le dio a Hemingway, en 1954, el Nobel de Literatura, a Petrov le concedió, en 1999, el Óscar a la mejor animación corta. La historia, salida de las entrañas del mejor Hemingway, es, de suyo, inabarcablemente meritoria. 🍐

Antoine de Saint-Exupéry
(Lyon, Francia, 1900 / ¿Sahara?, África, 1944)

🍐 *Como lámparas desprotegidas*

En los tiempos de su servicio en la Mauritania, Antoine de Saint-Exupéry le escribió una carta a André Gide: "No sé cuándo volveré —decía—; ¡tengo tanto trabajo desde hace algunos meses!: búsquedas de compañeros perdidos; reparaciones de aviones caídos en territorios disidentes, y algunos correos a Dakar. Acabo de realizar una pequeña hazaña: he pasado dos días y dos noches con once moros y un mecánico para salvar un avión. Tuvimos diversas y graves alarmas. Por primera vez, he oído silbar las balas sobre mi cabeza. Conozco, por fin, lo que soy en esas circunstancias: mucho más sereno que los moros. Pero he comprendido, al mismo tiempo, lo que siempre me había sorprendido: porqué Platón (¿o Aristóteles?) sitúa al valor en la última categoría de las virtudes. Es que no está formado por muy hermosos sentimientos: algo de rabia, algo de vanidad, mucha testarudez y un vulgar placer deportivo. Sobre todo, la exaltación de la propia fuerza física que, no obstante, no le atañe en nada. Cruzamos los brazos sobre la camisa desabrochada, y respiramos fuerte. Es más bien agradable. Cuando esto se produce durante la noche, se le mezcla el sentimiento de haber hecho una inmensa tontería. Jamás volveré a admirar a un hombre que sólo sea valeroso".

Quizás por ello el principito nunca admiró al piloto que, tras una avería, tuvo que habitar, a su pesar, en el desierto del Sahara durante ocho días en el probable año de 1937. Quizás, por lo mismo, en su novela *Vuelo nocturno* 1930) tampoco hay una visible admiración por los heroísmos de los hombres que, arriesgando su vida, viajan por la noche, arrojados e intrépidos, para hacer llegar el correo de manera expedita. "El héroe de *Vuelo nocturno*, aunque no deshumanizado, se eleva a una virtud sobrehumana —observa André Gide—. Creo que lo que más me complace en este relato estremecedor es su nobleza. Las flaquezas, los abandonos, las caídas de los hombres, las conocemos de sobra y la literatura de nuestros días es más que hábil en mostrarlos; pero esa superación de sí mismo que obtiene la voluntad en tensión es lo que, sobre todo, necesitamos que se nos enseñe." En esta novela, los objetivos trazados están por encima de los hombres. "Le estoy reconocido a Saint-Exupéry —dice Gide— por evidenciar esa verdad paradójica que es, a mi parecer, de una importancia psicológica considerable, que el hombre no encuentra la felicidad en la libertad, sino en la aceptación de un deber. Cada uno de los personajes de *Vuelo nocturno* está total y ardientemente consagrado a lo que 'debe' hacer, a esa tarea peligrosa en cuya ejecución tan sólo encontrará el descanso de la felicidad."

Por algo, en su maravilloso, e inobjetable, libro de *El principito* —publicado un año antes de su infausta muerte, ocurrida seguramente el 31 de julio de 1944, pues nadie jamás dio con su cuerpo derrumbado en un lugar ignoto de la tierra francesa tras un viaje de inspección guerrera—, Saint-Exupéry pareciera buscar, a través de su encantador personaje, los propósitos fundamentales, y complejos, de la vida. De ahí que, tras diversos encuentros con los más inexplicables interlocutores (una flor, un zorro, un guardagujas, un borracho, el extraviado piloto, un farolero, un explorador, un vanidoso, un negociante), el principito indague, y profundice, y cuestione, sobre los secretos de la felicidad. "Tal vez todas las parábolas sean así de ambiguas y el mismo humor fantástico se encuentre en todas las fábulas —dice el argentino Marcelo Cohen en el prólogo de una de las tantas versiones en español que existen de este libro—. Pero *El principito* no es una fábula, porque las fábulas son especies de chistes sobre caracteres, formas del humor psicológicos; y *El principito* es, casi más que nada, una crítica de la psicología y los preconceptos, un manifiesto por el contacto más directo posible. Es [asimismo] un llamado a la amistad amorosa, la responsabilidad ante el otro y la acción verdaderamente útil. En la misma medida, es una expresión de desaliento por la fugacidad de los encuentros".

Pero, obviamente, no es un libro *light*, en lo absoluto, ni se acerca, en lo mínimo, a esos pavorosos libros —por su inherente moralina y las ganas de ejercer un paternalismo infundado— políticamente correctos que se empeñan en "guiar" la vida a los lectores como si los autores fueran una especie de pastores supremos o gurúes

(¿o gurús?) impolutos. No. Con *El principito*, Saint-Exupéry experimenta la narrativa de la profundidad mediante la deslumbrante sencillez de los diálogos. Sus aciertos literarios son tan vastos que, incluso, la lectura aparentemente elemental, ingenua o espontánea de *El principito* se convierte, luego, en una intrincada, y dificultosa, traducción literal. Porque todo, o casi todo, en dicho libro debe leerse precisamente como no está literalmente escrito. *El principito* es una feria de sobrentendidos, de metáforas apocalípticas, de alusiones mortíferas, de insinuaciones inconclusas. Hay frases realmente infinitas. Veamos únicamente una decena:

1. "Cuando el misterio es demasiado impresionante, uno no se atreve a desobedecer."
2. "Me gusta que mis desgracias se tomen en serio."
3. "Los que entendemos la vida nos burlamos de los números."
4. "Olvidar a un amigo es muy triste, no todo el mundo tiene un amigo."
5. "Antes de crecer, los baobabs empiezan siendo pequeños."
6. "Los tigres no me dan nada de miedo, pero tengo horror a las corrientes de aire."
7. "Ignoraba que, para los reyes, el mundo está muy simplificado: todos los hombres son súbditos."
8. "El lenguaje es una fuente de malentendidos."
9. "Pero si vienes a cualquier hora, nunca sabré cuándo preparar el corazón."
10. "Cuando uno se deja domesticar, corre el riesgo de llorar un poco."

Por lo mismo, es incomprensible que este autor tan lleno de vida, tan buscador de la tensa voluntad, explorador de la belleza interna, refinado hombre de la meticulosidad escritural, haya salido alguna tarde, por una orden superior, a bombardear una carretera, un puente, un hipódromo. Y al cumplir con su "deber" haya, no sé, matado quién sabe a cuánta gente. No, no se entiende la contradicción, si es que la hubiera. Pues si su profesión era la de un aviador de guerra, podría con razón objetar un razonable lector, tal vez el colmo hubiese sido, por el contrario, no haber matado a nadie. No sé. Me cuesta entender estas cosas, aunque las comprenda. Quizás, sí, era su obligación salir, porque era su profesión, a cubrir misiones de guerra y matar o ser matado. Ya Saint-Exupéry ha escrito, misteriosamente, que "a las lámparas es preciso protegerlas: un soplo de viento las puede apagar". ¿No los hombres somos como esas lámparas desprotegidas? ¿No somos como enigmas en el desierto? ¿No el piloto protagonista del cuento del principito dice que siempre le ha gustado el desierto porque no ve nada, ni oye nada y, sin embargo, "algo resplandece en el silencio"? ¿No somos, los hombres, ese silencio intrigante e intangible, mas deslumbradoramente visibles? 🌵

Georges Simenon

(Lieja, Bélgica, 1903 / Lausana, Suiza, 1989)

❦ *De nobles sentimientos, como todos los niños*

De entre los numerosos protagonistas buenos, nobles, que inundan la literatura mundial, acaso Louis Couchas, el penúltimo de los seis hijos de Gabriela —los personajes de la novela *La mirada inocente* (Biblioteca del Viajero) de Georges Simenon—, sea significativamente uno de ellos. "Tenía entre cuatro y cinco años cuando el mundo empezó a cobrar vida a su alrededor —dice Simenon—, cuando fue consciente de que en su entorno se representaba una verdadera escena interpretada por seres humanos a quienes era capaz de diferenciar y de situar en el espacio, en un marco concreto." Sí, es la edad en que empiezan en efecto a cobrar vida las cosas de nuestro rededor. "¿Había dormido? Notaba el calor de su propio cuerpo bajo la colcha. Ningún ruido fuera de lo normal lo había despertado bruscamente. Lo único que había oído detrás de la cortina, que no era más que una sábana vieja colgada de una varilla, fue un jadeo familiar entrecortado de gemidos y, de vez en cuando, el chirrido de los muelles de la cama." En ese lecho, aclara Simenon, "se acostaba su madre, casi siempre acompañada".

Del otro lado de la sábana estaba el resto de la familia: Vladimir, de once años y medio; Alice, de nueve; los gemelos Guy y Olivier, de siete; él, Louis; y la bebé Emilie, en su cuna de barrotes. "Si abrió los ojos no fue por curiosidad —dice Simenon—, sino porque ya se había espabilado. Reconoció los reflejos de la farola en el techo y tras la tela de separación. Y escuchó distraídamente el jadeo hasta que, poco a poco, distinguió la silueta de Vladimir, quien, arrodillado en el jergón y vestido con una camisa, miraba por un agujero de la sábana", y luego éste despertaba a Alice para invitarla a mirar también, escenas que, después, los dos niños repetirían desde la orfandad de sus sentimientos. "Sería por el año 1897 o 1898 cuando vio lo que su hermana accedía dócilmente a hacerle a Vladimir, sin que aquello le llamara tanto la atención como para impedir que volviera a dormirse".

Había oído decir que eran pobres; mas, "¿no lo eran todos los de aquel edificio y casi todos los de aquella calle, excepto los comerciantes?" Su madre "madrugaba mucho; en verano se levantaba, de vez en cuando, a las tres. En invierno encendía el fuego antes de marcharse. Louis la oía a veces, pero otras, al despertarse, se daba cuenta de que ya había salido". Su madre vendía frutas y verduras, desde las seis de la mañana (pero antes tenía que ir al mercado de abastos para hacerse de la mercancía), a cien metros de donde vivían, cerca de la iglesia de Saint-Médard. Desde pequeño Louis Couchas aceptó su modo de vida, a diferencia de sus hermanos, que de a poco se fueron retirando del hogar, abandonando a la progenitora sin más, a pesar de la reiterada bondad de Gabriela, que, si bien pobre y desolada e infortunada (pescó a uno de sus innumerables amantes haciendo el amor con su hija Alice), siempre tuvo tiempo y amables palabras para sus vástagos.

Louis estaba hecho de un material diferente. "Se sentaba en un peldaño y se dedicaba a mirar —dice Simenon—. Rara vez hacía preguntas. Cuando su madre volvía a la hora de comer, estaba demasiado atareada con los otros, y casi cada noche había un hombre en su habitación, a veces un desconocido, aunque en general se trataba de alguien que se quedaba bastante tiempo y que condescendía a jugar con los niños." ¿Cómo puede ser tan diferente cada miembro de una familia si creció con la misma (mínima o abundante, según) educación? Simenon nos exhibe, con destreza, esta (cruel o afortunada, no sé) paradoja. Vladimir, desde niño, era un cínico, y lo siguió siendo toda su vida, al grado de internarse con pasmosa naturalidad, a espaldas de todos y sin que nadie se percatara de sus desandares, en el tráfico de drogas. Alice, complaciente, sumisa, aletargada, se dejó llevar por la vida como ésta la encaminara; si hacía gozar a Vladimir, que era en realidad su medio hermano, era porque sus sentimientos siempre fueron encontrados, indefinidos, y así como le daba lo mismo hacerle una felación a Vladimir de igual modo no emitió ningún chillido cuando un amante de su madre, porque estaba ya en edad de merecer, se le encimó así nomás porque sí. Los gemelos eran apáticos, veladores de sí mismos, uña y mugre de sus proyectos, indiferentes con los demás. Emilie, la bebé, falleció muy pequeña, y el propio Simenon ignora incluso cómo pudo haber sido. Louis era, como dicen las mujeres, un pan, preocupado por todo pero conocedor de sus limitaciones. "De hecho —sintetiza Simenon—, si siempre estaba tan tranquilo y su sonrisa era tan serena, tal vez fuera porque no se planteaba preguntas."

Pero, sí, quizás había algo más en él que no es frecuente encontrar en la gente noble. "No le gustaba que se ocuparan de él —dice Simenon—, que le hicieran preguntas o que lo arrancaran de sus ensoñaciones. Empezaba a sentir curiosidad no sólo por la estufa, el patio, el taller del carpintero y las tiendas de la calle, sino por las personas, por su madre, sus hermanos y las caras que veía por la calle. No obstante, ni siquiera su familia provocaba hondas emociones en él; permanecía ajeno a todo, sin sufrir ni alegrarse por nada". Sin embargo, se ensimismaba en lo que hacía, y era respetuoso, siempre lo fue, con todos, aunque recibiera insultos de algunos de ellos. Por algo las mujeres del mercado, donde iba con frecuencia para acompañar a su madre, cosa que no hizo ninguno de sus hermanos, "le habían puesto el apodo de *El Angelito*, pues les maravillaba ver que un niño se impusiera tanta disciplina con tal de ayudar a su madre. ¿Cómo habría podido ayudarla, al principio, con sus brazos escuálidos? Lo hacía únicamente por sí mismo, para volver a sentir ese deslumbre y completar su colección de imágenes excitantes, la del Sena, por ejemplo, que apenas lo había impactado la primera vez".

Todos se fueron yendo de la casa, excepto él. Pero tal vez no porque no quisiera, sino porque no tenía a dónde ir. Con el tiempo, y sin pensarlo, al inicio por mera distracción, se hizo pintor, y luego sus trazos se fueron perfeccionando de tal modo que, al final, se convirtió en un consagrado maestro del arte... aun sin saber cómo pudo lograrlo. Tal vez porque era exactamente como su madre, que "aceptaba la vida tal como llegaba, saboreando los mejores bocados menos suculentos sin rechistar, y haciendo caso omiso del resto, como si jamás hubiera existido". Y se enamoró, en efecto, de una mujer, si bien no vivió con ninguna (pero tampoco le importaba), y por ésta, una prostituta, sintió verdadera inclinación (¿amor?, no sabemos si lo conoció de veras): "No acertaba a encontrar las palabras —dice Simenon, tratando de interpretar el sentimiento verídico de Louis—; estaba alterado, invadido por un sentimiento que sólo había experimentado hacia su madre y su hermana y, una vez o dos, cuando era más joven, hacia Vladimir. Deseaba que ella [la ramera] fuera feliz, que estuviera siempre contenta y que nada desagradable le ocurriera." Así había actuado, al cabo, durante toda su vida, sin un objetivo preciso, ni exacto, pero sin dañar a nadie, tratando de procurar a quien tuviera enfrente. Y la mejor definición de su persona acaso proviniera del propio Louis Couchas durante una entrevista con un periodista, que le preguntó qué imagen tenía de sí mismo: "La de un niño", respondió, porque eso fue literalmente toda su (¿agraciada, desgraciada?, no lo sé) vida: un chiquillo de, como todos los infantes, noble sentimiento.

George Orwell
(Motihari, India, 1903 / Londres, Inglaterra, 1950)

🌱 *¿Es deber de todo escritor no meterse en la política?*

George Orwell, seudónimo del británico Eric Arthur Blair, conocido sobre todo por dos de sus libros: *Animales de la granja* (1945) y *1984* (1949), fue asimismo un sobresaliente ensayista. "Orwell poseía una gran vocación literaria descubierta desde muy temprana edad —acota Eduardo Rabasa en el prólogo del libro *Ensayos escogidos* (SextoPiso Editorial, 2003)—. Escribió su primer poema a los cuatro años, leyó *Los viajes de Gulliver* a los ocho y pasó el resto de su vida obsesionado con la lectura y con la escritura. Le quedaba claro que vivía en una era esencialmente política y que no había forma de que nada ni nadie permaneciera ajeno a ella, y por supuesto no consideraba que la literatura fuera la excepción". Dicha idea queda manifiestamente clara en su texto "Los escritores y el Leviatán", uno de los ocho capítulos incluidos en el volumen, cuando asevera que "la invasión de la literatura por la política estaba destinada a suceder. Tenía que ocurrir incluso si el problema especial del totalitarismo nunca hubiera surgido, porque hemos desarrollado una especie de compunción de la que carecían nuestros abuelos, una conciencia de la enorme injusticia y miseria del mundo, y un sentimiento de culpabilidad de que uno debiera hacer algo al respecto, lo cual hace una actitud puramente estética hacia la vida totalmente imposible. Nadie, ahora, podría dedicarse a la literatura tan de lleno como Henry James o Joyce".

Confrontado ante la tensión entre el impulso de manifestarse políticamente y el goce estético de la literatura, Orwell "optó por convertirse en el *political writer* por antonomasia —dice Rabasa—. Como se verá en este libro, incluso sus ensayos sobre temas eminentemente literarios, en los que analiza la obra de Henry Miller, o un virulento ataque de Tolstoi a Shakespeare o el ensayo dedicado a uno de sus escritores favoritos, Jonathan Swift, están plagados de elucidaciones políticas. Este rasgo de la obra orwelliana queda de manifiesto en un comentario de su amigo de toda la vida, el también escritor británico Cyril Connolly, quien, en una reflexión sobre su finado amigo, mostró su apreciación del principal rasgo de George Orwell, el escritor y el hombre: 'Orwell era un animal político. Reducía todo a la política. No podía sonarse la nariz sin moralizar sobre las condiciones de la industria del pañuelo'."

En "Los escritores y el Leviatán", que data de 1948, en efecto Orwell deja asentados, incuestionablemente, demasiados principios insoslayables que aún predominan, y seguirán predominando, en la clase intelectual. "La posición del escritor en una época de control estatal es un tema que ya se ha discutido con amplitud —dice el autor inglés de origen hindú—, aunque la mayor parte de la evidencia que podría ser relevante no está disponible todavía. Aquí no quiero expresar una opinión a favor o en contra del patrocinio estatal de las artes, sino sólo señalar que el tipo de Estado que nos rige debe depender parcialmente de la atmósfera intelectual prevaleciente". Ésta es una época política, asevera Orwell [y se refiere en concreto a la década de 1940, al pavoroso periodo de la Segunda Guerra Mundial, pero también ésta lo es, la del principio del tercer milenio, como lo fue en las cinco últimas décadas del siglo XX, e incluso en los tiempos de la Roma antigua y en realidad durante todos los tiempos con sus respectivas variaciones y particulares preámbulos y tácticas y revelaciones guerreras y enjundiosas asonadas simbólicas]. "Guerra, fascismo, campos de concentración, porras de goma, bombas atómicas, etcétera, es en lo que pensamos diariamente y, por tanto, en gran medida sobre lo que escribimos, incluso cuando no lo mencionamos abiertamente. No podemos evitarlo —dice Orwell, orwellianamente—. Cuando estás en un barco que se hunde, tus pensamientos versarán sobre barcos que se hunden. Pero no sólo están nuestros temas reducidos, sino toda nuestra actitud hacia la literatura está coloreada por lealtades que al menos intermitentemente reconocemos como no-literarias. Frecuentemente tengo la sensación de que incluso en las mejores épocas la crítica literaria es fraudulenta, dado que en ausencia de algún estándar aceptado (alguna referencia externa que pueda dar significado de que tal o tal libro es 'bueno' o 'malo') todo juicio literario consiste en inventar una serie de reglas para justificar una preferencia instintiva. La verdadera reacción de uno hacia un libro, cuando se la tiene, es generalmente 'me gusta este libro' o 'no me gusta este libro', y lo que sigue es una racionalización. Pero 'me gusta este libro' no es, creo, una reacción no-literaria; la reacción no-literaria es: 'Este libro es de mi bando y por lo tanto tengo que hallar mérito en él'. Por supuesto, cuando uno alaba un libro por motivos políticos uno puede ser emocionalmente sincero, en el sentido de que siente una fuerte aprobación del mismo, pero también sucede frecuentemente que la solidaridad partidista requiere de una franca mentira".

Contrariamente a los escritores victorianos, dice Orwell (y es difícil buscar una refutación a sus lúcidas e irrebatibles premisas), "tenemos la desventaja de vivir entre ideologías políticas bien definidas y de saber generalmente con una sola mirada qué textos son heréticos. Un intelectual literario moderno vive y escribe en constante temor (no, por cierto, de la opinión pública en el sentido amplio de la palabra, sino de la opinión pública de su propio grupo)". En su ensayo, Orwell, como si estuviera diciéndolo apenas hoy mismo, apuntaba que la ortodoxia dominante, especialmente entre los jóvenes, ha sido el término "izquierda". Las palabras clave, decía —y jamás supo que sus ensayos se acoplarían perfectamente bien al naciente siglo XXI—, son "progresista", "democrático" y "revolucionario", mientras que las etiquetas que uno debería evitar son "burgués", "reaccionario" y "fascista". Casi todo el mundo hoy en día, "incluyendo a la mayoría de los católicos y conservadores, es 'progresista', o al menos desea ser así considerado. Nadie, que yo sepa, se describe a sí mismo como 'burgués', del mismo modo que nadie que sea suficientemente leído para haber oído la palabra admite jamás ser culpable de antisemitismo. Somos todos buenos demócratas, antifascistas, antiimperialistas, despreciamos las distinciones de clase, somos inmunes al prejuicio racial, etcétera".

Bueno, ¿entonces qué?, se pregunta George Orwell, ¿debemos concluir que, debido a esa idea civilizadamente correcta de las lealtades y las coerciones silenciosas, es deber de todo escritor "no meterse en la política"? ¡Ciertamente no!, se responde acaloradamente a sí mismo, "en cualquier caso ninguna persona pensante puede no meterse en política en una época como ésta". [De nuevo, Orwell se refiere, y hay que recordar que dicho ensayo fue escrito en 1948, a ese periodo infame del nazismo.] Sólo sugiere que se debe "trazar una división más clara entre nuestras lealtades literarias y nuestras lealtades políticas, y reconocer que la voluntad de hacer ciertas cosas desagradables pero necesarias no trae consigo la obligación de tragarse las creencias que suelen ir con éstas. Cuando un escritor se involucra en la política debe hacerlo como un ciudadano, como un ser humano, pero no como escritor. No creo que por sus sensibilidades tenga derecho a librarse del trabajo sucio cotidiano de la política. Tanto como cualquier otro debe estar listo para dar discursos en salas con corrientes de aire, para pintar el pavimento, para distribuir panfletos e incluso para pelear en ciertas guerras si es necesario. Pero haga lo que haga por servir a su partido, nunca debe de escribir para éste".

El literato, según Orwell, debe dejar claro que escribir es una cosa aparte. "Y debe ser capaz de actuar cooperativamente mientras, si así lo decide, rechaza completamente la ideología oficial. Nunca debe dar marcha atrás a un tren de pensamiento porque lo puede llevar a una herejía, y no debe de importarle mucho que su herejía sea olfateada, como probablemente lo será. Probablemente sea incluso un mal signo en un escritor el que no se sospeche que es reaccionario hoy día, de igual manera que lo era si no se sospechaba que tuviera simpatías comunistas hace veinte años." ¿Pero significa todo esto, entonces, que un escritor debería rehusarse no sólo a ser ordenado por jefes políticos sino también negarse a escribir sobre política?, se pregunta orwellianamente de nuevo Orwell para contestarse, una vez más, que ciertamente no: "No hay razón para que no escriba de la manera más crudamente política, si así lo desea. Sólo que debe hacerlo como un individuo, como alguien de afuera, cuando mucho como un guerrillero no bienvenido en los flancos de un ejército regular. Esta actitud es muy compatible con la utilidad política ordinaria. Es razonable, por ejemplo, estar dispuesto a pelear en una guerra porque uno piensa que debe ser ganada y al mismo tiempo rehusarse a escribir propaganda de guerra. A veces, si un escritor es honesto, sus escritos y sus actividades políticas pueden de hecho contradecirse mutuamente. Hay ocasiones en que ello es simplemente indeseable, pero el remedio entonces no es falsificar los propios impulsos, sino permanecer callado".

Dice Orwell que sugerir que un escritor creativo en tiempo de conflicto debe dividir su vida en dos compartimentos puede parecer derrotista o frívolo, y, aun así, el escritor británico no veía qué otra cosa podía hacer el escritor en la práctica: "Encerrarse en una torre de marfil es imposible e indeseable. Ceder subjetivamente no a una maquinaria partidista sino a una ideología de grupo es destruirse a sí mismo como escritor. Sentimos este dilema como doloroso porque sentimos la necesidad de involucrarnos en política al tiempo que vemos el asunto sucio y degradante que es. Y la mayoría de nosotros aún tiene la sensación de que toda elección, incluso toda decisión política tomada, es entre el bien y el mal, y que si una cosa es necesaria entonces es correcta. Debemos, creo, deshacernos de esta creencia que corresponde al jardín de niños. En política, uno nunca puede hacer nada excepto juzgar cuál de los males es el menor, y hay ciertas situaciones de las que uno sólo puede escapar actuando como un lunático o como un demonio".

La guerra, por ejemplo, puede ser necesaria, "pero ciertamente no es correcta ni cuerda. Incluso unas elecciones generales no son exactamente un espectáculo placentero o edificante. Si debes tomar parte en tales cosas (y creo que en efecto debes, a menos que estés acorazado por la vejez, por la estupidez o por la hipocresía) entonces debes de mantener una parte de ti mismo inviolada". Para las más de las personas, dice Orwell, y razón tiene, "el problema no se presenta en la misma forma porque sus vidas están divididas de entrada. Sólo están realmente vivas en sus horas de ocio, y no hay conexión emocional entre su trabajo y sus actividades políticas. Tampoco se les solicita generalmente que se degraden como trabajadores en nombre de lealtades políticas. Al artista, y especialmente al escritor, se le pide justo eso. De hecho, es lo único que los políticos le piden".

George Orwell decía las cosas tal como las pensaba, sin ocultar nada, sin esperar una recompensa ni que una poderosa influencia lo colocara en alguna privilegiada cúpula cultural (su crítica era tan enraizadamente pluralista que a su propio amigo, el también autor inglés Cyril Connolly, lo incluyó con crudeza en uno de sus ensayos sin perder jamás ambos su recia amistad, lo que habla muy bien tanto de Connolly como del propio Orwell). En sus "Notas sobre el nacionalismo", escrito en 1945, ya percibía el ejercicio intelectual como un tácito acomodamiento a los poderes oficiales. "Los comentadores políticos y militares —dice Orwell—, como los astrólogos, pueden sobrevivir a casi cualquier error, porque sus seguidores más devotos no les piden una apreciación de los hechos sino un estímulo de sus lealtades nacionales. Y los juicios estéticos, especialmente los juicios literarios, se suelen corromper de la misma manera que los políticos." Y es cierto: se piensa en la historia en gran parte en términos puramente nacionalistas: de ahí que cosas tales "como la Inquisición, las torturas de la Star Chamber, las hazañas de los bucaneros ingleses (*sir* Francis

Drake, por ejemplo, que era dado a arrojar prisioneros españoles vivos al mar), el reino del terror, los héroes del motín volando cientos de indios desde los cañones, o los soldados de Cromwell tasajeando las caras de las irlandesas con navajas, se vuelven moralmente neutrales o incluso meritorias cuando se siente que se hicieron por una causa 'justa'." Si tales hechos, tales atrocidades y barbaries, eran reprensibles, o si habían ocurrido realmente, "se decidía siempre de acuerdo a la predilección política", sentencia sabia-aunque atroz-mente Orwell. 🌿

John Fante
(Denver, Colorado, 1909 / Los Ángeles, California, 1983)

🌿 *Bebedores, malqueridos, misoginia, solitarios, violentos*

John Fante adquirió notoriedad después de su muerte, ¡al grado de que el Lifetime Achievement Award lo galardonó en 1987! Hijo de emigrantes italianos, trabajó como guionista en Hollywood cuando esta labor no era millonariamente remunerada. Charles Bukowski lo tuvo como su padre literario, razón por la cual —al adquirir aquél la fama de escritor contracultural con la que fue bendecido en vida— fue redescubierto por el mundillo bibliográfico. Lo cierto es que, mientras vivió, Fante no las tuvo todas consigo. Inédita hasta 1985, *Un año pésimo* —escrita a lo largo de la década de los sesenta— no es, ni con mucho, su mejor novela, pero contiene todos esos elementos que harán de su tetralogía sobre Arturo Bandini, acaso su alter ego, esa perfecta concepción prosística que, en cuatro volúmenes (*Espera a la primavera, Bandini, Pregúntale al polvo, Camino de Los Ángeles* y *Sueños de Bunker Hill*), unifica una poderosa historia sobre los desterrados de este reino. Veinte años después de publicada por Black Sparrow Press, Anagrama —en una traducción de Antonio-Prometeo Moya— vierte al español, por fin, la novela que nos faltaba leer de Fante: *Un año pésimo*, la más debilitada, en efecto, pero que, hacia el final de su lectura, exhibe trazos de grandiosa percepción humana, tal como Bandini, a quien, a un paso de cometer incalificados improperios, le vuelve la sangre al corazón en los momentos decisivos. En *Un año pésimo*, Dominic Molise tiene diecisiete años y su futuro, a ojos vista, no era nada próspero. "Estaba en Roper, Colorado, haciéndome más viejo cada minuto que pasaba —cuenta el propio Molise—. Me faltaban seis meses para cumplir dieciocho años y terminar el bachillerato. Medía un metro sesenta y dos de estatura y en tres años no había crecido ni un centímetro más. Tenía las piernas arqueadas, los pies hacia dentro y unas orejas dignas de Pinocho. Tenía los dientes torcidos y más pecas en la cara que un huevo de codorniz."

Un desastre, el jovencito Molise, y él mismo se daba lástima. Señor, murmuraba para sí, porque en aquella época era un creyente que hablaba con sinceridad a su Dios: "Señor, ¿es esto lo que quieres?, ¿para esto me has puesto en la tierra? Yo no te pedí nacer. No tuve absolutamente nada que ver con eso y sin embargo heme aquí, formulando preguntas justas, inquiriendo por los motivos, así que respóndeme, dame una señal: ¿es ésta la recompensa que obtengo por tratar de ser un buen cristiano, por doce años de clases de doctrina católica y cuatro de latín?, ¿es que he dudado alguna vez de la Transustanciación, de la Santísima Trinidad o de la Resurrección?" El adolescente está perdido, obviamente, como tantos otros millares de jovencitos que se cuestionan su estar aquí y ahora. "¿Estás jugando conmigo? —pregunta Molise a Dios—, ¿se te han ido las cosas de la mano?, ¿has perdido el control?, ¿ha tomado Satanás el poder? Sé sincero conmigo, porque vivo atribulado todo el tiempo."

No obstante, era un privilegiado. O se creía un privilegiado. Uno entre millones. A pesar de las múltiples contrariedades, él contaba, a diferencia de tanta juventud defectuosa, con una virtud que, confiaba, le cambiaría completamente la vida: "En aquella época daba yo buenas zancadas, tenía paso de pistolero, la desenvoltura del típico zurdo, con el hombro izquierdo algo caído y El Brazo colgando a su aire, como una culebra; mi brazo, mi bendito brazo, el brazo santo que procedía de Dios, y aunque el Señor me había creado de un pobre albañil, me había cubierto de oro al colgarme de la clavícula aquel prodigio". Era el zurdo más grande del mundo... si bien el mundo aún lo ignoraba. Su pobreza impedía que todos lo conocieran, y su edad. Su edad. Todavía no era adulto, y por mucho brazo de oro que tuviera, nadie se lo creía. Pero, ¿no todos los grandes beisbolistas procedían de cunas humildes? ¿Quién iba a decir que el empobrecido Babe Ruth se convertiría en un rico hombre con los años? Por eso Dominic Molise hablaba con su brazo. Era su único consuelo. El Brazo siempre lo calmaba. El buen Brazo izquierdo se hacía cargo de la situación.

Le decía: "Tranquilo, chico, es la soledad, estás totalmente solo en el mundo; ni tu padre ni tu madre ni tu fe pueden ayudarte, nadie ayuda a nadie, sólo tú puedes ayudarte y por eso estoy aquí, porque somos inseparables y nos ocuparemos de todo". Oh, Brazo, Brazo fuerte y leal, se decía Molise, "háblame con dulzura. Háblame de mi futuro, de los aplausos de las multitudes, de la pelota colándose a la altura de las rodillas, de los bateadores entrando y saliendo descalificados, fama, fortuna y victoria, todo eso tendremos. Y un día moriremos y yaceremos juntos en la misma fosa. Dom Molise y su estupendo Brazo, el mundo del deporte se estremecerá de dolor, el telegrama del presidente de la nación a mi familia, las banderas a media asta en todos los estadios del país, los admiradores llorando sin ninguna vergüenza, la biografía en cuatro partes publicada en el *Saturday Evening Post*: El Triunfo Sobre la Adversidad, la Vida de Dominic Molise".

Pero, bueno, mientras el futuro permaneciera en ese distante sitio, Dom Molise sufría en el presente. Enamorado inútilmente de Dorothy Parrish, la hermana de su mejor amigo, Kenny, el mismo que lo animaba a fugarse del pueblo para probar fortuna con los Cubs de Chicago. Al fin y al cabo, Dom Molise era el mejor pítcher del mundo: el dinero vendría con facilidad desde el primer dolarizado contrato. Pero el padre de Molise no creía en esa patraña. "Eres bueno, chico —dijo a su hijo cuando éste le confesó sus intenciones—, pero no lo bastante duro. ¿Sabes de qué estoy hablando? Esos hombres son de hierro. Son duros, están curtidos. Te machacarán en el campo. Te matarán. Te partirán el corazón."

Y si su padre no lo apoyaba, de todos modos él se iría. Era ya una obsesión. La pobreza estaba matando al adolescente. Así que, con su amigo Kenny, roba la indispensable hormigonera de su padre albañil para venderla y con el dinero poder fugarse del maldito pueblo. Sin embargo, una serie de inesperadas situaciones harán cambiar la originaria estrategia de ambos muchachos: la abuela que es testigo imprevisible del robo, el súbito arrepentimiento de Kenny y la propia conciencia de Dominic que en el último momento prefiere enfrentar las cosas de cara con su padre, quien, de buen corazón pese a sus visibles incompetencias e inepcias, sacrifica lo más preciado de sus instrumentos de trabajo (al fin y al cabo casi siempre está desempleado, prefiriendo vivir en casas ajenas, lejos de su abandonada familia) para poderle dar el dinero a su hijo y largarse, sí, a probar suerte en el orbe profesional del beisbol.

No obstante a Dominic le ha dicho que le han prestado los escasos dólares, pero cuando el niño descubre el tamaño del sacrificio paterno, casi se conmociona: ¡la hormigonera que él se quería robar para su provecho finalmente su padre la ha mal vendido para satisfacer a su hijo, a ese hijo que quién sabe si alcanzó su objetivo financiero, si pudo pagarle a su padre el adeudo con el que le mostró (¡por fin!) cuánto lo quería, si logró conquistar al mundo deportivo!

Para Charles Bukowski, John Fante era como un Dios, según él mismo apuntó en el prólogo al libro *Pregúntale al polvo*, que Anagrama en 2001 agregó a su colección "Panorama de Narrativas" veintiún años después de que Empúries / Paidós la diera a conocer en español en una traducción de Antonio-Prometeo Moya, la misma edición que la barcelonesa Anagrama ha incorporado a su catálogo. En la Biblioteca Municipal de Los Ángeles, Bukowski dio involuntariamente con ese volumen de Fante. "Pasé unos minutos hojeándolo —escribió Bukowski—. Y entonces, a semejanza del hombre que ha encontrado oro en los basureros municipales, me llevé el libro a una mesa. Cada renglón poseía energía propia y lo mismo sucedió con los siguientes. La esencia misma de los renglones daba entidad formal a las páginas, la sensación de que allí se había esculpido algo. He allí, por fin, un hombre que no se asustaba de los sentimientos. El humor y el sufrimiento se entremezclaban con sencillez soberbia." Sí: John Fante tuvo sobre Bukowski un efecto poderoso. No por otra cosa sino porque la escritura de Fante es asombrosamente parecida a la suya: Bukowski, sin saberlo, escribía como Fante. Cuando Bukowski tenía diecinueve años de edad, se publicó por vez primera, en 1939, *Pregúntale al polvo*, novela con todos los ingredientes bukowskianos que harían resaltar al propio Bukowski cuarenta años después. "Fante fue para mí como un Dios —apuntó Bukowski en el prólogo de esta libro en su edición norteamericana de 1980—, pero yo sabía que a los dioses hay que dejarlos en paz, que no hay que llamar a su puerta." Sin embargo, sí lo conoció: cuatro años antes de la muerte de Fante, Bukowski tuvo la oportunidad de rendirle personalmente pleitesía. Así se enteró de las desgracias y de las frustraciones de este autor, que no conoció en vida, a diferencia de Bukowski, la fama y la consecuente derrama económica. Fante trabajó como guionista de tercera en Hollywood y no obtuvo, nunca, ningún reconocimiento por su literatura sino, y sobre todo en Europa, hasta después de su muerte. Bukowski se entusiasmó con el estilo fanteano porque creyó leerse a sí mismo.

Pregúntale al polvo es la historia del escritor Arturo Bandini, el alter ego de Fante (tal como Henry Chinaski era el de Bukowski), que lucha por sobrevivir en los arrabales de Los Ángeles. En un deprimente restaurante conoce a la mexicana Camila López, de quien se enamoraría perdida e inútilmente. A partir de ahí, Fante se regodea en su misoginia, se adentra al mundo perverso del sadomasoquismo, se interna en las miserias del alcohol y las drogas, en las esferas del odio y el amor oprimido. Cuando empieza a pensar en la atractiva Camila y en su despreciable origen latino, Bandini se enorgullece de su raíz anglosajona. La primera vez que salieron, Bandini le miró directamente sus pies. "Las sandalias que calzas —dijo—, ¿es necesario que las lleves, Camila? ¿Tienes que subrayar hasta ese extremo que siempre has sido y serás una sudaca asquerosa y grasienta?" [hay que recordar que la traducción de la novela proviene de un español y para los españoles los malditos latinoamericanos son unos "sudacas" asquerosos y grasientos, hijos de la mala madre, seres inferiores de una tierra ínfima].

Luego de decirle a Camila lo que tenía que decirle, Arturo Bandini enderezó la espalda y se alejó contoneándose, silbando de satisfacción: "En el arroyo de la calle, junto al bordillo, vi una colilla de buen tamaño. No tuve empacho en recogerla, la encendí con un pie metido aún en el arroyo, aspiré el humo y lo expulsé hacia las estrellas. Yo era norteamericano y me sentía orgullosísimo de ello, hasta los caireles. La gran ciudad en que estaba, el asfalto poderoso que me sostenía y los edificios soberbios que me cobijaban eran la expresión de mi América. De entre la arena y los cactos, los norteamericanos habíamos sabido levantar un imperio. La raza de Camila había tenido su oportunidad. Y la había desaprovechado. Los norteamericanos lo habíamos conseguido. Gracias, Dios mío, por la patria que me has dado. Gracias, Dios mío, por haberme hecho nacer en América".

Cuestión de nacionalismos adoptados: al igual que Bukowski, alemán en la sangre pero ferviente patriota estadounidense, Fante llevaba en las venas la sangre italiana pero era un pundonoroso y soberbio yanqui. Ambos despreciaban a todos aquellos que no formaran parte de su aldea global. *Pregúntale al polvo*, en efecto, es una historia bukowskiana en el sentido que se lee fluidamente, rabiosamente, donde tienen cabida el desamparo y el sufrimiento del submundo social no atendido ni visualizado por quienes detentan el poder económico. Bandini desea ser un famoso escritor, pero su desastrosa vida sólo lo hace cometer estupideces que lo arrastran, cada vez más, a la desesperación sin freno.

A pesar de que, al final de la novela, consigue buenos contratos con su casa editorial, Bandini ya no tiene remedio porque Camila, esa infeliz mexicanita, lo ha trastornado por completo. La busca con ferocidad y cuando por fin la encuentra nada más es para insultarla y rebajarla por su inferioridad femenina ("para mí serás siempre una obrerita tonta, una violetera del querido México"). A tal grado es el sometimiento que la pobre Camila siente en Los Ángeles (ella también reniega de ser mexicana, quiere ser una norteamericana sin conseguirlo por sus visibles atributos físicos) que cambia su López por Lombard a ver si con eso modifica su suerte. Pero ya ha conocido a Bandini y su destino está trazado: será suya cuantas veces el hombre lo quiera hasta que ella se enamore de un tuberculoso y las drogas la perturben de por vida.

Fante retrata con inusitada fuerza escritural la locura amorosa de Bandini. Después de ser embromado por Camila, a Bandini se le sube la ira hasta la cabeza: "Eché a andar hacia ella, sentía que recuperaba las fuerzas a cada paso que daba, y cuando llegué a su altura, la alcé en brazos sin pensármelo dos veces, me la puse sobre el hombro y no me importó que gritase, ni que me arañase el cuero cabelludo y me tirase del pelo con las manos. La levanté hasta donde mis brazos dieron de sí y la arrojé a un charco de poca profundidad. Aterrizó con un impacto sordo que la dejó sin respiración. Salí del charco, le así el pelo con las dos manos y le hundí la cara y la boca en la arena mojada. Allí la dejé, arrastrándose a cuatro patas, llorando y quejándose, mientras yo volvía al coche". Minutos después, se presentaba la hermosa Camila ante Bandini sólo para preguntarle si seguía siendo una mujer bonita para él.

Amor y odio. Cuando Bandini siente que la está perdiendo, reconoce que es la hembra más hermosa que ha tenido entre sus brazos. Y no puede recuperarla nunca más. La busca en los hospitales y en los sitios más inesperados, en vano. La última vez que vio a Camila "nada tenía que decir con los labios, pero sus facciones cadavéricas, el tamaño y blancura excesivos de los dientes, la sonrisa asustada me hablaron con diáfana elocuencia del horror que presidía sus días y sus noches". Camila desapareció haciendo enloquecer, casi, a su amado verdugo. El amor bukowskiano, desde los tiempos de Fante, es, y ha sido siempre, románticamente imposible.

Arturo Bandini había nacido, en realidad, a los catorce años en la novela *Espera a la primavera, Bandini*, que publicara John Fante en 1938, doce meses antes de *Pregúntale al polvo*, el libro que deslumbrara a Charles Bukowski. Arturo Bandini era el hermano mayor de Augusto y Federico e hijo del albañil Svevo Bandini y de la sumisa y doblegada María Toscana. Ambos llevaban un matrimonio resignado. Svevo siempre se preguntaba porqué de todas las malditas mujeres que pululaban por la vida tuvo que haberse enamorado precisamente de la que tenía a su lado, "de aquella mujer que ni siquiera tenía un título de bachillerato". La novela, que Anagrama también ha incorporado a su colección "Panorama de Narrativas", comienza con el acercamiento de la Navidad. "Reza una oración —pedía María a Svevo—, pide a Dios que sean unas buenas Navidades." Su esposa, bendito Dios, siempre le contaba cosas que él sabía ya. "¿Es que hacía falta que le dijeran que la Navidad estaba al caer? Y nada menos que el 5 de diciembre por la noche. ¿Es que hay necesidad de que cuando un hombre se va a dormir con su mujer el jueves por la noche le diga ella que el día siguiente será viernes?". Cuando no hacía preguntas impertinentes y obvias, permanecía callada, como un fantasma, que "es lo que era, siempre contenta en su breve mitad de la cama, rezando el rosario y rogando por una Feliz Navidad".

El primer libro de Fante es, sin duda, su mejor libro. Si en *Pregúntale al polvo* ya injerta, con singular exultación, y a veces con innecesaria gratuidad, toda esa mordacidad y esa rabia que entusiasmara a Bukowski al grado de ser el único escritor al que siempre le guardó respeto, en *Espera a la primavera, Bandini* la violencia y la ironía son más equilibradas, más, por decirlo de una manera adusta, responsablemente mejor distribuidas: más verosímiles, si bien no dejan de sorprender los arrebatos y la virulencia adolescentes del joven Arturo, precoz malasangre que rompe las ventanas de la cocina con la cabeza de su hermano menor. Arturo odiaba a su madre por considerarla "cobarde e imbécil". Una vez, en el cobertizo, donde estaban las gallinas de María, Arturo "cogió un pedazo de carbón del tamaño de su puño, se echó atrás y calculó la distancia. El pedazo estuvo a punto de segar la cabeza a la vieja gallina parda que tenía más próxima, pero le rebotó en el cuello y se perdió en la parte de los pollos. El animal se tambaleó, se desplomó, se incorporó con debilidad y volvió a desplomarse mientras los demás cacareaban de pánico y desaparecían en los penetrales del gallinero. Murió despacio, arrastrando la cabeza ensangrentada hasta un montón de nieve que subía hacia lo alto de la valla. Contempló la agonía del animal con satisfacción e indiferencia". Cuando su hermano Augusto le preguntó porqué lo había hecho ("es pecado"), Arturo le dijo que "cerrara el pico", al tiempo que le enseñaba con saña su puño. Familia peculiar la de los Bandini. El padre sólo iba a misa el día de Navidad por la mañana y, a veces, el Domingo de Resurrección. Pero a Arturo le gustaba que su padre no tomara las misas en serio. "Ignoraba porqué —dice Fante—, pero le complacía. Había dicho Svevo: si Dios está en todas partes, ¿por qué tengo que ir yo a la iglesia los domingos? ¿Por qué no puedo ir a los Billares Imperial? ¿No está Dios también allí? Su madre siempre se estremecía de horror ante aquella lección de teología." Nunca había dinero en el hogar, los pleitos entre los hermanos era consuetudinario, el albañil Svevo se iba a emborrachar con los amigos, María se endeudaba en el mercado, el padre prometía cosas que jamás cumplía, la abuela Donna Toscana colmaba los vasos casi llenos en cada una de sus visitas y María rezaba a Dios para que conservara a su familia. La abuela se desesperaba ("¡hijos idiotas de una madre idiota y de un padre animal!") y se compadecía de Estados Unidos, ese país tan glorioso que recibía generosamente a cuanto rufián llegaba a sus democráticas y milagrosas tierras ("¡ay, pobre Norteamérica!, ¡pobre e indefensa Norteamérica!", gritaba la abuela).

La novela fue llevada al cine, que los críticos vieron, como todos los otros guiones de Fante, con ojos de indiferencia. El abarrotero Craik, a quien María recurría bajo promesas económicas que se alargaban indefinidamente, fue el que la puso sobreaviso: "Será mejor que vigile al Svevo ése —dijo el tendero con humorismo insinuante—. Que no le quite el ojo de encima. Effie Hildegarde tiene un montón de dinero. Y es viuda". María ya llevaba tres meses sin abonar un solo centavo a la cuenta pendiente, pero un nuevo problema, y mucho mayor que la deuda aquélla, se asomó a su cabeza: la posible infidelidad de su hombre. Y ese pecado sí que era imperdonable. Podían quedarse sin comer algunos días porque el trabajo escaseaba, podía el hombre embriagarse con los amigos en el billar, podían los niños crecer sin una refinada educación, pero no podía la señora de Bandini soportar la idea de que su Svevo estuviera en los brazos de una enseñoreada viuda libertina. Para colmo, la presencia de la abuela había espantado a su esposo y ya tenía varios días sin llegar a dormir a la casa. Quizás en otra ocasión el asunto no hubiera tenido la menor importancia, pero esta vez la sombra de la viuda comenzó a hacer estragos en la ya de por sí oscurecida vida de María. "Los platos no se lavaban. A veces se iban los niños a la cama y la cama estaba sin hacer. A ellos no les importaba, pero se pusieron a pensar, a pensar en la madre, pegada a la ventana de la salita. Por la mañana se quedaba acostada y no se levantaba para despedirlos cuando se iban al colegio. Se vestían con inquietud, espiándola desde la puerta del dormitorio. Yacía como una muerta con el rosario en la mano."

Ciertamente, Svevo estaba con la viuda… trabajando para poder llevar dinero a su hogar. Sí, la señora Hildegarde quería cobrarse a su manera, poseyendo al albañil, pero Svevo no se lo tomaba en serio, como nada se tomaba en serio en la vida, ni al mismo Dios, mucho menos a su esposa y a sus hijos. El día de la Noche Buena volvió a casa, orgulloso de calzar incluso zapatos nuevos. Desplegó varios billetes en la mesa, ufano de sus labores interminables en la residencia de Effie, pero María estaba como ida, muerta, distante. Ahí estaba el dinero para los regalos de Navidad. Para lo que quisiera la familia Bandini. Pero María nada más esperó tenerlo cerca para abalanzarse sobre los ojos de su hombre "con los diez dedos por delante y se puso a darle arañazos, fuerza silbante en aquellos diez dedos largos que dibujaron franjas de sangre en la cara del marido", que hizo dar marcha atrás a Svevo y largarse por el mismo camino donde había venido. La madre, enceguecida por los celos, quemó todos los billetes en la estufa y Arturo Bandini, el irascible chico Bandini, la odió aún más: cuánto deseaba que su padre regresara para propinarle una buena paliza a esa vieja loca infeliz y sometida que había chamuscado todo el dinero ganado por su admirado padre. Cómo deseó asesinar a su madre. El buen Arturo sólo pudo arrebatarle el rosario de las manos de la madre y romperlo en pedazos, ante la sorda desesperación de su progenitora.

Personajes románticos pero infelices o imposiblemente, aturdidoramente, románticos. A Svevo sólo le quedaba esperar, en efecto, la llegada de la primavera.

Dos años antes de cumplir las siete décadas de vida, John Fante publica *La hermandad de la uva* (Anagrama): el escritor Henry Molise, uno de los cuatro hijos (tres hombres, una mujer) de la unión entre Nicholas y María, que ya rebasaban el medio siglo de casados, había sido el único en lograr salir de San Elmo, el poblado que era el orgullo de su padre, decepcionado de su progenie porque nadie prosiguió el camino de su oficio. "Mi padre nunca había querido tener hijos —dice Henry Molise—. Había querido tener peones de albañil y ayudantes de cantero. Tuvo un escritor, un cajero de banco, una hija casada y un guardafrenos. En cierto modo se esforzó por moldear a sus hijos para que fueran constructores, tal como moldeaba la piedra: a martillazos. Fracasó, como es sabido, porque cuanto más nos golpeaba, más nos hacía detestar el oficio."

Era, el padre de los Molise, "un montañés cazurro, de manos gordas, un metro sesenta y siete, ancho como una puerta, natural de los Abruzos, una región de Italia donde la pobreza era tan vistosa como los glaciares de los alrededores y donde los niños que llegaban a los cinco años vivían hasta los ochenta y cinco. De trece hermanos sólo sobrevivieron él y mi tía Pepina, que era ya octogenaria y habitaba en Denver. Aquel estilo de vida endureció a mi padre. Pan y cebollas, decía fanfarroneando, pan y cebollas; un hombre no necesita más. Por ese motivo he aborrecido el pan y las cebollas toda mi vida. Pero él era mucho más que el cabeza de familia. Era juez, jurado y verdugo; Yavé en persona".

Por eso nadie se atrevía a llevarle la contraria. De hacerlo, irremediablemente se armaba una pelea en la casa. "Le fastidiaba casi todo —dice Fante—, en particular su mujer, sus hijos, sus vecinos, su iglesia, su párroco, su pueblo, su estado, su país de adopción y su país de origen. También el mundo le importaba un pimiento, y el sol y las estrellas, y el universo, y el cielo y el infierno. Pero le gustaban las mujeres". Y su trabajo: "Se despreciaba profundamente, aunque era hombre orgulloso e incluso presumido. Nick Molise estaba convencido de que cada ladrillo que ponía, cada piedra que tallaba, cada acera, pared o chimenea que construía, cada lápida que labraba, pasaba a la posteridad. Sentía verdadera ansia por el trabajo y tenía cierta inquina al sol, que, en su opinión, cruzaba el cielo demasiado aprisa. Su amor por la piedra le proporcionaba más placer que su pasión por el juego, el vino y las mujeres."

No obstante, "ganapán impenitente" como era, el padre de Henry "tenía un problema y es que nunca llevó pan a su casa. Las partidas de póquer del Elks Club se tragaron miles de dólares con los años. Recuerdo haberle visto apartar setecientos ochenta dólares para la construcción de una casa de piedra, montones de billetes de diez y veinte dólares en la mesa de la cocina y él humedeciendo con la lengua la punta del lápiz y anotando las cantidades en un papel. Cuando mi madre le pedía dinero para comprar comida, mi padre le alargaba un billete de cinco y contraía la cara de dolor mientras mi madre se lo guardaba en el delantal". Luego de la faena cotidiana, Nick Molise acudía con sus amigos, que no lo dejarían solo ni a la hora de la muerte ("más vale morir borracho que morir de sed"), a beber lo que restaba de la noche.

Pues bien, a los cincuenta y un años de casados, y teniendo Nicholas setenta y seis años y María setenta y cuatro, vino un zafarrancho de tal magnitud que se plantearon seriamente el divorcio. De ahí la razón que Henry recibiera el llamado telefónico de su hermano Mario, quien le pedía que retornara al pueblo para arreglar la situación, ya que ninguno de los otros vástagos podía hacer nada por conciliar a sus progenitores. "Me contó que mamá había descubierto manchas de carmín en los calzoncillos de papá —dice Fante que dice Henry—, y cuando le puso delante la prueba (me la imaginé restregándole los calzoncillos por la nariz), papá la asió por el cogote, la obligó a doblarse sobre la mesa de la cocina y le pateó las nalgas. Aunque iba descalzo, los puntapiés le produjeron un moretón en la cadera, y le quedaron señales rojas en el cuello." Avergonzado "de la cobarde agresión", huyó en el momento en que Mario entraba por la puerta trasera, quien al ver los hematomas de su madre se encaminó, enfurecido, a la comisaría para denunciar a su padre.

"El gentío apelotonado delante de la vivienda de los Molise inundaba ya la calle y hubo que llamar a dos coches patrulla para que acordonaran la manzana. La vieja amistad entre mi padre y el comisario terminó bruscamente en aquel punto y hora. El comisario sacó unas esposas y estalló la guerra. Mi padre pidió socorro a gritos, los ayudantes entraron inmediatamente y mi padre fue inmovilizado contra el suelo y esposado. Lo sacaron a rastras, jadeando, y lo metieron en el coche patrulla." María, al ver a su cónyuge esposado, "lanzó gritos de angustia. Se abalanzó sobre los policías, se revolvió y dio tales zarpazos con tanta furia que acabó sin conocimiento en la acera".

La madre pidió al mismo Mario que retirase la denuncia, pero cuando lo pusieron en libertad los problemas se acrecentaron en la familia. Se dieron de golpes los hijos contra el padre, que acabó escupiéndolos en la cara y llamándolos asesinos de Cristo. La situación era infernal. Mario le pedía a su hermano Henry que se llevara al padre un tiempo a su casa, no sin antes culparlo e insultarlo por cuestiones del pasado. Una familia ejemplar, pues. Cuando Henry le cuenta a su esposa Harriet que piensa invitar a don Nicholas una temporada en su hogar, entonces la mujer se lo piensa dos veces y le pide que mejor él vaya a solucionar el conflicto porque, según le confiesa, el día justamente de su boda el suegro le "metió mano" ("no quiero que esté en mi casa. Es un viejo verde asqueroso, con ojos negros de macarroni, que me pone la carne de gallina"), razón por la cual el escritor decide viajar hacia San Elmo, luego de una prolongada ausencia en su tierra natal, aventura por supuesto que es la parte medular de la novela. Porque las cosas empiezan a complicarse más y más, al grado de que su padre prácticamente lo obliga a ser su chalán de albañilería en la obra (una cámara de piedra en las montañas para ahumar carne) que vendría a ser la última de su vida. "Papá, quiero que prestes mucha atención a lo que voy a decirte —dice Henry—. Quiero que conserves la calma y seas razonable. Como sabes, mi oficio es escribir. Tu oficio es construir casas. Lo único que yo sé hacer en la vida es poner una palabra detrás de otra, como las cuentas de un rosario. Lo único que sabes hacer tú es poner una piedra encima de otra. Yo no sé cómo se ponen ladrillos ni cómo se hace la argamasa. Y no quiero saberlo."

Al final, Henry acompañaría a su padre en el tramo final de su vida. Conocería de cerca, por primera y última vez, a su progenitor, y lloraría sinceramente por su partida. Era su viejo un miembro honorable de la Hermandad de la Uva, de los bebedores impostergables y compulsivos, jugador incansable, tal como Dostoievski, indomeñable y, como todos los que saben beber, absolutamente solitario. Y si Henry Molise adoraba a Dostoievski, ¿cómo no iba a sentir la misma adoración por su padre? 🍇

Malcolm Lowry
(Birkenhead, Inglaterra, 1909 / Ripe, Inglaterra, 1957)

🍇 *Nunca puedo confiar en los abstemios*

A su muerte, ocurrida el 27 de junio de 1957, Malcolm Lowry dejó un manuscrito de setecientas páginas que su viuda, la novelista Margerie Bonner, y su biógrafo, Douglas Day, editaron para conformar el libro póstumo *Oscuro como la tumba donde yace mi amigo*, que la Editorial Era puso en circulación, en 1999, en México en una traducción de Carlos Manzano.

Lowry, nacido el 28 de julio de 1909 en Inglaterra, vuelve a crear a otro personaje dipsómano: el escritor Sigbjorn Wilderness, que viaja a Cuernavaca rumbo a Oaxaca para encontrarse con su mejor amigo, Juan Fernando Martínez, a quien no había visto en varios años. La grandeza de Lowry es su narrativa, y aun sin lograr consolidar un ambiente tenso y magnífico como en su obra maestra *Bajo el volcán*, en *Oscuro como la tumba...*, novela de introspección, de búsqueda afanosa de la personalidad de un hombre que no quiere confrontarse a sí mismo, las recreaciones tormentosas del ebrio Wilderness son impecables. Si bien la trama es muy sencilla, e incluso podríamos asegurar que insustancial (el viaje de un escritor alcohólico con su esposa Primrose a México para visitar a un viejo amigo), Lowry logra nuevamente tocarnos el corazón a la hora de narrar la sensación de abandono total, de soledad, de amargura y resquebrajamiento del alma de su personaje Sigbjorn cuando se entera de que su gran amigo Martínez ha muerto.

A lo largo de la novela (de un total de 265 páginas: ¿cuántas cuartillas habrán tirado al cesto de la basura su viuda y su biógrafo para darle cuerpo a este "nuevo" libro de Lowry?, ¿de haberlo finalizado él mismo hubiese tenido el libro ese planteamiento o hubiera sido otro muy distinto?), el escritor inglés, como en *Bajo el volcán*, vuelve a regodearse describiendo a México, "país real e imaginario". La narrativa de Lowry es fascinante, sus frases hablan solas. A pesar de su enamoramiento de México, también tiene a veces palabras duras contra el país. Entre Lowry y México siempre existió una combativa relación amor-odio. Como en ningún otro novelista extranjero, México fue una obsesión para Lowry. Innumerables pasajes de la novela así lo confirman:

1. Una vez fui a Tijuana. Intentaron desplumarme. En la vida vuelvo. Dijeron que yo había falsificado un cheque. ¿Y sabe usted quién había sido? La policía. ¡Sí, señor! (Página 32)

2. México es un lugar del que más vale mantenerse alejado. (Página 33)

3. ¿Por qué viajaría la gente? Dios sabía que Sigbjorn detestaba repetir aquel recorrido. Para él viajar era la prolongación de todas las angustias de que el hombre intentaba librarse con un hogar tranquilo. Una fiebre continua, un perpetuo ataque al corazón. (Página 54)

4. Las bebidas mexicanas han sido víctimas de la calumnia: el tequila es una bebida pura, está libre de los demonios que viven en el whisky de centeno, aunque puede que otros, peores, vivan de ella; también el mezcal es una bebida pura. Se debe tomar en copas pequeñas y el ritual exige mano firme y un puro y simple interés social; el mezcal, así tomado, es una bebida civilizada. (Página 67)

5. Como las bebidas mexicanas, también ha sido víctima de la calumnia la amistad de dos personas de capacidad alcohólica semejante y con la intención de beber hasta que se hunda el mundo y permanecer lúcidas, amistad que nada sella como el alcohol. Se convierte como en una hermandad de sangre. Lo mismo se puede decir de las amistades trabadas bebiendo cerveza, pero no tanto si la bebida es el whisky rye. Pero en el mezcal radica el principio de esa fuerza divina o demoniaca de México que, como sabe cualquiera que haya vivido en ese país, ha seguido insaciable hasta hoy. Bajo la influencia del mezcal, los mejores amigos harán todo lo posible por asesinarse. Pero una amistad que, engendrada por el mezcal, lo sobreviva, sobrevivirá a cualquier cosa. (Página 68)

6. Subían y subían, cada vez más arriba hacia la Sierra Madre, montañas tras montañas y montañas, donde los campesinos arrojaban sus semillas y las dejaban, sobre picos en apariencia inaccesibles y donde, según les dijo la azafata, los

campesinos sembraban una vez al año y dejaban que las semillas dieran fruto, sin preocuparse de vigilarlas nunca, sin echarles una mirada en todo un año, al cabo del cual hacían una difícil peregrinación hasta allí —y seguro que aprovechaban la ocasión para celebrar una fiesta— y descubrían que habían florecido espléndidas, como las flores de Parsifal en su ausencia. ¡Y qué lección había en aquello para un escritor! (Página 76)

7. Pero es que, si vamos al caso, iban a aterrizar, por supuesto, en un punto elevado, la Ciudad de México, y en aquel momento ya faltaba poco para que lo hicieran, al salir de entre las nubes, sí, ahí estaba el lecho de su lago, el de su volcán, de una fealdad increíble, pronto iban a aterrizar, como si estuvieran tomando tierra sobre un planeta medio inundado en el que se hubiese producido una gran catástrofe, aunque lo que parecía haber habido antes no era el paisaje de islas flotantes y verdor de la fantasía ni el tipo de civilización bárbara y casi veneciana de la realidad, sino una devastada ciudad con fábricas de vidrio de Lancashire. (Página 78)

8. Ah, sí, la Ciudad de México, en aquella hora punta, parecía esencialmente la misma: olores, ruido, tubos de escape libres, a los que acompañaba la misma incitación a salir de allí lo antes posible; pulquerías, exactamente como las recordaba; los mismos peones, mujeres con rebozos, cantinas, iglesias carcovadas; al menos de momento parecía haber poca diferencia, salvo que había más cervecerías que antes y el exorbitante número de anuncios insensatos que te ordenaban beber Coca-Cola helada. (Página 80)

9. "Aquí dormí yo una vez", pensó, pero no dijo, Sigbjorn, refiriéndose al suelo de la propia basílica, borracho, con un impermeable prestado, en diciembre de 1936. Percibieron el olor de la Ciudad de México —el olor familiar, para él, a gasolina, excremento y naranjas— y bebieron un Saturno estupendo por cuarenta y cinco centavos. (Página 106)

10. Eran las cuatro, al cabo de un instante eran las cinco, pero, mira nada más —¡qué rápido pasa el tiempo en México!—, ya eran, gracias a Dios, las seis. "Anoche cogí una borrachera tan terrible que voy a tener que dormir tres días enteros para recuperarme." (Página 135)

11. Lo digo en serio. Aquí todas las pulquerías están llenas de la mañana a la noche, son alegres, por lo menos, con incesante rasgueo de guitarras, y baratas. (Página 145)

12. Nunca puedo confiar en los abstemios. Y la gente que no puede beber suele convertir en tiranía alguna otra cosa y, en cualquier caso, hacer desgraciados a los que sí pueden. (Página 152)

13. A ambos lados estaban excavando zanjas para el alcantarillado. El progreso no dejaría sitio ni siquiera para que un indio durmiese. Morelos se estaba modernizando. (Página 174)

14. Era un placer sutil: ¿quién iba a saberlo mejor que él? Beber antes de desayunar sólo podía compararse a veces con nadar antes de desayunar. (Página 179)

15. Y no había nadie a quién hablar, nada qué hacer por la noche, a no ser beber o dormir. No hay oscuridad que presente tanta desesperanza como la oscuridad en México. (Página 188) 🍇

Emil Cioran
(Rasinari, Rumania, 1911 / París, Francia, 1995)

🍇 *El maestro de la desdicha*

Maestro de la desesperación (¿pero es posible, por Dios, que exista la maestría en la desesperación, esa desgarrada manera de asirse, en un momento dado o de modo permanente, a la vida?), Emil Cioran se distinguió siempre, dice la contraportada de su libro *El crepúsculo del pensamiento* (Nueva Imagen, 2003), "por elegir grandes enemigos: durante toda su vida luchó contra sí mismo, contra toda idea de civilización o progreso e, incluso, contra el pensamiento mismo". A pesar de tales impulsos, Cioran se ha convertido, gracias a sus vertiginosas, por fragmentarias, ideas en "el filósofo de los solitarios y los inconformes", según se apunta en el volumen; empero, tal encasillamiento resulta efectivamente banal porque el pensador rumano-francés es, sobre todo, retadoramente reflexivo en los temas convencionales. Es decir, si su obra en general es caracterizada por una desesperanza gravitatoria y absoluta, ello no significa que, agudamente entrelineada, no haya motivos para una cavilación seria y exhaustiva. Por ejemplo: "Si decimos que el universo no tiene ningún sentido —dice Cioran—, no enfadamos a nadie; pero si afirmamos lo mismo de un individuo, no dejará de protestar y tomará medidas contra nosotros. Todos somos así: se trata de un principio general, nos hacemos a un lado y no nos molestamos en ser la excepción. Si el universo no tiene sentido, ¿hay alguien que escape de esta maldición? Todo el secreto de la vida se reduce a esto: no tiene ningún sentido; no obstante, cada uno de nosotros se lo encuentra". Quizás lo que incomode de Cioran, si le buscamos una incomodidad por algún lado, sea su rotunda categorización de las cosas: "No estamos celosos de Dios, sino de su soledad", y probablemente no compartamos su opinión pero está impresa con tanta fuerza que podría, tal vez, perturbar e irritar, y más aún cuando habla sobre el pesimismo, al cual considera, Cioran, una especie de benigno sentimiento.

Nadie duda, sin embargo, de la fuerza literaria de sus palabras: "La timidez es un desprecio instintivo de la vida; el cinismo, un desprecio racional. La timidez es una manera de ocultar un pesar: porque la audacia no es otra cosa que la forma que toma la ausencia de pesar". La filosofía de Cioran, por la misma estructura escritural —hilada en breves pasajes narrativos (a veces aforismos, a veces epigramas), pensamientos afiebradamente cortos—, se convierte, así, en literatura indagatoria, de modo que, luego, nos encontramos con revelaciones redaccionales oscuras: "El tiempo es un sucedáneo metafísico del mar. Sólo pensamos en él para vencer la nostalgia". O ésta otra, todavía más abstracta: "Sensaciones etéreas del tiempo donde el vacío sonríe a sí mismo". Pero lo que ha hecho importante a Cioran en el mundo de la filosofía es su proclive inclinación a la resistencia de las ideas tradicionalistas, artificiosas, habituales: "¿Cuánto tiempo dura para un hombre una verdad? No más que un par de botas. Sólo los mendigos no las cambian jamás. Sin embargo, porque caminamos con la vida, es necesario renovarse sin cesar, porque la plenitud de una existencia se mide con la suma de los errores registrados, con la cantidad de ex verdades".

"Además de no importar a nadie, la actividad política es una expiación inconsciente", dice Cioran, y prácticamente la ciudadanía estaría de acuerdo con esta premisa de no ser porque los políticos no leen a Cioran ni tienen la mínima consideración hacia su electorado, de modo que la frase, acertada pero volátil, explosiva pero sorda, transcurre indemne por los pasillos de la vida. "La sensibilidad con respecto al tiempo —prosigue Cioran— surge de la incapacidad de vivir en el presente. Nos damos cuenta a cada instante del paso despiadado del tiempo, que se sustituye con el dinamismo inmediato de la vida. Ya no vivimos en el tiempo, sino con el tiempo, paralelamente con éste. Al ser uno con la vida, somos el tiempo. Al vivirlo, morimos con éste, sin dudas ni tormentos. La santidad perfecta se logra por la asimilación del tiempo, mientras que la enfermedad lo disocia."

Para Cioran, un estado iluminado es el de la soledad: solo, el hombre se alumbra a sí mismo: "Si el hombre no supiera conferir un delirio voluptuoso a la soledad, desde hace mucho tiempo la oscuridad se habría incendiado. La descomposición más horrible en un cementerio desconocido es una imagen pálida del abandono en que se encuentra cuando una voz inesperada, procedente de los aires, o de la profundidad de la tierra le revela su soledad. ¡No tener a nadie a quien decirle jamás nada! Sólo los objetos; algún ser. La desdicha de la soledad procede del sentimiento de estar rodeado de cosas inanimadas, a las que no hay nada que decirles. No tiene objeto que por extravagancia ni por cinismo, Diógenes se pasee con una lámpara en pleno día para encontrar a un hombre. Sabemos muy bien que en la soledad…"

"Desdicha" es una palabra favorita de Cioran ("la desdicha es el estado poético por excelencia"), que incluso la sumerge —¡y con cuánto gusto y pesar!— cuando habla del amor: "Quedar solo con el amor entero, con la carga de lo infinito del eros; he aquí el sentido espiritual de la desdicha en el amor, aunque los suicidios no demuestran la cobardía del hombre sino las dimensiones inhumanas del amor". Y, bueno, qué se puede decir ante esta frase tan contundente y verídica: ahí están Shakespeare con sus piezas dramáticas o Goethe con las penas de su joven Werther para corroborarlo drásticamente: el amor, y sólo tal vez el amor, es un asunto válido como para que el hombre abandone este mundo —más bien, el desamor producido por el demasiado amor. "Si los amantes no hubieran atenuado los tormentos amorosos con un desprecio teórico por la mujer, todos se habrían suicidado. Sin embargo, sabiendo lo que ella es, introdujeron, con lucidez, un elemento de mediocridad en lo insoportable. La desdicha en el amor sobrepasa en intensidad a las emociones religiosas más profundas. Es verdad que no ha edificado iglesias, pero erigió tumbas, en todas partes tumbas."

Cioran no teme a las intelectualidades superfluas: "Haríamos bien al eliminar bibliotecas enteras, en las que sólo encontramos tres o cuatro autores que ameritan ser leídos y releídos. Las excepciones de este género son los analfabetas geniales, que debemos admirar y, si es preciso, aprender, pero que, en el fondo, no nos dicen nada. Desearía poder intervenir en la historia del espíritu humano con la brutalidad de un carnicero provisto del 'diogenismo' más refinado. ¿Desde cuándo permitimos que nos pisoteen tantos creadores que no saben nada, criaturas terribles e inspiradas, desprovistas de la madurez de la dicha y de la desdicha?"

¡Ay, Cioran, lo hemos permitido todo el tiempo! ❦

William Burroughs
(St. Louis, Missouri, Estados Unidos, 1914 / Kansas, 1997)

❦ *El último sobreviviente del rock*

Si bien el movimiento literario beat fue el primero del siglo XX en rebelarse contra las costumbres tradicionalistas de una sociedad que acababa de poner punto final a la Segunda Guerra Mundial con dos bombas inesperadas, eso no quiere decir que inmediatamente después fuera difuminado por otra corriente: la hip, que se encargó con prontitud de hacer a un lado no sólo a los poetas sino también a los críticos políticos que todos los beats llevaban adentro. "Toda posguerra rompe generaciones —dicen Alberto Corazón y Pedro Sampere en su libro *La década prodigiosa* (Ediciones Felmar, Madrid, 1976)—, pero una posguerra atómica las desintegró. Los supervivientes tuvieron que plantearse nuevamente el sentido de la existencia. El recuerdo de la Gran Depresión, el trauma moral de la guerra generó un conformismo perezoso, una sumisión social. Estados Unidos se entregó al olvido, a la desideologización, a vislumbrar la prosperidad material a través de la insolidaridad, la autarquía, la claustrofobia y el triunfalismo de la victoria. Los celadores de la dimisión y el nuevo estatismo social fueron Joe McCarthy, el cazabrujas, y Ike Eisenhower, el paternal."

Y ahí, en un país "donde no ocurría nada, absolutamente nada, el movimiento beat fue lo único que ocurrió: el recital poético de la Galería Six fue su acto germinal". La vanguardia beat fue, sobre todo, literaria, básicamente poética, mas pronto se "constituyó en una mística, en una forma de vida, en una actitud social capaz de arrastrar prosélitos y provocar filosofías. La placidez de los cincuenta (sin delirio consumista, sin televisión ni coches masivos, sin la angustiosa velocidad) pudo provocar esa introspección intelectualista, expresada en el silencio de la tipografía. En un mundo contaminado de industria y mecanización se recuperó a la literatura de su obsolescencia estilística con la espontaneidad de Kerouac o la percepción alucinada de Ginsberg. La poesía se hizo oral y pública. Intensa, gráfica, agresiva. Renació el rito del recital, apareció el *happening* [la semilla de los actuales performances], todavía sin rock ni guitarras eléctricas. Hubo una rejuglarización de la cultura que salió del *ghetto* a la calle. Provocó el encuentro del autor y el auditorio, y excitó la participación. Cambió el rol de los poetas. El trovador doliente y críptico se convirtió en un motivador, en un agitador de la conciencia pública".

Norman Mailer apuntó un sugerente cuadro para ejemplificar el novedoso enfrentamiento de los beats contra la cultura establecida: el impetuoso contra el práctico, romántico-clásico, instinto-lógica, negro-blanco, inductivo-programático, espontáneo-metódico, medianoche-mediodía, preguntas-respuestas, Yo-sociedad, nihilista-autoritario, truhanes-policías, libre arbitrario-determinismo, sexo-religión, rebelde-legalista, *call girls*-psicoanalista, presente-pasado o futuro planeado, ilegitimidad-aborto, sexo por el orgasmo-sexo por el ego, pecado-salvación, modales-moral, duda-fe, crimen y homosexualidad-cáncer, mariguana-alcohol. Sin embargo, con las siguientes convulsiones de los sesenta, y el surgimiento de una música más feroz

(¿qué hay de los Ermitaños de Herman a un Jimi Hendrix o a un Joe McDonald y sus Peces, que más bien parecen discípulos descarriados de los beats?), los poetas se fueron quedando solos con sus perfectas palabras. La espectacularidad de los *hippies* los hizo aparecer, a los beats, inmóviles y previsibles. "El movimiento beat —dicen Corazón y Sampere— se transformó en una estética estudiada, semantizada, lo que en cierto modo lo politizó convirtiéndolo en folclor del nuevo radicalismo", un radicalismo que ya no compartían con el mismo ímpetu ni los propios roqueros, que buscaban (acaso contagiados de la inocencia espectacular de los *hippies* —unos Gandhis estrafalarios e ingenuos) otras sensaciones, cercanas a los éxitos dolarizados. Hay que recordar, en este sentido, cómo el propio Pete Townshend —supuestamente conscientizado y valeroso líder de los Who— descerrajó la cabeza del beat Abbie Hoffman en el Festival de Woodstock, en 1969, para callarlo de una vez por todas de su alharaca política cuando pedía la libertad para el encarcelado John Sinclair, apresado por un par de cigarros de mariguana.

El rock, pese a provenir de algún modo de una instancia poética, no concordaba con los poetas beat. "La fidelidad a su viejo esquema provocó la emigración moral, la dimisión del activismo intelectual de casi todos y la muerte física de algunos. El caso más dramático fue el de Kerouac, retirado amargamente a su ciudad natal, donde lo fulminó la cirrosis. Otros, como Allen Ginsberg y Norman Mailer, sobrevivieron y aceptaron una necesaria evolución. Su literatura purificada y visceral se socializó, se hizo profesional. El experimento beat demostró a la sociedad que podía asimilar, tolerar, controlar e inmovilizar sin traumas decisivos, determinados anticuerpos. Incluso descubrió que ejercían una función social de sumidero emocional que aseguraba la continuidad de su patogenia moral. Se trató entonces de hacer lo menos molesto posible aquel ejercicio de higiene social. Al feísmo beat se le colgaron flores, a su hosquedad se le pintó una sonrisa. El beat de golpear o beatificar se convirtió en hip, de *to hip*, estar en el secreto, y de *hep*, instinto de comprensión instantánea."

Con la desaparición, en 1997, del último beat: William Burroughs, la faz de aquel movimiento alcanza, por fin, un casillero definitivo en la historia literaria. Se cierra el círculo poético. Aunque, en realidad, su fase ya estaba determinada desde su principio, los beats no alcanzaron nunca mayor gloria que la de su despegue. Cada uno de los protagonistas se hizo famoso con su obra inicial. ¿Quién puede recordar otro poema de Ginsberg aparte de su "Aullido" u otra novela memorable de William Burroughs como *Almuerzo desnudo*? Su obra posterior a su despegue, aunque quizá con búsquedas más metódicas de perfeccionamiento literario, no han conmovido ni conmocionado tanto como sus primeras letras, tal vez porque éstas estrenaran un nuevo edificio en la literatura norteamericana, antes deshabitado o, peor, despreciado por la ciudadanía.

Burroughs sobrevivió al rock, aunque el rock lo olvidara tan pronto como las industrias refresqueras empezaran a patrocinar esta música. Burroughs siempre fue un beat, y por esto mismo la sociedad lo miró como un extemporáneo, un hombre fuera del siglo, un novelista de una década perturbadora, el asesino de su esposa en México cuando quiso vestirse de un fallido Robin Hood errando el disparo no en la manzana sino en la cabeza de su también ebria mujer. 🌿

Roald Dahl
(Llandaff, Inglaterra, 1916 / Oxford, 1990)

🌿 *Caramelos con cloroformo para evitar que los prisioneros se amotinen*

Matilda es una niña que no se sabe muy bien de dónde ha salido, pero ante la indiferencia de sus padres ha tenido que llevar una vida propia, independiente, al margen de las costumbres familiares. Aprendió a leer desde los cuatro años de edad y sola se dirigía a la biblioteca para literalmente devorar cuanta lectura le cayera en sus manos. A diferencia de la tradición casera, *Matilda* —el libro fue editado en 1988— no veía la televisión porque encontraba en la literatura el medio idóneo para satisfacer sus necesidades culturales. El bello cuento de Roald Dahl fue llevado a la pantalla cinematográfica, en 1996, por Danny de Vito, quien supo plasmar en esas imágenes dahlnianas una hermosa película infantil. Luego se estrenarían otras dos cintas basadas en las narraciones del escritor británico: *James y el durazno gigante* (publicada en 1961), dirigida en 1996 por Henry Selick, y *Charlie y la fábrica de chocolate* (escrita en 1964), filmada por Tim Burton en 2005.

Si bien el maestro Roald Dahl es conocido mundialmente como escritor de historias para niños (y las películas referidas son buenos ejemplos de su talento), no por ello deja de ser reconocida, asimismo, su propuesta narrativa en un contexto más amplio. Su famoso libro *Mi tío Oswald* (editado en Londres por Michael Joseph Ltd en 1979, traducido al castellano por Enrique Hegewicz en España para la barcelonesa Anagrama en 1983) cuenta las peripecias de un "millonario, esteta, *bon vivant* y en especial un Don Juan infatigable, cuya vida amatoria deja en pañales a la del mismísimo Casanova". El tío de Dahl, Oswald, empieza a amasar su fabulosa fortuna desde muy joven: "Con polvo de escarabajo sudanés inventa unas píldoras de extraordinarias virtudes afrodisiacas. Luego, en asociación con un sabio desconocido que ha descubierto un revolucionario procedimiento de conservación, funda un banco de esperma (¡en 1919!) y en compañía de la excitante Yasmin parten en busca de genios y celebridades de la época, cuyo semen congelado será adquirido a precio de oro por acaudaladas clientas ansiosas de tener retoños con *pedigree*. En este particular safari —se lee en la contraportada—, las aventuras picarescas, a veces escabrosas, otras delirantes, se suceden a un ritmo trepidante. Yasmin, armada con las infalibles píldoras, seduce a Stravinsky, Renoir, Picasso, Nijinski, Joyce, Freud, Einstein, Conan Doyle, Proust... y a una apreciable colección de testas coronadas".

Sin embargo, Yasmin no pudo con Albert Einstein.

—Los cerebrales se detienen y piensan —dijo Yasmin a Oswald, el tío de Dahl—. Tratan de averiguar qué diablos está ocurriéndoles y por qué les ocurre. En cambio los artistas no se preocupan de eso y, simplemente, se zambullen directamente en la lujuria.

—¿Cuál ha sido la reacción de Einstein? —le pregunta Oswald.

—No podía creerlo —dijo Yasmin—. De hecho, se ha olido que había truco. Es el primero de todos ellos que ha sospechado que le habíamos hecho alguna trampa. Esto demuestra lo inteligente que es.

—¿Qué te ha dicho?

—Se ha quedado muy quieto y, mirándome desde debajo de esas cejas tan pobladas que tiene, me ha dicho: "Fräulein, aquí hay gato encerrado. Esta no es mi reacción normal cuando recibo la visita de una joven guapa".

Los efectos del escarabajo desquiciaron a Einstein, mas se sobrepuso. "Yo me había tendido en el sofá —dijo Yasmin a Oswald— adoptando una actitud seductora y esperaba que él se decidiera a actuar, pero no, Oswald, no había modo. Durante cinco minutos enteros sus procesos investigadores han bloqueado totalmente sus deseos carnales o como quieras llamarlos. Casi podía oír el zumbido de sus sesos mientras trataba de entender lo que le pasaba." La novela, de corte erótico, retrata a su vez las composturas, miedos, fobias y deleites del mundillo intelectual.

Pero Dahl no se quedó ahí. Cinco años antes de ésta que fue su primera novela (*My uncle Oswald*), escribió un libro de cuatro cuentos intitulado *Switch bitch*, en 1974, que fue también traducido por Anagrama en 1981 en una traducción de Jordi Beltrán, mas con un título modificado: *El gran cambiazo*, mismo que fuera galardonado en su momento con el Gran Prix de l'Humeur Noir. Y, ciertamente, Dahl posee un fino humor negro —como el de su connacional Tom Sharpe (Londres,

1928), acaso, ese hilarante creador de *Wilt*—, que fortifica las visiones libertarias del hombre enriquecido espiritualmente (¿no hay humor negro más bello y alimentador y estimulante que observar a la pequeña Matilda del filme cómo asusta a la represora directora de su colegio por medio del arte mental dominador de los objetos?). Roald Dahl, para la editorial Anagrama, es un escritor que "pone en evidencia las fisuras de la *normalidad*... Con sus relatos crea ácidas parábolas sobre la fragilidad del amor, la fatuidad del eterno masculino y la tenebrosa incertidumbre de la existencia".

En la película *Matilda* se aprecia el lento proceso del aprendizaje de la integración a la vida mediante el derrumbamiento de la injusticia, esa nefasta particularidad que hace selectivos a los hombres. Matilda, mediante la inventiva de Dahl, se va sacudiendo las distintas etapas autoritarias de su vida gracias a su inteligencia formada rigurosamente por los libros. Dahl, en su libro, proclama vítores a la ilustración: es una templada fábula contra la represión.

A los 48 años, el británico Roald Dahl publicó su primer libro: *Charlie y la fábrica de chocolate*, luego del cual le siguió una larga hilera de volúmenes, tanto para niños, acaso los más conocidos, como para adultos (*El gran cambiazo*, Premio del Humor Negro en Londres en 1974), entre los que sobresale, a no dudar, su libro, digamos intermedio, *Boy, relatos de infancia*, editado originalmente en 1984, seis años antes de su fallecimiento, ocurrido en 1990 a los 74 años de edad. Ya en sus varias reediciones en castellano (Alfaguara, en traducción de Salustiano Masó), *Boy* no es, como se podría suponer, una autobiografía, según confiesa el propio Dahl en el breve prólogo, porque él nunca escribiría una historia de sí mismo. "Durante mis días mozos en la escuela y nada más salir de ella me sucedieron —indica Dahl— unas cuantas cosas que jamás he olvidado. Ninguna de estas cosas es importante, pero todas causaron en mí una impresión tan viva que ya nunca he sido capaz de quitármelas de la cabeza." Dice Dahl que no ha tenido que esforzarse mucho por recordarlas: "Algunas son divertidas. Otras son lastimosas. Las hay desagradables. Supongo que a ello se debe el haberlas evocado siempre tan a lo vivo. Todas son verdad".

Está claro que, para Dahl, los sucesos de la infancia no conforman, en definitiva, la biografía de los hombres sino, quizás, apenas el esbozo de una vida por vivirse. Y con ese mismo desenfado que le era tan propio para narrar sutilmente las cosas más gravosas, el libro transcurre con impecable fluidez, tal como si fuera un viejo álbum de fotos, cuyas 90 ilustraciones incluidas, entre gráficas y dibujos, ayudan a mantener grata la lectura. Dice Dahl que su padre, de ascendencia noruega, "sustentaba una curiosa teoría en cuanto al modo de desarrollar el sentido de la belleza en las mentes de sus hijos.

Cada vez que mi madre se quedaba embarazada, esperaba hasta los tres últimos meses de embarazo y entonces le anunciaba que debían comenzar los 'paseos esplendorosos'. Estos paseos esplendorosos consistían en llevarla a sitios de gran belleza de paisaje y pasear con ella por espacio de más o menos una hora cada día a fin de que absorbiese el esplendor del entorno. Su teoría era que si los ojos de una mujer encinta observaban constantemente la hermosura de la naturaleza, esta hermosura se transmitiría de alguna manera a la mente del hijo por nacer, y éste sería luego un amante de las cosas bellas".

Pero cuando Astri, la hija mayor de los Dahl, murió de apendicitis a los siete años (la misma edad que tenía Olivia, la hija mayor de Roald, cuando falleció debido al sarampión 42 años después), se llevó consigo también a su progenitor: "Astri era con mucho la predilecta de mi padre —cuenta Roald—. La adoraba más allá de toda medida, y su muerte inopinada le dejó literalmente sin habla durante días y días. Tan abrumado estaba por la pena que cuando él mismo cayó con pulmonía al cabo de aproximadamente un mes no parecía importarle gran cosa vivir o morirse". El paciente tenía que luchar por sobrevivir, ya que en aquella época no se contaba aún con la penicilina. "Mi padre se negó a luchar —narra Dahl—. Pensaba, estoy seguro, en su hija querida, y deseaba reunirse con ella en el cielo. Así que se murió. Tenía 57 años." La madre, en un lapso de pocas semanas, se había quedado sin esposo y sin una hija. "Dios sabe lo que debió de ser el sufrir una doble catástrofe como ésa. Tenía cinco hijos que atender, tres de ellos propios y dos de la primera esposa de su marido, y para complicar aún más las cosas esperaba otra criatura que había de nacer dentro de dos meses". Sin embargo, la joven mujer decidió quedarse en Inglaterra (y no retornar a su Noruega, donde sus padres la esperaban deseosos de ayudarla) porque le resonaban en un eco profundo las palabras de su marido: "Las escuelas inglesas son las mejores del mundo".

El libro, si hacemos a un lado el capítulo dedicado a sus padres, que sirve de preámbulo para abrir lo que a Dahl realmente le interesa contar, narra sus años estudiantiles, desde el parvulario hasta la etapa universitaria, desde los seis hasta los veinte años de su edad. Las anécdotas son hermosas. Acompañadas lo mismo de un recalcitrante humor que de una inmensa ternura, las vivencias de Dahl son un cuento efectivamente de hadas urbanas. En la primaria, un condiscípulo suyo, llamado Thwaites, le decía que no se comiera los cordones de regaliz, un suculento dulce, porque estaban hechos de sangre de ratas. Así lo decía el médico Thwaites a su hijo durante una conferencia sobre dicho dulce al sorprenderlo comiendo uno en la cama: "Los cazadores de ratas llevan sus ratas a la Fábrica de Cordones de Regaliz, y el gerente les paga dos peniques por pieza. Muchos cazadores de rata se han hecho millonarios vendiendo sus ratas muertas a la fábrica".

A los que se comen muchos cordones de regaliz se les ponen los dientes muy afilados y puntiagudos, y les crece una cola corta y mocha. Y la ratitis no tiene cura, sentenciaba el médico para disuadir a su hijo de la glotonería. A todos los niños les divertía la historia del doctor Thwaites, pero, a excepción del hijo del médico, ningún otro niño se privó de comprar su dote generosa de cordones de regaliz. Tampoco el pobre Thwaites se comía los rascagaznates porque, según otra vez su padre, los rascagaznates estaban saturados de cloroformo. "Si mi padre tiene que serrarle a alguien una pierna —decía el hijo del médico—, vierte cloroformo en una almohadilla y la persona lo aspira y se queda dormida y mi padre le sierra la pierna sin que lo sienta siquiera." Pero, preguntaban los niños a su compañerito Thwaites, interesados en la historia pero sin dejar de comer sus rascagaznates, ¿por qué vierten el cloroformo en los caramelos y nos los venden? Ustedes han de suponer, dice Dahl, que una pregunta como ésta desconcertaría a Thwaites, pero Thwaites no se dejaba desconcertar jamás. "Dice mi padre que los rascagaznates los inventaron para dárselos a presos peligrosos que están en la cárcel —decía el niño—. Les dan uno con cada comida y el cloroformo los adormece e impide que se amotinen."

Dahl no fue feliz en las escuelas. Sufrió diversas y variadas represiones, que iban desde la tortura física (a veces, debido a los golpes de castigo, los herían de gravedad) hasta los remordimientos morales. No en balde, Dahl escribió ese maravilloso cuento *Matilda*, que es una diatriba mordaz contra la tirana educación escolar, misma que, todavía, impera hoy en día en varios centros académicos, a pesar de los triunfalistas discursos de expiación oficialistas, tales como los que discurren, ¡ay!, los sucesivos secretarios de Educación Pública en México. ❧

Arthur C. Clarke
(Minehead, Somerset, Inglaterra, 1917 / Cololmbo, Sri Lanka, 2008)

❧ *De alunizajes y melodías ideales*

¿Han observado alguna vez cómo, en una habitación en la que se encuentran reunidas veinte o treinta personas charlando animadamente, llega un momento en que todo el mundo guarda silencio súbitamente?, pregunta Arthur C. Clarke. "Se crea una especie de vacío vibrante que parece engullir todos los sonidos. No sé cómo afectaría a otras personas —dice Clarke—, pero a mí me produce una sensación de frialdad que me domina por completo."

Eso le sucedió alguna vez en una de sus famosas reuniones en la taberna del Ciervo Blanco, donde Harry Purvis, excelente científico fabulador, era el centro de las exquisitas concentraciones. De pronto, de manera inesperada, un espeso silencio cubrió la tertulia. "Entonces —dice el británico Clarke—, posiblemente en un deliberado intento de romper ese desagradable suspenso, Charlie Willis empezó a silbar la última canción de moda; ni siquiera recuerdo el título. Sólo recuerdo que desencadenó uno de los relatos más inquietantes de Harry Purvis".

Durante toda la semana, Purvis la había oído repetidas veces desde que encendía la radio. Y es que, según hizo notar a sus amigos, esas canciones se aparecen "misteriosamente" y, por varias semanas "todo el mundo las tararea. Las que poseen cierta calidad se te graban de tal forma que no puedes alejarlas de la cabeza, dan vueltas y más vueltas durante días. Y, de repente, desaparecen sin mayor explicación". Sí, en efecto, algunas melodías pueden elegirse pero otras, las más, se nos pegan aunque uno oponga resistencia.

¿Por qué?

Purvis no tenía la respuesta a la mano, pero conocía a un colega suyo, Gilbert Lister, que se internó en esos asuntos de modo profundo. "No sé por qué a la mayoría de los científicos les interesa la música —prosiguió Harry Purvis—, pero es un hecho innegable. Entre los matemáticos se podrían encontrar razones obvias para justificar esta afición: la música, especialmente la música clásica, es, formalmente, casi matemática. Además, se apoya en la teoría: relaciones armónicas, análisis de las ondas, distribución de la frecuencia, y cosas por el estilo. Constituye en sí misma un estudio apasionante que atrae fuertemente a las mentes científicas, y que no se excluye, aunque muchas personas crean lo contrario, una apreciación puramente estética."

Pero el interés de Lister era completamente cerebral: "Era, en primer lugar, un fisiólogo, especializado en el estudio del cerebro. Por eso la palabra *cerebral* debe ser tomada literalmente". Lister no distinguía entre una canción country y una sinfonía coral. En pocas palabras: no le interesaban los sonidos por sí mismos, sino por los efectos que causaban en el cerebro. Purvis, rodeado en la taberna de personas cultas, no tuvo que explicar con detalle que gran parte de la actividad cerebral se realiza por medio de electricidad: "Constantemente se producen pulsaciones de ritmo regular, que pueden detectarse y analizarse con la ayuda de modernos instrumentos —dijo Purvis—. Éste era el campo de Gilbert Lister. Adosaba electrodos en el cuero cabelludo de una persona, y un sistema de amplificadores registraba las ondas cerebrales en cinta magnética. Tras examinarlas, podía dar todo tipo de información sobre la persona en cuestión. En última instancia, afirmaba, es posible identificar a cualquiera a partir de un encefalograma (para utilizar el término correcto) con mayor precisión que a través de las huellas dactilares".

Mientras Lister estudiaba los ritmos alfa, beta y demás del cerebro, empezó a interesarse por la música. "Estaba seguro que existía alguna conexión entre los ritmos musicales y los mentales. Se propuso tocar música ante sus pacientes para analizar los efectos producidos en sus frecuencias cerebrales normales. Como era de esperar, los efectos fueron múltiples, y los descubrimientos de Gilbert lo llevaron a adentrarse en campos más filosóficos." Sumergido en una nueva investigación, Lister quería, ahora, encontrar el fundamento científico (que lo había, según él) para llegar a una teoría sobre las canciones de éxito.

"Gilbert estaba seguro —cuenta Purvis— de que una melodía o una canción de moda impresiona la mente porque de algún modo se adapta a los ritmos eléctricos fundamentales del cerebro." Para ello, utilizaba una analogía para explicarlo: "Es como meter una llave en una cerradura. Las guardas de una tienen que acoplarse a las de la otra para que funcione". Para llevar a cabo tal empresa recogió cientos de melodías populares y clásicas: "Un analizador de armonías realizaba esta operación automáticamente clasificando las frecuencias. Al mismo tiempo trataba de ver la adecuación entre las ondas resultantes y las vibraciones eléctricas naturales del cerebro. La teoría de Gilbert consistía en que todas las melodías existentes son aproximaciones burdas a una melodía ideal. Los músicos de todos los tiempos la han buscado a ciegas, porque ignoraban la relación entre música y mente. Una vez revelada esta relación, sería posible descubrir la Melodía Ideal".

Gilbert Lister tardó un año en completar el análisis, y a continuación comenzó con la síntesis, la cual dio por resultado "una máquina capaz de construir modelos de sonidos, automáticamente, acordes con las leyes que había descubierto. Tenía montones de osciladores y mezcladores; en realidad —dijo Purvis, testigo de ese ingenio—, lo que hizo fue modificar un órgano electrónico ordinario para esta parte del aparato, controlado por la máquina compositora. De esa forma tan infantil con que los científicos bautizan a sus vástagos, llamó al invento 'Ludwig': una especie de caleidoscopio sonoro, en lugar de visual. Pero el caleidoscopio obedecía a unas ciertas leyes, y esas leyes (al menos Gilbert así lo creía) estaban basadas en la estructura fundamental de la mente humana. Con los arreglos necesarios 'Ludwig' llegaría, tarde o temprano, a encontrar la Melodía Ideal a través de todos los modelos musicales posibles".

Harry Purvis pudo mirar y escuchar una vez a "Ludwig": "El equipo consistía en el lío electrónico indescriptible común a todos los laboratorios. Lo mismo podía haber sido la máquina de una nueva computadora que la mira de una pistola de radar, un sistema de control de tráfico o un aparato de radio construido por un aficionado. Era difícil aceptar que, si llegaba a funcionar, dejaría sin trabajo a todos los compositores del mundo. ¿O no? Quizás no: 'Ludwig' podría proveer la materia prima, pero necesitaría orquestación". Lister le pidió a su amigo Purvis que regresara en una semana para que ambos pudieran escuchar la conclusión de sus afanes científicos.

Por suerte para Purvis, llegó una hora tarde a la cita: acababan de llevarse a Lister, trastornado, como transportado a un mundo desconocido: estuvo escuchando, durante varios cientos de veces, la misma melodía. Cuando lo encontraron, apagando el artefacto de inmediato, Lister parecía hallarse en trance: "Los ojos abiertos sin ver, los miembros rígidos. Incluso cuando desconectaron a 'Ludwig', continuó igual. Gilbert no tenía remedio". Dice Purvis que, de haber hallado la música perfecta, "en el supuesto de que existiera, formaría un anillo infinito en los circuitos de la memoria. Daría vueltas y más vueltas, eliminando los demás pensamientos. Todas las melodías empalagosas del pasado se convertirían en simples bagatelas comparadas con ella. Una vez introducida en el cerebro, transformaría las formas de las ondas circulares que constituyen la manifestación física de la conciencia, y ése sería el final".

Debido a las deudas adquiridas por la cristalización de su turbador invento, la empresa para la cual trabajaba Lister confiscó sus pertenencias y "Ludwig" fue desmantelada porque nadie, excepto Purvis (y él no se hallaba en la ciudad durante la acción judicial), sabía que dicha maquinaria contenía los secretos para la fabricación de la Melodía Ideal, que Lister escuchara, literalmente extasiado, por primera y última vez en su vida.

Dice Arthur C. Clarke que, a diferencia de los humanos aposentados en la Tierra, los venusinos, tal vez, "habían sido afortunados: no conocieron nunca la Edad del Oscurantismo que había mantenido encadenado al hombre durante mil años"...

Con lo cual los venusinos "se evitaron el largo camino indirecto a través de la química y la mecánica, y llegaron enseguida a las leyes más fundamentales de la física de la radiación".

En el tiempo que el hombre había requerido para pasar de las pirámides a las astronaves propulsadas por cohetes, los venusinos "habían pasado de la agricultura a la misma antigravitación, el secreto final que el hombre no había nunca aprendido", según cuenta en su relato "Expedición a la Tierra". Ésa era su obsesión: la vida en el más allá, pero no de un modo fanatizado sino razonado, a partir de bases científicas. Si bien esta misma condición le ganó innumerables afectos, también le sobrevinieron, como siempre ocurre en los que proponen cosas diferentes, bastantes detractores.

Precisamente, al mediar el siglo XX, Stanley Kubrick (1928-1999), cineasta estadounidense que decidió radicar en Gran Bretaña hacia los sesenta, leyó el relato

"El centinela" —contenido en el libro *Expedición a la Tierra* (1955)—, que lo impactaría, al grado de contactarse con el autor, un matemático fervoroso de la ciencia ficción, para hablar de ello. Entonces, Clarke puso manos a la obra. El resultado, años después, fue *2001: Odisea del espacio*, novela en la que se basó el ya mítico filme del mismo título, estrenado en 1968.

Dada la aceptación inmediata de la película han girado desde entonces diversos enunciados acerca de la creación del manuscrito: incluso se cuenta que el comienzo de la obra fue boceteada por el británico Anthony Burgess (1917-1993), el mismísimo autor de *Naranja mecánica*, quien recibiera el Óscar en lugar de Kubrick por esta cinta en 1971. Quién sabe. También se dice, y esto es más confiable, que Kubrick es prácticamente coautor de la odisea espacial, pues, atento a su filme, sugería y apuntaba trazos que Clarke no dejaba de incorporar en su novela.

Por supuesto, "El centinela" ahora es un relato ambicionado por su explícita carga imaginativa, que conduciría, con sutil transparencia, a la aceitada maquinaria de la ciencia ficción, digamos, moderna, ya previamente establecida por el inigualable francés Julio Verne (1828-1905), cuya agudeza a veces se desbocaba en demasía salvando imposiblemente a sus personajes. Clarke, en cambio, se ajusta más a los rigores científicos (hubiera sido hasta grotesco, por ejemplo, que a sus protagonistas los hiciera descender en una loca e incontrolada carrera de Neptuno rumbo a la Tierra).

"La próxima vez que veas la Luna llena allá en lo alto, por el sur —dice Clarke en su citado cuento—, mira con atención el borde derecho, y deja que tu mirada se deslice a lo largo y hacia arriba de la curva del disco. Alrededor de las dos del reloj [recuérdese que los autores de la ciencia ficción, para hacer verídicas sus apócrifas historias, tienen que ser muy precisos con sus datos, de manera que la exactitud es indispensable en los rigores científicos], advertirás un óvalo pequeño y oscuro; cualquiera que tenga una vista normal puede encontrarlo con facilidad. Es la gran llanura circundada de murallas, una de las más hermosas de la Luna, llamada Mar de Crisis. De unos 500 kilómetros de diámetro, y casi rodeada por completo por un anillo de espléndidas montañas, no había sido nunca explorada hasta que entramos en ella, a finales del verano de 1966"... aunque el cuento Clarke, como se sabe, lo escribió 13 años antes: estaba convencido de que la Luna podía ser explorada. Quizás por eso *2001: Odisea del espacio* fue tan importante: un año después de su estreno en las salas de cine, justamente Neil Armstrong pisaba la Luna declarando su frase ya inmortalizada: "Es un pequeño paso para el hombre, pero un gran salto para la humanidad".

En su expedición selenita, los compañeros de equipo de Wilson, el protagonista, tenían la convicción de que "era absolutamente cierto que no había habido nunca ninguna forma de vida inteligente en la Luna. Los únicos seres vivientes que habían jamás existido allí eran unas cuantas plantas primitivas y sus antepasados algo menos degenerados". Y bien sabía Wilson, tal como Clarke, que "hay ocasiones en que un científico no debe temer hacer el ridículo". Por eso se arriesgó para ir hasta lo alto de una montaña de un poco menos de cuatro mil metros de altura; "es decir —le dijo a su compañero Garnet— sólo 700 para la gravedad de la Tierra, y puedo hacer el recorrido en 20 horas, a lo sumo".

Lo inquietaba una brillante luz que resplandecía detrás de aquella altitud. "El verdadero peligro del alpinismo lunar estriba en un exceso de confianza: una caída de cien metros en la Luna puede matar con tanta seguridad como una de veinte en la Tierra", se dijo Wilson, decidido a despejar la duda de la extraña procedencia luminosa. Lo que Wilson vio no tenía un nombre definido. La sorpresa fue escalofriante. "Tal vez ninguna emoción llenó mi mente durante aquellos primeros segundos —se dijo—. Luego sentí una inmensa euforia y una alegría extraña e inexplicable, pues yo amaba a la Luna y ahora sabía que el musgo rastrero de Aristarco y Eratóstenes no era la única vida que había soportado en su juventud. El viejo y desacreditado sueño de los primeros exploradores era cierto. Al fin y al cabo había habido una civilización lunar, y yo era el primero en encontrarla. El hecho de que había llegado quizás con millones de años demasiado tarde no me perturbaba: era suficiente con haber llegado."

Lo que deslumbraba era una pirámide de cristal, puesta allí vaya uno a saber por qué enigmáticos seres. El relato a su vez deslumbró a Kubrick y... luego... luego vinieron la fama para el cineasta y el prestigio para el literato, que no cesó jamás de escribir y de contarnos historias literalmente increíbles, y aquí esta palabra sí cabe como un anillo al dedo. 🌿

Ana Frank
(Frankfurt, Alemania, 1930 / campo de concentración de Bergen-Belsen, 1945)

Primo Levi
(Turín, Italia, 1919 / Roma, 1987)

🌿 *Quien ha sufrido el tormento no podrá ya encontrar lugar en el mundo*

El encierro de dos años hace madurar, vertiginosamente, a Ana Frank. "Escribía para sí, nada más que para sí, sin complacencia de ninguna especie, sin ninguna preocupación por mejorar el retrato ni tampoco por asombrar —asevera Daniel Rops en el prólogo que hace del *Diario*, editado por Porrúa—. El resultado es un diseño tan exacto, tan puro, de una conciencia de muchacha muy joven, que ante algunas de sus observaciones se sienten ganas de detenerse y de decirse a sí mismo: '¡Qué verdad debe de ser ésa!' Esta mezcla, como ella diría, de 'alegría celestial y de mortal tristeza', que es precisamente la dominante de la juventud, rara vez se logra exteriorizarla de manera tan justa, tan simple, tan exenta de énfasis." Huelga decir que esta formación, "tan fácil de señalar en el transcurso de los dos años que duró el diario, tomó elementos de los seres humanos que Ana podía observar. De todos ellos —dice Rops— habla con la misma lucidez apacible", y lo que algunos han señalado como "amoralismo" (pues en ningún momento pierde la confianza en los hombres, ya que ni de los nazis, sus mismos verdugos, habla con odio), Rops prefiere descubrir en Ana Frank la intacta "virtud de la infancia".

Ana, según sus apuntes, quería ser periodista. "Se trata de estudiar para no ser ignorante —escribe en su diario el martes 4 de abril de 1944—, para adelantar, para llegar a ser periodista, que es lo que yo quiero; estoy segura de poder escribir, de ser capaz de escribir. Aquí, yo soy mi solo crítico, y el más severo. Me apercibo de lo que está bien o mal. Quienes no escriben desconocen lo que es esa maravilla; antes, yo deploraba siempre no saber dibujar, pero ahora me entusiasma poder al menos escribir. Y si no tengo bastante talento para ser periodista o para escribir libros, ¡bah!, siempre podré hacerlo para mí misma." Y vaya que lo tenía, el talento. Si hemos de creer, y no habría razones para no hacerlo, en su padre Otto, el único sobreviviente de la familia Frank, el diario fue realmente escrito por esa prodigiosa quinceañera. Otto, liberado de los campos de concentración, "supo que su esposa había muerto en Auschwitz, pero albergaba la esperanza de que sus hijas Ana y Margot todavía estuvieran con vida —leemos en el libro catálogo de la exposición *La casa de Ana Frank*, que periódicamente se exhibe en el Museo del Holocausto de la Ciudad de México—. Al igual que tantos otros insertó un anuncio en la prensa con la esperanza de que alguien contestara. Después de unas semanas, a principios de agosto de 1945, unos ex internados de Bergen-Belsen le informaron de la muerte de las niñas".

En ese momento, uno de sus protectores durante el encierro de la familia Frank, Miep Gies, entregó a Otto lo que llamara la "herencia de su hija", que los policías nazis habían dejado tirado en el suelo. Se llevó todos los escritos de Ana a su antiguo despacho, situado debajo de las habitaciones de "la casa de atrás" [donde habían permanecido ocultos durante los dos años, hasta el aciago 4 de agosto de 1944 en que la *feld-polizei* hizo irrupción en el anexo], y se puso a leerlos inmediatamente. "En las semanas que siguieron, Otto comenzó a pasar a máquina los párrafos del diario que consideró más significativos con objeto de dárselos a leer a parientes y amigos. Para su madre, que vivía en Suiza, tradujo partes del texto al alemán. Algún tiempo después hizo una copia más completa del diario, basándose asimismo en la segunda versión de la propia Ana. Las cartas las reelaboró y convirtió en una historia corrida. Así nació *Het Achterhuis* ("La casa de atrás"), el libro al que ahora llamamos *Diario* y que más o menos se corresponde con el libro que Ana había pensado publicar: no una novela de ficción, sino un informe basado en hechos reales, que Otto fue dando a leer a un grupo cada vez más grande de amigos y conocidos."

Pero el *Diario* no es el mismo diario que Ana Frank escribió. El libro-catálogo del museo así lo hacer ver: "A comienzos de 1946 se hicieron los primeros intentos serios de publicarlo. Sin embargo, durante el primer año de la posguerra no existía el menor interés en las cosas que recordaran a esa época infante. Los holandeses [que es donde radicaban los Frank] preferían mirar hacia adelante y no hacia atrás, y estaban volcados en el futuro y en la reconstrucción del país. El carácter personal del diario y las referencias a la sexualidad incipiente de Ana constituían asimismo un obstáculo para algunos de los editores interesados. Finalmente, el famoso historiador holandés Jan Romein dio el empujón decisivo al proyecto. El manuscrito había caído en sus manos y lo había impresionado profundamente". Publicó un sentido y elogioso comentario en el periódico *Het Parool*, de Amsterdam, el 3 de abril de 1946, que hizo que la editorial Contact se interesara en el asunto.

"En el verano Contact tomó la decisión de publicar el diario. En los meses siguientes se preparó el texto para su impresión. Visto que Ana había escrito dos versiones [la segunda cuando más convencida estaba de su pasión por la escritura, que la hizo volver a reescribir sus apuntes desde el inicio] y gran número de textos sueltos que en realidad también formaban parte de su diario, el trabajo de redacción no fue fácil y llevó mucho tiempo. A ello se sumó que el propio editor introdujo algunos cambios, no sólo alterando el estilo y el vocabulario sino también eliminado párrafos que en esa época se consideraban 'poco apropiados' para su publicación. Aunque de este modo los escritos de Ana perdían algo de espontaneidad, en opinión de Otto [que tuvo la fortuna de vivir todavía tres y medio décadas más, pues falleció en agosto de 1980 a los 91 años de edad] se conservaban las partes esenciales, por lo que estuvo de acuerdo con los cambios. En junio de 1947, dos años después de que terminara la guerra, el diario se publicó con el título de *Het Achterhuis*, el nombre que la propia Ana había pensado en su momento darle a la obra."

A punto de derruirse en los cincuenta, la finca de Prinsengracht 263 es hoy el Museo de Ana Frank, inaugurado como tal en mayo de 1961. "La casa de atrás no se ha modificado —dijo Otto Frank—. La biblioteca giratoria original todavía está, aunque ha sido reforzada con barras de hierro. La almohadilla de virutas de madera de la que habla Ana ya no está; también falta el cierre de por dentro. El papel de las paredes de las habitaciones ha sido renovado empleando el mismo dibujo de antes, pero una parte del antiguo papel, donde Ana pegó las estampas y recortes en su habitación, todavía se conserva, y también son originales las partes que muestran el mapa de Normandía, y las rayas que indican el crecimiento de las niñas." Seguramente, todo este proceso posterior del Holocausto no fue nada sencillo para el padre de Ana, dedicado por entero —a partir de 1953— a resaltar y, por qué no, mitificar la figura de su adorada hija, cuyo diario seguirá conmoviendo, y conmocionando, a los lectores que den fin, lo haya o no escrito ella de esa manera, a la lectura de su angustioso libro que no es sino, paradojas literarias, un hermoso canto a la vida.

El sábado 15 de julio de 1944 Ana Frank escribe en su diario una frase que no recuerda en qué libro la había leído pero que rondaba indeleble desde entonces en su cabeza: "En el fondo, la juventud es más solitaria que la vejez". ¿Es posible que nuestra permanencia aquí [recluidos en la parte trasera de su casa, ocultos de los nazis por su origen judío] resulte más difícil a los mayores que a los jóvenes?, se preguntaba Ana. "No, indudablemente, eso no es verdad —se respondía—. Las personas de edad ya tienen formada una opinión sobre todo, y no tienen esta vacilación ante sus actos en la vida. Nosotros los jóvenes tenemos que hacer doble esfuerzo para mantener nuestras opiniones, en esta época en que todo idealismo ha sido aplastado y destruido, en que los hombres revelan sus peores taras, en que la verdad, el derecho y Dios son puestos en duda".

El italiano Primo Levi dice en el libro *Los hundidos y los salvados* (Muchnik Editores, 2000), el último de su trilogía reflexiva sobre el nazismo, que, sobre todo los jóvenes, tendían a contar la historia del Holocausto de acuerdo a un ferviente "deseo de simplificación": era evidente la tendencia, "y hasta la necesidad, de separar el bien del mal, de poder tomar partido, de repetir el gesto de Cristo en el Juicio Final: de este lado los justos y del otro los pecadores. Y a los jóvenes les gusta la claridad (los cortes definidos): como su experiencia del mundo es escasa, rechazan la ambigüedad". El ingreso a los campos de concentración era "un choque por la sorpresa que suponía. El mundo en el que uno se veía precipitado era efectivamente terrible pero, además, indescifrable: no se ajustaba a ningún modelo, el enemigo estaba alrededor, pero dentro también, el 'nosotros' perdía sus límites, los contendientes no eran dos, no se distinguía una frontera sino muchas y confusas, tal vez innumerables, una entre cada uno y el otro. Se ingresaba creyendo, por lo menos, en la solidaridad de los compañeros en desventura, pero éstos, a quienes se consideraba aliados, salvo en casos excepcionales, no eran solidarios: se encontraba uno con incontables mónadas selladas, y entre ellas una lucha desesperada, oculta y continua. Esta revelación brusca, manifiesta desde las primeras horas de prisión (muchas veces de forma inmediata por la agresión concéntrica de quienes se esperaba fuesen los aliados futuros), era tan dura que podía derribar de un solo golpe la capacidad de resistencia. Para muchos fue mortal, indirecta y hasta directamente: es difícil defenderse de un ataque para el cual no se está preparado".

Asombraba a Levi, quien se suicidó poco tiempo después de haber escrito *Los hundidos y los salvados* porque no pudo nunca recuperarse del horror alemán, la maldad humana: "Las Escuadras Especiales estaban formadas, en su mayor parte, por judíos —escribió—. Es verdad que esto no puede asombrarnos, ya que la finalidad principal de los Lager era destruir a los judíos, y que la población de Auschwitz, a partir de 1943, estaba constituida por judíos en un 90 o 95 por ciento; pero por otro lado uno se queda atónito ante este refinamiento de perfidia y de odio: tenían que ser los judíos los que metiesen en los hornos a los judíos, tenía que demostrarse que los judíos, esa subraza, esos seres infrahumanos, se prestaban a cualquier humillación, hasta la de destruirse a sí mismos". La piedad y la brutalidad pueden coexistir, aseguraba Levi, "en el mismo individuo y en el mismo momento, contra toda lógica; y, por otra parte, también la piedad escapa a la lógica. No hay proporción entre la piedad que experimentamos y la amplitud del dolor que suscita la piedad: una sola Ana Frank despierta más emoción que los millares que como ella sufrieron, pero cuya imagen ha quedado en la sombra. Tal vez deba de ser así; si pudiésemos y tuviésemos que experimentar los sufrimientos de todo el mundo no podríamos vivir". Primo Levi cuenta una estrujante e inconcebible anécdota: "En la cámara de gas acababan de ser amontonados y asesinados los integrantes de un convoy que acababa de llegar, y la Escuadra estaba llevando a cabo su horrendo trabajo cotidiano de desenredar la maraña de cadáveres, lavarlos con mangueras y transportarlos al crematorio, pero en el suelo se encontraron con una joven que aún vivía. Era un acontecimiento excepcional, único; tal vez los cuerpos hayan formado una barrera a su alrededor, hayan capturado un saco de aire que conservó el oxígeno. Los hombres estaban perplejos, la muerte era su trabajo cotidiano, la muerte era una costumbre, porque precisamente 'o se enloquece uno el primer día o se acostumbra', pero aquella mujer estaba viva. La esconden, la calientan, le llevan caldo de carne, la interrogan: la chica tiene dieciséis años, no puede orientarse ni en el espacio ni en el tiempo, no sabe dónde está, ha recorrido sin entender nada la hilera del tren sellado, la brutal selección preliminar, la expoliación, la entrada en la cámara de donde nadie ha salido nunca vivo". Un médico reanima a la muchacha. El gas no ha cumplido su cometido, la niña podrá sobrevivir. "En aquel momento llegó Muhsfeld, uno de los militantes de las SS adscrito a las fábricas mortales —refiere Levi—; el médico lo llama aparte y le explica el caso; Muhsfeld duda, luego decide: la chica tiene que morir. Si fuese mayor el caso sería distinto, ella tendría una actitud más madura y tal vez se la podría convencer de que callase todo lo que le había sucedido, pero tiene sólo dieciséis años: no podemos fiarnos de ella. No la mata con sus propias manos, llama a un subordinado suyo para que la mate de un golpe en la nuca."

Pero también como Ana Frank, Levi apreciaba las cosas desde la perspectiva de la esperanza: "Este Muhsfeld no era un ser misericordioso; su ración cotidiana de matanzas estaba llena de episodios arbitrarios y caprichosos, marcada por sus inventos de refinada crueldad. Fue procesado en 1947, condenado a muerte y ahorcado en Cracovia. Fue una ejecución justa; pero ni siquiera él era un monolito. Si hubiera vivido en un ambiente y en una época distintos, es probable que se hubiera comportado como cualquier otro hombre normal". Levi concluye que sus esbirros no eran individuos retorcidos, mal nacidos, sádicos, marcados por un vicio de origen. "En lugar de ello, estaban hechos de nuestra misma pasta, eran seres humanos medios, medianamente inteligentes, medianamente malvados: salvo excepciones, no eran monstruos, tenían nuestro mismo rostro, pero habían sido mal educados. Eran, en su mayoría, gente gregaria y funcionarios vulgares y diligentes: algunos fanáticamente persuadidos por la palabra nazi, muchos indiferentes, o temerosos del castigo, o deseosos de hacer carrera, o demasiado obedientes." Lo indudable era una cosa, tal como dejó escrito el filósofo austriaco Jean Améry, prisionero de la Gestapo: "Quien ha sido torturado, lo sigue estando. Quien ha sufrido el tormento no podrá ya encontrar lugar en el mundo, la maldición de la impotencia no se extingue jamás. La fe en la humanidad, tambaleante ya con la primera bofetada, demolida por la tortura luego, no se recupera jamás"... como el propio Primo Levi, quitándose la vida, pudo tristemente comprobar. 🌱

Charles Bukowski
(Andernach, Alemania, 1920 / Los Ángeles, California, Estados Unidos, 1994)

🌱 *"Me siento perfectamente normal dentro de mi loco comportamiento"*

Shakespeare nunca lo hizo no había sido traducido al español. Anagrama, en versión de Laura Sanjuán y Jordi de Miguel, edita este libro de Charles Bukowski en 1999, prácticamente el último de los que por extrañas razones no había sido trasladado al castellano. *Shakespeare nunca lo hizo* es la crónica del viaje de Bukowski a Europa en su primera, y única, gran gira literaria que hiciera en vida el escritor estadounidense, nacido en Alemania en 1920 pero ciudadano de Los Ángeles desde 1922, y fallecido en 1994.

"A fines de los setenta —apuntan los editores—, Charles Bukowski, santo patrón de los escritores bebedores, autor de algunas de las novelas y relatos más implacables y certeros sobre el gran sueño norteamericano devenido pesadilla, aún no era demasiado conocido en su país. Pero en Europa, que en muchas ocasiones ha demostrado ser más sabia con respecto a los grandes autores americanos que su propia tierra, el gran Hank ya era un escritor de culto. Y en la primavera de 1978, invitado por sus editores europeos, emprende una gira que comenzará en París y transcurrirá entre ríos de alcohol, y amenizada por algunos escándalos", como el presentarse borracho "al programa cultural totémico de la televisión francesa: *Apostrophe*, lo sientan junto al psiquiatra que trató, o maltrató, a Artaud, y tras tocarle las piernas a otra invitada y decir algunas de sus terribles 'boutades', o verdades, acabará insultando al presentador, Pivot, que se niega a dejarlo hablar, y abandonará el plató estrepitosamente indignado". Pero lo curioso del caso es que Bukowski no se acordaba de nada al día siguiente. Fue despertado por un crítico de *Le Monde*:

—Estuviste genial, cabrón —le dijo—; los demás ni siquiera sabían masturbarse...

—¿Qué hice? —preguntó Bukowski.

La borrachera había borrado todo de su cabeza. Su compañera Linda Lee, una bella mujer admirablemente comprensiva, tuvo que explicarle todo. "Le manoseaste la pierna a aquella señora —le dijo a Bukowski, quien cargaba una cruda insostenible—. Después empezaste a beber demasiado. Dijiste unas cuantas cosas. Eran bastante buenas, sobre todo al principio. Después el tipo que dirigía el programa no te dejó hablar. Te tapó la boca con la mano y dijo: '¡Cállese!, ¡cállese!'. Al final te arrancaste el auricular, tomaste el último trago y te largaste del programa." Bukowski oía arrobado a Linda Lee. No se acordaba de nada. "Después, cuando llegaste a seguridad —continúa su compañera—, agarraste a uno de los guardias por el cuello de la camisa. Entonces sacaste la navaja y los amenazaste a todos. No estaban muy seguros de si bromeabas o no. Pero al final te echaron."

Dicho comportamiento tuvo sus secuelas. Invitados por un tío de Linda Lee en Niza luego de su estancia en París, el pariente se negó por completo a recibirlos en su casa. El tío bramaba contra Bukowski: fue uno de los más de sesenta millones de espectadores que vieron el programa francés. El moderador era uno de los héroes del tío Bernard. Tuvieron que hospedarse, pues, en un hotel. Después partirían hacia

Hamburgo, donde mil doscientas personas esperaban impacientes en el auditorio al escritor para oírlo dar un recital literario, que nunca gustaron a Bukowski. Confiesa en la página 25: "Aún me disgustaban los recitales de poesía; me emborrachaba y me peleaba con la audiencia. Yo nunca escribí poesía para recitarla, pero eso ayudaba a pagar el alquiler. A todos los poetas que he conocido, y he conocido a muchos, les gusta recitar en público. Yo me daba cuenta de que siempre era el solitario, el inadaptado, pero mis hermanos poetas parecían ser muy extrovertidos, muy sociables".

Once páginas más adelante enfatiza: "Todo aquello que le interesa a la mayoría de la gente, a mí me deja completamente indiferente. Esto incluye una lista de cosas tales como: bailes de sociedad, subir a las montañas rusas, ir al zoológico, picnics, películas, planetarios, ver la tele, partidos de beisbol; ir a funerales, bodas, fiestas, partidos de baloncesto, carreras de coches, recitales de poesía, museos, rallies, manifestaciones, protestas, teatro infantil, teatro para adultos... No me interesan las playas, la natación, el esquí, las Navidades, el Año Nuevo, el 4 de Julio, la música rock, la historia del mundo, la exploración espacial, los perros caseros, el futbol, las catedrales ni las grandes obras de arte. ¿Cómo puede una persona que no está interesada en casi nada escribir sobre algo? Bueno, yo lo hago. Escribo sobre todo el resto: un perro perdido caminando calle abajo, una mujer que asesina a su marido, los pensamientos y sentimientos de un violador mientras le pega un bocado a una hamburguesa; la vida en la fábrica, la vida en las calles y las habitaciones de los pobres y los mutilados y los locos, mierda como ésta, escribo mucha mierda como ésta".

El libro, que se lee en una sentada, como casi todos los volúmenes que escribiera Bukowski, incluye ochenta y ocho fotografías de la gira que realizara Michael Montfort. *Shakespeare nunca lo hizo* confirma al escritor maldito, despreciado por la fina intelectualidad, rebajado por sus colegas literatos. Bukowski jamás es mencionado en el mundo de la escritura (no es ninguna "referencia" cultural), pero paradójicamente su presencia es insoslayable en las letras contemporáneas. Su sinceridad ("a mí me disgusta mi propia cara, odio los espejos; nos equivocamos de camino en alguna parte, algún día hace mucho tiempo, y no podemos encontrar el camino de vuelta") es abierta, natural, ajena a la impostación que impera en el orbe de la Literatura Seria. Gran narrador, no necesitó de compadrazgos ni de amigos excelsos que lo citaran: Bukowski siempre se bastó a sí mismo.

Miente quien dice que Charles Bukowski era un buen poeta. En lo absoluto. Y lo podemos constatar con el volumen *El amor es un perro infernal*, con versiones al español de Víctor M. Carrillo, publicado por Ediciones del Milenio.

"Los poemas que aparecen en este libro son una muestra altamente representativa de la poesía del escritor norteamericano más lépero, soez y auténtico de los últimos tiempos —se lee en la contraportada—. Bukowski ha sido leído en español más por sus cuentos y novelas que por su extensa y maravillosa obra poética, descalificada por los 'exquisitos' de toda laya y disfrutada por los amantes de un tipo de poesía que, lejos de buscar la caricia del pétalo, se alimenta del tuétano de la vida, sin falsos decorados ni oropeles artificiales, de una poesía que nace de las profundidades del ser humano de carne y hueso, incapaz de regatearle al lenguaje escrito nada que se separe de su existencia real y concreta, único espacio descarnado donde tiene lugar el drama humano... y Bukowski es un maestro de la poesía descarnada." Pero, fuera de esta necesaria acotación comercial (¿qué editorial no exalta su propia producción?), el lector, en su soledad, se queda con dudas: ¿es en verdad "maravillosa", como señalan los editores, la obra poética de Bukowski?, ¿por qué, si es "maravillosa", es descalificada por los "exquisitos" del lenguaje?, ¿es Bukowski realmente un "maestro de la poesía descarnada"?, ¿qué es, después de todo, la "poesía descarnada"?

Ya había circulado anteriormente un libro del autor alemán criado en Estados Unidos, elaborado en las imprentas de la Universidad del Estado de México bajo el cobijo del poeta José Vicente Anaya, libro por cierto que mereció diversas diatribas, en su momento (en la década de los ochenta), no tanto por su contenido (no hay que olvidar que en aquel tiempo el profesor Bukowski era, y aún lo sigue siendo, el modelo irrefutable de la literatura subterránea) como por su traducción al castellano. Tal vez a este nuevo volumen le suceda lo mismo, ya que por más ahínco le ponga el traductor a la escritura bukowskiana el resultado será siempre polémico, pues el original, además de no presentar una labor meticulosa en los acentos poéticos, es reiterativo e incluso descuidado. Bukowski se ufanaba de su propia vulgaridad. Quizá por eso sus relatos y sus novelas, y también sus crónicas, tengan una validez extraordinaria. Porque no oculta nada: escribe las cosas tal como las viviera o las imaginara, sin adornarlas ni buscarles moraleja. Sus cuentos representan el lado oscuro de la vida, episodios que dan cuenta de hechos escasamente notificados en la literatura. En este sentido, Bukowski es un gran cuentista pese, en efecto (y esta acotación aquí sí es válida), a los prejuicios, y "exquisiteces", de los literatos de prestigio que circulan por el mundo diciendo cómo se debe escribir un cuento y cómo debemos deplorar la mala escritura, e indudablemente en este inciso ponen a Charles Bukowski como ejemplo de lo que no se debe hacer en las letras. Octavio Paz o Mario Benedetti, por nombrar a dos reconocidos autores, han detestado al autor norteamericano, y esta aversión no se la han guardado para sí.

Pero en el asunto poético la situación cambia demasiado: efectivamente, y esto ya no es una cuestión de pruritos escriturales (ni, mucho menos, de "exquisiteces" de cualquier laya), su poesía no lo es ya que, al escribirla, recurría con asiduidad a la misma técnica con la que frecuentaba sus relatos sin el menor respeto por el otro género, el de la poesía, dando por resultado, por lo tanto, una escritura ambigua, a medio camino entre el cuento corto y el colmillo poético. Lo que resalta a primera vista es, por supuesto, su humor, y ése sí "descarnado" —tal como asientan los editores—, un humor indeclinable ante el hecho narrado. Porque en esto Bukowski era un cínico, un indomeñable cínico que no se replegaba a los cánones establecidos por la literatura. En su texto "Se dio vuelta" relata la amargura de una mujer a quien acaba de hacerle el amor ("está borracha y sus ojos humedecidos de lágrimas"), le reclama airadamente a Bukowski su amor sin ganas:

"me dijiste que te hablara por teléfono, que me cambiara cerca de tu casa y ahora me sales con que quieres estar solo".

Todo es muy dramático, dice el poeta, pero lo disfruta:

"claro, bueno, qué quieres"
"quiero hablar contigo, quiero ir a tu
casa y hablar contigo"
"hay alguien allá, de hecho se está
preparando un sándwich"
"quiero hablar contigo... se necesita tiempo
para arreglar las cosas. necesito tiempo"
"claro, espera que se vaya, hay que ser humanos,
luego nos tomamos un trago juntos".
"mierda, dijo, mierda".
salta a su coche y se va
luego la otra sale: "¿quién era esa?"
"una ex amiga".
ahora ella se va y yo me quedo sentado aquí
borracho con los ojos llenos de lágrimas.
todo está tranquilo, me siento como si
tuviera un arpón clavado en el vientre.
voy al baño y vomito.
piedad, pienso, ¿sabrá algo la raza humana
sobre la piedad?

Por este estilo, son los cincuenta y cuatro "poemas" que ha seleccionado el traductor Carrillo. Si bien están escritos a la manera usual de un poema, los textos de Bukowski son definitivamente cuentos cortos escritos en forma de versos, donde su "filosofía" de la vida prosigue impertérrita: irredento solitario, siempre zambulléndose en el alcohol, despreciando pero amando a las mujeres, detestando a la especie humana:

> me repugna
> la forma en que esperan la muerte
> con la misma pasión
> que una señal de tránsito.
> es el tipo de gente que cree en los comerciales
> es el tipo de gente que compra dentaduras postizas a crédito
> es el tipo de gente que celebra los días festivos
> es el tipo de gente que tiene nietos
> es el tipo de gente que vota
> es el tipo de gente a quien le hacen funerales.
> son como la muerte
> el esmog
> el aire hediondo
> la lepra.
> finalmente,
> así es la mayoría de la gente.
> las gaviotas son mejores
> las algas marinas son mejores
> la arena sucia es mejor
> si pudiera dirigir ese viejo cañón
> hacia ellos
> y hacerlo estallar
> lo haría
> me repugnan.

En Bukowski la contradicción es algo natural, algo inherente a su espíritu socarrón y engreído: ¿no en un poema se pregunta si la raza humana sabe algo sobre la piedad e inmediatamente, sin piedad, desea matar con un viejo cañón a la gente por el simple hecho de que tiene nietos?

Como poeta, Bukowski era un inútil, sólo apto para aquellos que creen en la destrucción lingüística producida por los símbolos *undergrounds* de las grandes urbes, y seguramente encantados con la música grunge y los raps descarados que hablan de una supuesta rebeldía con la generosa aquiescencia de los apoderados de las disqueras transnacionales... a los que, sí, tanto odiaba Bukowski.

¿Por qué es de interés público la biografía de un hombre como Charles Bukowski? Acaso porque, por arriba de los insignificantes calificativos que llevó en vida, se encontraba el escritor que vivía muy por encima de las estructuras costumbristas que describe el clásico sueño norteamericano. Por eso, la muerte de Bukowski —ocurrida una semana después del asesinato de Luis Donaldo Colosio— lo prefiguró como uno de los últimos escritores "malditos" enfrentados al sistema establecido. Si bien un poco antes de morir lo pasó rodeado de las insensatas distracciones que regala la comodidad del estrellato contra el cual se distinguió literariamente (Hollywood, reconocimientos, entrevistas, dólares, mimos, aplausos), Bukowski plasmó en su obra las miserias humanas con una exactitud admirable. Su escritura forma parte, ya, de la narrativa —necesaria— de los bajos fondos. Pocos escritores han descrito, sin caer en cartabones ni lugares comunes, la hondura de la miseria.

"Sus terrores, sus máximas, sus confesiones afloran en un estilo aparentemente espontáneo —escribió Fernando Pivano, en 1982, sobre Bukowski— pero que, en realidad, ha nacido de años de severa disciplina en el transcurso de una prolífica producción de poemas y de relatos: un estilo que permite a la narración parecer una mera secuencia de experiencias comunes. Son experiencias arraigadas en un nihilismo sin esperanza, sin salida. Todas las mujeres son putas, los amigos duran el tiempo que tarda en consumirse una lata de cerveza, los libros no son entendidos por la crítica, la sociedad está hundida, lo que triunfa siempre en el mundo es el vicio y la corrupción, los destinos sólo son de muerte y de derrota. ¿Qué existe, entonces, en estos libros para que puedan fascinar a un público cada vez más amplio, y encadenar a unos lectores cada vez más numerosos a unas páginas cada vez más desesperadas? La respuesta más fácil es que lo que les encadena es su candor. En una entrevista dada a su biógrafo norteamericano, Joe Wolberg, Bukowski ha dicho:

"—¿Por qué un poeta no puede decirnos directamente lo que debe decirnos? ¿Por qué tiene que ser interpretado? Esto no es un jueguito entre iniciados que se dicen palabritas entre sí. Nunca ha aparecido nadie diciendo: Cristo, estoy a punto de reventar. Nunca, ¿entiendes?"

Pivano dice, en su libro *Lo que más me gusta es rascarme los sobacos* (Anagrama, 1983), que no hay duda de que Bukowski en seguida nos confirma que está a punto de reventar, "y con idéntica sencillez, con idéntica concisión, narra los mínimos desastres de la vida cotidiana cuya acumulación lleva a la gente al manicomio. Esta denuncia de las cosas mínimas, que a la larga asume el aspecto de una denuncia del sistema social, confiere a sus páginas crudas y dramáticas, sumidas en abismos de desesperación y de disgusto, el tono expresionista que tal vez ha sido el origen de su éxito europeo; pero de aquellas páginas se desprende también un retrato de Norteamérica (trágico y atenazado en la rueda imparable del consumismo y de la ausencia de comunicación) que suena al folclor que los europeos no dejan nunca de buscar en el mitificado continente". Bukowski comienza tardíamente a publicar libros: a los cuarenta y ocho años, aunque ya llevaba escribiendo en revistas varios lustros. Su modo de beber y de compaginar la vida eran únicos. Porque asumía con plenitud sus actitudes. Por algo, hubo gente que se atrevió a compararlo con Henry Miller, cosa que él detestaba:

—Bueno —dijo Bukowski a Pivano—, he leído un poco de Miller pero no consigo entrar en sus libros. Es bueno cuando escribe de actos de amor, pero cuando se pone filosófico me duermo.

—¿No llegaste a conocerlo? —preguntó Pivano.

—No.

—Vivía muy cerca de tu casa.

—¿Debo contarte lo de su hijo?

—¿El hijo?

—Quería conocerme. Decía que yo era el mejor escritor del mundo. Y yo le dije: "Mira detrás de tus espaldas mientras me estás telefoneando". Y él dijo: "Oh, no, él está acabado ahora, tú eres la novedad".

—¿Dijo eso de su padre?

—Se está muriendo. Bueno, entiéndelo, cuando un padre y un hijo están tan cerca se tiende a olvidar, es una reacción natural, se mira a otra parte.

¡El propio Henry Miller, según Bukowski, lo aconsejaba moralinamente a no seguir bebiendo porque no era bueno para la "creación"!

Esto precisamente era lo que diferenciaba a Bukowski de los demás escritores norteamericanos: su independencia, y su determinación de no parecerse nunca a nadie. Que se sepa, por lo mismo, por su disposición de permanecer distanciado de la literatura formal, ningún Nobel, por ejemplo, se ha referido en buenos términos a Bukowski. Por el contrario, lo consideran un lastre de la escritura y no le perdonan el que —aún— sea leído con avidez.

—Yo me pregunto las causas por las cuales no amas a la humanidad —le preguntó Fernanda Pivano—, ¿dónde están las causas de todo esto, dónde y cuándo comenzaron?

—Veamos —respondió Bukowski—. Yo no analizo jamás, me limito a reaccionar. Si no me gusta algo, no me meto. Pero nunca intento descubrir. Yo camino con todos mis prejuicios. Jamás intento mejorarme o aprender algo, sino siendo exactamente lo que soy. No soy uno que aprende, soy uno que evita. No tengo ganas de aprender, me siento perfectamente normal dentro de mi loco comportamiento.

—Pero, ¿qué evitas?

—Llegar a ser como los demás.

—¿Y piensas que si aprendes algo sobre ti mismo te conviertes en otra persona?

—Si fuera a ver a los psiquiatras y descubriera dónde se cruzan todos mis hilos, enderezasen todos mis hilos, probablemente comenzaría a dar palmaditas en la cabeza a los niños, a sonreír a los manzanos, y subiría arriba a escribir y escribiría porquerías que nadie querría leer, porque sería lo que todos dicen o hacen o fingen decir y hacer. Cuando me pongo a escribir tal como soy, escribo lo que soy ahora: incorrupto. Yo mismo.

Un escritor de tal envergadura no puede ser ni tantito un candidato al Nobel, por supuesto.

Tanta basura en sus relatos sólo es posible encontrarla a partir de un tipo exactamente como él: alcohólico, odiador, grosero, ambicioso, maleducado, vicioso y jugador, y eternamente cerrado a escuchar a los demás. Sin embargo, y esto es lo admirable —lo que lo condujo finalmente a la fama que él tanto despreciaba—, de entre esta ralea numerosa (¿cuántos alcohólicos, odiadores, maleducados, etcétera, no hay por el mundo?) surgió alguien capaz de describir, como hasta el momento nadie más lo ha hecho (imitadores, evidentemente, hay bastantes), la inmundicia de la sociedad, la angustiosa faceta inmunda de los hijos desafortunados del sistema, la humildad de los infelices. Bukowski nos exhibió la clase oscurecida por la sociedad, y por eso, sólo por eso, daban ganas de estrecharle la mano. ❦

Ray Bradbury
(Illinois, Estados Unidos, 1920 / Los Ángeles, 2012)

❦ *El angustioso preludio de la desaparición de los libros de papel*

Farenheit 451 (la temperatura "a la que enciende el papel y arde", tal como anota, con pertinencia, el autor en su epígrafe), la obra maestra de Ray Bradbury —publicada en 1953, cuando contaba con 33 años—, se mantiene incólume, peligrosamente desafiante, bárbaramente actualizada. Ahora que, de manera paradójica (ya que el desarrollo tecnológico de las sociedades pudiese indicar con afán un signo contrario), los individuos son más leídos (¿o acaso menos inleídos?), el libro, en sí, ya no es respetado como tal en el actual ramaje del mercado de las letras, promovida incluso esta desconfianza por la mayoría de las propias editoriales, ocupadas en la apariencia de las escrituras más que en el fondo literario, entretenidas en los nuevos soportes para tratar de reducir los costos, apuradas en difuminar las antiguas técnicas para reactivar sus inversiones electrónicas.

Ray Bradbury, en su *Farenheit 451*, nos cuenta la historia de un año incierto —que ha de llegar— en el cual la lectura está terminantemente prohibida. Su protagonista, Guy Montag, de 30 años, es un bombero encargado —en una ingrata pero necesaria tarea según los gobernantes de un futuro tal vez próximo— de incendiar los hogares donde se sospeche que sus habitantes todavía poseen libros, esos viejos artefactos que alimentan la memoria de las ciudades, que incitan a las provocadoras o combativas ideas, que reafirman los criterios o hacen volar inútilmente la imaginación. "Es un hermoso trabajo —pensaba Montag—. El lunes quemar a Millay, el miércoles a Whitman, el viernes a Faulkner; quemarlos hasta convertirlos en cenizas, luego quemar las cenizas. Ése es nuestro lema oficial." Sin embargo, una tarde la vida de Montag cambiará drásticamente: en su camino tuvo la desgracia de conocer a la linda Clarisse McClellan, de apenas 17 años, quien, con su ingenuo cuestionamiento, empezó, sin querer, a transformar al entonces orgulloso bombero.

—¿Es verdad que hace muchos años los bomberos apagaban el fuego en vez de encenderlo? —preguntó a Montag.

—No, las cosas siempre han sido incombustibles —respondió el hombre.

—Qué raro —dijo la muchacha—. Oí decir que hace muchos años las casas se quemaban a veces por accidente y llamaban a los bomberos para detener las llamas.

El hombre nada más se rió. La muchacha lo miró brevemente.

—¿Por qué se ríe?

—No sé —dijo Montag, comenzó a reírse otra vez y se interrumpió—. ¿Por qué?

—Se ríe aunque yo no diga nada gracioso y me contesta en seguida. Nunca piensa antes de contestar.

Era cierto, pero Montag no tenía tiempo para dichas reflexiones, como tampoco sabía (o, si lo sabía, no pudo recordarlo) que hay rocío en la hierba en la mañana, tal como le dijo Clarisse. Como no pudo recordar si lo sabía, Montag se puso de muy mal humor. "Y si usted mira bien —la muchacha señaló el cielo con la cabeza—, hay un hombre en la Luna." Pero Montag no miraba la Luna desde hacía muchos años. Por eso, su inquietud fue todavía más honda cuando la muchacha se despidió:

—¿Es usted feliz? —interrogó al bombero.

Qué pregunta tan desconcertante. Por supuesto que lo era, con su esposa Mildred, quien en esos momentos, acaso harta del aburrimiento en que solía imbuirse a diario, quería quitarse la vida al ingerir todas las píldoras de su tranquilizante. Montag se sumergió aún más en sí mismo. Clarisse, cuando ambos se veían en la calle, le abría los ojos todos los días con sus raras preguntas.

—¿Cómo eligió su trabajo? Usted no es como los otros —dijo Clarisse a Montag—. He visto unos pocos. Cuando hablo, usted me mira. Cuando dije algo de la Luna, usted miró la Luna. Los otros nunca harían eso. Los otros seguirían su camino y me dejarían hablando. O me amenazarían. Nadie tiene tiempo para nadie. Usted es uno de los pocos que me han hecho caso. Por eso me parece tan raro que sea un bombero. Es algo que de algún modo no parece hecho para usted.

Montag sintió, entonces, "que el cuerpo se le dividía en una parte fría y otra caliente, una dura y otra blanda, una temblorosa y otra firme, y que las dos mitades se trituraban entre sí".

Pero un día, la muchacha no apareció nunca más.

Y Montag la extrañó de veras, y, junto con aquel inédito extrañamiento, empezó a cuestionarse con severidad. El capitán Beatty era un hombre duro, fiel al sistema, que comenzó, a su vez, a mirar con recelo al subordinado Montag. Una vez, jugando a las cartas, dijo a su jefe:

—Pensaba... pensaba en el incendio de la semana anterior. En el hombre a quien le quemamos la biblioteca. ¿Qué ocurrió con él?

—Se lo llevaron gritando al asilo —respondió Beatty.

—Pero no estaba loco —dijo Montag.

Beatty arregló serenamente los naipes.

—Todo el que cree poder burlarse de nosotros y del gobierno, está loco.

—Trato de imaginar —dijo Montag— cómo me sentiría. Quiero decir si unos bomberos quemaran nuestras casas y nuestros libros.

—Nosotros no tenemos libros —concluyó Beatty.

—Digo, si los tuviéramos.

Como muy pronto los tendría Montag, escondidos en los sitios menos pensados de su casa, tomados al azar de las bibliotecas que visitaban para incendiarlas, como aquella vez en que una mujer prefirió quedarse en su casa inmolándose con sus libros en una visión terrible e inolvidable para Montag: "La mujer, arrodillada, tocaba los cueros y las telas empapadas, leyendo los títulos dorados con los dedos, y acusando con los ojos a Montag".

—¡Nunca tendrán mis libros! —gritó la mujer.

—Ya conoce la ley —dijo Beatty—. ¿No tiene sentido común? Ninguno de estos libros está de acuerdo con los demás. Se ha pasado la vida encerrada en una condenada torre de Babel. ¡Salga de ahí! La gente de esos libros no existió nunca. ¡Vamos, salga!

Pero la mujer se empecinó en quedarse, ante el demudado asombro de Montag.

Recuperada en el hospital, Mildred, la esposa de Montag, no recordaría, en lo absoluto, su intento de suicidio; pero ella sería, mujer alineada finalmente al sistema, la que lo llevaría abruptamente a su voluntario destierro. Después de que el bombero viera a la dueña de aquella biblioteca quemarse junto con todos sus libros, Montag —ya aleccionado previamente por Clarisse, la muchacha desaparecida que se negaba adaptarse a ese mundo inmisericorde de intolerancias en la dictadura futurista— empezó a reflexionar acerca del valor que pudieran poseer esos volúmenes encuadernados cuyos dueños, de manera insólita, eran capaces de morir con ellos. Desde el día en que Montag la viera quemarse con sus libros, comenzó a renegar de su labor.

—Mildred —dijo Montag a su esposa—, ¿qué te parece si, bueno, dejo el trabajo un tiempo?

—¿Quieres perderlo todo? Después de tantos años [una década] de trabajo, sólo porque una noche una vieja y sus libros... —respondió la mujer, asombrada por el planteamiento de su marido.

—¡Debías haberla visto, Millie!

—No significa nada para mí. No debía haber tenido libros. Conocía las consecuencias, pudo haber pensado en eso. La odio. Has cambiado por su culpa, y pronto no tendrás casa, ni trabajo, ni nada.

—No estabas allí, no la viste —dijo Montag—. Tiene que haber algo en los libros, cosas que no podemos imaginar, para que una mujer se deje quemar viva. Tiene que haber algo. Uno no muere por nada.

Pero no se trataba, nada más, de la mujer que valerosamente murió por la literatura, sino justamente del significado profundo de los libros. "Por primera vez comprendí —dijo Montag— que detrás de cada libro hay un hombre. Un hombre que tuvo que pensarlo. Un hombre que empleó mucho tiempo en llevarlo al papel. Nunca se me había ocurrido. Y a algún hombre le costó quizás una vida entera expresar sus pensamientos, y de pronto llego yo y, ¡bum!, en dos minutos todo ha terminado."

Bradbury ubica el comienzo de la catástrofe, y lo pone en las palabras de Beatty —el jefe de los bomberos exterminadores de los libros—, en la aparición de la fotografía: "Luego las películas cinematográficas, a principios del siglo XX. La radio. La televisión. Las cosas comenzaron a ser masa. Y como eran masa, se hicieron más simples. En otro tiempo los libros atraían la atención de unos pocos, aquí, allá, en todas partes. Podían ser distintos. Había espacio en el mundo. Pero luego el mundo se llenó de ojos, y codos, y bocas. Doble, triple, cuádruple población. Películas y radios, revistas, los libros descendieron hasta convertirse en una pasta de budín". Con el tiempo, los clásicos fueron reducidos a "audiciones de radio de quince minutos; reducidos otra vez a una columna impresa de dos minutos, resumidos luego en un diccionario en diez o doce líneas". Beatty lo sintetizaba de este solemne modo: "Se abreviaron los años de estudio, se relajó la disciplina, se dejó de lado la historia, la filosofía y el lenguaje. Las letras y la gramática fueron abandonadas gradualmente, gradualmente, hasta que se olvidó su existencia. La vida es lo inmediato, sólo el trabajo importa. Divertirse, sí, pero después del trabajo. ¿Por qué aprender algo salvo apretar botones, dar vuelta a las llaves, ajustar tornillos y tuercas?" Y organizar, por supuesto, superdeportes "al alcance de todos, espíritu de grupo, diversión y no hay que pensar, ¿eh?"

—Bien —dijo Beatty— examinemos ahora a las minorías: cuanto más grande la población, más minorías. No tratemos de entender a los aficionados a los perros, a los aficionados a los gatos, los doctores, abogados, comerciantes, jefes, mormones, baptistas, unitarios, descendientes de chinos, suecos, italianos, alemanes, texanos, neoyorquinos, irlandeses, gente de Oregon o México. La gente de este libro, esta pieza teatral, esta novela de televisión, no tratemos de representar a ningún pintor o cartógrafo o mecánico actual, ni de ninguna parte.

En el mercado hay menos discusiones, decía Beatty a un Montag incrédulo. Y toda esta reducción cultural bibliográfica, dijo Beatty, "no comenzó en el gobierno. No hubo órdenes, ni declaraciones, ni censura en un principio, ¡no! La tecnología, la explotación en masa y la presión de las minorías provocaron todo esto, por suerte. Hoy, gracias a ellos, uno puede ser continuamente feliz, se pueden leer historietas, las viejas y buenas confesiones, los periódicos comerciales". No había que darle vuelta a la hoja: el objetivo estaba muy claro. "Todos debemos parecernos —dijo Beatty—. No nacemos libres e iguales, como dice la Constitución, nos hacemos iguales. Todo hombre es la imagen de todos los demás, y todos somos así igualmente felices. No hay montañas sobrecogedoras que puedan empequeñecernos. La conclusión es muy sencilla. Un libro, en mano de un vecino, es una arma cargada. Quémalo. Saca la bala del arma. Abre la mente del hombre. ¿Se sabe acaso quién puede ser el blanco de un hombre leído?"

Si no quieres que un hombre sea políticamente desgraciado, afirmaba Beatty, "no lo preocupes mostrándole dos aspectos de una misma cuestión. Muéstrale uno. Que olvide que existe la guerra. Es preferible que un gobierno sea ineficiente, autoritario y aficionado a los impuestos, a que la gente se preocupe por esas cosas. Que la gente intervenga en concursos donde haya que recordar las palabras de las canciones más populares, o los nombres de las capitales de los estados, o cuánto maíz cosechó Iowa el año último. Llénalos de noticias incombustibles. Sentirán que la información los ahoga, pero se creerán inteligentes. Les parecerá que están pensando, tendrán una sensación de movimiento sin moverse. Y serán felices, pues los hechos de esa especie no cambian. No les des materias resbaladizas, como filosofía o psicología, que engendran hombres melancólicos. El que pueda instalar en su casa una pared de televisión, que cualquiera puede hacerlo, es más feliz que aquel que pretende medir el universo, o reducirlo a una ecuación".

Pero Montag seguía empeñado, como lo estuvo Clarisse —seguramente asesinada por el sistema—, en averiguar el significado profundo de los libros. Y en este sentido, su amigo Faber, un viejo impresor, también lo ayudó mucho: "Este libro tiene poros. Tiene rasgos. Si lo examina usted con un microscopio —dijo a Montag—, descubrirá vida bajo la lente; una corriente de vida abundante e infinita. Cuantos más poros, cuantos más detalles vivientes pueda usted descubrir en un centímetro cuadrado de una hoja de papel, más letrado es usted". Los libros "revelaban poros en la cara de la vida", de ahí su importancia, de ahí su prohibición fulminante. Y Montag lo sabría en carne propia, desterrándose a sí mismo (luego de ser denunciado subrepticiamente por su propia esposa Mildred). Demasiado tarde comprendería que era un crimen incendiarlos. 🍇

Clarice Lispector
(Celnik, Ucrania, 1920 / Río de Janeiro, Brasil, 1977)

🍇 *"Sólo miento a la hora exacta de la mentira"*

La brasileña, aunque haya nacido en Ucrania, Clarice Lispector ha sido incluida en la colección infantil "El Barco de Vapor", de Ediciones SM, con su libro *Cómo nacieron las estrellas*, publicado originalmente en 1971. Conformado por 12 leyendas, una por cada mes del año, el breve volumen —como aquellos pasajes oníricos que les gustaba encontrar a Borges y a Bioy Casares— reúne una serie de personajes y animales fantásticos que irremediablemente se quedan agazapados en la memoria. Como el duendecillo Sací Pereré, por ejemplo, que le causaba pavor a la autora. Ninguna otra criatura le producía más temor que dicho espantajo.

"Sólo no juro que el Sací existe porque no se debe andar jurando en vano —dice Lispector—. Si tú eres de la ciudad no creerás en mí, pero en el campo se sabe que el Sací Pereré existe. Y estoy segura que esa es una verdad que hasta parece mentira; lo aseguro porque ya he visto a esa figura que es medio animal, medio persona."

Y para que le creamos nos lo describe: "Es un diablillo de una sola pierna (a pesar de que de milagro la cruza). Doy como garantía mi palabra de honor. Y el duendecillo anda siempre con una pequeña pipa. Debo mencionar que no es individuo de hacer grandes maldades. Aunque sí hace las pequeñas y marrulleras. A veces, cuando le niegan fumar (lo mejor es traer siempre tabaco en una cajita, porque es mejor prevenir que lamentar); como les iba diciendo, cuando le niegan fumar él hace de las suyas. Hasta la leche hervida puede hacerla agria".

Dice Clarice Lispector que cuando hallamos una mosca en la sopa, seguramente el que la ha arrojado ahí es ese pequeño demonio. El Sací, además, "asusta a las pobres gallinas, que ya por naturaleza son asustadizas, pero él hace que en verdad huyan despavoridas". Las amas de casa "deben tener cuidado porque les quema los frijoles en la olla, y el malora lo hace o para vengarse o para divertirse y le gusta mucho estropear las cosas".

Asegura la escritora brasileña que ella le ha dado de fumar. Y, de nuevo, para que le creamos nos lo describe otra vez: "Usa en la mañosa cabeza una capucha rojísima y escandalosa, tiene la piel más negra que el carbón en una noche oscura; una sola pierna, ¡con la cual sale brincando! Y, claro, trae una pequeña pipa encendida siempre porque tiene, como algunos, el vicio de fumar". Pero una vez Lispector se desquitó: "Cuando me pidió de fumar le di un poco de tabaco, aunque ya lo había yo mezclado con un poco de pólvora (no mucha, porque no quería matarlo). Y cuando dio la primera fumada ocurrió aquel estruendo". Debemos imaginarnos a Sací Pereré volando por los aires, chamuscado, cayendo a no sé cuántos metros a la redonda. Por algo, Lispector nos dice que, acaso sin querer, ella muy adentro suyo también tenía "un poco" de ese travieso y calamitoso duendecillo.

Aunque, bueno, no es Sací Pereré el único hombrecito insoportable de las tierras brasileiras. Ahí está "la extraña historia de un ser más extraño todavía, feo como el mismo diablo y peludo como un oso, pero pequeño". La autora nos pregunta si hemos visto dientes verdes. Pues el Curupira los tiene verdes. "¿Y qué decir de sus orejas puntiagudas? No es un cangrejo; sin embargo, sus pies están volteados para atrás, como si fuera a meter reversa. Nadie sabe nunca dónde está. ¿Huyendo siempre? Tal vez. Y surge de repente en apariciones que asustan."

Cuando se marcha no deja rastro en la Tierra. Sólo se escucha un susurro en el bosque, y cuando eso sucede podemos estar seguros, dice Clarice Lispector, que es el mentado Curupira: "Además de los susurros se escuchan martillazos en el tronco de los árboles. Y es que, sin que nadie se lo ordene, él los vigila para ver si resisten tempestades y borrascas".

Sin proponérselo, es también un sabio: conoce, sólo con mirarlas, las plantas que curan las enfermedades de los animales. Porque debemos saber que protege a los animales contra los maleficios y los cazadores: "Y hace todo eso sin dejar rastros. Sólo queda en el aire un perfume de selva virgen que es el suyo".

Empero, ese diablillo nunca ayuda a las personas. "A veces simpatiza con uno que otro cazador y lo invita de inmediato a vivir en el bosque. Igual que el Sací Pereré, ese ser fantástico que persigue a los viajeros, también pide de fumar y a cambio del tabaco que recibe enseña los secretos de la selva". Ah, pero se sabe vengar, el Curupira, "de los indios que con flechas hieren a un animal indefenso. Entonces lo atrae por caminos sin fin y el cazador queda engañado, atontado y perdido. Es verdad que antes pide a los cazadores que no maten a los animales que viven en grupo, porque el grupo podría resentir su ausencia. ¡Pero ay de nosotros si el indio no cede! El Curupira no lo perdona. Propaga fuego y casi deja al indio asado. Los cazadores temen a ese monstruo, especie de gnomo, y sus venganzas".

Si no le devuelven lo que pierde, el Curupira atrae la mala suerte. "¿Me das tabaco para fumar?", pide la criatura de los dientes verdes al indio pescador. "Si se lo niega, su pequeña embarcación, llamada jangada, es volteada hacia el fondo de las aguas. Tiene parentesco con el Sací Pereré, pero mientras al duendecillo le gusta divertirse con los otros, con el Curupira no se juega. Por ejemplo, ¡pobre de quien penetre a su territorio o se acerque al lugar que le sirve de casa! La venganza no tarda."

Lo bueno es que el Curupira no vive donde está el árbol del encantamiento, cuyos frutos son realmente apetecibles. El problema es que, para obtenerlos, se tenía que conocer su nombre, el del árbol, y ningún animal lo sabía. Por eso decidieron enviar a la tapir para que le preguntara a Tupá, quien no se hizo del rogar: "Miren, el nombre del árbol es musá, mucunsá, muculunsá".

Pero la tapir se encontró en el camino a una vieja egoísta que quería comerse solita todas las frutas, a quien aturulló con la siguiente petición: "¿Quieres traerme una mugá, mucungá, muculungá?", dicho lo cual "la tapir quedó pasmada y se enredó con el nombre que venía repitiendo". Luego, los animales decidieron enviar al coatí para que recuperara el nombre olvidado, "pero encontró también a la vieja loca" y se confundió con la fórmula indicada. "Después le tocó al mono macaco. Aunque amenazó a la vieja, ella le puso a la fruta un nombre equivocado e hizo que se le olvidara al macaco, y adiós memoria de macaco. El yacaré fue otro que cayó en la celada de la vieja."

Llegó entonces su oportunidad a la tortuga, que, después de oír el melodioso nombre del árbol encantado, regresó con los animales repitiéndolo y, para no olvidar el ritmo, tocando la flauta, cosa que hizo enmuinar a la vieja, al grado de que comenzó a golpear el caparazón, "pero la tortuga cantaba dentro de su concha". Quien quedó confundida, ahora, fue la vieja rabiosa.

Así, los animales por fin pudieron probar aquella exquisita fruta "y la comilona fue en grande". Claro, la tortuga fue mimada, consentida y agasajada por todos.

Sin embargo, sucedió algo que, hasta la fecha, ha sido imposible solucionar: aún hoy el caparazón de la tortuga "tiene rayas y abolladuras por causa de los golpes que la vieja le dio".

Comenzado en 1974 y concluido tres años después, *Un soplo de vida* (Siruela) es, literalmente, la última expresión literaria de Clarice Lispector. Ordenado el libro por su amiga Olga Borelli, las anotaciones de este volumen póstumo dan cuenta de la visión angustiada, e incluso diríase pesimista, que la autora tenía del mundo, acaso ya previamente pormenorizada en *La hora de la estrella*, una historia que transcurre, según la propia Lispector, "en un estado de emergencia y de calamidad pública". En ambos tomos, la escritora —dado que carece de un tema central definido, sino se sumerge en hondas reflexiones de una protagonista en busca de respuestas, que acaba por no encontrarlas— aprovecha para hablar de su oficio.

"La pregunta es: ¿cómo escribo? Advierto que escribo de oído —dice en *La hora de la estrella*—, así como aprendí inglés y francés de oído. ¿Mis antecedentes? Tengo más dinero que quienes pasan hambre, cosa que de alguna manera hace de mí una persona deshonesta. Y sólo miento a la hora exacta de la mentira. Pero cuando escribo no miento. ¿Qué más? Sí, no tengo clase social, marginal como soy. La clase alta me tiene por un monstruo extravagante, la media me ve con la desconfianza de que pueda desequilibrarla, la clase baja nunca se me acerca." No, no es fácil escribir, dice Lispector, "es duro como partir rocas".

Se supone que en *La hora de la estrella* un hombre describe a una muchacha de la cual se ha enamorado, mas jamás llega a conocerla del todo. De ahí sus cuestionamientos, sus exabruptos, sus dudas, su propia indignación como literato: "La palabra tiene que parecerse a la palabra. Alcanzarla es el primer deber para conmigo. Y la palabra no puede ser adornada y artísticamente vana, tiene que ser sólo ella. Bien, es verdad que también quería lograr una sensación fina y que esa finura no se quebrara en una línea perpetua. Al mismo tiempo también busco llegar hasta el trombón más grave y profundo, hondo y terrenal, tan a cambio de nada que por el nerviosismo de escribir yo tuviese un acceso incontrolable de risa de pecho. Quiero aceptar mi libertad sin pensar en lo que muchos creen: que existir es cosa de locos, un caso de demencia. Porque lo parece. Existir no es lógico". Y así, una y otra vez, la autora va desgranando su desconfianza por lo que la escritura pueda significar. "Escribo porque no tengo nada que hacer en el mundo —dice Lispector—: estoy de sobra y no hay lugar para mí en la tierra de los hombres. Escribo por mi desesperación y mi cansancio, ya no soporto la rutina de ser yo, y si no existiese la novedad continua que es escribir, me moriría simbólicamente todos los días. Pero estoy preparada para salir con discreción por la puerta trasera. He experimentado casi todo, aun la pasión y su desesperanza. Ahora sólo querría tener lo que hubiera sido y no fui."

Dicho escepticismo (¿o incredulidad, recelo, aprensión o desengaño por la literatura misma?) lo conduce hasta sus cotas más altas en el libro que ella ya no pudo tener en sus manos: *Un soplo de vida* (también editado en castellano por Siruela), quizás, tal como se asienta en la contraportada, "su más intensa meditación sobre el sentido de la vida y del acto de escribir libre de toda atadura". Lispector, en vísperas de su muerte, anotaba: "Tengo miedo de escribir. Es tan peligroso. Quien lo ha intentado lo sabe. Peligro de hurgar en lo que está oculto, pues el mundo no está en la superficie, está oculto en sus raíces sumergidas en las profundidades del mar. Para escribir tengo que instalarme en el vacío. Es en este vacío donde existo intuitivamente. Pero es un vacío terriblemente peligroso, de él extraigo sangre. Soy un escritor que tiene miedo de la celada de las palabras: las palabras que digo esconden otras: ¿cuáles? Tal vez las diga. Escribir es una piedra lanzada a lo hondo del pozo".

A Lispector, según lo apunta en su último escrito, a unos días de su muerte, le hubiera gustado "escribir de modo desaliñado y estructural como el resultado de escuadras, de compases, de agudos ángulos de un estrecho triángulo enigmático". Y tal vez sin saberlo, sin tener esa certeza, Lispector lo estaba logrando en su postrer libro. "¿Escribir existe por sí mismo? —se preguntaba—. No. Es sólo el reflejo de una cosa que pregunta. Yo trabajo con lo inesperado. Escribo como escribo, sin saber cómo ni porqué: escribo por fatalidad de voz. Mi timbre soy yo. Escribir es un interrogante." *Un soplo de vida* es, por supuesto, un libro inacabado. Porque no va hacia ningún lado, a pesar de caminar sobre las cenizas. "En cada palabra late un corazón —dice la autora, un poco antes de introducirse en el diálogo con una tal Ángela Pralini, que no es sino ella misma llevada al colmo de la desesperación escritural—. Escribir es esa búsqueda de la veracidad íntima de la vida. Vida que me molesta y deja a mi propio corazón trémulo sufriendo el dolor incalculable que parece necesario para mi madurez: ¿madurez? ¡Hasta ahora he vivido sin madurar!", dicho esto a unos cuantos días antes de la partida definitiva.

Dice Lispector, Ángela en su libro, que escribir puede enloquecer a las personas. Por eso los que escriben "deben llevar una vida apacible, holgada, burguesa. Si no, enloquecen. Es peligroso. Hay que callarse la boca y no contar nada sobre lo que se sabe, y lo que se sabe es tanto y tan glorioso". Si bien no nos dice lo que sabe, no deja, a lo largo de las 154 páginas del libro, de cuestionar su oficio, mismo que parece no tener remedio (es decir, escribir no tiene ningún sentido porque los que escriben no saben hacia dónde van): "Escribo con palabras que ocultan otras, las verdaderas. Es que las verdaderas no pueden denominarse. Aunque no sepa cuáles son las 'verdaderas palabras', estoy siempre aludiendo a ellas". Ocasionalmente, dice, es ella misma la que escribe su libro (¿y quién es la otra persona que lo afina?, no lo responde). Y entonces habla de los inconvenientes de la escritura, "del torbellino que es ponerse en estado de creación". Dice que mil demonios la poseen "y escriben dentro de mí. Esa necesidad de fluir, ah, jamás, jamás dejar de fluir. Sería horrible que se interrumpiera esa fuente que existe en cada uno de nosotros. La fuente es de misterios, misterios escondidos, y sólo la muerte podría interrumpirla". Y, en su caso, así fue. Y, mirándolo bien, en el caso de todos los escritores así es.

En otro pasaje de esas reflexiones sin orden, a veces sin contexto, Lispector dice que miente tanto que por eso se dedica a escribir. Y siendo una escritora desde muy joven (habría que recordar que la brasileña publicó su primer libro a los 24 años: *Cerca del corazón salvaje*, en 1944), "sólo puedo decir que cuanto más se escribe más difícil es escribir", lo cual es absolutamente cierto. "Me gustan las palabras —enfatiza la tal Ángela Pralini—. A veces se me ocurre una frase suelta y faruscante, que no tiene nada que ver con el resto de mí. Voy de ahora en adelante a escribir las frases casi al borde del sinsentido pero que suenan como palabras amorosas. Decir palabras sinsentido es mi gran libertad. Poco me importa que me entiendan, quiero el impacto de las sílabas deslumbrantes, quiero lo nocivo de una palabra mala. En la palabra está todo. Quiero escribir con palabras tan agarradas las unas a las otras que no queden intervalos entre ellas y yo. Quiero escribir muy enfadada."

Y así como para Lispector era casi intolerable vivir, de igual modo escribir era casi la muerte: "Me da miedo estar viva, porque quien tiene vida un día se muere", escribe y, aunque de Perogrullo, es literariamente afortunada la frase, pero triste e inquietante como todo su libro póstumo. 🌿

José Saramago

(Azinhaga, Portugal, 1922 / Tías, Las Palmas, España, 2010)

🍃 *El hombre vive de imposibilidades, deseos y sueños*

El cuento de la isla desconocida (Alfaguara), de José Saramago, es, de muchos modos, una fábula porque encierra una moraleja: trata de la petición imposible de un hombre a un rey, que, azorado por la imposibilidad de la petición, accede al deseo incierto del atrevido hombre. La casa del monarca tenía muchas puertas, pero una especialmente estaba destinada a las peticiones del pueblo.

"Como el rey se pasaba todo el tiempo sentado ante la puerta de los obsequios (entiéndase, los obsequios que le entregaban a él), cada vez que oía que alguien llamaba a la puerta de las peticiones se hacía el desentendido, y sólo cuando el continuo repiquetear de la aldaba de bronce subía a un tono, más que notorio, escandaloso, impidiendo el sosiego de los vecinos (las personas comenzaban a murmurar, Qué rey tenemos, que no atiende), daba orden al primer secretario para que fuera a ver lo que quería el impetrador, que no había manera de que se callara."

Tan domesticados estaban los habitantes de dicho reinado que, al ver a una persona parapetada en la puerta de las peticiones, no se arremolinaban para no estorbarse mutuamente sino, con esmerada paciencia, dejaban que el peticionario acabase con sus solicitudes para luego turnarse ordenadamente y pedir al rey cada quien lo suyo. El peticionario de lo imposible quiso hablar con el rey, cosa insólita ya que la gente solicitaba cualquier cosa, se la dieran o no, y se retiraba del lugar. Ante semejante petición, y dado que el hombre no se retiraba de la puerta al no obtener respuesta alguna, el rey, al cabo de tres días, decidió personalmente resolver la situación. "La inopinada aparición del rey (nunca una tal cosa había sucedido desde que usaba corona en la cabeza) —cuenta Saramago— causó una sorpresa desmedida, no sólo a los dichos candidatos sino también entre la vecindad, que, atraída por el alborozo repentino, se asomó a las ventanas de las casas, en el otro lado de la calle."

En su relato, Saramago se divierte con el uso de la puntuación —a la manera del maestro Rubem Fonseca, que destruye guiones largos, dinamita comillas, desconoce versales y versalitas, a veces incluso desorientando, por lo mismo, su propia narración—, deshaciendo reglas de redacción, situando a la coma únicamente como pausa para apresurar su historia —si bien consigue, a veces, como Fonseca, desandar la lectura por su incomprensible brújula guiadora sintáctica, ¿pues a cuenta de qué, por ejemplo, poner mayúsculas si previamente está una coma?, ¿para qué el asalto ortográfico si internamente la redacción va provista de sus propias normas?—, de tal forma que el cuento transcurre vertiginosamente lento. El diálogo no está entrecomillado ni regido por los guiones, sino nada más por comas: "Dividido entre la curiosidad irreprimible y el desagrado de ver tantas personas juntas, el rey, con el peor de los modos, preguntó tres preguntas seguidas, Tú qué quieres, Por qué no dijiste lo que querías, Te crees que no tengo nada más que hacer, pero el hombre sólo respondió a la primera pregunta, Dame un barco, dijo".

El asombro del rey no tuvo límites. Preguntó al hombre para qué quería un barco. "Para buscar la isla desconocida, respondió el hombre, Qué isla desconocida, preguntó el rey, disimulando la risa, como si tuviese enfrente a un loco de atar, de los que tienen manías de navegaciones, a quien no sería bueno contrariar así de entrada, La isla desconocida, repitió el hombre, Hombre, ya no hay islas desconocidas, Quién te ha dicho, rey, que ya no hay islas desconocidas, Están todas en los mapas, En los mapas están sólo las islas conocidas, Y qué isla desconocida es esa que tú buscas, Si te lo pudiese decir, entonces no sería desconocida, A quién has oído hablar de ella, preguntó el rey, ahora más serio, A nadie, En ese caso, por qué te empeñas en decir que ella existe, Simplemente porque es imposible que no exista una isla desconocida, Y has venido aquí para pedirme un barco, Sí, vine aquí para pedirte un barco, Y tú quién eres para que yo te lo dé, Y tú quién eres para no dármelo, Soy el rey de este reino y los barcos del reino me pertenecen todos, Más les pertenecerás tú a ellos que ellos a ti, Qué quieres decir, preguntó el rey inquieto, Que tú sin ellos nada eres, y que ellos, sin ti, pueden navegar siempre, Bajo mis órdenes, con mis pilotos y mis marineros, No te pido marineros ni piloto, sólo te pido un barco, Y esa isla desconocida, si la encuentras, será para mí, A ti, rey, sólo te interesan las islas conocidas, También me interesan las desconocidas, cuando dejan de serlo, Tal vez ésta no se deje conocer, Entonces no te doy el barco, Darás."

Y dio el barco, acuciado por el remolino de gente que escuchaba el inédito diálogo.

Sin embargo, ya con el barco, el hombre no sabía qué hacer pues nadie, a excepción de una mujer (la mujer que hacía la limpieza en el reino, que abandonara al rey para seguir los pasos del hombre de la petición aparentemente imposible), lo quería acompañar en busca de la isla desconocida. Al ser desconocida, pensaba la gente, era por lo tanto inexistente. Los tiempos de los descubrimientos oceánicos ya acabaron.

Pero un sueño transformó al hombre y a la mujer que lo acompañaba.

Porque, después de todo, el hombre vive de imposibilidades, deseos y sueños.

Cada hombre, parece decir Saramago, vive, ¿acaso solo?, con vivas ilusiones en su propia isla desconocida.

Manual de pintura y caligrafía la publicó José Saramago por vez primera, en portugués, en 1977. Debido a la obtención del Premio Nobel en 1998, la Editorial Alfaguara se encargó de recopilar, y traducir al español, toda su obra en la colección "Biblioteca José Saramago". De ahí que las "viejas" letras del europeo se convirtieron automáticamente en "novedades literarias" en el terreno hispanoamericano. De ahí que el *Manual de pintura y caligrafía*, reeditado en 1999, por ejemplo, exhiba los pasos dubitativos de quien, en un pronto futuro, se convertiría en un luminoso novelista.

Baste con decir que, de las 300 páginas que tiene la novela, realmente ésta comienza en la página 253, luego de hilar banales fragmentos de un rompecabezas sin sentido, cuyo protagonista es un pintor mediocre (llamado simplemente H) que, de la noche a la mañana, ha decidido cambiar los pinceles por la pluma atómica por la necesidad de buscar otros medios expresivos. "Me veo escribiendo como nunca me vi pintando —apunta H—, y descubro lo que hay de fascinante en este acto: en la pintura hay siempre un momento en que el cuadro no soporta una pincelada más (mala o buena, lo empeoraría), mientras que estas líneas pueden prolongarse indefinidamente, alineando fragmentos de una suma que nunca será iniciada, pero que es, en ese alineamiento, ya trabajo perfecto, ya obra definitiva, porque es conocida. Es, sobre todo, la idea de la prolongación infinita lo que me fascina. Podré estar escribiendo siempre, hasta el fin de mi vida, mientras que los cuadros, cerrados en sí, repelen, aislados ellos mismos en su piel, autoritarios, y, ellos también, insolentes."

Pues mirándolo con algo de agudeza, es obvio que este pintorcete escribe bastante bien aunque Saramago, a lo largo del libro, insista en anotar lo contrario. Es el pintor en su escritura, sí, algo intrincado, y en este aspecto curiosamente se parece mucho al estilo del propio autor del libro, lo cual, de antemano, es un yerro del Nobel: ¿cómo pone a escribir con estilo laberíntico a un pintor que supuestamente nunca antes había escrito?

H es un retratista, y de eso vive, y a partir de los retratados se va explicando el mundo. Cuando S le pide una pintura, H lo califica: "Se diría que ha nacido ya con todas las batallas ganadas o que dispone, para luchar en su lugar, de invisibles combatientes que van muriendo cuidadosamente, sin ruido, sin elocuencia, alisándole el camino como si fueran simples ramajes de escoba. No creo que S sea un rico, millonario en el sentido que hoy exige esta palabra, pero tiene bastante dinero. Eso es algo que se nota ya en la manera de encender el pitillo, en la manera de mirar: el rico nunca ve, nunca repara en nada, sólo mira, y enciende los pitillos con el aire de quien esperaría que ya vinieran encendidos: el rico enciende el pitillo ofendido, es decir el rico enciende ofendido el pitillo porque casualmente no hay allí nadie que se lo encienda".

Aquí está el primer Saramago que irá descollando lentamente en su visión del mundo, en esa su visión generosa del lado de los desafortunados, de los sin nombre, de los desheredados. *Manual de pintura y caligrafía*, en todo caso, es un primer, y válido, ejercicio literario, donde se aprecian los primitivos pasos de la comprensión del significado de la novela. Es ilógico que un pintorcete como H, que nunca antes había escrito ni una sola línea, pueda desarrollar esta descomunal prosa: "Me vuelvo a preguntar no obstante por qué razón siendo S este hombre detestable que he descrito, se apoderó de mí la obsesión de comprenderlo, de describirlo, cuando otra gente más interesante, entre las mujeres y hombres que he retratado, pasó por mis ojos y mis manos a lo largo de todos estos años de mediocre pintura: no encuentro más explicaciones que el cambio de edad en que estoy, que la humillación súbitamente descubierta de quedarme de este lado de la necesidad, de esa otra y más ardiente humillación de ser mirado desde arriba, de no ser capaz de responder a la ironía con desprecio o con sarcasmo. Intenté destruir a este hombre cuando lo pintaba, y descubrí que no sé destruir. Escribir no es otra tentativa de destrucción sino más bien la tentativa de reconstruirlo todo por el lado de dentro, midiendo y pesando todos los engranajes, las ruedas dentadas, contrastando los ejes milimétricamente, examinando el oscilar silencioso de los muebles y la vibración rítmica de las moléculas en el interior de los aceros".

Pues este mediocre pintor, modestamente, pintaba ya para Nobel desde sus pininos escriturales (¡aun sin saber escribir, sin haber tomado un curso de redacción ni participado en talleres literarios, sino por puro inspirado empirismo, por mera intuición lingüística!).

Pero, después de intrincados pensamientos, de viajes y razonadas teorías pictóricas, de pronto, precisamente en la página 253, se inicia el real objetivo literario de Saramago: "Han detenido a Antonio. Hace tres días. Lo he sabido esta mañana, por Chico, en la agencia donde trabajo desde hace casi un mes. Chico entró en el estudio, sobresaltado, atropellando las palabras, o quizá no, tan pocas fueron". La tensión comienza. Antonio, que casi no había aparecido en los capítulos anteriores, súbitamente adquiere prioridad en la novela, y el pintor H (ahora convertido en afanoso publicista), sin saberlo, se vuelve un cronista ejemplar. Ya no se lamenta de no saber escribir y narra, con tensión premeditada, los días previos al "golpe de Estado progresista" en el Portugal de 1974, denominado también "Revolución de los Claveles".

José Saramago dice que la historia "anda más rápido que los hombres que la pintan o escriben". Es el tema de su libro. De un día para otro, el vuelco de la política puede cambiar la vida de miles de personas, hacerlas livianas o invulnerables, importantes o nulas, invisibles o trascendentes. H, por ejemplo, involuntariamente, debido a su poderosa pluma (aunque él se empeñe en creer lo contrario), describe con frugalidad la fragilidad de los hombres, esos seres políticos por antonomasia... 🍃

Norman Mailer
(Nueva Jersey, 1923 / Nueva York, 2007)

🍃 *Cubos de hielo en la espalda de la audiencia*

Quizás la única incomodidad de la sorprendente lectura del último libro de Norman Mailer, intitulado *El castillo en el bosque* (Anagrama), sea ese narrador omnisciente que, en un principio, se presenta como Dieter, agente de las SS, para luego confesar ser nada menos que un emisario de Satanás... ¡enviado para conducir, desde su nacimiento, los perversos pasos de Adolfo Hitler! Es decir, Mailer, acaso sin querer (porque el novelista norteamericano pudo haber sido lo que uno quisiera, menos moralista), se mueve en toda su historia bajo premisas francamente maniqueas: esta vida se rige conceptualmente sólo por el bien y el mal. No hay rutas intermedias. Y si Hitler fue lo que fue era porque su destino ya estaba signado para ello, de modo que, si se quiere mirar con sarcasmo la propuesta literaria de Mailer, todas las actuaciones del líder nazi entonces son, de algún modo, justificadas porque, por lo menos en su caso, el Demonio venció implacablemente a Dios guiando al niño alemán, de manera victoriosa, hacia los jubilosos caminos lóbregos y terroríficos del mundo humano.

Porque, vaya si no, la biografía de Hitler está plagada de cretinismos, bajezas, traiciones, depravaciones, envilecimientos, crueldades, malignidades, infamias, bellaquerías. Tras una comedida investigación (si hemos de creerle, Mailer leyó 126 documentos básicos sobre el nazismo), el novelista desarrolla los años previos al nacimiento del niño Adolfo hasta que éste llega a sus tres primeros lustros, cuidando de no introducirse en sus canalladas y arrebatos políticos, que es una vivencia, de suyo miserable, ya mil veces contada.

El asunto comienza con un tal Johann Nepomuk Hiedler, casado y con tres hijas, que se acostó —movido por la calentura instantánea— con Maria Anna Shicklgruber durante una visita de aquél a Strones, concibiendo a Alois, quien, fallecida su madre en 1847, fue a vivir con su verdadero padre (ignorándolo él, desde luego... si bien con fundadas sospechas de que sí lo era), acostándose, con el paso de los años y en diversos momentos y circunstancias, con las hijas de su padre, esto es sus mediohermanas: Walpurga, Josefa y Johanna, y aunque ésta ya estaba casada y parido seis hijos, "de los que a la sazón sólo dos estaban vivos", aceptó hacer el amor con su mediohermano Alois (pero ella no sabía que lo era) para concebir a Klara Poelzl —porque el marido de Johanna se llamaba Johann Poelzl—, ¡la misma Klara que sería la propia esposa de Alois (es decir, se casó con su propia hija, que era, a su vez, su sobrina, porque todo el tiempo, mientras vivió, Klara llamó tío a su esposo Alois) muchos años después luego de fallecidas sus dos primeras mujeres! En síntesis: el origen del exterminador nazi es doblemente incestuoso, si bien nadie puede confirmar si el creador del Holocausto estaba verdaderamente consciente de ello, aunque Mailer lo deja insinuado en su novela por las obsesionantes pesquisas de Heinrich Himmler, para quien el paganismo ("el alma del mundo entero se vería enriquecida por placeres hasta entonces inaceptables") era la filosofía idónea para encarrilar a este impuro planeta.

Para hacerse de Klara, Alois tuvo que invitarla como niñera para que cuidara de sus dos pequeños hijos (Alois, llamado igual que su padre, y Ángela), frutos de su amor con su segunda esposa, Fanni, que se estaba muriendo. Y aunque la madre de Klara sabía la incestuosa verdad, Johanna dejó que se fuera con su "tío" a vivir, mas no asistió a la boda por sentirse, según dijo, indispuesta. Klara, entonces, antes de ser la señora Hitler (el Hiedler original se había tergiversado en una ocasión anterior donde no hubo acuerdo en la ortografía durante el levantamiento del acta de nacimiento del niño Alois), fue la asistenta, la niñera y la amante, no necesariamente en ese riguroso orden, del hombre que mientras esperaba el deceso de su mujer la tomaba a ella como tal, complaciente y complacida también.

El día que por fin se casaron, Klara escribiría en su diario: "Estábamos en el altar antes de las seis de la mañana, pero a las siete el tío Alois estaba de servicio en su puesto. Estaba oscuro todavía cuando volví a nuestro alojamiento". Y, bueno, el narrador incómodo de Norman Mailer se hace presente en el preciso momento de la cohabitación: "La mujer más angelical de Braunau sabía que se estaba entregando al demonio, sí, sabía que estaba yo allí presente, con Alois y con ella, los tres libertinos en el géiser que manaba de Alois [recuérdese que el relato de Mailer lo está narrando el Demonio], era la tercera presencia y me vi arrastrado hacia los maullidos del trío que se despeñaba por la catarata, Alois y yo llenando el útero de Klara Poelzl Hitler, y en efecto supe en qué momento la creación se produjo. Así como el ángel Gabriel sirvió a Jehová una noche trascendental en Nazaret, así también yo estaba allí con el Maligno en la concepción de aquella noche de julio, nueve meses y diez días antes de que Adolfo Hitler naciera el 20 de abril de 1889".

Tres niños de la pareja habían muerto ya antes de que arribara al mundo Adolfo. "Puedo decir que de recién nacido era el producto más típico de Klara Poelzl —dice Mailer que dice el Demonio—. No era saludable. Ciertamente. Klara se aterraba cada vez que de su nariz rezumaba una gota de mucosidad o que la burbuja de un esputo asomaba por sus labios de bebé". Dentro suyo, creía que su desgracia (¡las muertes de sus tres primeros hijos: Gustav a los dos años y medio, Ida a los quince meses y Otto a la tercera semana, ocurrieron con pocos meses de diferencia en un mismo año!) provenía de "su situación de pecado en que ella vivía": siempre tuvo la idea de que su esposo era su tío, no su padre, como en efecto lo fue (¡de haberlo sabido quizás la historia hubiera sido muy otra!). Por eso, antes de que diera a luz a Edmund —que moriría a los seis años, después de haber sido contagiado a propósito, y a espaldas de sus padres que lo tenían supuestamente en una rigurosa cuarentena, de sarampión por Adolfo— y a Paula —que nació con un poco de retraso mental—, las oraciones de Klara, a diferencia de las ambiciones comunes de las mujeres (una casa propia, si se es práctica, o "un amante sorprendentemente hueno", si se es una estúpida, según Mailer), "ansiaban para su hijo una larga vida", ruego que le fuera escuchado, por cierto, ya que Hitler vivió hasta 1945, cuando él mismo puso fin a su vida de un balazo cuando se vio derrotado tras la cruenta guerra que se armó para inventarse esa mentecatez del superhombre, donde, por supuesto, él era el modelo ideal.

Mailer describe la niñez del rabioso nazi, aterradora con un padre intolerante y vil, que lo zurraba hasta dejarlo exangüe siempre que cometía imperdonables travesuras, que eran muy seguidas. Adi, que así le decía su madre de pequeño, aprendió por lo tanto a soportar la rudeza y la intolerancia de su progenitor. Se formuló un juramento, basado en apechugar "con lo que fuese: fortificaría su voluntad de hierro". Al recibir los golpes de su padre "se daba órdenes de fortalecer su determinación mordiéndose los labios". Si no lloraba, "quizás adquiriese una fuerza lo bastante grande para justificar cualquier cosa que quisiera hacer a continuación. La fuerza creaba su propio tipo de justicia". Mentiroso tal vez acuciado por los consentimientos de su madre, que siempre le creía a pesar de las evidencias que exhibían lo contrario, Adolfo, ya entonces hijo favorito de Klara por la dolorosa ausencia de Edmund (de tan buenos sentimientos que el propio satánico narrador no tiene otro remedio que conmoverse ante su inesperado deceso), hizo lo que quiso de su destino, que no fue otro sino detener abrupta y salvaje e irracionalmente los corazones de millones de humanos que ignoraban, que acabaron ignorando, la putrefacta vida de su asesino.

A fines de los sesenta Norman Mailer, muy dado a polemizar con las frágiles posturas liberales de las damas del entonces naciente movimiento feminista, participó en un programa de televisión conducido por Orson Welles, a quien dijo, sencillamente, quitado de la pena, que las mujeres debían vivir en jaulas.

Mientras lo decía, confiesa en su libro *El prisionero del sexo* (Emecé, 1972), ensayaba "una mueca burlona, deleitado con el asombro de la audiencia". El público de la tele, por otra parte, siempre le recordaba, dice Mailer, "los bañistas de Acapulco", pues tanto la temperatura del ambiente como la del agua es de 30 grados: "Se pasa de uno a otro medio sin la menor sensación", exactamente como, sin transición, se hacen los comentarios en la televisión. Sin embargo, su frase "echó cubos de hielo en la espalda de los espectadores". Pudo apreciar "un estremecimiento de electrones" y se sintió, reconoce, "muy complacido" consigo mismo "por ser el único de los invitados a un programa de televisión capaz de cortar tan buen pedazo de razonamiento en la propia cara de la piedad general hacia las mujeres". Hasta Welles, dice Mailer, se puso solemne con el tema.

—Pues bien —añadió el conductor—, ya que usted admite que odia a las mujeres...

—Yo no odio a las mujeres —precisó Mailer.

—Usted dijo que las odiaba.

—No, dije que debían vivir en jaulas.

El drama de la televisión, indica el novelista, "es que hace falta dar respuestas directas", y la mayoría de sus ideas, las de Mailer, según dice, "eran paradojas". Podía decir, por ejemplo: "Lograremos reducir la tasa de natalidad sólo cuando deje de practicarse la contracepción", pero necesitaría, dice, "escribir mucho para explicar este pensamiento". De ahí, agrega, "que fuese inevitable el impulso de payasear". Por eso tuvo que apurarse "a quitarle el filo" a su declaración, antes de que lo "tasajearan" con ella.

—Orson —dijo—, respetamos a los leones en el zoológico; pero queremos que sigan en sus jaulas, ¿no es cierto?

"¡Qué romanticismo", arguye Mailer, "suponer que una audiencia de televisión iba a aprehender la dialéctica sutileza de la idea, a reconocer que ningún hombre convencido de que las mujeres deben estar en jaulas osaría declarar sus sentimientos!" No, concluye el periodista, "las máquinas se apuran a remplazar este tipo de humor". Asimismo, "la opaca reacción de la audiencia" le recordó una de sus creencias más pesimistas: la de que el espíritu de la centuria pasada "consistía en remplazar al hombre por una máquina". Por lo tanto, y así pensaba Mailer, "la liberación femenina podría ser una trampa".

Justamente por eso las mujeres de espíritu libertario, las primeras feministas modernas del siglo XX, simplemente no lo soportaban: fue el blanco de sus acusaciones y de sus desesperadas denuncias. No hubo feminista que no lo mencionara, tratándolo de canalla sinvergüenza. ¡Pero él amaba a las mujeres, no en vano se casó con seis de ellas, sin contar las numerosas amantes ocasionales, y la demasiada prole que procreó con ellas!

La connotada Bella Azbug, digamos, le dijo en su cara durante una reunión cuando el escritor buscó, en vano, la alcaldía neoyorquina: "Su posición ante la guerra de Vietnam es perfecta. Nada espectacular, pero decente. Sin embargo, sus ideas acerca de la mujer no nos atraen. En verdad, nos repugnan. Pensamos que sus ideas acerca de la mujer son una mierda". Azbug tal vez aún tenía grabadas en la cabeza frases mailerianas como estas despreciables joyas: "Las mujeres son pobres bestias inmundas"; o: "La única verdad es que la primera responsabilidad de una mujer probablemente sea permanecer en la Tierra el tiempo suficiente para encontrar el mejor compañero posible, y concebir hijos que mejoren la especie".

Por eso se puso a escribir *El prisionero del sexo*: para demostrar, de acuerdo con sus particulares apreciaciones, la fragilidad del discurso feminista. Y luego de repasar numerosos fragmentos de artículos, ponencias, panfletos, ensayos y oratorias de destacadas feministas, que abarcan un poco más de 200 páginas en su libro, y de mirar y escuchar, pasmado, la intensa lucha por la igualdad entre ambos sexos, Norman Mailer consuma su intervención: "Las mujeres deben tener su derecho a una vida que les permita buscar un compañero; y no habrá búsqueda libre hasta que ellas se liberen. Dejemos entonces que las mujeres sean lo que quieren y lo que pueden. Que cohabiten con elefantes, si así lo desean, o hagan el amor con mastines. Démosles la libertad y dejemos que la quemen, la vuelen, que hagan de ella el triunfo o la derrota. Dejémoslas concebir sus hijos y matarlos en el útero, si así lo creen necesario, viajar a la Luna, escribir la gran novela norteamericana. Y que sus maridos las envíen a trabajar con una cesta de comida y un cigarro. Podrán legislar, encarcelar y vestir uniforme; morir de cualquier enfermedad masculina: la primera de ellas, los años de agobio; así aprenderán que las mujeres realizan tareas onerosas mientras los hombres trabajan para sus yo, que son no sólo onerosos sino a veces insanos. De este modo, las mujeres podrán intentar vivir con yo masculinos dentro de su propio cráneo: los hombres las aplaudirán, ¿no es cierto?", con lo cual, por supuesto, fue todavía más odiado por ellas.

—Mejor morir en el infierno como un demonio que como un ángel en el cielo —declaraba este hombre irreverente, de política legítimamente izquierdista, nunca domesticado por las correctas moralidades del sistema norteamericano, a quien, además, la fama (que la tenía, y rebosada) le venía haciendo los mandados.

No era, la fama, sino "un rostro extraño —escribió—, aferrado a un micrófono, que preguntaba cosas que uno había respondido centenares de veces". La fama "es el teléfono que suena dos o tres veces más cada semana para pedir entrevistas que no queremos conceder y no concedemos. La fama es esa gente de afables intenciones que interrumpe nuestros pensamientos en la calle. La fama es esa inhibición que nos impide orinar en un callejón por temor a la policía y a los titulares de primera plana. La fama es lo que nos impide ponernos en ridículo en un baile. La fama es esa incapacidad para emborracharnos anónimamente en un bar de extramuros; o sea, la incapacidad de criar una melancolía obsesiva durante una noche de revelaciones". Si Mailer hubiese obtenido el Nobel, que no lo consiguió —para fortuna suya, dice—, su fama hubiera empeorado: cada vez que estallase un cambio de gobierno en Canberra o Pakistán, "algún mediocre reportero" lo habría tenido en su lista "de notables" para solicitarle una declaración. "La fama", dice Mailer, "medida existencialmente, sólo puede aumentar el ineficaz cociente de nuestras actitudes; la fama consistiría en decir no a más personas y perder el tiempo con aquellos a quienes de otro modo no nos habríamos acercado".

Norman Mailer vivió indudablemente como quiso y escribió perfectos libros de periodismo y de ficción. Y amó, sí, a las mujeres y fue amado intensamente, también, por un puñado de ellas, a pesar del rencor, y de la incomprensión, de las feministas, que dudaban de que un hombre que no compartiera sus ideas pudiera a su vez ser amado por alguna mujer, opinión evidentemente refutable y frágilmente debilitada. ❦

Ítalo Calvino
(Santiago de las Vegas, Cuba, 1923 / Siena, Italia, 1985)

❦ *Una ciudad donde sus habitantes recuerdan a otras personas*

Las ciudades, tal vez, deberían ser como las de Ítalo Calvino: ensoñadoras, oníricas, hermosamente irreales. No lo que son: coléricas, inseguras, acaso inconscientemente impersonales. El que llega a Tecla, por ejemplo, poco ve de la ciudad, sino nada más empalizadas de tablas, abrigos de arpillera, andamios, armazones metálicas, puentes de madera colgados de cables o sostenidos por caballetes, escaleras de apoyo, esqueletos de alambre.

—¿Por qué se hace tan larga la construcción de Tecla? —pregunta el visitante.

Y los que viven en esa ciudad, sin dejar de levantar cubos, de bajar plomadas, de mover de arriba abajo largos pinceles, responden:

—Para que no empiece la destrucción.

Y cuando son interrogados sobre sus temores del resquebrajamiento de la ciudad apenas sean quitados los andamios, añaden con prontitud en voz baja:

—No sólo la ciudad.

Si, insatisfecho con la respuesta, alguien apoya el ojo en la rendija de una cerca para mirar qué hay más allá de los contornos ocultos (no es posible, finalmente, tanto afán laboral), lo único que va a observar son grúas que suben otras grúas, armazones que cubren otras armazones, vigas que apuntalan otras vigas.

—¿Qué sentido tienen sus obras? —pregunta el visitante—. ¿Cuál es el fin de una ciudad en construcción sino una ciudad? ¿Dónde está el plano que siguen, el proyecto?

Pero los trabajadores no pierden un minuto de su tiempo. No se distraen. Responden, casi inaudiblemente:

—Te lo mostraremos apenas termine la jornada; ahora no podemos interrumpir.

Tecla es una ciudad en permanente construcción, de modo que nunca puede ser destruida.

Así son *Las ciudades invisibles* (1972) del italiano, y aquí sí permítase la necesaria redundancia, Ítalo Calvino, quien ha puesto de personaje central a Marco Polo que narra y describe a Kublai Kan, el emperador de los tártaros, sus viajes y las increíbles 55 ciudades, todas ellas con nombre de mujer, que en ellos ha mirado. "Las mujeres, como las propias ciudades —escribe el español Daniel Múgica en el prólogo del libro, que Grupo Editorial Multimedios ha incluido en su colección 'Millenium'—, enseñan lo externo y permiten al espectador, en la medida que les apetece, hurgar en su interior. Irene o Eusapia o Clarisa o Zenobia son arquitecturas imposibles y acaso, por la misma razón, como las mujeres, veraces. En literatura lo que no puede existir se puede ver. Ahí radica su grandeza."

Por ejemplo, imaginemos a Armilla, aunque no podamos concebir su concreta ubicación geográfica: "Si Armilla es así por incompleta o por haber sido demolida —dice Calvino—, si hay detrás un hechizo o sólo un capricho, lo ignoro. El hecho es que no tiene paredes, ni techos, ni pavimentos; no tiene nada que la haga parecer una ciudad, excepto las tuberías del agua que suben verticales donde deberían estar las casas y se ramifican donde deberían estar los pisos: una selva de tubos que terminan en grifos, duchas, sifones, rebosaderos. Se destaca contra el cielo la blancura de algún lavabo o bañera u otro artefacto, como frutos tardíos que han quedado colgados de las ramas. Se diría que los fontaneros terminaron su trabajo y se fueron antes de que llegaran los albañiles; o bien que sus instalaciones indestructibles han resistido a una catástrofe, terremoto o corrosión de termitas."

Sin embargo, no se puede decir que Armilla esté desierta (no se sabe, dice Marco Polo por intermediación de Calvino, si fue abandonada "antes o después de haber sido habitada"). A cualquier hora, "alzando los ojos entre las tuberías, no es raro entrever una o varias mujeres jóvenes, espigadas, de no mucha estatura, que retozan en las bañeras, se arquean bajo las duchas suspendidas sobre el vacío, hacen abluciones, o se secan, o se perfuman, o se peinan los largos cabellos delante del espejo". La explicación de Marco Polo a este bello cuadro, que más bien tiene mucho de espejismo, es la siguiente: "Ninfas y náyades han quedado dueñas de los cursos de agua canalizados en las tuberías de Armilla. Habituadas a remontar las venas subterráneas, les ha sido fácil avanzar en su nuevo reino acuático, manar de fuentes multiplicadas, encontrar nuevos espejos, nuevos juegos, nuevos modos de gozar del agua. Puede ser que su invasión haya expulsado a los hombres, o puede ser que Armilla haya sido construida por los hombres como un presente votivo para congraciarse con las ninfas ofendidas por la manumisión de las aguas. En todo caso, esas mujercitas parecen contentas: por la mañana se las oye cantar".

Incansable viajero, Marco Polo, según Calvino, conoció verdaderas maravillas de ciudades, como Leonia, que se "rehace a sí misma todos los días: cada mañana la población se despierta entre sábanas frescas, se lava con jabones apenas salidos de su envoltorio, se pone batas flamantes, extrae del refrigerador más perfeccionado latas todavía sin abrir, escuchando los últimos sonsonetes del último modelo de radio". En las aceras, "envueltos en tersas bolsas de plástico, los restos de la Leonia de ayer esperan el carro de la basura. No sólo tubos de dentífrico aplastados, lamparillas quemadas, periódicos, envases, materiales de embalaje sino también calefones, enciclopedias, pianos, servicios de porcelana: más que de las cosas que cada día se fabrican, venden, compran, la opulencia de Leonia se mide por las cosas que cada día se tiran para ceder su lugar a las nuevas. Tanto, que uno se pregunta si la verdadera pasión de Leonia es en realidad, como dicen, gozar de las cosas nuevas y diferentes, y no más bien expulsar, apartar, purgarse de una recurrente impureza". Nadie sabe, ni nadie se lo pregunta, dónde diablos llevan los basureros su carga de todos los días: "Fuera de la ciudad, está claro; pero de año en año la ciudad se expande y los basurales deben retroceder más lejos; la importancia de los desperdicios aumenta y las pilas se levantan, se estratifican, se despliegan en un perímetro cada vez más vasto."

Quizá la ciudad más, ¿cómo adjetivarla?, quimérica (y no sé si sea ésta la palabra adecuada para tal arrebato imaginativo) sea la de Adelma por su infinita recordación de los seres queridos: un hombre es un hombre es un hombre. "En el muelle, el marinero que atrapaba al vuelo la amarra y la ataba a la bita —dice Calvino que dice Marco Polo a Kublai Kan— se parecía a alguien que había sido soldado conmigo y había muerto. Me turbó la vista un enfermo de fiebres acurrucado en el suelo con una manta sobre la cabeza: pocos días antes de morir, mi padre tenía los ojos amarillos y la barba hirsuta como él, exactamente." Era una ciudad donde sus habitantes recordaban a otras personas. "Si Adelma es una ciudad que veo en sueños —pensaba el visitante—, donde no se encuentran más que muertos, el sueño me da miedo. Si Adelma es una ciudad verdadera, habitada por vivos, bastará seguir mirándola para que las semejanzas se disuelvan y aparezcan caras extrañas, portadoras de angustia. Tanto en un caso como en el otro, es mejor que no insista en mirarlos." Pero Adelma era, probablemente, la ciudad "a la que uno llega a morir y donde cada uno encuentra a las personas que ha conocido". Era, asimismo, una señal de que el visitante también estaba, ya, muerto. ¿Trátase Adelma del mismísimo Paraíso?

No me puedo imaginar una ciudad habitada por todas las amantes que el visitante ha amado en su vida, y que lo volvieran a amar tumultuosamente. Imposible ciudad... por desgracia. Aunque, quién sabe, tal vez Marco Polo dio con ella... pero la calló por rubor. 🌿

Yukio Mishima
(Tokio, Japón, 1925-1970)

🌿 *Lascivas moscas*

Yukio Mishima, ese ser arrebatado que se quitó la vida como protesta por la demasiada occidentalización de su Japón, escribió libros realmente ejemplares. *El marino que perdió la gracia del mar*, publicado en 1963 (editado en 2003 por Alianza), es uno de ellos. Encarnizada novela a la cual no le vendría mal los términos brutal e incluso sanguinaria, Mishima nos va adentrando en la vida del adolescente Noboru Kuroda, que vive con su madre, Fusako, acaudalada señora propietaria de una fina tienda de regalos, viuda desde hace un lustro, recatada y discreta dama cuyo único objetivo es educar con solvencia y crecer con esmero a su hijo, quien, influido drásticamente por un quinteto de amigos de la escuela, tiene pensamientos que rebasan su propia edad.

Por supuesto, la madre ignora estas tormentosas relaciones de su primogénito. "Noboru, a los 13 años —dice Mishima—, estaba convencido de su genio (todos los del grupo pensaban de igual forma respecto de sí mismos), y tenía la certeza de que la vida se reducía a unas cuantas señales y decisiones simples; de que la muerte sentaba ya sus raíces en el instante del nacimiento y que, en lo sucesivo, el hombre no podía sino procurar cuidado y riego a este germen; de que la reproducción era ficticia y, consecuentemente, la sociedad también lo era: padres y educadores, por el mero hecho de serlo, eran responsables de un ominoso pecado. La muerte de su propio padre, cuando él tenía ocho años, había constituido por tanto un feliz incidente, algo de lo que podía enorgullecerse."

Entre el colegio y la casa, la rutina se modificó sustancialmente el día en que el marino Ryuji Tsukazaki se enamoró de Fusako e irrumpió en el plácido y benigno hogar. "La noche más desapacible de todas —cuenta Mishima— vino hacia el final de las vacaciones de verano. Todo fue súbito: no hubo manera de saber de antemano lo que iba a suceder. Su madre salió temprano, al atardecer, y dijo que había invitado a cenar a Tsukazaki, el segundo piloto, para agradecerle el haber enseñado el barco a Noboru el día anterior. Llevaba un kimono de encaje negro sobre una túnica roja y una faja japonesa de brocado blanco. Noboru, cuando la vio salir de casa, pensó que estaba preciosa."

Cuando Fusako lo mandó a su habitación, a las diez y media de la noche, Noboru hizo lo que hacía cotidianamente: se deslizó adentro del armario para espiar cuanto hacía la madre en su recámara sin que evidentemente ella supiera de la vigilancia. "La luz lunar, que entraba por el sur —narra Mishima—, se reflejaba en uno de los cristales de la ventana, abierta de par en par. Tsukazaki estaba apoyado en el alféizar. La espalda de su madre entró en el campo visual y cruzó la habitación hacia el marino. Se fundieron en un prolongado beso. Luego, palpándose los botones de la camisa, dijo algo en voz baja, encendió la tenue lámpara de pie y volvió a salir de campo. Empezó a desnudarse frente al armario ropero, en un rincón de la alcoba que el chico no podía ver. Ella se había paseado sudorosa y un tanto ebria [ya que ambos, marino y mujer, habían bebido antes de llegar a la casa de Fusako] por el aire nocturno y húmedo, y ahora su cuerpo, al desnudarse, exhalaba una fragancia almizclada que Noboru no identificó".

El adolescente miró el acto de amor de su madre con el ser desconocido. "Si esto llega a destruirse un día —susurró Noboru, apenas consciente—, significará el final del mundo". Y se dijo: "Creo que sería capaz de hacer cualquier cosa para impedirlo por terrible que fuera". Ryuji Tsukazaki estaba feliz. Por fin había encontrado el amor ideal ("un hombre encuentra a la mujer perfecta sólo una vez en la vida", dice Mishima, y está irresolublemente en lo cierto). Poco a poco los dos iban compenetrándose más, al grado de, luego de una ausencia temporal de Tsukazaki por un viaje mercantil del *Rakuyo* que lo llevó mar adentro, ambos decidieron unir sus vidas al renunciar el marino a su trabajo azarosamente oceánico.

Pero no contaban con las complejas ideas de Noboru, quien en su pequeño club escolar, junto con sus cinco amigos, se preparaba para afrontar el futuro de una manera impasiblemente compulsiva. Entre todos se hacían pruebas complicadísimas para medir sus respectivos temperamentos. Una vez, en el examen de "dureza y frialdad", Noboru tuvo que matar a un gato aporreándolo, cuantas veces hubiera sido necesario, contra un madero. El jefe del grupo, un yunior desatendido por sus padres, era frío como el hielo.

—Acérquense para que puedan ver —dijo el jefe una vez que Noboru había matado al felino—. Voy a desollarlo aquí mismo.

Por eso cuando Noboru planteó en la asamblea el compromiso matrimonial de su madre, el jefe argumentó:

—No existe nada parecido a un padre bueno, pues el papel de padre es malo en sí mismo. Padres estrictos, padres blandos, padres agradables y moderados... son todos a cual peor. Se plantan en medio de nuestro camino hacia el progreso, tratan de cargarnos con sus complejos de inferioridad, con sus aspiraciones insatisfechas, con sus resentimientos, con sus ideales, con las debilidades inconfesadas, con sus pecados, con sus sueños más dulces que la miel, con las máximas que no han tenido el coraje de seguir... Les gustaría descargar en nosotros toda esa porquería. ¡Toda! Ni siquiera son diferentes los padres más negligentes, como los míos. Les remuerde la conciencia por no haber hecho el menor caso a sus hijos, y quieren que los chicos entiendan cuán intenso es su dolor.

Los padres, según el jefe, son "una máquina de ocultar la realidad, una máquina de urdir mentiras para los niños". Pero eso no es todo: íntimamente creen que representan "la realidad". Los padres "son las moscas de este mundo. Sobrevuelan nuestras cabezas —decía el jefe a Noboru— a la espera de una oportunidad y, cuando descubren algo podrido, caen sobre ello zumbando y hozan en la carroña. Sucias, lascivas moscas que van aireando a los cuatro vientos que han copulado con nuestras madres. Harían cualquier cosa para contaminar nuestra libertad y nuestras facultades. Cualquier cosa para proteger las sucias ciudades que han construido para sí mismos".

El desastre ocurrió al percatarse Fusako, por fin, de que su hijo la espiaba en las noches cuando retozaba con su hombre. Fue el acabóse si bien el marino, como buen padre que iba a ser de Noboru, calmó las aguas que parecían cernirse sobre la vulnerable isla que era el pobre y extraviado niño. De ahí en adelante los acontecimientos se sucedieron con premura. El jefe planeó la eliminación (basado sobre todo en el código penal que rezaba que "los actos de los menores de 14 años de edad no son punibles por la ley") del padrastro de Noboru:

—Cuando la pieza de un mecanismo se desencaja, nuestro deber —dijo el jefe— es hacerla volver a su posición correcta.

Noboru le pidió a Tsukazaki que no le dijera a su madre ("era el primer favor que el chico le pedía como hijo") que sus amigos deseaban oír sus aventuras en el mar, y se fueron los dos a reunirse con los adolescentes del club.

Le ofrecieron al marino, ya instalados donde debían, un tecito para relajar la conversación. El marino dijo que sí, pero no sabía que la bebida contenía unas severas tabletas somníferas, y... 🍇

Rubem Fonseca
(Juiz de Fora, Minas Gerais, Brasil, 1925)

🍇 *La televisión y la música pop han corrompido el vocabulario de los ciudadanos*

Cuenta don Rubem Fonseca que en el tiempo en que Epifanio, que luego adoptaría el nombre de Augusto, trabajaba "en la compañía de aguas y drenajes pensó abandonarlo todo para vivir de escribir. Pero Joao, un amigo que había publicado un libro de poesía y otro de cuentos y estaba escribiendo una novela de seiscientas páginas, le dijo que el verdadero escritor no debía vivir de lo que escribía, eso era obsceno, no se podía servir al arte y a Mammon [divinidad que representaba la riqueza en la época de los fenicios] al mismo tiempo; por lo tanto, era mejor que Epifanio ganara el pan de cada día en la compañía de aguas y drenajes, y escribiera por las noches. Su amigo estaba casado con una mujer que sufría de los riñones, era padre de un hijo asmático, hospedaba a una suegra débil mental, y aun así cumplía sus obligaciones con la literatura".

Augusto, que no se llamaba en realidad así, "volvía a casa y no conseguía librarse de los problemas de la compañía de aguas y drenajes; una ciudad grande gasta mucha agua y produce mucho excremento. Joao decía que había que pagar un tributo por el ideal artístico: pobreza, embriaguez, locura, escarnio de los tontos, agresión de los envidiosos, incomprensión de los amigos, soledad, fracaso. Probó que tenía razón muriendo de una enfermedad causada por el cansancio y por la tristeza, antes de acabar su novela de seiscientas páginas, que la viuda arrojó a la basura junto con otros papeles viejos".

Sin embargo, el fracaso de Joao no disminuyó el valor de Epifanio quien, "al ganar un premio en una de las muchas loterías de la ciudad, renunció a la compañía de aguas y drenajes para dedicarse al trabajo de escribir, y adoptó el nombre de Augusto". Ahora, dice el brasileiro Fonseca, es escritor y andarín: "Así, cuando no está escribiendo (o enseñando a leer a las putas), camina por las calles. Día y noche, camina por las calles de Río de Janeiro. Exactamente a las tres de la madrugada, al sonar en su Casio Melody de pulsera *Mit dem Paukenschlag*, de Haydn, Augusto vuelve de sus caminatas al departamento vacío donde vive, y se sienta, después de dar la comida a los ratones, frente a una pequeña mesa ocupada casi enteramente por el enorme cuaderno de hojas rayadas en el que escribe su libro, bajo la gran claraboya, por donde entra un poco de luz de la calle, mezclada con luz lunar cuando las noches son de luna llena".

Augusto ya sabe el título de su libro: *El arte de caminar por las calles de Río de Janeiro*, para lo cual se ha propuesto recorrer, palmo a palmo, cada esquina, cada barrio, cada rincón de dicha urbe: "En sus andanzas por el centro de la ciudad, desde que comenzó a escribir el libro, Augusto mira con atención todo lo que puede ser visto: fachadas, tejados, puertas, ventanas, carteles pegados en las paredes, letreros comerciales luminosos o no, hoyos en la banqueta, botes de basura, el suelo que pisa, pajaritos bebiendo agua en los charcos, vehículos y, principalmente, personas". Por ejemplo, "el otro día entró por primera vez al cinetemplo del pastor Raimundo —dice Fonseca—. Encontró el cinetemplo por casualidad, el médico del instituto le había dicho que un problema en la mancha de su retina exigía tratamiento con vitamina E combinada con selenio y lo remitió imprecisamente a una farmacia que preparaba esa sustancia, en la calle Senador Dantas, en algún lugar cerca de Alcindo Guanabara".

Después de comprar el medicamento, pasó delante de la puerta del cine, leyó el pequeño cartel que decía "Iglesia de Jesús Salvador de las Almas" y entró sin saber porqué. Todas las mañanas, de las ocho a las once, todos los días de la semana, el cine es ocupado como templo divino. "A partir de las dos de la tarde exhibe películas pornográficas. Por la noche, después de la última función, el gerente guarda los carteles con mujeres desnudas y frases publicitarias indecorosas en un depósito al lado del sanitario. Para el pastor de la iglesia, Raimundo, y también para los fieles (unas cuarenta personas, en su mayoría mujeres viejas y jóvenes con problemas de salud), la programación habitual del cine no tiene importancia, todas las películas son pecaminosas de cualquier manera; y ningún creyente de esa iglesia va jamás al cine, por prohibición expresa del obispo, ni siquiera para ver la vida de Cristo, en Semana Santa."

A partir de que el pastor Raimundo coloca delante de la pantalla del cine una vela —"en realidad una lámpara eléctrica en un pedestal que imita un cirio"—, el local se vuelve un templo consagrado a Jesús. Ese día, el pastor fija su atención en el hombre de anteojos oscuros, sin una oreja (mordida en el arrebato pasional por una mujer), que se halla al fondo del cine, mientras dice "hermanos míos, quien esté con Jesús levante las manos", y todos los fieles las levantan, las manos, menos el andarín Augusto. El pastor percibe, "muy perturbado, que Augusto permanece inmóvil, como una estatua, con los ojos escondidos por los lentes oscuros. 'Levanten las manos', repite emocionado, y algunos fieles responden irguiéndose en la punta de los pies y extendiendo aún más los brazos a lo alto. Pero el hombre sin oreja no se mueve".

Y eso le traerá funestas consecuencias al pobre pastor. Después que Augusto se apareció en el templo, por esa su meticulosidad por averiguar todo sobre Río, el pastor Raimundo "empezó a sufrir de insomnio, a tener dolores de cabeza y a emitir gases intestinales de olor mefítico que le queman el culo al ser expelidos". El pastor tendrá la obsesión, desde entonces, de que el demonio ha entrado a su iglesia, representado en el perfil de Epifanio, y no cesará en darle fin a esa presencia maligna que ya ha empezado a desbaratar su vida. Todo esto, por supuesto, a espaldas de Augusto, que ignora la fatal influencia que ha ejercido, involuntariamente, en el afligido pastor. Augusto no quiere que su libro sea un mapa turístico de Río de Janeiro, sino algo más profundo. Por eso se involucra con la gente, se mete donde no lo llaman, busca por donde no debe, ha organizado a un número considerable de prostitutas para que aprendan a leer y defenderse de la vida, camina y camina.

"Son las once de la noche y él está en la calle Treze de Maio. Además de andar, enseña a las prostitutas a leer y a hablar de manera correcta. La televisión y la música pop han corrompido el vocabulario de los ciudadanos, de las prostitutas principalmente. Es un problema que hay que resolver. Tiene conciencia de que enseñar a las prostitutas a leer y hablar correctamente en su departamento encima de la sombrerería puede ser para ellas una forma de tortura. Así, les ofrece dinero para que oigan las lecciones, poco dinero, bastante menos del que un cliente usual paga." Pero no desiste. Las busca en la calle, en las que encuentra, además, un sinfín de contrariedades, mismas que le sirven, finalmente, para armar su libro. La otra noche halla a dos jóvenes que escriben con espray un grafiti en las paredes del Teatro Municipal, que acaba de ser pintado, que a la letra dice: "Los sádicos del Cachambi tiramos la calabasa del Municipio Grafteros unidos jamás serán vensidos".

Augusto lee la consigna.

"Eh —dice a los dos jóvenes—, calabaza es con zeta, vencidos no es con s y falta una i en grafiteros", a lo que un joven, enmuinado, responde: "Pues entendiste lo que queremos decir, ¿o no?, entonces jódete con tus reglitas de mierda". No sabemos si el buen Augusto terminó de escribir su monumental obra. Lo que sí sabemos es que don Rubem Fonseca, con su maestría acostumbrada, nos cuenta esta interminable historia que está incluida en el volumen *El arte de caminar por las calles de Río y otras novelas cortas*, que la UNAM editó en 2002 en un precioso libro coordinado por Valquiria Wey.

Cuando avisaron en la finca que la representante de una ONG iría a certificar el lugar, un precavido don Guilherme giró precisas instrucciones a su personal de confianza: "Llamé a mi capataz Zé do Carmo y le dije que iba a Corumbá a recoger en avión a aquella doctora chiflada protectora de los animales, y que a lo mejor ella haría muchas preguntas sobre cómo tratábamos a los animales en la hacienda, que él y los peones podían hablar lo que se les diera la gana, menos mencionar el LE, el que abriera el pico sobre el LE estaba fregado conmigo". Incluso modificó la habitación de los huéspedes. "Había ordenado que me consiguieran un montonal de libros —dice don Guilherme—, que pondría en lugar de los libros sobre bueyes y caballos, en los libreros de la recámara donde la doctora se iba a quedar, y CD y videos para el equipo electrónico que podía encenderse desde la mesita de noche. La música y los videos no me causaron problemas, le pedí a Bulhoes que comprara óperas y sinfonías, conozco lo que les gusta a estas engreídas, y también clásicos del cine."

Realmente, don Guilherme se cuidó por los cuatro costados. Antes de tomar el avión habló por radio con su vecino y amigo Janjao de Oliveira para informarle que iba a recoger a la mentada doctora Suzana, "la vieja esa de la ONG que defiende los derechos de los animales. Esa idiota que hizo aquella cruzada para acabar con los rodeos en Brasil, carajo, ni en Estados Unidos lograron acabar con el rodeo y esta grandísima estúpida quiere acabar con el rodeo en Barretos. No sé cuántos días se va a quedar en la hacienda, el ministro me pidió que la recibiera, no sé lo que quiere aquí, pero mi preocupación es con el LE". Mas don Guilherme se llevó una sorpresa cuando miró, por fin, a la mentada Suzana: en lugar de hallar a una mujer fea, a "una de esas viejas frustradas que no encuentran hombre y se involucran en una cruzada", se topó con una "treintona atractiva, con la boca un poco grande, los dientes boni-tos, la sonrisa simpática y la voz un poco ronca", pero don Guilherme ya había visto "mujeres así que no valen nada", de modo que no se rindió, según nos cuenta, ante los encantos de esta visitadora social.

Para hacerla prontamente desistir de sus aviesas intenciones, don Guilherme había preparado, con reflexiva anticipación, ciertas trampas consistentes en la peli-grosa naturalidad de los propios animales. "Dejé a la doctora en la recámara y fui a la terraza a revisar el programa que le había hecho —dice don Guilherme—. Paseos a caballo para que los micuins [una especie de ácaros diminutos de color rojizo que atacan a hombres y animales principalmente entre agosto y octubre, ocasionando fuertes comezones] acabaran con ella. Ir de pesca en la parte más infestada del río para que los moscos le dieran el tiro de gracia". Pero don Guilherme, a fuerza de la cotidianeidad, fue vencido por el embeleso de la doctora, al grado de que hizo a un lado las perversas estrategias pensadas ex profeso, en un principio, para persuadirla de una larga estancia en la hacienda. "La presencia de Suzana me producía una sen-sación extraña que nunca había sentido —confiesa don Guilherme—, las mujeres entraban y salían rápidamente de mi vida, [pero] aquello era algo nuevo, aquel sen-timiento agradable de tener a la misma mujer cerca de mí todo el tiempo." Por eso, poco a poco, el hombre fue entrando en confianza, contándole detalles de su vida, de sus viajes por el mundo, cosa que ella correspondió con la misma moneda. Y ya entrados en el terreno de las confesiones íntimas, la doctora (una mujer no acostum-brada a mentir, tal como había observado don Guilherme) reveló la verdadera razón que la había acercado a Corumbá: "Mi campo de acción son los derechos humanos. Vine porque me informaron que en esta región se practica una forma odiosa, sádica, de abuso en contra de personas indefensas. Pero siento en mi corazón que si ese crimen se comete en esta región, tú no participas en él". También la doctora ya se empezaba a encariñar con el joven don Guilherme. El episodio aquel de los rodeos, que dirige una asociación protectora de animales, fue sólo un paso accidentado de la doctora, una intervención ocasional, porque ella vigilaba los derechos humanos, no los zoológicos. A don Guilherme le dio un vuelco el corazón porque se le vino a la cabeza el LE. ¿Sabría ya Suzana lo del mentado LE?

Para colmo, unos días atrás, el vecino Janjao había ido a visitarlos (seguramente picado por la curiosidad de saber cómo era físicamente la doctora) pero cometió la imprudencia de llevarse consigo a Rafael, a quien pudo ver con claridad la insigne visitadora. Por más que hizo don Guilherme de ocultarlo, el enano fue observado por Suzana. "¡Anda, dime qué hacía ese enano por aquí! —gritó la doctora—. ¡Sé que participa en esa competencia repugnante que ustedes realizan todos los años, un juego asqueroso al que llaman Lanzamiento de Enano!" Suzana ya estaba enterada de todo. Era inútil guardarse para sí el supuesto secreto. Precisamente a eso iba, a averiguar lo del LE. Sin embargo, don Guilherme, activo participante del juego, incluso campeón representativo de su Brasil, tenía que defenderse: "Les pagamos, les pagamos bien, Rafael [el hombrecito que llegó con Janjao] era hombre bala en el circo, lo metían en la boca de un cañón y disparaban, podía morir ganando una miseria, ahora su vida es mucho mejor…"

Pero Suzana no lo dejó acabar, "se levantó abruptamente y salió corriendo de la terraza, no tuve tiempo de decirle que a Rafael ni siquiera lo lanzaban, ahora él era el agente que contrataba a los otros enanos para que los lanzaran, y no tuve tiempo de preguntarle qué había de sádico en eso, los enanos se empeñaban en participar en la competencia, usaban protecciones en las rodillas y en los codos y cascos en la cabeza, ganaban más que un enano trabajando en un circo o vestido de ratón Mickey en Disneyworld, y cuando uno de ellos se lastimaba nosotros lo cuidábamos y le pagábamos un bono tan alto que muchos deseaban lastimarse durante la competencia para ganárselo". ¡Un derecho humano del enano es usar su cuerpo para que algunos deportistas lo lancen a distancia!, proclamaba don Guilherme ante la desconsoladora decepción de la doctora Suzana.

Este es uno de los ocho cuentos incluidos en el libro del siempre deslumbrante brasileño Rubem Fonseca, intitulado *La Cofradía de los Espadas* (Ediciones Cal y Arena, traducción de Rodolfo Mata y Regina Crespo, 2000), volumen excepcional donde la literatura brilla como diamante en bruto. Y siempre que en mis manos cae un libro de un autor brasileño, me surge una pregunta a la cual nadie, por el momento, puede responder: ¿por qué diablos ningún brasileño ha recibido el Nobel de Literatura? 🍇

Gore Vidal
(West Point, Estados Unidos, 1925 / Los Ángeles, 2012)

🍇 *La nación más grande del país*

Dice el novelista Gore Vidal que Spiro Agnew, vicepresidente en el periodo administrativo de Richard Nixon y del que muchos creen que aceptó sobornos, dijo en un rapto de inspiración:

—A pesar de todos sus defectos, Estados Unidos sigue siendo la nación más grande del país...

Incluso hoy, "después del robo perpetrado por el Tribunal Supremo en las elecciones del presidente número 43, la sombra de Spiro debe de alzarse entre las de sus colegas". Vidal se refiere, por supuesto, a la farsa comicial que dio el triunfo en 2004 a George W. Bush. "La política en Estados Unidos es, en esencia, un asunto de familia, como la de casi todas las oligarquías. Cuando al padre de la Constitución, James Madison, le preguntaron cómo demonios era posible que el Congreso funcionara cuando un país de cien millones de habitantes contaba sólo con medio millar de representantes, Madison invocó la norma que impone la ley de hierro de las oligarquías: unas pocas personas dirigen siempre el albergue; y lo conservan, si pueden, dentro de la familia". A la postre, añade Vidal en su volumen de ensayos *Soñando la guerra* (Anagrama), que, como los libros de Noam Chomsky y de Michael Moore, enfureció a la conservadora —y, por qué no, reaccionaria, aunque el vocablo se escuche extemporáneo— estirpe intelectual norteamericana, desacostumbrada a las expresiones disidentes en la cultura, "aquellos fundadores a los que nos gusta evocar temían y aborrecían tanto la democracia que inventaron la Junta Electoral para acallar la voz del pueblo, de un modo muy similar a como el Tribunal Supremo estranguló la de los ciudadanos de Florida el 12 de diciembre. No íbamos a ser ni una democracia, sometida a la tiranía mayoritaria, ni una dictadura, sujeta a los caprichos de un césar".

Después del 11 de septiembre de 2001, las cosas cambiaron para Estados Unidos (al grado de que en 2008 asumiera la presidencia el primer negro en su historia, algo inimaginable en aquellas fiestas electoreras que dieron el triunfo al boquiflojo y guerrero Bush hijo). Por lo menos, la crítica ya no está adormecida. Sin embargo, y pese a los movimientos cada vez más visibles de los "descontentos" —o de los "ocupantes" de Wall Street— con la política imperial, Gore Vidal reconocía que tanto él como otros duros impugnadores del sistema pertenecían "a una minoría que es una de las más pequeñas del país y que cada día se hace aún más pequeña". El novelista recordaba que en 1946, al término de la Segunda Guerra Mundial, al retirarse del ejército, pensó: "Bueno, se acabó. Hemos ganado. Y los que vengan detrás de nosotros nunca tendrán que hacer esto". Luego, no obstante, "llegaron las dos guerras demenciales de vanidad imperial: Corea y Vietnam. Fueron amargas para nosotros, y no digamos para los supuestos enemigos. A continuación nos alistamos en una guerra perpetua contra lo que parecía ser el club del enemigo del mes. Esta guerra, por una parte, produjo grandes ingresos que iban a parar a la industria militar y la policía secreta, y por otra nos sacaba dinero a los contribuyentes, con nuestras nimias preocupaciones por la vida, la libertad y la búsqueda de la felicidad".

Durante la guerra de Vietnam, George W. Bush se refugió en la Air National Guard de Texas. Cheney, cuando le preguntaron por qué había huido del servicio militar en Vietnam, dijo:

—Tenía otras prioridades...

"Bien —enfatizaba Gore Vidal—, otros 12 millones de personas también las teníamos hace 60 años. Prioridades que 290 mil no pudieron cumplir." Decía Vidal que fue Benjamin Franklin, nada menos, "quien por el año 1787 vio nuestro futuro con mayor claridad, cuando, siendo delegado de la convención constitucional de Filadelfia, leyó por primera vez el proyecto de Constitución. Estaba viejo, moribundo; su estado no le permitía leer, pero redactó un texto para que un amigo lo leyera. Es una declaración tan oscura que la mayoría de los libros de historia omite sus palabras clave". Franklin apremiaba a la convención a aceptar la Constitución, a pesar "de los que él consideraba sus grandes defectos, porque, según él, podría facilitar un buen gobierno a corto plazo".

—No hay más forma de gobierno que la que, bien administrada —decía Franklin—, puede ser una bendición para el pueblo, y creo además que será bien administrada durante una serie de años, y sólo podrá acabar en despotismo, como ha sucedido con otros sistemas, cuando el pueblo se haya corrompido tanto que necesite un gobierno despótico, por ser incapaz de cualquier otro.

La profecía de Franklin, según Gore Vidal, "se cumplió en diciembre de 2000, cuando el Tribunal Supremo pasó como una apisonadora por encima de la Constitución para elegir como presidente al perdedor de las elecciones de aquel año": George W. Bush, con quien "el despotismo está ahora bien asentado en su silla. La antigua República es una sombra de sí misma, y contemplamos el resplandor chillón de un imperio nuclear mundial, con un gobierno que considera su auténtico enemigo a 'nosotros, el pueblo', despojados de nuestra libertad de voto. El objetivo de los déspotas suele ser la guerra, y vamos a presenciar una escalada bélica, a no ser que (con la ayuda de los bienintencionados de la nueva vieja Europa y con nuestra propia ayuda, cuando por fin hayamos despertado) convenzamos a esta singular administración de que están actuando inicuamente por su cuenta y en contra de toda nuestra historia".

En el libro, Vidal incluyó una breve entrevista que Marc Cooper le hiciera un poco después de los ataques terroristas del 11 de septiembre, mismos que fueron tratados por el novelista en un polémico libro, intitulado *Guerra perpetua para paz perpetua: cómo llegaron a odiarnos tanto*, donde, entre otras valerosas afirmaciones,

Vidal apuntaba que la inevitable "reacción" es nada menos que la obra sanguinaria de Osama Ben Laden y Timothy McVeigh: "Los dos estaban furiosos por las agresiones temerarias de nuestro gobierno contra otras sociedades" y fueron, "por consiguiente, incitados a responder con pavorosa violencia". De ahí que Cooper se sintiera obligado a preguntar a Vidal si los tres mil civiles muertos aquel trágico 11 de septiembre habían, así, merecido "su suerte".

—No creo que nosotros, el pueblo norteamericano, mereciésemos lo que ocurrió —respondió Gore Vidal—, pero tampoco merecemos los gobiernos que hemos tenido a lo largo de los últimos cuarenta años. Nuestro gobierno ha propiciado estos sucesos mediante sus acciones en todo el mundo. En mi último libro [el ya referido sobre cómo el mundo ha llegado a odiar tanto a los estadounidenses] hay una lista que da al lector una idea de lo ocupados que hemos estado. Por desgracia, sólo recibimos desinformación de *The New York Times* y de otras fuentes oficiales. Los norteamericanos no tienen idea de la magnitud de las fechorías de nuestro gobierno. Desde 1947-1948 hemos realizado más de 250 ataques militares, sin mediar provocación, contra otros países. Son acciones de envergadura en todas partes, desde Panamá a Irán. Y la lista ni siquiera es completa. No incluye países como Chile, porque fue una operación de la CIA. Yo sólo ennumeraba los ataques militares.

Por eso, como decía Spiro Agnew, Estados Unidos, en efecto, sigue siendo, ja, la nación más grande de su país...

Aseguraba Gore Vidal que dos días antes del 11 de septiembre de 2001 presentaron a Bush una directiva presidencial de Seguridad Nacional "en la que se esbozaba una campaña global de acción militar y de espionaje contra Al Kaeda, reforzada por una amenaza de guerra". Según el noticiario de la NBC, "estaba previsto que el presidente Bush firmase unos planes detallados de una guerra mundial contra Al Kaeda... pero no tuvo ocasión de hacerlo antes de los ataques terroristas". La directiva, tal como la describe la NBC, "era en esencia el mismo plan bélico puesto en marcha después del 11 de septiembre". La misma cadena televisiva agregaba que "es muy probable que el gobierno respondiese con tanta rapidez porque no tenía más que echar mano de los planes ya listos". Por último, según Gore Vidal, el 18 de septiembre de 2001 la BBC informaba: "Niaz Niak, antiguo ministro de Exteriores de Pakistán, fue informado a mediados de julio por altos funcionarios norteamericanos de que la acción militar contra Afganistán se llevaría a cabo a mediados de octubre".

Entonces, se preguntaba Vidal, "¿Afganistán fue reducido a escombros para vengar a los tres mil norteamericanos asesinados por Osama Ben Laden? La junta está convencida de que sus ciudadanos son tan simplones que no pueden afrontar una versión más compleja que la del venerable asesino loco y solitario (esta vez con ayudantes zombis) que hace el mal porque sí, porque nos odia, porque somos ricos y libres y él no. El feo Ben Laden fue elegido por motivos estéticos como logotipo aterrador para nuestra invasión y conquista de Afganistán, largo tiempo proyectada y cuya planificación había sido una 'posibilidad' algunos años antes del 11 de septiembre y, asimismo, a partir del 20 de diciembre de 2000, cuando el equipo saliente de Clinton perfiló un plan de ataque contra Osama Ben Laden y Al Kaeda en represalia por el asalto perpetrado contra el acorazado *Cole*". El asesor de Seguridad Nacional de Clinton, Sandy Berger, informó personalmente del plan a su sucesora, Condoleezza Rice, pero ésta, "todavía muy en su papel de directora de Chevron-Texaco, con tareas especiales concernientes a Pakistán y Uzbekistán, ahora niega, en la mejor tradición de la junta, la existencia de esta sesión informativa con su predecesor en el cargo federal más importante en materia de seguridad nacional". Un año y medio después, el 12 de agosto de 2002, "la intrépida revista *Time* informó de este extraño lapsus de memoria".

El objetivo de la conquista asiática era la posesión del gas y el petróleo del Caspio. "Desde las guerras entre Irán e Irak en los años ochenta y primeros noventa —precisa en su libro Gore Vidal— se ha demonizado al Islam como un culto terrorista satánico que alienta los ataques suicidas, contrarios, hay que señalar, a la religión islámica. Parece ser que a Ben Laden se le ha retratado fielmente como un fanático islamista. Con el fin de llevar a este malhechor (vivo o muerto) ante la justicia, Afganistán, el objetivo de la campaña, fue pacificado no sólo para la democracia sino para la Union Oil de California, cuyo oleoducto previsto, desde Turkmenistán a Afganistán y Pakistán, y hasta el puerto de Karachi, en el Océano Índico, había sido abandonado bajo el caótico régimen de los talibanes". Gore Vidal hace un repaso minucioso de la lenta reacción de Bush después de los ataques a las Torres Gemelas. "Desde luego —aseguraba el novelista—, el retraso de una hora y 20 minutos con que despegaron los aviones de combate no pudo deberse a un fallo en todas las bases aéreas de la costa este. Hubo órdenes de que se frenase y se anulara el procedimiento operativo normal y obligatorio. Mientras tanto, encomendaron a los medios de comunicación su tarea habitual de malquistar a la opinión pública con Osama Ben Laden, del que todavía no estaba demostrado que fuese el cerebro del ataque." Dicho "bombardeo" mediático, apuntaba Gore Vidal, recuerda "el clásico gesto de distracción de un mago: mientras miras los colores vivos y ondulantes de su pañuelo de seda en una mano, con la otra te está metiendo el conejo en el bolsillo. Se apresuraron a asegurarnos que la ingente familia de Osama, con sus enormes riquezas, había roto con él, como también había hecho la familia real de su Arabia Saudí natal. La CIA juró con la mano en el pecho que Ben Laden no había colaborado con ella en la guerra contra la ocupación soviética de Afganistán. Por último, el rumor de que la familia Bush se había beneficiado de algún modo de su larga relación con la familia Ben Laden no era (¿qué otra cosa iba a ser?) más que un infundio partidista de mal gusto".

Pero las relaciones de Bush hijo "con el Mal se remontan como mínimo a 1979, cuando su primer intento fallido de jugar en la gran liga del petróleo texano le puso en contacto con un tal James Bath, de Houston, un amigo de la familia que entregó a Bush hijo cincuenta mil dólares por un 5 por ciento de participación en la empresa de Bush Arbusto". Y Bath era, nada menos, "el único representante comercial norteamericano de Salem Ben Laden, cabeza de la acaudalada familia saudí y uno de los 17 hermanos de Osama". Detrás de Bush hijo estaba, por supuesto, Bush padre, "lucrativamente empleado por el Carlyle Group, propietario de al menos 164 empresas en todo el mundo". Sin embargo, pese a estas íntimas relaciones de negocios, el presidente norteamericano cometió una visible hilera de errores que, en otro momento (es decir, sin su poderosa investidura), hubiesen sido imperdonables. Según el *Newsnight* de la BBC del 6 de noviembre de 2001, "sólo unos días después de que los secuestradores despegaran de Boston en dirección a las Torres Gemelas, un vuelo chárter especial transportó a Arabia Saudí desde el mismo aeropuerto a once miembros de la familia de Osama. Este hecho no inquietó a la Casa Blanca". Gore Vidal dice, en su libro *Soñando la guerra*, mismo al que arremetieron con fiereza los oficialistas intelectuales conservadores, que vio a Bush y a Cheney en la CNN cuando el primero pronunció el discurso sobre el "eje del Mal" y se proclamó la "larga guerra". Irak, Irán y Corea del Norte "fueron señalados de inmediato como enemigos que abatir porque quizás acogían, o no, a terroristas que quizás nos destruyeran, o no, en mitad de la noche. Así que tenemos que golpear primero, siempre que nos apetezca".

—Curioso —dijo un colega veterano de la Segunda Guerra Mundial a Gore Vidal— que Bush y Cheney tengan tantas ganas de meternos en una guerra cuando, en la de Vietnam, los dos se acobardaron...

Pero luego ambos coincidieron en que, "en la política norteamericana, los mariquitas son los que animan siempre a los valientes a que sacrifiquen su vida. Los soldados auténticos, como Colin Powell, son menos belicosos. Total, que declaramos la guerra al terrorismo: un sustantivo abstracto que en absoluto puede ser una guerra, ya que para eso se necesita un país. Había uno, por supuesto, el Afganistán inocente, que fue arrasado desde una gran altura, ¿pero qué representan los daños colaterales (un país entero, por ejemplo) cuando persigues a la personificación de todos los males, como aseguran *Time, The New York Times*, las cadenas de televisión, etcétera?" Tal como se vio, resume el novelista, "la conquista de Afganistán no tenía nada que ver con Osama Ben Laden. Era un mero pretexto para sustituir a los talibanes por un gobierno relativamente estable que permitiese a la Union Oil de California tender su oleoducto en beneficio, entre otros, de la Junta Bush-Cheney".

Por tener presidentes como los que ha tenido, Estados Unidos, sí, continúa siendo la nación más grande de su país.

(A propósito, Ben Laden fue asesinado en Pakistán el 2 de mayo de 2011 por un comando especial bajo las órdenes del presidente Barack Obama.) ❦

Haroldo de Campos
(Sao Paulo, Brasil, 1929-2003)

❦ *Poesía en tiempo de hambre*

Se puede afirmar, sin temor a equívocos, que Haroldo de Campos es el gran poeta de Brasil. Bella Jozef, en su *Antología general de la literatura brasileña* (colección "Tierra Firme" del Fondo de Cultura Económica, 1995), en tres pinceladas nos ofrece el desarrollo de las letras en ese país sudamericano: después de la etapa romántica, que tuvo en el poeta Goncalves de Magalháes (1811-1882) a su máximo representante, prosiguió la corriente realista en la cual tuvo un lugar destacado el narrador Machado de Assis (1839-1908), quien se convirtiera en un eficaz cronista de costumbres.

"Mientras los parnasianos, como Alberto de Oliveira y Olavo Bilac, se dicen impasibles frente a la realidad, exaltando una forma clásica y rigurosa —dice Bella Jozef—, los simbolistas redescubren la metáfora y exploran el color y el sonido, haciendo énfasis en el aspecto espiritual de la realidad. Como autores de transición pueden ser nombrados Raul Pompéia y Euclides da Cunha, cuya visión artística se presenta bajo el signo del impresionismo. Se usa el nombre de Modernismo para designar hechos culturales y artísticos iniciados con la Semana de Arte Moderno, en 1922. Una serie de experimentos estéticos irrumpen en todo el país con el surgimiento de grupos locales. Fue un amplio movimiento de ruptura y de continuidad que hacía posible, al mismo tiempo, la aprehensión de lo colonial y la integración poética de una nueva realidad. El Modernismo creó condiciones para la reformulación de la conciencia artística, como fuente de nuevas opciones. Dividido entre cosmopolitismo y nacionalismo, buscó expresarse en un lenguaje coloquial para la captación de lo cotidiano y de las raíces brasileñas".

El fin de la Segunda Guerra Mundial marca el comienzo de una nueva etapa. "En ocasión del Primer Congreso Brasileño de Escritores, en Sao Paulo, la Generación del 45 aboga por la vuelta de formas fijas de poesía, como el soneto y la oda. A pesar de la contestación que hizo del Modernismo del 22, en cuanto a los excesos que desfiguraban los principios de libertad de creación poética, es heredera de sus conquistas. Esta generación quiso restaurar el uso netamente poético de la palabra al no aceptar ciertas licencias y prosaísmos de la época inicial del Modernismo." Y aquí entra De Campos. En la década de los cincuenta, explica Jozef, "se instaura otro movimiento de vanguardia: el concretismo. Aprovechando la tradición del surrealismo, del dadaísmo y del futurismo, junto con el estructuralismo, algunos poetas de Sao Paulo (Décio Pignatari, Ferreira Gullar, Haroldo y Augusto de Campos) propusieron una reformulación del arte poético basada en el poder visual de la palabra y el empleo del ideograma".

El grupo que integrara De Campos en los cincuenta se llamaba Noigandres, que editó la revista del mismo nombre, donde la poesía concreta, que es decir el juego de palabras y de visiones lingüísticas, tenía un sitio privilegiado; pero, curiosamente, el propio Haroldo de Campos lo abandona a partir de la década siguiente para sumergirse en la búsqueda, ahora, de la "tradición" y de la "modernidad" al considerar que el movimiento concretista había respondido a la urgencia de aquella época, muy distinta a la posterior; por lo tanto, creía que ya, en ese momento, no podían darse movimientos vanguardistas colectivos tal como sucediera en los cincuenta del siglo XX. El poeta se sumergió, entonces, en su personalidad, en su definición, en su presente. El poeta es el hombre que mira con exacerbada visión sólo su presente, porque las colectividades literarias, según De Campos, no son posibles. Corrían, ya, otros tiempos. El autor brasileño, hacia fines de los noventa, se embarcó por ejemplo en la traducción (¿y qué otra acción más tradicionalista que ésta?) al portugués de la *Ilíada*, sin abandonar su Brasil, del que nunca, casi nunca, salía —de su Sao Paulo adorado— sino ocasionalmente, como ocurrió en el tercer mes de 1999 en que visitó —diríamos insólitamente— México para recibir, el 24 de marzo, el II Premio Octavio Paz. No salía el poeta de su Brasil, a menos que fuera para recibir un modesto milloncito de pesos, que ese era el monto del galardón, por lo demás bien merecido.

Bella Jozef traduce del portugués, en su referida antología, un poema de Haroldo de Campos, que pareciera una canción concreta a la que sólo le faltara la música, por supuesto concreta también, de Caetano Veloso:

Poesía en tiempo de hambre
hambre en tiempo de poesía.

Poesía en vez del hombre
pronombre en vez del nombre

hombre en vez de la poesía
nombre en vez del pronombre

poesía de dar en nombre
nombrar es dar el nombre

nombro en nombre
nombro el hombre

en medio del hambre
nombro el hambre. ❧

Imre Kertész
(Budapestt, Hungría, 1929)

❧ *La honda huella de la conclusión*

En su libro *Yo, otro* (El Acantilado, 2002), el húngaro Imre Kertész busca de nuevo, como lo ha hecho a lo largo de su obra, desesperadamente su identidad. "Mucho me temo que ya no podré hablar seriamente de nada —dice el Nobel 2002—. Mi alma cree en algo que mi razón se ve obligada a negar. Quien ve (o, más bien, reconoce) los problemas tal como son debe renunciar a la solución de dichos problemas; el problema no está en los problemas, sino en algún sitio fuera de ellos. Sólo Jesucristo pudo plantear el problema de Roma en plena descomposición, precisamente porque renunció a tratar pragmáticamente los problemas; y al final tuvo razón: su terrible destino demuestra hasta qué punto era desesperanzada y al mismo tiempo imprescindible la renovación radical."

Kertész fue deportado en 1944 a Auschwitz y a Buchenwald, que lo marcaron para siempre, al grado de que toda su escritura está ceñida al asunto judío. Allí, en los campos alemanes de exterminio, "toda explicación histórica o científica se atasca —dice Kertész—. Allí, el antisemitismo apenas desempeña ya papel alguno. Allí, el hombre ya sólo torturaba y mataba al hombre a montones, y se deleitaba en el hedor de la carne en descomposición: allí ya sólo había semimuertos dedicados a quemar cadáveres y almaceneros destinados a tirar objetos; el mundo se destruye desde muy adentro, desde mucho más adentro de lo que es capaz de concebir la historia, sea con la razón, sea con la ciencia". Sus visiones si bien no son apocalípticas son demasiado severas, incluso para consigo mismo ("sólo poseo una identidad, la identidad del escribir. ¿Qué más soy? ¿Quién puede saberlo?"). Pregunta si hemos observado que, a partir del siglo XX, cada cosa se volvió más verdadera, más auténticamente ella misma: "El soldado se ha convertido en asesino profesional; la política, en crimen; el capital, en gran industria exterminadora de hombres y equipada con crematorios; la ley, en regla para el juego sucio; la libertad universal, en cárcel para los pueblos; el antisemitismo, en Auschwitz; el sentimiento nacional, en genocidio. Nuestra era es la era de la verdad, no cabe la menor duda. Aun así, seguimos mintiendo por mera costumbre, aunque todo el mundo nos vea el plumero; cuando se grita '¡amor!', todos saben que ha llegado el momento del asesinato; cuando se grita '¡ley!', todos saben que es la hora del robo, del atraco".

No olvidemos, señala una y otra vez Kertész, que Auschwitz "no fue disuelto por ser Auschwitz, sino porque la evolución de la guerra dio un vuelco; y desde Auschwitz no ha ocurrido nada que podamos vivir como una refutación de Auschwitz. En cambio, sí hemos visto funcionar imperios sobre la base de ideologías que, en la práctica, eran meros juegos de lenguaje; de hecho, estas ideologías demostraron su utilidad, es decir su eficacia como instrumentos del terror, precisamente por ser meros juegos de lenguaje. Hemos visto que tanto el asesino como la víctima eran conscientes del vacío de estas órdenes ideológicas, de su carencia de significado: y justamente esta conciencia hacía que las atrocidades cometidas en nombre de tales ideologías resultaran singularmente infames, generaba esa perversidad profundamente arraigada en las sociedades sometidas al dominio de las ideologías". Dice Kertész que escribe estas líneas "con especial amargura y especial satisfacción (por no decir placer), mientras percibo en el fondo la fragilidad, la inutilidad, lo intempestivo de mi forma de vida. ¿Qué me impulsa? ¿Por qué emborrono este papel con el bolígrafo? ¿Para qué mis mañanas secretas, mis paseos secretos, mi autotortura íntima, solitaria?"

El Nobel húngaro mira la vida sin solución posible: "Dejo de ser receptivo a la alegría, a la inconcebible belleza de la vida... dejo de ser receptivo a mí mismo. Pierdo mi excedente, mi excedente de vida, donde se acumula mi riqueza, la fuente potencial de mi creatividad; y eso que sólo en ella, en la llamada creatividad, se muestra la esencia mía que merece la pena (pero, ¿por qué importa mostrarme? Preguntas que no cesan). Vivir de manera intempestiva; esto es, trágica, en las grandes dimensiones de una vida singular y de una muerte rápida, imprevisible, como aquel al que le ha sido dado un único y breve verano entre dos vidas, lánguidas vidas de larva".

Su libro es una crónica de sus andares por el mundo ofreciendo charlas. Por eso, en la soledad de los hoteles, Kertész se cuestiona el sentido de la vida. "A estas alturas —dice, y hay en ello una honda y negra cavilación— ya no me siento seguro de nada. Ni de lo contrario. No estoy en absoluto seguro de mis palabras, puesto que éstas expresan opiniones; las opiniones, a su vez, han de basarse en nuestras vidas, y la mía no puede constituir la base de mi opinión por el simple hecho de que no es una vida activa, de modo que he vuelto a pisar la pista de patinaje de las opiniones y, claro está, he vuelto a resbalar; además, de pronto me he visto como ensayista, y se ha apoderado de mí el miedo a morir de sed en el desierto de la retórica. Influyo en otros y, a todo esto, ni siquiera sé quién soy."

Vaya autocrítica: el Nobel influyente no sabe quién es él, de manera que vayamos sabiendo a quién confiar nuestras lecturas, parece decirnos con franqueza. "La nueva técnica novelística se basa, en general, en la idea de que ya no es el escritor quien capta el mundo (como objeto del conocimiento), sino el mundo el que capta al escritor (como objeto de su pulsión sin límites); no obstante —remarca con enjundia Kertész, dispuesto a negar todo lo que está a su alrededor—, esta concepción provoca transformaciones devastadoras en la llamada literatura, en esa rama del arte que va vegetando con dificultades cada vez mayores. Este arte extrae su última inspiración del hundimiento increíblemente vertiginoso del nivel de los hombres; pero el imparable hundimiento pronto barrerá toda inspiración... salvo la de la destrucción. ¿Quién habla ahora de literatura? Registrar los últimos estertores, eso es todo."

Hay, sin embargo, una razón profunda de su negación de sí mismo: la muerte de su esposa: "De repente tomo conciencia de que este mundo ha dejado de existir, de que a lo sumo me quedan los recuerdos. Pero éstos ya son única y exclusivamente míos, y en vano busco su comprobación, su reafirmación, su segunda dimensión: tal vez no sea cierto que he vivido, tal vez nada sea cierto. Se fue [su mujer] y se llevó consigo la mayor parte de mi vida, el tiempo en que empezó y culminó la creación literaria, en que, viviendo en un matrimonio desdichado, nos quisimos tanto". Eso es: el vacío infinito cuando algo nos abandona, cuando se termina el suplicio de una novela larga, cuando se difumina el aliciente de la inspiración, cuando concluye una verdadera relación amorosa... ❧

Hans Magnus Enzensberger
(Kaufbeuren, Alemania, 1929)

🌸 *Una cifra espantosamente grande*

El alemán Hans Magnus Enzensberger escribió un libro para "todos aquellos que temen a las matemáticas". Robert es un niño de doce años que no soporta a su maestro Bockel porque se la pasa en clase inventando "idioteces" tales como "si dos panaderos hacen 444 trenzas en seis horas, ¿cuánto tiempo necesitarán cinco panaderos para hacer 88 trenzas?"; pero una noche, en un sueño inesperado (porque hay sueños predecibles), se le aparece *El diablo de los números* (Ediciones Siruela, España, 1998) para cambiarle por completo el panorama de la aritmética.

—No quiero decir nada en contra de tu profesor —dice el pequeño diablo—, pero la verdad es que eso no tiene nada que ver con las matemáticas. ¿Sabes una cosa? La mayoría de los verdaderos matemáticos no sabe hacer cuentas. Además, les da pena perder el tiempo haciéndolas, para eso están las calculadoras.

A pesar de la primera obvia reticencia de Robert, el diablo de los números comienza a jugar con el niño.

La primera carambola es sencilla: $1 \times 1 = 1$.

Luego, la siguiente cantidad: $11 \times 11 = 121$.

—¿Ves? —dijo el diablo de los números—, ya has hecho un dos sólo con unos. Y ahora, por favor, dime cuánto es: 111×111.

—Eso es demasiado —protestó Robert—. No puedo calcularlo de memoria.

—Entonces coge tu calculadora.

—¿Y de dónde la saco? Uno no trae la calculadora a los sueños.

—Entonces coge ésta —dijo el diablo de los números, y le puso una en la mano.

"Tenía un tacto extrañamente blanco, como si estuviera hecha de masa de pan. Era de color verde cardenillo y pegajosa, pero funcionada". Robert pulsó 111×111. ¿Y qué salió? 12321".

—¡Estupendo! —dijo Robert—. ¡Ahora ya tenemos un tres!

—Bueno, pues ahora no tienes más que seguir haciendo lo mismo.

Robert tecleó y tecleó: $1111 \times 1111 = 1234321$

$11111 \times 11111 = 123454321$

—¡Muy bien! —el diablo de los números le dio unas palmadas en la espalda a Robert—. Esto tiene un truco especial. Seguro que ya te has dado cuenta. Si sigues adelante no sólo te salen todos los números del dos al nueve sino que además puedes leer el resultado de delante atrás y de detrás adelante, igual que en palabras como ANA, ORO o ALA.

En un delicioso recorrido por las matemáticas, Enzensberger, bajita la mano, fuera de los dispendios y superficialidades académicas, se introduce por los algoritmos, axiomas, números figurados, la criba de Eratóstenes, la curva de Koch, las fórmulas de Euler, las fracciones, los números naturales, la serie de Fibonacci, los números primos, triangulares, impares, imaginarios, naturales, negativos e irracionales, el postulado de Bertrand, la presunción de Goldbach, los quebrados, las raíces, las elevaciones a la potencia y al cuadrado. El libro anima a seguir sumando, pero para hallar recovecos o verdaderas sorpresas, como las de las posibilidades grupales: para visitar a 25 amigos que viven en 25 rutas distintas, hay un sinnúmero de posibilidades en el viaje.

—Una cifra espantosamente grande", le dice el diablo de los números a Robert, y la apunta, en seguida: "1 600 000 000 000 000 000 000 000 0… Es imposible probarlas todas para saber cuál es la más corta. Incluso utilizando la mayor de las computadoras, jamás llegarías al final.

Ese es el problema más grave de los matemáticos: probar lo improbable.

—Y lo que es peor —dice el diablo de los números—, ni siquiera podemos demostrar definitivamente que no hay *ninguna* solución perfecta. Porque eso ya sería algo. Entonces no tendríamos que seguir buscando. Por lo menos habríamos buscado que no hay prueba, y al fin y al cabo eso también sería una prueba.

Robert, entonces, se alegra:

—Así que a veces también los diablos de los números fallan. Eso me tranquiliza. Ya creía que podías hacer tanta magia como quisieras —dice.

—Eso es solamente lo que parece —responde el diablo—. ¡Qué te crees, muchas veces me he quedado sin cruzar el río! En esas ocasiones, bastante me he tenido que alegrar de volver con los zapatos secos a la vieja orilla segura. Sabe Dios que no quiero decir que yo sea el más grande. Pero a los más grandes diablos de los números les ocurre lo mismo. Eso sólo significa que las matemáticas nunca están acabadas. Hay que decir que por suerte.

El ensayista usa un lenguaje accesible. En lugar de recurrir a los términos académicos, se va con citas cotidianas, casuales, juguetonas. Por lo mismo, al final de su brillante exposición escribe un discreto aviso: "En los sueños, todo es diferente al colegio o a la ciencia. Cuando Robert y el diablo de los números hablan, se expresan a veces de forma bastante extraña. ¡Pero no creas que todo el mundo entiende las palabras que ambos utilizan! Tu profesor de matemáticas, por ejemplo, o tu padre. Si les dices *saltar* o *rábano*, no entenderán qué quiere decir. Entre los adultos se habla de otra forma: en vez de *saltar* se dice *elevar al cuadrado* o *elevar a la potencia* y en lugar de *rábano* escriben *raíz* en el pizarrón. En los sueños no existen estas expresiones especializadas. Nadie sueña con palabras extranjeras. Así que cuando el diablo de los números habla en imágenes y hace saltar los números en vez de elevarlos a potencias, no es sólo cosa de niños: en sueños, todos hacemos lo que queremos".

A lo largo de las 260 páginas, Enzensberger en realidad se divierte con los números. Probablemente éste sea su libro más apreciado en el sentido de la ligereza lúdica. En efecto: nadie que le tema a las matemáticas soltará el volumen porque sí. Pese a las aparentes complejidades aritméticas, el lector se empecina en la búsqueda de las soluciones, porque el tratamiento es, magistralmente, superior. El diablo de los números resulta ser un profesor excelso, a pesar de ser, sólo, un simple matemático. ¿Se imagina el lector verse obligado a resolver estas pavorosas cantidades en el aula escolar? Dice el diablo a Robert:

—Teclea esa enrevesada cifra, yo te la dictaré: 1 618 033 989. Bien. Ahora le restas 0,5. 1, 618 033 989 – 0,5 = 1, 118 033 989. Y lo duplicas. Es decir, multiplicas por 2: 1, 118 033 989 x 2 = 2, 236 067 978. Bien, y ahora saltas el resultado. Lo multiplicas por sí mismo. Para eso hay una tecla, la que pone x2: 2, 236067978 2 = 5, 000000000…

—¡Cinco! —gritó Robert—. ¡Pero no es posible! ¿Cómo es que sale cinco? ¿Exactamente cinco?

Y dan ganas de seguir removiendo números, desenterrarlos, descubrirlos en sus incógnitos secretos, maniatarlos, saborearlos. Con un maestro de matemáticas como Hans Magnus Enzensberger, las matemáticas son extrañamente entretenidas. 🌿

Michael Ende
(Baviera, Alemania, 1929 / Baden-Württemberg, Alemania, 1995)

🌿 *La soberbia del poder*

En medio de la vasta estepa africana vivía un rinoceronte llamado Norberto Nucagorda que, como todos los rinocerontes, era sumamente desconfiado. Pero en su específico caso, la desconfianza iba, sin duda, más lejos de lo habitual. "Hacemos bien, solía decirse Norberto, en ver un enemigo en cada uno de los demás; así, en todo caso, no se lleva uno sorpresas desagradables. El único de quien me puedo fiar soy yo mismo." Esa era su filosofía, y estaba orgulloso de tenerla, "pues ni siquiera en ese punto quería fiarse de ningún otro".

Me encanta mirar esta ingenua fábula del maestro Michael Ende como una semejanza política. Sobre todo en los tiempos en que los aparentes poderíos de los partidos pueden ser desmoronados, el cuento del alemán resulta irónicamente aleccionador. Ahora que los altarcitos, las estatuas y los monumentos, pacientemente erigidos por las sucesivas cúpulas priistas a lo largo de siete décadas, fueron derribados, aunque hayan sido de nuevo levantados en 2012, es conveniente traer a colación el bello cuento de Ende (*Norberto Nucagorda*, 32 páginas, colección infantil de Alfaguara con ilustraciones de Stella Wittenberg), una aguda metáfora, después de todo, de la soberbia política.

El rinoceronte, como puede apreciarse, "no era demasiado exigente en el aspecto espiritual. En cambio, en el aspecto físico era poco menos que inexpugnable. Tenía al lado izquierdo una plancha acorazada, y otra al lado derecho, una delante y otra detrás, una arriba y otra abajo; en pocas palabras, tenía planchas defensivas en cada sitio de su voluminoso corpachón. Y, como arma, no le bastaba un cuerno en la nariz, según suele tenerlo la mayoría de sus congéneres; él poseía dos: un cuerno grande, situado sobre la punta de la nariz, y uno más pequeño, de reserva, más atrás, para el caso de que el grande no le fuera suficiente". Uno hace bien en estar siempre desprevenido para lo peor, decía Nucagorda. "Cuando avanzaba pesadamente por su senda habitual a través de la estepa, todo el mundo hacía un rodeo en el camino. Los animales pequeños le tenían miedo, y los grandes, por prudencia, evitaban encontrarse con él. Hasta los elefantes preferían hacer un desvío en su ruta, pues Norberto era un cascarrabias de mucho cuidado, y por menos de nada entablaba una pendencia. Además, su conducta iba empeorando de día en día."

En sus dominios se hallaba la única charca de la estepa. Sólo bajo peligro de muerte podían acceder a ella los demás animales cuando necesitaban aplacar la sed. "A las crías de las distintas especies no les era posible jugar allí ni bañarse; los pájaros no podían ya ni cantar, porque inmediatamente aparecía Norberto Nucagorda encendido de cólera y revolvía todo, y gritaba que le habían atacado a él." La situación llegó a las fronteras de lo soportable. En asamblea plenaria se reunieron los animales para deliberar sobre lo que cabía hacer, "y para que todos, efectivamente, pudieran tomar parte en las conversaciones, cada cual hizo solemne promesa de comportarse de manera pacífica y sosegada, pues, como es natural, había muchos que no mantenían entre sí una amistad demasiado estrecha". Surgieron varias propuestas, todas ellas inútiles (¡cavar una enorme trampa en sus dominios!, ¡atizarle una paliza entre todos!). No faltó ni la sugerencia intelectual, proveniente del profesor marabú Eusebio Perforalodos, que proponía un método científico para aplacar el extendido poderío del rinoceronte. "En el caso de Norberto Nucagorda —resumió el marabú— se trata de la llamada *psimulación urebolánea* específica de la enfisis caurepatomalística, la que, con seguridad, y mediante comunicación semántica, puede ser simboturmida e, incluso, enteramente extrospinatizada." Nadie le entendió. Al final, la gacela Dolores Todatemores propuso lo único cuerdo, ante su incapacidad organizativa y de ingenio: hacer un atadillo con cuatro cosas y partir hacia otros rumbos. Así que todos se fueron a la búsqueda de otra comarca.

Excepto uno, el pequeñín e intrascendente bufago, ese pajarillo que se pasea por los lomos de los búfalos, elefantes e hipopótamos para, con base en severos picotazos, limpiar toda clase de sabandijas que se pudieran haber instalado en cada animal. Enojado porque Nucagorda le había ahuyentado su clientela, ideó un perfecto plan para acabar de una vez con el poderoso y omnisciente rinoceronte. "Ea, ¿qué tal se siente uno como vencedor?", le preguntó a Nucagorda. "¡Fuera de ahí! ¡Exijo respeto! ¡Desaparece, y a toda prisa!", le gritó el dueño de la estepa. "Poco a poco —dijo Carlitos Cazabichos, el bufago—. Estamos en que ya eres soberano, único y absoluto. Has alcanzado, real y verdaderamente, una gran victoria. Pero, ¿no echas en falta algo?" "Nada, que yo sepa", contestó el rinoceronte. "Sin embargo, — dijo el bufago—, una cosa te falta todavía, una cosa que, necesariamente, debe tener todo vencedor y todo soberano: ¡un monumento!"

A Nucagorda comenzó a cosquillearle la magnífica idea, pero como ya los súbditos se habían marchado de sus terrenos y nadie podía construirle un monumento a su imagen y semejanza, no había otro remedio que ser él mismo su propio monumento. "Tienes que subirte —le dijo Carlitos— a un alto pedestal, de manera que se te vea desde bien lejos. Y luego debes permanecer quieto, como si estuvieras fundido en bronce." En esa posición Nucagorda tendría que mirar hacia el futuro, "porque un monumento no tiene que ver sino ser visto". Ya arriba el rinoceronte, el bufago todavía le hizo una última advertencia: "A veces ocurre que los soberanos resultan derribados; por ejemplo, a causa de una revolución. Y cuando un soberano es derribado se derriba también, como es natural, su monumento. Porque si uno derribara el monumento de un soberano que no ha sido derribado, aquél, naturalmente, iría en seguida a la cárcel, o sería ejecutado. A menos que escapara a tiempo".

La parábola es genial y, para mayor claridad, para no dejar ninguna duda de su astucia diríamos política, Carlitos remató su ingenioso discurso: "Si tú, por ejemplo, te bajas del pedestal, entonces has derribado tu monumento. O eres todavía soberano, o no. Si te has derribado como soberano, tienes que ejecutarte, porque eso es lo usual en las revoluciones. Pero si sólo has derribado tu monumento, entonces tienes que ejecutarte, porque todavía eres soberano. A menos que escapes a tiempo, antes de que tú mismo hayas podido tomarte preso".

Menudo problema en el que se había metido Nucagorda por su intransigencia y por su desmedida soberbia, acorralado en sus propios dominios.

Porque el poder, pese a sus ambiciosos y aparentemente invulnerables políticos, no es, ciertamente, eterno. ❦

Thomas Bernhard
(Heerlen, Países Bajos, 1931 / Gmunden, Austria, 1988)

❦ *Tirar piedras en el tejado*

Cuando le concedieron el Premio Grillparzer, Thomas Bernhard no podía creerlo. "hora que los austriacos, mis compatriotas —relata en su libro *El sobrino de Wittgenstein* (Anagrama)—, que hasta este momento sólo me han pisoteado, me distinguen con este prestigiado galardón, creía realmente haber alcanzado un punto culminante", para lo cual incluso fue a comprarse, insólitamente, un traje nuevo, que, confiesa, le quedó a la postre demasiado estrecho. "Las concesiones de premios —dice—, si prescindo del dinero que reportan, son lo más insoportable del mundo. Había tenido ya esa experiencia en Alemania. No ensalzan, como creí antes de recibir mi primer premio, sino rebajan, y por cierto de la forma más humillante. Sólo porque pensaba siempre en el dinero que traen, las soportaba. Sólo por esa razón fui a los más diversos ayuntamientos viejos y a todos esos salones de actos de mal gusto." Su opinión, por supuesto, es dura, severa, pétrea, porque así le fue en la feria, pese a que realmente era admirado en muchos sitios. Hasta los cuarenta años, según apunta, aguantó esas "humillaciones". Dejó que lo "defecaran en la cabeza" en esos "ayuntamientos y salones de actos", porque, asegura, "aceptar un premio no quiere decir otra cosa que dejarse defecar en la cabeza, porque le pagan a uno por ello". Por haber aceptado tantos premios, decía Bernhard, se hizo "abyecto y despreciable y, en el sentido más exacto de la palabra, repulsivo". Y, sin embargo, cuando aceptó el galardón Grillparzer, "pensaba que aquello era distinto" porque se lo entregaba la Academia de Ciencias. Y, por tal, era una magnífica excepción. Mas no fue así. "Hubo algunos discursos sobre Grillparzer y se dijeron unas palabras sobre mí —apuntó Bernhard—;

en conjunto el acto duró una hora y, como siempre en esas ocasiones, se habló demasiado y, como es natural, tonterías. Durante esos discursos la ministra se durmió y, como pude oír claramente, se puso a roncar, y no se despertó hasta que los músicos de cámara filarmónicos empezaron a tocar otra vez." Cuando terminó la ceremonia, "se arremolinaron en el estrado tantos como pudieron alrededor de la ministra y del presidente Hunger. A mí ya nadie me hizo caso —apuntó Bernhard—. Como no dejé inmediatamente el salón de actos con los míos, oí todavía cómo la ministra exclamaba de pronto: ¿Pero dónde está el escritorcete? Entonces tuve bastante, definitivamente, y dejé la Academia de Ciencias tan de prisa como pude". Y avergonzado, y rabioso... y defecado, de nuevo. Al recibir en 1968 el Premio Nacional de Literatura, mucho antes del Grillparzer, el ministro que, "en el salón de audiencias del Ministerio, hizo lo que se llama mi elogio —escribió Bernhard—, no dijo en ese elogio más que tonterías de mí, porque no hizo más que leer en un papel lo que le había escrito alguno de sus funcionarios encargado de la literatura; por ejemplo, que yo había escrito una novela sobre los mares del sur, lo que, naturalmente, jamás había hecho. Aunque siempre he sido austriaco, el ministro afirmó que yo era holandés. Aunque yo no tenía la menor idea de ello, el ministro afirmó que yo estaba especializado en novelas de aventuras. En su discurso afirmó varias veces que yo era extranjero y huésped de Austria". Sin embargo, pese a las "insensateces" proclamadas por el ministro, Bernhard dijo no verse afectado porque sabía muy bien que "aquel tonto de Estiria que, antes de ser ministro, había sido en Graz secretario de Agricultura, encargado sobre todo de la ganadería, no tenía la culpa. Aquel ministro, como, sin excepción, todos los demás ministros, llevaba la estupidez escrita en el rostro, lo que era repulsivo pero no indignante, y aguanté sin más aquel elogio ministerial de mí". Empero, cuando Bernhard leyó su breve discurso ("a toda prisa y con la mayor repugnancia"), que no duró más de tres minutos, donde hizo "una pequeña digresión filosófica" en la que "sólo decía que el hombre es miserable y tiene la muerte segura", el ministro, "que no había comprendido nada de lo que yo había dicho, saltó de su asiento, indignado, y agitó el puño cerrado ante mi cara; resoplando de rabia me llamó además *perro* delante de todos los presentes y dejó el salón, no sin cerrar tras de sí la puerta de cristales con tal fuerza que se partió en mil pedazos". Durante unos minutos reinó, escribió Bernhard, "un profundo silencio", luego de lo cual ocurrió "lo curioso: toda la concurrencia, a la que sólo puedo calificar de jauría oportunista, se precipitó tras el ministro, no sin arremeter antes contra mí no sólo con insultos sino también con puños cerrados". Los periódicos, al día siguiente, hablaban de aquel Bernhard "que tiraba piedras a su propio tejado". ¿Cómo se atrevía el escritorzuelo, pues, a comportarse de tal modo si lo estaban premiando, con dinero incluido, si le estaban sirviendo el banquete con la mesa puesta? Los que reciben premios como por encargo tal vez sepan de estas minucias. Yo, la verdad, lo ignoro, aunque sí sé, porque uno no es tonto, cómo algunos premiados —bastantes— agachan la cabeza, se ponen de hinojos ante la autoridad, se congratulan de su servilismo, se dan golpes de pecho para borrar sus pensamientos anteriores, se refocilan de su conservadurismo y de sus buenas costumbres… y se dejan defecar en la cabeza. 🍐

Tom Wolfe
(Richmond, Estados Unidos, 1930)

🍐 *"Tardar once años en escribir un libro es un acto imperdonable que raya en lo vergonzoso"*

Tom Wolfe asegura, exagerado como es, que tardar once años en escribir un libro "es la ruina económica, un quebradero de cabeza, tanto mental como físico, un infierno para la familia y una ostentación de holgazanería para todos los demás". En suma, "un acto imperdonable que raya en lo vergonzoso". No obstante, ése fue justo el tiempo en que tardó en escribir su novela *Todo un hombre*, aparecida en 1998.

¿Por qué tanto tiempo?

Porque cometió "el pecado de *hybris* —dice en su libro *El periodismo canalla y otros artículos* (Ediciones B, con traducción a la española de María Eugenia Ciocchini, 304 páginas, 2001)—: en esa novela me proponía meter el mundo entero". Así que hizo un viaje a Japón, el más caro de su vida, porque su libro había de abarcar "la totalidad del planeta". Regresó con dos pequeños datos que "quizá sirvan para ampliar los conocimientos de mis compatriotas sobre el Lejano Oriente". Y es ahí, precisamente ahí, donde está esa cosa que incomoda de Tom Wolfe, esa cosa acaso minúscula que siempre, por lo menos a mí, me ha molestado de este narcisista narrador estadounidense: su airado centralismo. Estados Unidos es el centro del planeta. Lo que sucede a su alrededor no tiene la menor importancia. Todas las otras naciones sirven al más grande imperio que haya dado el orbe. Para eso están todos los otros países: para ser fieles vasallos de la Gran Unión Americana.

Desde su aparición en los sesenta, suscitando escándalos para negar toda la fabricación periodística que se desarrollaba hasta antes de su milagrosa aparición,

Tom Wolfe no ha hecho otra cosa que centrar el mundo en torno suyo. Si bien su estruendoso arribo ha sido ciertamente mitificado con el acertado término de "nuevo periodismo" (de no haber gritado terca y empecinadamente, a los cuatro vientos, aquí y allá, que el "nuevo periodismo" venía a poner en su lugar a la adormecida redacción de los somnolientos y moderados periodistas, quizás dicho movimiento literario, en efecto, no hubiese tomado el rumbo victorioso y estridente que tomó), corriente periodística que escindía los tabúes de la ortodoxia informativa y arremetía contra todos esos totémicos personajes, conservadores y tradicionalistas, que guardaban para sí las formas con tal de preservar los intereses naturales del empresariado periodístico, tal vez sin saberlo el mismo Wolfe ha conducido a esta nueva prensa, luego de glorificar la "otra" manera de cronicar la realidad, a senderos diferentes pero igualmente calamitosos y evanescentes.

El demasiado egocentrismo de Wolfe ha encaminado su periodismo hacia rumbos patrioteros sin límites. Que hable hasta el hartazgo de sí mismo no resulta a la larga molesto como sí lo es su exacerbado nacionalismo. Fuera de Estados Unidos no ocurren sino miserias. Los hombres, si no queremos deslindarnos de nuestro papel en la vida, debemos estar atentos a todo lo que sucede en Nueva York. ¡Ay de aquél que ignore todo lo que acontece en el mercado estadounidense! No en vano Tom Wolfe se ha dedicado a novelar, cuando se ha sentado a escribir un libro no periodístico, exclusivamente el contorno yanqui. Fuera de Estados Unidos, el mundo no merece ser llevado a la literatura... ni al cine. Al contrario de este férreo estructuralismo novelístico, es admirable su fortaleza contra todas las ortodoxias y los nefandos costumbrismos que atan a la prensa convencional, y de paso a sus obsecuentes periodistas. Bien.

Wolfe nos habla de su intenso trabajo de investigación para su nuevo libro, en cuya primera edición fueron impresos un millón 200 mil ejemplares. En la librería Borders de Buckhead sólo alcanzó a firmar, en cuatro horas, dos mil trescientos libros. "Borders es una librería muy grande, pero la cola se extendía hasta la acera de Lenox Road [y quien no sepa dónde está Lenox Road es que no sabe nada de la vida, por supuesto]. El libro se vendió tan rápidamente que no tuvo necesidad de ir escalando puestos en la lista de los más vendidos de *The New York Times* —acota Wolfe ya en su humilde territorio, el del estrellato, donde le fascina moverse y del cual habla maravillas, como buen actor que es del 'nuevo periodismo'—. Saltó al primer puesto y permaneció allí durante toda la temporada de Navidad. Se vendió en tapa dura tanto como si se tratara de un éxito en rústica, a un ritmo tres o cuatro veces superior al del típico *bestseller* en tapa dura [con lo cual ya está advirtiendo, ojo, que lo suyo no es *bestseller* sino excelsa literatura]. No sólo se agotó la monumental primera edición, se vendieron otras siete de veinticinco mil ejemplares cada una". También reproduce algunos textos elogiosos, celebrables, por la salida de su libro ("una novela aclamada por la crítica, que se vende como rosquillas en medio del resplandor de la publicidad").

Bien.

Pues toda esta autoexaltación personal ha servido para ahondar, ahora sí ("no he hallado nada igual en los anales de la literatura estadounidense"), en el meollo del texto: sólo tres novelistas estadounidenses de renombre, "cargados de años y prestigio literario (John Updike, Norman Mailer y John Irving), alzaron sus voces para denostar a *Todo un hombre*. Tres novelistas viejos y famosos salieron de sus hornacinas de la historia literaria para anatemizar una nueva novela; si algo semejante ha ocurrido con anterioridad, yo no me he enterado". Updike, que tenía 66 años, dijo —en cuatro páginas de *New Yorker*— que ese libro "no era literatura sino entretenimiento", ni siquiera podía calificarse de "modesta aspiración a la literatura". Norman Mailer, que tenía 75 años, escribió seis páginas ("de densa tipografía en una revista del tamaño de un periódico") en *The New York Review of Books* para "llegar al veredicto de que *Todo un hombre* no era literatura, sino un mega *best seller*". Ambos escritores consideraban, además, a Wolfe no un novelista sino, y esto no sé porqué ofende a uno de los fundadores del *new journalism*, "un periodista". Irving, entonces con 57 años, invitado del programa televisivo *Hot Tupe* [¡y ay de aquél que no sepa en qué canal se transmite *Hot Type*!], tuvo cinco minutos de enfado cuando le preguntaron su opinión sobre Wolfe. "Sus carrillos de sexagenario temblaron. Acto seguido empezó a pitar. Mejor dicho, los técnicos se las vieron y se las desearon para pulsar el botón de los pitidos con la rapidez necesaria". Irving declaró: "¡El problema de Wolfe es que no tiene la más piiip idea de cómo escribir! ¡No es un escritor! ¡Abra uno de sus libros de piiip! ¡Intente leer una de sus piiiip palabras! ¡Son vomitivas! Ni siquiera escribe literatura, escribe... ¡piiip! No escribe novelas, sino hipérboles periodísticas. ¡Sería imposible enseñar a ese piiip piiip a piiip a los alumnos de una piiip clase de primero de literatura inglesa, piiip!".

En seguida, Wolfe dispara contra ellos. Dice que, antes que lo ofendieran, él ya se había burlado previamente de por lo menos dos de ellos: el último libro de Mailer era una, ¡piiiip!, imitación de Dostoievski y los, ¡piiip!, artículos periodísticos de Updike respondían a los, ¡piiip piiip!, viejos esquemas del *New Yorker*. Con Irving "no teníamos cuentas pendientes de ninguna clase", reconoce Wolfe, y entonces, ah decepción, todo esto finalmente no es sino una, ¡piiiiip!, de rencores, venganzas y tufillos personales, aunque Wolfe, para sacudirse con prontitud el agravio, dice que los tres sencillamente estaban "acobardados", "asustados" de "una posible, o más bien inminente, nueva dirección en la literatura de finales del siglo XX".

Sí: Wolfe, según Wolfe, había inventado, oh, la nueva novela del siglo XXI.

De ahí que Mailer, Updike e Irving se sintieron "acobardados" cuando leyeron su libro *Todo un hombre*, una novela, dice Wolfe, "intensamente realista, basada en la investigación, que se zambulle de lleno en la realidad social de Estados Unidos del presente, de hoy mismo; una revolución del contenido más que de la forma, que estaba a punto de apoderarse de las artes, una revolución que pronto haría que muchos artistas de prestigio, incluidos nuestros tres viejos novelistas, parecieran decadentes e irrelevantes". El futuro de la novela (de la novela no estadounidense, sino de la novela en general, la novela universal) debe girar en torno a Estados Unidos, novelas reporteadas y detallistas.

Wolfe pone un ejemplo de lo que no se debe hacer. Para ello, sacrifica un libro de uno de sus contendientes: *Una mujer difícil* (1996), de Irving, la cual habla de "una pareja de escritores neuróticos que parecían incapaces de salir de su casa de Bridgehampton, Long Island. A medida que iba pasando las páginas yo esperaba que tuvieran la bondad de salir, aunque sólo fuera una vez, aunque sólo fuera para dar un paseo por el pueblo; yo había estado allí, y no hay más que un par de calles que discurren junto a la autopista. En cierto punto de la narración, los dos... ¡finalmente salen de la casa! ¡Suben al coche! Mientras pasan por un pueblecillo cercano llamado Sagaponack, un encantador y elegante refugio rural (también he estado allí), yo empiezo a rogar que se detengan, que por favor se estacionen junto a los SUV y a los sedanes alemanes para tomar un refresco en el bar de Sagg Main, o que echen un vistazo, sólo un vistazo, al poni de exposición de 125 mil dólares que está en los pastos de la Escuela de Equitación... que hagan algo, cualquier cosa, para demostrar que están conectados con el aquí y el ahora, que de verdad están donde el autor afirma que están, en Long Island, Estados Unidos. Mis ruegos son en vano: ellos continúan su camino, encerrados en su neurastenia, para desaparecer tras los muros de otra casa intemporal y abstracta".

Wolfe quiere que todos escriban como escribe él. Vaya paradójica y sutil lección de autoritarismo del maestro del "nuevo periodismo". Quiere que se hagan novelas turísticamente descriptivas para engrandecer, aún más, a su querido Estados Unidos. ¿Esto quiere decir que Irving y Mailer y Updike carecen de talento?, le preguntó un periodista a Wolfe.

—Lo único que digo —respondió— es que han echado a perder su carrera profesional al no involucrarse en la vida que los rodea, al volver la espalda al rico material de un país sorprendente en un momento fabuloso de su historia. En lugar de salir al mundo, en lugar de zambullirse, como yo, en el irresistible carnaval de la vida estadounidense actual, en el aquí y el ahora, en lugar de echar a andar con un grito de guerra dionisiaco, como habría dicho Nietzsche, y sumarse a la bulliciosa y chabacana verbena, plagada de lujuria, que vibra a su alrededor con el estentóreo sonido de un tambor amplificado con un altavoz de ocho canales, los viejos leones se replegaron, se escondieron, protegiéndose los ojos de la luz, y se refugiaron en temas como el pequeño hueco donde habitan (léase "el mundo literario") o asuntos tan esotéricos como los presuntos pensamientos de Jesús [y aquí se refiere Wolfe al libro de Mailer intitulado *El evangelio según el Hijo*].

Ahora, ¡Dios santo!, los novelistas tienen que apegarse a las normas wolfeanas de novelar si no quieren aparecer como narradores débiles, mostrencos y superficiales, al grado de que Wolfe prefiere, en lugar de Updike, ¡a Carl Hiaasen, el autor del bestseleriano *Strip Tease* por el hecho de tratarse de "la excursión de un periodista por el sur de la Florida de fin de siglo"!

Por lo mismo, los jóvenes de hoy prefieren el cine a la novela. Porque, según Wolfe, "no son los novelistas sino los directores y productores cinematográficos los que se sienten atraídos por el chabacano carnaval de la vida estadounidense actual, por el aquí y el ahora en todas sus variedades". Son los cineastas, y no los novelistas, "los que se muestran impacientes por sumergirse en la bulliciosa verbena a fin de verla con sus propios ojos. Son los directores y productores cinematográficos los que poseen las cualidades del reportero, la curiosidad, la vitalidad, la *joie de vivre*, el empuje, la energía para abordar cualquier tema, en su propio terreno, por lejano o ajeno a sus experiencias que sea. De hecho, en ocasiones su interés reside precisamente en que se trata de un tema ajeno a sus experiencias. En consecuencia, las películas han ocupado el lugar de las novelas para convertirse en el medio de narración naturalista por excelencia a finales del siglo XX".

Wolfe entiende por "naturalista" todo aquello que procede, obviamente, de Estados Unidos. Todos aquellos filmes que se hacen en Estados Unidos sobre Estados Unidos. Y el ego wolfeano se acentúa todavía más cuando habla de las películas basadas en sus libros. Porque si bien son los cineastas los poderosos narradores de hoy, no siempre, por supuesto, pueden descifrar con exactitud lo que está escrito en los grandes libros... como los de Tom Wolfe: "El cine es un medio condicionado por el tiempo y obligado a producir un flujo constante de imágenes. Se han hecho tres películas basadas en obras mías —dice, henchido de orgullo—, y en todos los casos me sorprendió ver cómo personas tan capaces se mostraban impotentes ante la necesidad de explicar...

cualquier cosa... en mitad de aquel torrente vital, ya fuese la mecánica y la aerodinámica de un avión asistido por cohetes o los pormenores de la política racial en el Bronx. Cuando un espectador sale del cine diciendo: 'La película no es tan buena como el libro', casi siempre es porque ha fallado en tres puntos: no ha logrado introducirlo en la mente de los personajes, no ha logrado hacerle entender y sentir las presiones sociales que aparecen en la novela y no ha logrado explicar esos y otros asuntos complejos que el libro ha iluminado sin sacrificar ningún momento la acción o el suspenso".

Por eso nunca los cineastas van a poder filmar con sapiencia *Ana Karenina*, de Tolstoi, o ninguna novela de... de... sí, de Tom Wolfe.

Todo este rollo para decir que la novela estadounidense se muere, "y no de obsolescencia, sino de anorexia —sostiene Wolfe—. Necesita alimento. Necesita novelistas con un apetito voraz y una sed insaciable de Estados Unidos, tal como es ahora. Necesita escritores con la energía y el ímpetu para aproximarse al país de la misma manera que lo hacen los creadores de cine, es decir con una curiosidad feroz y el deseo imperioso de mezclarse con los doscientos setenta millones de almas que los rodean, para hablar con ellas y mirarlas a los ojos".

Estados Unidos es el centro del mundo y los novelistas tienen que entender que, si se quieren salir de su rusticidad, deben abordar en su literatura a Estados Unidos, que el resto del mundo lo agradecerá consumiendo dichos productos. *El periodismo canalla y otros artículos* se publicó un poco antes de los atentados del martes 11 de septiembre de 2001, acontecimiento que exhibió la vulnerabilidad del único país supuestamente invulnerable del mundo, según lo han remarcado, con vigor naturalista y desmedido, sus nacionalistas cineastas y sus, ¡ay!, novelistas patrioteros como... como... sí, Tom Wolfe. 🌿

V. S. Naipaul
(Chaguanas, isla de Trinidad, 1932)

🌿 *De ciudadanías incómodas*

Apenas se supo que la Academia Sueca había otorgado, el jueves 11 de octubre, el Nobel de Literatura 2001 al trinitario de origen hindú, hoy británico, Vidiadhar Surajprasad Naipaul, los 48 estados miembros de la Organización Islámica, Educativa, Científica y Cultural condenaron la designación por lo que ellos consideran una "abierta hostilidad al Islam" por parte del literato galardonado. Acusaron a Naipaul de "distorsionar las realidades y los hechos de la religión, la historia y la civilización, situándolo en los niveles de escritores con prejuicios". Según la agencia Reuters, el organismo, con sede en Rabat, hizo los comentarios en una carta enviada a la academia Sueca, en Estocolmo. Entre las obras de no ficción de Naipaul, una decena en total (más doce novelas, que es a lo que se reducía en aquel momento su catálogo bibliográfico), se encuentra *Among the believers: an islamic journey*, publicada en 1981, criticada por algunos lectores musulmanes, "quienes dijeron que tenía una visión estrecha del Islam".

Fue precisamente a principios de 2001 cuando el escritor trinitario causó un "enorme alboroto" al decir que el Islam tenía "un efecto calamitoso en las personas convertidas", como lo hicieron "la esclavitud y el intento de erradicar otras culturas". La organización islámica dijo que consideraba la selección de V. S. Naipaul "una posición hostil al Islam, una religión que profesan mil 250 millones de musulmanes en todo el mundo". La decisión, dice la carta, "es totalmente injusta y conlleva un deliberado intento por causar daño a la cultura y la civilización islámicas, particularmente en esta coyuntura que está caracterizada por una propaganda activa contra el Islam". Por supuesto, la insinuación no es tal: el organismo quejoso se refería directamente a la invasión en Afganistán a raíz de los acontecimientos del 11 de septiembre con el desmoronamiento de las Torres Gemelas en Nueva York.

Naipaul, en el centenario exacto de la entrega de los Nobel, resultó ser, de entre los persistentemente nombrados en la posible terna, el más oscurecido en la lista. Sin embargo, los jueces de Estocolmo lo eligieron porque su figura "representa un particular drama" de las letras universales: "La pobreza cultural y espiritual de Trinidad y Tobago lo aflige —apuntaba la Academia Sueca—. La India se le ha convertido en extranjera y le es imposible adherirse a los valores tradicionales de la antigua potencia colonial inglesa. Se ve condenado a buscar en los valores universales la esencia del ser, y a través de ella su propia identidad." La Academia subrayaba, sobre todo, una específica pieza literaria suya: la novela *The Enigma of Arrival* (1987), por considerar que, en ella, V. S. Naipaul creó "una imagen implacable de la lánguida disolución de la vieja cultura del régimen colonial y la desaparición de los vecindarios europeos". El novelista "presenta en sus obras las impresiones del país de sus antepasados, India, y evaluaciones críticas de los fundamentalistas musulmanes en países no árabes como Indonesia, Irán, Malasia y Pakistán". Pero Naipaul, a diferencia de otros escritores prestigiosos, no pertenece a sectas ni núcleos literarios, ni reniega de su amado oficio: el periodismo, que lo ha enseñado a abrir los ojos delante de numerosas realidades complejas.

La colombiana Tatiana Escobar, en su libro *Sin domicilio fijo* (Paidós, 2002), dice que, "a comienzos de la década de los sesenta, V. S. Naipaul hizo un largo viaje a la India donde permaneció un año entero, con largas estancias en hoteles corrigiendo el manuscrito de una novela en ciernes, apenas interrumpida por sus viajes al interior del país. Un viaje peligroso que, como él mismo reconoce al final del libro, tal vez no debió hacer porque le partió la vida en dos. Se trataba de una suerte de peregrinación cuyo objeto era menos la adoración a un dios que la deuda con su infancia y la tradición de sus mayores. De vuelta a Inglaterra tardó dos años en escribir *An Area of Darkness,* celebrada por muchos autores como una obra maestra de la literatura de viajes, sin duda el más leído y admirado de sus libros".

Es un viajero empírico, incansable y sin domicilio fijo, añade Tatiana Escobar, V. S. Naipaul "se ha sentido ajeno a Trinidad por su pobreza cultural; ajeno a la India, por ser segunda generación de inmigrantes, y aunque fijó residencia en Londres desde hace más de cuatro décadas, ajeno también a Inglaterra por los ecos de los prejuicios imperiales, el racismo y el anglocentrismo militante de su cultura. Es como un desplazado, como un ciudadano de la diáspora, que Naipaul observa el mundo, desde África hasta Irán, de América del Sur a la India". Quizás por eso mismo, por ser un viajero incómodo, un ciudadano de ninguna parte (tal vez como ese otro gallardo periodista, solvente escritor, que fue el polaco Ryszard Kapuscinski, 1932-2007), es que no es visto con buenos ojos en las distintas sociedades que visita. Sus constantes desplantes de periodista lo han adjetivado, según algunos analistas, como "el último imperialista, una especie de Rudyard Kipling metido en la piel de Gunga Din". Acaso por eso, acotaba en 2001 la agencia Prensa Latina, "se cuenta que cuando era un joven profesor invitado en Uganda, Naipaul experimentaba un fuerte sentimiento de superioridad y se paseaba entre sus discípulos de piel oscura con impecable indumentaria inglesa, bastón y exagerado acento de Oxford".

No obstante, es la India lo que más daña al Nobel. Vuelve a ella una y otra vez. En *India, una civilización herida* (Debate, 584 páginas, 2001), recurriendo a sus dotes de inquieto reportero, se sumerge nuevamente al mundo de los que lo precedieron para tratar de comprender esa tierra donde, pese a vestir "todos de igual forma", las diferencias las dividen las creencias. Y si bien Naipaul, ese hombre que refleja una tristeza milenaria en su mirada, es acusado de sublevar al intacto Islam, leyéndolo bien, sin ningún afán correoso, hemos de darnos cuenta de que si hay, en su escritura, revueltas contramusulmanas es debido a esa enjundia periodística por tratar de averiguarlo todo y deshacer cualquier rasgo de duda: "El señor Patil dijo: 'Dharma'. La religión. Pero no se trataba de la fe personal en Ganpati de la que había hablado. Con el crecimiento y el éxito, las ideas del Sena también habían crecido: la religión a la que se refería el señor Patil era el hinduismo mismo. 'Hay un complot para borrar el hinduismo de la faz de la tierra'. Era un complot musulmán, razón por la que era fundamental mantener vivo el hinduismo".

Son temas muy delicados. Cualquier minucia se agranda de acuerdo con los ojos del que observa la probable ofensa, pues los ofendidos no admiten ninguna excusa a lo que suponen una irrespetuosidad. Ahí está el siniestro caso del amenazado de muerte Salman Rushdie. Porque los libros tienen, a veces, muchas lecturas, se leen también de modo unilateral, fanatizadamente. "Mientras jugueteaba con la limonada, reflexionando sobre la anticuada cortesía de padre e hijo en aquel marco —dice Naipaul—, la humanidad que conservaban, el callado reconocimiento del anciano de que otros tenían más salud y más fuerza, mejores condiciones de vida, empecé a sentir aprecio por ambos. Pensé que si me hubiera encontrado en su situación, confinado a Bombay, a aquella zona, a aquella hilera de viviendas, también hubiera sido ferviente musulmán. Yo me había criado en Trinidad, miembro de la comunidad india, parte de una minoría, y sabía que si se tenía la sensación de que la comunidad era pequeña, no se podía uno separar de ella; cuanto más feas se ponían las cosas, más se empeñaba uno en ser lo que era." Irrefutable. Ya sea uno hindú, o trinitario, o musulmán, o británico, o latinoamericano, o paquistaní. 🌿

Susan Sontag
(Nueva York, Estados Unidos, 1933-2004)

🌿 *Volcanes coleccionables, la belleza del paisaje bélico,*
la pornografía y el hondo silencio

De niña, uno de los libros predilectos de Catherine fue el *Libro de los mártires*, de Foxe, que su padre le había regalado. "Me encandilaban sus historias sobre la maldad de la iglesia de Roma —apuntó Catherine— y el fortificante valor de los nobles mártires, a los que apaleaban y desollaban, fustigaban y daban bastonazos, cuya carne desgarraban con tenazas al rojo vivo, les arrancaban las uñas y les quitaban violentamente los dientes, cuyas extremidades mojaban en aceite hirviendo, antes de que por fin recibieran la clemencia de la hoguera." Pero Catherine, aunque suspiraba por ser puesta a prueba y demostrar la verdad de su fe con una muerte de santa mártir, no hubiera soportado ni un minuto las crueles torturas de los creyentes, ya que ni siquiera osaba mirar desde prudente distancia el fuego de los volcanes a los que era asiduo su marido, el diplomático Cavaliere, un aferrado coleccionista de esas montañas eruptivas.

Que Catherine sólo mostrase un interés benévolo por sus colecciones estaba bien, quizás. "Es natural que los amantes de la música disfruten colaborando, tocando juntos. Pero es sumamente antinatural ser un co-coleccionista. Uno quiere poseer (y ser poseído) a solas." De eso trata el libro *El amante del volcán* (Punto de Lectura, 2001), de Susan Sontag: del fervor de los coleccionistas. De niño, el Cavaliere "había coleccionado monedas, luego autómatas, luego instrumentos musicales. Coleccionar expresa un deseo que vuela libremente y se acopla siempre a algo distinto: es una sucesión de deseos. El auténtico coleccionista no está atado a lo que colecciona, sino al hecho de coleccionar". Sontag ubica su historia en la Europa de fines del siglo XVIII. El Cavaliere llega a Italia, de la mano de su esposa Catherine, como representante diplomático de Inglaterra. Una nueva vida, una nueva colección. "Coleccionar es rescatar cosas, cosas valiosas, del descuido, del olvido, o sencillamente del innoble destino de estar en la colección de otro en lugar de en la propia. Pero comprar una colección entera en vez de perseguir pieza a pieza la presa deseada... era un gesto poco elegante. Coleccionar también es un deporte, y su dificultad es lo que le confiere honor y deleite. Un auténtico coleccionista prefiere no adquirir en cantidad, no se siente satisfecho poseyendo la colección de otro: el mero hecho de adquirir y acumular no es coleccionar. Pero el Cavaliere sentía impaciencia."

Que supiera, nadie había coleccionado volcanes. Sí que sería, pues, un coleccionista original. Había descubierto en su persona un gusto por lo moderadamente plutoniano. "Empezó por cabalgar, acompañado de un mozo de cuadra, a las tierras sulfurosas del oeste de la ciudad y bañarse desnudo en el lago formado en el cono de un volcán extinguido. Salir a su terraza, aquellos primeros meses, para ver en la distancia la tranquila montaña asentada bajo el sol, podía provocarle un ensueño sobre la calma que sigue a la catástrofe. Su plumero del blanco humo, los ocasionales rumores y los chorros de vapor caliente parecían rasgos perennes, en ningún caso amenazadores. Dieciocho mil aldeanos habían muerto en Torres del Greco en 1631, una erupción incluso más letal que la que sepultó Herculano y Pompeya y en la cual el erudito almirante de la flota romana, Plinio el Viejo, perdió la vida; pero, desde entones, nada que mereciese el calificativo de desastre." Ahí estaba el Vesubio a su disposición: comparado con el Etna, casi tres veces más alto, representaba a lo sumo un ejercicio, un deporte para aficionados. "Cualquiera podía subir al exterminador.

Para el Cavaliere el volcán era algo familiar. La subida no le parecía muy fatigosa, ni los peligros demasiado aterradores, mientras que la mayor parte de la gente, infravalorando el esfuerzo, se quedaba atónita por lo arduo que resultaba, aterrorizada por la visión del riesgo."

Imaginar que uno pudiera sentirse propietario "de aquella legendaria amenaza, de doble giba, de una altura de mil quinientos metros y a trece kilómetros de la ciudad, expuesta a la vista de todo el mundo", ciertamente era algo impensable y temerario. Ningún objeto parecía menos poseíble que un paisaje local. Pocas maravillas naturales eran más famosas. "Los pintores extranjeros acudían en manada a Nápoles: el volcán tenía numerosos admiradores. Él se dispuso, por la calidad de sus atenciones, a hacerlo suyo. Pensaba en el volcán más que nadie. Mi querida montaña. ¿Una montaña por amante? ¿Un monstruo? Tratándose de jarrones o cuadros o monedas o estatuas, podía contar con cierta comprensión convencional. Pero esta pasión se volcaba sobre algo que siempre sorprendía, alarmaba: que rebasaba todas las expectativas que nunca provocaba la reacción deseada por el Cavaliere. A fin de cuentas, empero, para el coleccionista obsesionado las apreciaciones de la otra gente siempre parecen fuera de lugar, son negativas, nunca lo bastante atinadas." A tal grado era su absorción por los volcanes que, quizás demasiado ensimismado por la posesión de estas magníficas moles de la naturaleza, fue dejando de lado la vida terrenal y próxima a sí mismo: a Catherine prácticamente la abandonó en los brazos de un sobrino distante (a quien calificara de Plinio el Joven para informar de los avatares de su tío) y a su segunda y bellísima esposa, muerta la primera, le permitió vivir a sus espaldas, y en presencia suya, en compañía de un robusto almirante. Con la gran erupción de 1779, el Cavaliere parecía absolutamente recompensado. Más pasional es un volcán que un volcán de mujer apasionada.

Aun en tiempos complejos, el coleccionismo y los coleccionistas son excepcionales. Ante la presencia de siniestros personajes como Scarpia (cuya preocupación por el dolor lo hacía inventarse un ingenioso abanico de torturas), miles de objetos fueron lanzados a las hogueras. La Revolución Francesa acechaba las calles. "La política es algo muy sobresaliente y absorbente —dice Sontag—. Ay, debe preocuparte la política, incluso si no quieres que te preocupe." Escenificada su novela en las clases emperifolladas de la sociedad, la narradora no puede hacer a un lado los íntimos sentimientos de la ofendida burguesía: "Hay muchas otras cosas importantes que tienen que preocuparte. Por ejemplo, la elección de lo que debes vestir puede ser de gran importancia". Y máxime si se está embarazada de un hombre que no es el marido. Mientras se peleaba en las calles, el Cavaliere se sentía obligado a economizar sus energías. Mientras la gente conocía de cerca las crueldades de personas como Scarpia, ocultas tras la máscara del catolicismo, tras la máscara de la generosidad y la caridad, los personajes de alcurnia se dolían hasta de una aguja extraviada en un pajar. El Cavaliere vivió la vida desde la altura de los volcanes: era menos peligrosa la lava ardiente de una erupción que los ardides pasionales de una vida en romántico reposo. Ya la niña Catherine, en los últimos capítulos del voluminoso libro (573 páginas), deseaba morir en defensa del Evangelio, cuya lectura es distinta para cada hombre: no toda escritura se lee bajo una misma apreciación literaria.

¿Qué implica protestar por el sufrimiento, a diferencia de reconocerlo?, se pregunta Susan Sontag en su libro *Ante el dolor de los demás* (Alfaguara). "La iconografía del sufrimiento es de antiguo linaje —se responde—. Los sufrimientos que más a menudo se consideran dignos de representación son los que se entienden como resultado de la ira, humana o divina. (El sufrimiento por causas naturales, como la enfermedad o el parto, no está apenas representado en la historia del arte; el que causan los accidentes no lo está casi en absoluto: como si no existiera el sufrimiento ocasionado por la inadvertencia o el percance.)" El grupo escultórico de Laoconte y sus hijos debatiéndose, "las incontables versiones pintadas o esculpidas de la Pasión de Cristo y el inagotable catálogo visual de las desalmadas ejecuciones de los mártires cristianos, sin duda están destinados a conmover y a emocionar, a ser instrucción y ejemplo. El espectador quizás se conmisere del dolor de quienes lo padecen (y, en el caso de los santos cristianos, se sienta amonestado o inspirado por una fe y fortaleza modélicas), pero son destinos que están más allá de la lamentación o la impugnación".

Sin embargo, "la práctica de representar sufrimientos atroces como algo que ha de deplorarse y, si es posible, evitarse, entra en la historia de las imágenes con un tema específico: los sufrimientos que padece la población civil a manos del desbocado ejército victorioso. Es un tema intrínsecamente secular, que surge en el siglo XVII cuando la reorganización de los poderes contemporáneos se convierte en materia prima para los artistas", el primero de los cuales, Jacques Callot, publicó en 1633 una serie de 18 grabados: "Las miserias y desgracias de la guerra", que representa, dice Sontag, "las atrocidades que cometieron las tropas francesas contra los civiles durante la invasión y la ocupación de su Lorena natal a comienzos del decenio de 1630". Callot comienza con una lámina "sobre el reclutamiento de soldados; muestra combates feroces, masacres, saqueos y violaciones, las máquinas de tortura y ejecución (la garrucha, el árbol de la horca, el pelotón de fusilamiento, la hoguera, la rueda), la venganza campesina contra los soldados; y termina con una distribución de recompensas".

Pero es de Goya, dice Sontag, "la preeminente concentración en los horrores de la guerra y en la vileza enloquecida de los soldados a comienzos del siglo XIX". El trabajo se intitula "Los desastres de la guerra", una serie numerada de 83 grabados realizados entre 1810 y 1820 (y publicados por primera vez, salvo tres láminas, en 1863, 35 años después de la muerte de Goya), que "representan las atrocidades que los soldados de Napoleón perpetraron al invadir España en 1808 con objeto de reprimir la insurrección contra el yugo francés". Las imágenes de Goya "llevan al espectador cerca del horror". El habla común, no obstante, "fija la diferencia entre las imágenes hechas a mano como las de Goya y las fotografías mediante la convención de que los artistas 'hacen' dibujos y pinturas y los fotógrafos 'toman' fotografías. Pero la imagen fotográfica —dice Sontag—, incluso en la medida en que es un rastro (y no una construcción elaborada con rastros fotográficos diversos), no puede ser la mera transparencia de lo sucedido. Siempre es la imagen que eligió alguien: fotografiar es encuadrar, y encuadrar es excluir".

Que las brutalidades perpetradas por los soldados franceses en España no hayan sucedido exactamente como las muestra Goya, "no desacredita" en absoluto su serie. Finalmente, sus ilustraciones "son una síntesis". Su pretensión: "Sucedieron cosas como éstas". En contraste, "una fotografía o secuencia de película pretende representar con exactitud lo que estaba frente a la lente de la cámara. Se supone que una fotografía no evoca, sino muestra". Pero lo que hay en los espléndidos, aunque dramáticos, dibujos de Goya, y que era inexistente en las primeras fotografías bélicas, es la sinceridad, ya que en las imágenes de los fotoperiodistas se recalcaban las impostaciones. "Después de llegar al muy bombardeado valle en las proximidades de Sebastopol en un cuarto oscuro tirado por caballos, Roger Fenton hizo dos exposiciones desde idéntica posición del trípode: en la primera versión de la célebre fotografía que tituló 'El valle de la sombra de la muerte' (a pesar del título, la Brigada Ligera no emprendió su fracasada carga en este paraje), las balas de cañón se acumulan en el suelo a la izquierda del camino, pero antes de hacer la segunda foto (la que siempre se reproduce) vigiló que las balas de cañón se dispersaran sobre el camino mismo. Una de las fotos de un sitio desolado donde en efecto había habido muchos muertos, la imagen que hizo Beato del devastado palacio Sikandarbagh supuso un arreglo mucho más minucioso de su asunto, y fue una de las primeras representaciones fotográficas de lo horrendo en la guerra. El ataque se había efectuado en noviembre de 1857, y al terminar las tropas británicas victoriosas y las unidades indias leales registraron el palacio salón por salón, pasando a bayoneta a los 800 defensores cipayos sobrevivientes, los cuales ya eran sus prisioneros, y arrojando sus cadáveres al patio; los buitres y los perros hicieron el resto. Para la fotografía que tomó en marzo o abril de 1858, Felice Beato construyó las ruinas como un campo de insepultos, situando a algunos nativos junto a dos columnas al fondo y distribuyendo huesos humanos por el patio."

Por eso, dice Sontag que "sólo a partir de la guerra de Vietnam hay una certidumbre casi absoluta de que ninguna de las fotografías más conocidas son un truco. Y ello es consustancial a la autoridad moral de esas imágenes. La fotografía de 1972 que rubrica el horror de la guerra de Vietnam, hecha por Huynh Cong Ut, de unos niños que corren aullando de dolor camino abajo de una aldea recién bañada con napalm estadounidense, pertenece al ámbito de las fotografías en las que no es posible posar. Lo mismo es cierto de las más conocidas sobre la mayoría de las guerras desde entonces. Que a partir de la de Vietnam haya habido tan pocas fotografías bélicas trucadas implica que los fotógrafos se han atenido a normas más estrictas de probidad periodística". Si bien ahora podemos ver las tenebrosas escenas debido a las lentes de los fotógrafos que han cubierto las guerras en el mundo, aquéllas han estado desde el comienzo de la historia literaria. La *Ilíada* es el ejemplo perfecto de ello, donde "la guerra se ve como algo que entablan los hombres de modo inveterado, sin inmutarse ante la acumulación del sufrimiento infligido". De ahí que "un sangriento paisaje de batalla pudiera ser bello (en el registro sublime, pasmoso o trágico de la belleza) —dice Sontag— es un lugar común de las imágenes bélicas que realizan los artistas. La idea no cuadra bien cuando se aplica a las imágenes que hacen las cámaras: encontrar belleza en las fotografías bélicas parece cruel. Pero el paisaje de la devastación sigue siendo un paisaje. En las ruinas hay belleza. Reconocerla en las fotografías de las ruinas del World Trade Center en los meses que siguieron al atentado [en 2001] parecía frívolo, sacrílego. Lo más que se atrevía a decir la gente era que las fotografías eran 'surrealistas', un eufemismo febril tras el cual se ocultó la deshonrada noción de la belleza".

Pero, sí, dice Susan Sontag, muchas de esas terribles fotos, ni modo, sí, eran, son, hermosas: "En cuanto imagen, algo podría ser bello (aterrador, intolerable o muy tolerable) y no serlo en la vida real".

En el segundo de sus ocho ensayos vertidos en su libro *Estilos radicales* (Punto de Lectura, 2002), Sontag dice que "los artífices más esclarecidos de la política moral están dispuestos, indudablemente, a admitir que existe algo así como una 'imaginación pornográfica', aunque sólo en el sentido de que las obras pornográficas son símbolos de un fracaso o una deformación extremos de la imaginación. Y tal vez reconozcan que también existe una 'sociedad pornográfica': que, en verdad, la nuestra es un ejemplo floreciente de ello, porque se trata de una sociedad edificada con tanta hipocresía y represión que debe generar inevitablemente una explosión de pornografía, entendida ésta como su expresión lógica y como su antídoto subversivo y popular".

La mayoría de las definiciones "mutuamente excluyentes de la pornografía y la literatura descansa sobre cuatro argumentos independientes. Una de ellas sostiene que la forma absolutamente obsesiva en que las obras pornográficas se dirigen al lector con el propósito de excitarlo sexualmente entra en contradicción con la función compleja de la literatura. A continuación —dice Sontag— se puede alegar que la intención de la pornografía (despertar la excitación sexual) está reñida con la implicación serena y distante que suscita el verdadero arte". Pero esta variante de la argumentación parece aún menos convincente que otras, "si se piensa que la literatura 'realista' intenta apelar a los sentimientos morales del lector sin que por ello sea menos respetable, para no mencionar el hecho de que algunas obras maestras consagradas (desde Chaucer hasta Lawrence) contienen pasajes que excitan sexualmente, en grado sumo, a los lectores. Es más plausible limitarse a subrayar que la pornografía continúa teniendo una sola 'intención', en tanto que cualquier obra literaria verdaderamente valiosa tiene muchas".

El segundo argumento, enunciado por Theodor W. Adorno, "sostiene que las obras pornográficas carecen de la forma característica de la literatura: comienzo-nudo-desenlace. Un texto pornográfico se limita a pergeñar una excusa burda para el comienzo, y una vez comenzado sigue y no termina en ninguna parte". El tercer argumento "consiste en que los textos pornográficos no pueden demostrar ningún interés por sus medios de expresión como tales (a la literatura sí le interesan), porque el fin de la pornografía es inspirar una serie de fantasías no verbales en las cuales el lenguaje desempeña un papel envilecido, simplemente instrumental". El último argumento, "y también el más ponderable, consiste en que el tema de la literatura es la relación de los seres humanos entre sí, con sus sentimientos y emociones complejos, en tanto que la pornografía, por el contrario, desdeña a las personas íntegramente formadas (los retratos psicológicos y sociales), hace caso omiso de las motivaciones y su credibilidad, y sólo describe las transacciones infundadas e incansables de órganos despersonalizados".

Lo que determina, en todo caso, "que una obra pornográfica se incorpore a la historia del arte y no sea una bazofia —dice Sontag— no es la toma de distancia [del autor con sus personajes], la imposición de una conciencia más adaptable a la realidad corriente sobre la 'conciencia trastornada' del obseso erótico. Más bien es la originalidad, la minuciosidad, la autenticidad y la fuerza de la misma conciencia trastornada, tal como ésta se encarna en la obra. Desde el punto de vista del arte, la exclusividad de la conciencia que se corporiza en los libros pornográficos no es en sí misma ni anómala ni antiliteraria". Y el presunto "objetivo o efecto de estos libros (provocar la excitación sexual del lector), ya sea intencionado o no, tampoco es un defecto. Sólo una concepción degradada o mecanicista del sexo podría hacernos incurrir en el error de pensar que es sencillo sentirse estimulado sexualmente por un libro como *Madame Edwarda* [de George Bataille]". En algunos aspectos, dice Sontag, "el empleo de las obsesiones sexuales como tema literario se asemeja al empleo de otro tema literario cuya validez muy pocas personas se atreverían a impugnar: las obsesiones religiosas. Cuando se practica esta comparación, el hecho harto conocido de que la pornografía produce un impacto definido y agresivo sobre sus lectores toma un cariz un poco distinto. Su famosa intención de estimular sexualmente a los lectores es en realidad una suerte de proselitismo. La pornografía que es al mismo tiempo literatura seria se propone 'excitar' en la misma medida en que los libros que reflejan una forma extrema de experiencia religiosa se proponen 'convertir'".

La pornografía, finalmente, "es un teatro de tipos, nunca de individuos. Una parodia de la pornografía, si tiene un ápice de auténtica eficacia, seguirá siendo siempre pornografía. En verdad, la parodia es una forma común de narración pornográfica. El mismo Sade la empleaba a menudo, invirtiendo las ficciones moralistas de Richardson en las cuales la virtud femenina siempre triunfa sobre la libidinosidad masculina". Por ello Susan Sontag indica que la *Historia de O* —supuestamente de Pauline Réage, que no es sino un nombre apócrifo, el seudónimo de alguien a quien nunca se le ha podido descubrir—, aunque considerada pornográfica desde su aparición en Francia en 1954, es una novela "distinta". Si bien es "pasiva, O no se parece casi nada a esas bobaliconas de las ficciones de Sade que están prisioneras en castillos remotos donde las atormentan nobles despiadados y sacerdotes satánicos. Y O es presentada, asimismo, como un personaje activo: literalmente activo, como en la seducción de Jacqueline, y, lo que es aún más importante, profundamente activo en su propia pasividad".

La sexualidad humana es, "independientemente de las represiones cristianas, un fenómeno muy discutible, y se cuenta, al menos potencialmente, entre las experiencias extremas de la humanidad, y no entre las comunes. Por muy domesticada que esté, la sexualidad continúa siendo una de las fuerzas demoniacas de la conciencia humana, que nos empuja esporádicamente hacia los deseos prohibidos y peligrosos, los cuales abarcan desde el impulso a perpetrar un acto súbito de violencia arbitraria contra otra persona hasta el anhelo voluptuoso de extinguir la propia conciencia, de morir literalmente". El tema de lo pornográfico es, pareciera, inextinguible. Por sus muchas aristas posibles. "Aún existe —dice la escritora norteamericana, y ella se cuenta entre los afectados— una apreciable minoría que objeta la pornografía o le tiene repulsión no porque la crea procaz, sino porque sabe que puede ser un arma para las personas que sufren aberraciones psíquicas y un medio para envilecer a los moralmente inocentes."

Uno no puede sino estar de acuerdo con Sontag. Porque la pornografía se encuentra donde menos se la espera: incluso en una telenovela, digamos, infantil en horario adecuadamente familiar.

¿El silencio también es un arte? "En la medida en que es serio —dice Susan Sontag en el libro de ensayos anteriormente citado—, el artista experimenta continuamente la tentación de cortar el diálogo que mantiene con el público. El silencio es el apogeo de esa resistencia a comunicar, de esa ambivalencia respecto de la toma de contacto con el público que es una característica sobresaliente del arte moderno, con su incansable consagración a lo 'nuevo' y/o lo 'esotérico'. El silencio es el supremo gesto ultrate-rreno del artista: mediante el silencio se emancipa de la sujeción servil al mundo, que se presenta como mecenas, cliente, consumidor, antagonista, árbitro y deformador de su obra." Sin embargo, aclara pertinentemente Sontag, "no se puede dejar de advertir en esta renuncia a la 'sociedad' un gesto marcadamente social. Las claves para la liberación final del artista respecto de la necesidad de practicar su vocación las extrae de la observación de sus colegas y de su confrontación con ellos. El artista sólo puede tomar una decisión ejemplar de esta naturaleza después de demostrar que tiene talento y que lo ha ejercido con autoridad. Cuando ya ha superado a sus pares según las pautas que reconoce como válidas, a su orgullo sólo le queda una meta hacia la cual encaminarse. Porque ser víctima del anhelo de silencio implica ser, en un sentido más trascendente, superior a todos los demás. Esto sugiere que el artista ha tenido el ingenio de formular más preguntas que otros individuos, y que tiene nervios más templados y pautas más sublimes de perfección."

Rara vez, dice Sontag, "la opción ejemplar del artista moderno por el silencio llega a ese extremo de simplificación final que consiste en quedar literalmente callado. Lo más común es que continúe hablando, pero de modo tal que su público no pueda oírlo. Los diversos públicos han experimentado la mayor parte del arte valioso de nues-tro tiempo como un paso hacia el silencio (o hacia la ininteligibilidad, la invisibilidad o la inaudibilidad); como un desmantelamiento de la competencia del artista, de su sentido vocacional responsable... y, por tanto, como una agresión contra esos mismos públicos". ¿Cómo figura el silencio en el arte, literalmente?, se pregunta la escritora. "El silencio existe como decisión en el suicidio ejemplar del artista (Kleist, Lautréamont), que así atestigua que ha ido 'demasiado lejos'." Pero también el silencio existe como castigo: "Autocastigo, en la locura ejemplar de aquellos artistas (Hölderlin, Artaud) que demuestran que la misma cordura puede ser el precio que se paga por trasponer las fronteras aceptadas de la conciencia; y, desde luego, en las penas (que van desde la censura y la destrucción física de las obras de arte hasta las multas, el exilio y la prisión para el artista) aplicadas por la 'sociedad' para reprimir el inconformismo espiritual del artista o la subversión de la sensibilidad colectiva."

No obstante, el silencio del artista, en cualesquiera de sus posibles formas, "no existe en un sentido literal, como experiencia del público. Si existiera, el espectador no percibiría ningún estímulo o no podría generar una respuesta. Pero esto no puede suceder, y ni siquiera se puede inducir programáticamente. La no percepción de cualquier estímulo, la incapacidad para responder, sólo puede ser producto de una presencia defectuosa por parte del espectador, o de una mala interpretación de sus propias reacciones (mal encauzadas por ideas restrictivas acerca de cuál sería la respuesta 'pertinente'. Mientras el público consista, por definición, en un conjunto de seres servibles colocados en una 'situación', será imposible que esté totalmente privado de respuesta". El silencio tampoco puede existir, empero, "en su estado literal, como propiedad de una obra de arte, ni siquiera en obras 'manufacturadas' como los *ready made* de Duchamp o en *4'33'* de Cage, en las cuales el artista se ha jactado de no hacer nada más que colocar el objeto en una galería o situar la interpretación en una sala de conciertos para satisfacer los criterios consagrados del arte". No existen, pues, "superficies neutrales, ni discursos neutrales, ni temas neutrales, ni formas neutrales. Un elemento es neutral respecto de algo... digamos respecto de una intención o una expectativa. El silencio sólo puede existir como propiedad de la obra de arte propiamente dicha en sentido fraguado, no literal. Expresado de otra manera: si una obra existe de veras, su silencio sólo es uno de los elementos que la componen".

Por eso cuando en alguna ocasión se ha dicho, por ejemplo, que, después de haber escrito dos hermosos libros, el "silencio" que guardara posteriormente Juan Rulfo (1918-1986) es una "obra de arte" no es sino una expresión insustancial. ¿Por qué dejó de escribir? Probablemente ni él mismo lo supo. Tal vez ya no tenía nada qué decir, pero alrededor de ese silencio ciertamente se ha especulado demasiado. El mismo compositor John Cage (1912-1992), que se hacía acompañar de "sonoros silencios" en sus multitudinarias audiciones, ha dicho que "no existe eso que llamamos silencio: siempre ocurre algo que produce un sonido". Cuando visitó México al mediar la década de los setenta del siglo XX, instó a su público a guardar silencio durante varios e interminables minutos, después de los cuales se mostró complacido por haber "escuchado" el sonido de los corazones o de la circulación de la sangre: nunca existe el silencio definitivo. "El vacío genuino —dice Sontag—, el silencio puro, no son viables, ni conceptualmente ni en la práctica. Aunque sólo sea porque la obra de arte existe en un mundo pertrechado con otros múltiples elementos, el artista que crea el silencio o el vacío debe producir algo dialéctico. Un vacío colmado, una vacuidad enriquecedora, un silencio resonante o elocuente. El silencio continúa siendo, inevitablemente, una forma del lenguaje (en muchos casos, de protesta o acusación) y un elemento [paradójicamente] del diálogo."

La palabra es lo que une a los hombres ("la palabra —dice Sontag— puede esclarecer, destacar, confundir, exaltar, infectar, hostilizar, satisfacer, lamentar, aturdir, animar"), "pero también puede silenciar. En verdad así debe ser: sin la polaridad del silencio, todo el sistema del lenguaje fracasaría". Una aplicación del silencio podría ser "probar la falta de pensamiento o la renuncia a él" o ser utilizado como coacción en las sociedades represivas. En la poesía, digamos, es bastante elocuente: los silencios poéticos "dicen" a veces más cosas que los visibles versos. Sin embargo, donde el silencio hunde y desploma, cuyo efecto es incluso devastador, es en las cuestiones del amor: un silencio, ahí sí, puede ser metafóricamente expresivo, con significados transparentes, concluyentes e irrebatibles. 🌱

Philip Roth
(Newark, Nueva Jersey, Estados Unidos, 1933)

🌱 *El verdugo matando, el poeta cantando*

El poeta Blake dice que "el enfrentamiento es la verdadera amistad", pero, añade Philip Roth, "por muy digna de admiración y muy estimulante que suene la frase, sobre todo para los discutidores, y aunque fuera cierto que tamaña perla de sabiduría pudiera aplicarse en el mejor de los mundos concebibles, el hecho es que, entre los escritores de este planeta, con el orgullo y la susceptibilidad siempre a punto de unirse en mezcla explosiva, uno aprende a conformarse con algo un poco más amistoso que el puro y duro enfrentamiento, para no quedarse sin un solo verdadero amigo entre los escritores". No le falta razón al autor norteamericano. De ahí que su libro *El oficio: un escritor, sus colegas y sus obras* (Seix Barral, 2003) sea por demás interesante: conversa con seis intelectuales y habla de otros cuatro en breves ensayos. Sin embargo, pese a los perfectos perfiles que traza de sus colegas, es en las entrevistas donde Roth, esta vez, fulgura con mayor destreza.

Cuando Roth le pregunta a Primo Levi, ese atormentado escritor judío que acabara suicidándose por la insoportable memoria de su padecimiento en los campos nazis de concentración, "hasta qué punto contribuyó el pensamiento a tu supervivencia, el pensamiento de una mente científica, práctica y humanitaria. Si sobreviviste no fue, al parecer, ni por la fuerza biológica bruta, ni por algún increíble golpe de suerte. Fue algo que tomaba raíz en tu carácter profesional: el hombre de precisión, el controlador de experimentos que busca el principio del orden, enfrentado a la malvada inversión de todos sus valores", Levi contesta que, al mirar cómo en esos territorios de exterminio mandaba la suerte, que lo mismo "se salvaban listos y tontos, valientes y cobardes, prudentes y locos", tuvo que llegar a la necesaria conclusión de que, aunque el pensamiento y la observación fuesen en efecto "factores de supervivencia", la verdad es que lo que prevalecía en esos momentos era "la mera suerte". Levi le pedía a Roth, "por favor", que no le negara el derecho a la incoherencia: "En el campo de concentración —dice Levi—, nuestro estado de ánimo era inestable, iba cambiando a cada hora, oscilando entre la esperanza y la desesperación. La coherencia que, creo, se percibe en mis libros es un artefacto, una racionalización *a posteriori*".

La entrevista con Iván Klíma, realizada en 1990, es una visión abarcadora de la Checoslovaquia oprimida y liberada y de cómo los intelectuales, ahí sí, influyeron para el cambio decisivo de su nación. "Aún no disponemos de estadísticas fiables —dice Klíma—, pero me consta que llegaron a haber 200 publicaciones periódicas *samizdat* [autoedición en ruso, medios clandestinos contrarios al régimen] y miles de títulos. Ni qué decir tiene que cuando hablamos de miles de títulos no siempre cabe esperar la máxima calidad, pero habría que distinguir muy claramente entre la *samizdat* y el resto de la cultura checa: la primera no sólo era independiente del mercado, sino también de la censura. Esta cultura checa independiente atrajo con mucha fuerza a la generación joven, en parte porque tenía el aura de lo prohibido." Pero con la llegada de Václav Havel al poder, y con el decaimiento de la tiranía, Roth dice a Klíma que, mientras Checoslovaquia vaya convirtiéndose en una sociedad de consumo libre y democrática, "los escritores van a ser agobiados por un gran número de nuevos enemigos de los que, curiosamente, los protegía el antiguo régimen, a pesar de su esterilidad represiva y totalitaria. Te garantizo que ninguna multitud desafiante se apiñará en la plaza de Wenceslao para acabar con su tiranía, ni habrá dramaturgo intelectual a quien las ofendidas masas elijan para rescatar el alma de la nación de la fatuidad a que este enemigo reduce prácticamente todo el discurso humano. Estoy hablando del trivializador total, de la televisión comercial, no de unos cuantos canales que nadie ve, porque están bajo el control de un zafio y torpe censor estatal, sino de un par de docenas de canales de aburrida televisión estereotipada, que casi todo el mundo ve todo el tiempo, porque divierte. Tú y tus colegas escritores habrán salido, por fin, de las cárceles intelectuales del totalitarismo comunista. Bienvenidos al mundo de la Diversión Total. No saben de lo que se han estado perdiendo. ¿O sí lo saben?"

Klíma es enfático y resignadamente culturalista: "Como alguien que, al fin y al cabo, ha vivido cierto tiempo en Estados Unidos y cuyas obras llevan veinte años publicándose en Occidente, soy consciente del 'peligro' que la sociedad libre y, más aún, los mecanismos del mercado suponen para la cultura. Soy consciente, por ejemplo, de que casi todo el mundo prefiere cualquier basura a Cortázar o Hrabal. Sé que, seguramente, algún día terminarán para nosotros estos tiempos en que los libros de poesía se editan en tiradas de decenas de miles de ejemplares. Supongo que una ola de basura literaria y televisiva invadirá nuestro mercado, y no veo modo de que podamos evitarlo. Tampoco soy el único que se da cuenta de que, en esta libertad recién nacida, la cultura no sólo gana algo importante, sino que también lo pierde".

En una pequeña parábola, dice Roth a Milan Kundera, "compara usted la risa de los ángeles con la risa del diablo. El diablo ríe porque el mundo de Dios no tiene sentido para él; los ángeles ríen de alegría, porque en el mundo de Dios todo tiene su sentido". Kundera agrega: "Sí, el hombre utiliza la misma manifestación fisiológica, la risa, para expresar dos actitudes metafísicas distintas. Si de pronto a alguien se le cae el sombrero encima del ataúd, en una tumba recién abierta, el entierro pierde todo su sentido y nace la risa. Dos enamorados corren por un prado, agarrados de la mano, riéndose. Su risa no tiene nada que ver con ningún chiste ni con ninguna clase de humor: es la risa seria de los ángeles cuando manifiestan su alegría de existir".

Ambas modalidades forman parte de los placeres de la vida, pero, llevados al extremo, también indican un apocalipsis dual: "La risa entusiasta de los fanáticos-ángel, tan convencidos de su importancia en el mundo que están dispuestos a colgar del cuello a todo el que no comparta su alegría. Y la otra risa, procedente del lado opuesto, la que proclama que nada tiene ya sentido, que hasta los entierros son ridículos y que el sexo en grupo es una mera pantomima cómica. La existencia humana transcurre entre dos abismos: a un lado, el fanatismo; al otro, el escepticismo absoluto". Entonces, Roth le recuerda que alguna vez escribió que "la era del terror estalinista fue el reino del verdugo y del poeta". El totalitarismo, precisa Kundera, "no es sólo el infierno, sino también el sueño del Paraíso: el antiquísimo sueño de un mundo en que todos vivimos en armonía, unidos en una sola voluntad y una sola fe comunes, sin guardarnos ningún secreto unos a otros". También André Bretón soñaba con este paraíso, enfatiza Kundera, cuando se refería a la casa de cristal en que ansiaba vivir.

Dice Milan Kundera a su colega Philip Roth que si el totalitarismo no hubiera explotado estos nobles arquetipos de la vida colectiva armónica, "que todos llevamos en lo más profundo y que están hondamente arraigados en todas las religiones, nunca habría atraído a tanta gente, sobre todo durante las fases iniciales de su existencia. No obstante, el sueño del Paraíso, tan pronto como se pone en marcha hacia su realización, empieza a tropezar con personas que le estorban, y los regidores del Paraíso no tienen más remedio que edificar un pequeño *gulag* al costado del Edén. Con el transcurso del tiempo, el *gulag* va creciendo en tamaño y perfección mientras el Paraíso a él adjunto se hace cada vez más pobre y más pequeño". Roth entonces le recuerda a Kundera que ha escrito, en algún pasaje suyo literario, que "el gran poeta francés Paul Eluard se eleva hacia los cielos con el Paraíso y el *gulag*, cantando. ¿Es auténtica esta anécdota?", a lo que el checo contesta que, después de la guerra, "Eluard abandonó las filas del surrealismo para convertirse en el mayor exponente de lo que podríamos llamar 'poesía del totalitarismo'. Cantó la fraternidad, la paz, la justicia, el mañana mejor, la camaradería, en contra del aislamiento, a favor de la alegría y en contra del pesimismo, a favor de la inocencia y en contra del cinismo. Cuando, en 1950, los dirigentes del Paraíso sentenciaron a un amigo suyo, el surrealista Závis Kalandra, a morir en la horca, Eluard no se permitió ningún sentimiento de amistad: se puso al servicio de los ideales suprapersonales declarando en público su conformidad con la ejecución de su camarada. El verdugo matando, el poeta cantando".

Pero no sólo fue el poeta, aclara con prontitud el mismo Kundera: "Todo el periodo del terror estalinista fue un delirio lírico colectivo. Es algo que ya está completamente olvidado, pero resulta de crucial importancia para entender el caso. A la gente le encanta decir: qué bonita es la revolución; lo único malo de ella es el terror que engendra. Pero no es verdad. El mal está presente ya en lo hermoso, el infierno ya está contenido en el sueño del Paraíso; y si queremos comprender la esencia del infierno hemos de analizar también la esencia del Paraíso en que tiene origen. Es extremadamente fácil condenar los *gulags*, pero rechazar la poesía totalitaria que conduce al *gulag*, pasando por el Paraíso, sigue siendo tan difícil como siempre". Roth, entonces, se vuelca hacia el trabajo específico del novelista Kundera y menciona la palabra "pesimismo", ante la cual el escritor checo dice que siempre tiene mucho cuidado con esos términos: "Una novela no afirma nada —enfatiza—: una novela busca y plantea interrogantes. No sé si mi nación perecerá y tampoco sé cuál de mis personajes tiene razón. Invento historias, las pongo frente a frente, y por este procedimiento hago las preguntas. La estupidez de la gente procede de tener respuesta para todo. La sabiduría de la novela procede de tener una pregunta para todo".

Con Edna O'Brien se encontró Roth en Londres, donde vive la autora irlandesa, quien, de súbito, a las primeras de cambio, le dice que ella es "una criatura muy conflictiva", una persona "bastante enfrentada conmigo misma y con los demás", a lo que el escritor de Nueva Jersey le pregunta cuál es la criatura a quien aún no perdona: "Hasta el momento de su muerte, que ocurrió hace unos años, fue mi padre —responde O'Brien—. Pero por mediación de la muerte se produce una metamorfosis: dentro. Después de su muerte escribí una obra teatral sobre él, incorporando todas sus características (su cólera, su sexualidad, su codicia, etcétera), y ahora ya no conservo los mismos sentimientos hacia él. No me gustaría volver a vivir mi vida con él, ni reencarnar en la misma hija, pero sí que lo perdono. Mi madre es otra cosa. La quise mucho, incluso demasiado, y ella me infligió un legado diferente, un sentido de la culpabilidad que todo lo abarca. Todavía siento cómo me mira, juzgándome".

Ahí la tenemos a usted, dice Roth —un entrevistador eficaz, moderado y culto—, "una mujer experimentada, hablando de perdonar a su padre y a su madre. ¿Cree usted que seguir preocupándose por cosas así tiene algo que ver con la condición de escritor?" Por supuesto, responde la irlandesa, "es el precio [justamente] de ser escritor. Nos acucia el pasado: el dolor, las sensaciones, los rechazos, todo. Estoy convencida de que ese aferrarse al pasado es un fanático, casi desesperado, deseo de reinventarlo para poder modificarlo. Los médicos, los abogados y demás ciudadanos estables no padecen de una memoria persistente. A su modo, quizás estén tan perturbados como usted y como yo, sólo que no lo saben. No andan escarbando".

—En el centro de prácticamente todos sus relatos hay una mujer —dice Roth—, por lo general una mujer que se vale por sí misma, combatiendo el aislamiento y la soledad, o buscando el amor, o retrocediendo espantada ante las sorpresas que trae el aventurarse entre los hombres. Usted escribe sobre las mujeres sin pizca de ideología o sin preocuparse en absoluto de adoptar una postura correcta.

—La postura correcta es decir la verdad —responde O'Brien—, escribir lo que uno piensa, sin consideración del público ni de ninguna camarilla. Pienso que el artista nunca adopta una postura ni por conveniencia ni por agravio. Los artistas odian las posturas y sospechan de ellas porque sabemos muy bien que tan pronto como adoptas una postura fija te conviertes en alguna otra cosa: en periodista o político.

Para Edna O'Brien, las cosas que han cambiado, a partir del movimiento feminista de los años sesenta del siglo XX, han sido, pese a todo, para bien: "Las mujeres no son ganado, expresan su derecho a que se les pague lo mismo que a los hombres, a ser respetadas, a no ser el 'segundo sexo'; pero en la cuestión del emparejamiento las cosas no han cambiado nada. La atracción y el amor sexual no son un impulso de la conciencia, sino del instinto y la pasión, y en este aspecto los hombres y las mujeres son radicalmente distintos. El hombre aún sigue teniendo mayor autoridad y mayor autonomía. Es algo biológico. El destino de la mujer es recibir el esperma y retenerlo, y el del hombre, en cambio, consiste en darlo, y en esa entrega se agota, de ahí que a continuación se retire. Mientras ella, en cierto sentido, está siendo alimentada, él, por el contrario, está siendo vaciado, y, para resucitarse a sí mismo, procede a una huida temporal. Como consecuencia de todo ello tenemos el resentimiento de la mujer, al verse abandonada, aunque sea por poco tiempo, y el sentimiento de culpabilidad de él, porque se aparta". Y como la mujer es capaz de un amor más profundo, según O'Brien, es ella, por lo tanto, la que tiene más miedo de que la dejen.

Y mientras se tenga, aunque "progresivamente feminista", esta sometida mentalidad, las cosas tal vez continuarán inamovilizadas por los siglos de los siglos.

Amén.

El 3 de abril de 1971 el entonces presidente estadounidense Richard Nixon, en San Clemente, declaraba que por sus muy particulares "convicciones personales y religiosas" consideraba que el aborto "es una forma inaceptable de control de la población". Además, "el planteamiento no restrictivo del aborto o el aborto de encargo" le resultaban "imposibles de conciliar" con su fe "en el carácter sagrado de la vida humana, incluida la vida de los nonatos, pues qué duda cabe de que los nonatos también tienen sus derechos, que la ley reconoce, que están reconocidos incluso en principios expuestos por las Naciones Unidas".

Por supuesto, la declaración despertó ámpula en las conciencias progresistas (¡la ONU reconoce los derechos humanos de los nonatos!), una de las cuales, revestida en el prestigiado escritor Philip Roth, saltó enfurecida, y seguramente desconcertada, para alzar su voz en protesta por lo que consideraba una irrespetuosa y conservadora barbaridad que ofendía no sólo a las mujeres con otros principios corporales sino a la propia humanidad que empezaba a abrirse paso en ese mundo aún simuladamente victoriano: Woodstock, dos años atrás, había exhibido el renacimiento de las ideas contraculturales, lo que es decir los pensamientos y los comportamientos adversos a las instancias oficiales.

Y se puso a escribir Roth un ensayo, que resultó una fina ironía —y un soberbio despliegue de inteligente ferocidad opositora— contra los [a todas luces endebles y moralinos] pareceres del gobernante, el mismo que dos años después de su reelección en 1972 caería políticamente por su afición a la mitomanía en el vergonzoso caso Watergate. Roth escribió *Nuestra pandilla* (traducido en 2009 al español por Ramón Buenaventura para la Editorial Mondadori), cuyo efecto literario, aun con el peso de la distancia —¡casi cuatro décadas después!—, se sostiene con solidez, como un modelo rozagante, en el rubro de la mordacidad política.

"Las grandes sátiras, con los años, pierden en el detalle y ganan en aplicación universal —apunta Buenaventura en una nota inicial—. ¿De quién se burlaba Quevedo? ¿A quiénes atacaban Juvenal o Marcial? ¿A qué hechos o situaciones concretas se refería Swift? No nos importa: la ferocidad del texto parece dirigirse contra tipos humanos que van repitiéndose a lo largo de los siglos en múltiples situaciones, y la aprehendemos con tanta fuerza como si estuviéramos al corriente del último cotilleo contemporáneo del autor". Los breves textos que escribiera Roth, publicados parcialmente en *The New York Review of Books*, no fueron a toro pasado, como se dice cuando las cosas ya no están en su punto de hervor, sino elaborados justo en el momento en que las circunstancias se iban dando, lo que motivó por supuesto el incontrolado encono del presidente norteamericano, que no ocultó nunca su rencor contra Roth, su acérrimo crítico, mucho antes de que la prensa en general se le fuera encima a Nixon en 1974 por andar espiando a contrincantes demócratas y, de paso, incumplir así su juramento constitucional.

Philip Roth, obedeciendo sobre todo a su cabal entendimiento de los derechos humanos, no se arredró jamás al tocar —como en aquellos tiempos se arredraba la prensa oficiosa en general (ya no digamos el caso de México, genuflexa todavía a los dictados gubernamentales: no fue sino hasta 1976 en que un localizado núcleo de periodistas quiso desanudarse los gruesos cordeles que la aprisionaban a los mandatos de los funcionarios públicos)— al presidente Nixon quien, con sus propias palabras, parecía ponerse una soga al cuello. ¿Qué no hubiera escrito Roth si en lugar de haber nacido en Estados Unidos en 1933 hubiese visto la luz en México y atestiguado la caterva deslenguada de Vicente Fox?

En noviembre de 2012 Roth anunció que se retiraba en definitiva de la literatura. No sé los pormenores. No sé si sea cierto. No quiero creer que lo sea. 🖤

Leonard Cohen
(Montreal, Canadá, 1934)

Bob Dylan
(Duluth, Estados Unidos, 1941)

🍇 *Como una adorable mariposa contra la madera*

Hay cantores, como Nick Cave (quien incluso se define como "escritor que hace composiciones musicales"), como Paul Simon, como Tom Waits, como Bruce Springsteen, como Jackson Brown, que traen consigo una intuitiva vena poética, pero hay poetas, como Leonard Cohen o Bob Dylan, que se introducen en los terrenos de la música dirigidos por un intuitivo soplo cantor. En 1956, a la edad de 21 años, Cohen publica su primer libro de poesía: *Lets us to compare mythologies*. El volumen habla de las interioridades religiosas que lo han conmovido:

> Cuando yo era joven aprendí de los cristianos cómo sacrificamos a Jesús
> como una adorable mariposa contra la madera
> y cómo mis padres clavaron como un murciélago contra un granero.

Dice el español Alberto Manzano —quien ha traducido prácticamente toda la obra de Cohen al castellano, incluso elaborado, por propia iniciativa, *Ilustrísimo Sr. Cohen*, un bello volumen de 24 canciones del poeta Cohen con ilustraciones de ocho diestros dibujantes españoles, publicado en 2011 por 451 Editores— que los comentarios religiosos abarcan una buena parte del libro, "y casi podríamos calificarlo de 'nuevo libro santo' si no fuera por las también continuas apariciones de los dulces pechos y las bocas de miel de sus amantes. Pero a Cohen no le gusta ver su libro en las bibliotecas de sus amigos y familiares. No era asunto de ellos enterarse de cómo lucían los cuerpos de sus amantes a la luz de la luna artificial de Stanley Street. Se sentía como si hubiese aparecido masturbándose en televisión, desprovisto de vida privada, de límites, de discreción. 'Lo único necesario para ser generalmente amado es publicar las propias ansiedades —decía Cohen—. Toda empresa capital de arte es un despliegue calculado de sufrimiento'. Por eso, para expiar su pecado, y porque seguramente el libro no le daba lo suficiente para vivir, entra a trabajar en una fundición de cobre, en la ribera de la ciudad".

Sin embargo, la jornada laboral, de 7:30 a 17:30 con media hora para comer, y un sueldo de 75 centavos la hora, lo desquicia. Abandona Montreal, con el permiso de sus padres (prácticamente los creadores de todas las instituciones judías de esa ciudad canadiense), para asistir a la Universidad de Columbia, pero en lo que menos piensa es en estudiar. "Cohen se pierde por las calles de Nueva York —dice Manzano en su libro *Leonard Cohen* (Unilibro, España, 1978)—, estudia los grafitis garabateados en las paredes del Metro y descubre ese mundo tan terriblemente inhumano del que seguramente Lorca ya le habría hablado. Huye de Harlem, presencia un asesinato en la escalera del Metro, vomita de regreso a su habitación y se queda rígido sobre la cama. Imposible mover un músculo."

Esta visión la escribiría, luego, en su novela de 1963, *The favorite game*: "Me tiene sin cuidado a quién hayan asesinado. Me tienen sin cuidado las cruzadas que se planean en históricos cafés. Me tienen sin cuidado las vidas destrozadas en los arrabales". Pero en los barrios hay, asimismo, hermosas mujeres. Descubre a una en uno de sus habituales paseos, y le escribe un poema:

Bajo mis manos
tus pequeños senos
son los vientres vueltos
de gorriones caídos y suspirantes.
Siempre que te mueves
escucho los sonidos de alas cercanas
de alas caídas.
Permanezco mudo
porque has caído junto a mí
porque tus pestañas
son las espinas de pequeños y frágiles animales.
Temo el momento
en que tu boca
empiece a llamarme cazador.
Cuando me llamas cerca
para decirme
que tu cuerpo no es hermoso
quiero convocar
los ojos y ocultas bocas
de piedra luz y agua

para que atestigüen en tu contra.
Quiero que te entreguen la temblorosa rima de tu rostro
de tus profundos cofrecillos.
Cuando me llamas cerca
para decirme
que tu cuerpo no es hermoso
quisiera que mi cuerpo y mis manos
fueran estanques
para tu mirada y tu risa.

Regresa a Montreal y en 1961 la Bahía de Cochinos es ocupada en un desembarco hostil al régimen de Fidel Castro. "Es un momento que reclama acción, y Cohen viaja a Cuba. Pero, una vez en la isla, se da cuenta de que él mismo es exactamente la clase de enemigo que los filisteos habían descrito: 'Burgués, individualista, un poeta inmoderado' y, dejando a un lado la revolución, ningún bando valía la pena por el cual luchar, convive con gente al margen de la política: alcahuetes, ambiciosos, prostitutas, casi todos los operadores de películas nocturnas y, entre chinos y técnicos checoslovacos, se siente el único turista en La Habana." También de esta experiencia extraería, después, varios poemas, sobre todo en sus libros *Flowers for Hitler* (1964) y *The energy of slaves* (1972):

Es una obligación para mí
lo más sagrado de mis días
más profunda que el opio negro
lo que me hizo ir más allá de mis lecciones
más estrepitosa que las cintas de fuego de Cuba
donde yo no maté al hombre.
Es una obligación para mí
y siempre que la encuentro
la pierdo la pierdo a menudo.
Soy un estandarte solitario
soy un soldado sabio.
Camino con la boca cerrada
y entro en el mundo a la deriva
atenazado por el honor.

En el año que viajara a Cuba publica su segundo poemario: *The spice-box of earth*, donde prosigue su impulso religioso judeocristiano:

> Entre las montañas de especias
> las ciudades impulsan cúpulas de perlas y agujas de filigrana.
> Nunca fue antes Jerusalén tan hermosa.
> ¿Por qué entonces ese loco de Isaías, que olía a desierto, rabiaba y gritaba
> "Jerusalén está en ruinas
> sus ciudades están ardiendo"?

Este libro hace viajar a Cohen a Europa, pues obtiene un premio que le reditúa un buen dinero, que lo gasta de inmediato en Grecia. Es una época fructífera para el poeta. Escribe sus novelas *El juego favorito* (1963) y *Los hermosos vencidos* (1966), aparte de su poemario contra Hitler (1964), que causará revuelo en Canadá. Es cierto que los nazis fueron vencidos, diría Cohen años después, "pero la idea nazi ha triunfado. Hoy, todas nuestras cabezas están llenas con la idea de la tiranía". Cohen, en este libro, "no sólo tiene espíritu de violador de tumbas" sino se distancia, con rabia, del mundo espiritual, el mismo que lo había abrazado en sus anteriores volúmenes poéticos:

> No sé si el mundo ha mentido.
> Yo he mentido.
> No sé si el mundo ha conspirado contra el amor.
> Yo he conspirado contra el amor.
> La atmósfera de la tortura no es confortable.
> Yo he torturado.
> Escuchen.
> Habría hecho lo mismo.
> Aunque la muerte no hubiese existido.

En *La energía de los esclavos* (1972), Cohen es de nuevo un poeta ambicioso:

> Mi odio no conoce final
> más que en tus brazos.
> Por extraño que parezca,
> soy el fantasma de Juana de Arco
> y estoy amargado amargado

a causa de las voces.
Abrázame fuerte
o te pondré para que sudes
donde yo he estado.

Ya en su libro *Los hermosos vencidos* Cohen es un escritor irrebatible, que incluso acusa a la iglesia como institución por detener el avance liberal del hombre.

Luego de haber alcanzado una indiscutible importancia en el ámbito literario, Leonard Cohen se sumerge en la música. Con su guitarra compone canciones y es Judy Collins la que lo presenta en el Newport Folk Festival ante 20 mil personas en 1967. Un poco después, en 1968, Cohen publica su primer disco. Buffy Sainte-Mary, de la revista *Sing Out*, escribe acerca de este acetato: "Las canciones de Cohen son de otro mundo y, a la vez, increíblemente 'mortales', como yo misma encuentro a Cohen. La mayor parte de sus melodías no son 'asimilables' inmediatamente, pero después de haberlas escuchado atentamente te encuentras de modo sorprendente iniciado en una fórmula mucho más amplia que la utilizada por la música folk y pop anglosajonas. Calificado de vago, sin objetivo, nublado, yo le estoy, por mi parte, agradecida de haberme elevado por encima del nivel musical corriente. Resulta curioso partir de un tono para encontrarse en otro, y no tener idea de cómo ha ocurrido".

Justa crítica.

Después, Cohen se introduciría de lleno en los asuntos de la música (cuyas letras forman una hermosa colección poética, que se pueden constatar, por ejemplo, en el volumen Un acorde secreto, con traducción, sí, del español Alberto Manzano, publicado en 1996 por Celeste Ediciones), y la historia es un poco más conocida. Por eso, sin duda, su música no tiene nada que ver con la música pop contemporánea. Porque, sencillamente, un poeta se tropezó un buen día con el rock y se halló a gusto entre las marejadas de la frivolidad sin precisamente ser un simpatizante de la frivolidad.

Así como Eric Clapton se ha sentido incomodado por ese adjetivo de "Dios de la Guitarra" que se empecinan en adjudicarle unos cuantos gazmoños y debilitados comentaristas de rock, del mismo modo Bob Dylan jamás se ha creído aquello que lo centran como el pitoniso del rock. Cumplidos ya los 70 años, el 24 de mayo de 2011 —siete años menor que Cohen—, el compositor ha publicado, en medio siglo de vida discográfica, más de 50 grabaciones, aunque en el estudio sólo estén registrados 35 con *Tempestad*, su álbum de 2012.

En 2001, cuando cumplió sus seis décadas de vida, apareció su cuadragésimo tercer disco: *Love and theft*, un muestrario de doce vigorosas y ásperas canciones que lo continuaron exhibiendo como un maestro indiscutible de la narrativa roquera, distanciado del comercialismo y del oropel que, hoy, domina hasta al más escuálido rock. Vagabundo desde los 18 años, no terminó la universidad por faltar con asiduidad a las aulas. Recorrió diversos estados en busca de sitios donde exponer sus primeras canciones.

—Cantaba para comer y cortaba hierba por un cuarto de dólar —ha dicho Dylan—. Estuve en la cárcel por sospechoso de robo a mano armada; me golpearon durante cuatro horas. Nunca les había hecho nada. Tenía tiempo para tocar la guitarra, para cantar y para escribir. Pero nunca tuve tiempo para preguntarme porqué lo hacía. Nunca fui pobre: siempre tuve mi guitarra y mi armónica.

Abucheado en un sinnúmero de ocasiones porque no cantaba como un artista formal o porque, sencillamente, no sabía —no sabe— cantar, se empecinaba —aún se empecina— en ello actuaba en circos, teatros, habitaciones de hotel, cafés, bares.

—En Central City, Colorado, tuve mi primer empleo —recuerda el compositor—. Era un sucio y destartalado antro de *strip tease*. Tocaba unos minutos mis canciones y subían las chicas a hacer su número. La gente pedía a gritos que las chicas siguieran actuando, pero ellas se iban y yo tenía que amainar la tormenta con mis canciones folk. La noche se hacía larga, el aire se vaciaba; todo el mundo acababa borracho y los vómitos llenaban el local. Yo me ponía enfermo y perdía el control.

Dos años después de estas calamidades, en 1961, toca al lado de John Lee Hooker y graba, en dos rápidas sesiones de estudio, doce piezas para un primer disco totalmente inadvertido. "Poco o casi nada se sabe de la vida privada de Dylan a partir del año 1962 —dice Jesús Ordovás en el libro *Bob Dylan*, el primero de la colección 'Los Juglares' de Ediciones Júcar, 1972, España—. Empieza a enredarse aquí el velo negro que cubre toda la existencia posterior del más famoso y desconocido músico popular de los años sesenta. Multitud de rumores e historias pasarán de boca en boca, creando una leyenda seudobíblica acerca de su vida y sus viajes, pero nadie a ciencia cierta sabe dónde está el mito y dónde empieza el hombre. Sus declaraciones públicas son una cortina de humo que le permite vivir al margen de intromisiones ajenas. La ambigüedad de sus respuestas y sus demasiado claras contradicciones son un desafío a un conocimiento racional de su personalidad real. El único camino que parece viable para llegar a un acercamiento de su obra poética y musical es seguir la huella de sus actuaciones públicas y de sus discos".

Así es. Dylan es el cantante poeta (mejor: poeta cantante) que dice cosas a través de su música. No es, en lo absoluto, el gurú que la gente y, sobre todo, los críticos se empeñan en mirar:

¿Cuántos caminos debe un hombre caminar
antes de que sea considerado hombre?
¿Cuántos mares debe una blanca paloma surcar
antes de dormir en la arena?
¿Cuánto tiempo seguirán volando las balas de cañón
antes de ser prohibidas para siempre?
La respuesta, mi amigo, está en el viento.

Dylan no tenía, ni tiene, las respuestas a la mano. Con esta hermosa canción, "Blowin in the wind", de 1962, Dylan logró visibilizarse en el panorama de la música.

—Pienso que los mayores criminales son aquellos que vuelven la cabeza cuando ven que algo está mal y saben positivamente que está mal —dijo Dylan en aquellos años—. Yo sólo tengo veintiún años y ya sé que ha habido demasiadas guerras. Los mayores de veintiún años deberían saberlo mejor que yo. Creo que lo primero que hay que hacer para resolver ese problema es hacerse la pregunta. Pero me parece que mucha gente no sabe lo que es el viento. Una buena forma de aprenderlo sería poner en una autopista a todos esos que hacen leyes para los demás. No dejes que nadie te diga cómo son las cosas. No permitas que nadie alce barreras delante de tus ojos. Levántate por las mañanas y camina con los ojos bien abiertos. Olvida las frases hechas de los necios. No hay nada dicho. Los perros seguirán ladrando al otro lado de las vallas.

Desde entonces, Dylan no ha cambiado. Sus discos, acaso con la excepción de su periodo religioso —el más debilitado de todos, y aun así supo crear un álbum magnífico en 1979 con este fervor divino: Slow Train Coming, que incluye la canción "Man gave names to all the animals", que luego, dos décadas después, Dylan publicara como cuento infantil con ilustraciones de Scott Menchin—, son la crónica de los tiempos que nos ha tocado vivir. Cuando cumplió los 60 años, "el cantante parece haber asumido un punto de vista semejante al que sostuvo Miles Davis durante casi toda su trayectoria —apuntó Mikal Gilmore, de la revista Rolling Stone—: la experiencia vital más auténtica se produce en el momento de la interpretación. Cada vez que los músicos tocan un tema, lo transforman; descubren una nueva posibilidad creativa". Reconocido ahora unánimemente como un crítico indiscutido del rock, Gilmore le recordaba a Dylan sus declaraciones cuando le entregaron el Grammy, a principios de los noventa, por el conjunto de su carrera:

—Mi padre me dijo una vez —dijo Gilmore que dijo Dylan—: "Hijo mío, este mundo puede envilecernos tanto que hasta nuestros propios padres nos abandonan. Si eso sucede, ten fe en tu capacidad para cambiar de rumbo".

—Mi intención era hablar del mundo maquiavélico en el que vivimos —respondió el poeta—. Cualquier acto, por inmoral que sea, está justificado si tiene éxito. Quería expresar lo que sentía esa noche: no pretendía hacer una declaración religiosa. Últimamente se oye hablar mucho de Dios: nos hablan de Dios todo el tiempo, pero lo único que sabemos con seguridad es que Dios es arbitrario. Y más vale que la gente tome conciencia de ello.

Gilmore replicó:

—Pero la palabra "arbitrario" implica otra concepción de Dios. ¿Podría aclarar este término?

Dylan fue tajante, como siempre lo ha sido:

—No. Puedes consultarlo en un diccionario. No me considero un sofista, ni un estoico, ni un burgués, ni cualquier otro personaje con el que la gente tiende a identificar a los demás. Soy una persona bastante corriente. No voy por la calle en un estado permanente de inspiración.

Para hacer una canción, Dylan sólo obedece "los dictados" de su conciencia.

—Yo no tengo pensado trazarme ningún límite —dijo Dylan a Alan Jackson en *El País Semanal* del 7 de octubre de 2001—. Lo más probable es que un día me despierte y decida que ya estoy harto. Si ocurre así, no me costará nada retirarme. He hecho todo lo que deseaba hacer. Tengo la impresión de que no me queda nada por demostrar.

Cuando se oye el disco *Love and theft*, Jackson apuntó que "es como sintonizar una vieja radio de mica sin hilos. Aunque el sonido es limpio, la inspiración musical parece antigua. Y lo más sorprendente de todo, en esta era de composiciones rutinarias, de ganchos, coros y muestras, es que las doce canciones tienen una estructura y una esencia narrativas. Son una evocación de lo que era escribir canciones en otro tiempo: contar una historia".

Acaso lo refutable sea eso de "la inspiración musical antigua". Porque no se puede componer a la antigua. Es un disparate. Lo que quiso decir Jackson probablemente es que Dylan sigue sonando maravillosamente a Dylan. Estamos ante un Dylan impoluto, no contaminado, intacto, sin haber aprendido a cantar pero cantando como un adorable viejo roquero. Todas las veces que lo he escuchado en vivo —tres, en diferentes escenarios de la Ciudad de México—, Dylan es, por supuesto, más un poeta que un cantante, pero mucho más roquero que infinidad de jovencitos que aparentan poderío por el solo hecho de cargar una guitarra eléctrica. Cuando lo miro en un foro, Dylan me parece un heterodoxo cuentacuentos con armónica y guitarra. De ahí que prácticamente todas sus canciones, en vivo, se parezcan unas a otras en su sentido melódico. Porque su fuerza reside en las letras, no en la música, que sólo es, ésta, un acompañamiento para decir lo que el escritor tiene que decir en sus conferencias sonoras. Su narrativa (es cierto: porque Dylan es narrador, más que poeta, como no hay ninguna duda de que Cohen es más poeta que narrador, aunque escriba novelas) es tan asombrosa que, por eso mismo, sus canciones son alargadamente lineales, ya que no es igual, nunca va a ser igual, cantar un poema que cantar un cuento. De ahí que a los ilustradores también les encante hacer historietas de sus textos, como lo refleja el libro Bob *Dylan Revisited: 13 canciones adaptadas al cómic*, que en 2011 publicó Norma Editorial. Por eso a ambos autores les ha sido otorgado el Premio Príncipe de Asturias por su aportación literaria a la música: a Dylan en 2007 y a Cohen en 2011, si bien al primero lo acomodaron en el rubro de las "artes" y al segundo ya, de plano, lo ubicaron en el de las "letras". Entre los dos suman acaso una treintena de libros, fuera de sus grabaciones musicales, entre narrativa y poesía.

De *Tarántula*, el libro que Dylan publicó en 1966:

"Él desea morir—Él desea morir rodeado de campanas de catedral—Él desea morir cuando los tornados descobijan los techos de las casas & los pequeños bancos, *y por la muerte me darán*, dirá cuando muera:

"el voceador entra por la puerta trasera—el dedo gordo se asoma del zapato— lleva una cáscara de fruta con un número apuntado—llama por teléfono—después se suena la nariz".

Así es Dylan. Beat como el mejor de los beats, superándolos a todos, que se fueron muriendo o silenciando sus letras: con su narrativa, Dylan sigue diciendo que el rock aún es combativo, que esta música todavía puede ser confiable si los roqueros están decididos a seguir contando historias. ❦

Carl Sagan
(Nueva York, Estados Unidos, 1934 / Seattle, 1996)

❦ *La Tierra no es en absoluto el único lugar*

En 1994 los médicos le diagnosticaron a Carl Sagan una extraña enfermedad llamada mielodisplasia. Desde entonces, el divulgador científico sabía de su inminente muerte. Sin embargo, no detuvo su trabajo escritural. Hospitalizado, puso punto final a su último libro: *The demond haunted world*, en el cual critica —con ferocidad— el mundo de las seudociencias, el esoterismo y lo paranormal. "La seudociencia apela a lo que parece bueno —declaró a la revista *Muy Interesante* en su número de diciembre de 1996—, más que a lo que parece verdadero. Hace promesas que la ciencia no puede sostener, porque la ciencia no hace promesas."

En esa charla Sagan dijo que le gustaría creer que, "cuando muera, volveré a vivir. Que alguna parte pensante, alguna forma de memoria o de sentimiento permanecerá en mí. Pero con la misma intensidad que lo deseo, sé que no hay nada que sugiera que es algo más que una vana esperanza".

—La divulgación científica debe pasar, sin duda —le dijo Jorge Alcalde—, por la denuncia del fraude seudocientífico. Pero, ¿y si no mereciera la pena?

—Desde luego que merece la pena —afirmó Sagan—. Cada esfuerzo por clarificar lo que es la ciencia y de generar entusiasmo popular sobre ella es un beneficio para nuestra civilización global. Del mismo modo, demostrar la superficialidad de la superstición, la seudociencia, el pensamiento *new age*, el fundamentalismo religioso... es un servicio a la civilización y, en particular, a las instituciones democráticas.

Sagan nació el 9 de noviembre de 1934 en Brooklyn, Nueva York. El viernes 20 de diciembre de 1996, 41 días después de haber cumplido 62 años, moría a causa de esa enfermedad que le afectó la médula ósea y que todo hace indicar que no tiene, aún, remedio. El divulgador de la ciencia que ha acercado al hombre a los misterios del mundo con un lenguaje llano le dio nombre a un asteroide, el 2790. Dentro del ámbito literario de la ciencia se asegura que el segundo libro más vendido en la historia de este especializado arte es *Cosmos*, de Sagan; el primero sería *El origen de las especies*, de Charles Darwin.

Y es que, en una sola lectura, *Cosmos* (Planeta) explica la evolución cósmica de quince mil millones de años "que ha transformado la materia en vida y conciencia", a diferencia de los doce mil años que se deduce de la *Biblia*. Sagan, en este aspecto, siempre fue firme, y explícito. "La Tierra es un lugar, pero no es en absoluto el único lugar. No llega a ser ni un lugar normal. Ningún planeta o estrella o galaxia puede ser normal, porque la mayor parte del Cosmos está vacía. El único lugar normal es el vacío vasto, frío y universal, la noche perpetua del espacio intergaláctico, un lugar tan extraño y desolado que en comparación suya los planetas y las estrellas y las galaxias se nos antojan algo dolorosamente raro y precioso. Si nos soltaran al azar dentro del Cosmos la probabilidad de que nos encontráramos sobre un planeta o cerca de él sería inferior a una parte entre mil millones de billones de billones ($10 \backslash dn8\ 33$, un uno seguido de 33 ceros). En la vida diaria una probabilidad así se considera nula. Los mundos son algo precioso." En el capítulo "Blues para un planeta rojo" de su indispensable libro *Cosmos*, Sagan escribió: "Algunos desean fervorosamente que haya vida en Marte, otros con la misma fuerza desean que no haya vida en Marte. En ambos bandos ha habido excesos.

Estas fuertes pasiones han desgastado en cierto modo la tolerancia hacia la ambigüedad, que es esencial en la ciencia. Parece haber mucha gente que lo único que quiere es obtener una respuesta, cualquier respuesta, y que por eso evita el problema de contar con dos posibilidades simultáneas que se excluyen mutuamente".

La duda como firmeza científica.

Sagan, empero, agotaba todas las posibilidades aun a costa de parecer reiterativo, que no lo era. Recorría todos los caminos posibles para dar con alguna conclusión, aunque ésta no fuera concluyente. En su libro *Los dragones del Edén* (Grijalbo), Premio Pulitzer 1978, se introduce de lleno en la evolución de la inteligencia humana. "La existencia de regiones específicas del cerebro relacionadas con funciones cognoscitivas, sensoriales y motoras concretas —escribió en la página 48 de ese libro—, hace innecesaria la existencia de una perfecta correlación entre masa cerebral e inteligencia. Determinadas partes del cerebro son, a todas luces, más importantes que otras. Entre los cerebros de mayor tamaño se cuentan, por ejemplo, los de personajes como Oliver Cromwell, Iván Turgeniev y Lord Byron, todos ellos hombres de gran talento, pero no, en cambio, el de Albert Einstein, que tenía un cerebro de tamaño corriente. El cerebro de Anatole France, hombre de inteligencia superior a la media, era la mitad de grande que el de Byron. El recién nacido posee un cerebro muy grande en proporción al tamaño del cuerpo (un 12 por ciento, poco más o menos). Durante los tres primeros años de su vida, o sea el periodo en que el niño aprende con mayor rapidez, el cerebro, y en especial la corteza, continúan creciendo muy rápidamente. Al cumplir los seis, el niño posee ya 90 por ciento de la masa encefálica que tendrá como adulto. El peso medio de la masa encefálica del hombre actual es de unos 1.375 gramos. Dado que la densidad del cerebro, como la de todos los tejidos corporales, es aproximadamente la del agua (un gramo por centímetro cúbico), el volumen de un cerebro de estas características sería de 1.375 cc, algo menos de un libro y medio. (Un centímetro cúbico tiene, poco más o menos, el volumen del ombligo de un hombre adulto.)"

Empero, "el volumen del cerebro de la mujer es alrededor de 150 cc menor. Si se toman en cuenta las carencias ambientales y educacionales, no existen indicios sólidos de diferencias intelectuales cabales entre los individuos de uno y otro sexo. Consideramos, pues, que una diferencia de peso de 150 gramos en el cerebro de los individuos de la especie humana carece de relieve. También entre los adultos de las distintas razas humanas se dan parecidas diferencias. Por término medio, el cerebro de los orientales es un poco más grande que el de los blancos, y puesto que tampoco en este caso se ha demostrado que, en igualdad de condiciones, existen diferencias en cuanto al nivel de inteligencia, la conclusión es la misma. La gran diferencia de peso entre los cerebros de Lord Byron (2.200 gramos) y de Anatole France (1.100 gramos) indica que, dentro de estos límites, una diferencia de incluso varios centenares de gramos no tiene, funcionalmente hablando, trascendencia alguna".

Su libro *Comunicación con inteligencias extraterrestres* (Planeta) reúne a diversos pensadores que dialogan entre sí. Un coloquio de sabios hablando de situaciones complejas.

Morrison: ¿Se sabe de algunos insectos sociales que presenten estados plásticos?

Stent: Sí, en el caso de las abejas hay una forma de aprendizaje. Una abeja exploradora puede recordar la dirección y distancia de una fuente de miel por lo menos unos minutos; regresa luego a la colmena, y ejecuta una danza para las demás abejas indicándoles las coordinadas espaciales de la fuente de miel.

Sagan: ¿No aprenden los gusanos planos?

Stent: Este es un tema delicado. Se trata de un aprendizaje operativo. Hay, desde luego, informes de entrenamiento con muchos invertebrados. Creo que la pregunta de Morrison no se refería a la plasticidad en general, sino al periodo sensitivo. De ser así no conozco ningún caso entre invertebrados. Pero no hay duda de que se puede entrenar a gusanos de tierra y a caracoles.

No había, pues, temas que evitara Sagan.

En el libro *Murmullos de la Tierra* (Planeta), Sagan nos cuenta cómo se hizo la selección del contenido que se enviara en la nave *Voyager* en caso de que algún ser extraterrestre la descubriera, a la nave, para que se enterara de que existe vida aquí en esta Tierra. "Cada nave *Voyager* tiene un disco fonográfico dorado dentro de una cubierta de aluminio plateado adosada a la pared exterior del compartimiento central de instrumentación. En la cubierta se han grabado instrucciones para tocar el disco, escritas en lenguaje científico. Dentro de la nave y cerca del disco están guardadas una cápsula y una aguja, ilustradas en la cubierta. El disco está listo para ser reproducido. La idea de enviar un disco me encantó —escribió Sagan— por un motivo diferente: podríamos enviar música. Nuestros anteriores mensajes contenían información sobre qué percibimos y cómo pensamos. Pero los seres humanos hacen mucho más que percibir y pensar. Somos seres sensitivos. Sin embargo, nuestra vida emocional es más difícil de comunicar, especialmente a seres de constitución biológica muy diferente. Se me antojó que la música era por lo menos un intento estimable de hacer sentir las emociones humanas."

Para ello se seleccionó el material a cargo de gente especializada, en la que participó, entre otras personas, uno de los directivos del periódico *Rolling Stone:* Jonathan Cott. "Queríamos enviar 'Here comes the sun' de los Beatles —dijo Sagan—, y los cuatro Beatles dieron su aprobación. Pero los Beatles no poseían el *copyright*, y la situación legal de la pieza nos pareció demasiado turbia para poder arriesgarnos.

En muchas ocasiones expresamos nuestra pena por no haber podido incluir a estos compositores y músicos, principalmente por motivos de tiempo y de espacio, y nos imaginamos un dibujo de todos ellos reunidos en Cabo Cañaveral mirando melancólicamente cómo lanzaban el *Voyager* a las estrellas sin ellos". De México fue escogida la pieza "El cascabel", que interpreta el mariachi de Lorenzo Barcelata.

La obsesión de Sagan era responder a todas las dudas, si bien con sus respuestas, como buen científico, producía a la vez otras tantas inquietantes preguntas. "La raza humana puede provocar —escribió Sagan en su libro *El cometa* (Planeta), firmado al alimón con su esposa Ann Druyan— su propia catástrofe climática con el polvo excavado por las explosiones nucleares sobre el suelo y el humo de los incendios de 'objetivos estratégicos' situado dentro de las ciudades y en sus alrededores, una catástrofe que quizá podría provocar en nuestra época extinciones en masa semejantes a las del Cretáceo. La principal diferencia es que los dinosaurios no fueron los causantes de su propia extinción. Es probable que si un cometa o asteroide no hubiese chocado contra la Tierra hace sesenta y cinco millones de años (o después), los dinosaurios estarían todavía aquí y nosotros no. Nosotros seríamos una de las incontables posibilidades no realizadas en los genes y cromosomas de otros seres de la Tierra, como podemos volverlo a ser si no recuperamos pronto el juicio".

Este hombre que a los doce años dijo a su abuelo que quería ser astrónomo (su abuelo lo oyó con paciencia, para luego replicarle al nietecito: "Sí, ¿pero cómo te ganarás la vida?"), aunque no logró su originario deseo adolescente, pudo lograr vivir con comodidad de la divulgación científica debido sobre todo a su incansable trabajo y a las miles de horas encerrado en sus estudios e investigaciones. Y, paradójicamente, sólo pudo detenerlo una enfermedad que todavía no tiene cura para el mundo científico: la mielodisplasia. 🍇

Kenzaburo Oé
(Ose, Japón, 1935)

🍇 *Las semillas arrancadas*

La primera novela del japonés Kenzaburo Oé: *Arrancad las semillas, fusilad a los niños*, publicada en 1958, fue incorporada hacia 1999, con el número 422, a la colección "Panorama de Narrativa" de la editorial barcelonesa Anagrama. Traducida del japonés por

Miguel Wandenbergh, el libro del Nobel 1994 es la historia desgarradora de una infamia en los tiempos de la muerte: "Igual que un prolongado diluvio —cuenta Oé—, la guerra descargaba su locura colectiva, que tras invadir el cielo, los bosques y las calles, había penetrado en las personas para inundar hasta los más recónditos recovecos de sus sentimientos".

Era la época "en que los adultos enloquecidos se rebelaban en las calles, se daba la paradoja de que había verdadera obsesión por encerrar a quienes todavía tenían la piel suave, o apenas les despuntaba un poco de vello en la entrepierna, porque habían cometido alguna fechoría sin importancia o, simplemente, se consideraba que mostraban 'tendencias asociales'. Los bombardeos se intensificaron, y al hacerse evidente que se acercaba el fin, se pidió a los familiares de los internos que pasaran por el reformatorio a recogerlos, pero la mayoría de ellos no quiso saber nada de sus molestos y perversos parientes. Así, pues, los responsables de la institución, obsesionados por cumplir con su deber hasta el final y no dejar escapar a sus presas, planearon la evacuación en masa de los chicos que no habían sido reclamados". El protagonista y narrador en primera persona de esta inconcebible historia de maldad, uno de los adolescentes enjaulados, sintió "una gran alegría" al ver llegar a su padre ("que era quien me había denunciado") acompañado de su hermano, pero dicho entusiasmo se diluyó con prontitud porque el señor, "al no haber encontrado refugio adecuado para su hijo menor, se le había ocurrido aprovechar la evacuación para incluirlo en ella". A los dos hermanos el futuro les deparaba un negro destino.

"Teníamos unas ganas terribles de perder de vista aquellas alambradas de espino, de un insólito color naranja, que nos aprisionaban —dice el mayor de los niños—, pero no tardamos en darnos cuenta de que fuera de ellas seguíamos estando presos. Era como si avanzáramos por un corredor que uniera dos prisiones." Los adolescentes son enviados a un remoto pueblo de montaña, cuyo alcalde cree que hay que suprimir a los revoltosos desde la semilla, que es decir la evaporación total, eliminar el mínimo rastro de la persona que fue. Tras tres semanas de camino, los chicos llegan al lugar indicado: "Los campesinos se fueron congregando poco a poco a nuestro alrededor; tenían la cara sucia y la ropa deshilachada, y empuñaban sus armas con decisión. Nos miraban con aprensión, a causa, sin duda, de nuestro aspecto miserable. Estábamos hambrientos, sucios, recelosos y asustados". Oé exhibe con crudeza la insensibilidad oriental. No hay ningún asomo de piedad. Acaso los únicos que muestran un cierto sentimiento de humanidad son precisamente los adolescentes pero, tal como ya lo había dejado asentado el británico William Golding (Nobel 1983) cuatro años antes, en 1954, con su libro *El señor de las moscas*, también los niños, como los adultos, son crueles cuando se bastan a sí mismos, cuando sólo ellos conforman la sociedad donde viven.

Oé cronica la miseria humana: "¡Si os cogemos robando, provocando incendios o alborotando, os mataremos a palos! —advierte el alcalde a la hora de recibir a los niños—. ¡Recordad que para nosotros sólo sois parásitos! ¡Y, encima, tenemos que daros de comer! ¡Recordad que no sois más que parásitos y que no os necesitamos para nada, desgraciados!" A los muchachos los ponen a enterrar cadáveres de animales ("un montículo de cuerpos muertos que se pudrían lentamente"), con lo que su evacuación no es sino la extensión de su castigo penal: las autoridades, no conformes con su guerra personal, hacen también la guerra a los niños de su país. "El asombro nos tenía paralizados —cuenta el protagonista—. El montón de cadáveres desprendía un hedor casi líquido que impregnaba no sólo nuestras narices, sino todos los poros de la piel de nuestras caras."

Pero viene la epidemia y los habitantes de la aldea abandonan sus casas, abandonando a su suerte asimismo a los quince chicos del reformatorio, que no saben qué hacer ante su encierro involuntario (porque los campesinos han puesto vigías con sus escopetas en las fronteras de su pueblo para que no escapara ningún niño), rodeados del olor de la muerte, odiándose a sí mismos. Ante su insalvable soledad, no tuvieron otro remedio que entrar a las casas para buscar comida. "Mi hermano y yo —narra el protagonista— seguimos escudriñando casas porque no teníamos nada mejor que hacer. No obstante, aquella tarea, despreciable y que, en el fondo, nos dejaba mal sabor de boca, cada vez nos atraía menos. Las casuchas eran pobres, y lo que encontrábamos en ellas por fuerza había de ser mísero". Los muchachos iban de un lado a otro sin saber qué hacer, "con un espíritu de holgazanería y apatía" que hacía sentir mal a todos, de modo que por cualquier cosilla se irritaban al grado de desearse la muerte. Uno que otro asunto los reanimaba, como las apariciones de un coreano (de un pueblo vecino también abandonado), de un soldado desertor y de una niña (el primer amor del protagonista, un amor tan intangible y violento, tan tierno e inverosímil como sólo puede asomarse en la narrativa iracunda de Oé) que no quiere separarse ni un minuto de su madre muerta.

Sin embargo, los campesinos regresan casi una semana después (ya en ese lapso habían sucedido varias pequeñas infamias, como la huida misma del hermano menor a causa de la incomprensión y el aturdimiento de la mayoría de los chicos, aterrorizados por el posible brote epidémico en sus cuerpos) y llegan para vengarse, luego de ver sus casas saqueadas, de lo que ellos consideran un ultraje imperdonable. Su rencor es inaudito. Y Oé se encarga de describir en el décimo y último capítulo, "con una prosa horriblemente perfecta" —tal como dijera el crítico literario de *Publishers Weekly*—, la infame tortura a la que son sometidos los niños enjuiciados.

Y hubiésemos preferido no haber llegado nunca al final de esa angustiante lectura... 🌿

Ismaíl Kadaré
(Gjirokastra, Albania, 1936)

Los montañeses de Albania tienen sus muy particulares leyes, que siguen inexorablemente al pie de la letra. Por ejemplo, Gjorg Berisha se cobra la sangre de Zef Kryeqyqe, cuadragésima cuarta víctima de una venganza que se prolonga ya durante siete décadas, constituyéndose a su vez en un blanco visible para el próximo vengador, quien a su vez se convertirá en el punto de mira del siguiente desagraviador, y así sucesivamente: el asesino se transfigura en el deudor que pagará, de manera inevitable, su atrevimiento mortal.

Después de haberle dado por fin muerte al tal Kryeqyqe, Berisha regresó tranquilamente a su casa: había cumplido las órdenes del *kanun*, el código de derecho consuetudinario albanés. Ya en la *kulla*, la edificación tradicional de piedra con forma de torre donde suelen habitar los montañeses, "flotaba el aroma del café recién tostado —relata Ismaíl Kadaré en su novela *Abril quebrado* (Alianza Editorial)—. Para su sorpresa, sentía sueño. Hasta bostezó un par de veces seguidas".

—¿Y ahora? —dijo de pronto sin dirigirse a nadie.

—Hay que proclamar la muerte en la aldea —respondió el padre.

Así de sencillo. No se podía dar marcha atrás. Las reglas son las reglas. El asesino sorbía el café que su madre le había preparado cuando oyó la primera de las proclamas afuera: "Gjorg, el de los Berisha, ha disparado contra Zef Kryeqyqe." La voz "tenía un timbre particular, entre la del pregonero que proclama un decreto gubernamental y la del viejo salmista. Fue como si en un instante aquella voz inhumana lo despertara de la somnolencia. Tuvo la sensación de que su nombre se había desprendido de su ser, de su piel y de su pecho para esparcirse de manera cruel por el exterior. Era la primera vez que experimentaba semejante sensación. Gjorg, el de los Berisha, repetía para sí la proclama del implacable pregonero. Tenía veintiséis años y era la primera vez que su nombre ocupaba un lugar en los cimientos de la vida."

Media hora después trajeron al muerto. "De acuerdo con la tradición, lo habían colocado sobre unas parihuelas fabricadas con cuatro ramas de haya. Aún se alentaba la vaga esperanza de que no hubiera expirado." El padre del muerto esperaba en pie ante la puerta de la *kulla*. Cuando le dieron la noticia de que su hijo no venía herido, "su lengua buscó la saliva dentro, muy adentro, en la cavidad de la boca". No obstante, alcanzó a articular las palabras: "Métanlo dentro y divulguen el duelo en la aldea y entre nuestros parientes."

Cuatro hombres, entre ellos un anciano, se encaminaron con prontitud a la casa del muerto: pedirían la *besa* de 24 horas para los Berisha. La *besa*, en el derecho albanés, es una protección jurada, la palabra de honor, que al ser otorgada no se vertiría más sangre en el lapso de 24 horas desde el mismo momento de la concesión. "La ceremonia fúnebre tuvo lugar al día siguiente a mediodía —relata Kadaré—. Las plañideras llegaron de lejos, arañándose los rostros y arrancándose los cabellos, según la costumbre. El viejo cementerio de la iglesia se llenó con las *xhoca* [prenda de gruesa lana prensada] negras del cortejo. Terminado el entierro, la comitiva regresó a la *kulla*, de los Kryeqyqe. Gjorg iba entre ellos. No lo hacía ni mucho menos de buen grado. Entre él y su padre se había producido la que Gjorg esperaba que fuera la última de sus disputas y que, con toda certeza, se había repetido miles de veces en las montañas. Asistirás sin falta al entierro e incluso a la comida de difuntos. Pero yo soy el *gjakës* [término que designa al que ha perpetrado la venganza de sangre o ha de perpetrarla sobre el primero, sin matiz alguno vergonzoso o peyorativo, pues la muerte se ejecuta en cumplimiento del *kanun*], yo he sido quien lo ha matado, ¿por qué debo ir precisamente yo? Precisamente porque eres el homicida debes ir. Cualquiera puede faltar hoy al entierro o a la comida de difuntos, cualquiera menos tú. Porque a ti se te espera más que a nadie. Pero, ¿por qué?, había replicado Gjorg por última vez. ¿Por qué debo hacerlo? Su padre le lanzó una mirada fulminante y Gjorg no volvió a decir una palabra."

Dice Kadaré que dos o tres veces le asaltó la idea a Gjorg Berisha "de huir de aquella situación absurda, de escapar corriendo del cortejo fúnebre, de que lo insultaran, lo injuriaran, lo acusaran de violar la costumbre secular, de que incluso le dispararan por la espalda si querían, pero huir, huir de allí. Sin embargo, sabía que no lo haría jamás. Igual que no habían huido su abuelo, su bisabuelo, su tatarabuelo, cincuenta, quinientos, mil años atrás". La comida de difuntos "transcurrió según el ritual. Gjorg se pasó todo el tiempo imaginando la suya propia. ¿Cuál de aquellos comensales asistiría del mismo modo que él lo hacía hoy aquí?"

Finalizados los alimentos, y dado que el plazo de las 24 horas estaba por concluir, los miembros del consejo de ancianos de la aldea se preparaban para presentarse en la *kulla* de los Kryekyqe a fin de solicitar, ahora, la *besa* grande, la de 30 días, para Gjorg. "En los umbrales de la *kulla* —dice Kadaré—, en las plantas altas donde se encontraban las habitaciones de las mujeres, en las fuentes y plazoletas, no se hablaba de otra cosa. Era la primera muerte por venganza de sangre de aquella primavera, por tanto era normal que se comentara con detalle cuanto se relacionara con ella. Había sido una muerte ejecutada dentro de los cánones más estrictos y, de igual modo, el entierro, la comida de difuntos, la *besa* de veinticuatro horas y todo lo demás se había realizado según el antiguo *kanun*. De modo que era muy probable que fuera concedida la *besa* de treinta días, que el consejo de ancianos se disponía a solicitar a los Kryeqyqe", que a última hora de la tarde, poco antes de que concluyera el plazo de la pequeña, generosamente otorgaron la *besa* grande, lo que permitiría la vida de Gjorg durante, y sólo durante, un mes completo. "Treinta días, se dijo Gjorg —relata Kadaré—. Para siempre en la guarida, entre penumbras como un bandolero. Aquel fogonazo, allí, en el talud del camino grande, había seccionado bruscamente su vida en dos partes: un periodo de veintiséis años que duraba hasta el día de hoy, y otro de treinta días a partir de la misma jornada, el 17 de marzo, hasta el 17 de abril. Después vendría el vagar del murciélago, con el que él ya no contaba siquiera."

Las reglas de la vida, caray (el *kanun*, por ejemplo, no permite otra venganza de sangre que la del fusil; no son válidos el cuchillo, la piedra, la soga y todo lo demás que no produce fuego ni hace ruido desde lejos). Y es que sin reglas, la vida tampoco sería posible: sólo 30 días le daban de vida a Gjorg Berisha. Sólo 30 días para hacer lo que quisiera, incluido amar, si le era posible. Treinta días, no más. ❧

Moacyr Scliar
(Porto Alegre, Brasil, 1937-2011)

❧ *Salomón y la letrada*

El pobre maestro de historia se convirtió, de pronto, en un popular terapeuta de vidas pasadas. "Cuando me entrevistan en la televisión o en la radio —dice—, declaro, con intención reticente, que llegué a esto por azares del destino. En general, el resultado es muy bueno, pues se traduce en exclamaciones de admiración de los entrevistadores y del público eventualmente presente. *Destino* es una palabra que gusta mucho a las personas; la asocian a lo sobrenatural, a los astros, a las cosas que siempre impresionan. Aprovechando el estremecimiento, me lanzo. Al principio con estudiada dificultad, pero después con creciente entusiasmo, revelo que mi profesión era originalmente otra: profesor de historia. Lo que nuevamente es una sorpresa: en general, me creen psicólogo o médico".

En un comienzo le gustaba enseñar, así que consiguió un empleo como profesor en una escuela pública. "El salario era bajo, la escuela pobre y sin recursos, pero lo que más me fastidiaba era el hecho de que los alumnos no tuvieran la menor disciplina. Para qué necesitamos saber de los egipcios, preguntaban, de los faraones; esos tipos se murieron hace mucho tiempo. Eran insoportables, ya les estaba cogiendo rabia y quería mandar todo a la mierda. Sin embargo, antes de abandonar el colegio, decidí hacer un último intento. Se me ocurrió hacer una obra en la cual cada alumno debía representar un personaje histórico. Para mi sorpresa, el proyecto entusiasmó a la muchachada. Era el tema de moda en la escuela: reyes, condes, generales, los alumnos no hablaban de otra cosa. Los demás profesores, admirados, me felicitaban por la idea. Y fue así que sucedió."

Luisito, que se había entregado de lleno a la tarea de ser un príncipe cualquiera, cambió tan de súbito que la madre, preocupada, fue a reclamarle al profesor el ogro en que había convertido a su adorado hijo. De ser un niño con la cabeza gacha, los ojos bajos, retraído, encogido, pasó a tener aires de príncipe. "Con cautela —dice el profesor—, le pregunté si se había percatado de ese cambio y a qué lo atribuía. De entrada me respondió de forma arrogante (no necesitaba dar explicaciones, quién era yo, un profesorcito mediocre), pero de pronto enseñó el juego. Sí, algo había sucedido, algo extraordinario. Él no sólo estaba representando un papel; estaba viviendo una existencia diferente. Había vuelto al pasado, y al hacerlo descubrió que en realidad había sido no un príncipe, como modestamente había supuesto, sino un rey, un rey poderoso y cruel, de aquellos monarcas que no dudan en mandar a matar a sus enemigos."

Luisito le contó con detalle una de sus ejecuciones, "realizada en el gran patio del castillo real y presenciada por una multitud. Me describió cómo el verdugo había puesto el pescuezo del condenado en el cepo, cómo lo había decapitado con un golpe de hacha, la sangre chorreando sobre las personas que estaban enfrente". El profesor quedó impresionado. "No sabía ni qué pensar —indica—, pero en seguida me di cuenta de las maravillosas posibilidades que el caso del chico me proporcionaba. Se abría frente a mí un nuevo camino: me descubría como terapeuta de vidas pasadas." En este nuevo proceso profesional fue que conoció a la muchacha cuya prodigiosa historia nos cuenta en *La mujer que escribió la Biblia* (Alfaguara).

Es el libro que en 2001, diez años antes de su muerte, publicara Moacyr Scliar, sobresaliente y cautivo narrador brasileño, con el relato, de un humor incontrolable, de la más que probable primera feminista de que se tenga memoria en los anales de la historia: en los tiempos de la hermosa reina de Saba. La novela trata de la mujer más fea que se haya aposentado en la tierra. La vez que se percató de ello, al arrebatarle un espejo a su hermana (que había sacado quién sabe de dónde, pues no tenían uno solo en casa, quizás para no desengañar a la joven), no daba crédito a lo que sus ojos miraban. Tenía, apenas, dieciocho años. "La farsa no podía sostenerse más —dice la mujer—. Una vez enfrentada con la realidad, no podría escapar de ella. ¡Ah!, si pudiera volver el tiempo atrás. ¿Por qué me miré en ese espejo?, me preguntaba, golpeándome el pecho con incontenible furia; ¿por qué cedí a la maldita curiosidad, a la maldita vanidad? ¿Por qué Jehová no me arrancó de la mano aquel revelador y funesto objeto?" Eran inútiles sus recriminaciones. "Ya nada podía hacerse. Me había visto al espejo y ya: jamás olvidaría lo que había visto. Pero necesitaba, si no un consuelo, por lo menos una explicación. Tenía que saber la razón por la cual me había correspondido a mí semejante porción de fealdad. Al configurar mi rostro, la naturaleza no podía haber procedido en vano. Aquello era seguramente el castigo de un pecado, de un crimen". Hizo revisión de su pasado. Nada. Había sido una chica normal, relajienta como todas, pero hasta ahí.

Sin embargo, poco tiempo tuvo para sus cavilaciones. Un emisario del gran rey Salomón se presentó a su hogar para reclamarla: de acuerdo con la tradición y la ley, el padre se veía obligado a ceder a la hija mayor como esposa del rey para consolidar la alianza entre la casa real y la tribu dirigida por el progenitor. No había otro remedio. La muchacha se martirizó con la petición: "¿Y si el rey me rechaza? ¿Si me manda de regreso diciendo: no quiero feas, esta mujer no es una esposa, es una provocación, no recibo cascajo en prenda de alianza? Esa sí que sería una situación difícil. Rey o no, mi padre no podría aceptar la devolución, que inevitablemente se consideraría como una ofensa o, lo que es peor, una burla; a fin de cuentas, como su hija, yo era un producto suyo, del patriarca". No obstante, tenía una virtud —que no lo era en su tiempo—: sabía leer y escribir, tarea entonces exclusiva de los hombres, que le fuera administrada por el escriba de su padre, a escondidas del patrón, por supuesto (cuando el hombre se enteró de este desacato, demasiado tardíamente, se alteró con la primogénita: "Se lo dije a tu madre: ésa no es labor de mujeres, la labor de las mujeres es otra, en la cama. Ni siquiera yo, que soy jefe, sé leer y escribir. ¿Por qué tenías que meterte a letrada? No te bastaba tu fealdad, ¿tenías que navegar con bandera de inteligente?").

La mujer se agregaba como una más de las 700 esposas y 300 concubinas que ya poseía Salomón. Una más, pero la más fea de todas, razón suficiente para que Salomón pospusiera indefinidamente su obligación marital, la cual hacía arder de impaciencia a la letrada, que la llevó incluso a planear un mitin en rebeldía por la incompetencia demostrada por el rey ante su numerosa corte conyugal. "¡Ya basta de que nos traten como objetos sexuales! ¡Alto a la sumisión! ¡Alto a la opresión!", clamaba la fea al frente de las otras mujeres, por primera vez levantadas en protesta por el abandono en que las tenía su amo y señor. "¡Por una total igualdad de derechos sexuales! ¡De ahora en adelante el rey tendrá que recibir a cada una de nosotras", gritaba la fea. Lo único que logró (ella, tan enamorada de Salomón, como el otro casi millar de mujeres) fue que el rey la entretuviera en una exclusiva misión: escribir la historia de su pueblo y su Dios, que ella asumió con honda responsabilidad, libro que no terminaría, por cierto, a causa de una inesperada tragedia (la "Biblia", la había intitulado ella por su significado etimológico griego).

La fea, entonces, se sumergió en la literatura con tal de ser favorecida en el lecho del amor. 🌿

Raymond Carver
(Clarkskanie, Oregon, Estados Unidos, 1938 / Washington, 1988)

🌿 *Y el pastelero seguía reclamando su dinero*

Ann Weiss fue a la pastelería el sábado por la tarde para encargar uno de chocolate, el preferido de su hijo, que cumplía años el lunes siguiente. "El que escogió estaba adornado con una nave espacial y su plataforma de lanzamiento bajo una rociada de blancas estrellas, y con un planeta escarchado de color rojo en el otro extremo. El nombre del niño, Scotty, iría escrito en letras verdes bajo el planeta." El pastelero, "que era un hombre mayor con cuello de toro", escuchó, sin rechistar, mientras ella le decía que su hijo cumpliría ocho años. "No hubo cortesía entre ellos, sólo las palabras justas, los datos indispensables —dice Raymond Carver en su cuento 'Parece una tontería' de su libro *Catedral,* incluido en la breve antología narrativa *Vidas cruzadas* (Anagrama, 2001), que sirvió para armar la película *Shot Cuts* de Robert Altman—. La hizo sentirse incómoda, y eso no le gustó. Mientras estaba inclinado sobre el mostrador con el lapicero en la mano, ella observó sus rasgos vulgares y se preguntó si habría hecho algo en la vida aparte de ser pastelero. Ella era madre, tenía 33 años y le parecía que todo el mundo, sobre todo un hombre de la edad del pastelero, lo bastante mayor para ser su padre, debería haber tenido niños y conocer ese momento tan especial de las tartas y las fiestas de cumpleaños. Deberían de tener eso en común, pensó ella. Pero la trataba de una manera brusca; no grosera, simplemente brusca. Renunció a hacerse amiga suya."

El pastel estaría, en efecto, el lunes por la mañana. Sin embargo, ese día, muy temprano, Scotty, al ir a la escuela con un compañero, ambos pasándose una bolsa de papas fritas, y tras intentar "adivinar lo que su amigo le regalaría por la tarde", bajó de la acera en un cruce, "sin mirar, y fue inmediatamente atropellado por un coche. Cayó de lado, con la cabeza junto al bordillo y las piernas sobre la calzada. Tenía los ojos cerrados, pero movía las piernas como si tratara de subir por algún sitio. Su amigo soltó las papas fritas y se puso a llorar. El coche recorrió unos 30 metros y se detuvo en medio de la calle. El conductor miró por encima del hombro. Esperó hasta que el muchacho se levantó tambaleante. Oscilaba un poco. Parecía atontado, pero ileso. El conductor puso el coche en marcha y se alejó".

Scotty no lloró, "pero tampoco tenía nada que decir. No contestó cuando su amigo le preguntó qué pasaba cuando a uno lo atropellaba un coche. Se fue andando a casa y su amigo continuó hacia el colegio. Pero, después de entrar y contárselo a su madre (que estaba sentada a su lado en el sofá diciendo: 'Scotty, cariño, ¿estás seguro de que te encuentras bien?', y pensando en llamar al médico de todos modos), se tumbó de pronto en el sofá, cerró los ojos y se quedó inmóvil. Ella, al ver que no podía despertarlo, corrió al teléfono y llamó a su marido al trabajo. Howard le dijo que conservara la calma, que se mantuviera tranquila, y después pidió una ambulancia para su hijo y él, por su parte, se dirigió al hospital". Desde luego, aclara Carver, "la fiesta de cumpleaños fue cancelada. El niño estaba en el hospital, conmocionado. Había vomitado y sus pulmones habían absorbido un líquido que sería necesario extraerle por la tarde".

Scotty no volvía en sí. El padre fue a la casa para cambiarse, mientras ella se quedaba en el hospital. Hasta ese día, la vida la habían vivido, él con su esposa Ann, sin sobresaltos, felizmente establecidos. "Le empezó a temblar la pierna izquierda. Se quedó en el coche un momento y trató de encarar la situación de manera racional. Un coche había atropellado a Scotty. El niño estaba en el hospital, pero él tenía la seguridad de que se pondría bien. Howard cerró los ojos y se pasó la mano por la cara. Bajó del coche y se dirigió a la puerta principal. El perro ladraba dentro de la casa. El teléfono sonaba con insistencia mientras él abría y buscaba a tientas el interruptor de la luz. No tenía que haber salido del hospital. No debía haberse marchado."

Era el pastelero, enojado, que decía que no habían recogido el pastel que costaba 16 dólares. Howard no sabía nada del asunto, así que lo tomó por un loco. "Howard colgó. Fue a la cocina y se sirvió un whisky. Llamó al hospital. Pero el niño seguía en el mismo estado; dormía y no había habido cambio alguno. Mientras la bañera se llenaba,

Howard se enjabonó la cara y se afeitó. Acababa de meterse en la bañera y de cerrar los ojos cuando volvió a sonar el teléfono. Salió de la bañera con dificultad, cogió una toalla y fue corriendo al teléfono diciéndose: 'Idiota, idiota', por haberse marchado del hospital. '¡Diga!', gritó al descolgar. No se oyó nada al otro extremo de la línea. Entonces colgaron."

Luego vinieron horas de angustia. No sucedió nada durante todo el martes. Scotty seguía durmiendo. Los médicos no entendían qué sucedía, aunque aseguraban que pronto se despertaría. Ann fue a la casa por la noche para ducharse. Nada más llegar, oyó el teléfono.

—¡Sí! —dijo al descolgar—. ¿Dígame?

—¿Señora Weiss? —dijo una voz de hombre.

Eran las cinco de la mañana del miércoles, "y ella creyó oír máquinas o aparatos de alguna clase al fondo".

—¡Sí, sí! ¿Qué pasa? —dijo—. Soy la señora Weiss. Soy yo. ¡Qué ocurre, por favor! Escuchó los ruidos del fondo.

—Se trata de Scotty? ¡Por amor de Dios!

—Scotty —dijo la voz de hombre—. Se trata de Scotty, sí. Este problema tiene que ver con Scotty. ¿Se ha olvidado de Scotty?

Colgó. Llamó con prontitud al hospital. Nada había sucedido. Todo continuaba igual. Scotty seguía dormido. Los doctores descubrieron una fractura en el cráneo del niño, pero no entendían porqué no se despertaba. En eso, Scotty abrió los ojos sólo para mirar sin reconocer nada ni a nadie. "Se inclinaron sobre la cama. Howard tomó entre las suyas la mano del niño, dándole palmadas y apretándosela. Ann le besó la frente una y otra vez. Le puso las manos en las mejillas."

—Scotty, cariño, somos mamá y papá —dijo ella—. ¿Scotty?

El niño los miró, "pero sin dar muestras de reconocerlos. Luego se le abrió la boca, se le cerraron los ojos y gritó hasta que no le quedó aire en los pulmones. Entonces su rostro pareció relajarse y suavizarse. Se abrieron sus labios cuando el último aliento ascendió a su garganta y le salió suavemente entre los dientes apretados".

Los médicos lo denominaron "una oclusión oculta, y dijeron que era un caso entre un millón". Lo sentían mucho, pero nada podían hacer. Scotty ya estaba prácticamente muerto desde su llegada al hospital.

Ya en casa, el teléfono siguió sonando sin que nadie contestara del otro lado de la línea. Fue cuando Ann supuso que se trataba del abominable pastelero, que reclamaba su dinero por el pastel olvidado. Y el maestro Raymond Carver termina su conmovedor cuento con una pesarosa lección humanitaria: el sincero arrepentimiento del pastelero, que obviamente no sabía nada de la abrupta y repentina muerte del niño. 🖤

John Maxwell Coetzee

(Ciudad del Cabo, Sudáfrica, 1940)

🌿 *Cómo adquirir talento para la tristeza sincera*

"Estar vivo equivale a ser un alma viva —dice la novelista Elizabeth Costello en su conferencia magistral—. Un animal, todos lo somos, es un alma corporeizada. Esto es precisamente lo que comprendió Descartes, lo que, por sus propias razones, prefirió denegar. Un animal vive, dice Descartes, como lo hace una máquina. Un animal no es más que el mecanismo que lo constituye; si tiene alma, la tiene del mismo modo que tiene batería una máquina determinada; esto es, algo que le dé chispa que la pone en marcha y que garantiza su funcionamiento. Sin embargo, el animal no es alma corporeizada, y la cualidad de su ser no es la alegría." A Costello le incomoda la célebre frase de Descartes (*Cogito, ergo sum*) porque "implica que un ser vivo que carezca de lo que llamamos pensamiento es, por así decir, de segunda categoría. Al pensamiento, a la *cogitación*, opongo yo la plenitud, la corporeidad, la sensación de ser; no una conciencia de uno mismo como una especie de máquina fantasmagórica de razonar que genera pensamientos, sino al contrario: la sensación (una sensación de honda carga afectiva) de ser un cuerpo con extremidades que se prolongan en el espacio, una sensación de estar vivo para el mundo".

Por tanto, prosigue la novelista ecológica, "la plenitud de ser es un estado difícil de mantener en cautiverio. El cautiverio, el encierro en una prisión, es la forma de castigo por la que se decanta Occidente, que de hecho hace todo lo posible por imponerla en el resto del mundo mediante la repulsa de otras formas de castigo (las palizas, la tortura, la mutilación o la pena capital) consideradas crueles y antinaturales". ¿Qué nos sugiere esto sobre nosotros mismos? Que la libertad que tiene el cuerpo para moverse en el espacio, se responde Costello, "es escogido como el punto en el cual la razón puede perjudicar de manera más dolorosa y eficaz al ser del otro. Desde luego, en aquellas criaturas menos capaces de soportar el confinamiento (las criaturas que menos se conforman al retrato que del alma da Descartes, como si fuera una bolita aprisionada en una cascarilla a la que cualquier otro aprisionamiento le es irrelevante) vemos los efectos más devastadores: en los zoológicos, en los laboratorios, en las instituciones en las que no tiene lugar el flujo de la alegría que proviene de vivir no en un cuerpo ni como un cuerpo, sino lisa y llanamente como un ser corporeizado". Elizabeth Costello, por supuesto, es un personaje ficticio del sudafricano J. M. Coetzee, quien la ha inventado para poner en su boca algunas de sus ideas sobre la crueldad humana contra los animales. Dicho artificio literario le sirvió para dictar la Cátedra Tanner del curso 1997-1998 en la Universidad de Princeton, que luego se convirtiera en libro, intitulado *Las vidas de los animales* (Mondadori, en una traducción de Miguel Martínez-Lage, 2001), que, con la obtención en 2003 del Nobel de su autor, empezó por fin a mirarse visiblemente en las librerías. "La pregunta que hemos de formularnos no debe ser si tenemos algo en común con los demás animales —continúa Costello—, sea la razón, la conciencia de uno mismo o el alma (con el corolario de que, si la respuesta es negativa, tenemos todo el derecho a tratarlos como queramos, apresándolos, matándolos, deshonrando sus cadáveres). Regreso a los campos de exterminio. El muy especial horror de los campos, el horror que nos convence de que lo que allí sucedió fue un crimen contra la humanidad, no estriba en que a pesar de la humanidad que compartían con sus víctimas los verdugos las tratasen como a piojos. Eso es demasiado abstracto. El horror estriba en que los verdugos se negaron a imaginarse en el lugar de las víctimas, del mismo modo que lo hicieron todos los demás. Se dijeron: 'Son ellos los que van en esos vagones para el ganado que pasan traqueteando'. No se dijeron: '¿Qué ocurriría si fuera yo quien va en ese vagón para transportar ganado?' No se dijeron: 'Soy yo quien va en ese vagón para transportar ganado'. Dijeron: 'Deben de ser los muertos que incineran hoy los responsables de que el aire apeste y de que caigan las cenizas sobre mis coles'. No se dijeron: '¿Qué ocurriría si yo fuera quemado?' No se dijeron: 'Soy yo quien se quema, son mis cenizas las que se esparcen por los campos'. Dicho de otro modo, cerraron sus corazones."

El corazón es sede de una facultad: la empatía, "que nos permite compartir en ciertas ocasiones el ser del otro —dice Coetzee que dice Costello—. La empatía tiene muchísimo, o todo, que ver con el sujeto, y poco o nada con el objeto, el 'otro', tal como apreciamos de inmediato cuando pensamos en el objeto no como un murciélago ('¿puedo compartir el ser de un murciélago?'), sino como otro ser humano. Hay personas que gozan de la capacidad de imaginar que son otras; hay personas que carecen de esa capacidad (y cuando esa carencia es extrema, los llamamos *psicópatas*) y hay otras personas que disponen de esa capacidad, pero que optan por no ejercerla". Costello es, evidentemente, vegetariana, de ahí que, a la hora de la comida, su nuera haga comer a sus hijos, los nietos de la respetable señora Costello, en otro sitio, dada la repugnancia que le produce a la novelista (respetada en todos los ámbitos académicos, menos en la casa de su hijo) mirar que delante de ella se coma carne de animal, de cualquier animal. La nuera no la soporta ni tantito, recurso que utiliza el propio Coetzee para poder rebatirse a sí mismo: si bien está en contra de la aniquilación de los animales, él mismo, por boca de Norma Bernard —la nuera de Costello—, se cuestiona esta férrea disciplina gastronómica: finalmente, dice Norma, comemos lo que nos educan a comer en el seno familiar.

"Vuelvo por última vez a los lugares de muerte que nos rodean —dice Costello—, los lugares donde tiene lugar la matanza ante la cual, con un desmesurado esfuerzo común, cerramos nuestros corazones. A diario se produce un nuevo holocausto, a pesar de lo cual, por lo que puedo constatar, nuestra moral sigue intacta. No nos sentimos afectados, ensuciados por ello. Parece ser que podemos hacer lo que sea y salirnos con la nuestra. Señalamos con el dedo a los alemanes, a los polacos y a los ucranianos que supieron y no supieron de las atrocidades que tenían lugar a su alrededor. Nos agrada pensar que se vieron interiormente marcados por los efectos secundarios de esa particular forma de ignorancia. Nos agrada pensar que en sus pesadillas volvían a obsesionarles aquellos seres en cuyos sufrimientos se negaron a entrar. Nos agrada pensar que despertarían demacrados y ojerosos por la mañana, o que terminaron por morir de un cáncer corrosivo. Probablemente no fue así. Las pruebas apuntan justo en la dirección contraria: señalan que podemos hacer cualquier cosa y salirnos con la nuestra, que no hay castigo."

Del mismo modo en que los hombres matan a los animales para degustarlos en la mesa y nadie, previene Costello, levanta un dedo para protestar por la matanza. No hay un solo castigo por ello.

En la segunda parte de su cavilación, Elizabeth Costello debate con un profesor de filosofía, Thomas O'Hearne, quien dice que ya se ha demostrado que los animales no pueden pensar en términos estratégicos, ni manejar conceptos generales o comunicarse por medio de un lenguaje simbólico, de modo que, así las cosas, "¿no es adecuado considerar a los animales, incluso a los animales superiores, como seres que pertenecen por completo a otro terreno ético y legal, en vez de colocarlos en esa deprimente subcategoría humana? [Y aquí O'Hearne se refiere a ese simio superior del que habló la novelista en su primera ponencia, aludiendo a Pedro el Rojo, el mono protagonista del cuento 'Informe para una academia' de Franz Kafka] ¿No existe una cierta sabiduría inherente al planteamiento tradicional, según el cual los animales no pueden disfrutar de derechos legales por cuanto no son personas, ni siquiera personas en potencia, como sí son los fetos? Al idear una serie de reglas que definan nuestra manera de tratar a los animales, ¿no sería más sensato que tales reglas se aplicasen a nosotros y al tratamiento que les damos en la actualidad, en vez de predicar una serie de derechos que los animales no pueden reclamar, ni poner en práctica, ni tan siquiera entender en toda la extensión del concepto?"

Coetzee, luego de cuestionarse a sí mismo utilizando al filósofo O'Hearne, responde en la voz de Costello: "El programa de experimentaciones científicas que le lleva a la conclusión de que los animales son unos perfectos imbéciles es profundamente antropocéntrico. Valora, por ejemplo, la destreza que uno tenga a la hora de hallar la salida de un laberinto esterilizado, sin tener en cuenta el hecho de que si el investigador, tanto en el caso de ser hombre como de ser mujer, que ha diseñado el laberinto fuera lanzado en paracaídas sobre la selva de Borneo, es altamente probable que muriese de hambre en el plazo de una semana. A decir verdad, voy a dar un paso más. En calidad de ser humano, si me dijeran que los criterios en aplicación de los cuales se evalúa a los animales dentro del marco de tales experimentos son en efecto humanos, me sentiría insultada. Son los propios experimentos los que rayan en la imbecilidad. Los conductistas que los diseñan sostienen que entendemos sólo mediante un proceso consistente en crear modelos abstractos para probar después esos modelos sobre la realidad misma. Qué estupidez".

En cuanto a que los animales sean demasiado idiotas para hablar por sí mismos, dice Costello, "considérese la siguiente secuencia de acontecimientos. Cuando Albert Camus era un joven muchacho en Argelia, su madre le dijo que le llevase una de las gallinas que tenía en una jaula en el patio. Obedeció, vio a su madre degollar a la gallina con un cuchillo de cocina y recoger la sangre en un cuenco, de modo que el suelo no se ensuciase. El grito mortal de la gallina quedó impreso de modo tan obsesivo en la memoria del muchacho que en 1958 escribió un apasionado ataque contra la guillotina. A resultas en buena parte de la polémica suscitada, la pena capital fue abolida en Francia. ¿Quién puede sostener, así las cosas, que la gallina no habló?" El filósofo O'Hearne no cedió terreno en la batalla verbal: "No creo que la vida sea tan importante para los animales como lo es para nosotros —sostuvo—. No cabe duda de que en los animales existe un instintivo afán de lucha contra la muerte, que de hecho comparten con nosotros. Sin embargo, los animales no entienden la muerte como nosotros o, mejor dicho, como fracasamos nosotros a la hora de entenderla. En la mente del ser humano se produce un total desmoronamiento de la imaginación ante la muerte, y ese desmoronamiento de la imaginación es la base misma de nuestro miedo a la muerte. Ese miedo no existe en los animales y no podría existir en ellos, ya que el esfuerzo por comprender la propia extinción, y el fracaso de ese empeño, el fracaso a la hora de dominar ese miedo, lisa y llanamente ni ha tenido ni puede tener lugar." Por tal motivo, la muerte, para un animal, "es algo que sencillamente sucede, algo contra lo cual puede producirse una revuelta del organismo, pero no una revuelta del alma". La conclusión de O'Hearne es escueta, sin vacilaciones, ni teorías en busca de una consecuente prosecución: "Los animales viven y luego mueren, eso es todo. Por eso, equiparar a un carnicero que mata a una gallina con un verdugo que mata a un ser humano es cometer un gravísimo error. Son dos acontecimientos que no tienen punto de comparación. No pertenecen a la misma escala, no están en la misma balanza."

La contestación de Costello, y ya aquí uno no sabe si Coetzee, pese a su persistente alegato en contra de la crueldad humana, tiene sus severas dudas (no en balde, digo, hace intervenir en su libro a estos feroces detractores de la novelista Costello, tales como O'Hearne, su nuera Norma e incluso su propio hijo, John Bernard, que no entiende los procedimientos ecologistas de su famosa madre) acerca del irracional maltrato de la fauna. Pero, por lo menos, trata de mantener a su personaje Costello en ecuánime posición: "Todo el que diga que a los animales les importa la vida menos que a nosotros es que no ha tenido en sus manos a un animal que lucha por no perderla. La totalidad del ser del animal se implica en esa lucha sin reservas. Cuando se dice que a esa lucha le falta la dimensión del horror intelectual o imaginativo, no me queda más remedio que estar de acuerdo. No es propio del ser animal disfrutar del horror intelectual, ya que todo su ser se encuentra en su carne viviente."

Las charlas, ya en la intimidad de su hogar, dejaron furiosa a Norma, la esposa de John Bernard, el hijo de Elizabeth Costello. "Todo esto no son más que modas alimentarias defendidas con un punto de fanatismo —dice la irascible mujer de John, que la escucha con estoicismo—, y las modas alimentarias, máxime entre fanáticos, siempre serán un ejercicio de poder. Se me agota la paciencia cuando llega ella y se pone a intentar que la gente, sobre todo los niños, modifiquen sus hábitos alimentarios." El hombre no quiere proseguir con la plática, pero "tampoco puede traicionar del todo a su madre". Quizás no está de acuerdo con sus planteamientos, pero no por ello deja de ser su madre. "Es absolutamente sincera", la disculpa ante su enfurecida esposa. "Esto no tiene nada que ver con la sinceridad —dice Norma—. Carece del más mínimo conocimiento de sí misma y de sus motivos. Y precisamente por eso parece sincera. Los locos también son sinceros." La mujer está verdaderamente incontenible. Odia a la suegra, pero el hijo la quiere, a su mujer, y también a su madre. Y tiene que aguantar el alud ofensivo de su esposa.

La madre, la famosa conferencista ecológica, se habrá marchado al otro día y la familia Bernard podrá volver a la normalidad. Vaya ironía cruel de Coetzee: a diferencia de los animales, que no saben porqué se aniquilan entre sí, los humanos conscientemente no se soportan y se devoran a sí mismos.

En su libro *Juventud*, que es la continuación de *Infancia*, ambos editados en español por Mondadori, el sudafricano J. M. Coetzee, continúa con su autobiografía de un modo, digamos, menos personalizado (al grado de que a sí mismo se menciona en tercera persona) que otros escritores, cuyas vidas intelectuales —las más de ellas— se desarrollan bajo parámetros bien localizados, estrechos, detectables, perfectamente fronterizados.

Espíritu libre al fin, hechura de sí, producto no de una mafia ni mucho menos, Coetzee sale de su Ciudad del Cabo para trasladarse a Londres. Son los comienzos de la perturbadora década de los sesenta del siglo XX. Trabaja, que es un decir, atendiendo el mostrador de la sala de lectura de la biblioteca de su universidad (diez chelines por noche), los miércoles por la tarde ayuda en las tutorías de primer año del Departamento de Matemáticas (tres libras a la semana), los viernes dirige comedias escogidas de Shakespeare con los alumnos de teatro (tres chelines cada sesenta minutos) y a última hora de la tarde "trabaja en una escuela de refuerzo de Rondebosch enseñando a unos cuantos bobos a pasar el examen de matrícula (tres chelines por hora)". Además, en las vacaciones labora para el municipio, en el Departamento de Vivienda, sacando datos estadísticos de encuestas a domicilio.

"Puede que solamente tenga 19 años, pero se las arregla solo y no depende de nadie —dice Coetzee de sí mismo—. Las necesidades corporales las trata como cuestiones de simple sentido común. Todos los domingos hierve huesos con tuétano, judías y apio para preparar una olla grande de sopa que le dure toda la semana. Los viernes visita el mercado de Salt Lake en busca de una caja de manzanas o guayabas o la fruta que esté de temporada. Todas las mañanas el lechero le deja una pinta de leche en la puerta. Cuando le sobra, la cuelga encima del fregadero en una media vieja de nailon y hace queso. Además, compra pan en la tienda de la esquina. Es una dieta que aprobaría Rousseau o Platón. En cuanto a la ropa, tiene una chaqueta y unos pantalones buenos que se pone para ir a clase. El resto del tiempo hace durar la ropa vieja. Está demostrando algo: que todo hombre es una isla. Que uno no necesita padres." Y he aquí una circunstancia dolorosa: si Coetzee ha salido de su país, de su maltratado y sumido país, lo ha hecho no sólo por esta desconsolada y apesadumbrada visión nacional que lo ha postrado a él en una indecible melancolía (porque carece, él, "de talento para mentir, engañar o saltarse las normas, igual que tampoco lo tiene para el placer y la ropa moderna. Sólo tiene talento para la tristeza, la tristeza sincera y aburrida"), sino también para abandonar a sus padres.

Todas las semanas recibe una carta de su madre, "un sobre azul pálido de correo aéreo con la dirección escrita en mayúsculas. Le exasperan estas muestras del amor inmutable de su madre. ¿Es que su madre nunca entenderá —se pregunta Coetzee— que cuando se fue de Ciudad del Cabo cortó todos los lazos con el pasado? ¿Cómo puede hacerle entender que el proceso de convertirse en otra persona que inició cuando tenía quince años seguirá adelante sin remordimientos hasta que se haya extinguido todo recuerdo de la familia y el país que dejó atrás? ¿Cuándo comprenderá que ha crecido tan lejos de ella que podría ser un total desconocido?" Coetzee, al parecer sin un ápice de sensibilidad, se pregunta, con una apabullante sinceridad: "¿Qué espera conseguir con las cartas esta mujer obstinada y sin gracia? ¿Es que no ve que las pruebas de su fidelidad, por mucho que se emperre, nunca le harán ablandarse y regresar? ¿Es que no puede aceptar que su hijo no es normal? Debería concentrar su amor en su hermano y olvidarse de él. Su hermano es un ser mucho más simple e inocente. Su hermano tiene un corazón tierno. Que cargue él con la responsabilidad de quererla; que le digan a su hermano que de ahora en adelante es el primogénito, el más querido de su madre. Entonces él, el olvidado, podrá llevar la vida que le plazca."

La sombra de su madre lo persigue donde fuera. "Eso es lo peor. La trampa que su madre ha construido, una trampa de la que todavía no ha encontrado el modo de escapar. Si cortara todas las ataduras, si no escribiera nunca, su madre deduciría lo peor, la peor conclusión posible; y sólo pensar en el dolor que la atravesaría en ese momento le dan ganas de taparse los ojos y los oídos. Mientras viva su madre, él no se atreve a morir. Mientras viva su madre, por tanto, su vida no le pertenece. No puede derrocharla. Aunque no se quiere demasiado a sí mismo, debe cuidarse por su madre, hasta el punto de abrigarse, comer sano y tomar vitamina C. En cuanto al suicidio, no cabe ni planteárselo." Su madre y Sudáfrica no lo abandonan nunca. Las únicas noticias sobre su tierra natal que recibe le llegan a través de la BBC y del *Manchester Guardian*: "Lee los artículos del *Guardian* con terror. Un granjero ata a un árbol a uno de sus trabajadores y lo azota hasta matarlo. La policía dispara al azar a la multitud. Un prisionero aparece muerto en su celda, colgado de una tira de sábana, con la cara amoratada y ensangrentada. Un horror tras otro, una atrocidad tras otra, sin descanso."

Ser sudafricano le ha acarreado problemas naturales, sin él proponérselo, sin hacer incluso nada. Coetzee ha conocido de cerca el cruel racismo y la discriminación, aun sin ser necesariamente negro ni ser un gandalla. Todo lo contrario: nadie como él para conservar las normas civiles y las leyes constitucionales. Coetzee está exiliado voluntariamente porque quiere ser un artista, quiere escribir con las puertas abiertas al mundo. Sabe que no es un refugiado, así que si presentara una petición de asilo político no se lo otorgarían. "¿Quién le tiene oprimido?, preguntarían en el Ministerio. ¿De qué huye? Del aburrimiento, respondería. De la ignorancia. De la atrofia moral. De la vergüenza. ¿Adónde le llevaría una petición así?" Después de todo, la gente con la que trabaja es "demasiado educada para manifestar su opinión sobre los visitantes extranjeros. No obstante, por sus silencios sabe que no le quieren en Londres, no de verdad". Porque ahí están las pintas por doquier para corroborar el desprecio por los no originarios, los grafitis xenófobos: "Negros fuera." En las ventanas de las pensiones se anuncia: "Abstenerse gente de color". Son duros sobre todo con los antillanos, a los que se les detiene hasta desesperarlos y luego se les embarca de vuelta al lugar de donde vinieron. Si a Coetzee no le hacen sentirse tan indefenso e inoportuno como a ellos es sólo gracias a su coloración protectora: traje Moss Brothers, piel blanca.

Por lo menos hasta su juventud, J. M. Coetzee, según él mismo lo confiesa, no había conocido ya no digamos el amor sino una mujer que lo satisficiera en el sentido más amplio de la palabra. Esto no quiere decir, por supuesto, y sobre todo si consideramos que este mundo en el que vivimos es demasiado masculinizado, que era un pobre muchacho virgen. "En un mundo perfecto sólo se acostaría con mujeres perfectas —dice Coetzee—, mujeres de feminidad perfecta pero con un núcleo oscuro que respondería al yo aún más oscuro de él. Pero no conoce mujeres así. Jacqueline, en cuyo núcleo no ha detectado oscuridad alguna, ha dejado de visitarle sin previo aviso y él ha tenido la sensatez de no intentar descubrir porqué. De modo que tiene que arreglárselas con otras mujeres; de hecho, con chicas que todavía no son mujeres y quizás no tengan ningún núcleo verdadero en absoluto o ninguno del qué hablar: chicas que se acuestan con un hombre sólo de mala gana, porque las han convencido o porque sus amigas lo hacen y no quieren quedarse atrás o porque a veces es la única manera de conservar el novio."

Sin embargo, Coetzee siempre está pensando como un artista, o como debería pensar un artista, aunque esto no es sino un asunto de mitos que el joven poeta aún no comprende porque, precisamente por su edad, se encuentra ensimismado en la idea literaria, que nada tiene que ver, como se dará cuenta seguramente más tarde, con la práctica cultural. "Sabe que condenar a una mujer por fea es moralmente despreciable —dice, tratando, como siempre, de no distanciarse de sus escrúpulos éticos—. Pero, afortunadamente, los artistas no tienen que ser gente de moral admirable. Lo único importante es que creen gran arte. En cuanto a él, si su arte tiene que surgir de su lado más deleznable, que así sea. Las flores crecen mejor en los estercoleros, como Shakespeare no se cansa nunca de recordar. Incluso Henry Miller, que se presenta como un tipo de lo más directo, listo para hacerle el amor a cualquier mujer sin tener en cuenta su forma o su tamaño, probablemente tenga un lado oscuro que se cuida de esconder."

Debido a esta idea literaria que Coetzee tiene del amor, habría que tomar sus consignas con bastante cautela. "A la gente normal le cuesta ser mala —afirma—. La gente normal, cuando nota que aflora en ella la maldad, bebe, insulta, comete actos violentos. Para ella, la maldad es como una fiebre: quiere expulsarla de su organismo, quiere volver a la normalidad. Pero los artistas tienen que vivir con su fiebre, de la naturaleza que sea, buena o mala. la fiebre es la que los hace artistas; hay que mantenerla con vida." Por eso, asevera Coetzee, los artistas "nunca pueden mostrarse plenamente al mundo: tienen que tener siempre un ojo mirando a su interior". En consecuencia, las mujeres que "persiguen" artistas "no son del todo de fiar" ya que, "así como el espíritu del artista es al tiempo llama y fiebre, la mujer que anhela el roce de las lenguas de fuego hará cuanto pueda por enfriar la fiebre y hacer que el artista tenga los pies en el suelo. Por tanto, hay que resistirse a las mujeres incluso cuando se las ama: no puede permitírseles que se acerquen a la llama lo suficiente para apagarla".

Pese a no amar a ninguna chica en concreto y a continuar haciendo el amor a la primera oportunidad (descubre, por cierto, cuán fácil es una mujer si desea ser seducida), Coetzee cree, contrariamente a lo que pudiera suponerse por sus patéticas vivencias sexuales, "en el amor apasionado y su poder transfigurador. Sin embargo, su experiencia dice que las relaciones amorosas le comen el tiempo, le cansan y paralizan su trabajo. ¿Es posible que no esté hecho para amar a las mujeres, que en realidad sea homosexual? Si fuera homosexual, eso explicaría sus tribulaciones de principio a fin. No obstante, desde que cumplió los dieciséis se ha sentido fascinado por la belleza femenina, por el aire de misteriosa inaccesibilidad de las mujeres". De estudiante, confiesa, "sufría la fiebre continua de la enfermedad del amor, unas veces por culpa de una chica, otras por culpa de otra, en ocasiones a causa de dos al mismo tiempo. Leer a los poetas sólo le subía la fiebre. A través del éxtasis cegador del sexo, decían los poetas, se alcanza un resplandor incomparable, el corazón del silencio; te haces uno con las fuerzas elementales del universo". Y él esperaba, acaso con ingenuidad rebosada, que los poetas tuvieran la razón.

Pero Coetzee, confundido y apesadumbrado, solo en la gran urbe inglesa, cede a las tentaciones masculinas. Lo vence la curiosidad sexual: "Una noche se deja abordar en la calle por un hombre —revela—. El tipo es mayor que él; de hecho, de otra generación. Van en taxi a Sloane Square, donde vive el hombre (al parecer solo) en un piso lleno de cojines adornados con borlas y tenues lamparillas de mesa. Apenas hablan. Deja que el hombre le toque a través de la ropa; no le da nada a cambio. Si el hombre tiene un orgasmo, consigue llevarlo con discreción. Después se va y vuelve a casa. ¿Eso es la homosexualidad? ¿Eso es todo? Incluso aunque haya algo más, parece una actividad penosa comparada con el sexo con mujeres: rápida, ausente, carente de pavor pero también de atractivo. Parece que no haya nada en juego: nada que perder, pero tampoco nada que ganar. Un juego para gente temerosa de participar en la gran liga; un juego para perdedores." Por lo menos, a diferencia de la inmensa mayoría de los intelectuales gays que simulan no serlo —pero desde la cúpula de sus poderes culturales eligen y destrozan vidas artísticas, arbitran y eliminan, seleccionan y expulsan, becan y descalifican—, Coetzee no se queda callado.

Experiencia. Esa es, justamente, "la palabra en la que se gustaría apoyar para justificarse ante sí mismo. El artista debe probar todas las experiencias, desde la más noble hasta la más baja. Igual que el destino del artista es experimentar la alegría creativa suprema, también debe estar preparado para cargar con todo lo que en la vida hay de miserable, escuálido, ignominioso. En nombre de la experiencia padeció Londres; los días muertos en IBM, el gélido invierno de 1962, una humillación tras otra: etapas, todas, de la vida del poeta que pone a prueba su alma". Y, eso sí, es sincero, y, subraya, a toda prueba ("la sinceridad despiadada no es un truco difícil de aprender"). Aunque, reconoce, "si fuera una persona más cálida, no hay duda de que todo le resultaría más sencillo: la vida, el amor, la poesía. Pero no es su carácter. De todos modos, de la calidez no nace la poesía".

Y tiene razón. 🍂

Jean-Marie Gustave Le Clézio
(Niza, Francia, 1940)

🍂 *"Para sufrir en verdad hay que amar a alguien"*

El día que Beaumont conoció a su dolor sencillamente entendió que estaba de más en este mundo. Traducido al castellano por Martín Solares e ilustrado por Alejandro Magallanes, la historia creada por el francés Jean-Marie Gustave Le Clézio, Nobel 2008 —editado en gran formato por Almadía—, reconstruye paso a paso (digamos unas cinco horas) los últimos actos conocidos de un hombre: Beaumont, acosado acaso por una presencia insólita ("inaudita", dicen los editores) que lo trastorna al grado de desequilibrar sus "certezas".

¿Qué ocurrió en realidad esa madrugada, a partir de las tres horas con veinticinco minutos, del día en que Beaumont desapareció? Primero sintió cómo la opresión lo hundía bajo las sábanas e, "invadido por el disgusto, pataleó contra lo que debía parecerse cada vez más a una camisa de fuerza. Sus pies consiguieron perforarla al mismo tiempo y surgieron en el otro extremo de la cama, lívidos, sumergidos de golpe en el frío. Los últimos restos de pereza y el aletargamiento del sueño, sin duda, lo retuvieron aún en la misma postura, pero cierta sensación de incomodidad creciente y un malestar muy intelectual y sin embargo físico, se apoderaron de su alma".

El narrador desmenuza lo que debieron haber sido los comportamientos últimos de Beaumont, pero tampoco está seguro de que fueron tal como los está contando, de allí la importancia del meticuloso relato, que quiere ir más allá de una simple suposición. Cuando empezó a vislumbrar ciertas formas o a escuchar "palabras hechas de fósforo" que nacían en silencio, "comprendió que no podría volver a dormir": "Sus párpados temblaron, se entrecerraron algunas veces, con nerviosismo, y después, de pronto, sin que pudiese saber cómo y porqué, sus ojos se abrieron por completo. Contra lo que siempre le habían dicho: que se necesita tiempo para que la retina se acostumbre a la oscuridad y distinga los objetos, Beaumont lo vio todo, y de un solo golpe. Estaba acostado sobre su lado derecho para que su peso no cayera sobre su corazón, y le pareció que veía la recámara a plena luz del día, salvo que la luz había sido reemplazada por la oscuridad".

¡Vaya espanto! Ya no volvió a reconciliarse con el sueño: "Lo preocupaba un vacío intenso, que lo estaba inundando y lo mantenía en esa postura meditabunda, la cabeza erguida, los brazos apoyados sobre el borde de la mesa. Miraba hacia donde apuntaban sus ojos, en dirección del muro vecino, casi sin respirar, su cerebro se había transformado de manera inexplicable en una rara especie animal, parecida a un gusano, y ese animal se contorsionaba sobre sí mismo, en busca de algo desconocido". Una "bestia gélida" que se deslizaba imperceptiblemente "para después inmovilizarse, torcer poco a poco su cuerpo encogido y mirar hacia atrás".

¿Qué diablos le estaba sucediendo a Beaumont?

Los minutos lo devoraban muy adentro de sí, razón por la cual ni cuenta se dio cuando le sobrevino un dolor insoportable en la boca (¿un absceso, una muela con fisuras, el rompimiento de las encías?) que devino en una horrorosa contracción facial.

Llamó con desesperación a su amiga Paula para suplicarle que fuera en su ayuda, ruego que no fue escuchado ("lo que me pides es completamente imposible", adujo ella), luego de lo cual Beaumont, dice Le Clézio, se quedó como ahogado en sí mismo, "sintió que lo invadía un furor extraño, tan frío como agudo, como si hubiera recibido una descarga eléctrica en la mano derecha, que lo arrojó de pie, a solas, sobre el parqué, despegado del teléfono, cubierto de músculos y tendones, como despojado de golpe no sólo de su pijama, de su impermeable y de su cuchillo hindú, sino también de su piel, de su extensa piel blanca, distendida y febril". Después se emborrachó con lo que tenía a la mano para tratar de sacudirse el insoportable dolor que carcomía su alma. Y habló, ya apenas salido el Sol, por teléfono con quien fuera, marcando números inventados en ese momento, para no sentirse solo, para por lo menos imaginar que tenía a alguien afectuoso al otro lado del auricular. Porque a veces la soledad produce un miedo inasible, un miedo que devasta, un miedo que desfigura.

Una muchacha por fin lo escuchó, aun sin conocerlo. Le preguntó, tal vez ella ya angustiada por la angustia ajena, qué iba a hacer. "No estoy seguro —respondió Beaumont—. Para ser franco, no sé nada de nada... Ahora todo es diferente y no necesito a nadie. Ahora estoy solo, verdaderamente solo, solo. Aún me duele, por supuesto, pero ya no sé. Quizá me duele menos, quizá lo mismo. Pero ya no importa, es cosa del pasado. Atravieso una especie de paz, una especie de pequeña calma, triste y silenciosa. Para sufrir en verdad, hay que amar a alguien. Y yo ya no conozco a nadie en el mundo, todo me parece plano, indiferente. Estoy solo y, al mismo tiempo, ya estoy por todas partes..."

¿Qué le sucedió a Beaumont durante cinco horas como para destrozarlo enteramente? ¿Puede un hombre morirse interiormente en un lapso corto por los raptos agónicos de su conciencia? No fueron los dolores mortales del cuerpo lo que lo hicieron claudicar de la vida, por supuesto. Sino algo más fuerte, más hondo, más profundo e insondable [e inefable], acaso como la rotura del amor, la desleal aventura del amor, los precipicios en los que se camina cuando el enamoramiento surge: "Para sufrir en verdad —dijo Beaumont— hay que amar a alguien", porque la gente que no ha amado cree, ilusa e ingenua, que sólo amando es posible encontrar la felicidad terrenal. Pero cuando se desengaña —sobre todo cuando es desengañada— tal vez sea ya demasiado tarde como para volver a reubicarse en la vida, como para buscar con afán un nuevo reacomodo en los resquicios colaterales del ánimo amoroso. 🍃

Roberto Calasso
(Florencia, Italia, 1941)

🍃 *Las peligrosas ninfas*

El primer ser sobre la tierra al que Apolo habló fue una ninfa llamada Telfusa, quien en seguida lo engañó. El italiano Roberto Calasso nos lo recuerda en su libro de ensayos *La locura que viene de las ninfas* (SextoPiso Editorial), donde incluye cinco textos, dos de ellos dedicados a estas mujeres fascinantes, uno más al cine y los dos restantes a su tema recurrente: los libros. "Apolo había atravesado la Beocia procedente de Cálcide —precisa Calasso—. La vasta planicie que después fue rica en trigo estaba entonces cubierta por una espesa floresta. Tebas no existía. No había calles ni senderos. Y Apolo buscaba su lugar. Quería fundar en él su culto." Ya había rechazado más de uno, según el himno homérico. "Después vio un 'lugar intacto' (*choros apemon*), dice el himno. Apolo le dirigió la palabra. En el himno el pasaje es brusco: ese lugar es un ser. En sólo dos versos, sin transición, el masculino *choros* se convierte en un ser fémino ('Te detuviste cerca de ella y le dirigiste estas palabras'). Aquí, con la máxima rapidez y densidad, se muestra qué es la ninfa en la economía divina de los griegos."

Calasso, director de Adelphi, una de las editoriales de mayor prestigio internacional, desmenuza la palabra *apemon*, que significa "intacto" en tanto "incólume", "ileso": se dice de lo que no ha sufrido los *pemata*, es decir las "calamidades" que vienen de los dioses y de los hombres. "Pero Telfusa vio la llegada de Apolo como una calamidad. Y en seguida, ocultando su ira, lo engaña. Aconseja al dios ir a otro lugar porque su majestuoso santuario será molestado por el 'fragor de las yeguas y las mulas' de la ninfa, que 'beben en sus sagradas fuentes'. Los visitantes mirarían más a las yeguas que al templo, dice Telfusa con deliciosa, pérfida ironía, y agrega: más adecuado a Apolo es un lugar áspero, escarpado, allá donde las peñas del Parnaso se rompen en una barranca." Apolo sigue el consejo sin saber obviamente a dónde se dirige. Cuando lo descubre, lo que será en un futuro Delfos, mira la "fuente de hermosas aguas" que está rodeada por las espiras de una descomunal dragona, que mata "a quien la encuentre", que era el deseo de Telfusa. Pero suceden las cosas al revés. El dios Apolo mata a la dragona y la dejará pudriéndose al sol. "Es ésta su gran empresa, su gran culpa —dice Calasso—. El primer pensamiento que le llegó a Apolo luego de haber matado a Pitón fue que la primera 'fuente de hermosas aguas' lo había engañado. Regresó sobre sus pasos. Provocó un derrumbe de piedras sobre la fuente de Telfusa para humillar a su corriente. Luego elevó un altar a sí mismo y le robó a Telfusa también su nombre, haciéndose llamar Apolo Telfusio."

Así lo narra el himno homérico.

Mas Calasso nos pide que observemos algunos detalles: "Cuando Apolo llega a Telfusa y cuando llega a Delfos pronuncia palabras idénticas, manifestando su voluntad de fundar en el lugar un oráculo para todos los que habitan el Peloponeso, las islas y 'todos los que habitan Europa': es éste el primer texto donde Europa es nombrada como entidad geográfica, que aquí aún significa sólo la Grecia del centro y del norte. Además, en Telfusa y en Delfos el dios encuentra igualmente, y sobre todo, una 'fuente de hermosas aguas', como dice el texto usando la misma fórmula para los dos lugares". Pitón, en Homero, es un ser femenino, lo que da la impresión, "casi óptica", según la aguda mirada de Calasso, "de desdoblamiento: como si un mismo evento se hubiera manifestado dos veces: una vez en el diálogo engañoso y malicioso entre el dios y una ninfa, una vez en el silencioso duelo entre el dios-arquero y la dragona enrollada. Al centro, en uno y otro casos, hay una fuente que brota. Y en uno y otro casos se trata de la historia de un poder que es destronado. La ninfa y la dragona son guardianas y depositarias de un conocimiento oracular que Apolo viene a sustraerles. En todas las relaciones entre Apolo y las ninfas (relaciones tortuosas, de atracción, persecución y fuga, felices sólo una vez, cuando Apolo se transformó en lobo durante el coito con la ninfa Cirene) quedará este sobreentenido: que Apolo fue el primer invasor y usurpador de un saber que no le pertenecía, un saber líquido, fluido, al cual el dios le impondrá su metro".

Las ninfas, estas hijas de Zeus, siempre hermosas, siempre tentadoras, "pueden ser —dice Calasso— tanto salvadoras como devastadoras, o lo uno y lo otro juntos". Si en el origen de la posesión encontramos a una ninfa (Iynx), "si las ninfas preceden a la posesión en su máxima generalidad, es así porque ellas mismas son el elemento de la posesión, son esas aguas perennemente encrespadas y mudables donde de repente un simulacro se recorta soberano y subyuga a la mente". Y ello conduce a Calasso a desglosar el término: *nymphe*, el léxico griego, significa tanto "doncella lista para la boda" como "fuente". Pero hay que preguntarse algo más sobre esas aguas, dice Calasso, "abrir su sello movible. Y una claridad imprevista nos vendrá del fragmento de un himno a Apolo, citado por Porfirio en el *De antro Nympharum*. Allí leemos que Apolo recibió de las ninfas el don *noeron udáton*, unas 'aguas mentales'. Aquí finalmente se nombra 'the stuff nymphs are made of'. Ninfa es entonces la materia mental que hace actuar y que sufre el encantamiento, algo muy afín a lo que los alquimistas llamarán *prima materia* y que aún resuena en Paracelso, donde habla de 'nymphididica natura'". El delirio suscitado por las ninfas, único, "nace entonces del agua y de un cuerpo que emerge de ella, así como la imagen mental aflora del continuo de la mente". Esta fue la espléndida visión que saluda, en Catulo, el inicio de la expedición de los argonautas: "Unos mortales tuvieron la visión de ninfas marinas con el cuerpo desnudo que emergían con todo el busto de la inmaculada olla". Pero Teócrito aconsejaba cautela con estas hermosas doncellas. Las define como *deinaí*, "terribles".

En su otro ensayo, que trata en concreto sobre la *Lolita* de Vladimir Nabokov, Calasso vuelve con las ninfas: Lolita, finalmente, era una de ellas. "Atraídos por las ninfas, más que por los humanos, los dioses empezaron a hacer incursiones en la tierra. Y primero los dioses, luego los hombres, que imitan a los dioses, reconocieron que el cuerpo de las ninfas era el lugar mismo de un conocimiento terrible porque era a la vez salvador y funesto: el conocimiento a través de la posesión. Un conocimiento que otorga clarividencia, pero puede también entregar a quien lo practica a una locura peculiar. La paradoja de la ninfa es ésta: poseerla significa ser poseídos." Por algo Humbert Humbert, el personaje de Nabokov, "el cazador encantado", es poseído por su presa: Lolita, que era, es, al final de cuentas, una preciosa ninfa, la misma (no Lolita, sino la ninfa) que atrapara también al propio Sócrates, que hablaba de la "locura" que provenía —proviene— de estas atractivas doncellas. Quizás a eso se deba el escándalo que suscitó *Lolita* a la hora de su aparición, dice Calasso. Porque volvió a despertar a la evidencia la existencia de estos seres, las ninfas, "que pueden presentarse bajo la forma de una chiquilla con calcetines blancos". Demonios con falda tableada y tenis sucios.

¿No de ninfa viene el inquietante y frenético término ninfomaniaca? ❦

Elfriede Jelinek
(Mürzzuschlag, Austria, 1946)

❦ *Lo que uno dice no sirve para nada*

La nostalgia de estar solo avanza apresurada delante de Kafka, dice Elfriede Jelinek, y Kafka se apresura detrás de la nostalgia; "así, naturalmente, pocas veces está solo. Mientras el Estar Solo lo espere en el lugar al que habrá de llegar, ya no estará solo. Y como ya no estará solo en ninguna parte, no está solo ahora. Pero después, de nuevo, estará solo". Con este tipo de contradictorias y reiterativas nebulosidades explicativas, la Nobel austriaca despliega sus ensayos, que en realidad no lo son; mas de algún modo tienen que llamar sus críticos (los que la admiran, no sus detractores) a esas piezas que son rompecabezas difíciles de armar no por su estructura lingüística sino por las intrínsecas incomprensiones de su discurso. Hablando de Kafka, por ejemplo, dice que ve en un librero a un Señor K, "cualquier Señor K (no cualquiera)", que "coloca unas tablas desesperadamente para poder poner algo encima de ellas. De pronto una cae, él no sabe porqué. No se sostiene. Las tablas no se sostienen. Podrían sostenerse, aun cuando de hecho no puedan sostenerse, pero no pueden hacerlo dentro del librero..."

Etcétera.

Sin embargo, pese a las visibles dificultades de su lectura, Herwig Weber asienta en el prólogo de *La palabra disfrazada de* carne (Gato Negro) que estos textos, 16 en total, "permiten mirar a profundidad en el estilo literario y en el pensamiento filosófico de la austriaca, estilo y pensamiento que son inseparables por la larga tradición de crítica del conocimiento y de la lengua en el idioma alemán". Weber subraya que Jelinek escribe "ensayos literarios que hacen caso omiso de la línea divisoria y absoluta entre los llamados ensayos científicos y la literatura: dos conceptos que hace que confluyan y se alejen, porque ella tampoco trata de restituir la separación entre ciencia y arte; esta contradicción está presente en el texto, aunque ambos aspectos se entrelazan en él, unidos pero no absorbidos el uno por el otro". Y si bien, en efecto, éste es el primer libro de "ensayos" (o como usted guste denominarlos: textos, argucias literarias, ocurrencias opinadoras, pensamientos volátiles) publicado de la Nobel en México, en realidad, me parece, no sale muy bien librada del todo pues, precisamente porque ahora tenemos el respaldo de sus pensamientos, con ello nos refuerza la idea de la bastante aleatoriedad contenida en sus novelas, que, de suyo ficticias, pueden perfectamente —ellas sí— nutrirse de invenciones superficiales e inverídicas, de alteraciones sentimentales e innocuas, de hermosas veleidades y mentiras cotidianas.

La propia autora lo confirma en la presentación que escribió especialmente para este volumen: "Mis ensayos —dice— realmente no son tales —y es agradecible, cómo no, su sinceridad—. Son una forma de reducción de lo esencial, son una pasión, una evasión de lo personal que, sin embargo, luce más y más fuerte a través de este tejido del lenguaje que fabrico, pero yo misma, desgraciadamente, no puedo vislumbrarlo —y está en lo correcto, ya que ningún autor puede medir sus propias dimensiones, a menos que sea unególatra desmesurado e inmodesto—. No saco ningún provecho de ella —continúa Jelinek—. A lo sumo, una modesta felicidad deportiva. Mis ensayos son literatura en forma comprimida, como una bola de heno, que tratan de algo que no puedo pasar por alto y que no me deja pasar. Como no me deja pasar me gusta pensar que no puedo pasarlo por alto". Una cosa es muy cierta: Elfriede Jelinek rebosa honestidad, al grado de que reconoce que sus "textos" pueden "ser leídos en mi página web, pero no reunidos en un libro: la arbitrariedad con la cual me son asignadas las cosas debe persistir como arbitrariedad. Sería un error arrancarlas de este carácter arbitrario de ver las cosas y juntarlas en un conjunto de textos", mas permitió que este volumen se realizara por tratarse, México, de un "país extranjero" pues si ella, como confiesa, no puede viajar ("por razones psíquicas"), entonces los "ensayos son los que deben viajar" para "poder ser cuestionados por otros a quienes nunca conoceré".

Si Elfriede Jelinek viviera en México, según dice en la presentación, se ocuparía "la mayor parte del tiempo de los horribles asesinatos en Ciudad Juárez", porque ella se dedica a describir en su literatura "casi exclusivamente casos criminales". Cada una de sus novelas "es una novela policiaca, algunas de manera muy obvia, otras menos evidentes", de ahí que conciba a las jóvenes mujeres de Chihuahua "como criaturas desaparecidas, torturadas, desgarradas, me persiguen desde la primera vez que escuché de ellas: si yo estuviera en México no me ocuparía de otra cosa". Empero, después de todo, "¿qué puede hacer la lengua contra tal realidad?", se pregunta. "No debe poder hacer algo —se responde—. Por suerte sólo puede causar poco en comparación con lo que pueden causar los humanos. El puño siempre es más fuerte que la pluma, y ésta es una verdad tan atroz que escribir ensayos, da igual de qué traten, es ridículo e inútil, como en el fondo todo acto de escribir es ridículo." Por tanto, "la escritura debería desaparecer, desperdiciada como la vida de estas desdichadas mujeres que obviamente fueron cazadas por aburridos hombres deportivos que perdieron el interés por los animales".

¿Qué objeto de caza estoy cazando yo con mi ridícula lengua?, se pregunta, para de inmediato afirmar que, por lo mismo, ya no debería haber "amabilidades", mucho menos en la literatura. Porque "ahí donde las vidas son desperdiciadas, ni siquiera deberían crearse textos [..] Y las mujeres, de todas maneras, son las perdedoras, hagan lo que hagan, y seguirán perdiendo sus vidas después de dolores terribles. Violentamente, Yo no puedo convencer a nadie de nada, impedir a nadie hacer algo, hacer comprender a nadie nada, pero por suerte tampoco hacer sufrir, simplemente absolutamente nada. No puedo cambiar a nadie, no elijo destinos para nadie, sólo puedo caminar sola sin destino". No en balde, más adelante, declara que "la posición del escritor es la impotencia voluntaria, no hablar desde una posición de autoridad, ya sea propia o atribuida".

De sus denominados ensayos, a los que ella misma prefiere a veces llamar sencillamente "textos", sobresalen lúcidas líneas, ya que el contexto, y hay que decirlo de una vez (acaso por eso la crítica literaria en general se mostró sorprendida cuando le fue otorgado en 2004 el prestigioso Nobel a una escritora que, como ella misma ha dicho, se dedica a leer "para no tener que vivir"), suele ser anodino: demasiadas palabras para hallar unas cuantas luces, tal como aconteció con su discurso de aceptación del galardón de la Academia Sueca, intitulado "Fuera de lugar / Escribir", en el cual se asume prácticamente como un ser distanciado del mundo en que vive: "Tampoco hay ninguna firmeza en mí. Cuando uno está fuera de lugar, uno siempre tiene que estar listo para brincar al lado, trecho a trecho, en la Nada que se encuentra precisamente al lado del fuera de lugar." Quizás por eso admite que en este planeta "existen", nada más, "los que hacen y los que leen", y ella se dedica a lo segundo, y, por lo mismo, escribe, aunque ahora ya le dé por igual para qué, para quién y por qué escribe, pues ya se ha percatado que escribir "no tiene ninguna consecuencia, como tampoco tiene consecuencia alguna el llamado compromiso, excepto para mí. Por lo tanto me da igual, porque lo que uno dice no sirve para nada". 🍂

Salman Rushdie
(Bombay, India, 1947)

🍂 *¿A qué mundo no conviene las historias?*

Después de abordar las diferencias clave entre dos saberes a primera vista opuestos en el libro de relatos *Oriente, Occidente* (Plaza y Janés, 1997), Salman Rushdie por fin ha conseguido fusionar, de manera magistral, estas dos aparentemente inaprensibles culturas en su novela *El suelo bajo sus pies* (Plaza y Janés, 1999), que tiene de protagonistas a dos roqueros hindúes: Ormus Cama y Vina Apsara, que se integran al sistema anglosajón de la música con sus respectivos talentos llegando incluso a rebasar, con su disco *Quakershaker (de cómo la Tierra aprendió el rock & roll)*, a los mismos Beatles con su *Sgt Peper's.*

Como ya lo había previsto, en 1996, el trío Rush en la canción "Tótem", de su álbum *Test for echo* (Anthem / Atlantic), donde Buda, Alá, Viking Valhalla, Vishnu, Gaia, los aztecas y los mayas, ídolos e iconos danzan alrededor del tótem roquero, Rushdie se encarga de escribir la crónica que exhibe el multiculturalismo pop en el cual impera la lucha que sostienen los músicos contra el aparato uniformador de las industrias discográficas. Esta no es una novela, por supuesto, para aquellos engreídos que suponen que, desde su inicio, el rock ha sido un negocio empresarial sin creer que, en un principio, los músicos efectivamente habían tomado por asalto a la incipiente industria disquera. Rushdie confirma que fue el paso de los años el que mató la ideología del rock. "Una mujer que sabe cantar nunca está desahuciada —dice Rushdie—. Puede abrir la boca y liberar el espíritu. Y las necesidades cantoras de Vina no necesitan que yo les haga el panegírico. Pongan uno de sus discos, recuéstense y déjense arrastrar por la corriente. Eran un gran río que podía llevarnos a todos. A veces trato de imaginármela cómo hubiera sonado cantando ghazals. Porque aunque dedicó su vida a otra música, el atractivo de la India, sus canciones, sus idiomas, su vida, influyeron siempre en ella, como la Luna".

En dieciocho capítulos, Rushdie nos va aproximando con lentitud a la esencia de sus personajes: los nacimientos, las familias, las creencias, las religiones, las rebeldías; pero, sobre todos ellos, surge la música como las ruedas fundamentales de la vida: "Cinco misterios guardan las llaves de lo oculto: el acto del amor, y el nacimiento de un niño, y la contemplación del gran arte, y estar en presencia de la muerte o el desastre, y escuchar la voz humana elevándose en una canción". Ormus Cama es un adelantado: antes de oír las piezas de los primeros roqueros, él ya traía adentro suyo esas mismas melodías. Cuando Ormus Cama escucha por vez primera las canciones de Elvis Presley (a quien Rushdie llama Jesse Parker), él ya las había construido en su imaginación, de ahí su sorpresa ante lo que él considera un vil hurto de sus creaciones. Pero estaba imposibilitado de tocarlas en la India, ya que los "fanáticos religiosos" habían comenzado a matar a los músicos: "Creen que la música es un insulto a Dios, que nos dio voces pero no quiso que cantásemos, que nos dio una voluntad libre, pero prefiere que no seamos libres". En la India se dice a menudo que el rock es precisamente uno de esos virus con los que el "todopoderoso" Occidente ha "infectado" a Oriente, "una de las grandes armas del imperialismo cultural contra el que deben luchar y seguir luchando todas las personas como es debido". Pese a tal ofensa, Ormus Cama logró ser un verdadero ídolo, junto con su mujer Vina Apsara (que le pertenecía no sólo a él, gran diosa de la música que elegía con quién acostarse), derrumbando vigorosos mitos sociales y políticos. Ormus Cama es un exiliado triunfador, mas nostálgico empedernido de su tierra.

Conocedor del desarrollo de la música moderna, Rushdie ubica a sus dos protagonistas en el apartado de la solvencia ética. Hacedores de música, desconocían lo relativo a sus ganancias. En Nueva York, sus apoderados les hicieron ver que la industria había ya rebasado a los músicos. Que los buenos tiempos habían finalizado.

—Es una catástrofe —dijo su mánayer Mull Standish—. Sólo un álbum más con contrato firme y ocho más en opción. Eso significa que pueden deshacerse de ustedes cuando quieran, pero ustedes no pueden dejarlos ni cambiar el contrato. Sólo el 11 por ciento del precio al por menor sugerido, para decirlo claramente, menos tres puntos para el productor, y echen una ojeada a esas cifras sobre ejemplares gratuitos y promoción. Déjenme que se los explique. Un casete de las *Baladas de la Paz* tiene pegada una etiqueta de, por hablar en números redondos, siete dólares. No importa lo que descuenten en las tiendas, ése es el precio en que se basan todos los cálculos. Si quitan el 20 por ciento para envase, queda una base para calcular los derechos de autor de cinco sesenta. Al 11 por ciento, eso supone sesenta y dos centavos por casete vendido. Pero si deducen veintiún centavos para Mr. Productor y luego, hola, tenemos ese 20 por ciento completamente insólito para diversos obsequios, pueden decir adiós a una quinta parte de lo que queda. Eso deja sólo treinta y dos coma ocho centavos, de los que tienen que pagar a los otros miembros del grupo un 1 por ciento a cada uno, generoso en exceso, de forma que les costará otros veintiún centavos. A ustedes dos les quedarán exactamente once coma ocho centavos por casete, y tienen que dividirlo, pero deduciendo antes el cuarto de millón de costos de grabación y los ciento cincuenta mil para promoción independiente de lo que queda, ¿qué les parece?, aquí figura un 35 por ciento de reserva para devoluciones. De forma que lo que se vende, seis millones de unidades, serán cien mil dólares para cada uno como máximo, y cuando hayan pagado sus impuestos quizás vean el 55 por ciento, pero eso si sólo tienen un buen contador, lo que no es el caso. Calculo cincuenta mil, con impuestos pagados, balance final, y eso con un mega-megaéxito.

Y los roqueros, en ese vértigo superficial en el que viven, gastan el dinero como si fuese agua. Las empresas discográficas, por lo tanto, los tienen en su puño, amaestrados y dóciles.

Rushdie ha escrito una portentosa novela, la primera que describe, con magnificencia, el submundo del rock: el involucramiento en las drogas, la distancia que toman los músicos de sí mismos, las diversas y acaso mudables creencias universales a propósito de la configurada y definida globalización terrestre ("¿Qué es el Kamasutra? —se pregunta Rushdie— ¿Una historieta de Walt Disney?"). Con humor ácido, el escritor perseguido (amenazado de muerte desde febrero de 1989 por el ya fallecido —cuatro meses después de haber decretado tal sentencia— iraní Ayatola Jomeini, quien consideró que su novela *Los versos satánicos*, aparecida en septiembre de 1988, ofendía a Mahoma, consigna que no caduca nunca, por lo cual Rushdie tiene que vivir protegido por guardaespaldas el resto de su vida) glorifica su escritura con esta inmensa fábula que no es sino la sujeción de Oriente ante la potencia monetarizada de Occidente, tal vez redimida por esa maravillosa cosa que es el único alumbramiento de los dioses contemporáneos: la música. Porque, a pesar de sus virtudes, los músicos no se salvan de las naturalezas ominosas del mundo: Vina Apsara desaparece en un terremoto en México y Ormus Cama, como John Lennon (ya antes, el mismo Cama había salido de la escena roquera por un accidente, tal como sucedió con Bob Dylan), es invisibilizado en el invierno neoyorquino: los roqueros no tienen vida propia, aunque aparenten lo contrario.

Las 700 páginas del libro de Salman Rushdie tiene innumerables referencias sobre la música, que no sólo sostienen el ritmo de la historia (el sueño de la contracultura difuminado entre dos mundos aparentemente imposibles: Oriente y Occidente) sino, por sí solas, son citas compactas, robustos enunciados, crítica sin concesión, definiciones imperturbables de esta música rock que ha cedido su fortaleza ideológica a los empresarios de las ubicuas discográficas, que la han tomado desvergonzadamente para su causa sin el mínimo respeto a sus creadores. Contradiciendo a todos aquellos debilitados, y somnolientos, comentaristas que miran como obviedad el negocio del rock, Rushdie los calla otorgándoles una sonora bofetada por su impasibilidad e incongruente entendimiento. Sus dos personajes son roqueros avasallados por la gran industria, siempre a la defensa —ellos, no la industria— de su sincera participación en el orbe de la música ("Vina parecía cantar de pura felicidad"), pero siempre a la deriva: la industria, en su deseo de apropiación, busca matar cualquier rasgo ideológico de los artistas. Para aquellos que no han entendido cómo el rock y sus roqueros fueron cediendo en su artesanía musical, *El suelo bajo sus pies* es una exégesis magnífica.

A continuación, unas cuantas líneas contundentes, y fascinantes (como el origen de la música a partir de un mito mexicano), del libro:

1. "Luego llegó la caravana de automóviles y de ella salió desordenadamente todo el horrible zoo del mundo del rock" (p. 20).
2. "Tal vez seamos sólo criaturas en busca de una exultación. No tenemos mucha. Nuestras vidas no son lo que se merecen; son, convengámoslo, deficientes en muchos sentidos penosos. Las canciones las convierten en algo distinto. La canción nos muestra un mundo digno de nuestros anhelos, nos muestra a nosotros mismos como podríamos ser si fuéramos dignos de esa palabra" (p. 31).
3. "¿Cómo era posible que una mujer tan explosiva, incluso amoral, pudiera ser considerada un emblema, un ideal, por más de la mitad de la población del mundo?" (p. 31).
4. "Siempre preferimos a nuestras figuras icónicas lastimadas, acribilladas de flechas o crucificadas cabeza abajo; las necesitamos despellejadas y desnudas, queremos ver cómo su belleza se desmorona lentamente y observar su dolor narcisista. No las adoramos a pesar de sus defectos sino *por* sus defectos, venerando sus debilidades, su mezquindad, sus matrimonios fracasados, su uso indebido de sustancias, su rencor" (p. 32).
5. "Érase una vez la serpiente emplumada Quetzalcóatl que reinaba en el aire y en las aguas, mientras que el dios de la guerra reinaba sobre la tierra. Eran tiempos ricos, llenos de batallas y de ejercicios del poder, pero no había música, y los dos

suspiraban por alguna canción decente. El dios de la guerra era impotente para cambiar la situación, pero la serpiente alada no. Voló hacia la casa del Sol, que era el hogar de la música. Pasó junto a cierto número de planetas, y en cada uno de ellos oyó sonidos musicales, pero no pudo encontrar músicos. Por fin llegó a la casa del Sol, en donde los músicos vivían. La furia del Sol ante la intrusión de la serpiente fue terrible de ver, pero Quetzalcóatl no tenía miedo, y desató las poderosas tormentas que eran su propia especialidad. Las tormentas eran tan aterradoras que hasta la casa del Sol empezó a temblar, y los músicos se asustaron y huyeron en todas direcciones. Algunos de ellos cayeron a la tierra, y de esa forma, gracias a la serpiente emplumada, tenemos la música" (p. 121).

6. "Más tarde, al entrar en ese mundo de seres destruidos, el mundo de la música, habrán aprendido ya que ese daño es la condición normal de la vida, lo mismo que la proximidad al borde que se desmorona, y el suelo agrietado. En ese infierno, se sentirán en su casa" (p. 186).

7. "Se oye el estruendo —decididamente es Satchmo— de un clarinete. El instrumento de Armstrong es la trompeta de la experiencia, el triunfo de la sabiduría del mundo. Se ríe —wuah, wuah— de lo peor que vomita la vida. Lo ha oído ya todo" (p. 203).

8. "Ahora les estamos transmitiendo canciones las veinticuatro horas del día, dice, Hendrix y Joplin y Zappa, haciendo la guerra a la guerra. Indudablemente, también las encantadoras cabezas de fregona. Y también Lovin' Spoonful, Love, Mr. James Brown y Guinevere Garfunkel sintiéndose *groovy*, etcétera. Lo único que siento es no poder amarrar un barco en el Támesis, frente al parlamento, montar altavoces gigantescos en cubierta y sacar a esos cabrones complacientes de sus escaños asesinos" (p. 329).

9. "Aferrándose a la música, puede mantenerse asido a lo real. La música le dice verdades que descubre que ya sabía" (p. 343).

10. "Se publica la noticia de la muerte de Alan Freed, DJ norteamericano, que en definitiva se ha emborrachado hasta conseguir una tumba temprana, después de dar al idioma inglés la palabra *payola*, es decir *pay* (paga) más Victrola. Freed ha muerto, pero la práctica de aceptar sobornos por poner discos no" (p. 367).

11. "Los blues son otra forma de no tener lugar" (p. 411).

12. "Una característica de la música rock es que empuja a hombres por lo demás razonables al éxtasis, al exceso" (p. 477).

13. "Algo inesperado estaba ocurriendo en el mundo de la música, los grupos más jóvenes estaban fallando, la basura centelleante había perdido su brillo y los

chicos miraban a los mayores. Como si la raza humana fuera a apartarse del momento actual de la evolución y a empezar a reverenciar a los dinosaurios que vinieron antes. En cierto modo era vergonzoso, pero ser más viejo se estaba convirtiendo en una ventaja" (p. 512).

14. "El mundo de la música popular —tanto los aficionados como los artistas— parecía a veces poblado exclusivamente por gente perturbada" (p. 513).

15. "Si no hubieran sido superricas estrellas del rock habrían estado en una casa de locos" (p. 515).

16. "Lo que antes se podía lograr enchufando una guitarra a la pared, requiere ahora operaciones militares. No somos tan fáciles de emocionar, no tan inocentes como éramos" (p. 517).

17. "La mayoría de las veces, sin embargo, sus incursiones en el mundo de la música sólo servían para confirmar que, por increíble que pareciera, el viejo orden se negaba a desaparecer. Los tiempos no estaban cambiando. Lennon, Dylan, Phil Ramone, Richards, aquellos ancianos seguían siendo los gigantes" (p. 528).

18. "El dios del rock es ahora gran consumidor de estupefacientes" (p. 604).

19. "Hay cada vez más partes del mundo en donde están tratando de exterminar por completo la canción, en donde te pueden asesinar por cantar una melodía" (p. 695).

México está tan presente en la novela *El suelo bajo sus pies* que la protagonista roquera Vina Apsara, que decidió comenzar su gira en Latinoamérica luego de grabar su primer disco como solista, desaparece el Día de San Valentín de 1989, en Guadalajara, durante un feroz movimiento telúrico, ¡de nueve grados en la escala Richter!, superior al ocurrido el 19 de septiembre de 1985.

Los ochenta, por cierto, está marcado en el mundo por las huellas sísmicas, recuerda Rushdie: "No fue sólo el gran terremoto de San Francisco de 1984; en octubre de 1980, veinte mil personas resultaron muertas por un acontecimiento de 7,3 en la escala de Richter en El Asman (Argelia), un terremoto tan fuerte que rompió muchos instrumentos locales de medición sismológica. Tres mil personas murieron en el sur de Italia un mes más tarde. En octubre de 1983, un terremoto asoló la aldea de Hasankale en la Turquía oriental (dos mil muertos); en septiembre de 1985, en México DF, las autoridades tuvieron que utilizar un estadio de beisbol como depósito de cadáveres (más de dos mil muertos). Un terremoto de mediana intensidad destrozó San Salvador en agosto de 1986 y, luego, dos años más tarde, una misteriosa racha de terremotos se desató a lo largo de varias fronteras internacionales. Un monstruoso fenómeno de 6,7 Richter sacudió la frontera India-Nepal en agosto de 1986 (quinientos muertos), y sólo tres meses más tarde murió un millar de personas, esta vez en la divisoria China-Birmania. Un mes tras otro, una fuerza de 6,9 en la escala de Richter devastó la frontera turco-armenia. La ciudad de Spitak, de una población de cincuenta mil habitantes, fue totalmente destruida; el 80 por ciento de los edificios de Leninakán (ciudad de trescientas mil almas) se derrumbó; murieron cien mil personas, y Gorbachov visitó el lugar. Cuando, en enero de 1989, dos aldeas de la zona fronteriza de Tadjikistán quedaron enterradas por corrimientos de tierras y aludes de fango (mil personas muertas y también muchos miles de cabezas de ganado), el llamado fenómeno de la 'falla fronteriza' comenzó a merecer la atención mundial".

Rushdie se sumerge profundamente en este asunto de la tierra con fallas. Para poder matar a su hermosa cantante tuvo que leer sin remedio decenas de páginas relacionadas con estos inesperados movimientos. "El momento sísmico de un terremoto se mide multiplicando su superficie (la longitud de la falla por su anchura) —dice Rushdie—, la dimensión del deslizamiento y la dureza de la roca del lugar. La fuerza de un terremoto se caracteriza normalmente utilizando el logaritmo del momento (conocido por magnitud) y no el momento mismo. Y todos los terremotos, grandes o pequeños, se clasifican de uno a nueve, en donde cada unidad de magnitud representa un aumento diez veces superior de la fuerza. Un terremoto de novena magnitud es mil millones de veces más poderoso que un temblor de primera magnitud. El sistema de medición lleva el nombre de Charles Richter, sismólogo norteamericano. Además, la intensidad de un terremoto, definida como índice de sus efectos destructivos, se clasifica de 1 a 12 en la llamada escala Mercalli modificada. El monstruoso terremoto que afecta a la costa mexicana del Pacífico en el atardecer del 14 de febrero, arrasando Villa Huracán, la aldea cercana de Aparajitos, las ciudades de Puerto Vallarta al sur y de Mazatlán al norte y muchas otras cosas además, mide un nueve redondo en la escala Richter, lo que quiere decir: de lo peor que hay. Además, es un 12 en la Mercalli modificada, lo que quiere decir destrucción total. Los sismólogos informan de la aparición de una nueva falla gigantesca, de aproximadamente mil kilómetros de longitud y cien kilómetros de anchura, que se extiende más o menos exactamente a lo largo de la costa. Los peores terremotos se producen en las zonas de subducción, cuando las placas tectónicas entran en colisión y una de ellas queda debajo de otra. En 1960, un terremoto de magnitud 8.5 destrozó una buena tajada de Chile. Para la comunidad sismológica internacional, el terremoto de Aparajitos de 1989 marca la extensión súbita y devastadora hacia el norte de esa formidable guerra subterránea, el encuentro triturador de las grandes placas. Es un acontecimiento importante en la historia geológica de la Tierra. Una fisura a lo largo de la eterna frontera entre la tierra seca y el mar".

Ya el marido de Apsara, Ormus Cama —ídolo también, como ella, del rock, aguerrido visionario— había previsto en una de sus canciones la catástrofe. Vina Apsara estaba sola cuando el sismo ocurre. Momentos antes había amado a un yunior jalisciense nada más porque sí, matándose el desgraciado después de hacerle el amor a la Diosa del rock a consecuencia del atascamiento de drogas que el *playboy* mexicano había ingerido con antelación. Raúl Páramo, el joven afortunado elegido por Vina Apsara, pertenecía, según el narrador de la novela (el fotógrafo y también amante ocasional de Vina: Umeed *Rai* Merchant), al Club de los Ganaderos, nombre acuñado por *Rai* "porque su aplomo de gente importante es un eco latinoamericano del establecimiento de *Dallas*, la serie, no la ciudad, en donde hombres de enormes sombreros se aferraban a su *bourbon-and-branch*, quejándose del precio del petróleo". Aquí están los ociosos riquillos que viven al sur del país más poderoso del mundo (Rushdie llama "Yanquilandia" a Guadalajara), asentados en sus negocios que, aseguran, hacen prosperar a la nación. Un día antes de su muerte, Vina Apsara habla con su amigo *Rai*, quien la ha seguido hasta México, "del reciente escándalo político que está estallando: el hermano del presidente, que se ha escapado después de desfalcar el equivalente de ochenta y cuatro millones de dólares; no hay país que esté dispuesto a darle asilo, ni siquiera Cuba, de manera que está dando la vuelta al mundo como un barco con desechos nucleares, incapaz de encontrar un puerto de asilo. ¡Y se supone que éste es el nuevo régimen limpio!"

Con su eterna mordacidad que le ha valido una permanente amenaza de muerte, aunque muerto esté ya el amenazador Jomeini, Salman Rushdie, como todo buen escritor que se respete, violenta la realidad para subrayarla y acentuarla, además de ironizarla y fabular a partir de ella, como su impensada metáfora científica que describe en su novela sobre los terremotos de México que no son, ni modo, nada más sísmicos sino también monetarios... después de finalizado cada sexenio.

Nueve años después de que Salman Rushdie escribiera su —hasta el momento único— libro infantil: *Harún y el Mar de las Historias*, la editorial barcelonesa Lumen lo publicó, en el año 2000, acompañado por fin de bellas ilustraciones realizadas por Paul Birkbeck. El tomo, entonces, adquirió otra dimensión. A diferencia de la primera edición, en esta segunda reluciente edición se incluyen 63 dibujos del pintor Birkbeck, la mayoría de ellos de impresionante factura, que hace rebosar de elegancia al volumen de 224 dimensionadas páginas.

Influido visiblemente por el desaparecido Michael Ende, cuyos cuentos infantiles son de una gran repercusión literaria, Rushdie también se interna en los mundos imposibles para hacer un retrato de la decadencia contemporánea. "Érase una vez, en el país de Alifbay, una ciudad triste, la más triste de las ciudades, una ciudad tan míseramente triste que hasta había olvidado su nombre —dice Rushdie—. Estaba junto a un mar lúgubre lleno de peces taciturnos que tenían un sabor tan insípido que te hacían eructar de melancolía aunque el cielo estuviera azul. Al norte de la ciudad triste había grandes fábricas en las que (según me han contado) se producía, envasaba y despachaba tristeza a todo el mundo, que nunca parecía tener bastante. Las chimeneas de las fábricas de tristeza vomitaban un humo negro que se cernía sobre la ciudad como la mala noticia."

En esa lánguida ciudad habitaba don Rasid Khalifa, el famoso *sha* de Bla, "un hombre muy ocupado y muy solicitado" a quien también la gente conocía como el Océano de la Fantasía, "tan repleto estaba de alegres cuentos como lleno el mar de peces taciturnos". Harún era el hijo del *sha* de Bla, a quien acompañaba siempre que podía. "Harún solía comparar a su padre con un malabarista, porque en realidad sus cuentos estaban hechos de retazos de historias diferentes que él manejaba a su antojo y mantenía en constante movimiento, como el que juega con muchas pelotas a la vez sin equivocarse nunca." La inquietud de Harún consistía en averiguar de dónde le venían todos aquellos cuentos a su padre. "Todas las cosas tienen que salir de algún sitio —cavilaba Harún—; por lo tanto, estos cuentos no pueden salir del aire". Pero cuando hacía a su padre "esta importantísima pregunta, el *sha* de Bla entornaba sus saltones ojos, se daba unas palmadas en su blando estómago y se metía el pulgar en la boca con un ridículo gorgoteo, como si bebiera, glu, glu glu. Harún se impacientaba".

Tanto le insistía Harún al *sha* de Bla que, luego de la pertinaz cantaleta, respondía que sus cuentos los sacaba del gran Mar de las Historias: "Yo bebo las cálidas Aguas de las Historias y me siento lleno de inspiración", decía su padre, aunque a Harún esta explicación le resultara por demás irritante. Sin embargo, tan atareado estaba don Rasid Khalifa en contar cuentos en distintos escenarios y ciudades que no reparó en que Soraya, su esposa, había dejado de cantar. Acuciada por un vecino, Míster Sengupta, Soraya prestaba cada vez menos atención a su hombre. "Ese marido suyo, excúseme si soy indiscreto —decía Sengupta con su voz de silbato—, tiene la cabeza a pájaros y vive en las nubes. ¿A qué viene tanto cuento? La vida no es un libro de cuentos ni una fábrica de chistes. ¿Qué utilidad tienen unas historias que ni siquiera son verdad?" Las intenciones del perverso Sengupta dieron sus frutos el día que comenzaron las lluvias en esa triste ciudad: Soraya decidió abandonar al *sha* de Bla y a Harún para escaparse con el vecino beatón y simulador. "Sólo te interesa divertirte, pero un hombre como es debido ha de saber que la vida es una cosa seria —escribió Soraya en el recado donde se despedía de su familia—. Tienes la cabeza tan llena de fantasías que no te queda sitio para la realidad. Mr. Sengupta no tiene ni pizca de imaginación. Es lo que me gusta." A Soraya le encantaban los hombres prácticos. Harún cayó en la depresión.

—¿Qué quieres, hijo? —dijo Rasid tristemente—. Contar historias es lo único que sé hacer.

Cuando Harún oyó aquel acento tan patético en la voz de su padre, perdió los estribos y le gritó:

—¿Y de qué sirve eso? ¿Qué utilidad tienen unas historias que ni siquiera son verdad?

Rasid ocultó la cara entre las manos, llorando. "Harún quería retirar aquellas palabras, sacarlas de los oídos de su padre y volver a metérselas en la boca; pero, claro, no pudo. Y por eso se culpaba cuando, poco después y en las circunstancias más bochornosas, ocurrió lo inconcebible: Rasid Khalifa, el legendario Océano de la Fantasía, el fabuloso *sha* de Bla, abrió la boca ante un enorme auditorio y descubrió que no tenía más cuentos que contar."

Después viene la aventura imposible, tal como a Ende le gustaba desarrollar sus historias. Harún descubre que la Tierra ha tenido, desde siempre, una Luna oscurecida, no visualizada por los científicos, llamada Kahani, precisamente donde se halla el Mar de las Historias, que quiere ser envenenado por Khattam-Shud, el Maestro del Culto —que no es sino una sombra viviente—, un odiador de las historias porque, según su filosofía, lo que conviene al mundo no es la Diversión sino la Sumisión.

—¿A qué mundo no conviene las historias? —cuestionó Harún.

—A tu mundo, a mi mundo, a todos los mundos —fue la respuesta—. Están ahí para ser dominados. Y, dentro de cada historia, dentro de cada Corriente del Océano, hay un mundo, un mundo imaginario que yo no puedo dominar. Ahí tienes el porqué.

Harún conoce a una serie de personajes únicos que lo ayudan a evitar que el Maestro del Culto construya un Gran Tapón que le serviría para cerrar sólidamente el Manantial, que es la Fuente de las Historias, que se encuentra en el fondo del Océano.

El cuento, de raíces hondamente endenianas (hasta le es concedido un último deseo a Harún, tal como sucede en *La historia interminable*), posee, como todos los cuentos de hadas, un final feliz, que lo único que hacen, según dice Salman Rushdie, "es alegrar las cosas una temporada"... aunque ésta dure lo que dura esta grata lectura.

El pasaporte, en muchos sentidos, hizo libre a Salman Rushdie. "Me permitió ir y venir —dice en el relato "El cortero"—, elegir cosas que no eran las que mi padre había deseado. Pero yo también tengo lazos alrededor del cuello, los tengo hasta hoy, tirando de mí hacia aquí y hacia allá, Oriente y Occidente, y los nudos se aprietan ordenándome: elige, elige. Doy saltos, resoplo, relincho, reculo, coceo. Lazos, reatas, no elijo a ninguno de los dos, y elijo a los dos. ¿Lo oís? Me niego a elegir."

Ese es el arduo tema, precisamente, de su libro: *Oriente, Occidente* (Plaza y Janés, colección "Ave Fénix", 1997), donde presenta nueve cuentos subdivididos en tres capítulos que contienen, a la vez, tres relatos cada uno en los cuales hace una especie de fotomontajes literarios para ubicar escenas orientales, occidentales y, por último, una fusión de ambas. "El autor despliega —leemos en la contraportada del volumen— magistralmente los principales temas y elementos de su universo literario, en particular el encuentro y el desencuentro entre dos culturas radicalmente opuestas pero indisolublemente mestizadas y mezcladas por los vaivenes de la historia."

Empero, el autor, como nos lo ha dicho ya en el impecable relato "El cortero", no elige ninguna porque se queda con las dos. Salman Rushdie trae en las venas ambas culturas. En el cuento citado, que no es sino un fragmento de su autobiografía (¿no todo el quehacer literario, finalmente, es parte de la vida de un autor?), el protagonista recibe una carta de la India. "Ese mensaje —dice Rushdie— de una extraña íntima me llegó en mi obligado exilio del país amado de mi nacimiento y me conmovió, removiendo cosas que habían estado enterradas muy hondo." La historia de "El cortero" cuenta la vivencia de la *ayah* del escritor, Mary-claro ("la mujer que hizo tanto como mi madre para criarnos a mis hermanas y a mí"), con un portero en Londres "en donde todos vivimos algún tiempo, a principios de los sesenta, en un edificio llamado Waverley House".

El inglés era muy difícil para Mary-claro, "y eso era parte de lo que hacía que el viejo y deteriorado Misceláneo sintiera debilidad por ella. La letra 'p' le planteaba un problema especial, convirtiéndose a menudo en una 'f' o una 'c'; cuando atravesaba el vestíbulo con su cestito de compra con ruedas, solía decir 'Voy a la comfra' y cuando, a su regreso, él se ofrecía a subirle el cesto por los *ghats* (escaleras), ella le respondía: 'Sí, for pavor'. Y cuando el ascensor se la llevaba hacia las alturas, gritaba a través de la reja: '¡Ohé, cortero! Gracias, cortero. Oh, sí, claro'. (En hindi y en konkani, sin embargo, sus 'pes' sabían cuál era su sitio.)".

Pero, con el paso del tiempo, Mary-claro empezó a tener problemas con su corazón. "Los problemas de salud de Mary habían serenado a toda la familia —dice Rushdie—: las rabietas de Muneeza [su hermana de once años] habían cesado y hasta mi padre estaba haciendo un esfuerzo. Habían puesto un árbol de Navidad en el salón y lo habían decorado con toda clase de fruslerías. Era tan extraño ver un árbol de Navidad en nuestra casa que comprendí que las cosas debían de ser bastante graves." Los problemas cardiacos de la *ayah* resultaron un misterio: "Imprevisiblemente, iban y venían. Durante los seis meses siguientes la sometieron a toda clase de exámenes, pero los médicos terminaban siempre por sacudir la cabeza: no podían encontrarle nada. Físicamente, estaba como un reloj; salvo porque tenía esos periodos en que su corazón coceaba y daba saltos en el pecho como los caballos salvajes de *Vidas rebeldes*, aquellos que cazaban a lazo y ataban, lo que volvía loca a Marilyn Monroe".

Pero al comienzo del verano siguiente, Mary hizo una pasmosa declaración:

"—Sé lo que me pasa —dijo a mis padres sin venir a cuento—. Tengo que irme a casa.

"—Pero, aya —adujo mi madre—, la nostalgia no es una verdadera enfermedad.

"—Dios sabe for qué venimos todos a este faís —dijo Mary—. Pero no cuedo quedarme más. No, claro que no.

"Estaba completamente decidida.

"De manera que era Inglaterra lo que le estaba partiendo el corazón, partiéndoselo porque no era la India. Londres la estaba matando por no ser Bombay. ¿Y Misceláneo?, me pregunté. ¿La estaba matando también el cortero por no ser ya el mismo? [Lo habían herido unos jóvenes con un cuchillo y menguado, por lo tanto, su forma de ser.] ¿O era porque estaban tirando de su corazón, enlazado por dos amores diferentes, hacia Oriente y Occidente, y relinchaba y reculaba, como aquellos caballos de la película de los que tiraba por un lado Clark Gable y por otro Montgomery Clift, y ella sabía que, para poder vivir, tendría que optar?"

Regresó Mary-claro hacia su India, y ya jamás volvió a tener problemas con su corazón.

La nostalgia, sí, después de todo es una enfermedad demasiado pesada.

Pero Salman Rushdie no padece, para su fortuna, de los sufrimientos padecidos por su *ayah*. El escritor, pese a su exilio forzado, en realidad no es de aquí ni de allá: a la vez es de Oriente como de Occidente. Aunque lo pongan a elegir, como ha escrito, él simplemente prefiere no elegir.

Sin embargo, es indudable que hay un dolor visible en sus relatos cuando habla de Oriente. Pero se sabe afincado en Occidente, y esta dualidad lo ha formado, acaso involuntariamente, en un ser literario peculiar, dominador como (casi) nadie de dos mundos literarios distantes.

Este volumen, de 174 páginas, además de documentar esta rica y asimilada fusión cultural de un gran escritor, exhibe, como es ya costumbre, la fina ironía de un autor que se niega a simpatizar con el *establishment*. Sus tres cuentos dedicados a Occidente son, por decirlo de una manera llana, una mescolanza sin cabeza (el cuento "Yorick" realiza la proeza perseguida, vaya a saber por qué, por innumerables escritores occidentales consistente en narrar algo donde nunca pasa nada) pero que advierten un caos originado por la violenta descarga capitalista renacida después del derrumbe socialista, al finalizar la década de los ochenta: "Prisioneros de la ficción —dice en el relato 'En la subasta de las zapatillas rubíes'—, podemos hipotecar nuestros hogares, vender a nuestros hijos para tener todo lo que deseamos ardientemente. La otra posibilidad es, en ese mismo océano de miasmas, apartarnos sencillamente, flotando, de nuestros deseos, y verlos con ojos nuevos, a distancia, de forma que parezcan ingrávidos, triviales. Los dejamos ir. Lo mismo que los hombres que mueren en una ventisca, nos echamos en la nieve para descansar".

En el capítulo "Occidente" hay una suerte de palabrería que no quiere decir sino la búsqueda lingüística, más que el fervor del contenido, al revés de lo que sucede con el capítulo "Oriente", donde lo esencial estriba en la historia. Y esta diferencia, que Rushdie capta con ojo clínico, es monumental en la actual literatura: pareciera que las letras "occidentales" están a la busca de las formas (o de la congregación vocal para edificar construcciones semánticas, no tanto para elaborar un anecdotario) y las "orientales" continúan, sigilosamente, su camino pausado, desacelerado, con una precavida linterna bajo el brazo para vislumbrar el fondo aun en la oscuridad más intrincada. Al contrario de sus cuentos "occidentales", donde lo que los anima es la imaginería volátil (probablemente ninguno de los tres relatos sea memorable), sus narraciones "orientales" ofrecen historias maravillosas, perdurables, infinitamente detalladas ("El pelo del Profeta", una sátira contra los fanatismos endiosadores, urge ser incorporada a una antología de la narrativa contemporánea, por ejemplo).

Literariamente, y aunque el escritor se introduzca con familiaridad a los pasillos de Occidente, Salman Rushdie es más grande cuando atisba hacia el Oriente, sin duda... ❧

Amin Maalouf
(Beirut, Líbano, 1949)

❧ *Nadie tiene el monopolio del fanatismo*

Identidad. Cada persona supuestamente posee una, que nunca va a ser igual a la de otra. El diccionario la define como "circunstancia de ser una persona o cosa la misma que se supone o justifica". Todos somos distintos, y esa pequeña, o demasiada, diferencia entre unos y otros nos crea, tal vez incluso contra el propio parecer, una simbólica personalidad. La identidad nos hace ser como somos. "En lo que se ha dado en llamar el documento de identidad figuran el nombre y los apellidos, la fecha y el lugar de nacimiento, una fotografía, determinados rasgos físicos, la firma y, a veces, la huella dactilar —dice el líbanofrancés Amin Maalouf en su libro *Identidades asesinas* (Alianza Editorial, 2001)—: toda una serie de indicaciones que demuestran, sin posibilidad de error, que el titular de ese documento es Fulano y que no hay, entre los miles de millones de seres humanos, ningún otro que pueda confundirse con él, ni siquiera su sosia [personaje de Plauto: doble, persona que tiene un gran parecido con otra] o su hermano gemelo. Mi identidad es lo que hace que yo no sea idéntico a ninguna otra persona". Así definido, el término denota un concepto relativamente preciso, que no debería prestarse a confusión, dice Maalouf: "¿Realmente hace falta una larga argumentación para establecer que no puede haber dos personas idénticas? Aun en el caso de que el día de mañana, como es de temer, se llegara a 'clonar' seres humanos, en sentido estricto esos clones sólo serían idénticos en el momento de 'nacer'; ya desde sus primeros pasos en el mundo empezarían a ser diferentes".

Uno es por todo cuanto lo ha rodeado, y lo sigue rodeando, en la vida. "La gran mayoría de la gente, desde luego, pertenece a una tradición religiosa —prosigue Maalouf—; a una nación y en ocasiones a dos; a un grupo étnico o lingüístico; a una familia más o menos extensa; a una profesión; a una institución; a un determinado ámbito social... Y la lista no acaba ahí, sino que prácticamente podría no tener fin: podemos sentirnos pertenecientes, con más o menos fuerza, a una provincia, a un pueblo, a un barrio, a un clan, a un equipo deportivo o profesional, a una pandilla de amigos, a un sindicato, a una empresa, a un partido, a una asociación, a una parroquia, a una comunidad de personas que tienen las mismas minusvalías físicas, o que se enfrentan a los mismos problemas ambientales". No todas esas pertenencias tienen la misma importancia "o, al menos, no la tienen simultáneamente. Pero ninguna de ellas carece por completo de valor".

Si bien cada uno de esos elementos está presente en gran número de individuos, "nunca se da la misma combinación en dos personas distintas, y es justamente ahí donde reside la riqueza de cada uno, su valor personal, lo que hace que todo ser humano sea singular y potencialmente insustituible". Al mismo Maalouf, desde que dejó Líbano en 1976 para instalarse en Francia, le preguntan si se siente más francés o más libanés. Y su respuesta, según él mismo confiesa, es siempre la misma: "Las dos cosas". Porque tampoco es medio francés y medio libanés. "De ningún modo —responde—. La identidad no está hecha de compartimentos, no se divide en mitades, ni en tercios o en zonas estancas. Y no es que tenga varias identidades: tengo solamente una, producto de todos los elementos que la han configurado mediante una 'dosificación' singular que nunca es la misma en dos personas." La identidad, que es lo que caracteriza a cada individuo, es ciertamente compleja, única, irremplazable, imposible de confundirse con ninguna otra.

"Lo que me hace insistir en este punto es ese hábito mental —dice Maalouf—, tan extendido hoy y a mi juicio sumamente pernicioso, según el cual para que una persona exprese su identidad le basta con decir 'soy árabe', 'soy francés', 'soy negro', 'soy serbio', 'soy musulmán' o 'soy judío' ". Lo que Maalouf dice no es que la identidad sea una revoltura de muchas cosas ("un batiburrillo informe en el que todos los colores quedarían difuminados"), sino una y nada más, pese a la aparente fusión de diversas identidades. "No que todos los hombres sean parecidos, sino que cada uno es distinto de los demás —advierte—. Un serbio es sin duda distinto de un croata, pero también cada serbio es distinto de todos los demás serbios, y cada croata distinto de todos los demás croatas. Y si un cristiano libanés es diferente de un musulmán libanés, no conozco tampoco a dos cristianos libaneses que sean idénticos, ni a dos musulmanes, del mismo modo que no hay en el mundo dos franceses, dos africanos, dos árabes o dos judíos idénticos."

Las personas obviamente no son intercambiables, y en el seno de una familia es común, luego, hallar a dos hermanos con dos posturas absolutamente irreconciliables. Así comienzan los conflictos en el mundo. Por las insignes identidades. Cuando unos seres humanos sienten que "los otros" constituyen una amenaza para "su etnia, su religión o su nación, todo lo que pueden hacer para alejar esa amenaza les parece perfectamente lícito —dice Maalouf—; incluso cuando llegan a la matanza están convencidos de que se trata de una medida necesaria para preservar la vida de los suyos. Y como todos los que los rodean comparten ese convencimiento, los autores de la matanza suelen tener buena conciencia, y se extrañan que los llamen criminales. No pueden serlo, juran, pues sólo tratan de proteger a sus ancianas madres, a sus hermanos y hermanas, a sus hijos".

Uno de los argumentos que ha movido, y todavía mueve, a estas intransigencias e intolerancias ha sido, es, la religión, que a lo largo de la historia parece haber consentido la tortura, la persecución y los asesinatos; pero también, insoslayablemente, la política es otro argumento de interminables discusiones y de insania ulterior. "El siglo XX nos habrá enseñado —refiere Maalouf— que ninguna doctrina es por sí misma necesariamente liberadora: todas pueden caer en desviaciones, todas pueden pervertirse, todas tienen las manos manchadas de sangre: el comunismo, el liberalismo, el nacionalismo, todas las grandes religiones, y hasta el laicismo. Nadie tiene el monopolio del fanatismo, y, a la inversa, nadie tiene tampoco el monopolio de lo humano."

Sin embargo, cada sociedad, insinúa Maalouf, de algún modo se apropia de su identidad religiosa ("las sociedades seguras de sí mismas se reflejan en una religión confiada, serena, abierta; las sociedades inseguras se reflejan en una religión pusilánime, beata, altanera"). Y cuando se refiere a la influencia de las sociedades sobre las religiones, Maalouf está pensando, por ejemplo, "en el hecho de que, cuando los musulmanes del Tercer Mundo arremeten con violencia contra Occidente, no es sólo porque sean musulmanes y porque Occidente sea cristiano, sino también porque son pobres, porque están dominados y agraviados y porque Occidente es rico y poderoso. He escrito 'también', pero estaba pensando 'sobre todo'. Porque al observar los movimientos islamistas militantes de hoy es fácil adivinar, tanto en el discurso como en los métodos, la influencia del tercermundismo de los años sesenta; en cambio, por más que busco en la historia del Islam, no encuentro ningún precedente claro a esos movimientos. Éstos no son un producto puro de la historia musulmana, son un producto de nuestra época, de sus tensiones, de sus distorsiones, de sus prácticas, de sus desesperanzas".

Las guerras a veces comienzan porque los dirigentes de cada país tienen un distinto Dios, o si es el mismo les rezan de distinta forma. Dios tiene una distinta identidad para cada creyente, y cada creyente una lectura diferente de su doctrina —la de su Dios. 🌱

Jostein Gaarder
(Oslo, Noruega, 1952)

🌱 *Todo lo que es tiene que haber tenido un principio*

Si bien Michael Ende ya había logrado, en su *Historia interminable*, crear a un personaje que se involucraba en el libro que estaba leyendo incluso introduciéndolo en la trama definitiva, Jostein Gaarder, con *El mundo de Sofía* (Patria / Siruela), consigue una hazaña similar pero al revés: sus protagonistas, Sofía Amundsen y el profesor de filosofía Alberto Knox, escapan de la novela para proseguir su vida propia, fuera de la pluma de su autor, Alberto Knag, el padre de Hilde Moller, a quien le escribe el libro para educarla en los conceptos filosóficos. El noruego Gaarder, sin saberlo, había publicado en 1991 un volumen que, inesperadamente, muy pronto le daría la vuelta al mundo, incluida una buena versión cinematográfica a cargo de Erik Gustavson.

Para conmemorar el cumpleaños número 15 de su hija Hilde, a celebrarse el viernes 15 de junio de 1990, el mayor Knag, en ese momento observador de las

Naciones Unidas en el Líbano, decide escribirle un accesible tratado filosófico a través de la adolescente Sofía, que cumple sus 15 el mismo día que Hilde, y del maestro Knox, el encargado de conducir a Amundsen, de la manera más sencilla posible, por los complejos caminos del pensamiento humano. Pero Gaarder lo hace con tal maestría que no es sino hasta la página 346, de las más de 600 que contiene su volumen, cuando el lector se percata de que Sofía no es una niña real sino un personaje que está siendo leído por Hilde, en un principio la misteriosa niña a la que, según el asombroso desarrollo literario de Gaarder, todo hacía suponer se trataba de una aparición ficticia.

El relato comienza cuando Sofía Amundsen recibe en su buzón un sobre en el cual se halla la siguiente pregunta: "¿Quién eres?", que la empezó seriamente a cuestionar. "En realidad no lo sabía —escribe Gaarder que escribe Alberto Knag—. Era Sofía Amundsen, naturalmente, ¿pero quién era eso? Aún no lo había averiguado del todo. ¿Y si se hubiera llamado algo completamente distinto? Anne Knutsen, por ejemplo. ¿En ese caso, habría sido otra?" Luego recibiría otro sobre con otra pregunta fundamental: "¿De dónde viene el mundo?" Tampoco conocía la respuesta. "Sofía sabía que la Tierra no era sino un pequeño planeta en el inmenso universo. ¿Pero de dónde venía el universo? Podría ser, naturalmente, que el universo hubiera existido siempre; en ese caso, no sería preciso buscar una respuesta sobre su procedencia. ¿Pero podía existir algo desde siempre? Había algo dentro de ella que protestaba contra eso. Todo lo que es tiene que haber tenido un principio, ¿no? De modo que el universo tuvo que haber nacido en algún momento de algo distinto. Pero si el universo hubiera nacido de repente de otra cosa, entonces esa otra cosa tendría a su vez que haber nacido de otra cosa. Sofía entendió que simplemente había aplazado el problema. Al fin y al cabo, algo tuvo que surgir en algún momento de donde no había nada de nada. ¿Pero era eso posible? ¿No resultaba eso tan imposible como pensar que el mundo había existido siempre?"

Pues uno a uno, el profesor Knox, con paciencia y sabiduría, va respondiendo todos estos cuestionamientos básicos de la vida. "Aunque a mí me interesen los caballos o las piedras preciosas —dice a Sofía en una carta—, no puedo exigir que todos los demás tengan los mismos intereses que yo. Si sigo con gran interés todas las emisiones deportivas en la televisión, tengo que tolerar que otros opinen que el deporte es aburrido. ¿Hay, no obstante, algo que debería interesar a todo el mundo?" Los filósofos opinan que sí, dice Alberto Knox. "Opinan que el ser humano no vive sólo de pan. Es evidente que todo el mundo necesita comer. Todo el mundo necesita también amor y cuidados. Pero aún hay algo más que todo el mundo necesita. Necesitamos encontrar una respuesta a quién somos y por qué vivimos." De ese modo

Knox hace un breve repaso por la historia de la filosofía, mencionando nada menos que a 184 pensadores en su exhaustivo libro (desde Sócrates hasta Sartre, pasando por Aristóteles, la representación del helenismo, la Edad Media, el Renacimiento, la época barroca y la Ilustración, Descartes, Spinoza, Locke, Hume, Berkeley, Kant, Hegel, Kierkegaard, Marx, Darwin, Freud), que, aparte de ser en efecto una lección de ideas, es asimismo la novela de Sofía Amundsen y de Hilde Moller Knag, al grado de que el lector, aprensivo y desesperado, desearía, tal vez, invertir los papeles ya que Gaarder nos hace encariñarnos con Sofía sólo para tres centenares de páginas más adelante hacernos ver que ella no es real sino sólo una lectura de Hilde.

"Nuestra existencia —dice Alberto Knox a los concurrentes en el jardín para celebrar el cumpleaños de Sofía— no es ni más ni menos que una especie de entretenimiento para el cumpleaños de Hilde Moller Knag. Porque todos hemos sido creados por la imaginación del mayor, sirviéndole como una especie de fondo para la enseñanza filosófica que ha recibido su hija. Esto quiere decir, por ejemplo, que el Mercedes blanco que hay en la puerta no vale un céntimo. No es nada. No vale más que todos esos Mercedes blancos que ruedan y ruedan por la cabeza de un pobre mayor de las Naciones Unidas, que en este momento acaba de sentarse a la sombra de una palmera con el fin de evitar una insolación. Hace mucho calor en el Líbano, amigos míos." Sin embargo, los invitados no le creen. Dicen que deje de decir tonterías, pero justo en esa secuencia ya no se sabe si los personajes ideados por el mayor Knag están siendo extrañamente manejados por su pluma o empiezan asombrosamente a rebelarse en una inusual autonomía, pues Sofía y su profesor comienzan a pensar por sí mismos, cavilando un plan secreto para poder escapar de la narración de la historia original. Es decir, poder salir del libro para vivir una vida propia, no manipulada por el autor que los inventara. Por eso, aprovechando una confusión en la fiesta del cumpleaños, Sofía y Knox huyen de la historia para abandonar las páginas de la carpeta donde Hilde sigue leyendo su historia, aunque queda confundida con los acontecimientos últimos. No sabe dónde quedaron Sofía y su profesor, que caminan en ese momento, invisibilizados a los ojos de los humanos, rumbo a su casa (de Hilde, porque evidentemente ambos, Sofía y Knox, no tienen casa ya que eran, ¿o aún son?, sólo personajes de ficción). "Ése es el precio que tenemos que pagar —dice Knox a una desconcertada Sofía, que ya se ha dado cuenta de que no puede ser vista por nadie—. Si nos hemos salido a escondidas de un libro, no podemos esperar tener exactamente los mismos privilegios que el autor del libro."

De ahí que cuando Sofía se acerca por fin a Hilde (es decir, el personaje ficticio y la protagonista real), que espera ansiosa la llegada de su padre, la segunda no puede verla, lo que aflige aún más a la primera.

—Ella tiene mucha suerte de poder ser una persona "de verdad" —dice Sofía con lágrimas en los ojos—. Ahora crecerá y se hará una mujer "de verdad". Y seguro que también tendrá hijos "de verdad".

—Y nietos —agrega el profesor Knox—, pero todo tiene dos caras. Eso es algo que he procurado enseñarte desde el principio del curso de filosofía.

Knox opinaba, como Sofía, que Hilde era afortunada, "pero a quien le toca la lotería de la vida también le toca la de la muerte. Pues la condición humana es la muerte".

—¿Pero no es al fin y al cabo mejor haber vivido que no vivir nunca de verdad? —pregunta Sofía.

—Nosotros no podemos vivir como Hilde —dice Knox—. En cambio no moriremos nunca.

El mayor Knag, además, no volverá a ocuparse de ellos jamás, pues ya ha puesto punto final a su libro. Y, quién sabe, así como en la filosofía nunca hay que decir nunca, a lo mejor un día Hilde puede mirar con todos sus ojos a Sofía, y ambas, por qué no, ser las mejores amigas del mundo. 🍇

Khaled Hosseini
(Kabuk, Afganistán, 1965)

🍇 *La mujer como ornato*

En Afganistán a veces los hermanos no saben que lo son por asuntos de prejuicio y discriminación sociales. En su primera novela, intitulada *Cometas en el cielo* (llevada al cine en 2007 por Marc Forster), Khaled Hosseini, nacido en Kabul pero aposentado en Estados Unidos desde 1980, trata sobre esta compleja y envilecida realidad: el hondo contraste de las cunas aunque la semilla haya provenido de la misma fuente paterna: la mujer, y todavía lo sigue siendo, es un mero objeto de ornato, dimensionado de acuerdo a la clase a la que se pertenezca: un pobre ahí lo va a ser toda la vida, sin ninguna posibilidad de ascensión. El tema es interminable, pues ofrece un abanico infinito de variaciones. El propio Hosseini, seguramente cargado de recuerdos vivos y quemantes, lo sabe muy bien. De ahí que en su segundo libro: *Mil soles espléndidos* (Ediciones Salamandra, 2008), vuelva angustiadamente a referirse a estas indignas cuestiones.

Es la historia de dos mujeres: Mariam y Laila, la primera 19 años mayor que la segunda, con la desventaja, la primera, de no haber sido hija de una de las tres esposas de Yalil, su padre, sino producto de una enfebrecida noche con la sirvienta, Nana, que fue por supuesto despedida cuando la evidencia se hizo demasiado visible. Mariam tenía cinco años cuando escuchó la palabra *harami*. Fue después de haber roto, sin querer, el tarro de azúcar que su madre conservaba de la abuela de Mariam. Nana "enrojeció y el labio superior empezó a temblarle, y sus ojos, tanto el perezoso como el bueno, se clavaron en Mariam, fijos, sin pestañear. Parecía tan furiosa que Mariam temió que el *yinn* volviera a apoderarse del cuerpo de su madre". Mas sus ataques no aparecieron esa vez, sólo agarró a la niña por las muñecas, la atrajo hacia sí y con los dientes apretados le dijo: "Eres una *harami* torpe. Ésta es mi recompensa por todo lo que he tenido que soportar. Una *harami* torpe que rompe reliquias".

Mariam no lo entendió entonces, dice Hosseini, ya que no sabía lo que significaba la palabra *harami*: "bastarda". Tampoco tenía edad suficiente "para reconocer la injusticia, para pensar que los culpables son quienes engendran a la *harami*, no la *harami*, cuyo único pecado consiste en haber nacido. Pero, por el modo en que Nana pronunció la palabra, Mariam dedujo que ser una *harami* era algo malo, aborrecible, como un insecto, como las cucarachas que correteaban por el *kolba* y su madre andaba siempre maldiciendo y echando a escobazos". Por supuesto, más tarde captaría el sentido exacto del término, entendió que "una *harami* era algo no deseado". Por lo tanto, ella era "una persona ilegítima que jamás tendría derecho legítimo a las cosas que disfrutaban otros, cosas como el amor, la familia, el hogar, la aceptación".

Laila, en cambio, es fruto de un matrimonio oficializado. La Niña Revolucionaria. Así le decían "porque había nacido la noche del golpe de abril de 1978". Con una madre amargada que ya no soportaba a su padre y entristecida por la muerte de sus dos hijos en la guerra contra la Unión Soviética, vivía prácticamente acostada en la cama sin hacer nada, desinteresándose incluso de ir por Laila a la escuela. ¡Y pensar que "hubo una época en que el carácter olvidadizo y la ineptitud de su marido también a ella le habían resultado encantadores!"

El paso del tiempo todo lo revierte, sin embargo.

Y la casa de Laila, antes de que por fin la madre se decidiera abandonar Afganistán, era un hogar sin corazón. El único consuelo de la muchacha, su amigo Tariq —quien "tuvo la suerte" de haber perdido sólo una pierna cuando tenía cinco años, en 1981, en Gazni por una mina antipersona—, de quien estaba enamorada, se iba con sus padres del país rumbo a Pakistán en busca de una mejor vida. Con él hablaba de todas las cosas, como con su adorado padre, quien le explicaba los complejos contornos del mundo.

—Para mí, todo eso de que yo soy tayiko y tú eres pastún y él es hazara y ella es uzbeka —decía *babi*, su padre— no son más que tonterías, y muy peligrosas, por cierto. Todos somos afganos, y eso es lo que debería importarnos. Pero cuando un grupo gobierna a los demás durante tanto tiempo... Hay desprecio, rivalidades. Las hay ahora. Siempre las ha habido.

Quizás por eso la sentencia favorita de *babi* era una cruel paradoja: "El único enemigo al que un afgano no puede derrotar es a sí mismo". Y mientras discutían qué raza era superior de entre todas las habidas en Afganistán (en este punto los talibanes exhibieron ser por lo menos los más feroces misántropos y despreciables misóginos, como se puede apreciar en el catálogo ordenado de su política irracional transcrita en el párrafo siguiente), la gente padecía enfermedades, injusticias, crueldades, abominaciones de diversa índole, como las perpetradas contra las mujeres, para quienes el grupo en el poder había lanzado una advertencia innombrada bajo estos lapidarios incisos, según consigna Hosseini:

- Permanecerán en sus casas. No es decente que las mujeres vaguen por las calles. Si salen, deberán ir acompañadas de un *mahram*, un pariente masculino. Si se las descubre solas en las calles, serán azotadas y enviadas a casa.
- No mostrarán el rostro bajo ninguna circunstancia. Irán cubiertas con el *burka* cuando salgan a la calle. Si no lo hacen, serán azotadas.
- Se prohíben los cosméticos.
- Se prohíben las joyas.
- No llevarán ropa seductora.
- No hablarán a menos que se les dirija la palabra.
- No mirarán a los hombres a los ojos.
- No reirán en público. Si lo hacen, serán azotadas.
- No se pintarán las uñas. Si lo hacen, se les cortará un dedo.
- Se prohíbe a las niñas asistir a la escuela. Todas las escuelas para niñas quedan clausuradas.
- Se prohíbe trabajar a las mujeres.
- Si se les halla culpables de adulterio, serán lapidadas.
- Escuchen. Escuchen atentamente. Obedezcan.

Ante tal escalofriante catálogo de procedimientos (absolutamente real, no ficticio aunque esté incorporado a una novela), Hosseini arma su historia de modo que tanto la *harami* Mariam como la legítima Laila padezcan el mismo calvario de la voracidad masculina. La primera es obligada a casarse con el zapatero Rashid por las tres esposas de Yalil para deshacerse con prontitud de ella, pues su padre la acogió luego del suicidio de su madre, que no soportó que su hija se atreviera a abandonarla una noche para visitar a su progenitor, que la dejara finalmente en la calle por temor a su deshonor. Y Laila acepta ser la segunda esposa del zapatero después de que los talibanes asesinaran a sus padres mediante un proyectil explotado en su casa un poco antes de que decidieran abandonar Afganistán. Y acepta no por otra cosa sino porque se ha percatado, alarmada, que en su vientre se está gestando el hijo de Tariq con quien tuvo una relación amorosa durante la despedida con el muchacho. Las dos mujeres sufrirán golpizas salvajes de su marido y su desprecio permanente, que las convertirá en cosas inservibles, ornatos reducidos a la nada, polvo innecesario en el hogar, sexo ocasional —con Laila, pues Mariam a sus cuarentaipico era ya una anciana para el hombre— de acuerdo a la gana varonil.

Mientras los talibanes irrumpían en el "desvencijado Museo de Kabul y destrozaron las estatuas preislámicas, es decir las que aún no habían sido objeto del pillaje de los *muyahidines*", cancelaban la universidad, quemaban todos los libros excepto el *Corán* y cerraban las librerías a punta de fusil, estas dos mujeres se mantenían vivas gracias a una solidaridad inquebrantable: sólo en los momentos difíciles, ya se sabe, se conoce a las verdaderas amistades. Como en *Cometas en el cielo*, este Khaled Hosseini, caray, logra de veras con estos sus *Mil soles espléndidos* también conmovernos, hay que decirlo y reconocerlo, hasta las lágrimas mediante su cuidadosa y certera prosa... ❧

Joanne Rowling
(Yale, Inglaterra, 1965)

❧ *Un niño que no sabía que era el mago*
más asombroso de todos los tiempos

A pesar de haber sido de los libros más censurados en 1999 en Estados Unidos, por ser considerados una apología de la brujería y el ocultismo, "el justo paso previo a la magia negra y el satanismo", la saga de *Harry Potter*, el protagonista de la escritora británica J. K. Rowling, seguía cautivando, en un incomprensible furor, a miles de infantes en el mundo en los años sucesivos. El niño mago arribó a las pasarelas de las librerías en 1997, "así que sus aventuras en cuatro tomos —decía entonces el periodista Rituerto, aposentado en Chicago— sólo ocupan el puesto 48 entre los cien libros que más han sido cuestionados por el público lector norteamericano en los años noventa, aunque se alzan con un incuestionable número uno de 1999, con escritos y actos de protesta por todo el país, de las modernas California y Nueva York a los más tradicionales estados del interior".

Sin embargo, "como campeona de todas las iras de la década [de los noventa del siglo XX] figura *Scary Stories*, de Alvin Schwartz, por su contenido violento con vetas de ocultismo y canibalismo, según la tabulación realizada por la Asociación Estadounidense de Bibliotecarios. El número dos es *El compañero de papá*, de Michael Wilhoite, seguido de *Sé por qué canta el pájaro enjaulado*, el primer tomo de la autobiografía de Maya Angelou, que recibe críticas por 'presentar a los blancos como seres horribles, malos y estúpidos'. La calidad literaria no protege a Angelou, como tampoco a Mark Twain, cuya obra *Las aventuras de Huckleberry Finn* es puesta en tela de juicio por su 'lenguaje ofensivo y racista'; ni a John Steinbeck: su *De ratones y hombres* es 'blasfemo' y tiene, también, un 'lenguaje ofensivo y racista'; ni a J. D. Salinger: *El guardián en el centeno* produce sarpullido y se gana el número diez en la lista por estar salpicado de 'blasfemias' y 'referencias sexuales', además de 'centrado en actividad negativa', de acuerdo a las protestas de que tiene constancia la asociación bibliotecaria". Nunca van a faltar los censuradores, atentos, según ellos, a cualquier obsceno desvío de su originaria intención, que debiera ser, aseguraban estos guardianes del alma, exclusivamente literaria. "*El color púrpura*, de Alice Walker; *Matar a un ruiseñor*, de Harper Lee; *Las aventuras de Tom Sawyer*, del recalcitrante Twain, y *Un mundo feliz*, de Aldous Huxley, son otros títulos universalmente reconocidos que, por unas u otras razones, suscitan objeciones en Estados Unidos y están en la lista de los cien malditos."

Judith Krug, directora de la Oficina de la Libertad Intelectual de la asociación bibliotecaria antes referida, apunta que en 1999 recibieron 472 objeciones de todo el país, "un número inferior al récord de 1995, cuando hubo 762". Krug atribuía ese descenso a que "la atención de mucha gente se ha desviado hacia Internet", cuyo acceso desde las bibliotecas públicas suscita muchos recelos y llamados a que se establezcan filtros de contenido para los usuarios. Para el 31 de octubre del año 2000, Día de Brujas en Estados Unidos, los alarmados padres de familia volvieron a refutar a Rowling. "Los libros de *Harry Potter* son armas de reclutamiento para la brujería y lo oculto", aseveró el grupo cristiano Freedom Village en su sitio en la Internet. El grupo, asentó la agencia informativa Reuters, "también trazó paralelismos entre los libros y el número 666, la marca del Anticristo dibujada en el último libro de la *Biblia*: *El Apocalipsis*. Ellos citan un episodio de seis páginas que comienza en la página 66, donde los enemigos de Potter adornan la frente del mago adolescente con una cicatriz de centella que el grupo cristiano considera que es una señal del diablo". Sin embargo, la agencia Reuters comentaba que "no sólo los fundamentalistas estadounidenses seguidores de la *Biblia* se oponen a los libros de *Harry Potter*. A inicios de 2000 los libros fueron prohibidos en una escuela primaria británica, aunque más tarde la censura fue levantada".

Para tratar de contrarrestar las protestas contra esta saga literaria, que crecieron en los últimos meses de 2000 de manera indecible, fue creado el grupo Muggles for Potters (los muggles, en la historia de Rowling, son las personas sin magia), patrocinado por la Asociación de Editores Estadounidenses y la Coalición Nacional Contra la Censura, cuya función es aminorar, o en caso dado discutir a un nivel menos escabrosamente prejuicioso, las condenas que nacen a partir de las especiales lecturas de estos núcleos moralistas y, de algún modo, medievales, que miran con encono el desatado éxito de ventas de la sorprendida autora (de los cuatro primeros libros editados con las aventuras del niño mago Potter se vendieron, en un lapso de tres años, aproximadamente 30 millones de ejemplares en el mundo con traducciones a decenas de lenguas). Pero la cifra es escandalosa, todavía más, al final de la saga (con un total de siete libros y ocho películas): 400 millones de copias vendidas en el planeta, en 67 idiomas distintos, lo que colocó, de manera automática, a su autora en una de las mujeres más ricas del orbe. En su Inglaterra se sabe, por ejemplo, que posee más dinero que la misma reina en un tiempo considerablemente más corto: sólo tres lustros, cuando la reina ha tenido toda una vida, desde su nacimiento, para enriquecerse.

En julio de 2000, la fecha anunciada para la salida del cuarto tomo (*Harry Potter y el cáliz de fuego*, que antecede a *El prisionero de Azkaban*, *La cámara secreta* y, el primero de la serie, *La piedra filosofal*), la inglesa vendió en un solo día, dicen los libreros, algo así como cinco millones de ejemplares, de un libro con 640 páginas, el más largo hasta ese momento de la saga, que dobla en extensión a los dos primeros juntos (254 y 286 páginas, respectivamente, mientras el tercero tiene 360). El día que salió este nuevo tomo, las librerías londinenses se dieron el lujo de abrir a medianoche para que los niños, con sus padres, pudieran adquirir su libro lo antes posible. Reportaba la agencia noticiosa EFE que una librería del centro de Londres ya tenía, desde las 22 horas, cerca de 200 personas en una desesperada fila para ser de las primeras en poseer la nueva aventura.

Después de esta inédita, y por lo tanto asombrosa, jornada librera, nadie dudó que a los niños les gusta leer. Quizás por esa proeza, por incitar a la lectura, Joanne Rowling recibió, el 14 de julio de 2000, el doctorado *Honoris Causa* por la Universidad Exeter, donde ella estudió historia clásica antigua y francés mucho antes de comenzar a escribir. Y la reina Isabel II la distinguió, en junio de ese año, con la Orden del Imperio Británico.

Por una razón que no ha quedado demasiado clara, lord Voldemort, el mago más temible y maligno de todos los tiempos, asesinó a Lily y a James Potter y cuando pensaba eliminar también a su hijo recién nacido, el pequeño Harry, la magia, por causas incomprensibles, en lugar de introducirse en el cuerpecito del bebé, desintegrándolo en un santiamén, le rebotó al propio hechicero confinándolo a su desgracia y a su reducción nigromántica y, por el contrario, creando, de súbito, el prestigio y la fama del niño. Pero, huérfano en una ciudad de magos, Harry fue enviado con los odiosos Dursley, a la casa del número cuatro de Privet Drive, donde vivían sus tíos Vernon y Petunia y su primo Dudley, de la misma edad que Harry, muggles los tres, que es decir personas normales, ajenas a la magia, que aborrecían a sus familiares los Potter precisamente por ser unos virtuosos magos. Así que, cuando hallaron al sobrino delante de su puerta, el mundo se les vino abajo.

Pero continuaron viviendo como si su casa fuera habitada sólo por tres seres, pues Harry, desde su inesperado arribo, era un cero a la izquierda en una década de desprecios y maltratos, durmiendo en el armario debajo de la escalera, sirviente de la familia Dursley. Sin embargo, justo a los once años, las cosas empezaron a cambiar. El Guardián de las Llaves y Terrenos de Hogwarts, Rubeus Hagrid, se apersonó en la casa de los muggles para hacerle saber, por fin, a Harry de su condición especial, a revelarle su mágica naturaleza, que el niño ignoraba ante el infame silencio de sus tíos. ¿Un mago, él? ¿Cómo entonces es que Dudley siempre podía pegarle patadas como si fuera una pelota? Entonces recordó algunas cosillas que, en su momento, consideró azarosas, tales como el crecimiento vertiginoso de su cabello, luego de un ridículo corte, o la desaparición del vidrio en el zoológico detrás del cual estaba una boa constrictor: si él había desarrollado impensadamente esos asombrosos trucos, ¿qué no haría estando consciente de su poder mágico?

Pese a la resistencia y al enfado de sus tíos, Harry comenzó a asistir al Colegio Hogwarts de Magia, la escuela más refinadamente extraña de la Gran Bretaña, y su vida adquirió otras dimensiones: era admirado por todos debido a la señal que tenía en la frente, una especie de minúsculo rayo, resultado de aquel enfrentamiento con lord Voldemort, cicatriz que hablaba de su autoridad y del respeto que se merecía. A partir de esta sencilla trama, Joanne Kathleen Rowling escribió toda su saga, consignando aventuras quiméricas sin hacer perder la ingenuidad y la incredulidad a su entrañable Harry Potter, de modo que sus hazañas las realiza de manera fortuita, insospechada, casual, apoyado por sus valientes amigos y con el respaldo, siempre enérgico y puntual, del director de la institución: Albus Dumbledore, amigo de sus padres muertos. Influida sin duda por esos dos irrefutables maestros de la literatura infantil, el alemán

Michael Ende (1929-1995) y el británico de ascendencia noruega Roald Dahl (1916-1990), Rowling ha tomado la fantasía inagotable del primero y la perpetua humorada del segundo para, en un entrecruce de *Historia sin fin* y *Matilda*, conformar episodios en los cuales, lejos de moralizar, consigna la paradójica desventura del ser niño. Y protegido justamente por esa capa indestructible, la de su piel infantil, Harry Potter no siente temor ante los acosos de la perdurable maldad de los adultos.

En el primer libro (*La piedra filosofal*), Harry vence, acaso sin querer, a su enemigo lord Voldemort porque su epidermis arde en las manos de sus adversarios: el pequeño mago ha destruido, sin saberlo, al asesino de sus padres ("llámalo por su nombre, Harry, utiliza siempre el nombre correcto de las cosas, el miedo a un nombre aumenta el miedo a la cosa que se nombra"). En el segundo volumen (*La cámara secreta*), Harry, también como por casualidad, protegido por un halo salvador y beatífico, vence de nuevo al endemoniado lord Voldemort por su fe enjundiosa en la vida: a punto de desfallecer, una lechuza lo salva en el último momento, arrojándole un diario en sus manos: "Luego, sin pensar, sin meditar, como si todo aquel tiempo hubiera esperado para hacerlo, Harry cogió el colmillo de basilisco del suelo y lo clavó en el cuaderno. Se oyó un grito largo, horrible, desgarrado. La tinta salió a chorros del diario, vertiéndose sobre las manos de Harry e inundando el suelo. Ryddle [un enviado del temible lord...] se retorcía, gritando, y entonces... desapareció". De nuevo, el generoso Dumbledore tiene las palabras adecuadas para su inobjetable triunfo: "Son nuestras elecciones, Harry, las que muestran lo que somos, mucho más que nuestras habilidades".

En el tercer tomo (*El prisionero de Azkaban*), Harry, ya más crecidito (en cada libro el pequeño Potter va cumpliendo años, hasta finalizar su curso escolar, meta que se propuso, y cumplió, su autora en siete volúmenes, prometiendo no contar más aventuras de Harry después de sus 20 años), descubre los secretos de quien creía un gran traidor: Sirius Black, el protector de sus padres, llevándose una desagradable sorpresa pero que, de muchos modos, lo alivia de una pesarosa carga moral. Lo malo de estas historias es que acaban siempre muy mal para Harry: pese a sus exitosas vivencias en el Colegio Hogwarts, el retorno de las vacaciones lo devuelve, ineludiblemente, con sus deshumanizados tíos, periodo donde literalmente vive peor que un perro, ya que los parientes se empeñan en negar su procedencia mágica: cuando la tía Marge los visita, el tío Vernon obliga a decir a Harry, so pena de sufrir posteriores castigos ejemplares, que durante el año escolar asiste disciplinadamente al Centro de Seguridad San Bruto para Delincuentes Juveniles Incurables.

Harry es un niño triste en la realidad, pero alegre en su mundo de ilusión (¿y de qué le sirve la magia si tiene prohibido practicarla fuera del colegio?; por algo, cuando convierte en globo a la insoportable tía Marge, tiene que huir de la casa). Joanne Rowling ha creado, efectivamente, a un personaje singular, si bien no extraordinariamente novedoso: habría que hacer una exhaustiva revisión a la literatura de adivinación y encantamiento para percatarnos de que su presencia no debiera causar espanto, por parte de los grupos cristianos (bueno, al final de la saga, Harry —quién sabe por qué— revive, como Jesucristo, de una muerte definitiva, lo que acaba derrotando, desmoronando, violando, a la literatura misma), ni agitación editorial, tal como ha sucedido con los inefables lectores infantiles, que de pronto, con su arrebatado entusiasmo, se han mostrado vivos consumidores en el mapa global. ¿Por qué Rowling ha causado estos furores literarios y no el magnífico Ende o el perspicaz Dahl? Sólo los niños podrían responder por estos extraños motivos de su agraciada elección... 🍇

Epílogo

🌿 *Contemporáneos del mundo*

¿Por qué se llaman ebooks si su formulación proviene de otra textura? Cuando Gutenberg —a mediados del siglo XV— inventó el maravilloso proceso de la imprenta, los papiros dejaron de llamarse de esa forma para convertirse en libros. Cinco siglos y medio después, la arrolladora tecnología ha desarrollado la manera de llevar los libros a los aparatos digitales para modificar sus estructuras originarias. Los empresarios los han denominado, sin mucha imaginación, ebooks, es decir libros electrónicos, porque han utilizado la misma armadura para su confección... sólo que no físicos, no tangibles, no visibles (a primera vista).

Porque el ebook no existe si no enciendes la computadora, a diferencia de un libro de papel, que allí está, a la espera de ser tocado. Yo, por lo menos, no me imagino tener una amante electrónica, tal como ahora ocurre en distintas partes del mundo: una hindú enamorada de un brasileño, un argentino enamorado de una finlandesa, una coreana enamorada de un sudafricano, una mexicana enamorada de un alemán, un francés enamorado de una congoleña... aunque nunca se hayan visto, sino sólo chateado. Por eso pienso que, como estos romances, el asunto de los ebooks es sólo una cuestión de costumbres y de apreciación, aparte de una moda para los encantados con las novedades tecnológicas, que están, ya, a la espera de la nueva telefonía que incorporará en ella los aditamentos para, digamos, poder jugar tenis desde el asiento de sus vehículos o mirar en vivo, en su breve pantalla led, el próximo concierto de Bruce Springsteen en Milán.

Pues probablemente todo se reduzca a la visibilidad. ¿Puede llamarse biblioteca a un sitio inexistente; es decir, donde no sean visibles los libros sino sólo cuando se aprieten las teclas de un soporte electrónico? ¿Puede llamarse libro a un texto largo que sólo puede ser visto si se enciende una iPad? Yo voy a un museo para ver de cerca las piezas construidas por los artistas plásticos. Porque quiero mirar las texturas, los trazos, los brochazos, sentirme próximo a ella. No miro una exposición en una Tablet, aunque me dicen que ése también será el futuro.

Yo aprecio el álbum completo de un músico, no sólo una canción, ni soy, para mi fortuna, uno de los mil millones de personas que con premura miró el video de un coreano que dicen que baila imitando a un jinete, que no he visto, a la fecha, completo. Porque su canción me parece verdaderamente ínfima. Ahora me dicen que ya nadie debe ocuparse en comprar discos, sino sólo en "bajarlos". Porque ya no se aprecia el trabajo de arte que hay en ellos: la belleza de las portadas dobles o triples (los magníficos diseños artesanales de Rammstein o de Austin TV, por ejemplo), el cuadernillo con las letras o con un breve ensayo, las fotos, la áurea colocación, el olor de la impresión.

No.

Nada de eso.

Sólo ahora hay que "bajar" la canción que te gusta, no apreciar la concepción del álbum completo. Para qué. Sólo una canción. Y luego desecharla para escuchar otra, que después también va a ser desechada. Y luego otra, y otra, y otra. (Y así como el LP ha retornado como objeto de culto, nadie sabe si décadas más adelante el libro de papel sea también apreciado como tal, dado su formato y su ornamentado diseño. ¿Quién puede saberlo? Hace acaso un cuarto de siglo yo, por necesidad económica, "vendí" mis casi cinco mil *long plays* a la Universidad Nacional Autónoma de México en calidad de "donación" por el risible monto de lo que hoy podrían ser 20 mil pesos, que ahora se traduciría, dada la ingente cantidad de discos raros, desconocidos, descontinuados e imprescindibles que había en la colección, en más, creo, de dos millones de pesos... pero así va uno por la vida de manera inmaterializada, carajo.)

Antes las transformaciones venían de las ideas de los hombres. Y, a pesar de la Revolución Industrial, a mediados del siglo XVIII —y hasta principios del XIX—, en lo que se dice fue la modificación más radical de la humanidad desde la era neolítica (el desarrollo de la agricultura, unos ocho mil años antes de Cristo), etapa en la cual el hombre remplazó al hombre por los novedosos procedimientos tecnológicos, no son sino el Renacimiento y la década de los sesenta del siglo XX los periodos en donde los pensamientos fueron los decisivos guiadores —y giradores— luminosos que cambiaron definitivamente al mundo. Ahora lo que lo transforma son los aparatos electrónicos, no las ideas; de ahí la práctica homogeneidad —¿monotonía?, ¿consonancia?, ¿analogía?, ¿coincidencia?— de los comportamientos globales: la dependencia a los soportes digitales, la sujeción a los lineamientos mediáticos, el sometimiento a las leyes de las invenciones tecnológicas, la adhesión a la masividad uniformadora. Creo que en eso reside la vinculación o, en su caso, la desvinculación con todos estos proyectos: el acercamiento con o el distanciamiento de los dispositivos electrónicos.

Después de todo, ¿a quién conviene que desde este momento las nuevas generaciones sean "educadas" digitalmente ("prometo que todos los niños en las primarias van a tener su computadora e Internet", ilusionan los políticos, seguramente en acuerdos raudos con el empresariado de la industria electrónica) si no al emporio establecido de las nuevas tecnologías? Cuando los niños ya estén en la etapa universitaria no van a creer, en lo absoluto, en los libros de papel ni en las discusiones filosóficas. Para qué: crecieron con los argumentos de la Internet y no van a creer más que en ella. Tal vez incluso se van a comunicar con sus padres mediante los mensajes celulares, no a través ya de la palabra oral. Televisa lo hizo muy bien en los periodos prohibidos del rock al difundir a las nuevas generaciones (que hoy ya rozan las cuatro décadas de vida) su rock infantil desde temprana edad, razón por la cual hoy incluso "intelectuales" y profesorado en general con esa edad crean a pie juntillas que Timbiriche es el grupo idóneo del rock mexicano: ¿y cómo no lo van a creer si crecieron con ellos, si fueron educados con sus canciones de fondo mientras hacían las tareas?

Igual va a suceder en el futuro: sumérgelos en la Internet para que en el futuro sean consumidores natos de la era mediática.

Y, bueno, luego viene la ilación conductual, la moral vanguardista, el hábito contemporáneo: no podemos rechazar los adelantos tecnológicos porque, al negarlos, no advertimos la coexistencia con los otros; no podemos no mirarlos cuando los tenemos encima: en vida no podemos dejar de ser contemporáneos de las colectividades que nos rodean, aunque no se advierta —o no se quiera advertir—, en lo íntimo, que ahora el dinero camina de manera paralela a las ideas, ¿pues qué valor puede tener un pensador si no está armado de un iPad? 🐛

Índice

El lenguaje es una fuente de malos entendidos.
101 literatos del mundo no hispano
fue impreso y terminado en septiembre de 2013,
en Encuadernaciones Maguntis, Iztapalapa,
México, D. F. Teléfono: 5640 9062.
Preprensa: Daniel Bañuelos Vázquez

Cuidado de la edición: Rosario Cortés

CPSIA information can be obtained at www.ICGtesting.com
Printed in the USA
LVOW03s161010140415

434549LV00007B/156/P

AUG 0 1 2015